# 中华泰山文库·著述书系

泰山风景名胜区管理委员会　编

张用衡
马东盈
著

# 泰山石刻史

山东人民出版社·济南

**图书在版编目（CIP）数据**

泰山石刻史/张用衡，马东盈著. -- 济南：山东人民出版社，2019.11
（中华泰山文库·著述书系）
ISBN 978-7-209-11906-1

Ⅰ. ①泰… Ⅱ. ①张… ②马… Ⅲ. ①泰山-石刻-史料 Ⅳ. ①K877.4

中国版本图书馆CIP数据核字(2019)第033285号

项目统筹　胡长青
责任编辑　张艳艳
装帧设计　武　斌　王园园
项目完成　文化艺术编辑室

泰山石刻史
TAISHAN SHIKESHI
张用衡　马东盈　著

主管单位　山东出版传媒股份有限公司
出版发行　山东人民出版社
出 版 人　胡长青
社　　址　济南市英雄山路165号
邮　　编　250002
电　　话　总编室（0531）82098914
　　　　　市场部（0531）82098027
网　　址　http://www.sd-book.com.cn
印　　装　山东新华印务有限责任公司
经　　销　新华书店

规　　格　16开（210mm×285mm）
印　　张　35
字　　数　600千字
版　　次　2019年11月第1版
印　　次　2019年11月第1次
印　　数　1-1000
ISBN 978-7-209-11906-1
定　　价　480.00元
如有印装质量问题，请与出版社总编室联系调换。

# 《中华泰山文库》编委会

# 立岱宗之弘毅

## ——序《中华泰山文库》

一生中能与泰山结缘，是我的幸福。

泰山在中国人民生活中有着广泛而深远的影响，人们常说“重于泰山”“泰山北斗”“有眼不识泰山”……在中国人心目中，泰山几乎是“伟大”“崇高”的同义语。秉持泰山文化，传承泰山文化，简而言之，主要就是学做人，以德树人，以仁化人，归于“天人合德”的崇高境界。

自1979年到现在，我先后登临岱顶46次，涵盖自己中年到老年的生命进程。在这漫长岁月里，纵情山水之间，求索天人之际，以泰山为师，仰之弥高，探之弥深。从泰山文化的博大精深中，感悟到“生有涯，学泰山无涯”。

我学习泰山文化，经历了一个由美学考察到哲学探索的过程。美学考察是其开端。记得在20世纪80年代，为给泰山申报世界文化与自然遗产做准备，许多专家学者对泰山的文化与自然价值进行了考察评价。当时，北京大学有部分专家教授包括我在内参加了这一工作。按分工，我研究泰山的美学价值，撰写了《泰山的美学考察》一文，对泰山的壮美——阳刚之美的自然特征、精神内涵以及对审美主体的重要作用，有了较深的体悟。除了理论上的探索，我还创作了三十多首有关泰山的诗作，如《泰山颂》：

高而可登，雄而可亲。
松石为骨，清泉为心。
呼吸宇宙，吐纳风云。
海天之怀，华夏之魂。

这是我对泰山的基本感受和认识。这首诗先后刻在了泰山的朝阳洞与天外村。

我认为泰山的最大魅力在于激发人的生命活力。我对泰山文化的学习，开端于美学，深化在哲学。两者往往交融在一起。在攀登泰山时，既有审美的享受，又有哲学的启迪（泰山自然景观和人文景观的结合，体现了一种天人合一的艺术境界）。对泰山的审美离不开形象、直觉，哲学的探索则比较抽象。哲学关乎世界观，在文化体系中处于核心地位，对人的精神影响更为深沉而持久。有朋友问我：能否用一个词来概括泰山对自己的最深刻的影响？我回答：这个词应该是生命的“生”。可以说，泰山文化是以生命为中心的天人之学，其内涵非常丰富，可谓中国文化史的一个缩影。泰山文化包容儒释道，但起主导作用的是儒家文化，与孔子思想有千丝万缕的联系。《周易·系辞下》中讲“天地之大德曰生”，天地生育万物，既不图回报，也不居功，广大无私，包容万物，这是一种大德。天生人，人就应当秉承这种德行，对于人的生命来说，德是其灵魂。品德体现了如何做人。品德可以决定一个人的人生方向、道路乃至生命质量。人的价值和意义离开德便无从谈起。蔡元培先生讲：“德育实为完全人格之本，若无德，则虽体魄智力发达，适足助其为恶，无益也。”

“天行健，君子以自强不息；地势坤，君子以厚德载物。”这两句话深刻地体现了“天人合德”的思想。学习泰山文化要与时代精神相结合。泰山文化中“生”的精神对我影响很大，近四十年，我好像上了一次人生大学，感到生生不已，日新又新，这种精神感召自己奋斗、攀登，为人民事业做奉献。虽然我已经97岁，但生活仍然过得充实愉快，是泰山给了我新的生命。

泰山文化是中华民族优秀传统文化的主要象征之一，是我们民族文化的瑰宝。在这方面，历史为我们留下了浩瀚的资料，亟待整理。挖掘、整理泰山文化，是推动中华优秀文化遗产的创造性转化、创新性发展的迫切需要。

日前，泰山风景名胜区管理委员会的同志来舍下，告知他们正在编纂《中华泰山文库》。丛书分为古籍、著述、外文及口述影像四大书系，拟定120卷本，洋洋五千万言，计划三到五年完成。我听了非常振奋！这是关乎泰山文化的一件大事，惠及当今，功在后世，是一项了不起的文化工程。我对泰山风景名胜区管理委员会领导同志的文化眼光、文化自觉、文化胆识和文化担当，表示由衷钦佩；对丛书的编纂，表示赞成。我认为，编纂《中华泰山文库》丛书，将其作为一个新的文化平台，重要意义在于：

首先，对于泰山文化的集成，善莫大焉。关于泰山的文献，正所谓“经典沉深，载籍浩瀚”（刘勰《文心雕龙》）。从大汶口文化时期的象形符号，到文字记载的《诗经》，再到二十五史，直至今天，在各个历史阶段都不曾缺项。一座山留下如此完整、系统、海量的资料，这是任何山岳都无法与其比肩的，在世界范围内也具有唯一性。《中华泰山文库》的编纂，进一步开拓了泰山文化的深度和广度，对于古今中外泰山文化资料及研究成果的发掘、整理、集成、保存，都具有无与伦比的综合性、优越性和权威性，可谓集之大成；同时，作为文化平台，其建设有利于文化资源和遗产共享。

其次，对于泰山文化的研究，善莫大焉。文献资料是知识的积累，是前人智慧的结晶，是文化、文明的成果。任何研究离开资料，都是无米之炊。任何研究成果都是建立在资料的基础上。同时，每当新的资料出现，都会给研究带来质的变化。《中华泰山文库》囊括了典籍志书、学术著述、外文译著、口述影像多个门类，一方面为学术研究提供了所必需的文献资料，大大方便了研究者的工作；另一方面，宏富的文献资料便于研究者海选、检索、取舍、勘校，将其应用于研究，以利于更好地去伪存真、去粗取精，提高研究效率和研究质量。

再次，对于泰山文化的创新，善莫大焉。文化唯有创新，才会具有更强大的生命力。所以说，文化创新工作永远在路上。新时代泰山文化的创新，质言之，泰山文化如何引领新时代的精神文明，服务于新时代的精神文明建设，是一个重大课题。就其创新而言，《中华泰山文库》丛书的编纂本身就是一种立意高远的文化创新。它有目的、有计划、有系统地广泛征集、融汇泰山文献资料，集腋成裘，聚沙成塔，夯实了泰山文化的基础，成为泰山文化创新的里程碑。另外，外文书籍的编纂，开阔了泰山走向世界、世界了解泰山的窗口，对于泰山更好地走向世界、融入世界，具有重要的现实意义。而口述泰山的编纂，则是首开先河，把音频、影像等鲜活的泰山文化资料呈现给世人。《中华泰山文库》的富藏，为深入研究泰山的文化自然遗产，提供了坚实的物质保障。

最后，对于泰山文化的传承，善莫大焉。从文化的视角着眼，随着经济社会的发展变革，亟须深化对优秀传统文化重要性的认识，以进一步增强文化自觉和文化自信；通过深入挖掘优秀传统文化价值内涵，进一步激发其生机与活力；着力构建优秀传统文化传承发展体系，使人民群众得到深厚的文化滋养，不断提高文化素养，以增强文化软实力。毋庸讳言，《中华泰山文库》负载的正是这样一个优秀传统文化传承发展体系。如上所述，集成、研究、创新的最终目的，就是为了增强泰山文化的生命力，祖祖辈辈传承下去，延续、共享这一人类文明的文化成果。这是一个民族兴旺发达的源泉所在。《中华泰山文库》定会秉承本初，薪火相传，继往开来。

更为可喜的是，泰山自然学科资料的整理和研究，也是《中华泰山文库》的重要组成部分，无论是地质的还是动植物的，同样是珍贵的世界遗产。

中国共产党第十九次全国代表大会报告中指出："文化自信是一个国家、一个民族发展中更基本、更深沉、更持久的力量。必须坚持马克思主义，牢固树立共产主义远大理想和中国特色社会主义共同理想，培育和践行社会主义核心价值观，不断增强意识形态领域主导权和话语权，推动中华优秀传统文化创造性转化、创新性发展，继承革命文化，发展社会主义先进文化，不忘本来、吸收外来、面向未来，更好构筑中国精神、中国价值、中国力量，为人民提供精神指引。"这是我们编纂《中华泰山文库》丛书工作的指南。

编纂《中华泰山文库》丛书是一项浩繁的文化系统工程，要充分考虑到它的难度、强度和长度。既要有气魄，又要有毅力；既要正视困难，又要增强信心。行百里者半于九十，知难而进，迎难而上，才能善始善终地完成这项工作。这也是我的一点要求和希望。

值此《中华泰山文库》即将付梓之际，泰山风景名胜区管理委员会的同志嘱我为之作序，却之不恭，写下了以上文字。我晚年的座右铭是："品日月之光辉，悟天地之美德，立岱宗之弘毅，得荷花之尚洁。"所谓"弘毅"，曾子有曰："士不可以不弘毅，任重而道远。仁以为己任，不亦重乎？死而后已，不亦远乎？"故而，名序为：立岱宗之弘毅。

杨辛

2018年7月

# 目 录

# 引 言

泰山石刻是泰山文化的重要载体，自古就备受重视，尤其是唐宋以后金石学的逐渐形成，使泰山石刻研究几乎成为显学，各类著录、书籍也不断涌现，即使今天翻阅都感到亲切。但是，古人研究石刻的着眼点多半是石刻的年代、形制、尺寸和书体等，将之串联起来进行宏观观照的却较少。实际上，泰山石刻的价值更在于它的总体内容，从某种程度上可以说，泰山石刻中记载的历史就是一部泰山史，就是中华历史文化的局部缩影。2000多年来，泰山石刻从未间断，从各个角度记录了泰山所发生的事件，所以对泰山石刻的研究就应站在更高的层次上，从中挖掘出更多有历史价值的内容，使人更容易了解泰山，了解我们民族的根。

## 一、泰山是中华民族的精神家园

登上泰山，历代石刻迎面而来，令人目不暇接。在古人的心目中，“山莫大于泰山，史亦莫古于泰山”①，泰山被古人誉为“五岳独尊”“天下第一山”。当代人则认为泰山“体现了中华民族的传统文化，在东方文明史上占有重要地位，在世界文明史上也举足轻重”②。在中国的名山崇岳中，几乎没有哪一座山与人的关系是那样密切又那样悠远。在漫长的岁月里，泰山伴随着我们这个民族，从原始的东方崇拜、封禅祭天，到儒学、道教、佛教的发展，走过了从神山、圣山到中华民族精神之山的过程，古老的中华民族也在泰山的启示下由蒙昧走向了文明。

中华民族是崇拜太阳的民族，泰山地处东方，是太阳升起的地方，所以

① 〔清〕金棨：《泰山志》，阮元序。

② 袁明英主编：《泰山石刻》，季羡林序，中华书局2007年版。

受到了古人的瞩目。先民们相信它高可通天，而天主导着日月星辰的运转，掌握着世间万物的命运，因此可以通天的泰山便逐渐成了天的象征，迎来了从伏羲到尧、舜、禹，从秦始皇到宋真宗的封禅以及明清时期朝廷的数千年祭祀。

泰山赋形雄伟壮丽，壮美高大的自然形态吸引、感动、折服了华夏民众，他们唱出了中国文学史上第一首咏颂大山的诗《鲁颂》："泰山岩岩，鲁邦所瞻。"泰山也是中华民族最早进入人类审美对象的大山之一。数千年来，人们在泰山不仅留下了众多的亭台楼阁、桥廊坊榭，更留下了种类繁多、题材各异、内容包罗万象的题刻。泰山的形象始终激励着中国人，使他们在泰山有感而发，倾诉着对自身、社会和国家的情感，诸如"努力登高""从善如登""共攀青云梯""霖雨苍生""大好河山""气象万千""泰山何其雄，万象都包容。泰山何其大，万物都归纳。泰山何尊严，万有都包含"等。

泰山是一座"圣山"。在帝王封禅、民众朝拜的同时，泰山也正以它博大的胸怀陶冶着真正的人文精神，它以其高大、厚重、尊严、进取、向上的形象和所蕴含的优秀传统文化，激励着整个民族去完善自我品格，实现自身价值。当鲁国人民唱出了"泰山岩岩"时，便不仅是因为山能通神，而是借泰山的高大雄伟来歌颂泰山般坚强的英雄了。泰山在人们的心目中已开始具备了它应有的形象，而人在泰山的启示下，也逐渐地增强了人所应有的主体意识。如以孔孟为代表的儒家就曾直接受到过泰山的巨大影响，孔子的形象早已同泰山连在了一起，后人的"孔子，人中之泰山；泰山，岳中之孔子"[①]便代表了人们心中的评价；而孟子"登泰山而小天下"[②]的名言，更是两千年前中国圣贤们心怀天下的缩影。

先秦以降，西汉司马迁以泰山为尺度，来衡量人的社会、伦理和道德价值，"人固有一死，或重于泰山，或轻于鸿毛"流传了千百年，至今仍是人们所追求与奉行的标准。唐代诗圣杜甫，25岁写下的名篇《望岳》，其中"会当凌绝顶，一览众山小"之所以在泰山被反复题刻，是因为人们从中感受到

① 〔清〕鸣清摘书"汪稼门七古诗刻"句。

② 《孟子·尽心上》。

了诗人以泰山极顶为目标，敢于不断超越的雄心壮志。[①]这种勇于向上的精神激起了无数人的共鸣，成了中华民族优秀品质的组成部分。到了20世纪80年代，著名美学家杨辛先生在泰山题下了《泰山颂》：“高而可登，雄而可亲。松石为骨，清泉为心。呼吸宇宙，吐纳风云。海天之怀，华夏之魂。”是的，这就是泰山的写照，是我们民族精神的象征，就如同所有山山水水都养育一方人民，陶冶一方情操那样，泰山的这种功能发挥得特别显著，在中国是绝无仅有的。

泰山是一座“神山”，古人还题写了众多带有宗教色彩的文字，如“天路非遥”“超然尘表”“飞仙驻足处”“万法唯识”等，这是他们所要表达的对社会和人生的认识，也是泰山石刻中另一类文化现象。就是说，宗教对人的影响是广泛的，但是由于儒家思想的作用，古代中国的上层文化人士并没有把精力过多地放在宗教来世的幻想中，因此，宗教思想结合泰山的特定场景往往演化出新的内容，这些词句因景而题，使人在审美的联想中，感到心旷神怡、涤虑消烦，进而达到一种淡泊名利、剔透空灵、物我两忘的境界。人们与泰山的密切接触，虽然不同时代、不同阶段有赖其承载的并不是同一种精神内容，但是作为主流，泰山总是以其自身的特征，引导着人的精神投向，并随着人的认识水平的提高，不断推陈出新，不断激起人们新的想象和共鸣。或者说，泰山在影响着人，而人的意志、理想、追求又恰与泰山的属性相契合，于是无生命的山在人们心中便具有了一种精神，一种人的精神的象征和折射。终于，这种精神冲破了地域、时代，伴随着整个中华历史文化的长河，辐射到了更为广大的地区，得到了整个民族的认同，具有了影响全民族的力量。

泰山石刻便生动、详实地表现了这一点。

## 二、泰山是一座巨大的石刻博物馆

泰山是中华民族的伟大象征，泰山石刻史是一部宏阔的史诗。

历史上，有众多的皇帝在泰山留下了他们的墨迹，如唐玄宗的《纪泰山

---

① 庞朴：《“凌绝顶”与“一长啸”——从泰山刻石谈中华精神》，《泰山研究论丛》（三），青岛海洋大学出版社1991年版。

铭》摩崖碑、宋真宗的《登泰山谢天书述二圣功德铭》摩崖碑、《大宋东岳仁圣帝碑》、《加青帝懿号碑》、清康熙的“云峰”摩崖题刻，以及乾隆的百余首泰山诗刻。他们或赞美泰山，或通过泰山表明自己的治国理念，洋洋洒洒，可以使我们了解那个时代的颇多历史特色。

大臣的题刻更是比比皆是。秦代《李斯碑》可称为肇基，唐代北海太守李邕的刻经、宋代大丞相李迪《游泰山诗》、金代翰林学士党怀英的《谷山寺记碑》、元代翰林集贤大学士姚燧的《大元太师泰安武穆王神道之铭碑》、明代曹国公李文忠的《洪武祭祀碑》、清代定亲王的唱酬碑，等等。这些题刻有的是奉命而作，遵守了一定的规程，而大多数则是有感而发述说着自己的情怀。

泰山的宗教题刻占有了相当的比例。灵岩寺中住持、提点的道行碑记录了僧人的高风亮节和艰苦修行，各类道教庙观的建修碑、进香碑则记述了庙宇兴建的过程等。

大量文学家、诗人、书法家、学者在泰山留下了遗迹，如苏轼、苏辙、欧阳修、王安石、蔡卞、蔡襄、赵明诚、元好问、杜仁杰、万恭、钟惺以及现当代的于右任、郭沫若等，他们的作品不仅在文学、书法的艺术性上取得了较高成就，而且能较好地反映当时社会的政治、经济形态。

唐宋以来不知名的登岱题名、题记者更是数不胜数。泰山甚至为最下层的劳动者留下了一席之地，白龙池便有着金代石匠伊小二郎的纪事题刻，甚至连造反起义的题刻也可以堂而皇之地留在泰山。[①]

泰山石刻的源远流长，使之成了一座巨大的石刻博物馆。在我国，将文字刻于石上已有数千年的历史。中国最古老的刻石文字是现存于北京故宫博物院的石鼓文，其所刻书体为秦始皇统一文字前的大篆（即籀文）。而泰山的《李斯碑》仅比其晚了百余年。西汉时期，全国保留下来的刻石很少，泰山现已不存，但据史料记载，汉武帝元封元年（前110）登封泰山时就曾立石刻

---

① 参看李贞光：《泰山石刻刻工述略》，见《泰山学院学报》2016年第2期。伊小二郎题刻为：“大定九年岁次乙丑五月上旬初一日，因赴竹村打磨，至此闷题。伊小二郎记耳。”姜博士题刻为：“石匠姜博士今滞辟寇累次到县打劫，万十四、□□□并孙上座□□共纠到三尖山起寨。时建炎元年八月。”

字[①]，此即汉武帝登封泰山时所立石的铭文。东汉应劭任泰山太守期间还曾将此铭文辑录到《风俗通义》第二卷中。到了东汉后期，刻石之风大兴，数量大增，且多有丰碑巨制，目前全国现存这一时期的石刻约有25处，岱庙内的《张迁碑》《衡方碑》就是其中较为著名者，尤其是《张迁碑》，一向被认为隶法朴茂，雄健酣畅，故受到历代书者的喜爱，摹写者甚多。

魏晋时期，官府禁止立碑[②]，人们或不敢刻碑，或只得将碑石埋藏于墓中，故保存下来的碑刻甚少。而这一时期泰山的《孙夫人碑》因形制巨大、保存完好而引人注目。晋以后，南朝亦较少刻石，但北朝由于受到了外来文化的影响，佛教造像、刻经、墓志都曾盛极一时，泰山经石峪《金刚经》石刻就是这一时期的代表作，其书法艺术备受推崇被誉为“大字鼻祖”“榜书之宗”。[③]隋唐时期，刻石之风随着经济与社会文化的发展，进入鼎盛阶段，并形成了传统，历代不衰，可谓琳琅满目、美不胜收。

随着帝王封禅告祭影响的不断扩大，各种宗教信仰活动也相继涌入泰山，群众性的游山朝拜愈来愈盛，历代文人墨客、社会名流亦随之而至，为泰山留下了丰富的刻石。据目前所掌握的数据，泰山风景名胜区内现存历代石刻2051处（不包括题刻粗陋、残缺严重、仅有题名而无内容的碑刻和摩崖）。其朝代分布情况为：秦代1处、汉代4处（包括无字碑和画像石群）、晋代2处、南北朝4处、隋代2处、唐代37处、后晋3处、宋代127处、金代49处、元代84处、明代497处、清代478处、民国251处、新中国成立后159处，还有无具体名款、年款的题刻353处。[④]泰山可以说是一座巨大的石刻博物馆。

---

① 《后汉书·张纯传》载：“元封元年，帝乃东巡岱宗……并上元封旧仪及刻石文。”

② 《宋书·礼志》：“建安十年，魏武帝以天下凋敝，禁立碑。”《晋书·武帝纪》晋武帝咸宁四年诏：“碑表私美，兴长虚伪，莫大于此，一禁断之。”

③ 参见〔日〕松村一德：《泰山金刚经と尖山摩崖——“北周要经洞摩崖”》，《书学书道史研究》1号，1991～1925年刊油印本をめぐって。〔日〕道端良秀：《在山东省的六朝佛教摩崖》，《大谷学报》1942年第5期。〔日〕八木宣谛：《北齐の刻经について》，《印度学佛学研究》1978年第1期。

④ 参见张用衡：《泰山石刻全解》（修订版），山东友谊出版社2018年版。

## 三、泰山石刻是珍贵的民族文化遗产

读泰山石刻犹如读一部浓缩的中华历史，一部内涵丰富、览之不尽的百科全书。泰山石刻是我们民族历史遗存中的璀璨瑰宝。

泰山见证了历史、佐证着史籍。不必说古老的东方崇拜和帝王封禅，这类现象不胜枚举，如元至正元年（1341），日本法禅寺住持邵元到泰山开坛说法，其为泰山灵岩寺第三十九代住持撰写的《息庵让公禅师道行碑》至今保存完好，郭沫若对此碑曾给予了很高的评价："息庵碑是邵元文，求法来唐不让仁。愿作典型千万代，相师相学信相亲。"[①]同年，《明德大师辅成堂提点贞吉祥记碑》的作者为福广野云，也当是日本僧人所写。15世纪，一位与泰山有着终生之缘的高丽僧人满空，航海而来，受到明王朝很高的礼遇。宣德三年（1428）他到泰山，先修竹林寺，又修普照寺，直到明天顺七年（1463）圆寂，在泰山驻锡达36年。这些均显示了那一时期中国与海外在宗教方面的交流。

元至正十八年（1358）有一则题记为："大元至正十八年二月初八日，因红巾占据泰安州，调遣淮南府都元帅杨世瑛统兵一十七府来此。"这是一则映现元末红巾军起义的刻石，专家认为："这块元刻石不仅对我们了解毛贵（刘福通部将领）部红巾军在鲁南的战况至为重要，而且也为我们了解岌岌可危的元朝统治者依靠地主武装——义兵来镇压红巾军提供了确凿的实物证据。"[②]

明末左佩玹和刘泽清的诗碑则反映了崇祯十四年（1641）山东、河南等地民众起义之事。据载，崇祯十四年大旱，蝗虫成灾，山东民众起而反明，史东明等率起义军数十万围攻泰安城十昼夜，总兵刘泽清率兵来援，城始解围。

刻于民国二十年（1931）的《修复盘道古迹题记》等碑文则记载了晋军对泰山的大肆破坏，如拆毁岱庙围墙、包公祠、五贤祠，损毁岱庙壁画，盘道被挖掘成战壕等。又《信女宋善人发愿醵资进奉织绣锦袍碑》记录的也是这件事："十九年战役，泰安以弹丸小城，被围二十日，受巨炮炸弹千余发……"

---

① 参见豫博：《日僧邵元在我国所撰碑文塔铭考略》，《文物》1973年第6期。〔日〕镰田茂雄：《在中国撰写碑文的日本僧——邵元的伟业》，《世界宗教研究》1986年第2期。

② 邱树森：《毛贵事迹考略》，《文史哲》1980年第3期。

泰山石刻是观照泰山文化与历史的最主要的对象之一，读泰山石刻，人们就会发现一个更加伟岸、更加厚重、更加丰富多彩的泰山。纵观世界各个国家、各个民族，都有自己文化的独特风格，在文学艺术、民俗风情上可谓各呈异彩。产生这一现象的原因包括地理环境、政治背景、历史积淀和民俗信仰等，正是因为这些不同才构成了五彩缤纷的世界，泰山便是其中集大成者。20世纪英国学者G. L.狄更生在一篇题为《圣山》的游记中对泰山石刻曾发出这样的感慨："中国人用精美的书法题诗刻石，欧美人却在岩石上贴上广告，好像在大自然的脸上增添了伤疤。"① 由此可以看出石刻作为东方特有的艺术形式不仅受到东方人喜爱，西方人也倍加欣赏。世界不同民族的艺术是相通的，所以泰山石刻应当在世界艺术史上占有一席地位。泰山石刻作为泰山文化的组成部分，在政治、文化、历史、美学、地理、园林、书法、旅游等方面都有着研究和利用价值。它也是自然景观与文化景观珠联璧合最为重要的形式体现，它因使原本普通的大自然有了历史的回响和人文的温度而意义更不同寻常了。唯如此，泰山才不仅让国人叹服，也让外国人钦羡。

在书法方面，泰山石刻书体——真、草、隶、篆无所不有，可谓洋洋大观。不同时代、不同书家、不同风格的书法艺术珍品荟萃泰山，几乎涵盖了整个中国书法史，展示了中国书法艺术的流变，具有很高的历史文物价值和书法艺术价值，是一座名副其实的书法艺术陈列馆。

泰山石刻构成了一座宏阔雄丽的文化、精神史长廊。历史上，华夏精英从泰山汲取营养，然后又回馈于泰山，印证了人类文明的足迹，也就是说，泰山承载了自帝王、达官贵人、文人墨客、黎民百姓各个阶层的印记，囊括了国家政治、礼仪典章、天文地理、自然风物等社会的各个方面，可称贯通古今、包揽万象。在这方面，季羡林先生评价说："存留的泰山石刻数量之多、形制之巨、历史之悠久、年代之连续，也是绝无仅有的。"②

的确，泰山是一座特别能包容的山，各种各样文字镌刻在泰山的石头上，良莠毕现，五千年的文化现象汇集于此，每一块石头都几乎承载着一段

① 〔英〕G. L.狄更生著：《"中国佬"信札——西方文明之东方观》，卢彦明、王玉括译，南京出版社2008年版，第132页。

② 袁明英主编：《泰山石刻》，季羡林序，中华书局2007年版。

历史，彼此存在，彼此映照，使泰山石刻显得益发多姿多彩。泰山石刻沟通了古今，其所饱含的高韵深情与矗天而立的巍然泰岱融为一体，充分体现出中华民族自强不息的进取精神，这便是泰山石刻作为世界文化遗产组成部分的精义所在。

## 四、泰山石刻研究的基本思路

本书所指的“泰山石刻”，地域以泰山风景名胜区范围为主，包含灵岩寺，并适当延伸到周边个别地区。石刻年代自秦朝至民国，其中，宋代以前（包括宋代）的部分尽量做到逐条梳理，元明清以来的部分理出脉络，突出主线，选择叙述。从类型来说，以碑刻、画像石、摩崖为主，兼及各种具有石刻性质的砖、陶、玉等杂刻，其中以具有文字的石刻为主，兼及带有造像、画像、纹饰、图案的石刻。

泰山石刻的著录和研究，在我国有着悠久的历史。西汉司马迁《史记》曾收录《秦泰山刻石》(《李斯碑》)，为后代的研究提供了可靠依据。东汉末年泰山太守应劭在《风俗通义》中详细著录了秦始皇封禅坛石阙和汉武帝泰山立石的位置。西晋司马彪著《续汉书》详细著录了光武帝泰山立石的文字。真正把石刻作为一门学问来研究，是从北宋开始，并逐渐形成了金石学。此后，历代学者辈出，专著达数百种，金石学者从不同侧面对泰山石刻做了大量的研究工作，取得了丰硕的成果。明清以来的泰山著述及泰安志书对泰山石刻著录更多，出现了诸如《泰山金石志》等专著。民国李东辰还有《泰山石刻漫录》《泰山题石选粹》等。

现代泰山石刻研究主要集中在三个方面：一是对泰山石刻的著录整理，泰山石刻数量繁多，历代学者多有志于著录整理，先后出版了《泰山石刻大全》《泰山历代石刻选注》《泰山石刻大观》《泰山碑刻艺术丛书》《泰山石刻》等多种大型著作。这些著作或影印拓片，或校释文字，如《泰山石刻大观》一书收入历代石刻465处，拓片清晰，考录精当，装帧亦美；《泰山大全》中的石刻部分著录历代石刻812处；《泰山石刻》著录泰山及周边县市区石刻上万处。这些成果，为进一步研究提供了资料基础。二是对泰山石刻的个案研究，一些泰山著名石刻的研究讨论充分展开，并取得一些重要突破。如对现存秦刻残石真伪与书者的问题，研究者均提出质疑与辩难。又如岱顶《无字碑》，据清初顾炎武考据，为汉武帝所立，这一观点颇为世人所认同，但近年又有学者认为《无字碑》不是碑，而是阙；立者不是汉武帝，而是秦始皇；秦立阙泰山，有着复杂的文化背景。[①]后多有人赞同此说。对《无字碑》的立者，除“秦始皇说”之外，还有学者提出了“汉安帝说”“武则天说”等，均阐述了不同于顾氏的见解。[②]再如《经石峪刻经》的时代与书丹者，学者们通过对书风书艺的比较，认定泰山石经的书丹者是北齐僧安道一，并已经获得学界广泛认同。[③]《鸳鸯碑》上的唐代题刻，研究者结合唐代政治更替与道教兴衰，也有了一些全新的认识[④]。三是对泰山石刻价值的多角度揭示，研究者从史学、美学、书法、宗教、民俗、旅游等不同角度进行了深入挖掘。这些解析，有助于对泰山石刻总体价值的评估。[⑤]

历代学者对泰山石刻的研究，取得了可观的成就，但也存在着明显的不足，主要表现在：一是对泰山石刻资源的全面普查尚有一定的拓展空间，对于历史上曾经存在但已经佚失的石刻关注不够；二是对泰山石刻多在书法成就、文字著录和训诂、史料考证等方面孤立研究，缺乏综合探讨，特别是对泰山石刻的历史发展缺乏梳理，缺乏内容的研究，没有体现出泰山石刻这一文化宝库的整体价值和综合价值。有鉴于此，《泰山石刻史》的写作，便具有重要意义。本书的写作思路是：通过对泰山石刻资源的全面清理、综合考证，把泰山石刻的发展史置于泰山文化的广阔空间范围和漫长历史演进过程中进行多维透视和动态观照；深入探讨泰山石刻产生的历史动因及发展机制和泰山石刻对泰山形象的塑造；挖掘泰山石刻的历史文化价值、艺术价值、美学价值和精神内涵；同时对历史上泰山石刻保护、利用开发的经验教训进行总结。

---

① 参见姜丰荣：《泰山无字碑考辨》，《泰山研究论丛》(五)，青岛海洋大学出版社1992年版。

② 参见顾铁符：《泰山没字碑的性质与时代问题》，《文物》1964年第5期。万昌华：《武则天与泰山无字碑》，《泰山研究论丛》(二)，青岛海洋大学出版社1990年版。

③ 参见姜丰荣：《泰山经石峪摩崖刻石考》，《泰山研究论丛》(一)，青岛海洋大学出版社1989年版。赖非：《齐鲁碑刻墓志研究》，齐鲁书社2004年版。

④ 参见雷闻：《道教徒马元贞与武周革命》，《中国史研究》2004年第1期。

⑤ 参见朱俭：《泰山研究资料索引·引言》，北京图书馆出版社2005年版。

泰山石刻资源是泰山文化发展的生动记录和实物见证，也是泰山文化发展史的缩影。本书的主要目标是：运用实地勘察、古籍文献，并吸纳国内外最新研究成果，结合中国历史及中国石刻发展史的脉络，对选题范围内的泰山石刻（现存与佚失）的发展过程进行考察，梳理泰山石刻史的历史脉络，廓清泰山石刻产生、发展的历史背景、发展机制及泰山石刻在不同历史阶段呈现出的面貌、特点与走向，揭示泰山石刻的多元价值及其对于泰山文化发展的独特贡献。这对于泰山的保护、建设布局与规划、泰山形象塑造与传播都将具有深刻的影响。

# 第一章
# 先秦泰山石刻的发轫及影响

8000年前，以泰山为中心的海岱地区诞生了古老的氏族部落群——东夷部落。东夷族自考古学意义上的后李文化起，经过北辛文化、大汶口文化、龙山文化和岳石文化，逐渐发展了起来。尤其到了距今6300年前后的新石器时代晚期，东夷部落进入了大汶口文化时期，大汶口文化的命名遗址地便在泰山南部的汶河两岸，其文化延续时间近2000年。

大汶口文化遗址内涵丰富，有墓葬、房址、窖坑等。出土的生活用具主要有鼎、豆、壶、罐、钵、盘、杯等器皿，生产工具以石器为主，兼有一些骨器、角器和蚌器。石器则有铲、锛、斧、凿、刀、匕首、矛等，有的石铲和石斧钻有圆孔。

大汶口文化的雕塑工艺品不仅数量多，而且有较高的艺术水平，如象牙雕筒、象牙琮、象牙梳、雕刻骨珠、骨雕筒、骨梳、牙雕饰、嵌绿松石的骨筒、雕花骨匕、穿孔玉铲、玉珠，以及陶塑动物等。这些雕塑品，制作相当精细，造型精美，为后来的刻石打下了工艺基础。更为重要的是，大汶口遗址中出土了带有文字符号的“大口尊”。大口尊与其他陶制器皿的不同之处在于，它们体型特别大，一般长度在半米以上，最小的也超过40厘米，器形底尖，看似并非实用器具。而此器物最使人感兴趣的是上面刻着著名的“”图案，这符号被认为是在山上燃柴祭天的形象表达，同时表明那一时期文字的雏形已经形成，成为将文字刻到物体上从而相继出现骨刻文、甲骨文、钟鼎文和刻石记事的滥觞。

龙山文化时期（前2800～前2300），东夷部落创造了骨刻文，骨刻文的字符很多，多数是人物、动物和植物的图像符号，这些刻画符号常常几个字、十几个字甚至达到几十个字同时出现，说明辞章已经形成。[①]殷商时期，甲骨文出

---

① 参见丁再献等：《东夷文化与山东·骨刻文释读》，中国文史出版社2012年版。

现，甲骨文共有不重复的单字4500个左右，现已识单字在1700个左右，内容为记载盘庚迁殷至纣王时期270年的卜辞。[①]从甲骨文可以看出商代已有精良笔墨，书体因经镌刻，风格瘦劲锋利，具有刀锋的趣味。如果说，我国汉字的萌芽出现于新石器时代晚期陶器的刻画符号，则骨刻文是过渡，而真正具有一定的体系并有比较严密规律的文字，则是甲骨文。甲骨文是后世石刻的先声。

## 第一节　石头的歌

人类自从起源，便与石头结下不解之缘。上古传说中，女娲炼石补天，精卫衔石填海，燧人氏击石取火……石头是一首不朽的歌。

距今300万年前，旧石器时期人类的生产力极其低下，他们首先选用了石头作为原始的生产工具。最早，是从河滩或山坡拣拾石块，打制成合适的工具，到了晚期，随着生活环境的变迁和生产经验的积累，这种拣拾的方法已不能满足生产和生活上的需求，便开始从适宜制造石器的原生岩层开采石料，打制石器。打制石器的方法很多，有碰砧法、摔击法、锤击法、砸击法等，通过这些方法，将石头打制成砍砸器、刮削器、尖状器、雕刻器、斧形器、刀形器等。

距今约1万年时，社会进入了新石器时代，这一时期，打制石器变成了磨制石器，磨制出的石器更加轻巧、灵便、锋利，可以作为制造各类骨器、象牙器以及剥制兽皮的工具。大汶口文化遗址、龙山文化遗址出土的石器中还包括了很多玉器，如玉雕人面像、青玉笄等，石头终于奠定了人类文明的基座。

### 一、新石器时代的石制品

从旧石器时代到新石器时代，人类走过了数百万年的时间，在这一时期中，石头始终伴随着人类，人们为了生产生活，终日“如切如磋，如琢如

① 参见姚孝遂：《殷墟甲骨刻辞类纂》，中华书局1989年版。

磨”[1]，制作出了各种工具，使生产力不断提高，原始人的生活亦有了较大改善。新石器时代，随着生活质量的提高，古人逐渐具有了审美意识和审美需求。此时，除了生产工具的制作外，他们开始制作各种用于生活与装饰的器具，著名的有穿孔玉铲、玉面人、玉珠、嵌绿松石的骨筒等，人们的生活变得丰富多彩了。而稍晚的龙山文化则是高度成熟的新石器时代晚期文化，为随后大量盛行的雕刻开创了先例。

祭祀在新石器时代已经形成风气，礼器于是应运而生。如前所述之大口尊，口大而底部呈尖状，很难垂直搁置，加之其上刻有“”符号，考古界便普遍认为其是典型的礼器。除此之外，在其他遗址发现的石钺、玉璧、玉琮、石铲、石勺、石圭等都应是用于各种仪式的物品，尤其从龙山文化出土玉器的造型、纹饰来看，并不仅仅只具有装饰的意义，它们所体现的思想内容和社会特点及时代所赋予的特殊性质，与当时宗教思想有关。而有些以某种生物为崇拜对象的现象出现正是原始图腾的特征，说明新石器时代中晚期人们的精神生活已相当丰富，而石头在其中扮演了重要的角色。

## 二、大汶口人刻写的“陶文”

20世纪70年代，在山东莒县大汶口文化遗址中出土了一批陶尊，这些尊上几乎都刻有形式相近的符号（图1-1），考古学家们把它称作“陶尊文字”，也称“陶文”。大口尊上的符号是神秘的，引起了众多考古学家的兴趣，对此一开始便有各种猜测，有人认为这是一个“旦”字[2]，有人认为是“灵山”二字的合文[3]，等等。但现在有了较为统一的看法：上面的圆形代表太阳，中间图案是火，最下面是泰山的写意。[4]什么意思呢？泰山在古人心目中是东方最高大的山，是太阳升起的地方，离天最近，所以他们选择了在泰山祭天。这种祭天，古人称作“柴望”。柴，名词动用，意为在泰山之巅燃起大火，古人认为随着烟火

① 《诗经·卫风·淇奥》。

② 于省吾：《关于古文字研究的若干问题》，《文物》1973年第2期。

③ 李学勤：《考古发现与中国文字起源》，《中国文化研究集刊》第2辑，复旦大学出版社1985年版。

④ 徐北文：《可爱的山东丛书·灿烂的古代文化》，齐鲁书社1984年版。

图1-1　大汶口陶尊符号

向天空升腾，上天就会得到人类所发出的信息，答应人的请求；望，即谓祭国中山川。它所揭示出来的文化现象不仅说明了远古时代的中国人就已经懂得了天人合一，懂得了人与大自然的和谐相处，并且通过形象的符号表达出来。此后，人类逐渐将图案演变为文字，开始进入到有文字记载的文明史。

关于汉字的起源，中国古代文献上有种种说法，如“结绳”“八卦”“图画”“书契”等。如果说八卦与文字起源有关的话，那么，大汶口文化中出土的象牙梳上的类似八卦的雕刻（图1-2），其历史年代之早，雕刻之精美则令人叹为观止。这柄象牙梳背厚齿薄，整体呈长方形，长约17厘米，顶端有四个小缺口，其下透雕三个圆孔，梳身中部用平行的三行条孔组成类似“S”形的透雕装饰，内填“T”形花纹，在“S”形装饰的左右两侧刻出对称的三个条孔，上方刻有一道长条孔，构成了一个长方形的装饰画面，条孔为一次刻成。梳身上雕刻的“S”形图案颇像后世的八卦太极图，专家经过研究证实，这件梳子上刻画的是原始的八卦符号。中国古代一直流传着伏羲始做八卦的传说，《系辞传》记载：“古者包羲氏之王天下也，仰则观象于天……于是始作八卦……”而这柄梳子上的八卦图案却早于伏羲上千年，它与原始八卦和伏羲“始作八卦”的传说与记载应该有所联系。古人将象牙梳上“S”形和其中的“T”形视为阴阳鱼太极图的祖形。同时认为，东夷居民有太阳崇拜的观念，这是“太阳的象形”。[①]“S”下面则是直条纹的梳齿，这密密的梳齿正好是海水的象形。上为太阳，下为海水，上为乾，下为坤。八卦也被认为是汉文字的起源，而象牙梳上的“T”形图案则是甲骨文、金文中

图1-2　大汶口象牙梳

① 参见《齐鲁晚报》2011年7月25日报道《五千年前原始社会象牙梳暗含神秘“太极图”》。

的“上、下”两个字，有“天、地”的意思。这不仅说明了上古时期人们雕刻水平的高超，也说明了文字已经初露端倪，而这两者，都是后世石刻产生的最主要条件。

# 第二节　古代传说及其史影

## 一、上古帝王封禅题刻

《后汉书·祭祀志》中有一段话：“陛下圣德洋溢，顺天行诛，拨乱中兴，作民父母，修复宗庙，救万姓命，黎庶赖福，海内清平。功成治定，群司礼官咸以为宜登封告成，为民报德。百王所同，当仁不让。宜登封岱宗，正三雍之礼，以明灵契，望秩群神，以承天心也。”这是东汉大臣赵熹上疏光武帝泰山封禅的一段文字，注引庄子曰：“易姓而王，封于泰山，禅于梁父者，七十有二代。其有形兆垠堮勒石，凡千八百余处。”[①]意思是，庄子认为上古有72代帝王到泰山祭天，到泰山下的小山梁父山祭地，并在祭坛的山崖上留下了题刻1800余处。这是迄今人们所知唯一的上古帝王封禅留下石刻的记录。许慎赞同庄子的说法，其《说文序》曰：“仓颉之初作书也，盖依类象形，故谓之文。其后形声相益，即谓之字……字者，言孳乳而寖多也。著于竹帛谓之书，书者如也。以迄五帝三王之世，改易殊体，封于泰山者七十有二代，靡有同焉。”

虽然这些刻石后人并没有看到过，虽然庄子是一个浪漫主义诗人而非史学家，但是他的说法也并非空穴来风。《庄子》中说：“黄帝游于赤水之上，登于泰山之丘。”即使没有“刻石”之为，也应有“书石”之作。历史上最早提到封禅的是齐国宰相管仲的《管子·封禅篇》。其他还有《韩非子·十过》：“昔者黄帝合鬼神于泰山之上……蚩尤居前，风伯扫地，雨师洒道，虎狼在前，鬼神在后，腾蛇伏地，凤凰覆上，大合鬼神，作为《清角》。”《尚书·舜典》：

① 《后汉书·祭祀志》注引。

“舜二月，东巡守，至于岱宗……柴。望秩于山川。”而司马迁则点出了具体的封禅帝王，《史记·封禅书》：“自古受命帝王，曷尝不封禅。”并引用《管子》中的内容，说古代共有72位帝王到泰山封禅，并列举了12位，即无怀氏、伏羲氏、神农氏、炎帝、黄帝、颛顼氏、帝喾、尧、舜、禹、汤、周成王。封禅是每个帝王孜孜以求的，同时相信那个时候已经有了早期的象形文字，那么，帝王是否刻石记录了呢？庄子的说法又有几分可信度？这仍是一个需要研究的课题。

## 二、古代神话对泰山石刻的影响

泰山有着较多的远古传说，其中最著名的是黄帝战蚩尤的故事，而故事的主角之一泰山玉女则成了后人题刻内容的不竭源泉。

传说是这样演绎的：黄帝与蚩尤大战于涿鹿之野，却九战而不胜。黄帝大为焦虑，来到泰山，泰山笼罩在了雾中，黄帝不敢向前，在大雾里拜伏了三天三夜。突然，云消雾散，只见一位人首鸟形的妇人，头发蓬松、顶戴簪饰，腾云而来。黄帝见了，赶快叩首再拜，只听那妇人说：“吾乃泰山玉女[①]，汝有什么难处，尽管说来。”黄帝答道：“我要统一天下，却遇到蚩尤，九战不胜，请求玉女赐我百战百胜之良策。”玉女听后便将秘法战书授予了黄帝。黄帝得到战书，与蚩尤再战，果然每战必胜，蚩尤投降了，战争止息了。炎帝与黄帝在泰山会盟，天下终于获得太平。

之后，玉女的故事几乎可以成为一个系列。晋张华《博物志》云，文王梦一妇人当道而哭，问其故，曰：“我东岳泰山女，嫁为西海妇，欲东归，灌坛令[②]当吾道，令有德，吾不敢以暴风过也。”“明日，文王召太公归，已而果有骤雨疾风，或云元君即泰山女。”又《岱史》引《玉女卷》云：“汉明帝时，西牛国孙宁府奉符县善士石守道妻金氏，中元七年甲子四月十八日时生女，名玉叶，貌端而性颖，三岁解人伦，七岁辄闻法，尝礼西王母。”又说玉女是东岳大帝之女，清张尔岐《蒿庵闲话》载：“元君者，汉时仁圣帝前有石琢金童玉女……宋真宗东

① 另有版本说是“九天玄女”。参见袁爱国：《泰山神文化》，山东大学出版社1991年版。
② 灌坛令为太公望。

封，还次御帐……命有司建祠奉之，号为圣帝之女，封天仙玉女碧霞元君。”明王之纲《玉女传》中则有“玉女为东岳金虹太乙定父所生，而化身为观音在世”和“泰山玉女者，天仙神女也。黄帝时始见，汉明帝时再见焉”的记载。

玉女的故事给了后人以广阔的想象空间，人们不仅在泰山建起了“玉女祠”（碧霞祠前身），而且刻石中到处都是关于玉女的文辞，如“元君何神也？或谓黄帝所遣玉女，或谓即泰山玉女”①“兖海守刘衮奉诏祈雪，次谒玉女祠”②“玉女修真处”③等。上古的基因深深地烙在了人们的心中，也大量地刻在了泰山。

## 第三节　先秦思想家对泰山石刻的影响

春秋战国时期，泰山在当时思想家心目中的地位已是无比崇高，他们或在泰山活动，或以泰山为文，尽管他们并没有在泰山石上留下只言片语，但其影响却一直贯穿了2000余年。

孔子一生钟情于泰山，他与泰山有着不能割舍的情缘。年轻时，他就希望能登上泰山，但却没有成功，后来，孔子来到泰山，泰山上不仅留有“孔子登临处”“望吴胜迹”“孔子小天下处”“瞻鲁台”等景点与题刻，而且《论语》中的语句，如“杀身成仁”④“弘毅”⑤“六言六蔽”⑥等也都被刻到了泰山的石头上。

孟子曾说过孔子“登泰山而小天下”，孟子对泰山石刻也产生过深远的影响。孟子继承发展了孔子的学说，把孔子侧重于个人道德修养的“仁”，发展为作为政治主张的“仁政”，提出了“民贵君轻”的观点，主张“行仁政”，使

---

① 泰山红门宫处《万善同归碑》。

② 岱顶宋人《刘衮题名刻石》。

③ 泰山后石坞明人《王之纲题景刻石》。

④《论语·卫灵公》，见辛亥革命烈石祠《范明枢等题词碑》。

⑤《论语·泰伯》，见普照寺附近摩崖刻石。

⑥《论语·阳货》，见岱庙《大定重修宣圣庙记碑》。

“黎民不饥不寒”。这在当时是难能可贵的，因此，人们给了他极高的评价，泰山的石上留下了他的思想，如“有恒产者有恒心，无恒产者无恒心”[①]“君子反经而已矣。经正，则庶民兴”[②]“道则高矣，美矣，宜若登天然，似不可及也”[③]等，孟子本人也被誉为有“泰山岩岩气象”。

曾子也是孔子学说的传人，他为人沉静敦厚，笃信孔子及其学说，在孔门弟子中以孝行与修养著称。他早年“耕泰山下，天雨雪冻，旬日不得归，思其父母，作《梁山吟》”[④]。雨雪阻隔了曾参的归途，思念父母的心情无以表达，便以歌咏之，此歌沉郁苍凉，一咏三叹，孝子的歌声感动了无数离家思乡的人。后来泰山的好多诗刻都模仿了他的《梁山吟》诗歌形式。曾子的修养甚高，泰山碑文中也有他的身影，如“‘知几其神乎？君子上交不谄，下交不渎，其知几乎。’当是之时，颜子不幸，曾子独得其传”[⑤]，对其评价甚高。

先秦道家学者的思想与影响在泰山也甚为深厚，老子讲究的无为而治、“万物负阴而抱阳，冲气以为和”“上善若水”等，都在泰山的石刻中有所体现。庄子在哲学上继承发展了老子的思想，认为道是客观真实的存在，把道视为宇宙万物的本源。他说：“道之真以修身，其绪余以为国家，其土苴以治天下。”[⑥]又说：“无以人灭天，无以故灭命，无以得殉名，谨守而勿失，是谓友其真。”[⑦]这些思想同泰山的特定环境十分契合，也就是说泰山环境与老庄思想相得益彰，故而泰山上镌刻了“逍遥游”“驭大鹏而游南溟”等充满着浪漫主义情调的文字。

---

① 《孟子·滕文公上》，见岱庙《知府廷璐断道士卖庙田案碑》。

② 《孟子·尽心下》，见经石峪《“经正”刻石》跋。

③ 《孟子·尽心上》，见登山盘道《“若登天然”刻石》跋。

④ 〔清〕金棨《泰山志》卷十九《逸事记》。

⑤ 泰山岱庙内《大定重修宣圣庙记碑》。

⑥ 《庄子·让王》。

⑦ 《庄子·秋水》。

# 第二章
# 秦代泰山石刻

秦国原为东周的一个诸侯国，秦始皇嬴政继位后，于公元前230年到前221年先后攻灭韩、赵、魏、楚、燕、齐等六国，实现华夏大一统，后北击匈奴、南并百越，于前221年，建立了中国第一个版图空前辽阔的王朝。

秦朝结束了自春秋战国以来500多年诸侯分裂割据的局面，成为中国历史上第一个多民族共融的大一统王朝。秦朝建国后创立了帝制及以三公九卿为代表的中央官制，废除分封制，代以郡县制，彻底打破自西周以来的世卿世禄制度，强力维护国家的统一，强化中央对地方的控制，又推行车同轨、书同文、度同量，统一文化风俗，加强了大一统的凝聚力，对后世影响极大，故称“百代都行秦政法”。

秦国的胜利主要原因之一是注重引进和重用人才，早在秦昭襄王、秦孝文王、秦庄襄王时期就有大量谋士来到秦国。到了秦始皇，又有李斯、尉缭等前来投奔。李斯早年为郡中小吏，后从荀子学帝王之术，学成入秦，初被吕不韦任以为郎，后因劝说秦王嬴政灭诸侯、成帝业，被任为长史。秦王采纳其计谋，遣谋士持金玉游说关东六国，离间各国君臣，又任其为客卿。秦王政十年（前237）由于韩国间谍入秦，秦王下令驱逐六国客卿。李斯上《谏逐客书》阻止，被秦王所采纳。秦统一天下后，李斯与王绾等议定尊秦王政为皇帝，并制定有关的礼仪制度，被任为丞相。李斯建议拆除郡县城墙，销毁民间的兵器；反对分封制，坚持郡县制；又主张焚烧民间收藏的《诗》《书》等百家语，禁止私学，以加强中央集权的统治。他还参与制定了法律，统一车轨、文字、度量衡。李斯政治主张的实施对中国产生了深远的影响，确立了中国两千多年政治制度的基本格局。泰山秦刻石就是李斯的作品。[①]

① 参见〔日〕大野修作：《泰山と刻石资料》，《しにか》6月号（大修馆）。

# 第一节　帝国风范

秦始皇统一全国后的第二年（前220）开始修筑驰道，以供军事交通和巡狩之用。之后，他先后五次出巡，足迹所至，北到今天的秦皇岛，南到江浙、湖北、湖南一带，东到山东沿海，并在邹峄山（位于山东邹城）、泰山、芝罘山（位于山东烟台）、琅邪（位于山东青岛）、会稽（位于江苏苏州）、碣石（位于河北昌黎）等地留下刻石，以彰显自己的功德。同时又仿照史传中古代帝王先例，封禅泰山，以表示受命于天。

## 一、秦始皇泰山刻石

秦始皇三年（前219），泰山上镌刻上了迄今人们所知最早的文字：

皇帝临位，作制明法，臣下修饬。
二十有六年，初并天下，罔不宾服。
亲巡远方黎民，登兹泰山，周览东极。
从臣思迹，本原事业，祗诵功德。
治道运行，诸产得宜，皆有法式。
大义休明，垂于后世，顺承勿革。
皇帝躬圣，既平天下，不解于治。
夙兴夜寐，建设长利，专隆教诲。
训经宣达，远近毕理，咸承圣志。
贵贱分明，男女礼顺，慎遵职事。
昭隔内外，靡不清净，施于后嗣。
化及无穷，遵奉遗诏，永承重戒。[①]

① 今残存二石，仅有7个整字、3个残字。录文引自《史记·秦始皇本纪》。

从内容上看，此碑辞章华丽、夸张，主要表达了三层意思：一是叙述始皇登大位，制定法令，众臣遵循，天下统一，万民归顺，于是皇帝出巡登泰山，官员歌功颂德；强调国家治理得当，百业振兴，子孙后代勿要变革政策，应永久继承。二是歌颂皇帝早起晚睡，不懈运筹，明察万物，创建了国家长治久安的万全之计；秉承了皇帝的意志，国家法典得到顺利实施，社会运转有序。三是要求全国百姓各自完成自身义务，谨遵帝诏，使江山延续到子孙万代。

从形制看，据宋代刘跂《秦篆谱序》记载，其铭文22行，行12字，凡222字，字径6.1厘米。后来，秦二世的诏书也刻到了同一石上，铭文10行，计79字。

从书体上看，秦国统一了文字，李斯首创小篆，作为李斯小篆的代表作，此碑受到了历代的重视。东汉许慎《说文解字·序》指出：李斯“取古籀大篆，或颇省改，所谓小篆者也”。宋刘跂《泰山秦篆谱序》说：“李斯小篆，古今所师。”《岱史》则说：“秦虽无道，然其所立，有绝人者，其文字书法世莫及。”清宋思仁《泰山述记》说：“夫李斯小篆为八分之祖，斯不义不足论，而碑实为可宝，能继周之石鼓鼎铭，为汉金石刻之前步也。”直至现代，鲁迅也对其评价甚高：“质而能壮，实汉晋碑铭所从出也。”(《汉文学史纲要》第五篇《李斯》)马宗霍《书林藻鉴》亦称：“斯骨气丰多，方圆妙绝。”

李斯创造了小篆，也开创了现存泰山刻石的先例[①]，此后从汉唐到明清，直至当代，泰山刻石历史不绝，形成了泰山独特的石刻文化。

## 二、秦刻石背后的文化心理

秦泰山刻石信息量丰富，可归纳为以下几点：

一是宣示威德、安定天下。秦始皇频繁出巡并在各地刻石颂功的目的是明确的，就是要通过宣德扬威，使六国旧民从精神上消除敌对意识，对其臣服，以成就其万世之业。尤其是齐国，地理位置优越，依山傍海，商业繁荣，经济发达，曾经称霸，既是秦人征调粮赋的基地，也是足以动摇秦王朝统治的客观因素。故而秦始皇在频繁巡游东方六国时，表现出对齐地的特别关注，曾有三

① 参见容庚：《秦始皇刻石考》，《燕京学报》1935年第17期。

次巡视齐地。

二是出于宗教情感。秦国普遍盛行多神崇拜，神权思想支配着整个社会政治、经济和军事活动。及至始皇，神学思想在其十余年短暂的帝国历史上，成为其统治的支柱之一。秦始皇到泰山封禅，在各地祭祀天地山川鬼神，也是其目的之一。秦始皇频繁东巡祭祀山川鬼神还有另一层深意，《史记·封禅书》道："昔三代之（君）皆在河、洛之间，故嵩高为中岳，而四岳各如其方，四渎咸在山东。至秦称帝，都咸阳，则五岳、四渎皆并在东方。"对秦而言，不但四渎而且连五岳也都在东方。秦崛起于西方，乃根基所在，又要统治东方，便欲以东巡达到"常奉天地名山大川鬼神可得而序也"[①]的宗教目的。

三是求仙得长生的期望。秦始皇推崇五德终始说，但是，鬼神的魔力对于秦始皇还不限于此，在祈祷天神护佑其帝王基业的同时，还滋生出另一种强烈的欲望，就是长生不老，由此便引发了求仙与求不死药的狂热行为。

四是回归的心理。秦人的祖先是生活在黄河下游泰山一带的东夷部族。因此，在秦始皇东封泰山的众多原因之中，有着很重要的一条，就是与其远祖东夷民族的泰山崇拜有关。在他的思想意识中，深埋着对祖先文化的认同与亲聚基因，他要回归，要寻求精神的支持与张扬。

秦刻石是"书同文"后秦始皇统一的昭示和宣言，其所蕴含的巨大政治意义是不言而喻的。

## 三、秦刻石的历史记载

岁月流逝，但秦刻石从未淡出人们的视野，只是清代以后其位置几经变换，记载也变得莫衷一是，使其身世增加了几分迷离。

最早详细记载秦刻石位置的是东汉的马第伯。马第伯乃光武帝刘秀登封泰山的侍从官，他写过一篇《封禅仪记》，自称在光武帝登泰山之前，先与70人上山视察封禅设施。其文说："早食上，晡后到天门。郭使者得铜物。铜物形状如钟，又方柄有孔，莫能识也，疑封禅具也。得之者汝南召陵人，姓杨名通。东上一里余得木甲。木甲者，武帝时神也。东北百余步，得封所，始皇立石及

① 《史记·封禅书》。

阙在南方，汉武在其北。二十余步得北垂圆台，高九尺，方圆三丈所……台上有坛，方一丈二尺所，上有方石，四维有距石，四面有阙。”

马第伯所称“天门”，即今南天门；所称“木甲神”之处，即今碧霞祠。据今测，从南天门至碧霞祠约为540米，与马第伯所称“东上一里余得木甲”符合。所谓“封所”，是指“光武帝封禅台”之所，在今岱顶玉皇庙山门前。碧霞祠距此140余米，与马第伯所称“东北百余步（约合138.6米）得封所”相合。所谓“始皇立石及阙在南方”，是指秦泰山刻石和《无字碑》在光武帝封禅台（玉皇庙山门附近）的南方，即今岱顶无字碑南下约18米的明太祖《去封号碑》处，且与《无字碑》、玉皇庙山门处在一条南北中轴线上①。

经过了汉、唐，至宋真宗封禅泰山时，兖州太守献出了秦刻石40字拓本。此后学者刘跂两次登岱考察，拓印成册，集为《秦篆谱》一书，据说可识之字有146个。欧阳修《集古录》、赵明诚《金石录》对此都有辑录。

金元好问《东游记略》云：“岳顶四峰，曰秦观，曰越观，曰周观，曰日观。秦观有封禅坛，坛之下有秦李斯碑，唐、宋摩崖。”元好问所称秦观，即泰山极顶，今称玉皇顶，秦、汉封禅坛皆在此地。从元好问叙事的顺序看，玉皇庙之下是秦《李斯碑》，再下是唐、宋摩崖。唐、宋摩崖至今尚存。由此可知，金代时期，秦泰山刻石仍在极顶玉皇庙和唐摩崖之间的《去封号碑》处。

元至元二年（1336），杜仁杰撰《东平张宣慰登泰山记碑》云：“暮至绝顶，由东以望，见山影黪黑，偃卧无际。顷观李斯碑，仅得数字，其余漫不可识。下自登封台，皆历代摩崖，亦复剥落殆尽。唯唐开皇御制《纪泰山铭》，其字大如碗，深几寸，泥金错落，犹有存者。”杜仁杰在极顶上首先看到的是无边无际的黑色山影，然后看到的是《李斯碑》。再下，看到的是唐摩崖，与元好问的记载一致。

明正德五年（1510），尚书乔宇《游泰山记》云：“稍上，是为东岳庙，摩崖碑在焉。碑高二丈，广一丈五尺，其文为唐玄宗御制《纪泰山铭》。其书隶，其立之年为天宝，遂题名于上。又上，为极高处，有玉皇殿，殿南为始皇封禅碑，即除道至山巅览秦颂功德碑，碑高二丈许，其文秘石套内。”乔宇所称“始皇封禅碑”，即秦泰山刻石。所称“秦颂功德碑”，即今存之《无字碑》。由乔

① 参见姜丰荣：《泰山历代石刻选注》，青岛海洋大学出版社1993年版。

字的记载可以看出，在明正德五年，秦泰山刻石仍在原址。

明嘉靖以后，秦泰山刻石移置到碧霞祠西墙外的玉女池旁，嵌于“斯碑岩”上。

嘉靖三十七年（1558），王世贞《游泰山记》云：“行可里许为元君祠……其右为御史所栖。后一石，三尺许，刻李斯篆二行。一石池，纵广及深俱二尺许，亦曰‘玉女洗头盆’也。”[①]王世贞所云“元君祠”，即今碧霞祠。所谓“其右为御史所栖”，即碧霞祠西墙外的明代西公署，在今玉女池之南约10米处，其额曰“仰止亭”，凡达官贵人皆止宿于此，此地清乾隆前已毁亡。所谓“玉女洗头盆”，即今之玉女池，其西约5米有一巨石，高8米许，形似山峰，其上刻“天柱峰”3字，其下刻“斯碑岩”3字，秦泰山刻石残石当时即嵌到了此石上。

明万历五年（1577），王世懋《东游记》云：“余回署中，书记游者姓名纸上，将勒之石，袖腕僵不能出，须火乃成书，高寒异下界乃尔。书罢，往舒公所观李斯小篆石，石函岩壁间，尚余数行可读，天护神物也。其旁为玉女池，记之亦一胜云。”说的就是秦刻石嵌到了巨石上。

明万历十一年（1583），吴同春《登泰山记》云：“顶前为元君祠，右为公署，贾守迎余署前，守尝为余属者。天暝且雪，不及谒元君。署后观玉女池，与贾守共摩秦篆碑读焉。碑嵌岩中，止存三十字。宋刘跂曾得二百廿二字，今且缺石之半。细瞩右旁，仿佛犹见字形。”此时，秦泰山刻石仍然嵌在石壁上。

万历十一年（1583），钟宇淳《泰山纪游》云：“已复折而下，礼碧霞君……宫右侧有玉女泉，为亭冠之，相传即玉女洗头盆……又右，石三尺许，为李斯断碑，自是秦以前物。”描述大同小异。

万历十六年（1588），王士性《岱游记》云：“入公署，视玉女池，冻雪未消。池头立石。高五尺余，摩之只得‘臣斯’以下二十九字，秦李斯断碑也。”

万历十七年（1589），吴同春再游泰山，撰写了《续游泰山记》。其中说：“五鼓起观日，与余昔年所见无异，不具述。其诸所经临，有如昨日，何异一梦。回饭舍馆，复读秦篆碑，与刘跂所记稍不券合。苦三面嵌壁不能尽辨，令数力士出诸壁，乃知仅存刘所云之半。刘谓正面七行，今止存右畔三行，而其

① 以下逐条皆转引自《岱史》卷十八《登览志》。

三面欲就岩安置，各加凿削，俱非当时之旧矣。涤洗拓摹，字形隐隐莫辨，第得石之真面目，与无字碑莹泽无异。外视粗顽，其理若此，天下事类此者多矣。已，令数力士复嵌于壁，恐数千年物又损坏自今也。”

万历二十七年（1599），谢肇淛《登岱记》云：“余居祠右公署，署后竖李斯断碣，循而读之，通四行，首二字无已刓毁，仅得‘臣斯’以下二十九字耳。旁有玉女池，山顶常苦乏泉，独是池未尝竭，疑有神物护之。”

直到明末清初，顾炎武在《日知录》中仍称秦刻石“在玉女池上”。但是，清乾隆间聂剑光《泰山道里记》又有了新的记载：“秦篆刻石先是在玉女池上，后移置碧霞元君祠东庑。”自此以后，秦刻石之位置不再固定。

关于玉女池，据《文献通考》记载，玉女池原在碧霞祠正殿元君神龛之下，池旁原有玉女石像，泉流壅塞而浊。宋真宗登封泰山时，泉流忽涌，清澈可鉴，真宗诏刘承珪易石像为玉像，并砌石为龛。宋真宗封禅泰山后，于玉女像址建碧霞祠，将玉女池掩于正殿龛座下，原玉女池遂废。后人又把碧霞祠西墙外之水池复命名为玉女池，以上诸家所说的玉女池皆指此。

## 第二节　秦二世之泰山刻石

在秦始皇封禅十年之后，到了秦二世元年（前209），二世皇帝胡亥沿着其父的足迹也来到泰山，李斯仍以丞相之职随其东巡，登封泰山，并于先前秦始皇刻石上加刻了秦二世诏书，仍由李斯撰写。其全文为：

皇帝曰：“金石刻尽始皇帝所为也。今袭号而金石刻辞不称始皇帝，其于久远也，如后嗣为之者不称成功盛德。”

丞相臣斯、臣去疾、御史大夫臣德昧死言：“臣请具刻诏书金石刻，因明白矣。臣昧死请。”

制曰：“可。”

这篇诏书的意思很明确：（泰山上那处）石刻乃始皇帝所为，刻辞中颂扬的功德，也都是始皇帝的功德。如今我承袭了帝位，（也来到了泰山），（由于那）刻石中并没有注明是始皇帝，恐怕久远的将来，会被误认为是后代皇帝的作为，以致与始皇帝的功德不相称了。丞相李斯、右丞相冯去疾、御史大夫德冒死上言：请求将此诏书刻在石上，这样就明白无误了。臣等昧死请求。二世皇帝诏曰："好吧。"二世诏书在内容上似乎没有什么特殊意义[①]。

## 一、秦二世刻石的历代研究

由于秦始皇刻石亡佚较早，记录也较少，后代研究者便把兴趣停留在了二世刻石上。

首先是关于秦二世刻石的位置、材质和形状。由以上记录可知，宋以后人们所见的秦刻石无论40字还是29字者大致均是二世诏书所残存的字迹了。

宋刘跂《秦篆谱序》云："其石埋土中，高不过四五尺，形制似方非方，四面广狭皆不等……政和三年秋复宿岳顶，亲以毡椎从事，始得完善。四面总二十二行，行十二字。从西面起，以北、东、南为次，西面六行，北面三行，东面六行，南面七行，其末有'制曰可'三字，复转在西南棱上。"

宋政和四年（1114），东平董逌到岱顶考查此石，并在《广川书跋》中云："余至泰山就视其石，高才八九尺，方面二尺余，以乱石培其下。昔所建立，盖凿石为穴，下寝其中，岁久摧仆，则后人累石固其址以存，至字则止，此未可以久远期也。"

宋欧阳修《集古录》云："石顽不可镌凿，不知当时何以刻之也。"

通过以上的描述，由"四面总二十二行，行十二字……"并有"制曰可"三字可以确定，二世诏书与始皇刻石在同一石上；由"石顽不可镌凿"可知其石不是一般的石灰岩质，而是坚硬的花岗岩。而此石通高为八九尺（宋尺），其中埋入地下部分为四五尺，地上字面部分亦四五尺，刘跂和董逌二人的记载不矛盾，只是刘跂未查看埋入地下部分罢了。此石的四隅为四个棱面，其宽度不少于一行铭文的宽度。石有四个主面，各面的上下宽度皆不相同，即上部略窄

① 参见公木：《李斯秦刻石铭文解说》，《理论学习》1978年第2期。

于底部，文字环刻于四个主面的上半部。至于各面的宽度，董逌说“方面二尺余”，“方面”古语中意为“四面”，即此碑是方形的，且四角磨出了四个棱面。并可知四个面皆二尺余（约61厘米）。又经实测明拓29字本可知，其字面高度约125厘米，与刘跂所记地上字面高度四五尺（123～154厘米）基本相符。每行铭文占有宽度为10厘米，按刘跂所记每面最多刻6行计算，字面宽度为60厘米，与董迪所记“方面二尺余”（约61厘米）相符[①]。

综上可知，秦泰山刻石有四个相同的棱面和四个相同的主面，铭文分别刻在四个主面的上半部。据当代研究者考证，其东面有6行72字，南面3行36字，西面6行57字，北面刻6行50字，余一行“制曰可”3字刻在东北棱上[②]。

二是现存秦刻石之真伪。至于此秦篆29字是否为李斯真迹，明代即有人怀疑。万历间孙鑛《书画题跋》称：“泰山碑久已亡，近忽搜有二十九字，余曾拓得，乃二世元年续刻，自‘臣斯’起至‘昧死请’，三十字中缺臣下一‘德’字，其字微渤，间有修改痕，却犹少存运笔势，疑或是古刻。再细玩，傍乃有小楷字，不知系何语，为篆画穿破，未有篆在先而细书加于粗画上者，则亦似是唐宋人重勒者耳。”

而正式对泰山秦刻石的真伪提出质疑的是清道光间宋翔凤。宋翔凤认为，现存10字残石是明嘉靖间北平许某发现的29字残石的残存，29字残石是北宋庆历间江邻几摹刻的48字刻石的残存，由此断定现存10字残石乃江邻几摹刻，并非原石。他主要援引欧阳修《集古录》、赵明诚《金石录》和刘跂《秦篆谱序》的某些片断作依据，试图证实自己的结论[③]。

宋氏首先指出：“按此序（指《秦篆谱序》）记刻石尺度甚详，石既四面，岂能以一面镵置玉女池旁？且石似方非方，则必大而正，岂能火毁遂成片片也。”当代研究者认为，宋氏推理的依据和方法都靠不住。因为所谓“石有四个面和似方非方”，那是北宋大观二年（1108）刘跂所见到的刻石状况，而北平许

① 参见〔日〕小西宪一：《泰山刻石の全文文字数について》，《香川大学国文研究》第25卷，2000年。

② 参见姜丰荣：《泰山历代石刻选注》，青岛海洋大学出版社1993年版。

③ 民国十八年《重修泰安县志·金石》：今世所传残篆十字，皆认为是秦刻真迹，而清嘉庆间经学家宋翔凤则考证实为江邻几之摹刻。其《秦泰山刻石残字考》（文收入所著《朴学斋文录》卷三）略云：“余疑明人所得秦刻石二十九字为江邻几辈成摹，而非原石。”

某将残石镵置玉女池旁，是明正德以后的事，距大观二年至少有380年，宋大观二年石有四个面，似方非方，经历300余年后不一定还是原样，不能因刻石的外形发生了变化而否认它是原物的一部分。宋氏认为29字残石是一片薄石板，却有意无意地忽视了明万历十七年（1589）吴同春《游泰山记》记载的“令数力士出之于壁……”的情节。很明显，如果29字残石果如宋氏所想象的那样，仅是一片薄石板，吴同春是不必“令数力士出之于壁”的，也根本用不着对其三面“各加凿削”才“就岩安置”。所以，宋氏所想象的不具备四个面的薄石板是不存在的。

宋氏认定29字残石不是原刻石的论据还引述了宋庆历（1041～1048）间的宋莒公（宋庠）和江邻几的记述：“又按《广川书跋》曰：‘泰山篆庆历戊子岁宋莒公惜其残剥，磨石于东平郡，凡四十七字；江邻几治奉符，患四方求者日至，厌于供命，则又刻其字于县廨。’按东平地远，盖好事者移江邻几所刻于山上，碑材既薄，易于破碎，弃榛莽中，明人始搜得置于碧霞元君祠中玉女池旁，遂为秦刻。”

宋氏断言29字残石是一块不具备四个面的薄石板，现在又推断出江邻几的刻石“既薄而又易于破碎”，既能前后符合，又为刻石被烧毁提供依据，看起来似乎顺理成章，但也与事实不相符。宋莒公和江邻几确实都曾摹刻过秦刻48字本，分别置于东平郡和奉符县廨。但自宋到清近800年间，是什么人在什么时间把江邻几的刻石移到泰山之上？实际情况恰恰与宋氏的猜测相反，29字残石并非薄而易碎的石材，而是如吴同春所说的那样，对嵌入石壁内的三个面进行了涤洗凿削，这表明29字残石是有一定厚度的。即使现存10字残石的厚度，也在20厘米以上，且嵌入的部分是不规则的破碎面。所以，29字残石和现存10字残石，都是从原石剥落下来的，并非江邻几复制。

为了证实自己的结论，宋氏又援引欧阳修的话作论：“且《集古录》明言‘石顽不可镌凿’，而今存旧拓二十九字后刻许氏跋语数行尚工整，知别是一石，非难镌凿者。”意思是《集古录》明言“石顽不可镌凿”，而29字残石上却刻有许氏跋语，说明29字残石不是“不可镌凿”的原刻石。但是，不可镌凿不能理解为绝对不能镌凿，否则，当年秦始皇时期的工匠又是怎样镌凿的呢？既然秦始皇时期的工匠能够镌凿，1700多年后的明代工匠为什么不能镌凿呢？很显然，宋氏所引的“石顽不可镌凿”这句话，不但不能断定29字残石为江邻几摹刻，反而使人们得知原刻石是质地坚硬的花岗岩。明万历十七年(1589)，吴同春游泰山观秦刻石，他为了看到刻石全貌，很费了一番工夫，得出了“第(但)得石之真面目与无字碑莹泽无异”的结论。这就说明，29字残石同无字碑的石质一样，也是坚硬的花岗岩。观察现存10字残石，其石质亦如是。事实充分说明，29字残石和现存10字残石，与《集古录》记载的原刻石一脉相承，现存10字残石确为原刻石的一部分，是真迹而非复制品。[①]

## 二、多舛的命运与历史记录

秦二世刻石历经了2000多年岁月，其前期的变化已没有记录。到了明万历二十七年(1599)以后，北平许某将秦泰山刻石残碣移置碧霞祠东庑壁间，具体移置时间不详。此后，该刻石屡遭劫难，残坏尤为严重。据清俞庆澜《秦刻石跋语碑》记载，清乾隆五年(1740)碧霞祠毁于火，此石遂亡。嘉庆二十年(1815)春，泰安旧尹蒋因培率邑人柴兰皋，在玉女池中觅得残石二块，尚存“斯臣去疾昧死臣请矣臣”10残字，嵌置岱顶东岳庙西之宝斯亭内。清道光十二年(1832)，东岳庙西墙圮，宝斯亭被乱石压盖，泰安县令徐宗幹“亟索残石于瓦砾中”，嘱道人刘传业把残石移至山下，嵌置岱庙西道院壁间，并刻跋语碑记载事情经过。清光绪十六年(1890)刻石被盗，县令毛蜀云大索10日，盗不得出境，复得石于城北关桥下[②]。清宣统二年(1910)五月，泰安县令俞庆澜恐风雨剥蚀，在岱庙环咏亭附近建石屋一所，将残石嵌于屋内，四周围铁栏保护。[③]1928年春，国民党省政府驻泰，改岱庙为中山市场，环咏亭被毁，又移残石于岱庙东御座院内。新中国成立后就地嵌于石龛内保护至今。

关于泰山秦刻石的演变，北平许氏的考察与记录曾起到至关重要的作用。在传世泰山秦刻29字残石上，有“北平许氏”之镌跋：“《岱史》载秦篆碑仅存此二十九字，余至泰山顶上，从榛莽中得之，恐致湮没，因揭之壁间，以识往

---

① 参看姜丰荣：《泰山历代石刻选注》，青岛海洋大学出版社1993年。参看〔日〕鹤间和幸：《泰山刻石·琅琊台刻石——始皇帝帝国の彰碑の虚》(《泰山刻石·琅琊台刻石——有待考证的始皇帝帝国的表功碑》)，《(大修馆书店)月刊しにか》，通号133，2001.3。

② 参见〔明〕萧协中：《泰山小史》。

③ 参见〔清〕俞庆澜：《秦刻石跋语碑》。

古之遗迹云。北平许□□题。”其刻名漫漶难辨，世通称“北平许氏”。《泰山道里记》云：“旧有秦篆刻石，先是在玉女池上，后移置祠之东庑。其石高四尺，四面广狭不等，载始皇铭辞及二世诏书，世传为李斯篆。字径二寸五分，宋人刘跂亲为摩拓，得字二百二十有二。近数年前摩本仅存‘臣斯’以下二十九字，末有明北平许□隶书跋。乾隆五年庙灾，是碣瘗置，失所。”

北平许氏何许人？清代金石学家有两个考证，一是认定其时代为明嘉靖间，一是认定北平许氏即许庄。嘉靖年说不知始自何人，清末学者杨钟羲、赵汝珍等皆持此说；许庄说出自清人严可均，清顾广圻亦认为是许庄[①]。对此，当代学者周郢对此做了研究。他认为关于此跋两说均不确。“北平许氏”跋引自《岱史》，《岱史》系明山东盐司同知查志隆编，成书于万历十五年（1587），刊行更在其后。故许氏援引此书，其题跋之镌刻年代应不早于万历十六年（1588）。本此，嘉靖间之说自不成立。而许庄为明滦州人，弘治六年（1493）进士，官至太仆卿，有《康衢集》。其生活时代更与万历遥隔，跋文应非出于其手。那么，究竟如何呢？今据清许瀚《攀古小庐杂著》卷十一《秦泰山刻石并明人题字跋》中有考许氏之名文云：“右泰山秦刻石，四行，除大夫二字合体不计名共廿九字，李斯篆……下有隶书二行，云：‘《岱史》载秦篆碑仅存此二十九字，余至泰山顶上，从榛莽中得之，恐致湮没，因揭之壁间，以识往古之遗迹云。北平许延祥题。’凡四十八字。《山左金石志》及《闻妙香室校刻金石存》并以许为明人，而缺其名祥，误识作并。跋语缺‘揭壁间’‘识往’五字。道光廿年，余客济宁，假观四本，详谛至参，乃尽识其文，为之一快！”许瀚参校四种拓本，考出跋文作者为许延祥，当可信从。据此，秦篆29字于岱顶榛莽被发现并被嵌置碧霞宫东壁之时间，应在万历十六年（1588）后；发现者及镌题跋之人，为北平人许延祥[②]。

## 三、拓本的流传

秦始皇在全国各地所立的七处刻石及秦二世所增添的内容，现唯存《秦琅琊刻石》86字和《秦泰山刻石》10残字，均被历代学者视为珍宝，许多文

① 〔清〕顾广圻：《思适斋书跋·跋泰山刻石残字》，上海古籍出版社2007年版，第223页。
② 参见周郢：《泰山秦刻石镌跋之“北平许氏”考》。

人争相传拓，有的还依所藏拓本摹刻于石，以期流传永久。据文献记载，宋大中祥符元年（1008），宋真宗登封泰山，兖州太守献出40余字摹本。宋庆历（1041～1048）间，宋莒公摹刻48字本于东平郡；奉符令江邻几“患四方求者日至，厌于供命，又摹刻于县廨”。宋徽宗政和三年（1113），汶阳刘跂亲至岱顶，椎拓墨本以归，亲旧闻之，多来访问，倦于屡报，乃为《秦篆谱》计146字。

元至元（1264～1294）间，东平行台侍御史李处巽，摹刻刘跂所拓本于建业郡。明藏书家安国藏165字本和53字本，相传皆为宋拓本，现存日本。[①]

图2-1　清聂剑光、徐宗幹摹刻《明拓秦刻石二十九字碑》局部

清乾隆间，邑人聂剑光以明拓29字本摹刻于县署土地祠《太极图碑》之阴，此碑现存岱庙碑廊。清嘉庆间，泰安旧尹蒋因培在岱顶玉女池觅得秦刻10残字，遂椎拓10字拓本，并附跋语及题诗，现存泰安城东关柴家；体仁阁大学士阮元以旧拓29字本摹刻于扬州北湖；山东督粮道孙星衍，以明拓29字本摹刻于德州学宫《高贞碑》碑阴，此碑现存山东省石刻艺术馆；清嘉庆间泰安知府廷璐依据蒋因培所藏旧拓29字本摹刻一石，附于原刻10残字之后。清道光六年，泰安知县徐宗幹摹刻旧拓29字本，嵌于岱庙环咏亭西壁，现存岱庙碑廊。今泰山仅存聂剑光、徐宗幹摹刻的2处秦刻石（图2-1），余皆亡。

此石铭文，早在宋政和三年（1113）即磨灭76字，明代只存二世诏书中的29字，清嘉庆二十年（1815）仅存10残字，全拓本不传。今之所传铭文仅依据《史记·秦始皇本纪》之所载，并参考宋赵明诚《金石录》、刘跂《秦篆谱序》和清冯云鹏《金石索》等史籍录下。据赵明诚《金石录》记载：“泰山刻石以《史记》考之，颇多异同。史云‘亲巡远方黎

① 也有学者提出质疑。参见裘锡圭：《安国旧藏〈秦泰山刻石〉宋拓本真伪辨》，《中国书法》1992年第3期。

民’，而碑作‘亲巡远黎’；史云‘大义休明’，碑作‘大义著明’；史云‘垂于后世’，而碑作‘垂于后嗣’；史云‘皇帝躬圣’，碑作‘皇帝躬听’；史云‘男女礼顺’，碑作‘体顺’；史云‘施于后嗣’，碑作‘昆嗣’；史云‘具刻诏书刻石’，碑作‘金石刻’。皆足以正史氏之误。”赵明诚是亲自见到此碑后才写下了这段记载，当以碑为准。碑文中，“位”作“立”，“迹”作“速”，“诸”作“者”，“昭融”作“昭隔”，皆古文变体或通假之字。本书引录铭文时采用了赵明诚之说。

秦刻石是泰山现存最早的刻石，被誉为“天下第一名刻”。因其篆法圆润，骨气丰多，故称其为“玉箸篆”。该小篆不仅在书体上，而且在书法神韵上都有承前启后的作用，对后世的篆、行、真、草等书体产生了较大影响。元郝经《赞泰山刻石》诗云：“拳如钗股直如箸，曲铁碾玉秀且奇。千年瘦劲益飞动，回视诸家肥更痴。”《岱史》云：“秦虽无道，然其所立有绝人者，其文字书法世莫能及。”李斯篆书的泰山刻石，不仅是我国书法艺术的瑰宝，而且对发展我国的历史文化也有莫大功绩。没有统一的文字，就没有统一的文化；没有统一的文化，就没有统一的中国。李斯倡导的“书同文”被秦始皇采纳，在大篆的基础上改省结体，整齐笔画，创造了小篆体，在全国范围内统一了文字，使中国成为政令统一的大一统国家[①]。

① 参见陈志良：《泰山石刻考》，《说文月刊》（第一卷）1943年第2～3期。

# 第三章
# 汉代泰山石刻

汉朝是继秦朝之后的大一统王朝，分为西汉和东汉两个时期，享国405年。汉朝和大致同时期欧洲的罗马帝国并列为当时世界上最强大的帝国，其极盛时期西汉全国人口达6000余万，占当时世界的1/3。

汉朝形成了一个博大精深的文化体系，其基础是以华夏文化为核心，并广泛汲取中华各民族的文化精髓，主要体现在以下几个方面：以道家“无为而治”奠定了汉王朝的立国之本，以“独尊儒术”造就了汉王朝的长治久安，以上古图腾“龙凤文化”延续了中华民族的精神内涵。

西汉时期，石刻十分少见。据宋尤袤《砚北杂记》说：“闻自新莽恶称汉德，凡有石刻，皆令仆而磨之，仍严其禁。”赵明诚《金石录》仅著录了《居摄两坟坛》《五凤刻石》两种。其他西汉石刻是清以后才陆续发现的，所以伪刻较多。近人徐森玉《西汉石刻文字初探》所收集的也仅有《霍去病墓石刻字》《莱子侯刻石》等10种。且以上石刻仅仅是作为坟坛、宫殿的计时标志等，属于实用性质。西汉石刻，隶书的波磔还不明显，都不是正规的汉隶碑刻。其实，西汉的隶书已经成熟，从1972年山东临沂银雀山汉墓出土的《孙子兵法简》和《孙膑兵法简》中可以看出，笔画都带有燕尾波挑。泰山之《无字碑》也被认为是西汉石刻。

东汉时期，刻碑之风兴盛起来，其原因之一是当时的门生故吏很多，立碑为府主歌功颂德或进行祭祀成为风气。郦道元《水经注》便著录了300多件此类碑刻。至今，东汉碑刻、拓片所流传者有200余种，其书法已相当成熟。清代朱彝尊在《跋汉华山碑》中把汉隶分成三种类型风格：方正、流丽、奇古。这些在碑刻中均已有了充分的展现。而且，从形制上说，东汉的石刻出现了碑刻和摩崖两大类，艺术特点也具有了典雅、秀逸、拙朴、雄浑、纵肆、平整、古峭、奇谲等不同的类型。东汉石刻的代表作品分别有《史晨碑》《乙瑛碑》《礼器碑》《曹全碑》《衡方碑》《张迁碑》《西狭碑》《石门颂》等。现存于泰山的《衡方碑》和《张迁碑》便是其中的佼佼者，二碑皆以拙朴、雄浑、平整为特点，在中国石刻史中享有较高的声誉。

值得注意的是，在汉代众多的石刻艺术品中，出现了一种独特的石刻品种即画像石。画像石是汉代人雕刻在墓室、祠堂四壁的石质装饰壁画。它在内容上包括神话传说、典章制度、风土人情等各个方面。在艺术形式上则上承战国绘画古朴之风，下启魏晋艺术之自觉，奠定了中国画的基本法规和范式。汉画像石同商周的青铜器、南北朝的石窟艺术、唐诗、宋词一样，各领风骚，成为我国古代文化艺术中的杰出代表和文化艺术瑰宝。泰山岱庙内今存有数量较多的汉画像石。

## 第一节　“纪号”汉家

泰山极顶《无字碑》旁有郭沫若所题《登泰山观日出未遂》诗碑，诗曰：“晨曦光晦若，东辟石巍然。摩抚碑无字，回思汉武年。”这座无字的碑是汉武帝封禅泰山的遗存。

汉武帝刘彻（前156—前87），于公元前141年即位，在位54年，史家有“雄才大略”之誉。即位后，他开创察举制选拔人才，颁行推恩令，解决王国势力，并将盐铁和铸币权收归中央。文化上“罢黜百家，独尊儒术”，结束先秦以来“师异道，人异论，百家殊方”的局面。汉武帝时期攘夷拓土、国威远扬，奠定了汉地的基本范围，开创了汉武盛世的局面。另有开辟丝路、建立年号、颁布太初历、兴太学等举措亦影响深远。汉武帝虽非开国之主，却开创了西汉政权的辉煌时代。于是，便有人主张封禅，到了元封元年（前110）汉武帝封禅泰山，此时君臣之间有一番议论，《汉书·郊祀志》载：“自得宝鼎，上与公卿诸生议封禅。封禅用希旷绝，莫知其仪礼，而群儒采封禅尚书、周官、王制之望祀射牛事。齐人丁公年九十余，曰：‘封者，合不死之名也。秦皇帝不得上封。陛下必欲上，稍上即无风雨，遂上封矣。’上于是乃令诸儒习射牛，草封禅仪。”汉武帝到达泰山时，泰山草木未生，就派人先“上石立之泰山巅”[①]，自己则去东海巡行。直到四月春暖，才返回泰山举行封禅仪式，并下令改元，更年号为“元封”。元封的“封”，就是“封禅”的意思，而《无字碑》就是汉武帝的登封纪号碑。

## 一、绝顶镇石《无字碑》

汉武帝“上石立之泰山巅”的“石”即《无字碑》(图3-1)。《无字碑》在泰山极顶玉皇庙山门前，碑体花岗岩质，由石柱、顶盖石和柱顶石三部分组成。石柱高4.95米，左右两侧面上宽0.69米，下宽0.83米；前后两面上宽1.10米，下宽1.25米；石柱直接下寝于在自然石上凿出的穴内。上覆顶盖石，呈覆斗形，类似四阿式屋顶，顶盖石无纹饰，其石质与石柱同。顶盖石之上为柱顶石，高0.6米，最顶部略呈圆形，亦无纹饰。

图3-1 《无字碑》

《无字碑》是汉武帝的“纪号”之石，造型古拙雄浑，与泰山形象浑然一体，它高高地耸立在泰山之巅，引无数游人观之摩之。其上虽然无字，却携带了大量的信息。明代诗人赞曰：“晒经石上传心诀，无字碑上写太虚。”[②]2000余年来，诗人歌咏不绝，学者反复研探，使之名声日益远播，成为泰山的著名景观。

① 《史记·封禅书》。

② 原刻于泰山经石峪高山流水亭石柱上，今已漫漶。见周郢：《泰山经石峪周边题刻新考》，《人文天下》2015年第24期。

## 二、无字之谜

然而，正因为此石无一字可考，故对立石人及立石年代众说不一，成为千古之谜。

首先是立碑的朝代。《无字碑》在清代以前多传为秦始皇立，说秦始皇功德难铭，又焚书黜字，故所立石也“一字不錾”。明代乔宇、王世贞、王世懋、高诲、吴同春、于慎行等在游记中皆云“岳顶玉皇祠前有秦皇无字碑”。连乾隆皇帝也在《题无字碑》诗中说：“本意欲焚书，立碑故无字。”

当代也有研究者认为无字碑为秦始皇所立，其观点主要是无字碑不属于碑碣，而是石阙。阙的形制大致由三个部分组成，中部为阙柱，有四个面，截面多为长方形或略呈梯形；阙柱之上有顶盖，多为屋形出脊，其最顶部有柱顶石。无字碑的形制与阙相符，之所以称碑，俗称而已。另外，《史记·秦始皇本纪》记载，秦代制度乃“数以六为纪”，秦刻石的尺寸就遵守了这一制度，其高度、宽度、棱的尺寸均是六或是六的倍数，故而当属秦立。[①]

然而，明末清初大学者顾炎武却独辟蹊径，认为是汉武帝所立，其分析也更加言之凿凿。他研究了《史记》的记载，认为《无字碑》是汉武帝立于元封元年。顾炎武在《山东考古录》中说：“岳顶无字碑世传为秦始皇立，按秦碑在玉女池上，李斯篆书，高不过四五尺，而铭文及二世诏书咸具，不当又立此大碑也。考之，宋以前亦无此说，因取《史记》反复读之，知为汉武帝所立也。《史记·秦始皇本纪》云‘上泰山，立石，封祀’，其下云‘刻所立石’，是秦有文字之证，李斯篆是也。《封禅书》云：‘东上泰山，泰山草木叶未生，乃令人上石立之泰山巅，上遂东巡海上。四月还至奉高，上泰山。’而不言石刻，是汉石无文字之证，今碑（指无字碑）是也。《后汉书》亦云：‘上东上泰山，乃上石立之泰山巅。’然则此无字碑明为汉武帝所立，而后之不读史者，误以为秦耳。”1961年郭沫若登泰山时写下了《观日出未遂》诗：“摩抚碑无字，回思汉武年。”认同了顾炎武的观点。再者，东汉马第伯的《封禅仪记》也写道，封禅台附近（即玉

---

① 参见沈维进：《秦泰山刻石考》，中国书法家协会编：《全国第七届书学讨论会论文集》，黄河出版社2007年版。

皇顶处）有石阙："始皇立石及阙在南方，汉武在其北。"也就是说，秦始皇立石在南边，其北的这个当是汉武帝立的了。顾炎武虽然没有提到马第伯的此文，但他的分析却与古代记载不谋而合，《无字碑》秦汉之谜遂解开。

二是究竟有字还是无字。《无字碑》既称此名显然没有字，然而清同治十年（1871）孔广陶却在泰山留下了这样一则题记："同治辛未孟春，南海孔广陶将游五岳，先朝岱宗，敬瞻圣祖遗迹。候日峰头，围审无字碑。据《志》谓，西南棱有唐刻'帝'字，今于碑下北棱再辨，得一'极'字，笔法正同。前人未睹，并识之，以俟鉴者。"①

孔广陶（生卒年不详），字鸿昌，广东南海（今广州南海区）人。孔子七十代孙，曾任刑部郎中，精于鉴赏书画。孔广陶所提的"《志》"即清金棨所编的《泰山志》，其中称："石西南棱上有正书一'帝'字，审其笔法颇似唐人，或为好事者为之。"光绪元年（1875）九月，赵烈文游岱时又有新获，其《能静居日记》云："秦坛南有石碑如幢，所谓无字碑是也。昆山顾氏考为汉武所立，而非秦石，说甚确。石黄赤坚莹，其光可鉴。浙人金棨撰《泰山志》云，西南角有一'帝'字，笔势类唐人书。后粤人□□又于东面得一'极'字。而同治九年（1870），黄再同又得一'震'字，曾拓三字相示，余为诗咏之。遂与子永上下周索，良久于东北角复得'威''为'二字，较三字颇大，笔势相同，命长侄一一摹拓。从此《金石志》中又添一故事矣。"②按赵烈文所拓碑字，收录于光绪十四年（1888）夏所辑《天放楼厓石碑碣古刻零残汇装》中，今藏于日本淑德大学。③至此，《无字碑》共发现了"帝、极、震、威、为"五字，原拓除此五字外，还有大字隶书、小字行书两段题跋。大字跋云："此汉刻石，不知为武帝、为光武？刻字处凿陷二寸，为后人凿磨，一字不辨。唯此数字，为唐人书刻。尚有'道士郭大畅'五字，经磨尚可辨。"今碑上"威"字已不可辨，"道士郭大畅"题名亦佚，赵烈文所拓及题记，为《无字碑》考辨提供了珍贵史证。④

唐宋之间的人在《无字碑》上题字引起了古人的关注，并著录书中，但题这些字又有什么意思呢？这又成为一谜。

---

① 此题刻在岱顶《纪泰山铭》西。

② 赵烈文：《能静居日记》第3册，岳麓书社2013年版，第1714页。

③ 参见日本《淑德大学书学文化センター藏中国石刻拓本目录》。

④ 参见周郢博文《日本所藏天放楼旧拓中之"无字碑五残字"》。

# 第二节　独领风骚的泰山汉碑

泰山现存东汉石碑两块，均属于墓碑。墓碑最早源于周代引棺入圹的大木，谓之“丰碑”。后因木质容易朽烂，遂改为石制。《释名·释典艺》：“碑，被也。此本葬时所设也。施辘轳以绳被其上，引以下棺也。臣子追述君父之功，美以书其上。后人因焉，故建于道陌之头，显见之处，名其文就谓之碑也。”

战国至西汉是墓碑的酝酿期，这个时期出现的秦代纪功刻石以及墓前石雕、坟坛、墓表、墓碣等墓地铭刻物是东汉墓碑产生的重要源头。进入东汉中后期，特别是桓、灵之世，墓碑的发展达到鼎盛阶段。东汉盛行厚葬，这在客观上促进了墓碑的发展成熟。于是，无论是形制上，还是书体、文体上，墓碑的发展都极尽完美，完成了由上古穿绳引棺的丰碑到“追述君父之功美”的墓碑的演变。

汉碑的形制，为长方形竖石。碑的正面谓“阳”，刊刻碑文；反面谓“阴”，镌刻题名等；碑的左右两面谓“侧”，也用以刻写题名。碑首称“额”，用以刊刻标题。汉碑碑首有半圆形、圭形和方形三种，四周多刻有螭龙雕饰。同汉碑形制的高度成熟相适应，汉碑碑文也已成为典型化的文体，其文字多达千字，详细记载墓主的姓名、生卒日期、职官、功绩以及立碑人、书碑人姓名，并有华丽腴饰的四言韵文颂词。

此类汉碑传世数量较大，风格类型多样，被称为“一碑一奇，莫有同者”。泰山的《衡方碑》与《张迁碑》便具有各自的特点。

## 一、《衡方碑》

《衡方碑》（图3-2、3-3）全称为《汉故卫尉卿衡府君之碑》。碑高2.40米，宽1.10米。碑阴刻文23行，满行36字，共815字，字径4厘米，隶书。此碑是衡方的门生朱登等为衡方所立的颂德碑，原立于东汉灵帝建宁元年（168），置于山东省汶上县郭家楼村，1953年移至岱庙，1983年移置岱庙碑廊保存。

《衡方碑》介绍了衡方的生平：衡方，字兴祖。其先祖大概是尧帝的后裔，最早姓伊。伊姓中最著名的有伊尹，殷商时期，伊尹号称阿衡，所以其后人便

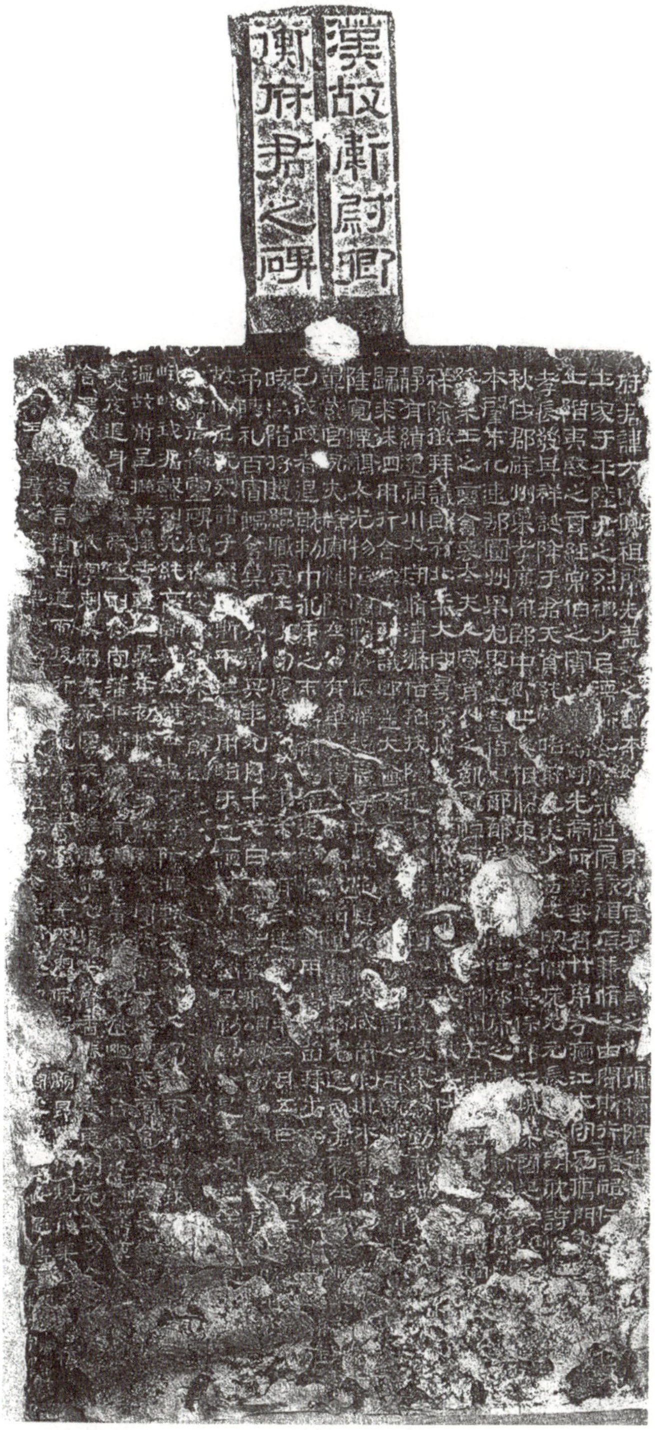

图3-2 《衡方碑》

图3-3 《衡方碑》拓片局部

姓衡，并在平陆（今山东汶上）安了家。衡方的祖先安贫乐道，像颜渊那样做事，像子路一样学习，见贤思齐，砥砺上进，并凭借着伯夷、闵子骞般的道德水平，当上了皇帝身边的近臣，位在三辅之列，为前代帝王所器重而名垂青史。

衡方的先父是庐江太守，其兄是雁门太守，他素来孝父悌兄，少年时便显示出才智过人，被推举为孝廉，任命为郎中，升迁为会稽东部都尉，安抚各个诸侯国和偏远民族。这时太夫人去世，为感怀母亲的养育之恩，衡方住在草舍中，枕着土块在草席上就寝，并向上司请求辞去官职，一心为母亲守墓。后官拜议郎，出任边塞重镇右北平郡太守，升为颍川太守。后因故罢官。汉灵帝建宁初年，朝廷启用旧臣，衡方拟被封步兵校尉，属于六军的统帅。只是当时尚在代理阶段，却得了重病卧床不起。建宁元年二月五日卒，享年六十有三。皇帝诏命使者吊唁，并送来了吊礼，百官汇集而来，莫不伤心痛哭。

此碑文写得生动简练，列举了衡方生前很多感人的事迹，用词也很有特色，如形容衡方“訚訚侃侃”“颙颙昂昂”“金玉其相”等，使人印象深刻。

在书法艺术方面，其书体方整严密，神态敦厚朴茂，是汉代隶书成熟时期的作品，整篇章法紧凑，用笔极为有力，笔画丰润，在转折和撇、捺处尤见功力，形成外方内圆的效果。其结体方正，波、磔、撇、捺皆不张扬外露，字体方整严峻，有下紧上松之感。字与字之间、行与行之间留白很少，但又不显局促壅塞。

清人翁方纲《两汉金石记》说此碑“书体宽绰，而阔密处不甚留隙地，似开后来颜真卿正书之渐矣”。清姚华《弗堂类稿·跋》此碑说：“《景君》（即《景君碑》，全称《汉故益州太守北海相景君铭》）高古，惟势甚严整，不若《衡方》之变化于平正，从严整中出险峻。”何绍基评此碑云：“方古中有倔强气。”方朔《枕经堂金石书画题跋》：“字体方正深朴，与《张迁碑》可以伯仲。”清末杨守敬《平碑记》：“此碑古健丰腴，北齐人书多从此出，当不在《华山碑》之下。”康有为《广艺舟双楫》则曰：“凝整则有《衡方》。”

《衡方碑》代表了汉隶中壮美一路的典型风格，并在此种审美取向的直接牵引下，使人在其碑刻上无法寻找到人为的刻意雕琢。表面上看，《衡方碑》的艺术样式是笨拙古老的，体态不符常情，那些似乎超出人们理念的或粗或细，或直或曲，或长或短，或方或圆的线条之间的对比也是如此地突出，甚至显得有些生硬。但是这些看似不合通常观念的“笨拙”结构和“生硬”笔画却真正地展示了合乎人内心情感的夸张需要，并在力量的积蓄上达到了统一。因此，《衡方碑》的审美特质不仅强烈地表现了汉代浑然朴实的时代特征，也构成了汉代艺术重气势讲拙朴的基本风貌。

## 二、《张迁碑》

《张迁碑》(图3-4)立于东汉灵帝中平三年(186)，为谷城旧吏韦萌等为张迁立的去思碑。碑高2.92米，宽1.07米，厚0.20米。碑阳文15行，满行42字，凡567字，字径3.5厘米，隶书。碑阴镌刻立碑故吏41人衔名及出资钱数，计3列41行323字，字径3.5厘米，隶书。额篆"汉故谷城长荡阴令张君表颂"2行12字，字径9.5厘米。此碑形制丰满，文辞淳古，隶法朴茂，为汉碑中的佳作。

图3-4 《张迁碑》

《张迁碑》最初于明代掘地时发现，即立于东平儒学明伦堂前，当时铭文尚完好可读。清光绪十八年(1892)碑毁于火，常熟翁氏就原碑重新剔刻，但神气全非，幸碑阴文字尚完好无损。新中国成立后，在东平县府院内建亭，将碑置于亭内。1965年移岱庙炳灵门内，1983年9月移岱庙碑廊保存。

此碑的内容同《衡方碑》一样，亦为典型的诔文。碑文载：张迁是陈留郡人，其祖先可以追溯到周代。周宣王中兴时，有一个大臣叫张仲，以善待父母和兄弟而出名，从《诗经·小雅》便能知道张仲就是张氏的祖先。汉高祖时，大臣张良长于谋略，可以决胜千里之外，汉朝开国后，张良被封为留侯。文帝和景帝期间，又有一个叫张释之的大臣。到了孝武帝时，出了一个张骞，张骞出使西域，广通风俗，北震五狄。张迁大概就是他们后代。张氏家族世代做官，到了张迁则更是发扬了前辈伟大的业绩，没有辱没祖先的好名声。碑文还说：张迁在家里孝敬父母，善待兄弟，对朝廷也做到了忠诚正直。他精通易经，机智灵活又有韬略，而且还特别善于耕种农田。张迁被任命为谷城县的县令。春三月，正是养蚕的最忙季节，县衙的四门都不关闭；到了腊月和正月，给监狱里的囚犯放假，让他们回家贺岁祭祖；八月份征收赋税，众吏到乡间去，安抚慰问老年人。这一切使得谷城县道不拾遗。汉灵帝光和七年，黄巾起义爆发了，他们到处驰骋，烧毁城市，唯独谷城这个县得以了保全，这都是张迁的功绩……碑阴为题名和捐钱的同事、故吏计41人。

此碑文广征博引，列举了周代以来书中的记载和传说故事，以衬托张迁的优秀品质，将之写得有血有肉、呼之欲出。尤其是对于黄巾起义的记述更使人颇能回味。

在书法艺术方面，《张迁碑》也颇具特色（图3-5）。此碑是东汉晚期的作品，通篇为方笔，在历史上有着极高的知名度。明王世贞《弇州山人四部稿》评其书云："其书不能工，而典雅饶古意，终非永嘉以后所可及也。"清孙退谷《庚子销夏记》评其书云："书法方整尔雅，汉石中不多见者。"清杨守敬《平碑记》云："顾亭林（顾炎武）疑后人重刻，而此碑端整雅练，剥落之痕亦复天然，的是原石，顾氏善考索而不精鉴赏，故有此说。"又云："篆书体多长，此额独扁，亦一格也。碑阴尤明晰，而其用笔已开魏晋风气，此源始于《西狭颂》。流为黄初三碑（即《上尊号奏》《受禅表》《孔羡碑》）之折刀头，再变为北魏真书《始平公》等碑。"

图3-5 《张迁碑》拓片局部

从整体看，《张迁碑》的书法严谨丰腴而不失朴厚灵动；从局部看，其书方整劲挺，棱角分明，结构谨严，笔法凝练。而且，初看似乎稚拙，细细品味才见精巧，其章法、行笔也见灵动、有力，古妙异常；用笔棱角分明，具有齐、直、方、平的特点。碑中字体大量掺入篆体结构，更显得端整雅练，而结字运笔已开魏晋风气，灵活变化，趣味良多。

# 第三节　沟通生和死的浪漫画卷——汉画像石

汉画像石是源于西汉晚期、兴盛于东汉的一种石刻艺术品，在我国发现最多的有山东、河南、四川等省，而泰山一带又为山东四大画像石集中区域之一。现岱庙汉画像石陈列馆中有出土于泰山周边大汶口、夏张、旧县及肥城市的汉画像石共计61块。这些古代的艺术珍品不仅向人们展示出泰山地区在汉代的社会发展水平、人民生活状况，还形象地向后人展示了中国古人的心灵世界和他们的追求、信仰、激情与憎恶。汉画像石是不可多得的艺术瑰宝，为古老而神圣的泰山增添了一笔浓彩。

## 一、鲜明的主题与浪漫的故事

泰山汉画像石有着鲜明的社会特点。汉代，儒家思想具有崇高的地位，泰山地处齐鲁之邦，儒家影响较之其他地区显得尤为显著，“成人伦、助教化”“惩恶扬善”被规定为各种艺术领域的现实功利职责。但是，通览泰山画像石，我们仍能明晰地看到来自先秦神文化的浓郁浪漫主义色彩的熏染，而现实主义与浪漫主义的高度结合构成了一幅极有气魄的五彩缤纷的画卷。在这里，神话与历史、现实与想象、人与动物融为一体，淋漓尽致地表现了人对客观世界的征服，这一永恒的主题使汉代画像艺术至今仍存有巨大的魅力。

泰山汉画像石中那一幅幅生动的画面，令人驻足，而其中孝义故事尤为突出，表现得也生动形象。如《“申生自刎”图》：图左一妇人，上题榜写着“此后母骊姬”；一人执便面而坐，题榜为“此晋献公见骊姬”；右一人跪并手持匕首作自刎状，题榜为“此献公前妇子”，即申生；申生后又有一人躬身作劝阻状，再后停轺车一辆。这则故事说的是晋献公宠爱申生的后母骊姬，而骊姬则心术不正，欲立亲生子奚齐为太子，便设计陷害世子申生，在申生给父亲的食物中投进毒药，结果毒死一犬及一小臣，晋献公怒欲杀世子。其另一异母弟公子重耳对申生说，你何不将真情向父君诉说，申生却说，不能那样做，骊姬给父君以快乐，如果除掉她，就是伤害了父君啊。重耳又说，那么何不逃亡他国呢？申生回答，这样父君就会相信我害他，说我有弑君之罪的。于是申生自杀而死，这故事令人感慨万千。

泰山画像石中表现神话的部分同样引人注目。这里没有痛苦的呻吟而是充满着愉快的想象与渴望，是对生前死后都永恒不变的对幸福的祈求。这里的神仙世界不同于后来六朝时期佛教所阐释的与现实苦难相对峙的难及的彼岸，而是好像就存在于现实的此岸中。人神杂处、人首蛇身的原始神话与真实的历史故事、现实人物纷然一堂，正是上古浪漫主义风情的再现。人间的生活情趣不但没有因向往神仙世界而消沉枯萎，相反倒是人参与到了神的领域中去分享着神的那一份快乐，这是人的意念、情感、自我意识的直接延伸。

泰山画像石中有着较多的未调刻具体形象而仅刻以纹饰和几何图案的作品。这类画像石过去往往不被重视。其实，这些石刻同刻有具象造型的作品一样，都有着深刻的内蕴，其价值是不可低估的。从现存的泰山画像石来看，几何图形中携带了大量的古代信息，而并非停留在装饰花样的形式上。中华民族是一个对抽象的线条有着高度的理解和把握能力的民族，早在新石器时期，在大汶口文化、龙山文化的出土器皿中，陶器上就出现了各种图案，如鸟形图、拟日图，甚至像“”这种复杂的图形符号。至今，观看那静止的石头上漾溢着的卷云纹、水波纹、双菱纹、八叶纹、垂幛纹、锯齿纹，似乎仍能感受到那音乐般的旋律，仍能激起心灵的震荡。

在汉代，上古所积淀的审美基因仍在发挥着作用，人们同古人之间有着一条剪不断的心理承续的纽带，只是汉代的文化艺术已日臻完美，对客观对象的表现也更为自由，而且早已完成了从形到线、从再现到表现、从写实到象征的历史过程，从而创造出了更为纯粹的审美意识的形式感。泰山画像石的雕刻大多十分精细，手法极为熟练，所刻线条分外流畅。通过线的形式，人们看到了制作者及其所代表的那个时代的人的主观情感的律动，看到了他们对生活的热爱。

泰山汉画像石中很大一部分是以宣扬儒家教义为主题内容的，如“孔子见老子”“赵苟孝父”“丁兰刻木”等。另一部分是表现世俗生活情景的，如迎宾、狩猎、宴乐、出行、庖厨等。我们从这些画上看到了现实人间贵族的享乐和奴隶艰辛劳作以及当时的种种生活习俗，然而这一切展现出的仍是一个有着非凡活力的热闹异常的生动世界。这一现实的恢宏图景与悠久的历史传说、邈远的神话幻想同熔一炉，一起构成了那个幅员辽阔、人口众多的强大帝国的空前绝后的不朽艺术境界。

另外，值得一提的是在泰山汉画像石中还有一种表现另一题材的作品，即《“伏羲持矩”图》《“双凤星辰”图》等。这是汉代科学技术已达到相当高水平的真实写照，也是汉代画像石艺术的又一显著特征。东汉时期，科学技术在西汉已取得累累硕果的基础上又有了进一步发展，数学、天文学都走到了当时世界的前列，如张衡的天文学著作《灵宪》就记载了星座和微星数量。然而，当这一切表现在画像石上时，艺术家却又将这些同神话中的伏羲和凤鸟连在了一起。从科学与神话巧妙结合的角度来看，也足以感受到浪漫主义创作方法在当时艺术中占有了何等重要的地位。

## 二、浓郁的艺术特点

泰山画像石有着高超的雕刻技法。虽然此处陈列的画像石出土地点与年代各有不同，雕刻工艺与风格也不尽相同，但艺术特点却趋于一致。

一是精工细刻，生动传神。绝大部分刻石的表面打磨得光滑平整，物像的轮廓线和细部线条准确精到，有些巨大的石料亦加工得十分精细，显示出高超的工艺水平。

二是构图完美，布局繁简相宜。根据画像石所表现的不同题材的需要，各类刻石对表现手法的选择也有所不同。一些故事性较强的刻石，画面安排得十分紧凑，除地上有人物、车马、动物、器物外，天空的空白处还雕有羽人、鸟、云纹等，显得十分饱满；而一些表现单一题材的刻石则布局十分疏朗，除了几个相关的物象外，即使大量留白也不补充他物，有些像后来中国画的小品。如《虎猪斗》，画面上只有一虎一野猪，留有大量空白，显得主题突出、生动形象。

三是匠心独运，分割画面以表现更为丰富的故事情节。泰山画像石中有一些是将一石分割成若干画面来表现故事及主题的，这便在有限的面积中收进了更多的内容，增了画面的容量。

四是纹饰雕刻复杂，为他处所不多见。如大汶口出土的一组墓石，其横梁上雕刻的几何纹饰多达7层，每层图形不同，但结合起来却浑然一体，而复杂的纹饰组合显得作品更加富丽华贵。

五是拙中藏巧，以雄浑取胜。有些铺首图案显得狞厉而又夸张，雕刻手法趋于粗犷，给人以强烈的视觉冲击；还有的画面直接雕刻在未经磨平的石面上，显得与自然浑然一体。

## 三、瑰丽的石上画图

泰山汉画像石种类多样，题材甚广，特色突出，以下撷取几例以窥其豹之一斑。

其中大汶口出土半复原汉墓共有10余块画像石组成，基本按原状排列，其中一横梁长3.24米，高0.47米，厚0.46米，重达2.6吨，上刻几何纹饰，自上而下依次为斜线纹、横隔带、双菱纹、水波纹、横隔带、锯齿纹、垂幛纹，几乎成为当时图形的集大成。

《“行猎射鸟”图》 此石（图3-6）构图极富特色，如此石高1.57米，宽1.00米，作画面积很大，而图中一树、一人、一马，树高仅0.49米，人高0.17米，马高0.27米，画面偏右，只占了全石面积的约1/6，其他地方除了錾痕外一片空白，使得这组形象得到了更为突出的表现：树是静止的，苍干秀枝，枝呈网状，颇多交叉，枝端树叶点点；人作拉弓状，左腿弯曲，右腿跪地，目光直视上方，似在隐蔽又显得分外强悍；人右是马，马首昂起，尾巴微翘，蹄下踏一箭，似作闻弓声而微微吃惊状；一鸟正从树上坠落，头朝下，翅张开，像是一头栽下来。整幅画所描述的只是刹那间的动作，然而画中无一物不与主题有关，无一物不传神，可见作者的艺术把握能力已到了炉火纯青的程度。

图3-6 《“行猎射鸟”图》

《“吉祥”图》 此石（图3-7）中

图3-7《“吉祥”图》

间刻羊头，羊左侧刻凤鸟、独角兽、龙，右刻凤鸟、羊、虎。独角兽口衔三枚方孔圆钱，圆钱一个连一个。在羊角两侧刻有五条水平宽带纹饰，由双菱纹、连弧纹、水波纹组成。古代，羊与人关系密切。且“羊”与“祥”谐音，故常以羊的图像表示吉祥。

**《“车马玄武”图》** 该图构思颇为奇特。左面一人戴冠骑马，但所表现的不是马的侧面，而是马尾，显示出马已向右拐弯，此骑为导骑；其后有一轺车，车上坐一人，高发髻，双手牵辔绳，似操纵马作拐弯状；再后有一兽一鱼。中间为似蛇似龟的玄武图像。玄武右面为一武士，肩扛兵器；武士后为主车，车上四帷后飘呈弧线形；二人乘于车，前为御者，后一人戴进贤冠，手持便面（扇子）。此石刻手法甚为古拙，在出行车马中刻画玄武、兽、鱼等图案，亦为他处少见，系年代较早的刻石。

图3-8《“歌舞宴乐”图》

**《“歌舞宴乐”图》** 该图（图3-8）石上画面分为两层：上层为仆见主人，主人坐在短床上，一仆人跪伏在前，主人一手前伸，似在发话；下层有歌舞伎三人，皆挽高髻、着长袍。左面一女抚琴，中间者双手持帕，轻舒广袖翩翩起舞，右面一女正在吹排箫。画面上下皆有纹饰。有意思的是，该画像之下摆着一张真的出土短石床，其形状恰若画像石上所刻绘者，石床两头翘起，边上刻有纹饰，正是画面中描绘的原物。

**《“猎归庖厨”图》** 此图画面左边是一个两眼火灶，灶上放甑釜，一男子跪坐灶前烧火，左手拄着拨火棍。灶旁悬挂着剥洗好的鸡、兔、鱼等；烧火者右边有二人杀猪，二人和面，一男子剥羊皮，一妇女在刮鱼鳞；其旁还有一人在沸油釜中炸制类似麻花的食物。画面中部一男一女正用桔槔汲水；右边有猎人赶牛、抬猪、抬鹿而来。画面空间有羽人，石上部刻有卷云纹。汉画像石虽是为故去的人刻制的，但却使人们看到了两千年前中国人的生活或者说想象中的生活，虽充满着浪漫主义色彩却是立足于现实。

**《“双龙双鸟双兽”图》** 此石横向分为三幅画面，之间有隔线。左画面上为双鱼，下为铺首衔环，环内有双鱼并列。中间画面为二巨龙相缠，二龙之下有二瑞鸟、二翼兽，下为铺首衔环，环内亦有双鱼。把这些形象对称地组合在一幅画面中产生了平衡和谐的视觉效果。

**《“虎猪相斗”图》**《“虎猪相斗”图》，见图3-9。石上的虎为飞虎，有翼在背，猪是野猪，头小鬃长。虎在右上方，一爪前伸作扑状，显得异常凶猛；猪在下方四蹄朝前，似被扑翻，几欲仰倒。该图除一虎一猪外别无图案，底子也未经磨制，錾痕清晰可见，显得简洁有力、古朴苍劲，是汉画像石中较早期的作品，而作品中的虎实际上是勇士的象征。

图3-9 《“虎猪相斗”图》

**《“持戟卫士”图》** 此图中卫士戴武士冠，广袖长袍，鼻隆目大，以右手执戟面右站立，腰间系束带，前有一囊似箭袋，其雕刻手法与《“虎猪相斗”图》类似，主题突出，人物形象颇为传神。

**《“五铢双鱼”图》** 此石正中有一圆形，圆心中刻一五铢钱，“五铢”二字清晰可辨。圆形外饰八叶纹，八叶纹外为一方框。方框两侧有五条水平宽带纹装饰，纹间刻双菱、水波、连弧纹，纹饰之下左右各有一条大鱼，鱼头朝向方框。在汉代，因为鱼产卵数目极多，便成为生殖繁衍的象征；后来，因鱼谐音“余”，演变出了“吉祥有余”的寓意。

**《“狩猎起居”图》** 此图为平面阴线刻，画面分五层，上层为狩猎图，有三人，各持网、杖等，另有虎、兔、鹿、狼、雀等动物；二层一人居中，口衔一蛇，双脚踩弓而双手引弓弦，似在杂耍，其右侧有一人手持一物似斧，高高扬起作砍状；第三层剥蚀较严重，好像是一熊一虎相斗；第四层刻一阁楼，楼顶有凤鸟二只，阁内有人物拜谒；下层有人物跪坐，旁边有数人或跪，或站立。

**《“二龙相缠”图》** 石中二龙首尾相对，呈相反的波状，经五次交叉后，就像结成了一条链子，在第一、三、五次交叉的后面有三个圆环，形成了对称、规整的几何图形。龙的后爪及龙尾甚像虎的后爪和虎尾，大概汉代的“龙”还没有“进化”到后来龙的样子。这也是一种祥瑞图，象征着爱情美满与夫妻和谐。

**《“王君出行”图》** 为一大型汉画像石，出土于泰安市旧县村。该石共有人物十四个、马十匹、车三驾，有榜题八块，其中七块未刻字，一块题有“王君车”三字。画面左起一人面右，戴武冠，着袍服，手持盾牌，躬身作迎接状。右面即五骑、三车、三步卒皆面左，是出行的人马。对面是迎接者，有导骑三排，其后步行者三人，前二人肩扛长棍，右手持一短管作吹奏状，后一人短小，躬身抱拳；三人后有三车，一轺车、一主车、一篷车，除轺车外皆驾二马；轺车内二人，一人执辔，一人后坐；主车有四帷，内坐二人，均戴进贤冠；篷车只露一御手，车前上方有一羽人，羽人后有一鸟。画面上部饰连弧垂幛纹。这幅图表现了当时贵族出行的场面。

**《“双鸟交颈”图》** 此石共有四层图案。上层是双鸟交颈，呈亲密无间状；二层刻役卫二人，三层也刻役卫二人，均戴冠着长袍；下层是铺首衔环。双鸟交颈也是象征着男女间的欢爱，是对生活的歌颂。

**《“青龙擒鸟”图》** 画面上一条巨龙，有四足，背部隆起，龙首向前，口中衔住一只大鸟，鸟作挣扎状，龙身下有鱼二条。中华民族自古即是龙的传人，图中赞颂了龙的力量，其实就是对人的力量的赞颂。

图3-10《“三虎嬉戏”图》

**《“三虎嬉戏”图》** 此石（图3-10）系肥城市出土。画中有三虎，中间一虎竖直，虎首向上偏右；另二虎左右对称，虎首朝向中间。画面四周有纹饰二层，外层为菱形纹，内层为连弧纹。

《**“迎宾”图**》 画面左边是一间房舍，屋内二人面向右方，皆着长袍、带着斜顶冠，抱手胸前。屋柱上拴着一条狗，蹲坐在屋檐下；屋顶上有一只猴子好像在作揖。檐角上挂了一只鼓，一个人一面拿着鼓槌敲鼓，一面转首回视右边；再右边有一人在躬身迎客，上面有榜题“寺门亭长”；击鼓人与“寺门亭长”之间有一人向右跪拜。对着寺门亭长的是一马车，马首上方的榜题写着“卢行亭车”，两榜题间有一飞鸟，车后又有从骑、羽人等。此画面甚为细致，应是当时生活的真实记录。

《**“车骑行猎”图**》 画像中有三骑吏、三轺车、一辎车，均左行。左起，二骑吏并行，后为二轺车，前车有一御者，车内坐一人；后车无御者，车篷有四帷，内坐二人。轺车之后是一辎车，一马牵挽，马前有一马驹；车施帐幔。辎车后为华盖主车，车内坐一人，最后为一骑吏，腰佩剑。

《**“听乐晋见”图**》 画面左端残损，但可见一人面右坐于屋内，屋右面有歌舞者，有戴头巾侍立者；再右面有十人，依次为：第一人持弓、第二、三人持笏，余则双手抱于胸前，作毕恭毕敬状。该图有榜题十块，俱为空白。

《**“孔子见老子”图**》 画面共十六人，左四人面右，右十二人面左，第五人的左上方有榜题“孔子”。与孔子相对的是老子，中间有一儿童，面孔仰起看着孔子，此儿童叫项橐。孔子身后的十几人都是他的弟子，每个人的衣着不同，姿态也不同。孔子与老子的时代，“儒家”“道家”的概念尚未形成，诸多文献和考古资料都证实孔子曾多次向老子问礼。第一次有年代可考的是鲁昭公七年（前535），十七岁的孔子问礼于老子[①]；第二次是在春秋昭公二十四年（前518），“孔子适周，将问礼于老子”[②]；第三次是孔子五十一岁时，即周敬王二十二年（前498），“孔子行年五十一而不闻道，乃南之沛见老聃”[③]；第四次具体时间不详，《吕氏春秋·当染》记载：“孔子学于老聃、孟苏、夔靖叔。”这些都在画像石中有所表现，虽然不同地点出土的画像石在表现形式上存在着差异，但它们共同的主题都是宣扬谦虚好学、尊老敬贤的儒家思想和儒、道思想的交

---

① 《礼记·曾子问》。

② 《史记·老子韩非列传》。

③ 《庄子·天运》。

流与沟通，说明儒、道文化的同源而异流。实际上，两家文化本有着千丝万缕的联系和诸多共通之处，只是由于不同的文化主张，产生了两条风格各异的思想文化发展的脉络。

《“**人兽共舞**”图》 其为一石柱，柱高1.13米，斗形柱头边宽约0.45米，柱身周长约0.90米。柱头四面皆刻有人兽共舞图案。柱身画面共分三层，也是人与动物共舞的图案，动物中有鸟、飞虎、熊、鹿以及极富夸张的怪兽；柱础为立雕，三面刻有三只虎，一面是羊，各首尾相连，造型生动。这些画面表现了中国古人与大自然、与各种动物和谐相处，并在其中得到无尽欢愉的场面。

《“**赵苟孝父**”图》 此画面是一则孝义故事。画面上左端一棵大树枝繁叶茂，树下有一推车，一女子在车左双手扶车轮，车右又有一老者执鸠杖倚于车前，上有榜题“此苟□父”，再右有一人执锄耘禾苗并回首望着老者。画面上方有羽人，云纹。赵苟的故事不太出名，而在山东嘉祥武氏祠有一构图与此石大同小异的画像石，上面的主人公却是董永。董永为葬其父卖身为奴，感动了上天，于是织女下凡织绢助其赎身。有研究者指出，董永或许就是由赵苟的故事演变而来，此图中所刻是其父生前图景，却多了织女形象，故事情节显得更为复杂。

《“**丁兰刻木**”图》 此画面左边有一人坐在榻上，榜题为“此丁兰父”，另有一人跪在其对面，榜题为“孝子丁兰父”(“父”为误刻，应为“孝子丁兰”)。丁兰的故事始于汉代,《逸人传》载，丁兰小时候双亲俱丧不及供养，成年后则以木刻父像，待之如亲父，每天早晚请安，遇事也要向木人请示。一天，邻居张叔之妻向丁兰借物，丁兰的内人跪地向木人请示，木人不悦，便没有借给。有一次张叔醉，用棍子敲木人的头，丁兰知道后大怒，竟把张叔杀了，官府追捕他，丁兰只得弃木人逃亡。这个故事流传了很久后又有了演变，说是官府了解了情况后，不但免了他的罪，后来他还做了官。此故事被列入了中国古代“二十四孝”。

## 四、有纪年的画像石

汉画像石一般仅为画面，有文字及纪年者较少，岱庙所陈列画像石除榜题外也几无一字。2000年，泰山金石研究者李德成、刘敏在肥城市发现了一块

图3-11 《永建五年画像石题记》拓片

带有长篇题记并有纪年的东汉画像刻石（图3-11），丰富了泰山画像石的内涵。该刻石高1.19米，宽0.38米，厚0.34米。题记上方有一大雁，喻示鸿雁传书，中部有立马，上有一人刻画较精细，有“马上封侯”之意。

石上能清晰地看到“永建五年造此，设石祠”等文字，由此可确定是一块东汉顺帝永建五年（130）的石祠题记，拓片上有细如毛发的水草纹，可以推断此刻石与山东长清孝堂山刻石和嘉祥武氏祠刻石同属地上建筑石祠的构件。

该石题记分上下两部分，上部4行文字，前3行每行10～13字，第4行为5个字，计40余字。第1行第3字为“侯”字，第3行最后两字是“为善”，说的当是东平王刘苍的故事。史载，汉明帝曾经问东平王在家干什么最快乐，东平王回答说为善最乐。东平王刘苍（？—83）是东汉光武帝刘秀之子，汉明帝刘庄的同母弟弟，于建武十七年（41）封为东平王，定都无盐（今山东东平县东），地域靠近肥城。刘苍子女众多，见于记载的有9子5女，其中长子袭爵为第二代东平王，次子封为任城王，有两个儿子封为县侯，另有五个儿子皆封为列侯，但史书缺载名字。发现者认为此刻石出现在泰安肥城一带，当时应属东平国管辖，永建五年距刘苍去世已过47年，刻石上的“为善”，说明刻石者深受刘苍“为善最乐”思想的影响，而“侯”字，极有可能是他的后世子孙。

该刻石下部分有文字8行，每行19～24字，共计170余字。每字在1厘米至2厘米之间，大小随意顺势而为，章法严谨而不失法度，虽漫漶不清亦感到浑然天成。文字有：“永建五年造此，千秋之道，沽酒、衣依、设石祠，生时、儿子、乞求、死生……”其中“之”字达8个之多，每个写法不同，各有变化，颇具意趣。该刻石题记为研究山东地区汉画像石表现内容及文化特性提供了宝贵资料，对研究汉画像石发展，研究墓志和碑志的产生都有着非常重要的价值。此刻石现保存于泰山金石文化博物馆。

总之，泰山汉画像石所表现的内容是博大的，在艺术上所呈现出的则是显示力量、速度和运动的气势与古老的美学风貌，具有永久的生命力。

# 第四章
# 魏晋南北朝泰山石刻

魏晋南北朝，又称三国两晋十六国南北朝，是中国历史上政权更迭频繁并有多国共存的时代。这个时期从220年曹丕称帝到589年隋灭南朝陈统一中国，共369年。具体可分为三国时期（曹魏、蜀汉与东吴并立）、西晋时期、东晋时期、十六国时期、南北朝时期（南朝与北朝对立时期，共150年）。虽然由于长期的封建割据和连绵不断的战争，使这一时期中国文化的发展受到严重影响，但是仍存有其突出特色，其主要表现是玄学的兴起、道教的勃兴及波斯、希腊文化的进入。在从前魏至隋的300余年间，以及在30多个大小王朝交替兴灭过程中，上述诸多新的文化因素互相影响，交相渗透，使这一时期的思想表现活跃。

但是，魏晋之际废弃厚葬，严禁立碑。《宋书·礼志二》："汉以后，天下送死奢靡，多作石室、石兽、碑铭之物。建安十年（205）魏文帝以天下凋敝，下令不得厚葬，又禁立碑。"晋武帝咸宁四年（278）又诏曰："此石兽、碑表，既私褒美，兴长虚伪，伤财害人，莫大于此，一禁断之。其犯者虽会赦令，皆当毁坏。"故这一时期留存下来的魏晋之碑屈指可数，其中著名的有《南乡太守郛休碑》《晋任城太守夫人孙氏之碑》《齐太公望表》《关中侯刘韬墓志》《保母砖志》《枳阳府君碑》《爨宝子碑》等。而收藏于岱庙的晋泰始八年（272）《晋任城太守夫人孙氏之碑》（以下简称《孙夫人碑》），便是泰山石刻中的翘楚之一，也是中国石刻史上第二块妇女墓碑[①]。《孙夫人碑》的碑主出自东汉以来显赫于世的泰山羊氏家族，而羊氏家族墓志后来时有发现，如羊祉及其夫人墓志、羊深夫人墓志、羊烈及其夫人墓志等，为泰山留存了珍贵的石刻档案。

佛教的发展在南北朝时期曾达到过空前绝后的程度，而北魏太武帝和北周

① 第一块是汉伏波将军马援女儿马姜的墓志，河南洛阳市出土，立于东汉延平元年（106）。

武帝却不信佛并毁佛，这就是历史上有名的“二武灭佛”事件。其间因竹卷多毁，因此僧众们认为“缣竹易销，皮纸易焚，刻在高山，永留不灭”。就是在这一背景下，全国佛教造像和摩崖刻经大量涌现，泰山的《王盖周等造像记》《比丘尼惠等造像记》、经石峪《金刚经》等石刻堪称这一时期的代表作。

## 第一节　西晋碑刻

泰山《孙夫人碑》(图4-1、4-2)向被学界列为“晋代三大丰碑”之首。晋碑存世少，而妇女立碑者尤少，故此碑颇为历代所看重。清人钱大昕谓此碑：

图4-1《孙夫人碑》

图4-2《孙夫人碑》拓片局部

“文多剥落，而点画严整，颇似《范式碑》笔意。”[①]包世臣谓：“是《孔羡》法嗣，用笔沉着不减而体稍疏隽。”[②]该碑在清乾隆五十八年（1793）被发现，距今200余年，由于其独特的历史价值和艺术价值，引发了学者持续研究的兴味。清代学者黄易为此作《新甫得石图》。阮元《山东金石志》一书将此碑录入，使得这一瑰宝大放异彩而名显后世。目前，对于《孙夫人碑》的研究已经从泰山羊氏故里，扩展到了全国，在学术界引起了高度关注，并取得了重要的成果。

## 一、《孙夫人碑》简况

《孙夫人碑》高2.50米，宽0.97米。碑阳刻文20行，满行37字，计707字，字径3.5厘米。碑阴刻文9行，满行16字，共142字，字径1.5厘米，隶书。碑首额下有穿，额隶书阴刻“晋任城太守夫人孙氏之碑”3行11字，字径15厘米。

此碑内容的特点是以妇女为传主。碑文为夫人之子所撰，故事很生动，碑文说：夫人是济南孙邕的次女，名叫“□姬”。孙邕为光禄大夫、建德亭侯，列入九卿，以儒雅闻名四方。夫人九岁时，母亲去世，她从小就变得沉静，宽仁足以容众，明敏足以辨物。其父亲没有续娶，当时，长沙有桓伯序［即桓阶（？—221），字伯绪，《孙夫人碑》作“伯序”］寡妻伏氏，魏文帝亲自出面要她的父亲迎娶伏氏。伏氏年轻貌美，但父亲却不同意，又不好违背魏文帝的旨意，很纠结。□姬便对父亲说：“为什么不请同事来帮您去推辞呢？”父乃悟，按照□姬的说法去做了。文帝知道了孙邕的意思后说：“孙邕是一个了不起的人，桓伯序活着的时候孙邕敬重他，桓伯序死后则孙邕不接受他的遗孀为继室，这是追念贤者的做法，虽然违背了我的旨意却是符合道义的。”听了文帝的话，父亲很高兴。

□姬成年后嫁给了望族羊家，在羊家为人行事极其端庄，深有器量，承上接下十分周到，众人都很喜欢她。夫人的丈夫任城太守，非太夫人所亲生，而夫人却由此更加带头尽孝，又加之她谦虚勤快，做事极其小心，唯恐出现纰漏，

① ［清］钱大昕：《潜研堂金石文跋尾》卷二《晋》。

② ［清］包世臣：《艺舟双楫》卷五《论书一》。

所以公婆都夸奖她善良和顺，是个好媳妇。妯娌们也尊重她，并对她言听计从，这是因为夫人嫁到羊家四十多年，从无失言而且做事任劳任怨，从不埋怨、诿过的缘故。

不仅夫妻和睦，孙夫人也是一位慈祥的母亲，她的言行从来不违矩，利家利国，成为孝的典范。仰仗夫人之力，除小子宏明、宏哲不幸早亡外，子孙皆成才并仁厚、诚信。泰始八年（272）十二月，夫人不幸辞世，嫡长子怀着悲痛的心情和无穷尽的思念，回忆她的训诫，叹曰：古人在钟鼎上镌刻纪念的文字，是为了表彰祖先的美德，同时又有号谥的褒奖，我则刻石为先妣立言立德，使之像钟鼎一样不朽。

在书法艺术方面，由于此碑结体严整、笔画凝重，转折峭拔。又由于有些撇捺灵活有加，为整个碑刻带来活泼气韵，故此碑和这个时期的许多碑刻如《孔羡》《王基》等一样，显示出汉隶的黄金时代已经过去，书界的兴趣已转向新的楷书的创造。《孙夫人碑》明显显示出当时由隶向楷过渡的轨迹。

## 二、《孙夫人碑》的发现与研究

《孙夫人碑》最早见诸典籍是在清乾隆四十九年（1784）版《新泰县志》中。该志记载："晋任城太守李夫人碑，在张庄东北，乃八分书，尚依稀可识。"文中所说"李夫人"为"孙夫人"之误。清光绪版《新泰县志》纠正了旧志之误："阅碑文，系'孙夫人'，旧云'李'，误。"

又据清嘉庆《泰山志》记载："石碑在新甫山张庄原上……乾隆癸丑岁（乾隆五十八年），以钱塘江凤彝搜得……"江凤彝，字秬江，浙江钱塘（今杭州）人，清嘉庆三年（1798）举人，其父江清曾任泰安知县，江凤彝随父在泰安等地游学，曾协助山东学政阮元辑《山东金石志》、协助泰安知府金棨辑《泰山志》，并自撰《岱宗金石文字》四册。乾隆四十九年（1784）的《新泰县志》比《泰山志》所载江凤彝发现《孙夫人碑》的时间"乾隆癸丑岁（1793）"早了9年。而江凤彝对《孙夫人碑》的考察，确认了《孙夫人碑》的重大价值。

关于《孙夫人碑》的出土地点，按古籍著录共有三处：一是江凤彝所记，发现于"新甫山麓张孙庄"；二是清光绪《新泰县志》所载，其碑所在地"张庄东北"，比江凤彝所记更为明确；三是清嘉庆《泰山志》所载"新甫山麓张庄原上”。三处著录都提到“张庄”，只是江凤彝所记多一“孙”字。目前张庄在新甫山麓有两处，即今新泰羊流镇东张庄与西张庄镇，俱在新甫山南麓。

羊流镇之东张庄村西北三公里为羊氏祖茔，清顺治年间新泰知县卢紘在《羊太傅祖墓表》中称：“考《新泰志》，县治西羊流店北里许，有羊太傅祖墓三冢。”此墓地与东张庄之间有沟西村、马庄等行政村相隔，若以“新甫山麓张庄原上”的措辞来推论，其祖茔与文意记载相去甚远。西张庄位于新甫山南麓，现为镇政府所在地，西张庄原名张庄，后因与新汶张庄相区分，更名为西张庄，与志书中的张庄相符的可能性较大。

《孙夫人碑》未注明撰写者的名字，但根据碑文中“嗣子迅哀怀永绝，恩深罔极。……叹曰：‘古者钟鼎纪铭，所以章君父之令德也……我先妣立言立德，同之不朽，可没而无称哉！’于是，乃追而纪诵”之句来看，撰文者为夫人之子羊迅。

羊迅其人正史无载，方志未及。但考之《孙夫人碑》的内容，至少可以对羊迅做出三点判断：一是羊迅是晋代泰山羊氏家族的重要成员之一，是孙夫人的嗣子，其生活年代与羊祜大体相当；二是羊迅颇有文采，一生只做学问而未从政，或只做过小官吏。否则，地方史料会有他的记载；三是羊迅对于母亲十分孝敬。所以，可以确认是羊迅为后人留下了这一丰碑。

《孙夫人碑》的刻立应与泰山羊氏在晋初的不凡荣遇有着密切关系。孙夫人之夫家羊氏是当时举世瞩目的天下甲族，至汉时已是“七世二千石卿校”。泰山羊氏与司马氏集团关系密切，羊门之女羊徽瑜为司马师之妻，在司马氏代魏斗争中，徽瑜之弟羊祜、羊琇更是立下了汗马功劳。故西晋立国，羊氏宠遇甚厚，族势达到极盛。《孙夫人碑》刻立的泰始八年，正是羊徽瑜位居太后之尊，羊祜、羊琇手握重权，羊氏家族势力如日中天之际。羊氏族人恃其贵盛，做出违制之举也是可能的事。其次羊氏出身山东衣冠旧族，立碑刻石为其家族的文化习俗，东汉碑铭大师蔡邕是羊祜的外祖父，他曾亲为羊续书碑，亦可窥其族之碑石文化风尚，所以《孙夫人碑》的刻立，当与羊氏家族素有的文化传统有关。

《孙夫人碑》的刻立还与当时碑禁稍有松弛有关。晋武帝于咸宁四年（278）下诏禁碑，距曹操禁碑令下达已有70余年，距西晋立国也有14年，其间经历魏晋的改朝换代，政治动荡，使统治者忙于权力的分配，从而造成碑禁一度松弛的局面。晋代三大丰碑之一的《郛休碑》就刻立于晋泰始六年（270），《孙夫人碑》刻立于泰始八年（272），都在晋武帝禁碑令下达之前刻立。正是在各种历史巧合之下，孙夫人这位在中国历史并无任何丰功伟绩的平凡女性，才得以立碑树传，留名千古。

《孙夫人碑》被发现之后，即受到了多方保护。《泰山志》记载："西晋石刻本希见，妇人碑铭尤少，爰命新泰令柳世珍建碑亭以覆之，俾数千年佳刻，不致损毁于樵人牧庶之手，斯则守土之责也。"又据清光绪《新泰县志·古迹第二十一（增）》载："同治庚午，平阳书院落成，知县李溱将此碑移至东院箭庭东壁，以示珍护。"《孙夫人碑》移入县学以后，受到了良好保护。但是，1911年县学停办后，东壁倒塌，此碑随之仆地。1950年，新泰县人民政府组织人员将此碑移入刚刚建立的新泰县接待处大门过道内。1965年冬，由泰安专署文物管理部门移入泰安岱庙炳灵门内，此时已磨灭327字。1983年10月移入岱庙碑廊保存至今。

## 三、《孙夫人碑》的学术价值

《孙夫人碑》学术价值甚高，主要表现在以下两个方面：一是极高的书法艺术价值。《孙夫人碑》的书法艺术价值历来为世所公认，魏晋南北朝时期，社会激烈动荡，汉字和书体发生急剧变化，中国书法史处于由隶入楷的重要转折时期。《孙夫人碑》一改汉隶蚕头燕尾的书写笔意，结体方正，方笔行文，稳健中显凌厉，隶书中夹杂有大量的篆书笔意兼有楷书韵味，明显地呈现出以隶入楷过渡期的特征，此亦是书法发展渐变的真实写照。清包世臣《艺舟双楫·论书》称："西晋分书《孙夫人碑》是《孔羡》法嗣，用笔沉着不减，而体稍疏隽。"《孙夫人碑》作为隶楷错变时期的典型代表，体现了中国文字的演变历程，在中国书法史上占有重要地位。

二是重要的史料价值。《孙夫人碑》之碑主孙氏之夫，属泰山望族羊氏，由于魏晋以来连年的战乱，国库空虚，民众苦不堪负，东汉末年曹操秉权后，为抑制汉代流行的奢侈浮华的厚葬之风，下令禁立私碑。据《宋书》载："汉以后，天下送死奢靡，多作石室石兽碑铭等物。建安十年，魏武帝以天下凋敝，下令不得厚葬，又禁立碑。"西晋咸宁四年（278）晋武帝再次重申禁碑，开始了自3世纪至6世纪的魏晋南北朝禁碑时期。但就在这两次禁碑诏令之间，《晋任城太守夫人孙氏之碑》却赫然出现，故非比寻常。有学者指出："现在能见到的西晋碑刻极少……《太公吕望表》是祭奠前贤之作，都不在禁断的私牌之列。《郛休碑》和《晋任城太守孙夫人碑》是私家墓碑，《郛休碑》说郛休卒而'天子闵悼'，显然立碑是得到了朝廷的许可，估计《孙夫人碑》的刻立亦然。该碑在碑禁时期出现，应有非常之背景，它实际上反映了泰山羊氏在晋初之不凡礼遇。"[①]这就为泰山羊氏家族某些重要家族人物的事迹和泰山羊氏家族的婚姻关系提供了第一手资料，故颇具史料价值。

## 第二节　北朝墓志与造像碑

泰山地区的北朝墓志有羊祉及其夫人崔氏墓志铭、羊深夫人崔氏墓志铭，造像碑则有羊银光造像、王盖周等造像记、比丘尼惠等造像记等。

### 一、望族羊氏墓志铭

**《羊祉墓志铭》**《羊祉墓志铭》全称《魏故镇军将军兖州刺史□□□□□□》，立于北魏熙平元年(516)，为镇军将军、兖州刺史羊祉的墓志铭。碑石呈正方形，长宽均0.81米。铭文正书44行，满行45字，凡1936字，字径1.5厘米。书体质朴刚健，峻峭排宕，在北魏墓志中自成一派，虽剥蚀过半，但仍不失为泰山现存诸石刻中的希品。

此石于1965年在山东省新泰县宫里村北之羊祜城遗址出土，同时出土的还有《羊祉夫人崔氏墓志铭》，遂将两碑收藏于岱庙，此时铭文尚完好。"文革"期间，此碑被用作铺路石，使铭文残失大半。羊祉，字灵祐，晋太仆卿羊琇之

① 刘涛：《中国书法史：魏晋南北朝卷》第十四章"魏晋南北朝的禁碑与立碑"，江苏教育出版社2009年版，第503～508页。

六世孙。父规之，任城令。北魏太武帝拓跋焘南讨至邹山，规之与鲁郡太守崔邪利等俱降，赐爵钜平子，拜雁门太守。铭文所志羊祉生平事迹，与《北史·羊祉传》基本相合，唯铭文所称羊祉曾授振武将军、辅国大将军、征西大将军、兼给黄门侍郎等官阶和死后赠镇军将军等，《北史·羊祉传》无记载。其志铭能补史之阙。

**《羊祉夫人崔氏墓志铭》** 此碑全称《魏故镇军将军兖州刺史羊使君夫人崔氏墓志铭》，立于北魏孝昌元年（525），为镇军将军、兖州刺史羊祉夫人崔氏的墓志铭。碑石呈正方形，长宽皆0.55米。铭文正书25行，满行25字，计610字，字径1.5厘米。此碑内容与《孙夫人碑》堪称姊妹篇，具有一定的历史价值。此碑记述：夫人的名字叫神妃，乃清河东武城人，丁公使的后人，汉扶风郡太守霸九□的孙女。夫人的祖先东安太守为政清廉，运筹如神。尚书东安府君第二子长于治理民众，威震四方，在梁为光禄大夫、新亭侯，死后号曰“刚夫人”。夫人生性贤淑，年十五，嫁于先君，出嫁后性格和顺懂礼节、聪明睿智……太夫人在堂，夫人奉水授茶供养。由于家中男女众多，婴孙满堂，个个需要照顾，可谓极其辛劳。……对于长辈，躬奉服侍，早晚不敢懈怠……正光五年秋九月，其子于徂徕逝世，夫人因此得病，每天暮出不归，在村头仰望等待，谁也劝说不了她，这是多么浓郁的舐犊之悲啊！至正光六年，夫人于洛阳徽文里宅去世，年六十六。其年夏六月，改元为孝昌元年，这年八月三十日，夫人灵柩葬于泰山郡梁父县徂徕山之阳……

**《羊深夫人墓志铭》** 此碑碑首题“侍中车骑大将军中书令羊令君妻崔夫人墓志铭”，镌于东魏武定三年（545），碑呈长方形，长0.8米，宽0.56米，厚0.17米。阴刻楷书27行，满行20字，字径1.5～2厘米。墓志载：夫人姓崔讳元容，清河东武城人。祖父崔烈，宋冠军将军，青、冀二州刺史。父亲崔士懋，尚书左民郎中，高平太守。武定二年（544）正月，薨于卢乡沥里第，春秋六十。崔夫人之祖及父正史中无传，墓志则称崔元容“祖烈，宋冠军将军，青、冀二州刺史。父士懋，尚书左民郎中，出为高平太守”。《墓志》通篇亦未言及其夫名字。《墓志》中有“长子肃，字子慎……袭封新泰县开国男”之句，《北史·羊肃传》记载羊深子羊肃，《魏书·羊深传》记载：“出帝初，拜中书令。顷之，转车骑大将军、左光禄大夫。”羊深平萧宝夤叛乱，“以功赐爵新泰男”，由此可知，夫人《墓志》题中之“羊令君”就是羊深，在魏晋史中是一个著名人物。

## 二、泰山造像记

南北朝时期，社会动荡，经济文化都受到严重破坏，不可能产生大量的石刻。但又由于西方僧人不断进入中国传道译经，两汉时期即已传入的佛教得到了发展，寺庙大量产生，佛教造像及石窟寺造像一度极为风行，石刻艺术得到了很大发展，泰山造像记便是这一时期刻石的遗存。

**《羊银光造像记》** 此碑1983年出土于新泰市天宝镇徂徕山东麓光化寺遗址，造像为一佛二菩萨。根据背面“清信女佛弟子羊银光造像一躯”的铭文，故将其称作“羊银光造像”。造像高0.6米，高浮雕，主佛着僧祇支，穿褒衣博带袈裟，施无畏与愿印，跣足立于莲花之上。二菩萨分立两侧，各持莲蕾、净瓶。佛与菩萨首部背景亦为莲花。可惜的是佛与一菩萨首部受损。造像背面刻有纪年题记，4行31字，题记为：“□□和三年四月壬寅朔八日己酉，清信女佛弟子羊银光造像一躯，所愿从心。”造像的年代，根据“□和三年四月壬寅朔八日己酉”年号及干支推定，应为东魏兴和三年（541）。此刻石现存于新泰市博物馆。

**《王盖周等造像记》** 此碑（图4-3）刻于东魏武定五年（547），为像主王盖周等人所造石像的底座。石呈正六面体，高0.23米。铭文刻于四个侧面上，以顺时针方向为序。第一侧面宽0.85米，刻文23行，计161字；第二侧面宽0.71米，现存文3行6字；第三侧面宽0.85米，无字；第四侧面宽0.71米，刻文19行，计80字，并线刻菩萨像一尊。诸面皆正书，字径2厘米，其书法为典型的魏碑体，而所造石像早佚。此石为1966年文物工作者在长清县黑峪村首次访得，并运至岱庙，今存岱庙碑廊。查现存志书均无记载此碑。

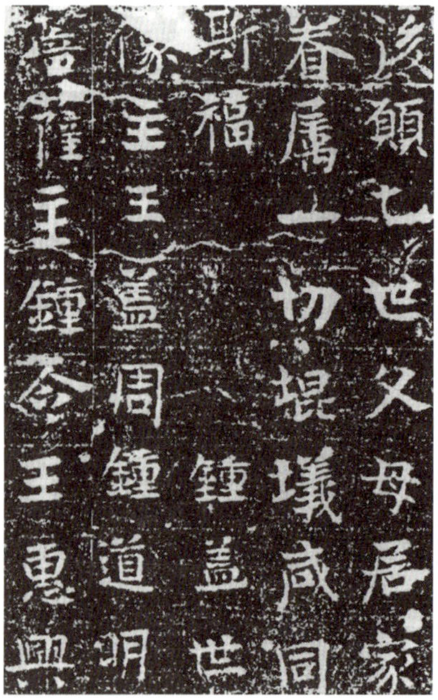

图4-3 《王盖周等造像记》拓片局部

**《比丘尼慧奇等造像记》** 此碑（图4-4）刻于北齐乾明元年（560），为比丘尼慧等所造弥勒像的底座。石呈正六面体，高0.19米。文刻于石之侧面，以顺时针方向为序，四侧面宽皆0.6米。第一侧面存字21行109字；第

图4-4 《比丘尼慧奇等造像记》

二侧面存字3行15字；第三侧面及第四侧面无字。刻字皆正书，字径2厘米。其书法为典型的魏碑体。此石为1966年文物工作者在长清县石窝村访得，并运至岱庙保存，1983年移岱庙碑廊至今。查现存志书，此造像记不见著录。

此石前半部分记事："大齐乾明元年，岁在庚辰，□月辛巳朔二十五日，比丘尼惠奇、比丘尼静游、□迎□义姜率□诸邑同建洪业，□敬造弥勒像一躯。上为皇帝陛下、群臣宰守、诸师父母含生之类，愿□□转冥，□三空现灵法界，共修□□正觉。"后部为题名："邑义士比丘尼□究，邑义士比丘尼僧炎、□□像主张□生……"共9名造像者。

除此之外，这一时期的此类刻石在泰山地区还有较多存在，如东平县洪顶山便留存了摩崖刻经、佛名刻石、题名碑、铭赞、龛像等20余处，为齐鲁文化增添了光彩[①]。

# 第三节　"大字鼻祖"经石峪摩崖刻经

泰山经石峪摩崖刻石（图4-5）位于泰山登山盘道东侧的山峪中，经文刻在面积2064平方米的大石坪上，自东而西共44行，每行字数不等，少者10字，多

---

① 参见杨浩、马宇飞：《山东境内北朝摩崖刻经中"僧安道壹"初考》，《泰山学院学报》2006年第2期。

图4-5　经石峪摩崖刻石

者125字，字径35～50厘米，原刻有2799字，现存1067字。经石峪摩崖刻经在整个泰山石刻群中独树一帜，它不同于帝王的封禅和文人的吟咏，而是独辟蹊径地承传佛家经典。

经石峪刻石在泰山所展现的内在艺术美与外在的宗教氛围有着天然的统一性，在山水景观的视野下，呈现出气势磅礴、纵逸遒劲、浑厚静穆、宽博伟岸的艺术风格。这与其规格形制、字体特征不无关系，可以看出镌刻者独运匠心营造出的一种至大至刚的氛围，使刻石构成了集宗教、文化、艺术、景观为一体的综合体，赋予了其震撼人们心扉的力量。故而，世人称之为“大字鼻祖”“榜书之宗”，倍受推崇和珍视。1916年，近代著名维新领袖康有为来到了经石峪，面对刻石，大为赞叹，赋诗咏道：“观摩不忍去，手画足周趄。”深深地为经石峪大字的魅力所倾倒。①

## 一、刻经的政治文化背景、时代与作者

南北朝时期，虽然是中国历史上政治格局变幻频繁的时代，然而在文化上“却是精神史上极自由、极解放，最富于智慧，最浓于热情的一个时代”②。没有标准的制约，没有威权的统辖，汉代统治者独尊儒术的思想悄然失色了，道家的经学和谶纬也受到极大冲击，这就为外来佛教文化的迅速传播创造了良好的社会文化背景。在社会层面，豪门贵族专权，聚敛财富，在生活上极端纵欲，腐朽奢靡，但动荡的政治，顷刻间便会使这一切灰飞烟灭。物质的享乐无法弥补精神的空虚和恐惧。在制度上，九品中正制又堵死了平民进入社会上层的道路，士人读书无用，报国无门，儒家经世以致用的传统价值观遭到了冲击，清谈玄学之风日起。而生活在社会最底层的庶民百姓，则是社会变革中最大的受害者。军阀混战、天灾人祸，民不聊生，致使对平安生活的渴望也就成为难以实现的梦。在这种社会背景下，新的外来文化佛教，得到了千载难逢的传播与扩散的机会。

一开始，佛教便相中了泰山，而泰山却并不具备佛教扩散的最佳条件，因为在佛、道两教产生之前，泰山信仰以传统的宗法性为特征的体系已较完备地建立起来，人们心目中的万物生发之地、出云致雨、魂归泰山等观点早已成型，致使其他文化的侵入受到意识形态的限定而困难重重。但最终，泰山却以巨大的包容性接纳了佛教，使之得以借用泰山的名望来扩大自己的影响，出现了诸多在全国范围内有一定影响的高僧和寺院，泰山终于成为北方佛教的传播中心，

---

① 孙学武、宗世强：《泰山经石峪大字金刚经历史研究及保护方法初探》，《黑龙江史志》2013年第12期。

② 宗白华：《论〈世说新语〉和晋人的美》，《美学散步》，上海人民出版社2005年版，第356页。

也为佛教经典在泰山的刻写提供了环境氛围。

其中最著名的是《金刚经》(图4-6)。《金刚经》全称《金刚般若波罗密经》，以鸠摩罗什所译者最为流行，全经共32品5176字，经石峪刻写了前15品。然而其刻经究竟书于何代，出自谁手，自古说法不一。

图4-6　经石峪《〈金刚经〉摩崖刻石》局部

关于其时代，前人即做过许多考证，先后出现了北齐说(清聂剑光《泰山道里记》云："北齐武平时，梁父令王子椿好内典，于徂徕山刻经二，并弥勒诸佛名。字迹瑰异，与此同出一手，是经当亦子椿所作也。")、东晋说(明代有人揣测系王羲之所为)、唐代说［针对东晋说，明王世贞正之曰："俗传王右军(羲之)书，非也。然笔力古劲，非唐人不能作。"］，还有宋元说等。但王世贞之弟王世懋则不同意，称"此书不能定唐、宋、元人笔耳，真盲瞽可笑，不知书势足以定时代，宋元人断无此结构气味"①。

1961年5月，郭沫若游泰山，初把经石峪石刻经定为唐人所书。其主要依据是经文中的"世"字皆不封口，说是避李世民之讳。回京后发现不妥，于是寄《访经石峪》诗一首，复定为北齐人所书。其诗云："经字大如斗，北齐人所书。千年风韵在，一亩石坪铺。"当代研究者通过推理认同了这一观点。他们认为，经文中有些字已经双钩却未能刻完，肯定是被迫停止的，而其终止的时间

① 以上均转引自〔清〕金棨《泰山志》。

大概就在北齐末年。北齐时代，佛教曾一度兴盛，统治者不惜动用大量人力物力去开凿石窟，雕造佛像，刻写经文，经石峪大字的刻凿就是在这一背景下开工的。不久，宇文氏废魏建立了北周王朝，宇文氏虽出身塞外民族，却崇尚儒学，其第三代帝王周武帝是一个胸藏大志的人，他掌权以后曾一度想以儒学为中心的三教归一，作为其统一中国的思想基础。但是由于佛道两家争斗激烈，加之众多僧尼过着不合时宜的奢靡生活，有违其富国强兵的意图，于是便于建德三年（574）下诏废除了两教，并大规模地销毁僧院道观及其经典。在废除了佛道两教之后，他又于577年灭齐统一了华北。泰山凿刻的《金刚经》由此半途而废就顺理成章了。

关于书者，由于刻经本身无书者姓名可考，书经人究竟是谁，众说不一。其实，研究者也只能根据经字的风格笔意及同其他有名款的同类刻经相比较而加以推断。现存泰山附近有名款可考的佛教摩崖刻经（包括拓本）尚有4处，即徂徕山映佛岩摩崖刻经、邹县尖山摩崖刻经、铁山摩崖刻经和东平洪顶山摩崖刻经。

**徂徕山映佛岩摩崖刻经**　此刻经有款“冠军将军、梁父县令王子椿”十一字，其风格虽然与经石峪大体相似，但仔细比较，书体结构不及经石峪严谨，且经文中的“无”字全为繁体，而经石峪皆简书为“无”。更主要是王子椿是经主，并非书经人。

**邹县尖山摩崖刻经**　此刻石现仅存拓本，从拓本资料看，刻于北齐武平六年（575），经主是西汉本始间丞相韦贤第十九世孙韦子深和尚书唐邕、陈德信等人。书经人是大沙门僧安道壹，其书体与经石峪基本相似。

**铁山摩崖刻经**　经主是匡哲等人，刻经年代为北周大象元年（579），书经人为东岭僧安道壹。与经石峪刻经比较，刻经方法相同，二者都有方界格的痕迹；所用的简体字极为一致，“无”皆写作“无”，“万”皆简写为“万”，“尔”皆写作“尒”，“來”皆写作“来”，“薩”皆写作“萨”，“於”皆写作“扵”。二者如不是出自一人之手，在当时书写随意性很大的情况下，很难有如此之巧合。另外，二者的字径、书体、风格也都极为一致，字径都是40厘米左右，都是以隶为主，兼以楷、行、草、篆。如果把二处经文中的同一个字放在一起，几乎无法加以区分，只是现在看铁山摩崖的经字略显瘦些，或是由于字面残剥而使字口变浅所致。两处刻经的时代也极相近，二者相距不足10年。由此可以推断，泰山经石峪刻经的书者也是僧安道壹。[①]

**东平洪顶山摩崖刻经** 此刻石所刻为《文殊般若波罗密经》，共98字，1989年发现。经文后落款为佛历纪年，经推算应为北齐武成帝河清二年（563），刻石名款署“僧安道一”，名中的“壹”为小写。洪顶山经文字径大多在0.20米至0.50米之间，其书体、结构、布局均与泰山经石峪《金刚经》高度相似，故洪顶山刻经再次支持了泰山经石峪大字为安道壹所书的观点。

## 二、刻经的意义

佛教是外来文化，进入中国后不断地与中国本土的孔孟儒家思想和老庄的道家思想相碰撞相融合，最终渗透到了社会的各个领域并产生了深厚与广泛的影响，成为中国古代思想文化的重要组成部分。季羡林先生曾说过：“从整个世界自古至今文化发展的情况来看，一个文化，不管在某一时期内发展得多么辉煌灿烂，但如果故步自封，抱残守缺，没有外来文化的注入，结果必然会销声匿迹，成为夏天夜空中的流星。”[②]所以，佛教在中国生根发芽促进新文化的形成是合理的。泰山是中国佛教最早传入的地区之一，泰山经石峪《金刚经》刻石就是其中的例证，经石峪之所以名气大、影响大，一是因为它是中国现存面积最大的摩崖刻经，规模与通篇布局给人以视觉的冲击；二是它镌刻于泰山，与泰山文化相辉映，借助泰山之力便天然地具有了超出其他地域的优势条件。

经石峪金刚经刻石作为佛教摩崖石刻的一种，主要用来弘扬佛法，它的作用同佛教造像、庙宇修建相似。但是，既然是刻经，2000余平方米的面积只要把字刻得小一些，完全可以容下《金刚经》之全部，可是镌刻者并没有这样做，他们仅镌刻了经文32品中的前15品，仅是一半。而且，如此之大的字，分布在

① 参见涂玉书：《粟氏〈明拓孤本泰山金刚经〉考》，《书法导报》2006年9月20日；〔日〕桐谷征一：《北齐大沙门安道壹的刻经事迹》，《大崎学报》158号；〔日〕田熊信之：《北朝摩崖刻经与安道壹》，《北朝摩崖刻经研究（续）》，香港天马图书有限公司2003年版；〔日〕北岛信一：《北朝摩崖刻经与书经人安道壹》（魏广平译），《北朝摩崖刻经研究（续）》，香港：天马图书有限公司2003年版；王恩礼、赖非：《铁山（石颂）的初步考察与研究》，《书法》1989年第2期。

② 季羡林：《我和佛教研究》，文史知识编辑部编：《佛教与中国文化》，中华书局2005年版，第18页。

如此之广的面积中念诵也并不容易。他们之所以这样做，就是为了选择最大的视觉震撼效果，也就是说，经石峪《金刚经》的刻制并不完全是为了保存佛教的经籍，也不是为了人们诵读，而是为了先声夺人，显示强大，产生最大的宣传效果。

## 三、经石峪摩崖刻经的书法艺术特点

经石峪摩崖刻经是我国现存摩崖石刻中规模空前的巨制，它的最主要价值在其艺术成就。在偌大的石坪上，文字均匀分布，字体大小得当，通观全篇气势磅礴；单看一字则给人优游自如从容不迫的感觉，其用笔圆润可人，包融篆隶而妙化为楷，结构舒博壮健，颇有浑穆宽阔之趣。总体来看，一是内容与形式的完美结合，因其书写的内容是佛经，庄重而又肃穆，与之相配的字体也显得凝神静气，温文尔雅。字体含有隶意，如敦厚老者；含有楷情，则不失朝气；又有篆韵，透露出风骨。这些字初看去好像笔法简单，横平竖直而已，但细加揣摩，会发现其用笔幻化无穷，入笔之藏、露，行笔之中、侧，以及提按顿挫和收笔之回放，形态各异，犹如古刹里悠悠的钟声、山溪中涓涓的清流，给人以愉悦的审美体验。二是结体上的变化，大字中有诸多“一、也、心、人、入、无、天、世”等简单笔画的单字，尽管这些字各有多次出现却几乎无一雷同，可见书者匠心的深厚。三是书体结构伸缩有致，如“常”“宁”等字；书体底部的笔画，颇为收敛，而“能”字中的“月”旁第二横画几乎触底，由于富于变化，便避免了单调。四是作为隶书，虽然“蚕头燕尾”的特征并不显著，但波磔分展，字形以宽扁为主，隶意突出，分外稳重，看上去稳如泰山。通篇观来，大字所体现的既是雄强的又是平和的，既是博大的又是含蓄的，既是伟岸的又是简静的，把各种审美因素巧妙地融合在一起，才产生出了如此震撼的效果。

对经石峪摩崖大字的书法，古人给予了极高的评价。在摩崖大字旁的自然石上，有北宋政和元年(1117)陈国瑞的题刻：“观石经谷，熟视笔画，字径尺余，非人所能。历千百年曾不磨灭，岂非神物护持以遗观者。”明王世懋在考察泰山经石峪时也曾给予了特别关注，他在《纪游》中说：“观陈国瑞题名，则北宋人已叹赞为神。”清代杨守敬曰：“北齐《泰山经石峪》以径尺之大书，如作小楷，纡徐容与，绝无剑拔弩张之迹，擘窠大书，此为极则。”清人冯云鹏在《金石索》中盛赞："如印泥画沙，草情篆韵，无所不备。"康有为《广艺舟双楫》评价："作榜书须笔墨雍容，以安静简穆为上，雄深雅健次之。观《经石峪》及《太祖文皇帝神道》，若有道之士，微妙圆通，有天下而不与，肌肤若冰雪，绰约如处子，气韵穆穆，低眉合掌，自然高绝，岂暇为金刚怒目邪？"

至清中叶，随着碑学理论的兴起，泰山经石峪刻经日益为研究者和书家所推崇，影响较大的有清代的刘墉、俞樾、康有为、李瑞清、曾熙等。刘墉在清嘉庆（1795～1820）年间所作的《经石峪跋文》中说："墉少壮作书，恒欲以拙胜，而终失之钝。自得北魏碑版数十种，潜心默契，力追其神，味朴茂处，仅乃得似。泰山《经石峪》残字，即为墉得力之一顷。"清末书法家李瑞清在《跋经石峪全图》中自称："余每作大书，则用此石。"泰山经石峪书体以其不争的特殊地位，载入中国书法史，成为书家临摹的范本。

# 第五章

# 隋唐泰山石刻

隋朝结束了魏晋南北朝数百年分裂动乱的局面，再次使中国走向了统一与发展，虽然其国祚较短，但在政治、经济、文化等方面的创新上却具有历史转折意义。这时，立碑之事又在各地盛行起来，隋朝的书法则承袭了魏晋南北朝的余风，经过一番革新，变为隋代的楷书，其书艺之高超，也进入了新的历史阶段。国内现存著名的隋代石刻有《真草千字文》《龙藏寺碑》《贺若谊碑》《曹子建庙碑》《美人董氏墓志》等，泰山则现存隋代石刻两处。这一时期，楷书成为标准书体，开唐朝正书的先河，对唐楷影响甚深。

唐朝是继隋朝之后的大一统王朝，共历21帝，享国289年，是公认的中国最强盛的时代之一。唐代科技、文化、经济、宗教、艺术都有了极大发展。社会空前繁荣，在诗、书、画各方面涌现了大量名家。唐朝文化兼容并蓄，接纳海内外各民族进行交流学习，形成开放的国际文化。唐代重启封禅，唐高宗、武则天、唐玄宗都曾来到泰山举行封禅大典，使泰山的地位再次提升与巩固。这一时期的泰山碑刻大多与封禅有关，如唐高宗时期的《双束碑》，堪称泰山石刻中的一朵奇葩；唐玄宗亲笔书写的《纪泰山铭》开创了皇帝亲题泰山的滥觞。帝王的封禅愈发吸引了诗人的憧憬，文人学士纷至沓来，如王维、李白、杜甫、高孚、刘禹锡、李义府、张籍、李德裕等，他们在泰山留下了大量诗作，成为后代摹刻上石的对象。

唐代帝王大多数爱好书法，而且唐太宗推崇楷书，唐玄宗青睐隶书，他们的带动使唐代书法、碑刻百花齐放，极盛一时，表现出一个强盛时代的雍容气魄。这一时期，泰山书家辈出，石刻亦多，其中李邕存留于泰山的《蜜多心经刻经》《灵岩寺颂碑》堪称代表作。泰山现存有唐代碑刻、摩崖37处，尽显盛世气象。

## 第一节　隋代墓志与造像记

隋代遗留于泰山的石刻数量较少，今所见者有羊烈及其夫人墓志与张子初造像记。

### 一、羊烈及其夫人长孙氏墓志铭

羊烈夫妇墓志，全称分别是《太中大夫□光禄少卿义州使君羊公墓志》及《齐义州羊使君长孙夫人墓志铭》。其墓位于今新泰市羊流镇沟西村西北约600米处，经1993年抢救性发掘，出土羊烈及其夫人长孙敬颜石墓志两块，皆方形，盝顶。羊烈志刻楷书“义州羊使君墓志之铭”3行9字，志文隶书817字，记述羊烈的祖系及其本人的生平事迹。其妻志刻隶书“齐义州羊使君长孙夫人墓志铭”，志文隶书297字，记述其生平事迹。志盖底部刻其子女姓名，亦隶书。羊烈（513—586），字信卿，北魏太傅羊祜的从弟太仆羊秀的六世孙，累官北齐光禄少卿，义州刺史。墓志明确记载了其归葬宫山（今新泰莲花山）的经过：“开皇六年（586）二月壬午朔十六日丁酉，薨于沙丘里舍，春秋七十有四。九年六月壬戌朔十一日壬申，迁厝于宫山之阳。”长孙夫人墓志盖厚0.1米，隶书共31行，满行27字。志石为方形，边长0.59米，厚0.09米。志盖盝顶，前面文字已剥蚀无存，盖背后镌有附记，阴刻隶书17行。志石隶书18行，满行18字。墓志亦明确记载其了归葬宫山的经过：“（夫人）春秋六十有五，以大隋开皇十一年岁在辛亥闰十二月戊寅朔廿二日己亥，薨于兖州太阳里。十二年十月癸酉朔卅日壬寅，葬于宫山之阳。”羊烈及其夫人墓志中关于宫山的记载，是目前最早的实物记载。此墓志现由新泰市博物馆收藏。

### 二、张子初等造像记

《张子初等造像记》（图5-1），立于隋开皇十一年（591），现存岱庙碑廊，

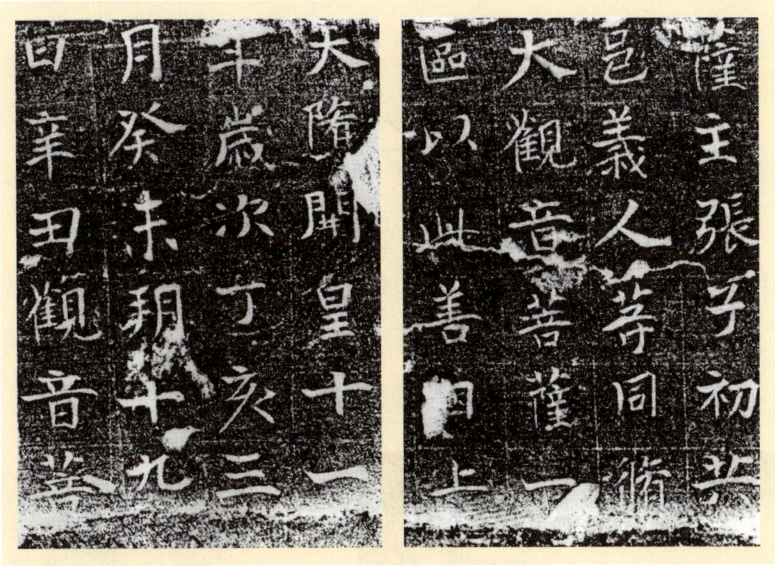


图5-1　隋《张子初等造像记》拓片局部

是张子初等所造观音像的底座，其石像已不存。石呈正六面体，高19厘米。铭文刻于四个侧面，皆正书，以顺时针方向为序。第一侧面宽0.53米，刻文16行89字，字径2厘米；第二侧面宽0.48米，刻文15行82字，字径2厘米；第三侧面宽0.53米，刻文12行57字，字径3厘米；第四侧面宽0.48米，刻文15行89字，字径2厘米。其上半部分为造像记，后半部分有造像赞助和参与者40人题名。

铭文除了记述造观音像时间及祝辞外，还有三点值得注意。一是“大隋开皇十一年，岁次丁亥”，查《历代王朝干支纪年表》隋开皇十一年当为“辛亥”年。隋开国共三十年，无丁亥纪年，显系误刻。二是文中“化等金轮皇帝”，“金轮皇帝”一般特指唐武则天，全称为“金轮圣神皇帝”①。而此处的“金轮皇帝”乃是起源于印度的佛教观念：印度古传说中征服四方的转轮王出生时，空中出现“轮宝”，有金、银、铜、铁四种，感得金轮宝者为金轮王，乃四轮之首，预示他将来具有无敌的力量，领东南西北四大洲。这里则是对隋文帝的颂扬与祝福。三是此石于1957年在泰安长春观遗址被发现，长春观在岱庙西侧，是泰山古老的道教宫观，为何出现佛教造像，史志对其无记载，待考。

---

① 载初二年(690)九月，武则天改唐为周，尊号“圣神皇帝”；长寿二年(692)九月，武则天加号“金轮圣神皇帝”；天册万岁元年(695)正月，武则天加号为“慈氏越古金轮圣神皇帝”。

## 第二节　碑中之奇葩《双束碑》

《双束碑》(图5-2、5-3)，又称《岱岳观造像记碑》，俗称“鸳鸯碑”。初立于唐高宗显庆六年(661)，为唐高宗命道士在泰山行建醮造像之事时所立，之后唐代六帝一后凡有祭祀活动均行补刻，亦有文人在其上题诗、题记，在唐

图5-2 《双束碑》

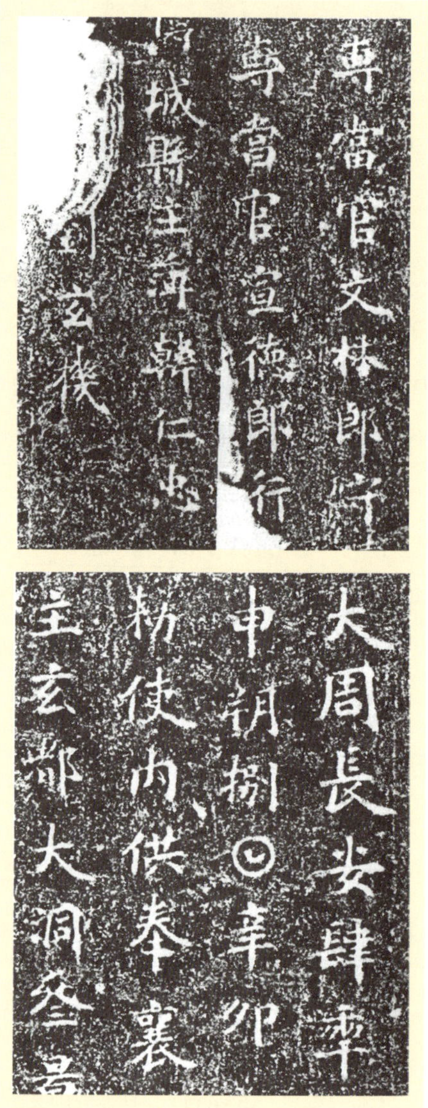

图5-3 《双束碑》局部

代共历时143余年，后又有宋人题记若干。此碑造型独特，内容涉及广泛，在泰山众多碑刻中独树一帜。

## 一、概况

《双束碑》原立于泰山南麓老君堂院（今虎山水库西侧，古称岱岳观），额题“岱岳观造像记”。1960年建亭一座，将此碑移至亭内保护；“文革”期间，文物工作者趁黑夜将其运至岱庙，埋入炳灵门外地下，使之幸免于劫难。后移至岱庙碑廊保护。

此碑底座方形，高0.40米。碑身由二石并成，高皆2.36米，厚皆0.22米，左石宽0.50米，右石宽0.49米。顶覆石盖高0.50米，雕作歇山形屋脊，其正脊、垂脊、戗脊及瓦陇的雕刻极为精致，具有唐代建筑风格。二石上下共嵌于同一碑座和同一碑首间，乃有所喻示：碑盖示天，碑座比地，二石并立表示武则天同唐高宗并驾治理天下。铭文刻于碑身四周，每面刻四至五层，每层刻1篇或2篇，共刻文30篇。其中唐代六帝一后时期计刻文26篇，宋代题名刻辞4篇，皆正书。其在位期间共刻7篇，文中有其自造并推行的一些文字，如“埊”（地）、“曌”（照）、“圀”（国）等；凡数字皆大写，如“一”作“壹”等（本文叙述不再使用其自造字）。

## 二、《双束碑》的主要内容

此碑在碑廊中东西置立，分南北两碑，碑的内容有造像记、斋醮记、题诗、题名、皇帝敕文、兴造记等共6种，很多内容为正史方志较少记载，是难得的史料。

（一）造像记十则

造像记的时代跨度从唐显庆六年（661）至大历八年（773），历112年。以下略选几例说明。

**《显庆岱岳观造像记》** 这是《双束碑》的第一则题记，刻于唐高宗显庆六年（661），碑文记录了道士郭行真等奉皇帝命在岱岳观造像一事：

> 显庆六年六月廿二日，敕使东岳先生郭行真，弟子陈兰茂、杜知古、马知止，奉为皇帝、皇后七日行道，并造素像一躯，二真人夹侍。

文中的郭行真与武后有着颇深的渊源，显庆之末，武后开始利用佛道符谶为其夺权制造舆论，郭氏便是为武后罗致的亲信道徒之一。郭行真原为长安西华观道士，被武后封为“朝散大夫”“东岳先生”，后因武后崇佛，郭又于龙朔元年（661）造金铜佛像五躯、十一面观音二躯，并诸大乘经，宣称皈依佛教。郭行真曾参与武后密谋，出入禁中，作厌胜之术，利用宗教为武后干政服务，以致引发麟德元年（664）高宗与上官仪谋废武后事件，最后被告发私篡佛经文句修改道书，流配而死。由此段记载亦可知《双束碑》为郭行真所立。

**《仪凤画像记》** 此记在北碑东面第二层，刻于唐仪凤三年（678）。此刻石记载了同年三月，大洞三景法师叶法善等奉敕往东岳修斋、设河图大醮，并造壁画元始天尊、万福天尊两铺。叶法善（616—720），字道元、罗浮真人等，浙江人，唐朝道教天师。历高宗、武则天、中宗、睿宗、玄宗六代，始终未失尊宠。获封“金紫光禄大夫”“越国公兼景龙观主”及“大洞三景法师”等封号。

**《大周天授造像记》** 此记在南碑东面第一层，刻于唐天授二年（691）。此时武则天废唐而建国号大周，即位大周皇帝，她所造的字开始使用。文中记载了金台观主中岳先生马元贞，与弟子数人奉圣神皇帝敕，为大周革命，而往五岳四渎投龙做功德。马元贞来到东岳行道，建醮投龙，做功德十二日夜。所谓“投龙”，系往水中（唐代在泰山瑶池即今王母池）掷“投龙简”，向神祈求风调雨顺的祭拜仪式，先是敬献三牲，宣读祭文，然后向龙君跪拜。

**《圣历造像记》** 此记在北碑西面第一层，刻于圣历元年（698）。此碑记载了大宏道观主桓道彦、弟子晁自揣，奉敕在岱岳观设金宝斋河图大醮，七天行道，两度投龙，奉为天册金轮圣神皇帝，敬造等身老君像一躯，并二真人夹侍。文中“天册金轮圣神皇帝”即天册万岁元年（695）武则天72岁时为自己加的封号。

**《长安造像记》** 此记在南碑东面第二层，刻于长安元年（701）。此碑文记述了道士金台观主赵敬同、侍者道士刘守真、王怀亮等，奉敕于岱岳观修金箓宝斋三天三夜。又于观侧灵场之所，设五岳一百二十盘醮礼，又用镇彩纹缯敬造东方玉宝皇上天尊一铺，并二真人、仙童、玉女夹侍。这天风息雪停，香烟氤氲，红日明朗，一片吉祥。“长安”系武则天的第13个年号，此后改元，造像记中其自造字消失。

（二）斋醮记六则

从武则天久视二年（701）至大历七年（772），《双束碑》上刻有六则斋醮记，历71年，以下简述几则。

**《久视斋醮记》** 此记在北碑东面第二层，刻于久视二年（701）。

> 久视二年太岁辛丑，正月乙卯朔二日丙辰，神都清元观主麻慈力亲承圣旨，内赍龙璧、御词、缯帛及香等物，诣此观中斋醮。功毕，伏愿我皇万福，宝业恒隆。敬勒昌龄，冀同砺而不朽。侍者道士麻宏倩。

“久视”是武则天的第12个年号。麻慈力，唐代著名道士。顾炎武《金石文字记》、朱彝尊《金石文字跋尾》、叶奕苞《金石录补》对之有相关记载。

**《长安斋醮记》** 此记在北碑西面第二层，刻于长安四年（704）。碑文记载，敕使内供奉、襄州神武县云表观主、玄都大洞三景弟子中岳先生周元度并弟子二人、金州西城县玄宫观道士梁悟元，奉敕令于名山大川投龙璧，修无上高元金元玉清九转金房度命斋三日三夜行道，陈设醮礼，祈求天地清和，风云静默，神灵效祉，祝圣寿无穷。

**《景龙斋醮记》** 此记在南碑东面第一层，刻于唐景龙三年（709）。碑文说，此次斋醮的规模很大，“济兖等州大德四十九人七日七夜转经行道，设河图大醮，更祈后福，以申告请”。效果也很显著：“七日之中，遂呈四瑞。白鹤腾辉，拂霞庄而娇色；黄云覆彩，映岩穴以通光。丝雨飞祯，家示九年之蓄；乌曦抱戴，寿延千载之君。”

**《开元修斋记》** 此记在南碑西面第二层，刻于唐开元十九年（731），碑文记录了开元十九年十一月，都大宏道观主张游雾、京景龙观大德杨琬□□□□，于岱岳观修斋三日三夜。此时，玄宗宠信宦官，杨思勖、高力士尤享权宠，朝廷隐患益深。

（三）诗刻三则

《双束碑》上刻有唐诗4首，其中两首属应酬之作，记录了当时的社会状态；另两首系小品诗，写的居然是泰山的白蝙蝠。

其一是《早春陪敕使麻先生祭岳》，在南碑侧第一层，刻于唐久视二年（701），作者为博城县令马友鹿。“敕使麻先生”，即《久视斋醮记》一文中的“神都清元观主麻慈力”，此人系奉敕而来，马友鹿以前似乎并没有接待过这种规格的使者，所以便有了颇多感慨，以至说“青羊得处所，白鹤怪时年”，对敕使麻慈力极力恭维。此诗收入了《全唐诗》卷八百八十七。

另一是《公孙杲题诗》，在北碑侧第二层，刻于唐代宗大历七年（772）：

**五言赠诸法师**

宣义郎、行博城县丞公孙杲

驾鹤排朱雾，乘鸾入紫烟。
凌晨味潭菊，薄暮玩峰莲。
玉叶低梁下，金飚引窗前。
啸傲云霞际，留情鳞羽年。

大历七年五月。

从此诗可以看得出唐朝的盛世气象已经开始走下坡路了。虽然从唐代宗之后唐朝又经历了12个皇帝、140余年，但已到了“金飚”阵阵的时节。安史之乱马嵬驿兵变后玄宗西逃，肃宗继位。肃宗任用名将郭子仪、李光弼，借用回纥兵，收复了长安、洛阳。后叛军首领史思明自称大燕皇帝，并于同年五月，重夺洛阳。在朝中，肃宗任用的宦官李辅国、程元振等操纵军政大权，宦官势力日益嚣张。肃宗同时又宠信皇后张良娣，纵容其干预政事。762年，肃宗患病，接连几个月不能上朝理事。同年，太上皇玄宗病死。张皇后痛恨太监专权召见太子李豫欲诛杀之。犹豫间风声走漏，李辅国劫持了太子，鼓动禁兵入宫。张皇后闻变，慌忙逃入肃宗寝宫躲避。李辅国带兵追入，肃宗受到惊吓，当日毙命。肃宗死后，李辅国杀张皇后等，拥立太子李豫继位，此即唐代宗。李辅国以立帝有功，骄横益甚，代宗不能容忍，终于乘李辅国不备，派人扮作盗贼将其刺杀。宝应元年（762），代宗任命雍王李适为统兵元帅，又向回纥借兵十万，攻打再次被叛军占据的东京洛阳，叛军败走莫州。唐朝总算平定了延续七年零三个月的安史之乱。但是，经过这次战乱，唐朝元气大伤，由强盛转为衰落。在东有藩镇割据，西有吐蕃侵扰，北有回纥威胁的困难局面下，代宗又迷信佛教，怂恿寺院侵占许多良田美宅，国家经济每况愈下。此时的唐朝真的“金飚”四起了。此诗收入了《全唐诗》卷八百八十七。

还有《腊月中与韦户曹游发生洞裴回之际见双白蝙蝠》，共两首，于贞元十四年（798）刻于南碑东面第三层和第四层，第一首作者任要，第二首作者韦洪。两首诗均颇多意趣，在严肃的造像、斋醮题记中显得一枝独秀：

腊月中，与韦户曹游发生洞，徘徊之际，见双白蝙蝠一二飞灵洞，时多异之，同为□号：

**其一**

山翠幂灵洞，洞深玄想微。
一双白蝙蝠，三度向明飞。
虽言有两翅，了自无毛衣。
若非饱石髓，那得凌□□。
偶见归堪说，殊胜不见归。

白蝙蝠是蝙蝠的一种基因变异的白化现象，十分少见，现代科学对之研究很少。诗人在诗作中也表达了对白蝙蝠的好奇之心。

**其二**

欲验发生洞，先开冰雪行。
窥临见二翼，色素飞无声。
状类白蝙蝠，幽感腾化精。
应加五马来，启蛰游春荣。
露冕□之久，鸣驺还慰情。

发生洞即今岱顶之白云洞。此诗收入《全唐诗》卷八百八十七，题为《腊月中游发生洞裴回之际见双白蝙蝠三飞洞门》。

（四）皇帝敕文一则

《双束碑》南碑西面第二层刻有景云二年（711）的《唐睿宗赐岱岳观敕》。此碑记录了唐睿宗皇帝的手敕，文中提到“恐百姓之不宁，虑八方之未泰”，“朕躬男女六姻，永保如山之寿，国朝官僚万姓，长符击壤之欢”等，这与当时的政治形势密切相关。当时韦氏反逆，中宗被弑，唐睿宗尚能念及官僚百姓，故此文较之其他饰美之作大有不同，顾炎武也认为此敕“文辞斐然”。

在此之前，即嗣圣元年（684）二月，武则天废唐中宗，立李旦为帝，此即睿宗，改年号为“文明”，但不得参与朝政，所有军国大事仍由武皇后决定。天授元年（690），武皇后称帝，改国号周，废睿宗，封之为皇嗣，改姓武。神龙元年（705），中宗复位，封李旦为相王。710年，中宗被毒杀，韦后立年仅16岁的李重茂即位，改元“唐隆”。一个月后，临淄王李隆基发动羽林军攻入宫中，讨杀韦皇后及安乐公主、上官婉儿、武延秀等，并与太平公主一起拥立睿宗复位，废黜李重茂，改年号为“景云”。睿宗复位后，按例当立长子李成器为太子，但三子李隆基有讨韦氏之功，因而犹豫不决。李成器却说：“国家安则先嫡，危则先有功，臣死不敢居隆基之上。”但是，睿宗在上文中虽然说得很好，而立李隆基为太子后，竟又使太平公主参与朝政。宰相奏事，他先要问有没有同太平公主商量过，这就助长了太平公主的专横，也引起了太子与太平公主之间的斗争。太平公主极力想除掉李隆基，独揽朝政，时文武大臣中有一大半依附于太平公主，7个宰相中有5个是她的亲信，故而造成政局不稳，政事昏暗。延和元年（712）七月，睿宗让位于太子，自称太上皇，李隆基继承帝位。开元四年（716）六月病死在长安宫中的百福殿，年五十五。李隆基继承了帝位，14年后，到泰山封禅。

（五）兴造记一则

南碑西面第三层有《开元兴造记》一则，刻于开元八年（720）。此文记载了唐玄宗封禅泰山前的准备工作。唐玄宗即位，唐朝进入了一个新的时期，国家统一，动乱平息，民生恢复，史称“开元盛世”。唐玄宗“有意于神仙”，要到泰山封禅，为提前做好准备，“届岱岭，因泰山之木，用近土之人，凿碧岩，垒丹灶，列星柱，亘虹梁”“匠无宿舂，农不下垄，尝未浃日，厥功已成，栋宇以来，莫筹其速”“恪勤不懈，不遑自宁。息徒庀工，刻词贞石”，于“开元八年，岁次庚申，七月壬子朔廿日辛未，毕此工也”，只待大队人马的到来。文中的所谓“凿碧岩”，显然是为摹刻《纪泰山铭》做准备。

（六）题名刻石

自唐开元二十年（732）至建中元年（780），历48年，共有5则题名刻石。

《敕使胡寂等题名》，在南碑西面第四层，刻于唐开元二十年（732）。是年，唐攻契丹，大胜。

《刘难陀等题名》，刻于北碑侧第三层，此题记无年代题款，题名者有县令、岳令、道士等。文中有“真君庙院主、检校道门道士卜皓然”，泰山万仙楼北中溪中有一摩崖刻石为“大历八年，王大使因拜岳，与韩补阙、前建安□太守同游。张炼师、房道士、卜□然记”。“卜□然”当此文中的“卜皓然”，可知其亦刻于大历年间。

《王圆等题名记》，在南碑西面第四层，刻于大历十四年（779），乃是游历泰山的题记：“淄州刺史王圆，□□□冯殉，山人王昌宇，大历十四年二月二十七日同登泰岳。时真君道士卜皓然、万岁道士郭子微，各携茶果相候于回马岭，因憩于王母池，登临之兴无所不至。”

双束碑的题刻从显庆六年到贞元十四年，历一个多世纪，所有的题刻都把字写得很小很规矩，没有大字多占石面，也无压盖，显然是由庙里的道士择其要者逐年刻上去的。由此也可以看出唐朝的统治相对稳定，是一种综合国力的体现。

## 第三节 《纪泰山铭》与大唐气象

泰山石刻中，若论地势显要，气势壮观，内容丰富，则非《纪泰山铭》莫属了。《纪泰山铭》是泰山之巅最大的一片石刻，由于镌刻了此洋洋大观的摩崖，此处被称作“大观峰”，所摩石壁也被称为“唐摩崖”（图5-4），摩崖高13.20米，宽5.30米，通体贴金，大为泰山增色。

图5-4　唐摩崖石刻

《纪泰山铭》(图5-5、5-6)刻于唐开元十四年(726),为唐玄宗李隆基封禅泰山时亲撰、亲书,字体端庄雄浑,文辞驯雅大度,透露出太平盛世的气象,也显示出唐玄宗当年的豪迈胸襟。《纪泰山铭》在泰山石刻史中地位超群,堪称泰山石刻中的千古绝唱。

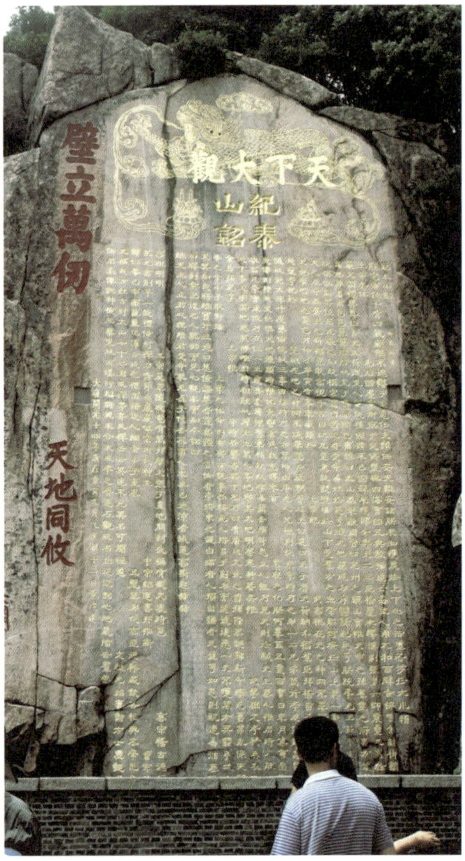


图5-5《纪泰山铭》

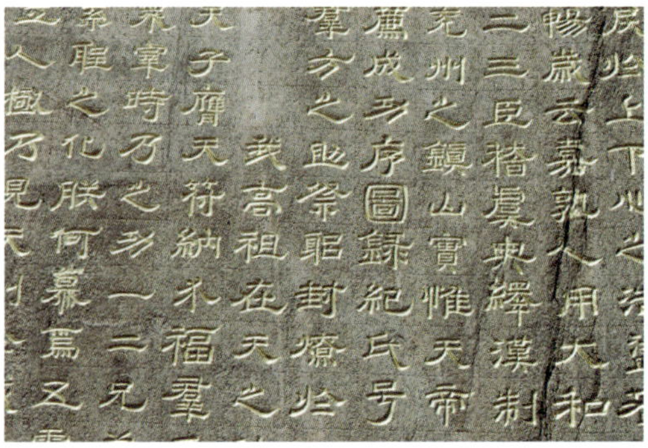

图5-6《纪泰山铭》局部

## 一、唐代封禅与《纪泰山铭》

唐朝，在我国古代历史上是一段辉煌的鼎盛时期，唐代皇帝封禅泰山似乎是具备了国家统一、国力强盛、国泰民安等种种条件。他们没有错过这个机会。

李世民的“贞观之治”把唐朝带入了盛世，他对封禅也有了新的认识。史籍对此有简明的记载：贞观初年，群臣上疏请封禅，只有魏徵认为不可，李世民听从了魏徵的意见。贞观六年（632），平抚突厥，农业连年丰收，群臣又议封禅，太宗于是对群臣说：你们都劝我封禅，以我的本心，但使天下太平，家给人足，虽缺封禅之礼，也可德比尧舜；若百姓不足，夷狄内侵，纵修封禅之仪，又何异桀纣？仍然不同意。贞观十五年（641），众臣又请封禅，太宗诏准，但行至中途，天上有彗星之变，封禅又止。[①]李世民对泰山是向往的，但他不为求仙，不欲借泰山之名来提高自己，作为封建君主，能够把道德和政绩看得比封禅的形式重要，在这一点上他已超过了前人。

唐高宗与武则天则到泰山举行了封禅大典。《旧唐书·礼仪志》说：“高宗即位，公卿数请封禅。则天既立为皇后，又密赞之。”高宗李治仁厚软弱，早已下诏让武则天主持朝政，武氏密赞封禅，高宗当然言听计从。她又要求由自己主持禅地仪式，实际上是乘机扩大她的政治影响，为女皇登基做准备。麟德二年（665）十月，封禅队伍从东都洛阳出发，正月初二到达泰山。根据武则天的策划，在泰山之巅先由高宗登坛，行“初献”礼，然后由武则天登坛行“亚献”礼，创造了泰山封禅的全新礼制。

李隆基年轻时是一个干练有为的人物，他26岁那年，一举平息了欲效法武则天当女皇的韦后之乱。两年之后李隆基登帝位，又粉碎了太平公主阴谋发动的政变，巩固了自己的权力，使唐朝动荡的政局重新稳定下来。李隆基大权在握后，裁汰冗官，整顿吏治，起用一批正直的人担任重要职务；同时大力发展农业生产，均田灭灾，社会经济迅速发展起来，出现了李唐王朝建立以来，也是中国地主阶级执政以来的最好局面，这便是历史上盛称的“开

① 参见《新唐书》卷十四《礼乐志·四》。

元盛世”。

唐玄宗具备了封禅的条件，于开元十二年（724）末，采纳了张说等大臣的建议，下了《允许封禅诏》。李隆基准备东封泰山，问礼官学士贺知章为什么前世封禅的玉牒书秘而不宣。贺知章回答说：玉牒书是专让天帝看的文书。前代帝王有的想请求长生不老，有的想请求成为仙人，所以后世人都不知内情。唐玄宗说，我封禅泰山，是为天下百姓求福，没有个人的秘密请求，遂将告天玉牒公布于众。他的玉牒文大意是：高祖和太宗，受天帝之命建立唐朝；高宗封禅泰山，天下兴盛，中宗继承皇位，遭受挫折。上帝佑助我，赐给我忠武的品质，因此平息了内乱。我承帝位已经13年，承蒙天意，四海平安。今封禅于泰山，感谢天地给予的成功，并祈求上天给子孙以厚禄，给万众百姓以幸福。他把自己的思想在泰山之巅告知天下了。[①]

## 二、《纪泰山铭》的主要内容

《纪泰山铭》中有很多闪光的思想。如唐玄宗诚恳地公开承认自己道德与学识的不足：“顾惟不德，懵于至道”，认为“名非从欲”等，都表明了他敢于面对百姓，把自己道德的高下放到实绩中去检验，对于皇帝来说，这种气魄是可贵的。

他又说“思立人极，乃见天则”，这是中国古代统治阶级很重要的思想。在古代的政治规则中，帝王并不是无法无天为所欲为的，它有一个“天则”的依据在，也有一个王法与天法的关系，而且前者服从后者。如果说君王的权力是来自于所受的政治天命，那么，你就必须尊重和依从天道法则或者天道性理来治理天下。儒家传统思想在这个问题上有非常严肃的思考。自上古以来，政治文化观念中存在着一种君王受命于天而统治天下的观念，天可以对君王行赏罚，而“天听自我民听，天视自我民视”[②]，就形成了一个完整的政治天命观系统。君王的使命就在于进行一种符合天道性理和天道法则的治理，承担“保民安民”并使人民得到实惠的职责。君王的政治是否做到了这一点，上天是可以

① 参见《唐会要》卷七《封禅》。

② 《尚书·泰誓》。

通过人民的反应来表达和决定政治天命兴废的。像桀纣暴君那样违背天道的统治，就在汤武革命下结束了他们统治的政治天命，实现了“王者受命易姓”。“王者受命易姓”，正是权力来源的基础。在唐朝，虽然所指的仅是唐高祖李渊对杨广隋朝政权的“受命易姓”。但在政治文化传统的背景上，“思立人极，乃见天则”应当说是他的政治义务或者说是他所受的政治天命的基本要求。从某种意义上讲，祭天封禅不只是帝王权力基础的确认及对上天的述职，也是将尊重与保障作为一种“天道性理”和“天则”的宣言，这也是唐朝社会鼎盛时期能达到政治、经济如此高度的重要基础。

文中还说：“於戏！天生蒸人，惟后时乂，能以美利利天下，事天明矣。地德载物，惟后时相，能以厚生生万人，事地察矣。天地明察，鬼神著矣。”这是祭天封禅中对天地的赞美和祈求。在这里，之所以要“鬼神著”，《礼记·祭义》给出解释：“天下之礼，致反始也，致鬼神也，致和用也，致义也，致让也。致反始以厚其本也，致鬼神以尊上也，致物用以立民纪也，致义则上下不悖逆矣，致让以去争也。合此五者以治天下之礼也，虽有奇邪，而不治者则微矣！”“气也者，神之盛也；魄也者，鬼之盛也。合鬼与神，教之至也。”就是说，一种秩序中的制度（礼），应当深厚地建立在以人为本源的基础上，同时要“致鬼神”。因为，按照《礼记·特牲》中的说法，“万物本乎天，人本乎祖”，天为“神”，祖先是人死后的“鬼”。祭祀“鬼神”就是以一种仪式化的精神形式来表现的。在封禅这样的严肃仪式中，是否能够做到“天地明察，鬼神著矣”，这是事关整个秩序的核心要点，它的意义越是在一个社会的文化传统被广泛理解，封禅仪式期望“天地明察，鬼神著矣”就是要在人们的生活中产生广泛的影响。而唯有这样才能产生文中所说的“庆合欢同，乃陈诫以德。大浑协度，彝伦攸叙，三事百揆，时乃之功。万物由庚，兆人允植，列牧众宰，时乃之功”的政治效应。

对天地说了这些后，唐玄宗还感到应对自己的祖先说点什么，于是接着写道：“惟我艺祖文考，精爽在天，其曰：‘懿余幼孙，克享上帝。惟帝时若，馨香其下。’丕乃曰：‘有唐氏文武之曾孙隆基，诞锡新命，缵戎旧业，永保天禄，子孙其承之。’”这一段中，“艺祖文考（指开国皇帝唐高祖李渊），精爽在天”，意思是“艺祖文考”死后升上了天。接着铭文虚拟了一次玄宗与祖先的对话。这在古代祭祀中是少见的，因为祭祀并没有这种程序。孟子说：“天不言，以行与事而示之而已。”[1]死后在天的祖先当然也不会说话。但它可以是人内心中想象的对话。这个对话大意是这样的：“‘艺祖文考’说：我的好孙子啊，你能祭祀上帝，上帝赐你好时代，馨香不断降下来。玄宗说：有唐氏文武的曾孙李隆基，受赐新的使命，继承旧业，力图永保天禄，子孙继续承受。”看来李隆基是不忘本且心怀大志的。

李隆基的志向和态度也在文中进行了表露：“余小子敢对扬上帝之休命，则亦与百执事尚绥兆人，将多于前功，而毖彼后患。一夫不获，万方其罪予；一心有终，上天其知我。朕惟宝行三德，曰慈、俭、谦。慈者，覆无疆之言；俭者，崇将来之训；自满者人损，自谦者天益。苟如是，则轨迹易循，基构易守。磨石壁，刻金记，后之人听词而见心，观末而知本。”这段话可以说是下了一个重誓。它不仅表示了要遵行“慈、俭、谦”三德，而且表示“一夫不获，万方其罪予”。这是非常高的自我要求。在古代文献中，我们可以看到舜有所谓“朕躬有罪，无以万方，万方有罪，罪在朕躬”[2]的说法，但“一夫不获，万方其罪予”，这就很重了。他要承担让人民获得实惠的责任，而且哪怕只有一个人没有收获，那大家都可以责怪他。可见，这种为民谋利的态度和决心是何等强烈。难怪碑文前面说到自己“任夫难任，安夫难安”。为民谋福利的重任，为祖先守住基业的重任，对上天承受天命的重任，这些都可能让他“任夫难任，安夫难安”，他深深感到责任的重大。

皇帝将自身的道德修养同封禅的资格联系起来，唐玄宗在封禅史上开创了一个新的境界；他强调封禅要节俭，也充分表现了这位皇帝当时头脑的清醒；公开提出封禅是为“苍生祈福”，则更是以前任何一个皇帝所未能做到的。在专制社会中，国家的兴盛衰败，人民的平安疾苦均系于帝王一人之身，最高统治者的个人道德、性格、能力往往决定着社会的一切。唐玄宗封禅泰山的一系列表现，就今天来看，他在思想、人格上都比以前封禅泰山的帝王更高一筹。或者正是因为这一点，他亲自撰文书写的《纪泰山铭》，受到了历代的保护、推崇，至今仍完好地保存了下来。

---

① 见《孟子·万章》。意思是“天”并不是以“言”而是以“行”来影响万物的。

② 《论语·尧曰》。

## 三、《纪泰山铭》的书法艺术成就

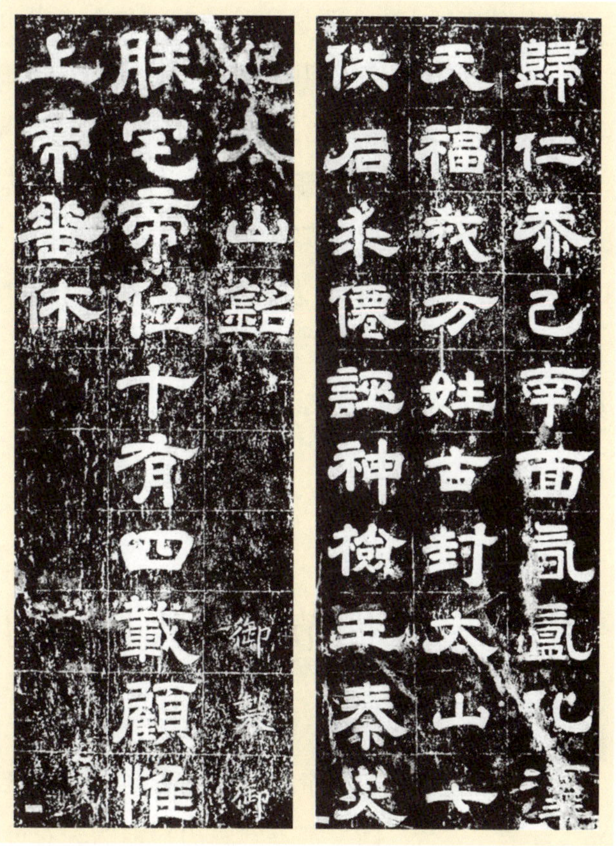

图5-7　《纪泰山铭》摩崖刻石拓片局部

在书法艺术上，《纪泰山铭》（图5-7）也具有极高的价值，一向被推为汉以来碑碣之最，是唐隶的代表作之一。

书法界认为唐隶在结构和笔势上较之汉隶变化较少，其艺术造诣逊于汉隶，但唐玄宗的《纪泰山铭》却并不逊色，他笔下的隶书有着一种全新的面貌，可谓无比绮丽，因此受到了历代书法家的赞誉。

唐窦泉《述书赋》赞玄宗的摩崖云：“开元应乾，神武聪明，风骨巨丽，碑版峥嵘，思如泉而壮风，笔为海而吞鲸。”窦泉之兄窦蒙亦称：“开元皇帝好图书，少工八分书及章草，殊异美特。”①

宋黄庭坚《山谷题跋》云：“玄宗书班班犹有祖父风。”玄宗之祖父乃唐高宗李治，历史对李治书法评价甚高，其运笔和结构极为严整，不仅垂范书坛，且使唐朝历代君王之书道皆承袭了其优美之风。

宋朱长文《续书断》云：“玄宗少能八分正书，锡（赐）之臣工，勒之金石，不倦于勤，尚艺之至。”一般认为，所谓八分书即取二分篆书，八分隶字，而玄宗之摩崖书法明显脱胎于汉隶，且蕴含篆书笔意，波磔自然，取势夸张，且其

① 均见《述书赋》，此赋收入《全唐文》。

书体偏肥，尽显庙堂之气。

明王世贞云："《纪泰山铭》，唐开元帝制及手书，相传燕许修其词，韩史润其笔，以故文颇雅驯，不猥弱，隶法虽小变东京，最为郁劲，饶古意。"所谓"燕许"是唐朝大文人张说和苏颋的并称。王世贞的观点后人多有反对者，他们认为人臣的水平与帝王相比差之尚远，清王文治曰："帝王之书，行墨间具含龙章凤姿，非人文臣者所能仿佛，观此颂犹令人想见开元英明卓逾时也。"[①]

进入清朝，评价更高。王澍《竹云题跋》称："唐人隶书多尚方整，与汉法异。唯徐季海《嵩阳观碑》，明皇《纪泰山铭》最得汉人遗意。"清金石家朱彝尊亦云："御书雄浑，若怒猊渴骥……若唐隶尽如此，何惭汉碑碣乎？"[②]其实玄宗擅书法并不仅限于唐隶，他存世有一篇行书《鹡鸰颂》[③]更是倍具宸翰之风，令人百看不厌，激赏不已。

## 第四节　唐代封禅的鸿篇巨制

泰山石刻史上有关帝王封禅的石刻缘起于秦代。之后，汉武帝，东汉光武帝、章帝、安帝，隋文帝等到泰山封禅的刻石俱早已不存。到了唐代，麟德二年(665)十月，高宗李治率文武百官、扈从仪仗及皇后武则天率内外命妇等"发东都，从驾文武仪仗，数百里不绝。列营置幕，弥亘原野。东自高丽，西至波斯、乌长诸国朝会者，各帅其属扈从，穹庐毳幕，牛羊驼马，填咽道路"[④]。十二月，封禅队伍云集泰山下，高宗派人在泰安南四里处建坛，上面装饰五色土，号"祀坛"；在山顶筑坛，四面出陛，号"登封坛"；在社首山筑八角方坛，号"降禅坛"。封禅结束后高宗在朝觐坛接受群臣朝贺，下诏立"登

---

① 《〈鹡鸰颂〉跋》。

② 转引自《泰山道里记》。

③ 今藏台北故宫博物院。

④ 《资治通鉴》卷二〇一。

封”“降禅”“朝觐”三碑，并称封祀坛为“舞鹤台”、登封坛为“万岁台”、降禅坛为“景云台”，改元“乾封”，改奉高县为乾封县。惜以上诸碑及诸台今亦不存。

唐玄宗封禅泰山，除亲自撰书《纪泰山铭》外，还令中书令张说撰《封礼坛颂》、侍中源乾曜撰《社首坛颂》、礼部尚书苏颋撰《朝觐坛颂》，均勒于石。这些刻石每篇都有数千字，洋洋洒洒，极尽铺张，详细地记载了当时封禅的情景。而且碑文的作者位高名重，皆是作文高手，故这些碑的出现为泰山石刻史增添了亮色。即使它们后来被破坏，但流韵仍在，尤其是对宋真宗的封禅产生了深刻的影响，使大中祥符年间的封禅充满了开元的影子。

## 一、唐代封禅的史碑——《封礼坛颂碑》

此碑原立于唐开元十四年（726），额篆“大唐封礼坛颂”。清《泰山志》载，此碑“正书，张说撰，在城南四里舞鹤台，今佚”。此文收录《全唐文》卷二百二十一。

张说（667—730），字道济、说之，河南洛阳人，是唐代的著名大臣，也是唐玄宗封禅的力倡者。唐永昌元年（689），武则天在洛阳南门亲自举行制科考试，命吏部尚书李景谌考核策论，张说的应对排名第一，授任太子校书。长安三年（703），张易之与张昌宗诬陷宰相魏元忠谋反，并让张说作证。张说在武则天面前，不但没作伪证，反而揭露张易之逼他诬陷魏元忠的行径。魏元忠因此得以免死，而张说却因忤旨被流放钦州（今广西钦县）。神龙元年（705），唐中宗复位，张说被征拜为兵部员外郎，后任工部侍郎。景云元年（710），唐睿宗继位，张说改任中书侍郎，兼雍州长史。同年秋，唐中宗之子谯王李重福谋夺皇位失败，其党羽数百人被捕。东都留守审讯数月，迟迟不能定案，睿宗便派张说前去审理。张说只一个晚上便查清此案，将主谋等人捕获，其余误捕下狱的一律宣布无罪释放。睿宗慰劳道：“知道你审理这个案子，不冤枉良善，不遗漏罪人。如果你不是忠正之人，怎能做到？”景云二年（711），张说成为宰相，并监修国史。当时，太平公主交结朝臣，干预朝政，图谋废掉太子，宫内谣言四起。一天，睿宗对侍臣道：“有术士上言，五天之内将会有急兵入宫，你们为我做好防备。”左右面面相觑，不知如何回答。张说则直言不讳说：“这是有小人想离间东宫，陛下如果让太子监国，请定下君臣名分，小人自然胆怯，流言便会平息。”睿宗大喜，当日便命监国。李隆基登基后，到泰山封禅，张说与徐坚等人草拟封禅的礼仪程序，玄宗临行前任命张说为右丞相兼中书令，源乾曜为左丞相兼侍中，又命张说撰写《封禅坛颂》。开元十八年（730），张说患病，唐玄宗每天都派中使前去看望，并亲自为他写药方。同年十二月，张说病逝，年六十四。玄宗在光顺门为他举哀，亲自撰写神道碑文，并罢元旦朝会，追赠太师，赐谥“文贞”。

此碑文文辞华丽，篇幅很长，以下仅述说其梗概，期能见当年封禅之一斑。

碑文开首介绍写作动机，即唐玄宗封禅泰山让大臣记录下美好的经过：

> 皇帝六叶，开元神武皇帝，再受命致太平，乃封岱宗、禅社首，凿石纪号，天文焕发。儒臣志美，立碣祠坛，曰：厥初生人，俶有君臣，其道茫昧，其风朴略，因时而欻起，兴运而纷落，泯泯没没无闻焉尔。

接着述说了当朝皇帝所具备的封禅的三个条件：一是符合五行图箓之序，获得上天的旨意；二是有了四海升平之运，天下祥和；三是君主道德高尚，行为开明，文思优美。这些可以称作与天意相符，名正言顺了。

碑文继续展开，写唐朝开国以来天、地、人和谐相处，治国理念正确，措施得力，用人得当，所以取得了亘古未有的成就；上天之所以佑助大唐，是因为顺时而至的天运是正义的行为带来的。我朝自高祖创业，四宗使之振兴。道德可以感通上天，就犹如日月之照临一切一样博大有形令人仰慕；而朝廷以天下为一家，至今已有108年了。我朝皇帝粉碎宫廷韦皇后之乱，开启皇朝新的运程，拥戴睿宗再登大位，改天换地，朝廷走向了正轨。夏商周三代逐渐形成了治理天下的规章制度。我朝皇帝则从文武两方面治理国家，还结合了圣人的教诲和神灵的教化，即使这样仍然战战兢兢，天天谨慎；皇上广纳群臣的规劝开导以提高自己的德行，让忠良者发挥作用；讲习的是“无为”理论，重视通晓经学、品德端正的人，就犹如鹓鸾般的神鸟站立在朝堂，犹如貔豹般的勇猛军队镇守着边疆。人事和谐，民心和乐，神奇的宝物纷至沓来。天地的符瑞，林林总总，这些在古书中都没有记载，可谓闻所未闻也。于是，王公大臣庄重地请求封禅，皇帝终于同意了。礼官便开始全面准备，军政各部门不谋而合，天神帮忙选择吉日，雨师前来清扫道路，六甲之神排列好了次序，军队摆出阵势在行进的路途中侍卫警戒。

然后进入主题，写封禅的队伍出发了，受到了百姓的热烈欢迎；千面旗帜在白云下飘扬，万杆矛戟就像树林般密集；行进的队伍犹如滚滚的河流一样气势浩大，夺人眼目；原野为之震动，草木为之风生。沿途的百姓，万人空巷，举家相庆，万方纵观，千里如堵，城邑连欢，丘陵聚舞。泰山，尧与舜曾来祭天的地方，神明灵应，在天地之间璀璨烂漫。

作者碑文还回顾了封禅的历史状况，并且根据自己的想象描述了古代“封祀坛”的情况，而这一切并不见于此前的任何典籍：自远古以来到泰山封禅祭祀的帝王不计其数，其中正式封禅而建名号的，在我朝之前共有75位，我朝高宗是第76位，当今陛下是第77位了，这岂不是显示了我朝正逢空前之盛世，独树一帜而无出其右者？古时封禅泰山时，要筑坛于泰山之阳，其坛的形式是三重，有12条台阶通向中心，众神次第来到，按部就班排列座次。编钟悬挂了起来，钟架上插上了五彩的羽毛作装饰，管磬钟鼓等乐器均安置在三重矮墙之内；坛的四门之外立满了斧钺钩叉、刀枪剑戟等仪仗；而那些传国的重器，绝世的瑞物，摆放在中间；至于镶饰着黄金的玉辇、缀着翠玉的黄罗车盖则延续到了道路的尽头……

碑文继续说，当朝的封禅比历史上任何一次都要隆重、盛大：庚寅日这天，在封祀坛中奉上了高祖的灵位，以配上帝；命令众官列于下位，祀奉众神。皇帝身着华贵的礼服登上封祀坛，恭敬地弯着腰献上了祭品。洪亮的音乐奏起了，欢快的舞蹈跳起了，黄钟大吕，气势恢宏。天门徐徐开启。皇帝颁布策命，在山上签封了玉简牒牌，又燃起了柴薪让烟火升上高天。君臣的忠诚就像这腾空而起的火焰一样升起而得以上达天听……五色的彩云弥漫开来，笼罩着千军万马；山呼万岁，回荡在天地之间。到了第二天，礼社首山，祭祀地神，先皇睿宗配祀，然后继续奏乐，东方诸侯前来朝见天子，极短的时间内，大福运就遍布了天下。之后，将藏玉牒的金匣放入了石室。这真是盛大的节日啊，煌煌乎无比灿烂而前无古人。

碑文最后总结道：这个时候，随行的各少数民族代表用各自不同的语言共同感叹道：高山峻岭之地多云又多雨，天气变幻不定，哪有举百万之师，定了日子开赴千里之外，而到了大典这一天，天上没有一点阴云，地上无风纤尘不起，严冬变为春色，寒风化为和暖之气？如果不是有最高的道德，谁能如此感天动地，如此使天顺乎人意呢？这正是因为我开元朝的大典正人伦、革弊礼，恢复了古代帝王的制度。所以，令后人看到了封禅的璀璨余晖，听到了绝世的佳音，就像咀嚼甘实，呼吸芳润的空气，闪烁着最为精妙的灵光，荡漾着最为清丽的韵致。

最后铭曰：

大矣哉！惟天为大，惟皇则之，率我万国，受天之祺，子孙百代，人神共保。绥之云尔而已矣。

这篇碑文中还有一些细节，如写登山前寒风袭人，“兵马辛苦”，按天人相应的观念，这是天对人的惩罚。此时此刻，李隆基不食不眠，自我惩罚，“乞停寒风”，身为一个皇帝能够做到这样，足以使人们看到唐玄宗的人格之高迈。

尤其是碑文介绍：“历郡县，省谣俗，问百年，举百祀，兴坠典，葺阙政。攸徂之人，室家相庆。万方纵观，千里如堵。城邑连欢，丘陵聚舞。其中垂白之老，乐过以泣，不图蒿里之魂，复见乾封之事。”通过封禅，了解地方风情，慰问老人，祭祀众神，考察地方官作为，调整完善旧的政策等，这些都是封禅的正效应，以至经历过高宗封禅的老人喜极而泣。

这篇碑文可以说是唐玄宗封禅的最为翔实的记录。

## 二、包罗万象的《东封朝觐坛颂碑》

此刻石原在唐摩崖西，刻于唐开元十四年（726），清光绪《泰山志》载：“开元十四年（唐东封朝觐坛颂刻石），苏颋撰，梁昇卿书，为时绝笔。明俗吏闽人林□以‘忠孝廉节’四大字镌于其上，毁颂文十之三四。乾隆十三年悉为磨治，恭勒皇上御制《宿岱顶》诗。”先是明人大字，又有康熙“云峰”及乾隆《夜宿岱顶诗》所覆盖，此摩崖刻石之字几无踪迹可寻了。此碑文现可见《全唐文》卷二百五十及《泰山志》等。

苏颋（670—727），京兆武功（今陕西武功）人。弱冠敏悟，举进士第，与张说同以文章显，两人时号“燕许大手笔”。唐玄宗景云年间，苏颋袭封许国公，转中书侍郎。开元四年（716），进同紫微黄门平章事，修国史，按察节度剑南诸州。从封泰山，诏赠右丞相。其诗文骨力高峻，韵味深醇，情景声华俱佳，除此碑外他还曾撰并书唐陇右节度使郭知运碑[①]。

书丹者梁升卿（生卒年不详），初仕奉天县尉，后官至广州都督，太子右庶子，约天宝初年卒。与宰相张九龄友善。博学工书，以隶书名世。传世的书迹除《东岳朝觐颂》拓本，另有《御史台精舍碑》等。

此碑内容与《封祀坛颂碑》有重复的地方，但也有自身特色。如碑文叙述封禅前的祥瑞：我朝现在是圣人出现，派出军队，肃清边疆，使北方匈奴不敢南来；京师解除了戒严，获得了吉祥的宝鼎，虔诚地供奉祖宗，军人卸甲而尽归于农田，处处报来丰收的喜讯。按时到五畤原去祭祀天帝，到祖庙去祭祀先帝，怀念祖先的功德。神的应验是长久的，神的佑助成效显著。不久，全国各地进贡的三脊茅、六穗禾等祥瑞之物不期而至。而其他象征着吉庆、美善、福禄等珍贵罕见之物也源源而来，堆积得就像山。这难道不是上天赐予的恩泽吗？

碑文记录了此次封禅的出行路线：

> 出成皋，逾荥波；凭滑台，眺洪河。遂并昆吾之墟，徜徉乎大舜之泽。溯四渎二济入于兖……惟二旬有六而顿行在。

扼要地给出了一个大概——封禅的大军出成皋古城，越荥、波二水；凭吊滑台（今之河南省滑县）、眺望洪河。走过了昆吾的遗址，行进在大舜之泽，沿着四渎、二济进入兖州地界，辗转来到了泰山，经过了26天，终于安下了大营。

还有一些细节：一路上由于人们无暇打理，兵士须发都白了，但是他们一心想着皇帝而毫无怨言。他们有的带着食品，有的捧着酒器，弯曲着腰背前行……皇上与士兵一同举杯，慈祥仁爱地与他们共同欢乐，引起了万众欢腾。另外，邹鲁古国、孔孟之乡、汶水两岸的颂扬之声更是不绝于耳。这里是周公

---

① 见《唐书本传·墨池编·金石录》。

的故地，孔子后人居住的地方，他们翘首以盼，等待着皇帝的到来。皇帝在那里驻跸两宿。然后，加泰山神封号曰“天齐王”，礼秩加三公一等。划出20户，以供地方群祀之制；泰山周围十里，禁止采樵。还为这里的人做了大量好事，如给孔子后裔加俸禄，恢复了前朝遗民的身份等。

也有夸张的描写：钟磬悬挂到了架子上，击打的乐器已经奏响。宝物祥瑞而又明亮辉煌，动听的音乐冲破了天空。空气特别明净，到处充满了祥和之气；山上的日观峰、天门，太阳升起后一片光明，太阳周围出现了吉祥的光晕，彩色的瑞云在空中弥漫，郁郁纷纷，洋溢着喜气。准备停当了芝兰，点燃了熏香的紫草。祥云中日月星同时出现，万岁的呼声震天动地，上达帝听。自下而上都在等待着皇帝的到来，皇帝终于来到，就犹如灿烂的云霞映人眼目，让人看得真切。

碑文还记述了追随封禅的外国使者、少数民族：四方部族等不避言语不通，不远万里纷纷前来朝觐，其中有周人、隋人、二王之宾等等，他们谦恭地拱着手，带着初次觐见的礼物和朝见天子用的玉璋，庄重而又诚敬。于是皇帝下令大赦天下，击响鼍鼓，皇恩浩荡。就犹如东南风吹起，喜雨降下。雨露施舍大众，荡涤枯朽，放宽刑法，消除不公；又像是泰山浓云涌现，不到一个早晨就雨遍天下一样。从此，江山更加巩固，还有什么事不圆满呢？

碑文还说：天地间的事物均有其法则，我君臣通过治理使国家安定太平。对于地方官，也实行教化，做到上行下达。在过去的岁月中，国家遭遇危难，几乎中道衰落，上天不忍坐视，而陛下提三尺之剑，上达天门，游于麒麟之间，联络北衙禁军，稳定了帝都。然后，天子勤勉谨慎，制定有序的社会秩序，改善百姓生活。先皇之所以把社稷公器交于天下，也可以像高宗一样作汾阳宫一游。唐朝虽然是旧国，其天命却是新的。古代贤人治国最先做的事情是收缴兵器，解散军队，消弭战争，然后祭祀天地，祈求丰收。现在获得的功绩不正是古人所追求的吗？

接着记述了皇帝的谕旨，皇帝说：管理国家的大业是艰难的，其盛衰关乎人的作为，何况还有上天的监视，所以出现了特异的祥瑞和朕对臣下的特别恩典。朕不自满而兢兢业业地勤政、理政，（也得到了大臣的辅助），朕的心腹重臣里，有一个叫源乾曜的，还有张说，均能有始有终，有时代之风尚，令人钦佩。你们作为朕的左右丞相，要忠心制定理国大计，弥补朕的缺失，使朕不迷惘，不懈怠。

最后颂曰：

天子圣兮天孙崇，登以封兮报以功。

受命再，惟皇代；天之赉，人所载。

士马山嶫，戈矛山沓；祯符山杂，灵响山答，天与人合。

我铺衍兮长粹清，太元册兮太乙精，休光光我之庆成。

舜四朝而禹万国，莫之我京。

这篇碑文甚长，采用倒叙手法，用典又多，增加了阅读难度，但与张说之文相映照，能更全面地了解玄宗朝的政治、经济、社会等诸方面的情况。

### 三、消失的《社首坛颂碑》

此碑原立于社首坛。社首坛因周成王封禅得名，后世皇帝多到此禅地，源乾曜所撰此碑早年即失，碑文亦无记载，今已不得其详。

源乾曜（？—731），相州临漳（今河北临漳）人，进士及第。神龙中，以殿中侍御史黜陟江东，迁谏议大夫。开元初，擢少府少监，兼邠王府长史。累进尚书左丞。开元四年，拜黄门侍郎、同紫微黄门平章事。封禅结束后升为尚书左丞相，兼侍中。源乾曜性情稳重，为官40余年，以清慎恪敏闻名。

## 第五节　唐朝的寺庙碑刻

唐代盛世，万象更新，宗教也得到了长足发展。尽管宗教题材的石刻早就存在，如经石峪摩崖刻经和零星记载宗教活动的《双束碑》，但历史上独立的关于庙宇记载的石碑尚属首次出现，其中如《灵岩寺颂碑》《大唐齐州神宝寺之碣》等都属于此类。这一时期不仅官方的祭祀建醮题刻日益增多，还出现了名人刻经，如大书法家李邕便亲自写下了《密多心经》等。

## 一、佛教碑记《灵岩寺颂碑》

图5-8 《灵岩寺颂碑》局部

此碑（图5-8）原在泰山灵岩寺鲁班洞中，立于唐天宝元年（742），李邕撰书。早年此碑即残，清咸丰六年（1856）由何绍基访得，时已断为二石，铭文多残泐，后半部缺失字数尤多，文意难以贯通，但仍蕴含了大量历史信息。

李邕（678—747），即李北海，字泰和，广陵江都（今扬州江都区）人。李邕少年成名，后召为左拾遗，曾任户部员外郎、括州（古地名，今已不存）刺史、灵昌（滑州）太守、北海太守等职。李邕为行书碑法大家，书法风格潇洒倜傥，《宣和书谱》说："邕精于翰墨，行草之名尤著。初学右将军行法，既得其妙，乃复摆脱旧习，笔力一新。"传世碑刻有《麓山寺碑》《李思训碑》等。

碑文开首说：灵昌郡太守李邕，与佛法有缘，福分修得真僧到来，神人告知，宜于以"真""空"悟圣道，或以"密法"度凡人，都说灵岩寺最灵了。接着介绍了灵岩寺的沿革：晋宋之际，有禅师名法定，河北景城郡人，来到了灵岩，艰苦修行创业多年，不胜劳苦，行将辞世之际，忽然有二居士来帮其建立道场，宏宣佛法，看到的人都以为他俩是山神。其实，就只是法定一人，他钻研佛法，建立大事业，可名声并不显扬。

此碑是灵岩寺中时代最早的碑刻，也是泰山现存最早的记录寺庙的碑刻。赵明诚在其所撰《金石录》中就记载了它："唐灵岩寺颂，李邕撰并行书，天宝元年（742）十一月十五日。"此碑文中的好多说法在后世的石刻中有更详细的记载，可与此碑互照。如宋代的《齐州景德灵岩寺记》说："后魏正光元年，法定师始置寺，有青蛇、白兔、双鹤、二虎之异。"宋《齐州灵岩寺千佛殿记碑》[1]亦云："按《地志》，后魏正光中有僧法定者，倡守搂土以兴焉，炎宋景

① 此碑在灵岩寺，立于宋嘉祐六年（1061）。

德岁始赐此额。”金代的《济南府灵岩寺祖师观音菩萨托相圣迹序碑》也声称：“晋宋之际，有法定禅师者，景城郡人也。尝行兰若，若是者历年。”就是说在东晋、刘宋交替的年代，420年前后，法定禅师来到这里，经历了至少1年的时间，建立了寺庙。但问题是“后魏正光元年”，乃520年，比“晋宋之际”相差了几乎100年。孰是孰非呢？惜在已残的《灵岩寺颂碑》中已找不到答案。

就书法而言，此碑虽残，但仍可看出其书法严谨，不愧为唐代大书法家李邕的手笔。

## 二、《大唐齐州神宝寺之碣》

《大唐齐州神宝寺之碣》(图5-9)原在济南长清区小寺村神宝寺故址，立于唐开元二十四年(736)，额题“大唐齐州神宝寺之碣”，1965年移岱庙。神宝寺曾是泰山西北麓灵岩寺的下院，今已不存，通过碑文可看出当时规模也是较大的。此碑作者为“李寰撰并隶书”，作者身份不详。铭文借用字较多，如“群有”作“郡有”，“八纮”作“八宏”，“提封”作“堤封”，“慧”作“惠”等。

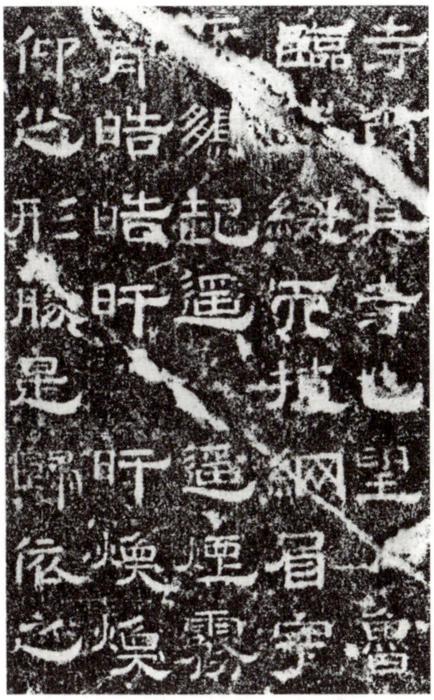
图5-9 《大唐齐州神宝寺之碣》局部

这是泰山现存最早的完整介绍寺庙的碑文，有较大史料价值。碑文首先极力赞颂佛教，回顾历史：我华夏族自三皇五帝后，夏、商、周、汉兴起，上古时期淳朴风俗的源流就枯竭中断了，浮薄的社会风气炽盛起来，虽然老子创立了《道德经》，儒家的鼻祖孔子著书立说，竟都不能避免教化的丧失。而释迦牟尼见众生沉溺于苦海，泛宝筏而济之，白马驮经，古刹得以建起。大地上建起高高的宝塔，在人世间立异标新，佛教显示了其真理而四海咸宁，使奔波不休者因得到了其门径而六尘皆净。所以，佛教的教化绝不是道教、儒学所能同日而语的。

又介绍了创建神宝寺的高僧：所谓神宝寺者，在泰山之阴，冈峦起伏，主峰千仞，蟒蛇缠绕，仅余鸟道。古有禅师叫“明”者，不知何许人也，明公禅师来到这里，在山坳草莽荆棘之中，与虎豹豺狼为伍，心无旁骛，安而不惊，其事迹是俗人不能理解的。明公禅师曾亲题碑记，记录了其行踪：明于正光元年仲秋时节来到这里，持锡杖登临。看到这里就像是佛说法的鹫岭，又像是天然的修建寺院的所在，又想起了印度的鸡峰，于是高兴地弹指发声，由衷地赞叹这里为福地。接着禅师报告皇帝，调动人力，建起了此庙宇，并以“静默”为号，自梁代以来，没有改变过匾额。到了隋朝末年，社会动荡，静默寺遭到破坏，建筑损毁了几乎一半。到了我大唐皇帝坐天下，重铸九鼎，改天换地，天下廓清，人人安居乐业，朝廷乃向全国颁布法令，说原先有名号的登记在册的寺庙，可以统一维修。这个时候，乡里有个叫王部的人遵照法令，向县里呈了修缮报告并得到批准。而这座静默寺因北有宝山，东有神谷，所以改名叫了神宝寺。神宝寺坐北朝南，堂宇宏壮，楼阁鳞次，砌石如玉，佛像庄严。寺内有石塔两座，各十一级，还有舍利塔一座。寺内菩萨、韦陀、金刚等一应塑像或慈祥或端庄或勇猛，神态各异。山门洞开，飞檐壮观，犹如大鹏飞起，有烟云蒙蒙之容；又似长龙盘卧，似丹青宛宛之色。

接着介绍了传人，如僧明干、彦休、神解、宏哲、惠冲、景淳、贞固、法将等，皆是得道高僧、出家人中的佼佼者，他们弘扬佛法保护苍生，装点美化寺院，道行出类拔萃。

之后又对朝廷和官员进行了赞颂：

> 大唐开元神武皇帝陛下，朝宗万国，□顿八宏，金镜含七曜之辉，玉烛和四时之气，庆云澄彩，瑞日呈祥，仁动上玄，力侔大造。瀚海天山之地尽入堤封，龙庭虎穴之乡咸沾□化。封金岱岭，刻玉仙闾，藻镜乾坤，光华日月。刺史卢讳金□，门有卿相，家袭银璜，强干则不发私书，清肃则遽燃官烛。矜孤恤寡，爱士崇贤，故得咏入来□，登歌至晚山。荏县□令梁日大夏，干局贞□，神情警悟。风琴写韵，则瑞雉争驯；冰镜澄清，则祥鸾自舞。

作为泰山现存早期介绍庙宇的碑刻，此碑对后世影响很大，好多碑文都争相模仿，追求文采飞扬，叙述铺张，只是大多文笔有所逊色。

## 三、李邕书《蜜多心经》

此经文刻在《大唐齐州神宝寺之碣》碑侧，无书者姓名，世传为李邕书。《蜜多心经》全称《般若波罗蜜多心经》，经文的意思是“透过心量广大的通达智慧，而超脱世俗困苦的途径”。此刻经是泰山今存最早的石碑刻经。

李邕以行书写经文，书风豪挺，结体茂密，笔画雄劲。

## 四、现存最早的民间礼佛刻石

泰山历代民众进香礼佛活动甚为兴盛，庙宇内外曾留下了他们供奉神佛的大量石碑，内容有供养、进香、建醮颂祷、捐修等，而且大多保存得较好。唐代《馆陶县张凤扬书供养塔碑》等便是后世大量产生的此类石刻的先声。

图5-10 《馆陶县张凤扬书供养塔碑》

图5-11 《馆陶县张凤扬书供养塔碑》局部

《馆陶县张凤扬书供养塔碑》(图5-10、5-11)在灵岩寺，立于唐天宝二年(743)。其截面为方形，下有座，上有塔身五层，故称作“塔碑”。这是泰山最早的民间礼佛碑，距今1200多年，字迹仍基本清楚，落款“魏郡馆陶县张凤扬书塔供养”。题刻者是没有衔名的百姓，但书刻的楷字颇有功力。碑文的内容是供养，前半部分用骚体来写，以“兮”字助语势，颇有特点，如“垂金鎊兮落落，掣铁镲兮骖骖。春风吹兮香美，秋月□兮露甘”。这在泰山也是较为少见的。百姓的石碑历尽千年风雨与屡屡劫难能保存到今天，殊为不易。

此塔的另一面也有文字，可见者有“……在菩萨者不可思谦之人士也，或曰药尚救……病施法……缘若能专精无……通仁业厚□悟斯……商人戈无凭昭诉……共焚香”等文字，年代无见。其书法为楷书加个别行草字，未残者基本清晰，亦当为唐代遗迹。

再如《修方山证明功德记刻石》，此刻石在灵岩寺山岩上，摹刻于唐大中八年(854)，部分字迹被后来题刻所压盖。刻石讲了一个故事：说是此山前有石龛，龛中石像有弥勒佛、菩萨、侍卫及神兽等共九躯。唐初时有一童子名叫善子，还不到10岁，来此山还愿跳崖，还没跳到一半，便有五彩祥云裹护着向西而去了。于是村人便凿此山成龛，并树立了佛像。会昌五年(845)，全国摧毁大佛寺5000余所，小寺庙3万余所，令僧尼还俗者26万余人，此龛也遭到破坏，佛像微残。大中五年(851)，诏旨允许在旧址再建庙宇，寺主听说后，就(在原地)建起了此寺。当时有杭州盐官(今海宁)县的僧人叫董子儒的，不远千里寻访胜迹至此，大中六年五月七日整修寺院一新，将出资修缮方山证明功德殿的二百余的人姓名全部刻于左。

这篇题记虽类似神话，但明确地提到了会昌灭佛的事件，照应了历史记载。

## 五、唐代经幢与题名、题记刻石及其他

由于佛教的传入，特别是唐代中期佛教密宗的传入，起先将佛经或佛像书写描画在丝织的幢幡上，后为了保持经久不毁，改作书刻在石柱上，因此称石柱为“经幢”。

泰山现存最早的经幢出现于唐代，历经千余年风雨现仍保留了两处。

一是《唐永徽经幢残石》，位于灵岩寺般舟殿遗址，刻于唐永徽元年(650)。

幢残，尚可见以下字样：

……流晖永劫，于是佛幢更兴，慧日复开，□□□□不行。十地万乘长登长涉，呜呼……见闻留念，尽入无昼之灯，随喜为□风劫灭而镌石以梵，向莫彪传……

永徽元年合有三百三十二……

此石幢是目前所知唐代在泰山最早的刻石，虽已不完整，但可以看出唐代佛教信仰的隆盛，也可知佛幢在这一时期的繁兴。

另一是《佛顶尊胜陀罗尼经幢》（图5-12），刻于唐广明二年（881），此幢原立肥城市幽栖寺，1979年移岱庙保存。幽栖寺位于肥城市湖屯镇陶山之阳，始建于汉代。经幢现存部分高约2.6米，其座为仰莲，莲瓣三层，幢身高近2米，八棱形，幢身之上置宝盖，平面作八角形，每面饰璎络一束。文字刻在八个面上，原刻约5000字，主要记载了幽栖寺的兴废和施主兴修殿堂、经幢的功德。如文中提到的“会昌圣敕，像返真空，僧还故里，殿塔成而却摧，泉林翠柏悉皆枯凋”，说的也是会昌五年（845），唐武宗李炎废止佛教、拆毁寺院的事。还记载了黄巢起义军的经过，如“至五年正月下旬，遇黄巢草军经过，人马往来约百千万，虽罄家资，且喜骨肉不被俘虏，在园牛马悉皆如故”等，都有一定的史料价值。本经幢共分三部分，第一部分是幽栖寺的重修情况，第二部分是《佛顶尊胜陀罗尼经序》，第三部分是《陀罗尼经》及咒语。

图5-12 《佛顶尊胜陀罗尼经幢》拓片局部

经幢文字开头讲了佛教东渐：大唐广明元年岁次庚子，九月壬子朔八日己未，郓州平阴县信城乡申家疃百姓贾公，建造佛顶尊胜陀罗尼经石幢一处。接着写道：周王感受到了瑞气，于是有老子西去；汉帝适逢吉祥，佛教来到东方。此乃达摩初祖应了梁武帝之梦，历尽险阻而无所阻挡；僧会[1]被吴主之心感动，跋山涉水来到东吴而献出自身的一切；波利是印度罽宾国的上宾，持戒甚严，往返奔波翻译经文而道行超群；义僧是圣朝的高僧，为取真经而去来不倦。这些都是历朝历代的知名僧人。

接着碑文又简述了幽栖寺的沿革，提到了会昌灭佛：当朝皇帝聪慧而德誉远扬，皇族根深叶茂，希望此寺名传万古，定其号为“幽栖”。寺庙凿山谷以建修，坐落在溪流之旁。不久便因会昌圣敕，佛返真空，僧还故里，修好的殿塔被摧毁，泉林翠柏全部枯涸。至咸通十三年，有大施主贾智等，看到梵宇摧残，寺院荒僻，便与村人共结善信，欲重新修之，先后构建佛堂三间，重建古大殿、培植泉林，修复伤残石像使之再辉，古寺面貌再现，可谓焕然一新，金碧辉煌了。

之后又介绍了《陀罗尼经》的神奇：若是有人能书写这陀罗尼神咒，雕刻于经幢之上，或安置在高山，安置在高楼上，甚至安置在塔内，如果有人远远看见经幢及高山上的神咒，或者因经幢的影子遮蔽身体，抑或因风吹落经幢上的尘灰飘落身上，这些众生的所有罪业，例如本来应该堕入地狱遭受各种痛苦者，都会因了这些因缘，不再遭受报应了，也不会受罪垢的污染了。

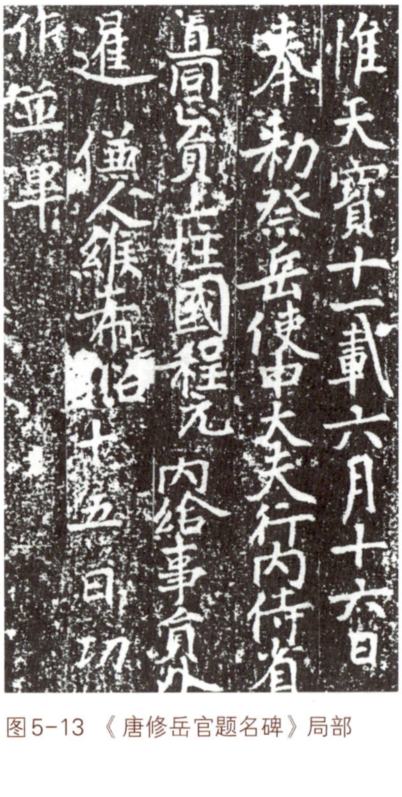

图5-13 《唐修岳官题名碑》局部

正由于《陀罗尼经》有如此大的神力和功效，而且赦罪如此简单，当时佛寺中几乎都有镌刻，目前泰山便仍有较多留存。

唐代的题名、题记刻石除在《双束碑》上较为集中外，还散见于他处。这些刻石虽然仅是三言两语，却也记录了当时社会与泰山的状况，有一定的史料价值，以下简要介绍几例。

《唐修岳官题名碑》（图5-13），该碑刻于唐天宝十一年（752），碑文刻在犹如经幢的八棱柱体上，题名按顺时针方向刻于八个平面上。第一至第七平面刻天宝十年修岳官

[1] 俗姓康氏，生卒年不详，西域康居国人氏，三国时来到中国，游历江东吴地，弘扬佛法，神异事迹众多。

题名，共列上柱国孙惠仙，内供奉、赐紫道士邓子虚等人十八位。该碑于20世纪50年代在岱庙东华门附近出土，现存于岱庙碑廊。

《唐祭岳官题名碑》，刻在修岳官题名刻石的第八面上，刻于天宝十一年（752），是上柱国程元暹等奉敕祭祀泰山的记录。程元暹时为中使内谒者监。

《王大使等题名刻石》，在泰山万仙楼东北中溪旁石崖上，刻于唐大历八年（773），题名刻石被宋人张邦茂等题名压盖，但从字缝中仍能辨认唐时字迹：

> 大历八年，王大使因拜岳，与韩补阙、前建安□太守同游。张炼师、房道士、卜晧然记。

卜晧然这个名字曾出现在《双束碑》的《刘难陀等题名》中，当时署名为“真君庙院主、检校道门道士卜晧然”。

《唐垂拱造塔记碑》，原在灵岩寺般舟殿遗址内，立于唐垂拱四年（688）。佛教认为修庙、造塔、造灯台等均是做功德，泰山现存此类碑刻中出现最早的亦在唐代。文为：

> 维大唐垂拱四年，岁次戊子四月戊子朔八日乙未，昔有慧迹禅师在此山门住持五十余载，精勤勇猛，志操严凝，感应灵奇，通明兴绝，英声外播，道行远闻。禅支与上，觉照俱清，一品共六根同净。研精二谛，覃思一乘，为世福田。信堪依怙，抽资什物，仅舍净财，敬造斯塔一所。奉为：皇帝陛下，师僧父母，普及含灵，存亡眷属，尽愿超逾，俱登觉道。
>
> 童子顺贞、普超、智□、同秀、智通、如光、崇□。

图5-14　《僧虚范造灯台刻石》局部

《僧虚范造灯台刻石》（图5-14），此题刻灵岩寺在般舟殿遗址内石基座上，刻于唐代，为比丘虚范敬造灯台的题刻，前半部分是发愿词，后半部分是供养僧人姓名：

> 大唐开□十三年十月廿五日，岁次戊午乙亥朔，比丘僧虚范敬造石灯台一所，上为皇帝皇后，下为师僧父母、法界苍生，咸成佛道。僧法明供养、僧慧藏供养、僧慧敬供养、僧□景供养、僧慧崇供养、僧无□供养、僧法藏供养、僧智慧供养、僧明□□□。

此题刻之“大唐开□十三年”，在唐代以“开某”为年号且有十三年者，只有开元。但以干支纪年，开元十三年为乙丑年而不是“戊午”，显然不符。另有唐开成三年为戊午年，但开成年号只有五年，没有十三年，亦不符。备考。

泰山红门宫东南有碑称《白骡冢碑》（图5-15）。此碑所立年代无记载，碑身巨大，高6.6米，宽1.85米，厚0.66米，圆首，早年覆地。因通碑并无明显字迹，故也曾被称作“无字碑”。明清时，有人据赵明诚《金石录》“唐登封纪号文，高宗撰并行书，飞白书额，小字，乾封元年二月。一勒石山上，不知毁于何时。一立碑山下”的记载而推论或是高宗所撰之碑，但终因此碑无字而作罢。

图5-15《白骡冢碑》

后代学者对此进行了研究，有认为其乃《白骡冢碑》者。因为相传当年唐玄宗登泰山时乘白骡，礼毕下山至此，白骡累死，遂封之为“白骡将军”，立碑并垒石为冢。但是，其所立地点却说法各异，《岱史》云：“白骡冢在封禅坛北一里。唐玄宗登封泰山，益州进白骡甚伟异，上亲乘之，便于登降，礼毕，方下山坳休息，有司言骡无疾而殪。上叹异之，谥曰‘白骡将军’，命有司具槥椟垒石为冢。”明萧协中《泰山小史》谓：“在岳阳，碑记、冢迹尚存。”《泰山道里记》称“红门东有丰碑断踣，趺下磨灭无字，惟碑额棱上有‘垂拱元年月廿五日二年五月’十二字。

碑侧犹有宋人题识‘当日东封安在哉，茫茫今古辨尘埃’字句可读。翻转审视，底面有行书，字影差小，隐隐莫辨”，但并未指明为何碑。而《泰安县志》则谓（白骡冢）“在红门东”，并认为其地之断踣丰碑为《白骡冢碑》。

当代学者以现存之碑及《开元纪》证之：“白骡冢在城东南，今失其处矣。”据此，则红门东之丰碑，并非《白骡冢碑》。

1988年5月，泰山管理部门将此碑重新竖起。专家认为，从现存题识可以断定，此碑在唐垂拱元年已经扑地，否则垂拱题识绝不会刻在碑首顶棱上；又认为此碑亦可能制成后未立，亦未刻任何铭文，究竟如何，仍待进一步考证。

此外，泰山灵岩寺有墓塔林，其中有始建于唐、止于明的墓塔170座。灵岩寺墓塔同嵩山少林寺墓塔形式不同，少林寺墓塔多为砖建，而在这里则几乎全为石制，且大多数镌有塔铭，故亦应纳入石刻史的观照与研究范畴。

灵岩寺墓塔现仍存唐代2座、宋代3座、金代5座、元代39座、明代104座、无年代者17座。

根据造型区分，墓塔主要分为方碑形塔（图5-16）、钟形塔（图5-17）、

图5-16　方碑形塔

图5-17　钟形塔

图5-18　鼓形塔

图5-19　喇嘛塔

鼓形塔（图5-18）、窣堵婆塔（喇嘛塔）（图5-19）、经幢式塔、亭阁式塔等六种。

塔林中现存方碑形塔72座，其中元代11座、明代61座。其结构大致相同，均由地袱、圭脚、覆莲、束腰组成，束腰部分多有雕刻，内容一般为狮子、麟兽及天王力士等。塔身雕凿平整，正面题刻某禅师之塔，背面刻墓主生卒年月及立塔时间，塔身之上置庑殿式顶，再上有塔刹。

钟形塔68座。其中宋代1座、元代1座、金代1座、元代28座、明代29座，另有8座年代不明。这种形制的墓塔因年代不同而风格各异。其中宋塔雕工精美，塔形华丽；金塔粗犷饱满，比例匀称；元塔体形硕大，雕工豪放；明代墓塔则规模较小，雕刻趋于简化。至明弘治十三年（1500）后，此类塔形消失。

鼓形塔14座。其中金代4座，元代1座，明代3座，年代不明者6座。此类塔体型多较为高大，雕刻细致精美，如金大定二十七年（1187）的才公塔，不仅雕出了鼓身，而且雕出了鼓钉，甚至两侧还雕出了鼓环，犹如真鼓一般。

喇嘛塔5座，其中4座为明代所建，另1座年代不详。由于此种塔的形体高大，结构独特，在塔林中较为引人注目。

经幢式塔3座。其形制状若经幢，其中宋代2座，明成化三年（1467）1座。

另有5座塔已残毁，形制不详。

灵岩寺墓塔林中最早的为唐代慧崇塔（图5-20）。此塔建于唐天宝（742～756）年间，通高5.3米，为全石建筑。塔为石砌单层方形，重檐，顶置球形塔刹；南面辟门，东西面雕半掩之门，有侍者作欲出状。门上雕有狮首、飞天、伎乐、力士等图案，工艺古朴庄谐，为我国墓塔中的精品。

图5-20 慧崇塔

慧崇，唐代高僧。灵岩寺初建于方山甘露泉西，北周武帝建德年间遭到破坏。唐贞观中，慧崇将寺院迁建于现址，对灵岩寺的发展贡献甚巨。慧崇圆寂于天宝初，寿近百岁，在灵岩寺历史上与朗公、法定齐名。

又有法定塔（图5-21），是为法定禅师而建，在墓塔林的北部中心，又称“祖师塔”，建于唐天祐年间，为一单层方形砖石塔，高度约5米。塔基方石砌筑，石上可见石刻图案。塔身砖砌，朝南设有券门。塔身上部重檐，下檐砖砌

图5-21　法定塔

叠涩十五层，上檐则为砖雕方形莲座外挑，上部五层砖砌封顶。山花露盘上为仰莲托座，置方形塔刹。

法定，唐代高僧。灵岩寺历代碑记中对之有详述，此处不再赘言。

慧崇和法定为灵岩寺的两次中兴和发展做出了巨大贡献，故这两座塔不仅体量大，形制与其他塔也迥然不同。两座墓塔虽然没有文字，但是可以通过建筑造型和其上的雕刻领略到当时人们的宗教信仰和审美追求。

唐之后，进入了五代十国时期。其间，后晋在泰山留下了石刻三处，均为经幢，分别是《青州临淄□生幢子》《蒿里山总持经幢》和《灵岩寺开运二年经幢》。由于数量较少不再独立成章，附于此加以简要介绍。

《青州临淄□生幢子》，此经幢原在泰山冥福院，立于后晋天福七年（942），幢身高1.6米，八个面皆宽0.2米，刻《尊胜陀罗尼经》。其上覆幢盖，八面出狮头，最顶部饰宝珠，形制甚古朴。

《蒿里山总持经幢》，此幢立于后晋天福九年（944），原在泰安城西南蒿里山。原座早佚，形制不详。现通高2.91米，幢身高2.01米，平面作八角形，各侧面宽皆0.24米。其上刻总持咒及立幢人衔名56行，释归仁正书。幢身之上有宝盖，厚0.30米，平面亦作八角形，每面悬璎珞一束，八角出狮头，口衔璎珞。宝盖之上为石制宝珠，高0.60米，形制匀称秀美。此幢1959年移置岱庙汉柏院，其铭文已残蚀过半。衔名中所列“东京同力会人□□”“郓州同力会人□□”“天平军节度押衙、前齐州都商税使、银青光禄大夫、检校太子宾客、武骑尉刘□”“岱岳镇使□□”等85人衔名，可见当时风尚。其中“岱岳镇使”“岱岳镇都虞侯”等官名，旧志书与史书均无载，对研究当时的职官制度有参考价值。

图5-22《灵岩寺开运二年经幢》

《灵岩寺开运二年经幢》(图5-22)，刻于后晋开运二年(945)。此经幢六棱，似经幢亦似建筑构建，已断为两截，此为上半截，文字基本清晰可读，对了解那一时期的灵岩寺及佛教的状况当有一定价值。文为：

……窃闻，金□应世，明宣利济之端，玉藏微言，尊胜乃备，□密西方不遗见处，尘机亦灭，当来罪累受。

有灵岩山殁故寺主上人者，俗姓贾氏，法讳行諲，公怀□门柱进之……见存且未谐荐祉。即有门人、寺主志雅之功用辰豪□之积实，谓同鸠道眷，共建斯幢。万□生上虑……时迁日敬，特编实录……

时大晋开运二年，岁次乙巳十二月　日建。

后晋是中国历史上五代十国时期的一个短朝代，从936年后晋高祖石敬瑭灭后唐开国到契丹947年灭后晋，一共经历了两帝、11年。这一时期，契丹在北方始终虎视眈眈，石敬瑭奉表称臣，称契丹主为父皇帝，岁输金帛30万，然而国内经济却一片萧条。但是，宗教仍在顽强地生存着，灵岩寺住持由贾行譔传给了志雅，并竖起了此经幢，由此可见宗教的生命力的强大。

# 第六章
# 宋代泰山石刻（上）

宋朝，上承五代十国下启元朝，分北宋和南宋两个阶段，共历18帝，享国319年。960年，宋朝建立。宋太宗赵匡胤为避免晚唐藩镇割据和宦官专权乱象，采取重文抑武的施政方针，一方面加强了中央集权，另一方面剥夺武将兵权，至宋真宗时期与辽国缔结“澶渊之盟”后逐渐步入治世。1125年金国大举南侵，导致了靖康之耻，宋室被迫南迁，建立了南宋政权。1276年元朝攻占临安，崖山海战后，南宋灭亡。

宋朝是中国古代历史上商品经济、文化教育、科学创新高度繁荣的时代，北宋咸平三年（1000）国民生产总值占世界经济总量的22.7%，后世史家虽认为宋朝积贫积弱，但宋朝社会经济的繁荣和民间的富庶远超盛唐。尤其是宋真宗泰山封禅之后，赢得了百余年的和平，经济飞速发展，国民生产总值一度占到了世界经济总量的60%以上，足以雄视世界。百余年间，宋朝儒学得到复兴，科技发展迅速，政治开明，且没有严重的宦官专权和军阀割据，使农业、手工业、造纸业、丝织业、制瓷业均有较大发展。航海业、造船业成绩更为突出，海外贸易发达，与南太平洋、中东、非洲、欧洲等地区的50多个国家通商。北宋时期，本土的道教和外来的佛教都衍生出了新的时代风貌。北宋人口迅速增长，从太平兴国五年（980）的3710万人增至宣和六年（1124）的12600万人。故史学家陈寅恪先生在《邓广铭〈宋史·职官志考正〉序》中曾写道：“华夏民族之文化，历数千载之演进，造极于赵宋之世。”

宋真宗封禅泰山，声势与规模均超过前代，在泰山留下了众多碑刻，如他亲撰的《登泰山谢天书述二圣功德之铭》摩崖碑和著名的《大宋封祀坛颂碑》《青帝广生帝君赞之碑》《大宋天贶殿碑》等，都被誉为泰山的丰碑。

# 第一节　宋真宗《功德之铭》刻石

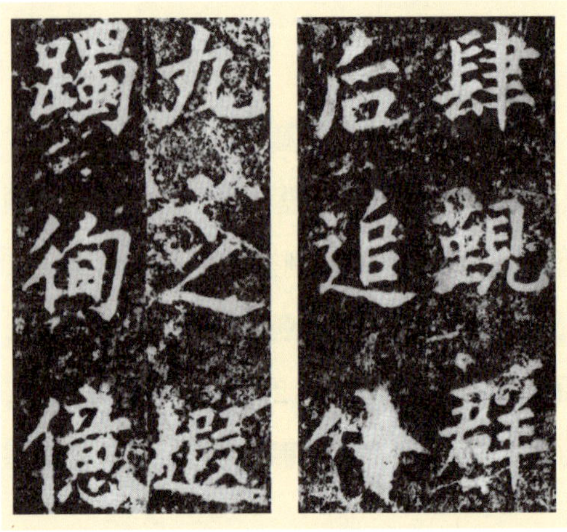

图6-1 《功德之铭》局部

继唐玄宗之后，宋真宗也来到了泰山，于大中祥符元年（1008）举行了封禅，并在唐摩崖之东镌刻了《登泰山谢天书述二圣功德之铭》（图6-1，以下简称《功德之铭》）摩崖刻石，史称此处为“宋摩崖”。此摩崖由宋真宗赵恒亲自撰文、书丹并篆额，高8.5米，宽4.2米，堪与唐摩崖《纪泰山铭》媲美，而其思想性甚至超过了《纪泰山铭》。可惜，宋摩崖被明代人翟涛所题“德星岩”三大字压盖，现仅剩额篆“登泰山谢天书述二圣功德之铭”5行13字，字径0.27米，尚完好，但仍不失之为泰山的重要文化遗存。[①]

## 一、《功德之铭》刻制意义

宋真宗是最后一个封禅泰山的皇帝，他的封禅并不被历史学家看好。史家评论，宋真宗假造天书、祥瑞，收买大臣，所以自古便受到嘲笑：“呜呼贤哉！”[②]“一国君臣如病狂然。吁，可怪也。”[③]

对这一切，《功德之铭》可以给出回答。

宋真宗在《功德之铭》中开头就说：

---

① 其铭文《全宋文》《岱览》《岱史》等有录。

② 《宋史·本纪第八》：“仁宗以天书殉葬山陵，呜呼贤哉！”有讽刺意味。

③ 《宋史·本纪第八》：“及澶渊既盟，封禅事作，祥瑞沓臻，天书屡降，导迎奠安，一国君臣如病狂然。吁，可怪也。”

朕闻，一区宇而恢德教，安品物而致升平，此邦家之大业也。考茂典而荐至诚，登乔岳而答纯锡，此王者之昭事也。

这就是他对封禅以及对治国的态度。他封禅并不是为了自己，而反复强调的是为了“安品物而致升平”，为了“风雨以顺，稼穑以登。无震无惊，既庶既富”，为了“宠绥庶国，茂育群伦”，而且他也力求节俭：“供朕身者，无必求丰。故玉币牺牲，朕之所勤也；羽仪服御，朕之所简也。”他考虑得已经很周详了。当然，钱肯定是要花的，花到哪去了呢？如今泰山保留下来的岱庙、碧霞祠、广生泉、青帝宫、渊济公祠以及岱庙的丰碑等都是宋真宗封禅的遗存。没保留下来的还有很多，如天书观、阴字碑、会真宫、广禅寺等。而且，由于宋人的推崇，泰山碧霞元君的信仰遍及了全国。宋真宗为泰山留下了如此多的宝贵遗产，极大地提高了泰山的地位。

## 二、碑文折射出的封禅成就

从这篇碑文中可以看出，宋朝采取了“恢德教，安品物而致升平”“酌酆宫之前闻，遵甘泉之受计，百辟委佩，五等奉璋；肆眚施仁，举善劝治；稽考制度，采摭风谣”等种种措施，并获得了巨大的成就。所以，目前史学界普遍认为，宋朝才是中国历史上经济最繁荣、科技最发达、文化最昌盛、艺术最精湛、人民生活最富裕的朝代，也是当时世界上发明创造最多的国家，其中火药、指南针、印刷术、纸币、垂线纺织、瓷器工艺都得到了实际的应用，而且均领先于世界。

在政治方面，有宋真宗打下的基础，宋代政治清明，一个突出的特点就是纳谏，如景祐年间，朝中忠良济济，宰辅有富弼、韩琦、文彦博，台谏有唐介、包拯、司马光、范镇、吕诲云等，均是名见史册的治国能臣。

在经济方面，构成国家财政收入主体的，已经不再是农业，而是工商业了，宋朝已经走出农业文明，开始向工商业社会迈进。

在文学艺术方面，宋朝是中国社会市民阶级正式产生的时代，市民的富裕生活及日益提高的精神需求促成了宋朝文化的高度繁荣，散文、戏曲、杂技、音乐、诗词、小说等都在宋代高度发展，“唐宋八大家”中就有六人出于北宋。

宋词的艺术高度后世始终无法企及。

还有城市建设方面，宋代开始大规模地城市化，有了宋朝四京——东京开封府、西京洛阳府、北京大名府、南京应天府这样的大城市。北宋首都汴梁和南宋首都临安的人口都超过了百万，超过20万户的城市有6个，而十万户以上的城市由唐代的十几个增加到了46个。据庄绰《鸡肋编》记载，京都汴梁（今河南开封）“比汉唐京邑，民庶十倍”“汴都数百万户，尽仰石炭（煤），无一家燃薪者”。而当时的西方国家还都是用木头劈柴生火做饭取暖的。

至于为什么打了胜仗还每年给对手银两绢匹？宋朝初期军事并不弱，但宋真宗却渴望和平，不喜战争，希望通过澶渊之盟，使两国成为兄弟之邦。宋朝同意每年给辽国白银十万两，绢二十万匹（共相当于30万贯）。当时宋代年税赋总收入达到7070万贯[①]，30万贯对宋朝财政收入来说不会形成负担，对人民生活更不会产生影响。而澶渊之盟使宋、辽两国避免了战争所带来的血流成河、妻离子散、田园荒废，使宋朝进入了长达100年的和平时期，国家得到治理，经济长足发展，文化得以兴隆，被史学界称作“咸平之治”。北方的安定，促进了汉、契丹两族的经济文化交流，也促进了契丹人的汉化。到了辽国耶律洪基当皇帝时，契丹人与汉人已没有了什么区别，甚至连契丹语都不会说了。那一年，当宋仁宗去世的讣告送到辽国时，发生了令人意想不到的事情，“燕境之人无远近皆哭”，就像失去了自己的亲人，辽国皇帝耶律洪基也是紧握着使者的手，泪流满面说：“四十二年不识兵革矣。”（邵博《邵氏闻见后录》）和平，带来了北宋国事强盛、海内升平，全国上下弥漫着一股瑞气。就如在他碑文中说的那样，宋真宗通过封禅实现了他的初衷。

北宋富了，首都汴梁也是“舳舻岁岁衔清汴”“联翩漕舸入神州”，来往人员船只甚多；“酒垆博塞杂歌呼，夜夜长如正月半”，简直就是个不夜城。即使那时小小的泰安城，也是繁华得不同寻常，《水浒传》写到岱庙：“原来庙上好生热闹，不算一百二十行经商买卖，只客店也有一千四五百家，延接天下香官。到菩萨圣节之时，也没安著人处，许多客店，都歇满了。”然而，强盛的北宋却垮了，不是垮在“路有冻死骨”的贫穷上，却亡在了“夜深灯火上樊楼”“暖风熏得游人醉”

① 以熙宁十年（1077）为例，北宋税赋总收入为7070万贯（不含左藏库、封桩库），其中农业两税2162万贯，占30%；工商税4911万贯，占70%。

的安逸与享受中，亡在了腐败中，或者说，亡在了他们没有记住宋真宗在《功德之铭》中的告诫——“寤寐寅威，夙夜惕厉，不自满假，不自逸豫”上。

# 第二节　宋代封禅的皇皇巨碑

宋真宗封禅给泰山留下了许多宝贵遗存，其中便包括岱庙现存的两大“丰碑”及其他御制与敕撰碑刻共7处。如果说宋摩崖表述了宋真宗封禅泰山的动机，其他碑刻则无比详细地记录了宋真宗封禅泰山的起因以及过程。这些碑文的作者也是朝廷重臣，且同样动辄洋洋数千言，就犹如唐代的几块“颂碑”那样，不避琐细，比史书的记载还详尽得多。

## 一、宋真宗御制御书碑

宋真宗封禅泰山期间，原先御制刻石凡5处，除在泰山之巅刻写了《登泰山谢天书述二圣功德之铭》外，现在岱庙内还有《加青帝懿号碑》和《青帝广生帝君赞之碑》残石。此二碑与岱顶《功德之铭》摩崖碑之额，乃是如今极为宝贵的幸存者，以下简要述之。

（一）《加青帝懿号碑》

此碑原在泰山西南麓青帝观殿西（今泰安烈士陵园前），乾隆十二年（1747）被俗吏砸毁，碑遂佚，形制无考。现存岱庙东御座，镶在《青帝广生帝君赞》碑之后，是宋真宗的《加青帝懿号碑》的一部分，石上尚存“中书门真宰之斯青帝真高明”等12字，行书。根据史籍记载，其全文为：

> 敕中书门下：名岳配天，乃众山之雄长；盛德在木，实万物之资生。惟真宰之斯存，盖灵篇之攸纪。青帝真君职司煦育，道叶冲虚，赞玄化于高明，庇群生于溥率。真祠夙建，方志可征。属严驾以时巡，爰秘封之成礼，

式瞻神观，冀沐冥休，祗举典章，载扬懿美，奉萧芗而昭荐，旌至德于无方，用表钦崇，永绥福祉。宜尊懿号曰青帝广生帝君，观宇特加修饰。故兹昭示，想宜知悉。

该文借为青帝修建青帝观之际，对泰山及青帝表示了高度崇敬。青帝位居东方，有养育万物之功，普天之下莫不受其恩德，所以为之加号“青帝广生帝君”，这是对泰山“发育万物，峻极于天”文化主题的凝练概括。

（二）《青帝广生帝君赞之碑》

此碑（图6-2）立于宋大中祥符元年（1008），宋真宗御制御书，原在青帝观，民国初年，省参议员葛云庵觅得此碑残石9块，将其拼凑为一碑，空处以砖石充之，得碑高2.75米，宽1.14米。残碑现存文字“御书乔岳表正灵祇宜乎名冠仙籍徽称金石者也属以虔修显号述斯文而颂美宗生育有允司明神不测茂实储祥用伸”计48字，正书，字径5厘米。另存碑额“青帝广帝之”4行5字，篆书，字径12厘米。其铭文为：

青帝广生帝君赞（并序）　　御制御书并篆额

若夫典治乔岳，表正灵祇，司生发于东方，佐聪明于上帝；宜乎名冠

图6-2 《青帝广生帝君赞之碑》局部

仙籍，德被烝民，飨祀典于萧芗，镂徽称于金石者也。属以虔修封礼，恭答神休，荐显号以致诚，述斯文而颂美。赞曰：节彼岱宗，奠兹东土，生育之地，灵仙之府。爰有高真，允司明命，至神不测，虔诚斯应。茂实克昭，储祥是系，式奉嘉名，用伸精意。

大中祥符元年十月二十七日，御书院模勒刻石。

碑阴祝文为：

维大中祥符元年岁次戊申十一月戊午朔四日辛酉，崇文广武圣明仁孝皇帝谨遣尚书兵部员外郎邵晔，告于青帝广生帝君：伏以峻工丕显，诞彰阴骘之仁；神化无方，实主发生之宇。惟高真之攸馆，乃乔岳之灵区。属以祗奉元符，躬陈大报，仰繄景贶，克举上仪。式彰昭代之称，以表钦崇之礼。合伸致告，用答虔诚。谨告。

内容与《加青帝懿号碑》大同小异，都对青帝进行了倾情赞颂。

对于宋真宗的书法，在历史上也有着很高的评价。清李光暎《金石文考略》卷十三评价说："帝王学书，自非急务，然即其笔势观之，亦足以知其治所在。赵宋自太宗后，惟真宗称良，观《青帝广生君刻》，亦足以知好生之意。评者谓其书妙在全备八法。"实际上，宋朝的每一个皇帝都写得一手好字，而真宗的楷书的确遒劲而不失清秀，富有书卷气，形意兼得，尽脱凡俗。

## 二、宋代封禅的百科全书

宋真宗泰山封禅，同唐玄宗一样树立了三座大碑，至今三块碑仍在岱庙内。三碑从不同角度记载了宋真宗泰山封禅的过程，其中涉及了宋朝政治、外交、经济、民俗的方方面面，极尽详尽之能事，可谓宋代的一部小型百科全书。碑文尤其对真宗封禅的起因及过程进行了神话般的渲染，令人感到奇特。但是，过犹不及，其中很多都产生了不良的政治影响。

（一）洋洋数千言的《大宋天贶殿碑》

此碑（图6-3、6-4）在岱庙，立于宋大中祥符二年（1009），碑高3.5米，宽1.5米，厚0.42米，碑文4000余字。杨亿撰文，尹熙古书并篆额，额篆“大宋天贶殿碑”。此碑文就像一篇奇异的故事，不仅记述了宋真宗泰山封禅的始末，也对岱庙天贶殿的建设情况有详细记载。

作者杨亿（974—1020），字大年，建州浦城（今福建浦城县）人。年十一，宋太宗闻其名，授秘书省正字。淳化中，赐进士，曾为翰林学士兼史馆修撰，官至工部侍郎。北宋西昆体诗歌主要作家之一。卒谥“文”。

图6-3 《大宋天贶殿碑》

图6-4 《大宋天贶殿碑》题额局部

尹熙古(生卒年不详),一作希古,江东(今南京一带)人。官翰林待诏、朝奉大夫,工篆,得拨镫法,书法类圣教序,为一时之绝。此《大宋天贶殿碑》及岱庙《天齐仁圣帝碑》皆其所书。

碑文先是讲了一段神话故事:上古帝王的封禅都有祥瑞出现,而祥瑞的出现必将成为盛世的先导。正是冬至时节,汴梁城中幽深而又安静,宫殿门户众多,钥匙管理严格,卫兵罗列,来人都要受到严格的盘问。深夜,皇上正要解衣休息,宫殿中突然有灵光发出,一时恍若白昼,这时有神灵从天而降,向皇上示意将有祥瑞发生,皇上正要整衣过去说话,神仙却乘风而去不见了踪影。到了第二年正月的一天,果然有天书自天而降,皇上于大庭广众前接受天书,改年号为"大中祥符元年",并推出新政策,免除农民徭役,提高农民地位。

碑文继续说:此时,山东一带的人士再三请求依照唐高宗时的封禅制度,封泰山,禅社首山。神灵的暗示也如期而至。大中祥符元年五月一天的后半夜,皇上再次梦见神人,并聆听了神的谆谆之语,神约定下个月在泰山再次授予天书。果然,泰安有木匠到灵液亭去砍木头,看到了草木之上有黄色的锦绢在飘,上面还写着"皇帝崇孝育民,寿历遐岁"几个字。官员赶紧将之送到了大臣王钦若面前,王钦若通过驿站飞速送往皇宫。接下来,百官开始反复讨论前人留下的记载,追寻历史的规范,认为秦代就有了固定的祭祀处所,汉代则修起了宫殿。于是皇帝诏令鲁郡在天书降下的灵异之区修建庙宇,建起了神仙居住的殿舍。只见飞檐灵动,高耸入云;水流清冽,环绕石阶。敬依上天所赐而带来的指示,将大殿命名为大宋天贶殿。

封禅如期举行,皇帝像古人一样亲自将告神的玉简封起,在泰山之巅燃起熊熊大火。然后,下山举行禅地仪式,又于城南坛寿昌殿接见文武百官,官员按照礼节流连不去,坐在车上游览东岳景观。

天贶殿的修建情况则是:

乃诏鲁郡,申饬攸司,爰就灵区,茂建清宇。授规于哲匠,董役以廷臣,朴斫前施,塈涂咸备,法《大壮》而取象,曾不日以克成。直寒门□□之庭,镇阿阁神房之麓。云封崛起,回对于轩檐;泉流洌清,载环于阶城。若天贶,表以徽名。既而慎择灵辰,揭之题榜,乃有元鹤集于雕甍,清唳引之，坠羽而去。斯又九皋之仙质，千岁之纯精，挺胎化之姿，告寿昌之兆者也。

碑文称，天贶殿建在灵液泉之北，显然不是今天岱庙中的天贶殿，这一点专家早就指出过。那么现在的天贶殿又是谁于何时修建的？这一点在宋代众多石刻中尚无准确答案。

（二）《禅社首坛颂碑》

此碑（图6-5）原在蒿里山相公庙大门东，立于宋大中祥符二年（1009），王钦若撰文，全文5500字，字数可称泰山碑文之最。王钦若是宋真宗泰山封禅的主要支持者，其文章可与前篇碑文互照，但其铺张之盛，文字之长，通篇辞藻之华丽，赞颂之明显乃为历代诸碑所罕见。不过，从字里行间也可看出宋真宗对封禅的态度，有历史的借鉴意义，故值得一读。

王钦若（962—1025），字定国，临江新喻（今江西新余市）人。淳化三年

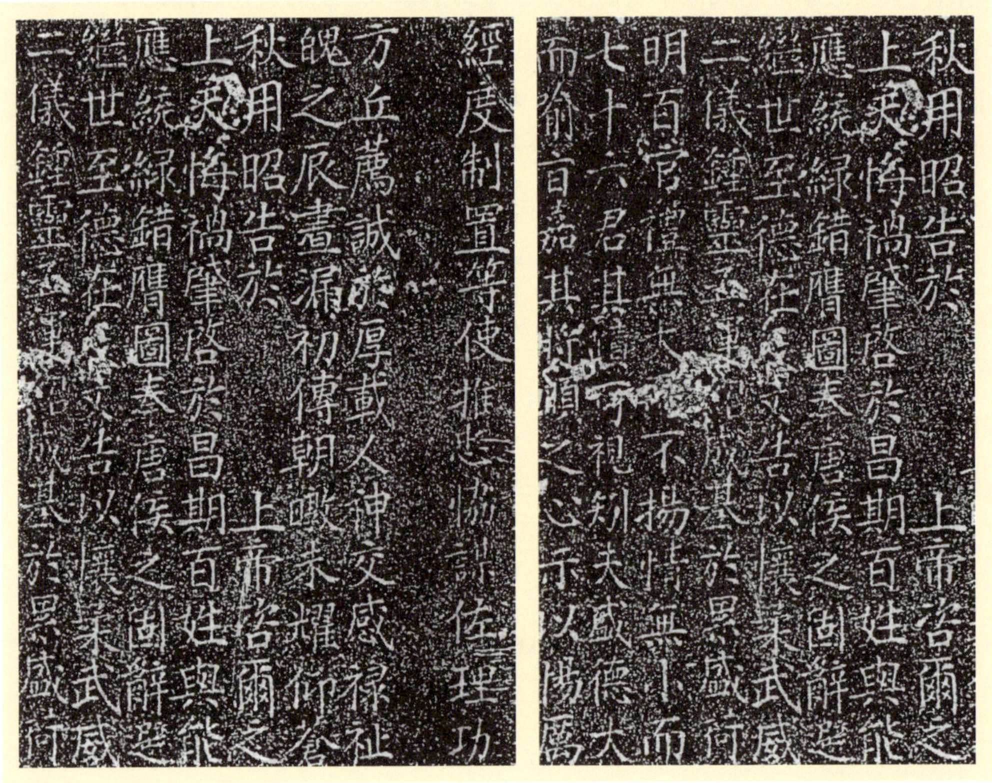

图6-5 《禅社首坛颂碑》局部

(992)进士甲科及第，历任秘书省校书郎、太常丞、左谏议大夫、参知政事、刑部侍郎等职。大中祥符初年，造天书，献符瑞，协助真宗封禅泰山。曾二度为相，天圣三年卒，追赠太师、中书令，谥号“文穆”。

其碑文开首记述宋真宗封禅的背景与过程：

> 涒滩御岁，应钟旅月，国家建号之四十九祀，皇帝绍统之十有二载。燔柴乔岳，成礼于勒封；回跸方丘，荐诚于厚载。人神交感，禄祉来宜，爰命下臣，式扬嘉颂。粤自圣明御极，寰宇大和，民知教而措刑，俗致礼而偃武。熙熙庶汇，如陟于春台；惕惕宸心，若临于秋驾。玄德上达，乾文下垂，方纯嘏以诞膺，故至神而合赞。见于乙夜，同日星之扬辉；告以先期，若寒暑之不忒。履端之月，戊魄之辰，昼漏初传，朝暾未耀，仰苍龙之内阙，观黄素之奇文，岂必玄龟负图而出洛，何须赤雀衔书以及丰。上冲厉内增，寅恭外积，克勤精意，仰答灵心，感应冥符，祺祥不绝。云成五色，表嘉端于太平；星见离方，荐殊徵于万寿。由是索前王之令躅，秩祀典之无文，思大享于季秋，用昭告于上帝。

祭天完成后，第二天去社首山祭地，同样是规模浩大、仪式复杂：

> 翌日，礼皇祇，禅社首，方泽之形泰折，广乐之音八成，象其色则黄牲，昭乎洁则玄酒。岳镇海渎，靡不格思；坟衍邮畷，罔不咸在。眷乃坤元之德，配乎柔克之尊，生植群伦，包含方夏。广大博厚，所以养材；流谦居贞，于焉载物。伸兹大报，在乎至虔，肃若奠献之仪，祗率穹昊之制，勤恭励翼，盛典由是无违；杂遝纷纶，柔灵以之荐祉。

彼时，护卫鸣锣开道，皇帝到达，顷刻间，彩云出现，云中似乎有明亮的火光在闪烁，歌声顿时响彻四野。皇上为表达对神的至诚而竭尽全力，忘记了登山的疲劳。向神昭白仁心，所贡的牺牲禽类特别多，这些都是生长于皇家园林、又放归到原野的生灵。

封禅再次带来祥瑞，冲天的巨浪变得平静，决口的大河复归其道。一枝庄稼长出九穗，四头小牛只有一角。仙鹤毕至，听笙歌而自若；慈乌独来，栖畚锸而有常。中天之月出现光圈，池塘之泉变成彩色。使者往来报告喜庆，书生作文颂扬大美。若没有神的眷顾，特殊的祥瑞又怎会在此降下。

王钦若对宋真宗封禅的总结给人以深刻印象。譬如，写他的简朴“弋绨为衮，书囊为帐，恭俭之至也”，他的同情心“泣罪于市，扇暍于途，慈惠之隆也”，他尊重知识分子“仄席抡才”，以及他的工作态度“反支受讼，听政之勤也”等，都应是对历代执政者有自省意义的。尤其“万民以治，五教在宽”更是难得，历史上讲严的皇帝多，而讲“宽”的没有几个。实际上，只有“宽”，人民才能有一定的自由，才能产生想象力和创造力。还有，“既而布大令，均渥恩，礼高年，修坠典，幽蛰咸振，密网并蠲，霈庆赐而春行，覃徽铄而日丽。采诗察俗，远协于《夏书》；纳贾观风，式遵于王制。兴廉举孝，崇德报功，鳏寡茕独之流罔不咸恤，律度量衡之法由是得中，复除之恩浃于四极，酺醵之惠际于九围”，从客观上讲，显示了宋真宗王朝的励精图治。

王钦若的文章信息量极大，可以说包罗万象。如，为了节俭，皇上说玉石难以雕凿，可以用石碑代替温玉。相关官员认为以石碑代替玉雕太简陋，反复请求也没有获得批准，只好勉强遵从了圣意。从这些事上足可以看出皇帝内心的惕然。再如，宋真宗登山“虑人之劳也，乃降辇焉”，他是步行上山的，也根本就没有骑马，并没有“古人回马地”①之说。碑文还记载了宋真宗修建了灵岩广禅之祠等，这些都是史籍较少记载的。

### （三）宋代封禅的实录碑记《大宋封祀坛颂碑》

此碑（图6-6）立于宋大中祥符二年（1009），碑高4.50米，宽1.65米，厚0.80米，方座圆首。碑阳刻文43行，满行100字，凡3777字，字径2.5厘米，行书。王旦撰文，裴瑀书并篆额。额篆“大宋封祀坛颂”2行6字，字径13厘米。碑阴原刻题名，今已漫灭殆尽。

王旦（957—1017），字子明，大名莘县（今山东聊城莘县）人，太平兴国五年（980），登进士第，累官同知枢密院事、参知政事。景德三年（1006）拜相，监修两朝国史。他知人善任，多采用厚重之士，劝真宗行祖宗之法，慎所改变。为相12年，深为真宗信赖。天禧元年（1017）去世，年六十一，获封太

① 乾隆帝有《回马岭诗》，讽刺宋真宗骑马登山到了回马岭就上不去了。

师、尚书令兼中书令、魏国公，谥号“文正”。

裴瑀（生卒年不详），时为翰林待诏、朝散大夫、国子博士、同正骑都尉。

此碑原立泰安城东南封祀坛故址，1967年建化肥厂，封祀坛被平毁，1972年将碑移置岱庙院天贶殿前东碑台。铭文多残缺，但尚可认读。

图6-6 《大宋封祀坛颂碑》

碑文首先论述了历史上的封禅，言简意赅，颇有见地：成功的帝王几乎没有不登泰山封禅的，自从有了文字，即记录了封禅。《虞典》还记载了天子五年一巡守的制度，周朝则是十二年一巡守。周代以后，封禅的帝王把告天之文刻到玉简上，称作玉牒，缠以金绳，封以金泥，然后秘密埋入地下。唐开元十三年封禅，玉牒不再秘藏，典章制度仍在，遗风犹存，封禅的礼仪也从此达到了高峰。到了五代时候天下动乱，经济文化大幅度衰退，各国统治者们只是放纵地寻求战争，祭祀的事被破坏殆尽了。

然后叙述当朝皇帝有着美好的品质，辛苦为国为民，华夏统一，感天动地，故而得以恢复了封禅这一旷世大典。我大宋的三位皇帝太祖、太宗和真宗默默地安定下民，领受天命，世代继承周公的制度，成就大业。真宗皇帝劳身焦思，考虑着国家大事；衣着简朴，超过了以节俭著称的汉文帝。祭祀时不事妆容而哀伤痛苦，入宗庙而涕泗俱下，这种纯真的性情感染着所有的人和神，天地也为之感动。皇上在宫廷中议政，往往忘记午餐而到了日头偏西；听帝师讲课，常常忘记睡眠，学到夜半时分。华夏统一和睦，天人相互感应，必出现吉祥的征兆。于是，东方的老人包括孔子家乡的儒生结队而来，上书恳请封禅。多少天来，那些思念上天的人，已归顺的少数民族，守泰山的官员、僧人、道士、百官等各类人士，无不拜伏在宫殿之下请求封禅。皇帝下达了封禅的诏令。封禅并不是标榜自己的成功，而是要恭敬地宣扬祖先的功德。

碑文最后又赞誉皇帝亲自撰写的碑文，铭记着旷世大典，那文章就像龙凤一样华丽而又灵动。感谢天的恩赐，遵循天的指示，那美好的气质与古代典籍中所载的精英并驾齐驱；是神灵的保佑，翻开了时代的新篇章。

此碑记述天书降落地点与《大宋天贶殿碑》有矛盾之处，《大宋天贶殿碑》称天书降在天书观灵液亭北，此文又说降在垂刀山，垂刀山在红门宫西。查《泰山志》，云“大中祥符元年，封祀制置使王钦若得天书于泰山西南垂刀山下、灵液亭北，因建观于此”。今天书观遗址尚在，在城里上河桥南，石碑上赫然刻着“宋天书观遗址”。然而，天书观与垂刀山相距至少1.5公里，并不在一个地方，故此事待考。

## 三、首座介绍泰山神的碑记《大宋东岳天齐仁圣帝碑》

此碑（图6-7、6-8）立于宋大中祥符六年（1013），碑高8.20米，宽2.30米，由翰林学士晁迥撰文，翰林待诏、朝散大夫尹熙古篆书碑额并书写碑文，俗称“祥符碑”。碑阴原为宋代官员题名，后被明代题刻压盖。

图6-7 《大宋东岳天齐仁圣帝碑》题额

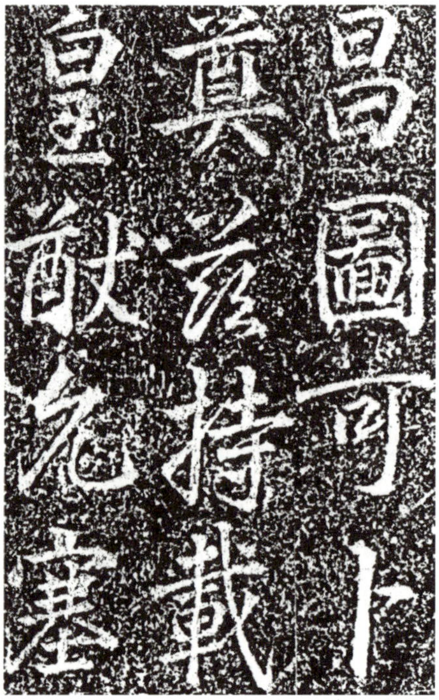

图6-8 《大宋东岳天齐仁圣帝碑》局部

晁迥（948—1031），字明远，澶州清丰（今河南省濮阳市）人。太平兴国时，举进士，为大理评事累擢右正言、直史馆、礼部尚书等。晁迥性格开朗，待人平易，为政宽简，真宗称赞他是好学长者。

碑文先是极力称颂泰山："臣闻结粹为山，丽无疆之厚载；升名曰岳，表奠服之崇丘，至若根一气以混成。媲四时而首出，作镇东夏，实惟岱宗。辨乎五方，设位冠配天之大；画为八卦，建标当出震之区。"就是说，山是由天地间的精华凝结而成，附丽在无边无际的大地上。其中声名最高的被称作"岳"，它们是京城之外祭祀天地的地方，也是根据构成天地间万物的"气"这一基本元素在"混沌"中自然生成的。尤其是泰山，春、夏、秋、冬由这里首先产生，它堪称中国东方的镇山。在东西南北中这五方中，东方的位次最为尊崇，它可以与天相配；而在八卦中，东方为"震"，它就是中国东方的标志。接着着力歌颂北宋王朝，又叙述了宋真宗于大中祥符元年封禅泰山后不断加封泰山神的经过，文末又对泰山进行了称赞："节彼泰山，盘亘大东，一气凝神，五岳推雄。"

## 四、岱庙最早的重修碑《宣和重修泰岳庙碑》

此碑（图6-9、6-10）在岱庙，是宋徽宗于宣和六年（1124）立的御制碑，碑高9.25米，宽2.10米，龟座高1.85米，居岱庙诸碑之冠。翰林学士宇文粹中撰写，朝散大夫张崇书写碑文并篆额。

宇文粹中（？—1139），字仲达，成都广都（今成都双流）人。北宋崇宁二年（1103）登进士第三名。历翰林学士承旨，宣和间累迁尚书右丞。绍兴九年（1139）卒。

碑文很有特色，如文中有一段话："发号出令，以诫以告；颁恩施惠，以生以育；设官择人，以长以治；制法垂宪，以道以翼，以训以齐。政成化孚，中外宁谧。于是国有暇日，以修典礼；民有余力，以事神祇。"意思是敬神的目的就是要提高人民生活，巩固政权，而人民生活提高了，政权巩固了，反过来又去敬神，则是良性循环，这便是宋代信仰的根基。文中又说："咸秩无文，周遍群祀，自古所建，上下远迩，灵祠告祝，于今莫不毕举。"意思是对大神小神一视同仁，而不厚此薄彼，这是宋代人对待宗教信仰的态度。还说："皇帝慈俭，爱民自衷，不侮鳏寡，不废困穷。"这是宋代对现实社会的信念，即不歧视鳏寡，不抛弃贫穷。

图6-9 《宣和重修泰岳庙碑》

图6-10 《宣和重修泰岳庙碑》拓片局部

此碑还记载了宋徽宗在位期间“诏命屡降，增治宫宇”的情形：重修后的岱庙“凡为殿、寝、堂、阁、门、亭、库、馆、楼、观、廊、庑，合八百一十有三楹”。可见岱庙在北宋末年已发展到相当宏大的规模。现在岱庙所保存下来的房舍仅存200多间，但看起来依然很有规模。碑中还说，“财不取于赋调，役不假于追呼”“真盛德之事也”“臣窃伏观皇帝陛下，临御以来，夙宵之念，无一不在于民者”。这些都足以使人们重新审视宋朝的历史资料。宣和四年（1122）离宋真宗封禅已过去了114年，有宋一代的和平统一坚持到这时已是实属不易，这与宋真宗制定的国策是有着重要关系的。

碑文接着说："观是宫庙，土木文采，轮奂崇丽，则知郡邑之富庶；帷帐荧煌，衮冕璀璨，则知丝枲之盈溢；牲牷充庭，醪醴日御，则知耕牧之登衍；箫鼓填咽，歌呼满道，则知气俗之和平。神之听之，乃祇陈于上，帝用降鉴，锡兹祉福，则社稷之安固，历数之绵远，盖方兴而未艾也。"这便是封禅的效果。

宋代的巨碑是宋真宗的封禅史碑，也是宋代谋求天下太平、百业兴旺、民生幸福的社会史碑。

## 第三节　宋代其他碑刻

宋代文化活动甚多，旅游兴盛，宋真宗当年修建的会真宫便成为文人赏游和题咏的地方。另外北宋晚期，特别加强了思想训示，在全国各地的文庙竖立了《御制八行八刑条例》，现岱庙内还保留了一块。

### 一、会真宫名家题刻

会真宫是宋真宗泰山封禅时在肥城所建的庙宇，后来成为旅游场所，诗人为之写下了诗作，刻成诗碑，众多名人争相捧场，此即《会真宫题名碑》。

此碑最早为谭述立于北宋熙宁十年（1077），乃是将诗人种放所作《会真诗》刻于一碑，另将诸名人题跋分刻于二碑，共集跋语、题记五十八条，后又增加明人题记四条，清人二条。

明万历间，会真宫毁于火，诗碑佚失，但二题跋碑幸存，遂移置岱庙环咏亭。民国十七年（1928）夏，国民党山东政府移驻泰安，改岱庙为中山市场，将环咏亭、雨花道院易为旅馆、澡堂，众多名碑遂不知下落。1997年，岱庙整治唐槐院时出土残碑一块，即当年所失之跋语碑之一，碑上尚残存欧阳修、蔡襄、周越、王洙等十余人所题之跋，后收于岱庙库房。

种放（955—1015），字明逸，河南洛阳人，七岁能写文章，精于易学。不应科举，后有官员多次向朝廷举荐之，种放或推辞或短暂入仕，但皆未能长久做官而长期隐居于山野。以下将其跋语摘举几例：

《周越题跋》，在残碑右上角，题于庆历六年（1046）：

斯书冠世入妙，千古亡对，所谓尽善尽美耶！庆历六年四月廿七日，越题。

周越，字子发，一字清臣，北宋山东邹平人，善草书，为当时知名书家。

《才翁题跋》，在残碑中间上部，字径较大，“可爱”之后加一短竖，表示此词重复。

笔势精丽，真墨宝也，殊可爱，可爱。才翁书。

才翁，即苏舜元（1006—1054），字子翁，世称苏才翁。宋铜山（今江苏省徐州市铜山区）人，苏易简之孙，苏舜钦之兄，祖孙三人并称为“铜山三苏”。才翁为人精悍任气，歌诗豪健，尤善草书，为弟舜钦所不及，官至尚书度支员外郎等。

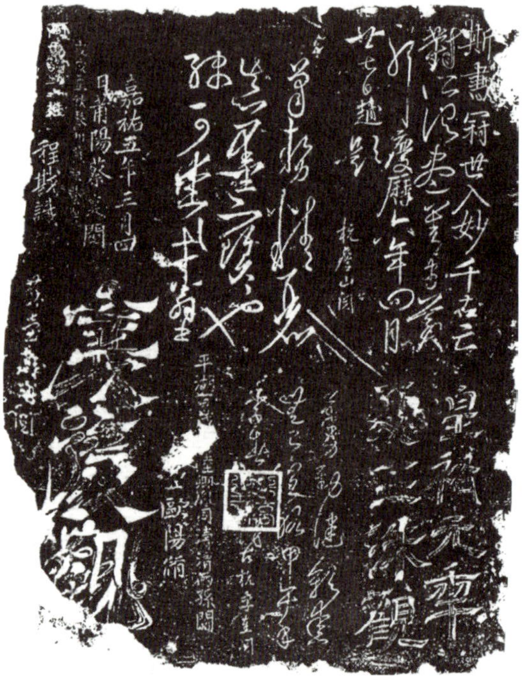
图6-11 《欧阳修、蔡襄等题名残碑》

《蔡襄题名》（图6-11），在残碑左上部，题于宋嘉祐五年（1060），共二行，正书。

嘉祐五年三月四日，莆阳蔡襄阅。

蔡襄（1012—1067），字君谟，兴化郡仙游县（今福建省莆田市仙游县）人，北宋著名书法家、政治家。宋仁宗天圣八年（1030）进士，先后任馆阁校勘、知谏院、直史馆、知制诰、龙图阁直学士、枢密院直学士、翰林学士、三司使、端明殿学士等职，出任福建路转运使，知泉州、福州、开封和杭州府事。此碑上有蔡襄题名两处。

《欧阳修题名》(图6-11)，在残碑下部靠左，无年代。

永丰欧阳修。

欧阳修(1007—1072)，字永叔，号醉翁、六一居士，北宋政治家、文学家，官至翰林学士、枢密副使、参知政事，世称欧阳文忠公。累赠太师、楚国公。唐宋八大家之一，后人又将其与韩愈、柳宗元和苏轼合称“千古文章四大家”。

《胡宗回题名》(图6-12、6-13)，在碑之右上部。

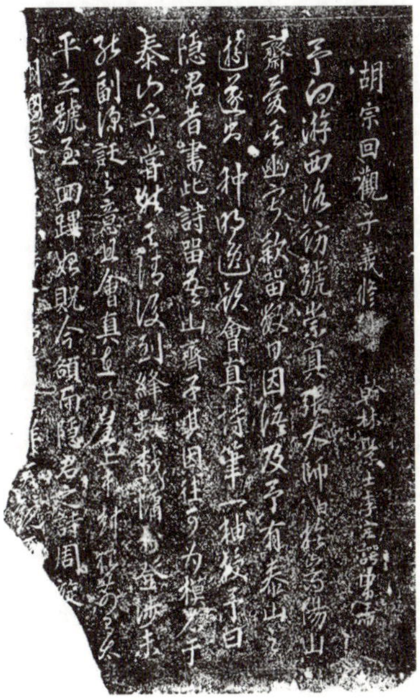

图6-12 《胡宗回、李宗等题名碑》

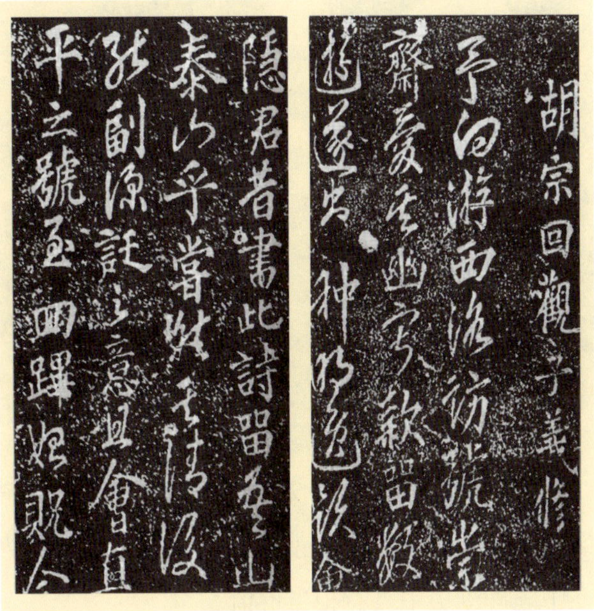

图6-13 《胡宗回、李宗等题名碑》局部

胡宗回，字醇夫，翰林学士胡宿从子，常州晋陵人。以荫登第，任编修敕令官、司农寺干当公事、京西转运判官、提点刑狱、京东陕西转运使、吏部郎中等，有诗集70卷。义修，胡宗回之子，曾任推官。

不再一一列举。《会真诗》的情况后人已不得而知，但它能引起当时如此多社会名流的追捧而纷纷题跋、题名，想必定是不凡的精品了。宋代人似乎并无“文人相轻”，他们或对种放之诗赞赏不吝笔墨，或欣然题上自己的名字，皆因看过该作品而自豪。该碑刻所展示的这一切从另一个方面展现了宋代良好的社会风气。

## 二、宋代道德准则之碑

岱庙内有《大观圣作之碑》(图6-14、6-15)，俗称《大观碑》，又名《御制八行八刑条例碑》，是北宋大观二年(1108)由宋徽宗赵佶撰文并书写，尚书左仆射门下侍郎(宰相)蔡京题额，并由当时的书法名家、书学博士李时雍摹写上石。当时曾遍立于全国文庙，目前仅剩六处。

图6-14 《大观圣作之碑》额题局部

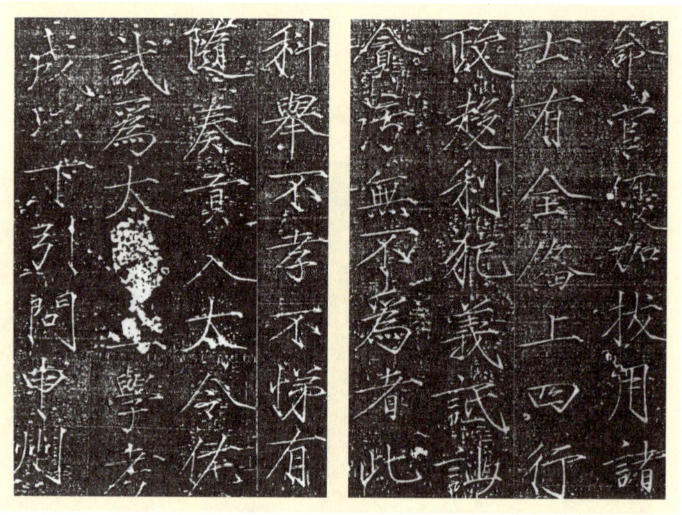

图6-15 《大观圣作之碑》局部

此碑原在泰安城内文庙，1974年移岱庙，碑体高大，刻工精细，圆首龟趺，字体笔画极瘦，为宋徽宗所独创的瘦金体。其内容对于现实社会也有借鉴意义，在中国碑刻史中具有相当价值。

碑文主要论述人的修养，要求做到宋代皇帝所推行的“八行”与“八刑”，指出：

> 学以善风俗，明人伦，而人才所自出也。今有教养之法，而未有善俗明伦之制，殆未足以兼明天下。孔子曰：“其为人也孝悌，而好犯上者鲜也；不好犯上而好作乱者，未之有也。”盖设学校，置师儒，所以敦孝悌。孝悌兴，则人伦明；人伦明，则风俗厚；而人才成，刑罚错。朕考成周之隆，教万民而宾，兴以六德、六行，否则威之以不孝不悌之刑。比已立法

> 保任孝、悌、姻、睦、任、恤、忠、和之士，去古绵邈，士非里选，习尚科举，不孝不悌有时而容，故任官临政，趋利犯义，诋讪贪污，无不为者。此官非其人，士不素养故也。

对于“八行”的内容，碑文做了具体解释：事父母好的为“孝”，对兄弟好的为“悌”，对妻子娘家人好的为“睦”，对母亲和祖母娘家人善的为“姻”，对朋友有信任的为“任”，对邻里及附近人善的为“恤”，知道君臣之间大义的是“忠”，明白道义和利益之间区别的为“和”。反之为“八刑”，碑文中对其中每一条也都做了具体的说明，学生若犯了任何一刑都要受到惩处。若犯了前四条就永远取消其入学科考资格，若犯了后四条则罚若干年不得入学等。

宋朝规定了“三舍法”：以上舍、中舍、下舍的标准对读书人进行升降和授官。具体地说就是凡读书人做到“八行”，扬名于乡中的，经有德望的乡邻及五家担保可以申报到县里，县令审查通过可以招入县学。如果审查不虚，经批准后，可以不定期地推荐入太学，并免试直接进入太学上舍。国子监的司以下官员做到“八行”的人士，经评定无异议后，可通过尚书省报皇帝取旨，由平民直接任命官职，优加录用。反之，诸士若有犯不忠、不孝、不悌、不和者，将终身不齿于读书人，不得入学。能改过自新，不犯罪而有二行之实者，由耆老保甲申报县里，县令审查落实后可入学，在学一年，又不再犯，可以纳入诸生之列。

在书法艺术上，宋徽宗创立的瘦金体在诸多书法流派中独具一格，书写全用中锋，瘦劲挺拔，似铁画银钩，刚健俊逸，撇如匕首，捺如刀锋，过渡性的连笔则如游丝飞空，具有秀美洒脱的风骨。其结体特点为抑上扬下、抑左扬右。笔画尖削，行笔细劲，尾钩锐利。横竖起笔如利刃切入，撇捺的末端如竹迎风。整体感觉剑拔弩张，斩钉截铁，细看又柔和妥帖，体现出运笔的力度和行书的舒畅风貌。

# 第四节　泰山游览摩崖题记

宋代游览性质的题记、题名刻石较之唐代有了大幅度增加，除了少数是公差结合游览外，大多都是纯粹游山玩水，有的还携家带口，其乐融融。这些题记的分布比较集中，大多在风光俊美处，如泰山白龙池、东溪、岱顶等，游记题刻的出现标志着泰山在这一时期逐渐由祭祀天地、求神拜佛向风景游览转变了，也标志着泰山由帝王将相、达官贵人的专属开始走向了平民。

如此多的宋代题刻集于一山，在中国石刻史中无出其右者，所以这些石刻虽然信息量不大，却历来被学者所看重。本节尽可能多地录下它们，一是通过这些平淡的字句可以看出宋代人心态的平和，生活的从容，使人感到一种温馨、自由的社会氛围；二是将之与接下来的金元时期此类题刻相比则会形成极大的反差，从而了解社会的不同。

## 一、白龙池摩崖题记

宋真宗封禅泰山，在白龙池修建了渊济公祠，又由于此处景色旖旎，故备受游人青睐，至今仍保留下来了从北宋治平四年（1067）到宣和五年（1123）共56年间的题记、题名刻石33处。清初顾炎武对此曾有所考证："岳西傲来峰下，……有石壁平广二十余丈。书曰'龙潭'、曰'白龙池'，并大字。其旁皆宋人题名，尚未刓缺，因录之得十五首，其文略无重复。自治平迄宣和六十年间人名字，亦可以想见当日太平之盛。"[①]现白龙池所发现的宋刻比顾炎武所得多一倍。

宋代最早的此类题记是位于白龙池玄圭石上的《李舜举题记刻石》（图6-16），刻于治平四年（1067），文为：

① 〔清〕顾炎武著《山东考古录》录白龙池题名。

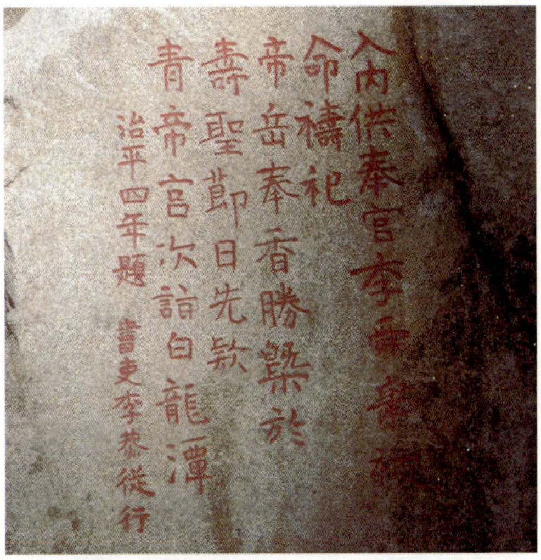


图6-16 《李舜举题记刻石》

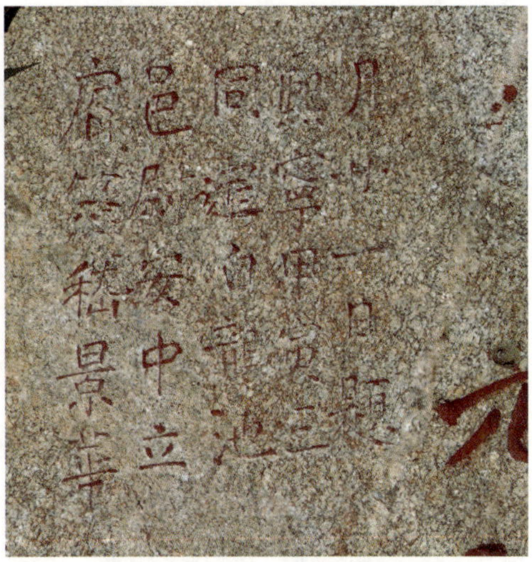

图6-17 《嵇景华题记刻石》

入内供奉官李舜举被命祷祀帝岳，奉香胜概。于寿圣节日，先款青帝宫，次诣白龙潭。

治平四年题，书吏李恭从行。

李舜举，字公辅，宦官，开封（今河南开封市）人，熙宁（1033～1082）间领文州刺史，转嘉州团练使，能文辞笔札，卒谥“忠敏”。

熙宁七年（1074），两位基层官员，嵇景华和管治安的安中立于公务之暇来到这里，也刻有题记，如图6-17。此文左读：

□□嵇景华、邑尉安中立同游白龙池。

熙宁甲寅三月二十一日题。

元祐五年（1090），刚刚奉转运使司公文（漕檄）来代理奉符知县的山阳人龚无党带着他的子侄们来这里游玩了，题记（图6-18）曰：

山阳龚无党被漕檄权宰奉高，因率儿姪辈游此。

时元祐庚午中冬十一日。

文中“奉高”乃汉至晋泰安的古称谓。

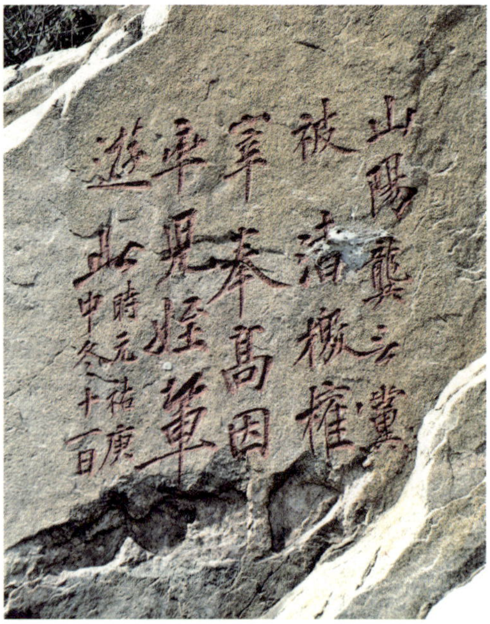

图6-18 《龚无党题记刻石》

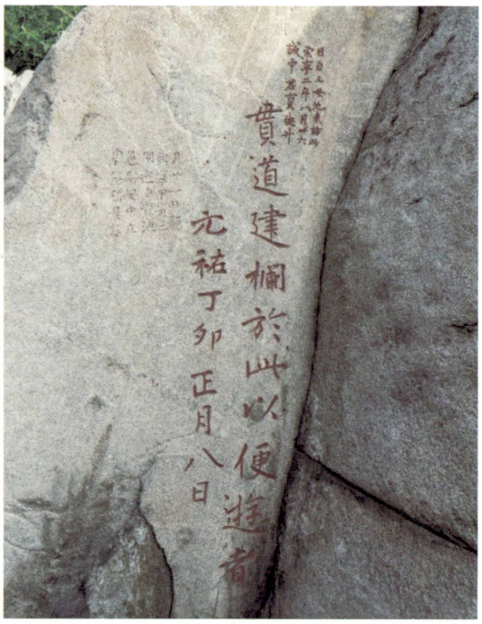

图6-19 《林贯道建栏题记刻石》

来这里做好事的人也留下了题记。白龙池处水流湍急，有着安全隐患，有林贯道者便在这里修起了栏杆。此题记（图6-19）刻于元祐二年（1087），文中的“贯道”姓林，长寿桥西首石壁上有刻于同年的题记“林贯道、刘逢源同游”可证，其文为：

贯道建栏于此，以便游者。

元祐丁卯正月八日。

绍圣三年（1096），河南开封人任绍同泰山青帝观主杨若冲游览了岱顶，又来观赏百龙池胜迹，碑文（见图6-20）所记显得优哉游哉：

汴阳无求居士任绍承祖朝岳罢，同青帝观主杨若冲游太平顶回，瞻视白龙池胜迹。

时大宋绍圣三年二月十五日谨记。

绍圣四年（1097），德充等四人来此游览，留下了最为简单的题记（图6-21），文为：

图6-20 《任绍题记刻石》

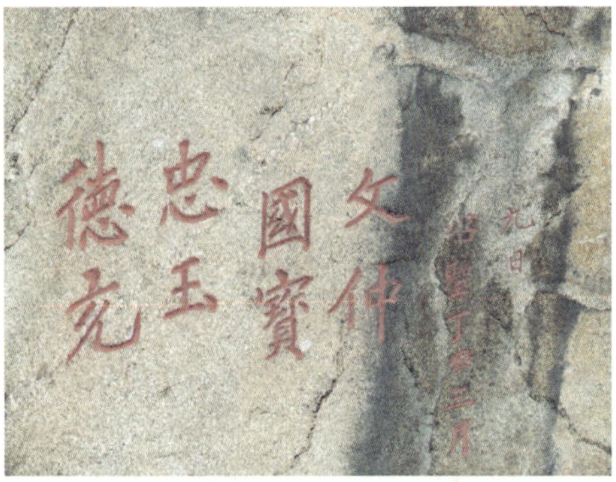


图6-21 《德充等题名刻石》

德充、忠玉、国宝、文仲。

绍圣丁丑三月九日。

还有《正辅再游题记刻石》(图6-22)，刻于绍圣四年(1097)，其文为：

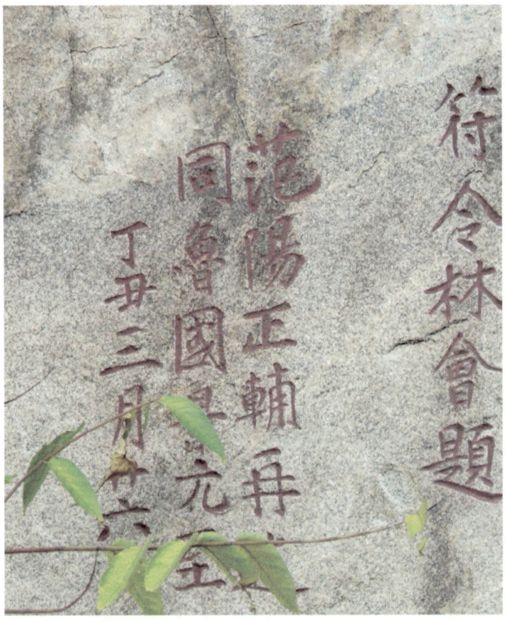

图6-22 《正辅再游题记刻石》

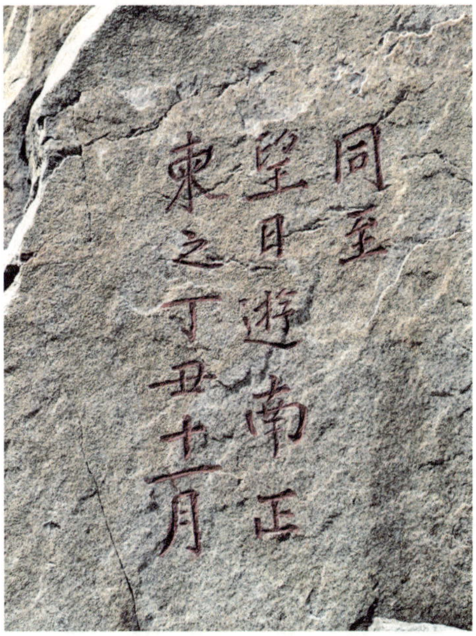

图6-23 《東之等题名刻石》

范阳正辅再游，同鲁国景元至。

丁丑三月廿六日。

同年又有《柬之等题记刻石》(图6-23)，刻于绍圣四年(1097)，此文左读：

柬之，丁丑十一月望日游，南正同至。

《吕仝等题名刻石》，刻于玄圭石上，元符三年(1100)题镌，其文为：

元符三年十月一日，奉高人石匠吕仝、周道同游。

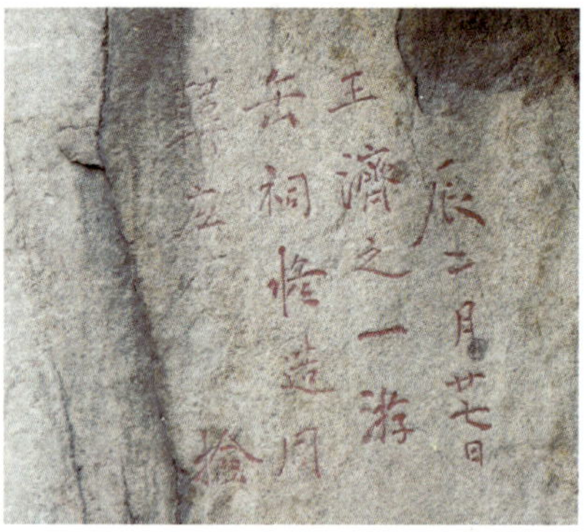


图6-24 《韩存中等题记刻石》

这是石匠的单独题名刻石，石匠不去谋生而是来此悠游，更可见宋代的“太平之盛”。

《韩存中等题记刻石》(图6-24)，在白龙池玄圭石稍北石壁上，刻于元符三年(1100)，系因公顺便出游：

韩存中点检岳祠修造，同王济之一游。

庚辰二月廿七日。

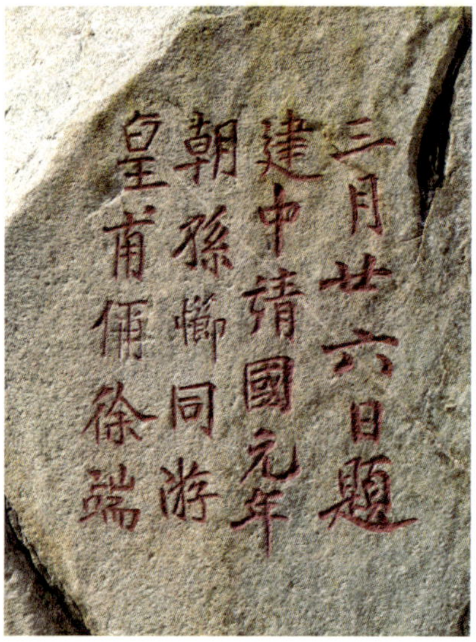


图6-25 《皇甫偁等题名刻石》

韩存中，字持正，宋颍州人。宣和间知郑州，颇有政绩，卒于建炎初。余不详。

王济之，宋代诗人，有七绝《赠阳子》传世。

《皇甫偁等题名刻石》(图6-25)，白龙池旁石壁上，建中靖国元年(1101)题，其文为：

皇甫偁、徐端朝、孙懈同游。

建中靖国元年三月廿六日题。

崇宁元年（1102），奉符令李珪要去消灭蝗灾，先来拜谒白龙祠，并刻石，文曰：

奉符令李珪因捕蝗恭谒白龙祠，男汇侍行。崇宁壬午孟秋初七日。

这个县令是因公事来谒白龙祠的，顺便带着儿子观光。

崇宁二年（1103），诚中等人从泰山王母池沿着山麓一路走来，在这里也留下了题记（图6-26）：

诚中、若宝、德升，崇宁二年八月廿六日自王母池来访此。

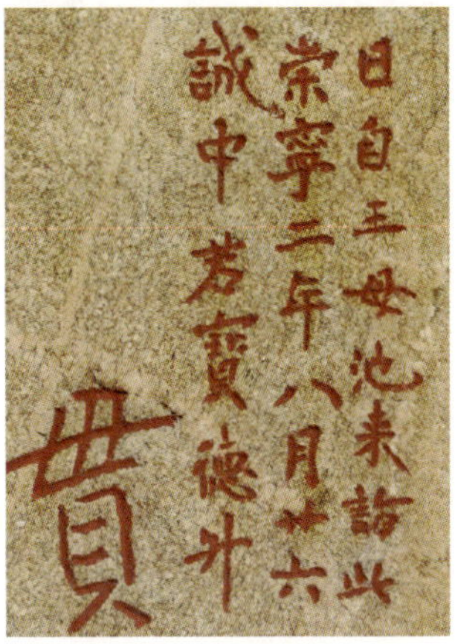

图6-26 《诚中等题记刻石》

崇宁元年（1102），代理奉符县令的董元康与他的三个弟弟、长子、朋友来到百龙池，新任监督海门盐税的官员董直记下了此事：

长清董元康，弟元发、元济、元肃，男质，友人李胜之同游。
崇宁元年壬午季春旦日，新监海门税董直书。

十二年后，即政和四年（1114），董元康于九月九日再次带着全家来了。这时，他又增添了两个儿子：

董元康政和甲午重九日，携家来游。质、贽、赍侍行。

董元康（生卒年不详），山东长清人，权奉符县令。题刻中质、贽、赍意思是：质，长子；贽，次子；赍，三子。

《赵习之等题名刻石》（图6-27），刻于白龙池旁石壁上，宋元符三年（1100）题，其文为：

元符庚辰七月晦，赵习之、徐安国、弟居仁、孙正仲同游。

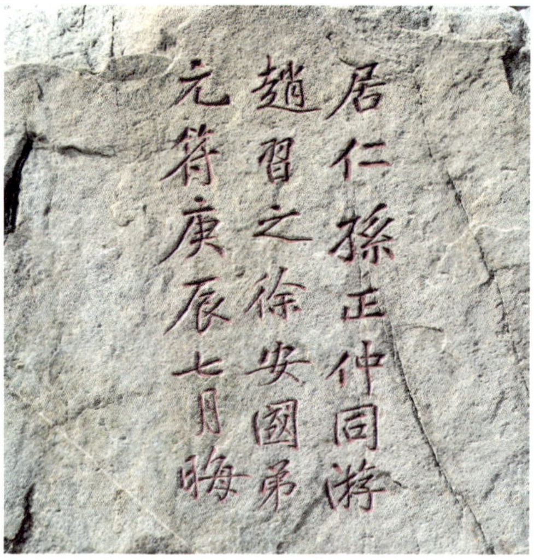
图6-27 《赵习之等题名刻石》

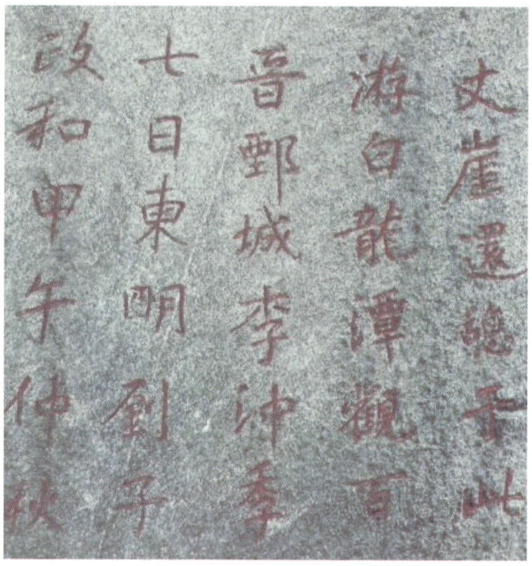
图6-28 《刘子晋等题记刻石》

《刘子晋等题记刻石》(图6-28)，刻于宋政和四年(1114)，此碑左读：

政和甲午仲秋七日，东明刘子晋、鄄城李冲季游白龙潭，观百丈崖还，憩于此。

《董自恭题记刻石》(图6-29)，刻于政和五年(1115)，此碑左读：

长清董自恭谒白龙池之祠罢，酌泉石上。时乙未孟冬中澣日。

图6-29 《董自恭题记刻石》

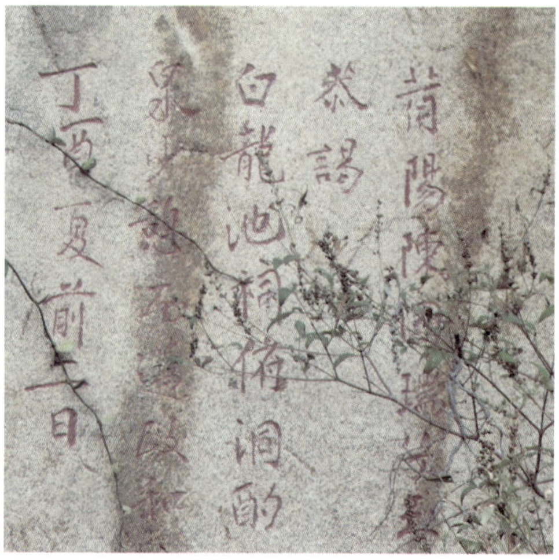
图6-30 《陈国瑞题记刻石》

《陈国瑞题记刻石》（图6-30），刻于政和七年（1117），文为：

莆阳陈国瑞子玉恭谒白龙池祠，俯涧酌泉少憩而返。政和丁酉夏前二日。

陈国瑞，生卒不详，彼时曾到奉符县视察学政。他的题刻在经石峪另有一处。

《李僓等题名刻石》，在玄圭石上，题于宋宣和五年（1123），其文为：

鄄城李僓，弟凌、姪赣随侍游此。癸卯季春廿八日。

## 二、登山古道与岱顶摩崖题名

泰山登山古道之中溪、岱顶、灵岩寺等处都有宋代题刻，主题同样是游览。

（一）中溪题刻

《刘康叟题名刻石》，刻于绍圣三年（1096），文曰：

刘康叟。绍圣丙子五月二十八日观。

《张邦茂题名刻石》（图6-31），绍圣二年（1095），两位官员朝奉郎张邦茂和宣德郎张权道，在观主刘子谅的陪同下来到这里：

朝奉郎张邦茂、宣德郎张权道、观主刘子谅，宋绍圣二年十二月十三日同游。刘太和。

图6-31　《张邦茂等题名刻石》

此题刻压盖了唐朝王大使的题名。

《刘仲平题名刻石》，在水帘洞坊西北石上，刻于元祐六年（1091），文为：

刘仲平游，元祐六年。岱岳观主张舜民同来，二月七日。

《赵茂实题名刻石》，政和四年（1114），赵茂实、曹世隆徒步来到这里，并留下了题刻：

赵茂实、曹世隆徒步到此。政和甲午季夏十七日。

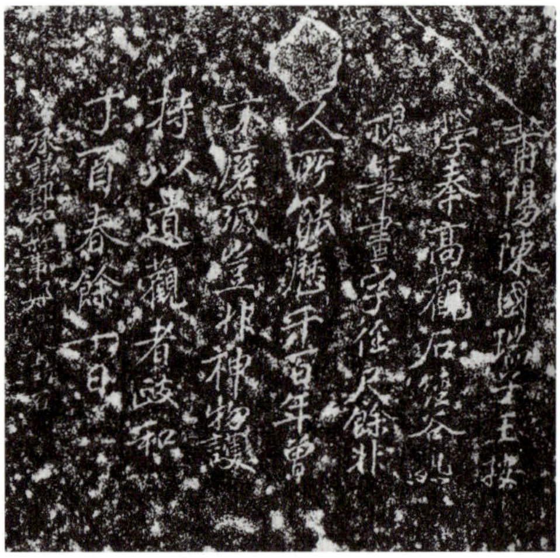
图6-32 《陈国瑞题记刻石》

《陈国瑞题记刻石》（图6-32），在经石峪西侧一独立石上，刻于政和七年（1117），其文为：

莆阳陈国瑞子玉，按学奉高，观石经谷，熟视笔画，字径尺余，非人所能。历千百年曾不磨灭，岂非神物护持以遗观者。

政和丁酉春余一日。

承议郎、知县事郑温恭勒石。

《□安隆题名刻石》，在王母池观澜亭门外南侧，刻于政和八年（1118），其文为：

保义郎、前辰州□安隆，同巡检韩颙先受差事任满得替，谨发□躬谒祠下，拜祝果□□。大宋政和戊戌□月二日谨题。

（二）岱顶题刻

泰山风光最佳处还有泰山极顶，这里历代题刻甚多，但不少被后人题刻压盖。熙宁八年（1075），新任兖州太守的官员马熙与掌管境内大山的属吏林会等游览了岱庙，登上岱顶，在碧霞祠西墙外石上刻下题记，其文为：

新兖守、尚书外郎马熙，自仙源来谒帝祠，是日登岳，遍游东西绝顶。

新宿州掌岳掾林会从。大宋熙宁八年二月二十四日。

马熙，山东单州成武人，字处厚。宋真宗即位后，为怀州通判，升任登州知府，后历任曹州、济州、兖州知府等，有政绩。

林会（？—1092），即林贯道，名会，字贯道，曾任奉符令。林贯道在泰山题名现存共6处。

元祐二年（1087），刘衮奉诏来泰山祈雪也将题记刻在了同一石上，文为：

兖海守刘衮奉诏祈雪，次谒玉女祠，率巡山刘孟、邑令林会登二绝顶，临四观，遍览胜概。元祐丁卯孟春三日。

刘衮奉诏祈雪的刻石今在泰山西溪白龙池石另有一处。

岱顶振衣冈石上，有绍圣二年（1095）上官均等人的题名，文曰：

京兆上官均以使事抵奉高，同靖恭杨升游岱顶、观日出，览历代遗迹。绍圣二年十月七日。

上官均（1038—1115），字彦衡，邵武（今属福建）人。神宗熙宁三年（1070）进士，授北京留守推官、监察御史，谪知光泽县。著有文集五十卷、奏议十卷，已佚。《宋史》卷三五五有传。

绍圣三年（1096），振衣冈石上又有赵令绯等刻下的题记，其文为：

开封赵令绯，绍圣改元，济南从事罢官，敬谒帝祠。时穷冬，不能游岱宗，怏恨而去。明年，为东鲁别驾，复得以职事，思造祠下，遂登绝顶，东望日出，遍观古迹。巡山张佖、邑尉刘迹同行。绍圣三年四月朔。

此人被罢官，拜谒岱庙后第二年复职，故特来感谢神灵，并看日出、游古迹，心情颇为愉快。

《赵子和等题名刻石》，崇宁四年（1105），赵子和等三人游岱顶，将题名刻在了唐摩崖上，其文为：

赵子和、赵君实、□□源，崇宁四年乙酉季秋，同登泰山三峰，刻石磨峰侧。

《赵明诚题名刻石》，政和三年（1113），大名鼎鼎的金石学家赵明诚与王贻公也在唐摩崖留下了自己的姓名：

太原王贻公，与天水赵明诚德父，政和三年闰月八日同登。

赵明诚（1081—1129），字德父，宋著名金石学家，词人李清照的丈夫，曾编《金石录》三十卷。因赵姓出自陇西天水，故名前冠以“天水”二字。

《杜绾等题记刻石》，位置同上，题于政和三年（1113），其文为：

杜绾、唐公裴彦四□，刘永仲思施经□□……同登，偕僧□□□思。政和癸巳季□□。

杜绾（生卒年不详），字季扬，号云林居士，北宋山阴（今浙江绍兴）人。是宋代矿物岩石学家，著有《云林石谱》。

《王安石题名刻石》，政和七年（1117），王安石等来到泰山之巅，在宋摩崖之东刻下行踪，其文为：

政和七年四月十九日，临川王安石介甫与南阳郑居中□□同登访□，奉符尹郑温恭偕行。

王安石（1021—1086），字介甫，号半山，江西临川（今江西省抚州市临川区）人，北宋著名的思想家、政治家、文学家、改革家。王安石列名于“唐宋八大家”，有《王临川集》《临川集拾遗》等存世。

郑居中（1059—1123），字达夫，河南南阳人（一说河南开封人），历任起居舍人、给事中、翰林学士等要职，并于大观元年（1107）至四年官拜同知枢密院事。《宋史》有传。

郑温恭，时任泰安知县。

还有《周德政等题记刻石》，在岱顶，题刻年代当为绍圣年间，其文为：

入内高品魏德□，入内内侍省内侍高品皇甫□明，入内内侍省内侍西头供奉官周德政，右司谏、直史李迪。

文中的李迪曾任宰相，在灵岩寺有其诗刻。

（三）灵岩寺等处题记、题名刻石

灵岩寺在宋代甚为兴旺，来游者络绎不绝，文人们除了题诗作赋还留下了众多游踪题记。

《康□□题记碑》，刻于元丰七年（1084），字迹损毁较严重。文为：

元丰甲子孟夏月十日，奉命安卦圣帝，□书□记到此，入内供奉官冯益，入内□□康□□记。

这些官员是来祈祷天齐仁圣帝的。

《赵子明谢雨记碑》（图6-33），刻于政和五年（1115），文为：

图6-33 《赵子明谢雨记碑》

政和乙未，经春不雨，百姓咨嗟，思欲祷于法定圣像。诚心一启，甘泽随降，遂涓吉辰，诣灵光致谢。因览诸泉，经日而还。向子、千涓同至，县令赵子明，孟夏廿一日，监寺僧昭戒立石。

《李文尧题记刻石》，刻于政和六年（1116）。此处刻石层叠压盖，文已不可全识，现根据史籍补全：

山阳李尧文自汶以事至东武，由奉高祠岳过灵岩，瞻礼观音像，登证明龛，尽得游览之胜。政和六年闰正月十九日。

宋宣和二年（1120），有纳税户孙东元来游，并题名于石上：

宣和二年三月十九日，税户孙东元题。

图6-34 《王渊游灵岩寺题记碑》

《王渊游灵岩寺题记碑》（图6-34），题于宣和七年（1125），碑文为：

方渠王渊几道，缘职事访如师和尚，遍观灵岩圣迹。当日回历下。宣和乙巳六月十二日书。

王渊（1076—？），字几道，号方渠，宋代将军，原籍熙州（今甘肃临洮）人，后迁居环州。渊轻财好义，善骑射，勇谋兼备。徽宗宣和五年（1123），刘延庆讨伐方腊，以渊为先锋。

《赵邦美等题记刻石》，在灵岩寺积翠证明龛洞内石壁上，题于靖康二年（1127），文为：

长清宰赵邦美、子相□及杨叔应李充道同游□仙。靖康丁未正月廿二日礼同恭拜。

岱庙内《双束碑》上还有宋代题记数条，如刻于皇祐四年（1052）的《宋禧题名》，此题刻在《双束碑》顶盖东面，其文为：

转运使、尚书工部郎中宋禧，因巡历游岱岳观。皇祐四年三月二十有二日题。时奉符宰、殿省丞张周偕行。

宋禧，仁宗庆历七年(1047)官御史，次年迁兵部员外郎、知谏院。出为江东转运使，皇祐四年，转任山东。官至尚书工部郎中。

同年还有《李陟题名》，在《双束碑》顶盖南面，其文为：

> 州从事李陟，因干事至邑，率巡山供奉何怀智、前巡山侍禁李安、龚邱簿胡稷臣、符离进士张淑屡游。时皇祐壬辰岁仲夏月十有十日，李陟题石，观主王归德、道正李若清。

宋政和四年(1114)，董元康又在《双束碑》上题刻了游踪，其文为：

> 长清董元康权宰奉高，受代将归，同王彦文游。政和甲午重日，崇道继至。

这一时期还有普通百姓供奉神灵的题记，如岱庙内刻于元符二年(1099)的《花锦石柱题记》(图6-35)就记录了此事：

图6-35 《花锦石柱题记》局部

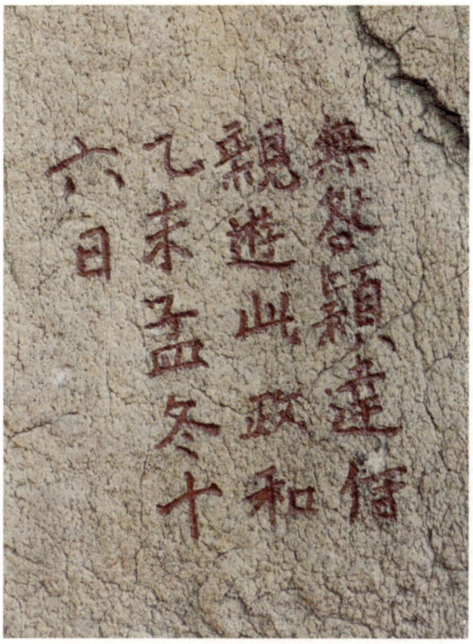


图6-36 《无咎等题名刻石》

郓州平阴县东张村黄芦泉居住，清信男弟子刘汶，奉为□早生天界，见存慈母杨氏百千长寿，并及保庆自身，阖家同施花锦石柱四条。元符二载五月二十三日立记。

政和五年（1115），五贤祠旁自然石上有《无咎等题名刻石》（图6-36）：

无咎、颖达侍亲游此。政和乙未孟冬十六日。

## 三、以南宋年号纪年的题刻

1127年（北宋靖康二年，南宋建炎元年），北宋覆亡，宋高宗赵构在南京应天府（今河南省商丘）称帝，是为南宋。而中国的北方已属于金朝统治，年号已到了金天会五年。这一时期，经过了宋金之交的惨烈斗争，北方百姓仍然怀念着北宋的太平时光，泰山的两则题记便记录了这一情形。

泰山凌汉峰三尖山东峰之巅石壁南侧，有《姜博士等题记刻石》。所谓博士，古时指专精某种技艺的人，如茶博士、酒博士。此处姜博士也是手工艺人，乃石匠。这是泰山上第二处石匠题记，也是泰山唯一的两处以南宋年号纪年的题记。文为：

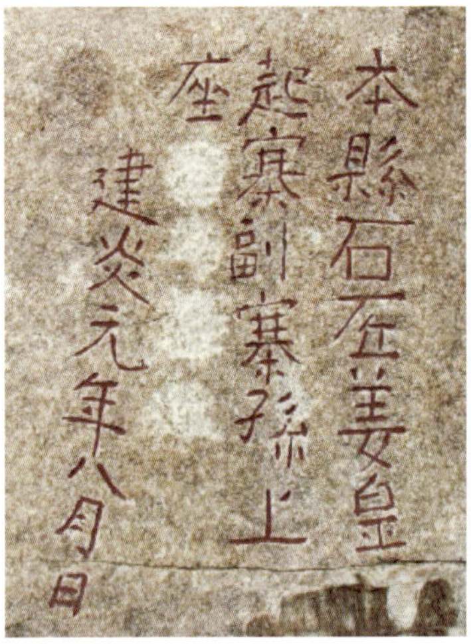

图6-37 《姜博士题记刻石》

石匠姜博士今滞辟，寇累次到县打劫，万十四、□□□并孙上座□□共纠到三尖山起寨。时建炎元年八月。

姜石匠把金兵称作“寇”，“寇”累次到县打劫，故而起寨。年款如何署呢？“靖康”已经不再，“天会”则万万不能，只好借用了“建炎”。这是他们心中无奈的怀念，也是对金兵的愤怒声讨。

同一位置，又有《姜博士题记刻石》（图

6-37），其文为：

本县石匠姜皇起寨，副寨孙上座□□□□。

建炎元年八月日。

在泰山石刻史上的所有题记、题名石刻中，这是很特殊的两例。此时，山东、河北等地均已被金兵占领，金兵所到之处激起了华北人民的武装反抗，纷纷据山结寨，抗击金兵，形成了群众性抗金局面。姜博士所起的“寨”便是其中之一，此寨至今仍有遗迹。

# 第七章
# 宋代泰山石刻(下)

宋代的石刻种类繁多，出现了大量有关宗教的碑记，如关于庙宇的敕牒碑、建修记事碑、高僧墓志、造像题记与刻经等。这一时期，人民生活自由，旅游兴起，不仅文人学士如苏轼、苏辙、王安石、欧阳修、李迪来到泰山并留下了作品，就连普通百姓也在泰山题下了自己的作为和感受。泰山石刻在宋代进入了一个划时代的历史时期，其数量多、体量大，题材更加广泛、深刻。宋代石刻为泰山增添了一道分外靓丽的风景线。其间，著名的“泰山石敢当”民俗信仰也开始广泛传播，影响日益深远。而且，这一时期金石学产生，研究、记录历代石刻逐渐成了自觉。

## 第一节　敕牒碑的出现

敕牒是诏书的一种，始于隋唐之际，一般是官员往中央打报告，由门下省政事堂草拟文书经中书舍人进奏，由皇帝敕准并画敕字，然后由政事堂出牒对外公布，称作“敕牒”。宋、元沿用此体制。刻于碑上的敕牒称敕牒碑，现泰山有宋代敕牒碑两处，其中灵岩寺敕牒碑由王安石撰写，虽是公文但也文采洋溢，且叙事极详，使后人对宋代灵岩寺的状况有所了解。

### 一、灵岩寺敕牒碑

该碑(图7-1、7-2)是现存记述灵岩寺历史的最早的一块敕牒碑，立于宋

图7-1 《敕赐十方灵岩寺碑》

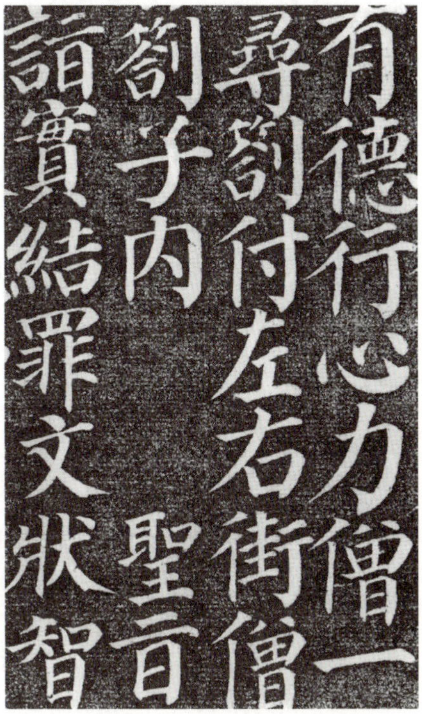


图7-2 《敕赐十方灵岩寺碑》局部

熙宁三年（1070），原在天王殿内左侧，碑身下部约1米曾掩埋于土中，故《岱览》《泰山志》仅著录一半碑文，后将此碑移至天王殿外，始见该碑全貌。碑的前15行为牒文，右谏议大夫王安石签名并有押，其余3人皆无押。额题“敕赐十方灵岩寺碑”。

这是礼部关于寺院住持易人的报告批复，内容十分详细。第一段为例行文书格式，点出住持僧永义要辞退灵岩寺主之事：“开封府奏，先准中书札子，京东转运司奏，据齐州申准，开封府牒，据僧永义状给府披诉，情愿状退灵岩寺主。”

以下是正文，分了四个层次：

一是对灵岩寺现状及更换住持的说明：该寺有僧人一二百人，因香客多，获利也多，有不务正业者常在此聚集作乱，接到开封府所呈的报告得知，今灵岩寺住持僧永义一心修行，难以胜任佛寺住持之职，请求辞去。该寺则请求朝廷另选一名有德行及能力的高僧充任寺主，本部同意在京城内外挑选佛僧五至七人，共同管理寺院，现已上报朝廷，该寺应伏候圣旨。同时指出要切实辨认察觉，杜绝不务正业的人在此聚集。

二是根据圣旨派出了新的住持：今奉圣旨准奏，决定推荐正在左街定力禅院讲授《圆觉经》、赐紫僧人行详赴齐州灵岩寺任主管，担当住持，并让行详原所在寺院院主出具鉴定，证明其平日行为规范，有一定的工作能力，是一个有德之人。而且保人立下了保证文状："智林等举保行详，可以派赴灵岩寺任住持。如后发现与所证明的不同，甘受重罪不辞。"

三是听取新选住持行详的意见：行详认为自己衰老多病，心废力尽，恐怕难以胜任，所以呈状求免。但这是承皇上命令前往，行详不敢坚辞。于是又写了一份诚恳的报告上奏皇上：灵岩寺远在山谷之中，徒众颇多，屡因住持精神不振，力度不够，遂纲纪废毁，如今皇上亲颁圣旨选调，则与州郡所请完全不同，请皇上赐予一条"为国焚修传教住持宣札"的诏命，随身携带而去，这样才可以威服远近浮浪之人，再兴寺庙，积集功德，上赞圣恩。行详又要求，根据十方禅院的规定，圣旨中要明确表明院内受业徒弟不得担任寺院住持等主要管理者，故亦乞求将敕牒随身携带前往。最后他又提出，听说灵岩寺素来最是凶恶之地，住持都干不下去，今虽推举了掌事僧五至七人，仍考虑力量不够，所以乞求随身另带尚未受戒的童子十人，以便日常照顾，并指导他们修行，以免有所疏虞。

四是敕文对行详的要求作了批复，并由官员签字画押：

牒奉

敕行详依奏宜差充齐州灵岩寺主，乃在寺徒弟并不得差作知

事勾当，所乞度行者[1]，不行。牒至准敕，故牒

熙宁三年八月　日牒

右谏议大夫、参知政事王

① 行者，此处指修行的童子。

吏部侍郎、参知政事韩
礼部尚书平章事陈
左仆射兼门下侍郎、平章事(上上画押皆省略)

行详的要求大多被批准了，唯带童子有些过分，被驳回了。此碑文显示了宋代对寺院管理的严谨、慎重和人性化。而关于行详的行止和作为在灵岩寺其他碑刻中也多有表现。

## 二、升元观敕牒碑

此碑(图7-3)原在泰山岱宗坊北约200米的升元观内，立于宋政和八年(1118)，1976年移于岱庙，1983年移置岱庙碑廊。此碑为尚书省批复泰宁军奉符县升元观的文书，碑中“牒奉”以下16字为行书，字径约10厘米，其余皆正书。首行13字扁而密，字径约10厘米。最后2行为年款及官员衔名，4官员衔名除太师鲁国公不押，余皆有押。额篆“升元观敕”4字。泰宁军为北宋末年设置的军名，金初改泰安军，不久又改为泰安州。升元观的前身叫建封院，由一村僧住持，泰宁军往尚书省打了报告，以泰山是道教名山为由，要求将其改为道观，得到朝廷批准，宋徽宗赐名为“升元”。其全文如下：

图7-3 《升元观敕牒碑》局部

尚书省牒
泰宁军奉符县升元观
泰宁军状，据兖州仪曹掾、兼兵曹娄寅亮状称，契勘兖州奉符县泰山之下有古洞天，周三十里，名曰“三宫空洞之天”，载在图经是实。即目宫观并无名额，却有建封院一所，逼连岳庙之后。殿屋完备，田产颇多，只一村僧佔据住持，任从民间安攒邱墓，秽恶不蠲，深虑触渎真仙不便，欲乞备申朝廷改为道观。州司看详本院，委合改充前件洞天道观，伏候指挥。

牒奉

敕宜赐“升元观”为额。牒至准敕，故牒。

政和八年六月十四日　牒

起复太中大夫、守左丞王庌

特进少保

起复少保太宰

太师鲁国公

政和八年闰九月二十一日，袭庆府管内都道正、兼权措置升元观知事、洞元大师、赐紫道士李仲昭立石。

碑文称“起复太中大夫、左丞王”，即王黼，宋金时期官员署名，多取姓名中之一字作草书花体，称“花押”。“特进少保”即余深，“起复少保太宰”即郑居中。顾炎武在《山东考古录》之《录宋牒》曰：“泰山东南麓升元观，有宋牒碑。其大字草书，甚遒劲，不知何人笔。录之以见当日牒文之式。考《宋史·娄寅亮传》，但云（娄寅亮为）政和二年进士，为上虞丞，不言历官兖州，亦可以此碑补史之缺。其曰太师鲁国公，则蔡京也。”碑后之“庌”“占”“匠”即为花押。

## 第二节　记事碑与诗文碑

在宋代，泰山也出现了大量记事碑，其中犹以灵岩寺为多。这类碑刻包括了当时人们认为应当记载或纪念的方方面面的内容，大多叙事具体，具有一定的史料价值。

### 一、记事碑

《崇兴桥记碑》是灵岩寺最早的记事碑。该碑文于宋大观二年（1108），刻在了“灵岩道场”碑之阴，额篆“崇兴桥记”四字。此碑为郭思撰文，碑文开首照例罗列撰文及篆额者名衔：

> 朝奉郎、新差权通判、岷州军州管勾学事、兼管内劝农事、兼管勾给地牧马事、云骑都尉、赐绯鱼袋、河阳郭思撰，承议郎、知南外都水丞公事、专切提举广武雄武埽、济南王高篆。

郭思（？—1130），字得之，河南河阳（今河南省焦作市孟州市）人，北宋大画家郭熙之子，元丰五年（1082）进士。政和七年（1117），提举成都府等路茶事；宣和六年（1124），为秦凤路经略安抚使；高宗建炎四年（1130），提举嵩山崇福宫，同年卒。

此碑有一个特点，就是以修崇兴桥为由头，详细介绍了灵岩寺的历史沿革。

碑文第一部分重点介绍了灵岩寺的沿革和住持静照大师仁钦（钦公）：北魏正光（520～525）年间，法定禅师来到，复兴此寺；宋熙宁（1068～1077）年间，该寺始正名为十方禅寺①。而其间由于寺主来去、圆寂归天，已是数换其人。当初，高僧来到灵岩寺后大多一见失望。当今皇帝即位后，广向海内征寻有大德的僧人，终于找到福建的静照大师仁钦，仁钦刚一知晓，诏书即至。仁钦公到寺第一年，寺境清；第二年，学人来；第三年，佛法明；第四年，即名扬天下，寺里的香火、佛事再度兴盛了。

第二部分具体介绍钦公禅师：钦公来到后，起献堂以接待信士，建高阁以展现佛的尊严，建聆泉轩以会见众施主，修绝景亭以供游人休息，重修证明功德殿，以方便四方礼谒。而山门外道路中有溪谷横阻。每逢暴雨，道路辄毁，年年整修令人不胜其烦。钦公决定修桥，众施主纷纷解囊相助。钦公说：国家修寺院，广利益，一是为了阐明善因之果，二是希求佑助国体安福。为了国家振兴，此桥以“崇兴”为名。

第三部分介绍了崇兴桥：桥长六十二尺，阔二十五尺，自溪底之上高三十五尺。上面建屋五间，翠岩之前，绿荫之下，状若虬龙，好似飞举在天。

---

① 宋代禅寺传承方式主要分为甲乙徒弟院、十方住持院两种类型。甲乙徒弟院，由自己所度的弟子相承住持，简称为“甲乙院”；十方住持院由官员监督挑选十方高僧经朝廷批准后住持，简称“十方院”。十方禅寺官办的意味很浓，地位较高。

第四部分介绍写此文的经过：我到岷州任佐官，临行前来到灵岩，与钦公一见如故，他执意要我写一写崇兴桥的修建情况。钦公指点迷津，使人大彻大悟走向正途，是一位大导师，其功绩岂止是修一座桥呢？他救苦救难，广度众生脱离苦海，又岂止是关乎一溪一涧呢？春秋时期，新建一座门、一间马厩，圣人都要谨慎地记载下来，以见证所作所为是否得当，此桥使万民受益又怎能不加以记述呢？于是退而书之，命小子升卿书丹以寄之。

此碑文颇富文采，条理分明，可见作者功力。另郭思在泰山还有《游灵岩寺记碑》存留。

《海会塔铭碑》(图7-4、7-5)，在灵岩寺墓塔林中，立于宋宣和五年(1123)，监寺僧祖英题。所谓“海会塔”，乃众僧的合葬塔，此碑就镶嵌在海会塔上，碑文充盈着宗教的人文博爱：

灵岩寺住持妙空禅师，在大力振兴古刹的同时，没有忘记本山门多年来的亡僧遗骨。当时，亡去的僧人中稍有条件的可以垒一个简陋的石冢，零星地分散在田亩之间；孤穷者的骨殖则暴露坑涧，灰烬狼藉，违背了佛门以“义”相

图7-4 《海会塔铭碑》

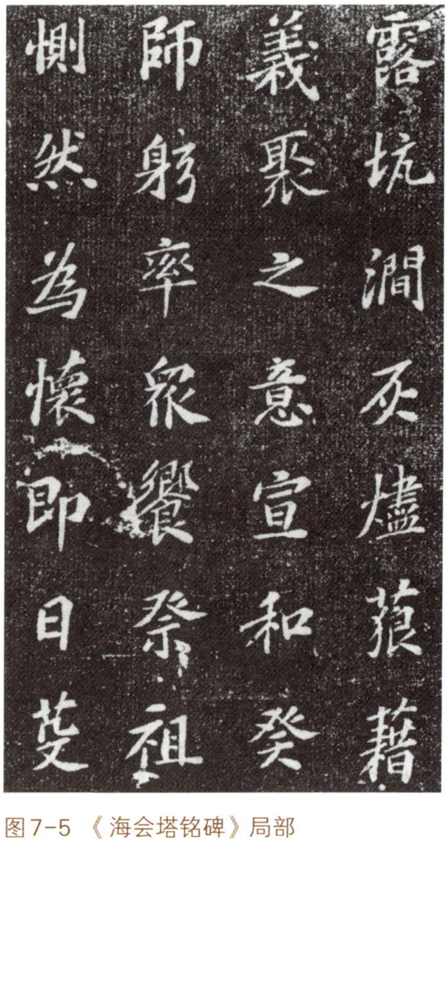


图7-5 《海会塔铭碑》局部

聚的根本宗旨。

宣和五年（1123）清明日，妙空禅师亲自率领众僧在墓塔之东祭祀历代祖师，想起了他们，恻悯之心顿生，当天就除草定基，测量方位，打算建海会之塔，这样散处四野的僧骨终于可以聚拢一处合葬，而且后来的僧人圆寂后也有可归之所了。

于是众僧欢跃，赞叹妙空禅师为大众做了一件大好事，乃请求集资，赞助此事功成。墓塔于七月二十日完工，备办供品，庄严地点燃香烛，全寺之僧做种种佛事，迎接来自各处的骨灰而葬之。众僧额手称庆曰："我们佛教讲究独善其身，以前的堂主倒都是这样的。今住持禅师做此等惠及大众的不朽之事，若不是愿力广大，慈悲与智慧之心圆融，何以能此？"于是大家都让我来记下此事。

灵岩寺其他记事碑还有很多，较为著名的有《齐州灵岩寺千佛殿记碑》，立于宋嘉祐六年（1061）。额题"灵岩千佛殿碑"，王逵撰文。

王逵（991—1072），字仲达，濮阳（今属河南）人，真宗天禧三年（1019）进士。仁宗朝历知福、虔、池、扬等州，擢江南西路转运按察使。皇祐五年（1053），迁淮南转运使，知越州浙东兵马钤辖。至和元年（1054），知荆南府荆湖北路兵马钤辖。

此文分了两个层次，先是写灵岩环境的优美："高倚青山，俯临寒泉，茂林修竹，奇花异石，罗列庭楹……地望之绝也。"寺庙也修建得气势辉煌："黄金涂像，碧瓦凌空。回廊大殿，莹然尘外；层楼峻塔，倬彼霄际。"寺庙修建一事影响甚大："千里辐辏，群类子来，珍货希宝，□向喜舍，香顶艾臂，男女日至。"信徒也十分心诚："割慈父母，脱遁□孥，貌渐心顿，相本生灭，表动内寂，洞澈正觉。"故而此寺被称为"天下四绝"。

接着又写了灵岩寺地理位置的优越：东"有泰山，岣峋与天为邻，生物则洒天下之雨，告瑞则吐封中之云；持阳和启蛰之柄，膺覆焘司命之神"，其西"则有洪河浑浑，厚地偕奔，葱岭马颊，雷惊电翻，迥贯银汉之浪，险经禹凿之门"，其南"有邹鲁大国，洙泗钜防，阐君臣父子之教，辟仁义礼乐之乡"，其北则为"燕赵二御，山川四驰，限尔戎狄，壮斯藩篱，自甲胄干戈之息，俾士庶羊马之肥"的"雄重"之地。总之，种种优势不一而足。

《灵岩寺房产地产碑》，立于宋元丰四年（1081），款为："元丰四年五月□

日，监寺赐紫僧智沐，首座赐紫僧润敷，维那僧德清，副寺僧志因，住持僧法正觉大师重睢立石。"

碑文详细记录了灵岩寺除主寺之外的房地产共8处：

> "本州开元寺西廊浴室，下院一座，古即三间，东西廊各五间，向南街小门楼一座，共计地二亩四分；长清界首旧巡检衙允换地一十二亩。""□州土北管大□庄佛殿一座，内有古佛七尊。""□□地一段，方正，计两顷三十三亩。大五花殿后主台上碑文详载。""莒镇紫□下院，系本寺善徒弟僧惠批□土，住持号□□，院有石碑及殿堂佛像，惠批身死，本寺僧重□，□守至嘉祐八年，蒙恩赐嘉□院。""故山临街廨院一座，小门楼一座，前后堂各三间，东、西厨，马屋各两间，计地一亩二分七。""寺庄旧佛殿并后堂各三间，门楼一间，系熙宁三年山主行详修造。""佛殿东，油、磨坊，碾屋，油面库屋并系熙宁元年洪鉴长老修造，上有脊记。""佛殿西北，□屋三间，连西南牛屋三间系元丰三年修造，上有脊记。"

图7-6 《李公颜金像记碑》

泰山的此类碑文很多，这是现存最早的一块。古代寺庙产权明晰，通过此碑可见出家人初心不泯，守土有责。

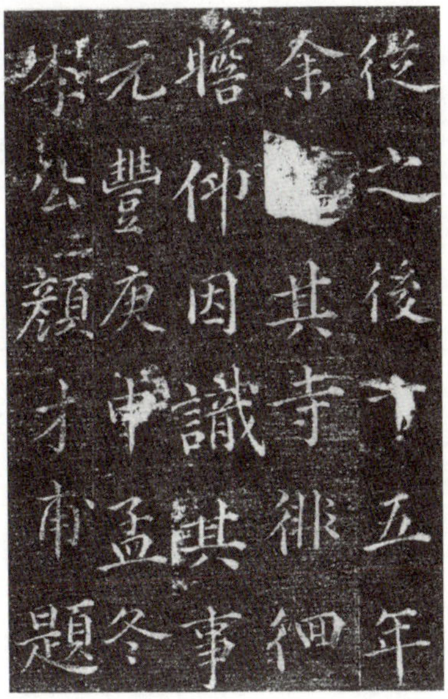


图7-7 《李公颜金像记碑》局部

《李公颜金像记碑》(图7-6、7-7)，嵌于灵岩寺御书阁门洞内西墙上，刻于宋元丰三年(1080)。碑文的大意是：

治平年间，家父为官自永嘉归来，要过钱塘江，有一个叫作惠的和尚前来请求道：“我们的卢舍那金像塑成了，要运往齐地的灵岩寺，但是还没找到托运的办法，能否借您的船北上呢？”家父慨然应允了。又过了15年，我到灵岩寺游览，看到此佛，流连瞻仰，心生感慨，便记下了此事。

此碑文很短，但有人情味，容易引起人的共鸣。

图7-8 《施五百罗汉记碑》

《施五百罗汉记碑》(图7-8)，此碑今存灵岩寺山门内东侧，立于宋宣和六年(1124)。碑文前半部分叙述作者倾尽半生之力为灵岩寺塑造五百罗汉：

自古灵岩巨刹，佛事最盛，而五百罗汉的像，未见有雕塑得好的。故政和初年，(我)到福建做官，见到了福建人擅长民间工艺，而雕像的水平与技艺更为高超精妙。于是(我将)每个月的收入，除留下吃饭日用外，尽付以工人，到了60岁之后，五百罗汉像终于完成了。观之，这些塑像或端严妙丽，或奇魔古怪，或颦笑观听，或俯仰动静，各具神态，无一不惟妙惟肖。自福建北上，要经历水陆交通近五千里才能到达灵岩，我拱手而拜，感叹此种事情自古未曾有过。

接着述说自己的感悟：

难道没有因神之外貌而产生信仰，因信仰而有所悟者吗？我自少年游学，及至当了官，便如浮萍，漂泊不定，足迹几乎遍于半个中国。年老后倦于游历，打算隐居家乡安度晚年，竹杖草鞋，一巾一钵，每天为罗汉供奉香火，灭除虚妄之情，普及所见所闻，同登成佛之路，这也是我的早年志向。然而，虽然如此，这些罗汉像的质地全是木头，外面涂以金饰。但真正的五百罗汉，却在何处？如此说来也甚为迷茫，觉得做了一件徒劳的事情；而如果真的舍像求真，岂不又辜负了自己的一片苦心？离开此“二途”如何？则是不能得“道”的。那么，好吧，等待着“金鸡衔来一粒米，供养十方罗汉僧”①吧。

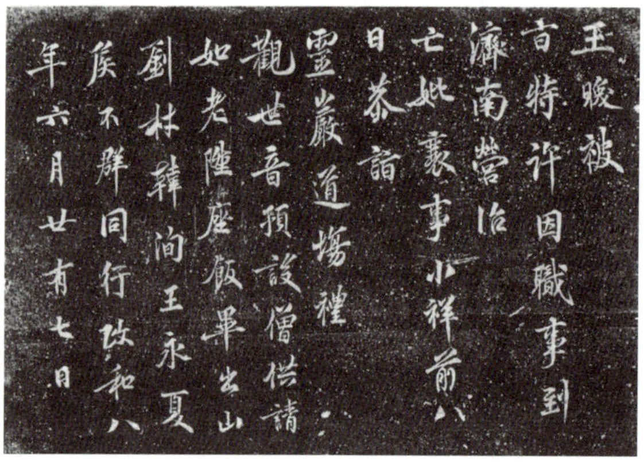
图7-9 《王�饭僧记碑》

作者借题发挥，提出了一个有形与无形的佛教概念，认为二者是统一的，缺一不可。

《王�饭僧记碑》(图7-9)，此碑嵌于般舟殿西侧墙壁上，刻于宋政和八年(1118)，其文为：

王晚被旨特许，因职事到济南营治亡妣丧事。小祥前八日，恭诣灵岩道场礼观世音，预设僧供，请如老升座。饭毕出山。刘林、韩洵、王永、夏侯不群同行。政和八年六月廿有七日。

这个人为母亲治丧期间还没忘向和尚施舍斋饭，可见当年佛教信士的虔诚。

① 《景德传灯录·道一禅师》：“西天般若多罗，记达摩云：震旦虽阔无别路，要假侄孙脚下行。金鸡解衔一颗米，供养十方罗汉僧。”意为佛法的到来。

文中“如老”即住持僧静如禅师。

《灵岩建辟支塔题名碣》，此题名石碣镶嵌于辟支塔身东侧，共10石，题于宋嘉祐二年（1057）三月。因其石质较软，字口较浅，加之位置较高，现已不易读。

据清《泰山志》载，此碑有以下碑文：“宋景祐中，主僧琼环修寺而不修塔，至嘉祐二年乃合众力，为修塔之举，而因有此题名也。题名十石所载，男妇子女约三千人。”“三千人皆是助钱修塔，姓名不详，所助若干，独夏津县李若冲夫妇各施石二尺……碑为修塔而刻，而亦兼及铸铁人铁柱之事。”“计碑中载施铁之数，则赵金舍铁五斤，赵政施铁三十斤，陈元舍铁五斤，凡铁四十五斤。不知八事之重只此，抑或尚有施铁人而不备书耶？又不可解者，修塔助缘，皆属河北、山东，而舍铁铸器，独远及于淮南楚州宝应人，何也？……居官者惟靖顺之一人，登仕郎官封州司理参军也。又有乡贡进士一人，乡贡学究一人，处士一人。”

灵岩寺相传建于唐，除此碑外，现已无其他碑记记录辟支塔的始建与维修状况。

## 二、诗文碑

宋代，有大量诗作题上了泰山，泰山刻诗碑之风由此日益兴盛。这些诗碑除了在形式上可作古诗与近体诗之分外，在内容上则可分为咏颂题诗、唱酬题诗、言志诗和写景诗等，书体则真、草、隶、篆俱全。据不完全统计，这一时期有孙璋、李迪、曾巩、苏辙、盛陶、吴拭、王安石、张掞等20多位文人将诗歌和散文刻到了石上，这些人大多是当时的官员或有名的诗人。同时，寺庙中的僧人也常常与诗人唱和，刻诗文上碑，其艺术水平也颇可观。宋代诗碑为泰山石刻增添了浓郁的艺术气息，也成为泰山石刻史上题诗寄情咏志的先导。

诗歌的形式出现了多种题材，可以分为咏物诗、述怀诗等。

泰山现存的年代最早的独立诗碑是立于岱庙内的孙璋《〈登泰山〉诗碑》。此碑当刻于北宋雍熙（984～987）年间。诗人首先歌颂了泰山“玉柱峥嵘接上苍”“两轮日月双峰近”，然后在泰山这一特定的环境中“揽衣登眺思茫茫”，联想到宋王朝：“一统山河万里长”，“绝漠有君皆入贡，穷荒无地不归王。于今莫奏东封疏，圣治雍熙迈汉唐”。诗人认为宋朝即使不像汉唐的帝王那样到泰山封禅，其时代之兴盛也超过了前朝。

又有立于宋嘉祐六年（1061）的张掞《〈留题灵岩寺〉诗碑》：

> 龙图阁直学士、尚书、兵部郎中、充真定府路都部署兼安抚使、知成德军府事张掞
>
> 再见祇园树，流光二十年。
> 依然山水地，况是雪霜天。
> 阁影移寒日，钟声出暝烟。
> 粗官苦奔走，一宿亦前缘。
>
> 嘉祐六年辛丑岁七月一日，齐州灵岩寺主讲经、赐紫沙门重净上石，京兆府普净、赐紫僧神俊书，真定府郭庆刊字。

张掞（996—1074），字文裕，齐州历城（今山东济南）王舍人庄人。性笃孝，举进士，知益都县，业绩显著，累官至龙图阁直学士，尚书、兵部郎中、充真定府路都部署兼安抚使、知成德军府事等。书丹者是僧人神俊，写得一手好楷书。

“阁影移寒日，钟声出暝烟。粗官苦奔走，一宿亦前缘”，作者事务繁忙，一别二十年后再来灵岩寺，一切还是印象中的老样子，他流连忘返，留宿一夜，写下了此诗。

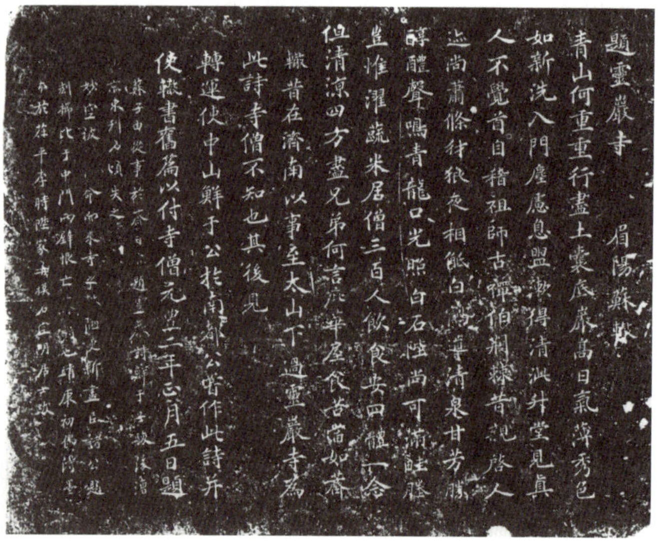

图7-10　苏辙《〈题灵岩寺〉诗碑》

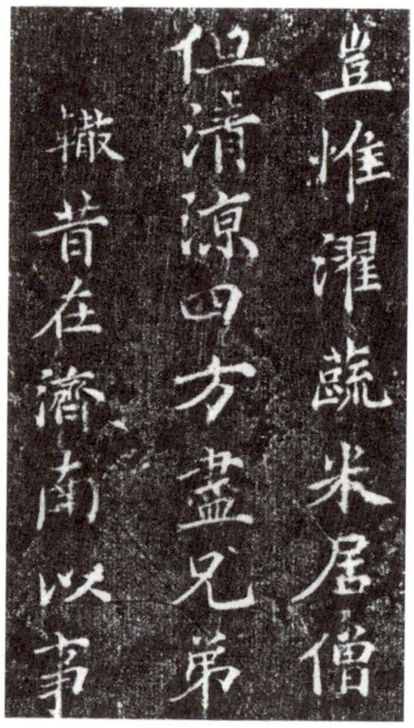

图7-11　苏辙《〈题灵岩寺〉诗碑》局部

灵岩寺最为著名的诗碑之一是苏辙《〈题灵岩寺〉诗碑》（图7-10、7-11）。此碑原镶嵌在灵岩寺辟支塔旁的院墙上，刻于宋元丰二年（1079）正月五日，上款为“眉阳苏辙”，是苏辙《游泰山四首》中的第三首，碑阴有跋语记载了此诗刊石的经过，诗后又有空明居士跋，记述了此次刻碑的情况。

苏辙（1039—1112），字子由，晚号颍滨遗老，眉州眉山（今属四川）人，嘉祐二年（1057）登进士第。北宋文学家、诗人、宰相，“唐宋八大家”之一，与父苏洵、兄苏轼合称“三苏”。著有《诗传》《春秋传》《栾城集》等。该诗碑在明清之际，有众多诗人反复次韵。

苏辙的这首诗作于宋熙宁八年（1075），这年春天他在齐州任职近满后，来到了名闻全国的灵岩寺古刹。他以一个大诗人特有的审美眼光记下了古寺周边的环境：“青山何重重，行尽土囊底。岩高日气薄，秀色如新洗。”他怀着一颗虔诚的心礼忏拜佛：“入门尘虑息，盥漱得清泚。升堂见真人，不觉首自稽。”古寺清幽寂静的环境与历史文化胜迹令他心神安然，寺僧简朴的生活让他体味到了一份佛意禅情。

苏辙这首描写灵岩寺的五言佳作，因对佛寺细致的观察与精细的描写而备受赞赏，多次为人摹刻：“苏子由从事于齐日有题灵岩寺诗，鲜于子骏后漕京东刊石，顷失之。妙空被命而来，寺之敝陋更新，尽以诸公题刻，栉比于中门两壁，恨亡苏诗也。靖康初，偶得墨本于茌平李时陞家，再摹石，空明居士跋。”同时，后代诗人争相和之，写出了很多次韵诗。

绍圣五年（1098），李迪来到灵岩寺，留下了《大丞相文定公游灵岩诗碑》（图7-12）。此碑现在灵岩寺般若殿遗址院，诗中有作者自注。

大丞相文定公，即北宋真宗时宰相李迪（971—1047），字复古，先祖为赵郡人，后迁家至濮州。真宗景德二年（1005），举进士第一，历通判。后来两度官至宰相，多次出入内外，以太子太傅致仕。年七十七卒，谥“文定”。《全宋诗》收录其诗。

前述岱顶题于绍圣年间的《周德政等题记刻石》中有“右司谏、直史李迪”署名，李迪曾谪任右司谏、直史馆。

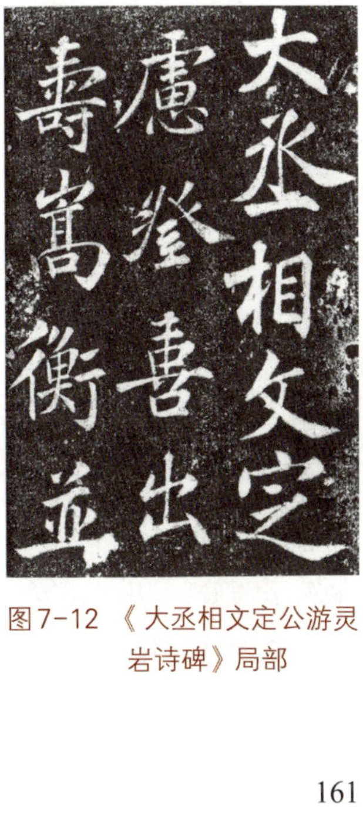

图7-12 《大丞相文定公游灵岩诗碑》局部

此诗把灵岩胜境描写得俊美奇异："灵岩山势异，金地景难穷。塔影遮层汉，钟声落半空。千峰罗雉堞，万仞耸屏风。""势彻河堧远，形差岳镇雄。仙闾邻峻极，日观伴穹崇。邃洞连蓬岛，重峦凿梵宫。""艮方标出震，午位对升中。岚滴晴烟碧，崖铺夕照红。巍峨齐太华，奇胜敌崆峒。炼句供诗客，模真怯画工。"而且把传说故事和泰山封禅也写进了诗中："飞鹤来清窦，刳鱼挂古桐。名曾参四绝，封合亚三公。"最后诗人写了自己的心情："吟赏慵回首，云泉兴愈隆。"诗的后面有跋，介绍了寺僧刻写此诗的经过："先丞相天圣间尝留诗寺壁后，主僧刻石，逮今岁久字画刓缺，因命工再刊于石，绍圣五年三月中浣日。侄曾孙、新滑州白马县主簿李侃敬书。"

灵岩寺御书阁前立有崇宁五年（1106）的《吴栻诗三首诗碑》，前有序：

> 余赴治历下，谨拜香于灵岩道场。灵岩固东州胜绝处，余闻之旧矣，然不知与武夷昇真洞天相若也。余既幸供佛饭僧，又经行宴坐之地，了了然如家山间。住山仁钦师初不与余接，问之盖乡人也。因作三小诗以志其事。

吴栻（生卒年不详），字顾道，福建建安（今福建建瓯市）人，宋神宗熙宁六年（1073）进士。宋徽宗崇宁时出使高丽，归来后任济南知府。大观元年（1107）后，历任苏州、陈州、河中及成都府知府，后调京任兵部侍郎，又调龙图阁大学士，再镇守成都。著有《论语十说》及《蜀道纪行诗》3卷等。

诗人的这三首诗均结合灵岩寺回忆自己的家乡："武夷溪上幔亭峰"，"何意眼看毛竹洞"，"忆别家山六度春"。话必言武夷，思乡之情意真切。而仁钦大师的性格也无意中表现出来：知府来了，又是来礼佛饭僧的，依然不理他，得知原来是福建老乡，这才热乎起来。

灵岩寺内，又有《宋居卿〈留题灵岩寺〉诗碑》，共镌刻两首。一首作于宋政和七年（1117），另一首残字较多，时间不详。

宋居卿，字无党，余不详。此诗收录《全宋诗》。

第一首诗除了描写灵岩寺的风光外，还提到了这里的两个传说："高僧见鹤生泉眼，群丑闻鸡息盗心。"第二首诗也有两个传说："佛衣化铁千年□，锡杖流泉慰僧心。"可见诗人对灵岩寺的历史了解颇深。

蔡安持《锡杖泉诗碑》，在灵岩寺，立于元祐七年（1092）。

诗为：

四绝之中处最先，山围宫殿锁云烟。
当年鹤驭归何处？世上犹传锡杖泉。

蔡安持（生卒年不详），字资中，宋哲宗、徽宗时在世，曾任龙图阁学士、光禄大夫、直秘阁、河东路转运使、河南尹、兵部侍郎、工部侍郎等。

灵岩寺自唐代以来即与浙江国清寺、南京栖霞寺、湖北玉泉寺并称“域内四绝”，并有“四绝之首”盛誉。

中国古代诗歌重视个性的张扬及个人情趣的表达，即所谓“诗言志”[①]，亦即述怀诗。虽然写景、叙事的诗也有一定的言志成分，但侧重点仍偏于风光描写及事物记述。本部分的诗刻中乃是一批以身世、家国之感，社会时事为主题的托物言志诗。以下仅举两例。

一是灵岩寺现存的立于庆历七年（1047）安鸿渐的《〈三宝诗并序〉碑》，前款为“前进士安鸿渐作”，后款为“大宋庆历七年丁亥岁五月乙亥朔十三日，丁文题。齐州灵岩寺功德主赐紫沙门重□上石”。

安鸿渐，北宋初年洛阳人，进士。余不详。

其所谓“三宝诗”分别为《佛宝诗》《法宝诗》和《僧宝诗》。诗人在序中表示自已仰慕佛家三宝，生清净之意与皈依之心，故而述胸怀，并将章句题于壁上，以期后来的游者知其心思而悟真谛。诗人说“魏巍十号超三界，高启仁祠满世间”，认为佛教理论是最为高超的，佛寺也已遍布了天下，并表示自已通过研习深奥的佛理改皈依佛教了：“律中讲习知玄理，禅外修行至坦途。能重祖师勤利染，澄澄□受出凡□。”

另一个是韦骧等《石柱题名及题诗刻石》，在灵岩寺，题于熙宁六年（1073）。诗前有题记：

秘书丞韦骧、著作佐郎张谔、衢州判官杨于从、谏院舍人邓公察访东州，便道游灵岩，过夜遂宿。熙宁六年十月中休。

① 《诗经·大序》。

韦骧（1033—1105），字子骏，钱塘（今浙江省杭州市）人，皇祐五年（1053）进士，知袁州（今宜春市袁州区），建中靖国元年（1101）知明州（今浙江余姚市），迁左朝议大夫。著有文集18卷，赋20卷，均收入《宋史·艺文志》。

诗人公务繁忙，趁公出之便来到灵岩，题七律四首。第一首说自己来到了佛教圣地顿觉身心放松："征尘汹汹顿消磨，路入灵岩好趣多""一宿禅房幸安稳，明朝骑马又长坡"。第二首赞扬了灵岩寺胜景："东国名高独此岩，群峰环抱自韬钤。"第三首写游览感受和与僧人的愉快相处："区区不觉路岐难，尘土衣冠喜动颜""却与禅翁自相悦，绣衣云步共追攀"。第四首写离开灵岩寺的依依不舍："鸡鸣峰外日曈昽，欲去踌躇兴未穷""跋马频频望苍翠，他时应与梦魂通"。

四首诗的风格均轻松空灵，使人读之有味。

北宋时期，泰山诗碑增加了一种新的形式，即唱酬赠答和送别诗。当时一些饱读诗书的高僧住持寺庙，文人与寺僧之间经常唱和往来，并将这些赠答之作刻上石碑，使泰山诗刻增加了更为浓郁的人情味儿。

张掞《〈诗送灵岩寺主〉诗碑》，立于北宋神宗熙宁二年（1069）和熙宁三年（1070），此碑共刻张掞《诗送新灵岩寺主义公上人》和《诗送敕差灵岩寺主大师详公赴寺》两首七律。

诗中的"义公"是指灵岩住持永义。熙宁二年灵岩寺由甲乙住持改为十方住持后，选派高僧永义前来，永义因一心修行应付不了灵岩寺局面而辞职了。第二年详公领旨到来。而这两首诗写的几乎就是前述敕牒中的事："金地阙人安大众，玉京选士得高僧""黄纸除书下九天，岱宗西麓镇金田"。高僧来到灵岩后严于治理："霜刀断腕群魔伏，钿轴存心奥义增"，"顾我旧山泉石美，湔除诸恶赖贤能"。治理后的灵岩寺面貌焕然一新："山泉自此增高洁，云集十方结胜缘。"

《朝官〈诗送灵岩法师〉诗碑》，立于熙宁三年（1070）八月，与张掞诗碑并列，额题"宋朝贤僧行诗"6字，分别是京城中的大臣王安石、俞充、蔡延庆、蔡冠卿对行将赴任的行详禅师的赠诗，这些诗写于京城，诗碑乃僧人所刻。

第一首是王安石的诗，署名"安石"：

诗送灵岩法师

*安石*

灵岩开辟自何年，草木神奇鸟兽仙。

一路紫苔通窈窱，千崖青霭落潺湲。
山祇啸聚荒禅室，象众低摧想法筵。
雪足莫辞重趼往，东人香火有因缘。

行详要到山东任职，王安石殷殷嘱托“雪足莫辞重趼往，东人香火有因缘”，对之寄予了厚望。

第二首是俞充的诗，署名“充”：

## 诗送灵岩法师

充

战士长戈赴荔原，谋臣献策庙堂间。
吾师倜傥浮屠隐，不事王侯事经论。
两街推许住灵岩，百鸟衔花待师信。
清风一振海潮音，旷劫曾蒙祖师印。
穷秋别我愿何言，珍重详师指一弹。

俞充（1033—1081），字公达，宋明州鄞县（今浙江省宁波市鄞州区）人。嘉祐四年（1059）进士，熙宁初，擢都水丞，升为成都路转运使，集贤殿修撰。《宋史》称“茂州羌寇边，充上十策御戎，神宗纳之”，故其赠诗中有“战士长戈赴荔原，谋臣献策庙堂间”之句，自称“战士”。这首诗对行详评价甚高“吾师倜傥浮屠隐，不事王侯事经论”，希望禅师保重“穷秋别我愿何言，珍重详师指一弹”。并盼望着禅师早日回音：“两街推许住灵岩，百鸟衔花待师信。”

还有蔡延庆的诗，前面有序：

## 诗送详禅师住灵岩

尚书司封员外郎、直史馆、同修起居注、直舍人院、兼同知审官东院蔡延庆

灵岩川上白云深，十里青松昼自阴。
远寺幽佳传已古，名山胜绝冠于今。
群峰环翠凝秋色，危壁飞泉泻暮音。
此景去为风月主，五湖应不起归心。

蔡延庆（约1028—1090），字仲远，北宋莱州胶水（今山东平度）人，蔡齐之侄，曾任河中府知府、秦凤等路都转运使及尚书司封员外郎、直史馆等。因熙河之战功绩突出，升任成都府知府兼兵马都钤辖，为镇守川西地区的最高军政长官。后又历任开封府知府等官职。他的诗赞美了灵岩寺，希望行详能在那里长期干下去。

蔡冠卿的诗是《诗送灵岩道光大师》，刻于熙宁三年（1070）仲秋：

诗送灵岩道光大师

尚书祠部郎中、新知饶州蔡冠卿

僧读儒书举世稀，惟师精学出尘机。
上都香火安禅久，东国林泉徇众归。
道在莫从形相索，身间都觉利名非。
灵岩到日秋应晚，还写新诗遍翠微。

熙宁庚戌仲秋十六日，元辅。

蔡冠卿，字元辅，南城（今属江西）人，宋仁宗庆历六年（1046）进士，为原武主簿、尚书祠部郎中，迁知下邳、鄢陵。入为大理寺少卿，又出知饶州。他的诗不仅赞颂道光大师“僧读儒书举世稀，惟师精学出尘机”，而且还对将要的远行充满期待：“灵岩到日秋应晚，还写新诗遍翠微。”

鲜于侁的《〈留题灵岩寺七言一首兼简载师长老〉诗碑》，刻于宋熙宁年间，是灵岩寺酬答诗中的著名篇章，后人多有次韵。

鲜于侁（1018—1087），字子骏，四川阆中（今四川省南充阆中市）人，宋仁宗景祐元年（1034）进士，熙宁初，除利州路转运判官、转运副使。熙宁末由利州转运副使调任京东西路转运使，累官至集贤修撰。著有《诗传》《易断》等，《全宋诗》收其诗58首。

鲜于侁就任的京东西路转运使司的住所在郓州（今山东郓城县），离泰山不远。其间，他到灵岩寺游览，结识了住持载长老，载长老的悠然禅心与古寺的清幽超凡令他心驰神往，而反观尘世中人的忙碌奔波，不禁感慨，于是写下此诗：“马烦棰策车驰毂，终岁尘劳常碌碌。喜闻岩寺并山中，路转清溪入幽谷。……山僧迎门笑相揖，为语祖师存往迹。屈指于今八百年，已在西来达摩前。”鲜于侁这首七言诗写得富有诗情画意，既对灵岩山水胜迹进行歌咏，又有对尘世劳碌与寺庙悠闲生活进行对比，特别是末尾两联“半生游学颇艰辛，且向空山老此身。也知方丈安禅处，解笑东西南北人”，更使整首诗带上了浓浓的佛禅意味。

陈恬《〈奉送南禅和尚承诏旨东迁灵岩〉诗碑》，约刻于宋大观间。

陈恬（1058—1131），字叔易，号存诚子，阆中（今四川阆中市）人，徽宗大观中召除校书郎。高宗建炎三年（1129），召为主管嵩山崇福宫，有《陈恬文粹》传世。

生活于南北宋之交的隐逸诗人陈恬的这首诗写得蕴藉而又富于禅意：“万方刹境一珠辉，稽石如空无所依。汝浦共瞻云独往，灵岩遥伫锡东飞。烟霞隐现青莲峙，龙象欢呼白拂挥。多谢禅耆来访我，双林风月静相违。”诗人把自己的心情与灵岩寺的美景结合了起来，诗意倍浓。

王临《〈送确公长老住灵岩〉诗碑》，立于宋元丰间（1078—1085）。

王临（？—1087），字大观，大名成安（今河北省成安县）人。神宗元丰二年（1079）自皇城使、知安肃军擢为兵部郎中、直昭文馆知齐州。元丰初年，灵岩寺已久缺住持，王临知齐州后，曾上书请求朝廷加以整治。经过一番考察，朝廷选派确公住持灵岩，元丰三年王临以知州身份送确公长老前来，并毡笔书写大字“灵岩道场”以示纪念，随后又赋《送确公长老住持灵岩》一诗，对确公重振古寺抱以厚望：“瓶钵飘然别帝都，法音从此振东方。黄龙山下转心印，白鹤泉边起道场。甘露无时皆一脉，旃檀何处不清香。烦师更唱宗门曲，兔角龟毛任展张。”

盛陶《〈奉寄灵岩长老确公大师〉诗碑》，刻于宋元丰三年（1080）。

盛陶（生卒年不详），字仲叔，郑州人，进士。熙宁中为监察御史。诗人给了确公禅师很高的评价：“传法仙城后，流名上国高。游方缘渐契，无亦太切切。灵岩山下草，今古几回春。不有开堂日，焉知卷席人。”

图7-13 《朱济道诗碑》

《朱济道诗碑》（图7-13），镶嵌在灵岩寺御书阁墙上，刻于宋宣和五年（1123），篆书。诗后款为："宣和五年二月初九日，朱济道偶书呈如公妙空禅师。□魏法定禅师乃观音化身，初居灵岩□□神宝峰，作释迦石像，良有深旨。"

朱济道（生卒年不详），字亨道，江西省金溪（今江西金溪县）人，与朱泰卿同为宋理学家陆九渊的门人。

诗中之如公妙空禅师，即灵岩寺住持净如（1073—1141），号妙空，俗姓陈，福建侯官（今福州）人，从政和四年（1114）至南宋绍兴十一年即金皇统元年（1141）共住持灵岩寺28年，是一位德高望重的法师。到了金代，净如的诗文也被较多地刻到了碑上。

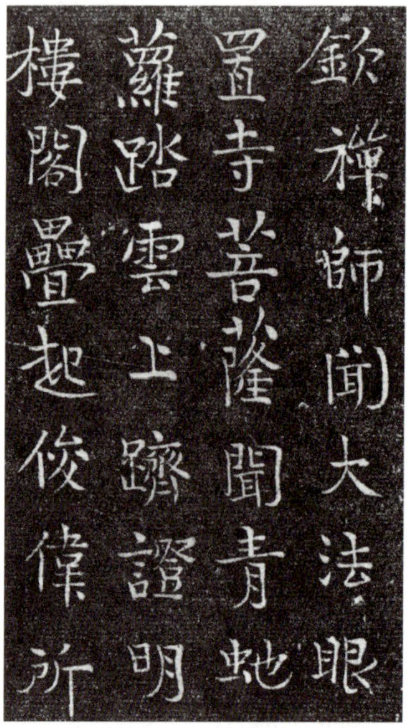

图7-14　郭思《游灵岩记碑》局部

北宋后期，石刻艺术所表现的体裁有了扩展，纯游记散文也被刻上了石碑，其中郭思《游灵岩记碑》（图7-14）便是泰山现存最早的此类碑刻。这一时期，寺庙高僧的作品也被刻到了石上，作者的范围有了扩展。诗僧的作品有着僧人特有的观察视角，读来令人耳目一新。

郭思的《游灵岩记碑》现在灵岩寺般舟殿遗址西侧碑林中，刻于宋大观二年（1108）。碑文文辞华丽，尽述了灵岩寺的风光、故事、高僧行状等。此文的写作时间距灵岩寺改为十方禅寺已有38年，38年间灵岩寺经过行详及此后十方禅师尤其是仁钦的治理，已变得井然有序，风景美不胜收：

殿西一峰，高出平地数万丈，苍青秀丽，成楼阁叠起，俊伟所不可状貌。证明殿前，四瞰峦岫，若龙蟠，若虎据，若螺结，若屏张。属雨大晴，飞岚滴翠，一寺楼殿，若浮于三山十洲冲融缥缈之上，信哉，真仙圣之居，神明之境。既下，酌清泉于锡杖、双鹤之亭，观诸巨公诗歌铭疏，慨然想当时之风采。

文中有"识我者，当□余之告诉于狂志也"之语，这里的"狂志"便是喜爱山水，张扬自我，热衷神仙，不想做官的意思，提高了散文的立意格局。

僧人的诗碑题材较为广泛，如般舟殿东侧的《五苦颂诗碑》，立于大观四年（1110）。上半部已毁，仅存下半部，为净照和尚仁钦的作品。

此诗前有序："窃观三界之内，唯有五种苦事，世人罕知，辄书此颂奉勉，幸希省觉。住灵岩释仁钦述。"所谓五苦即生苦、老苦、病苦、死苦和苦苦。佛教认为，人身二十二根中有"苦根"，乃人天生所难免的。佛陀的四圣谛，就是以说"苦"的"苦圣谛"为先。以下仅举一首：

**老苦**

心欲行千里，区区不到头。
只随声色转，怎肯向身忧。
面皱眉如雪，贪程尚勿休。
可怜无智者，一似恋枝猴。

仁钦（生卒年不详），福建建州（今福建建瓯）人，宋徽宗建中靖国元年（1101）至政和元年（1111）在寺，十年前后。徽宗建中靖国元年（1101）宣选住持灵岩，大观初，赐紫并赐"静照大师"，为灵岩寺发展壮大做出突出贡献。仁钦不但道行醇厚，而且富于文学修养，精诗文书篆，曾在灵岩寺题写众多碑文。

仁钦的诗是写给百姓看的，充满哲理而又十分通俗。

还有一种是写给众僧看的诗，如静照和尚《〈诫小师语〉诗碑》。此碑立于宋政和元年（1111），诗前有长序，诗后列诸徒59人题名。静照禅师对弟子们说："吾来住此，不觉十载，为国焚修，稍成次第。今为年老衰迈，精力劳倦，难以久居。又忽见秋风落叶，意思阑散，孤月寥天，寒岩萧索，感怀情动，顿起休心。欲慕退闲，偷安养拙，不免与诸子别离……"诗曰：

物外翛然获自由，殷勤诸子送佗州。
白云暂驻无方所，明月相随到处优。
岩谷乍拖终勿思，林泉幽景岂回眸。
吾今此去聊相别，汝且和光混众流。

静照长老与年轻弟子分别的话语之中流露出浓浓的不舍及殷殷的期盼。10年的情感化作一朝分别，难免情长意浓，然而“父子虽亲，其路各别”。他语重心长地告诫弟子说，我走后大家要“各自努力进修，切莫虚度时光”，要“报答四恩三有”“上和下穆，兄恭弟顺”，并特别强调：“顺吾言者，是吾弟子；背吾言者，非吾弟子。”一个亲切又威严的长者形象呼之欲出。

## 第三节　墓志、造像题记与刻经

宋代宗教兴盛，尤其是宋真宗大力提倡儒释一体，推出了御制《崇儒术论》和《崇释论》，认为佛教与儒学“迹异而道同”，鼓励建寺译经，故这一时期，僧徒增多，佛学进入最兴盛的时期。相应地，泰山也留下了佛教的各种痕迹。

### 一、墓志铭

灵岩寺墓塔林内外有众多僧人墓志铭，其中最早的一块是《珦公禅师塔铭碑》，立于宋咸平二年（999），碑已残，但基本内容尚存：

> 夫日中则昃，月盈乃亏，喻生灭之不停，轮回之无定。是知数有蹇足，天无皂白，一真之境未臻，四天之躯何息，即有殁而不朽者，其兹谓欤。上人俗姓张氏，法讳延珦，家自全齐，生历下。纷而迥异，长而复英，意舍□□□□□空慧，依灵岩山寺主僧志雅，以为亲教，方袍圆顶，禀戒持心。而后迁入郡城，别居莲宇，为佛地之栋梁，作金田之纲纪。……享年六十六，非□□疾而奄□矣。门人琼因等，师资义重，法乳情深，念训诲以有成，在孝思之无替，建兹卯塔，使灵骨以有归；述彼嘉猷，表华门之不坠。刊此贞珉之石，□不昧于千龄；旌其咸德之名，冀扬芳于天□。
>
> 时大宋咸平二年岁次己亥九月庚辰朔十八日建。

碑文开头照例是发几句议论，说太阳不会永远停在正午，月亮也不能长圆，生和死的转换是不停的，而轮回也并没有定论，命数往往并不完美。然后介绍塔主：俗姓张氏，法名延珣，历下人。幼而聪颖，长大更是英俊，出家拜灵岩寺住持志雅为师，成为栋梁之材……年六十六，无疾而逝，门人琼因等为之建塔立碑，使灵骨有归。此碑是泰山记述僧人道行的第一块碑，之后，直到明代这一风气始终未绝，而书写格式也基本上延续了这一模式。

## 二、造像题记

摩崖造像兴盛于南北朝时期，唐代仍然不衰，到了北宋虽然有所减少，但在泰山依然有其遗存。

《舍身崖摩崖造像及摩崖题刻》，位于泰山舍身崖南侧崖下，石龛内雕文殊骑狮，粗犷凝重，疑为北宋遗物。造像洞龛高2.20米，宽1.54米，在洞龛内造像左方有并列的两个小石洞，亦有雕刻。造像尚完整，风格简单古朴，颈部、手部雕刻手法粗略，似未雕琢完成。造像洞龛左侧的石壁上有题刻，可辨“大宋石”三字。

《宋石佛造像刻石》，位于舍身崖南石崖上，又有宋代石佛造像一座，造像附近有题刻数处，其一刻于元符二年（1099），文字已残缺不全，今可辨者尚有如下字迹：

> 元符二年，应天府雍丘县，奉旨……
>
> 常州进俊县史从道，禹城县□阳乡男史杲同来，本社头朱秦、郝进、杨崇、邹县陈秀……元符二年三月二十八日。

应天府指北宋的陪都南京（今河南商丘）应天府，北宋置应天府在宋州（今河南商丘），因宋太祖赵匡胤在后周曾任归德节度使，治所在宋州，故于宋真宗景德三年（1006）升宋州为应天府，大中祥符七年（1014）正月，改应天府为南京，位居北宋陪都地位。

## 三、宋代刻经

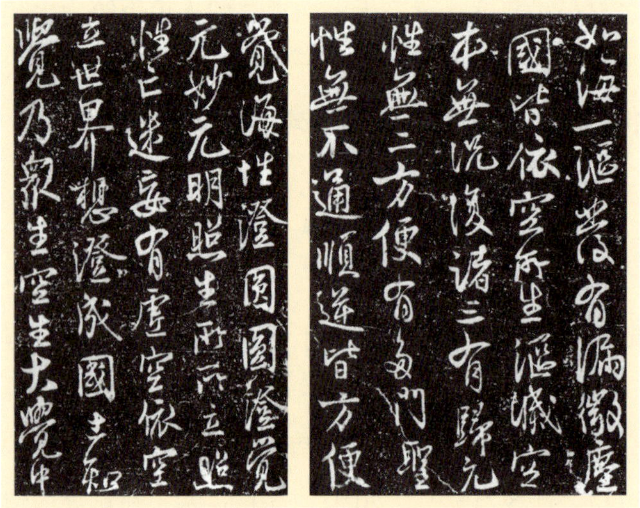

图7-15　蔡卞《书〈圆通经〉偈语碑》局部

泰山现存宋代刻经不多，其中最著名的是蔡卞《书〈圆通经〉偈语碑》（图7-15），在灵岩寺御书阁前壁，碑由四石组成，高皆约0.4米，四石共长6米余。

蔡卞（1058—1117），字元度，仙游（今福建仙游县）人，北宋权相蔡京之弟。神宗熙宁三年（1070）进士，绍圣四年（1097）拜尚书左丞。徽宗即位，诏以资政殿大学士知江宁府，连贬少府少监，分司池州。逾岁，起知大名府，徙扬州，擢知枢密院。因与蔡京政见不和，以资政殿大学士出知河南府，旋拜昭庆军节度使。

刻经中，首段偈语从“觉海性澄圆”始，至“真实心如是”止，录自《首楞严经义海》第十八卷，书于宋元符二年（1099）。第二段偈语自“妙湛总持不动尊”始，至“烁伽罗心不动转”止，录自《首楞严经义海》第十卷，书于宋建中靖国元年（1101）。《圆通经》是《楞严经》中的一部分，唐天竺沙门般刺密帝译。所谓《楞严经》乃是诸佛弟子在佛祖主持的楞严法会上的发言，第二十四个谈体会的是大势至菩萨，他讲的便是《圆通经》。

研究者认为，此石刻前段偈语书刻时，正是蔡卞官尚书左丞之时，后段偈语书于建中靖国元年，正是蔡卞贬少府少监分司池州之时。一年后，即崇宁元年将此二段偈语刻于灵岩，此时蔡卞已知枢密院。其书法如云烟万状，不拘一格，在书法史上有较高评价。

# 第四节　金石学的创立与泰山石刻研究

金石学是以古代青铜器和石刻碑碣铭文为主要研究对象的一门学科，由考古学发展而来，其主旨偏重于著录和考证其上的文字资料，以达到证经补史的目的。泰山石刻众多，备受学者关注与研究，促进了金石学的形成与发展。

## 一、中国金石学的出现与发展

中国金石学的萌芽大约可以上溯到东周时代。但研究者少，无专著问世，尚未形成一门学科。北宋时期奖励经学，提倡恢复礼制，对古物的收集、整理和研究出现热潮；墨拓术及印刷术的发展，为金石文字的流传提供了条件。金石学与考古学遂成为独立研究的两个部门，这是宋代学术发展的一大成就。宋仁宗时的刘敞，刻《先秦古器图碑》，对研究金石有开创之功；吕大临撰《考古图》，在古器物图书的编辑体例方面多有建树。其后又有《宣和博古图》《历代钟鼎彝器款式法帖》等铜器著录书籍。宋嘉祐八年（1063）欧阳修《集古录》、赵明诚《金石录》《隶释》等石刻著录图书的问世，标志着金石研究已开始走向成熟。

这一时期金石学还同其他学科相结合，产生了良好的社会效益。如沈括在《梦溪笔谈》中不仅记录古物的形状和款识，而且根据铭刻文字进一步研究器物的制作方法和原理。如从冶金学理论来解释古剑，用光学原理来解释古镜，用几何学原理来解释弩机上望山的用法，都具有一定的科学价值。

## 二、泰山石刻的记录与研究

石刻是金石学研究的主要对象。赵明诚《金石录序》中论称："若夫岁月、地理、官爵、世次，以金石刻考之，其抵牾十常三四。盖史牒出于后人之手，不能无失，而刻词当时所立，可信不疑。"自宋代始，金石学研究获得了丰富的成果，逐渐形成了目录、图像、文字著录、题跋考释、地方金石志等包含广泛的内容体系，并通过研究，真正起到了“正史”作用。如秦始皇之泰山刻辞，北宋学者刘跂数登岱巅，精心摹拓残石，辨识篆文，“大凡篆字二百二十有二，其可读者百四十有六”。以此为据，校正出《史记》所录刻石文字的诸多错讹。其云：“余登泰山，睹秦相斯所刻，退而案史迁所记，大凡百四十有六字，而差失者九字。”[①]这一对《史记》校勘的重大成果，正是利用泰山石刻而获得的。诚如赵明诚所论：“（秦篆刻石之文）皆足正史氏之误，然则斯碑之可贵者，岂特玩其字画而已哉？”[②]

唐代黄巢起义是唐史研究的重点，历史挖掘甚详，学者从泰山石刻中找到一少见文字。如前述肥城陶山幽栖寺所立唐广明二年（881）《陀罗尼经幢·序》中记叙了黄巢军转战行经陶山[③]的事件：“至（乾符）五年（878）正月下旬，遇黄巢草军经过，公（施主）于此时为母亲尊年，孝心恳切，不避捐躯，竭力祇候。人马往来约百千万，虽罄家资，且喜慈亲万福，骨肉不被俘虏，在园牛马皆悉如故。”按乾符四年（877）十二月黄巢义军攻打濮州[④]，曾活动于泰山以西地区，碑中所记“黄巢草军”行经陶山，正是此事。正史中对黄巢起义军每多贬低之辞，如《新唐书·逆臣传·黄巢》载：“所过焚剽，生人几尽。”而幽栖寺经幢却记述义军行经陶山，“人马往来约百千万”，却并无大肆杀戮，“在园牛马悉如故”，摧毁了正史的歪曲。经幢序文作者以其亲闻，叙述亲历，显然对黄巢起义军抱有好感：序中将黄巢义军称为“草军”，但这并不是对农民起义军的蔑称，草军乃是王仙芝、黄巢起义军自定之军号[⑤]，而不遵用唐廷对义军的蔑称“草贼”。从中足可以看到黄巢在泰山一带尚得百姓之心，后黄巢失利后率残部“退保泰山”，当与此有关。又，此刻还可订正正史一处谬误，《旧唐书》卷一八四《杨复光传》云：“乾符中，贼渠黄巢之犯江西。”有关史学家《黄巢起义考》（方积六著，中国社会科学出版社1983年版）已证明唐乾符四年十一月黄巢攻克濮州，并没有进军江西。今以经幢之文证之，说明当时黄巢确在鲁、豫之交，《旧唐书》之文不确。

---

① 〔宋〕刘跂：《金石录后序》《秦篆谱序》，载《宋文鉴》卷九十二。

② 〔宋〕赵明诚：《金石录》卷十三。

③ 陶山时属济州平阴县。《括地志辑校》卷三云：“陶山在济州平阴县东三十五里。”

④ 〔宋〕司马光：《资治通鉴》卷二五三。

⑤ 《旧唐书·僖宗纪》载乾符四年唐僖宗谕河南方镇曰：“王仙芝本为盐贼，自号草军。”

## 三、金石学在泰山的实践

金石学对后世影响甚大，泰山古代石刻从未离开过金石学家的眼睛。

欧阳修一生喜金石碑帖之学。他说：“汤盘孔鼎岐阳之鼓，岱山邹峄会稽之刻石，与夫汉魏以来圣君贤士桓碑彝器铭诗序记，下至古文籀篆分隶诸家之字书，皆三代以来至宝怪奇、伟丽工妙可喜之物……然而风霜兵火，湮沦磨灭，散弃于山崖墟莽之间，未尝收拾者，由世之好者少也。”①他在《秦泰山刻石跋尾》，辨析秦篆刻石源流，得出结论：“篆字之法，出于秦李斯。斯之相秦，焚弃典籍，遂欲灭先王之法，而独以己之所作，刻石而示万世，何哉……按《史记》，秦始皇帝行幸天下，凡六刻石，及二世立，又刻诏书于其旁，今皆亡矣。独泰山顶上二世诏仅在，所存数十字尔。今俗传峄山碑者，《史记》不载，又其字体差大，不类泰山存者……余友江邻几，谪官于奉符，尝自至泰山顶上，视秦所刻石处，云石顽不可镌凿，不知当时何以刻也。其四面皆无草木而野火不及，故能若此之久。然风雨所剥，其存者才此数十字而已。本邻几遗余也。比今俗传峄山碑本，特为真者尔。”说得十分清楚。

清道光年间有泰安人柴兰皋者热衷于石刻考古，其于清道光七年(1827)在《复得徐世隆诗碑之记碑》中提道：“余曾见此石于蒿里山□□□，深为可惜。余与道纪禹君谈论金石刻，语□□□□□与监院姚能和亲赴蒿里，于乱石中捡□□□□□□石，盖有缘哉。”并对其所发现的诗刻发了一通议论：“碑版往往与史乘相发明。泰山名碑林立，尤足以资参考。《元史·徐世隆传》(对徐世隆)仅书其字，而不及别号‘复斋’。《泰山志·天倪子》只言元主赐号改名，而不及为提点道教官，此碑足以补前人所未逮未行云。岳祠官，即今岱庙无疑。况诗、字俱佳，尤堪宝重。爰命各庙住持，凡有古碑者，皆敬谨保护，以资博古者之采择，是所厚望焉。岱庙道纪禹贞文识并立石。”

元代泰山石刻中，有一则反映元末红巾军起义的记。泰山桃花涧石壁峪有元至正十八年(1358)题记，其文为：

---

① 〔宋〕欧阳修：《集古录·自序》。

> 大元至正十八年二月初八日，因红巾占据泰安州，调遣淮南府都元帅杨世瑛统兵一十七府来此。万户张玉田等将至□名山□□，游观到于泰山，岩内泉石之下，古迹可人，□□笔姓名于石。万户张田玉、李谅，万户李玉□、知事张荣祖。

南京大学历史系邱树森《毛贵事迹考略》援引此石刻文字后指出："这块元刻石不仅对我们了解毛贵部红巾军在鲁南的战况至为重要，而且也为我们了解岌岌可危的元朝统治者依靠地主武装——义兵来镇压红巾军提供了确凿的实物证据。"邱氏在文中对石刻做了详细考论：据《元史·顺帝纪》，至正十八年（1358）二月癸酉（初五日），"毛贵陷济南路，守将爱的战死"。但毛贵部红巾军何时攻克泰安，史无记载。这块元刻石确切地记载了毛贵军占领泰安的时间——至正十八年二月初八日。就是说，是在毛贵占领济南后三天。随后，又扩大战果至滕、兖诸州及附近属县。这时，毛贵挥师北伐。元将董抟霄乘机夺回济南，也速亦占领滕、兖二州。而泰安及般阳仍在红巾军手中，并始终成为济南的威胁。《元史·董抟霄传》又称："而般阳贼复约泰安之党，逾南山来袭济南。"这证明泰安是毛贵部红巾军的一个重要据点。在这样的势态下，也速、董抟霄等视泰安红巾军为眼中钉，但镇压的力量又不足，于是不得不"调遣淮南府都元帅杨世瑛"等前来助威。既有"淮南府都元帅"之职，必有淮南都元帅府这一机构，它可能就是至正十五年二月元朝所设的淮东等处宣慰使司都元帅府，由于这年十月置淮南江北等处行枢密院于扬州，淮东等处都元帅府因此改称淮南都元帅府。《元史·百官志》载："淮东等处宣慰使司都元帅府，至正十五年二月置。统率濠泗义兵万户府，并洪泽等处义兵。招诱富民，出丁壮五千名者为万户，五百名者为千户，一百名者为百户，降宣敕牌面与之。"邱文最后阐述道："由此可见，泰山桃花涧元石刻中的元帅杨世瑛、万户张玉田等都是'富民'，都是与红巾军为敌的地主武装——义兵的头目。这样，元朝统治者利用汉族地主武装来镇压红巾军的罪行也就历历在目了，元末农民起义的阶级斗争性质也就不言而喻了。"

又有美籍历史学家黄仁宇先生在《万历十五年》中，论称明万历"国本案"是"本朝（明）一场极重的政治危机"。由这场围绕太子册立而引发的政争关涉宫闱，诸多内幕暧昧难明。周郢曾于泰山获见与此史事有关的数处明代修醮碑记，为“国本案”研究提供了新史证。

如于明万历二十二年（1594）《三阳观太监修醮记碑》：

> 钦差乾清宫近侍、御马、尚膳监太监曹奉、李奉，今承明旨，遥叩泰山顶上圣母娘娘，进香遍礼诸神。仍命三阳观住持、全真道士昝复明于玄阁修醮，进香三次，礼醮三坛，伏望诸天默佑，圣母垂慈，上祝皇帝万岁，享圣寿于无疆；贵妃遐龄，衍天年于不替；四海澄清，太子纳千祥之吉庆；边夷靖服，黎民受五谷之丰登。皇图巩固，国脉延绵。领教奉行，顿首谨意。时万历岁次甲午孟春吉旦，本观住持、全真道士昝复明立石，浙江江阴山人钱伸书。

在万历二十二年（1594）和二十四年（1596）两块三阳庵太监修醮碑中，均有“贵妃遐龄”和“太子纳千之吉庆”的词句，贵妃乃神宗之郑贵妃，太子是谁呢？在诸史籍中，明神宗立太子在万历二十九年（1601）十月。当时神宗迫于群臣压力，始立皇长子朱常洛为东宫。而此前之泰山碑中竟已有了“太子”之称，且两碑中的“太子”，显然不是指皇长子朱常洛，而是指郑妃之子皇三子朱常洵（同地有皇三子刊经碑，可证）。郑贵妃敢在册立东宫前擅将朱常洵称为“太子”显然是得到神宗同意或授意的。《明史》论曰：“野史载神宗金盒之誓，都人子之说，虽未知信否，然恭妃之位久居郑氏下，固有以经滋天下之疑矣。”今郑妃修醮碑之发现，可证神宗为立常洵，谋之神冥，确是发覆百载揭示真相的绝佳史材。

## 第五节　泰山石敢当刻石的出现及其传播

泰山石敢当刻石是泰山信仰所形成的一种特殊形式的石刻，最早出现于北宋，存在形式主要有石刻文字、砖刻文字、石材线雕、浮雕和圆雕。泰山石敢当故事简单，但却有着悠久的崇拜历史和广泛的信仰基础。

## 一、石敢当的起源

早先，“石敢当”是一个概念，并不是一个人或者一位神。它是华夏民族对远古时代的集体记忆，是一个民族精神的承载符号，也是对石的倾情赞美。古人钟情于石，盖因为人类文明起源有赖于石，早在青铜器、铁器发明以前，人类已经历了百万年的石器时代，石头伴随了人类的整个童年。在人的潜意识中，石头是值得崇拜的，泰山石敢当便是其具象的体现。

历史上，最早出现“石敢当”三字的书籍是西汉元帝时黄门令史游的《急就章》。“急就”乃“速成”之意，是供皇家与贵族子弟入学识字的启蒙读物。《急就章》的文字几乎皆用名词组成，没有一字重复，识字而已，因此也就不像后来的《三字经》《千字文》等蒙书那样充满了道理。例如，其第一部分就列举了132个姓名，首句是“宋延年，郑子方，卫益寿，史步昌”，每句话之间似乎毫无关联，故人们便以为《急就章》只是人名的堆砌。其中又有“师猛虎，石敢当，所不侵，龙未央”字样，一般认为也只是四个人名罢了。但是也不尽然，现代研究认为，史游是在每个单姓后面加两字，每个复姓后面加一字组成了三字句，所加的字有名词、动词、形容词及词组等，以强化通篇的内容及押韵，而并非真正的人名。

史游用儿童较为熟悉的姓氏，巧妙地连接成句子，串联字词、普及常识，这正是他的高明之处，“石敢当”也不是一个人名。这四句话中，是否也有石崇拜的影子？史游所处的汉代，虽已远远地超越了石器时代，但是在人们的心目中，依然对石器有着不可磨灭的崇仰情怀。出于这份基因带来的情感，史游自然地在“石”字的后面写上了“敢当”二字，也写上了他对世界的认识。当然，这也不能说明“石敢当”就是这位黄门令的发明，在那个时代，石敢当——石头敢于承当，应该是中华大地上所有人的共识。

## 二、颜师古与石敢当

唐初学者颜师古（581—645）曾对《急就章》做过注释，并将之改名为《急就篇》。他对“石敢当”注之：“卫有石蜡、石买、石恶，郑有石制，皆为石氏；

周有石速，齐有石之纷如。其后以命族，敢当，所向无敌也。”颜氏认为，石是姓，石姓中有叫“敢当”者，所向无敌。颜师古的解释其实不着边际。其因有二：一、如前所述，史游只是借姓氏来识字，只是借“石”字来说明一种现象，即石头的属性及功能等，并非指一个具体人名，颜氏却列举出卫国有石蜡、石买、石恶，郑国有石制等人名，与之全然不搭界。二、《急就章》的三字文有着隐约的上下联系，不能把三字割裂开视为独立的人名而加以注释。但是，因为颜氏的误导，自唐以来石敢当便被当成了一个人，流传至今。因为史游是将上古的石崇拜拟人化了，赋予了石头生命，他这四句话——师猛虎，石敢当，所不侵，龙未央——要传达给童稚的信息是：坚硬的石头敢于承当一切，具有猛虎的性格，没有任何邪佞能够侵扰它，它像龙一样保佑人们永无止息[①]。上古，每一部落均有自身的图腾，如先秦《韩非子》记述黄帝封禅泰山：“昔者黄帝合鬼神于泰山之上，驾象车而六蛟龙，毕方(神名也)并辖，蚩尤居前，风伯进扫，雨师洒道，虎狼在前，鬼神在后，腾蛇伏地，凤皇覆上，大合鬼神，作为《清角》。”[②]其中的龙、风伯、雨师、虎狼、腾蛇、凤凰等便都是法力甚大的神物，也是不同部族的图腾标志。西汉时期，上古图腾的影子尚在，史游将“猛虎”“石”“龙”写进速成教本中显然受到了上古图腾的影响。但其所突出的仍是“石”，那自始至终与早期人类相伴的不朽的崇拜对象。于是，华夏先民数万年的石图腾被第一次付诸了文字，并被赋予了一个响亮名字——石敢当，自儿童启蒙伊始便深深地扎根在了人们心中。

颜师古的注释增强了《急就章》的生命力，对石敢当的传播也起到了重要作用。如宋代曾出土过唐大历五年(770)的石碣，比颜师古的注释晚了几十年，石碣上刻有“石敢当，镇百鬼，压灾殃，官吏福，百姓康，风教盛，礼乐昌”等字样，这便是沿承颜师古的注解而来的，短短几十年间，石敢当的法力及功能就有了极大的扩展。此后，这一形象便进一步成为一个具体的人或神，在民间大为普及了。

再之后，石敢当的传说日益深入人心，便有了各种推断。有的认为石敢当

---

① 句中“龙未央”，未央：无尽。《楚辞·离骚》：“及年岁之未晏兮，时亦犹其未央。”王逸注：“央，尽也。”

② 《韩非子·十过》。

是五代时的勇士，又有的将其说成是“大夫”(医生)，还有的说他是将军、是农民的儿子、是门神，甚至说石敢当出生在徂徕山下的桥沟村等，不一而足。石敢当的形象变得有血有肉了，传播得更加广泛，遍及了全国并漂洋过海到了日本、韩国、新加坡、马来西亚等国①。

## 三、石敢当与“泰山石敢当”

“石敢当”之前加上“泰山”二字始于何时？台湾傅斯年图书馆藏《金如意院尼道一首座幢记》拓本有较早的记载。尼道一为范阳(今河北范阳)人，幢铭有“俗姓邢氏，父讳师古，业进士也。绰有文誉，秀而未实，壮年而逝。母刘氏，端厚慈明”云云。其上同时刻有“泰山石敢当安镇吉利”和“元亨利贞泰山石敢当安吉”字样，又有“维皇统六年岁次丙申朔二十五日乙时建”的时间表述，其时为南宋高宗绍兴十六年(1146)。②这一拓本解决了“石敢当”演变为“泰山石敢当”的时代问题，为泰山石敢当申遗成功提供了重大论据。北京大学图书馆藏民国拓元代泰山石敢当残石拓片，出自北京门头沟区。这条史料，进一步补充了元代“泰山石敢当”的实证。③

石敢当自有其独特的精神内涵和价值，尤其是宋代以后，在石敢当前面加上了定语“泰山”，意思就变为了“泰山之石敢于承当”。泰山所蕴含的精神与泰山石敢当的精神实质是如此地契合，如此地光照世人而又凛然高大，使石敢当的信仰境界获得了极大提升。

---

① 吕继祥:《石敢当初探》,《民俗研究》1989年第2期。

② 参见叶涛:《泰山石敢当》，浙江人民出版社2007年版，第9～10页。

③ 参见马东盈:《泰山石敢当申遗点滴》，载张甲军主编:《记忆大汶河》，山东友谊出版社2017年版，第501～503页。

# 第八章
# 金代泰山石刻

金朝是中国历史上由女真族建立的封建王朝，共传10帝，享国120年。

女真原为辽朝臣属，天庆四年（1114），金太祖完颜旻统一女真诸部后起兵反辽，于翌年在上京会宁府（今黑龙江哈尔滨）建都立国，国号大金，并于1125年灭辽朝，两年后再灭北宋。贞元元年（1153），海陵王完颜亮迁都大兴府（今北京）。金世宗、金章宗统治时期，金国政治文化达到巅峰，金章宗在位后期由盛转衰。金宣宗继位后，内部政治腐败、民不聊生，外受蒙古国南侵，被迫迁都汴京（今河南开封）。女真贵族大肆占领华北田地，奴役汉族，使得双方的冲突加剧。当金朝国势衰退时，汉族纷纷揭竿而起。1234年，金国在南宋和蒙古南北夹击下覆亡。

金朝在文化方面趋向汉化，杂剧与戏曲在金朝得到相当的发展。宗教活动也比较频繁，这一时期的泰山石刻大多都与宗教有关，主要是灵岩寺高僧的墓志、开堂疏、地界地产以及泰山修建庙宇的碑文等。这一时期，游览题记、观光题诗数量较少，文人活动范围也较窄，但仍有文人如党怀英、赵沨、康渊、王珩、路伯达、张汝为等人来到泰山。120年间，金朝在泰山留下了近50条石刻，其中不乏内容独特者，通过这些石刻可以从某些侧面窥见当时金朝统治中国北方半壁江山的社会状况。

## 第一节　建修寺庙碑记

有金一代，虽是少数民族统治，但随着文化观念的转变，他们从初期的信奉萨满教到逐渐转化为笃信佛教，女真族贵族都成了佛教信徒。他们出资修建寺院，定期去庙宇中进香礼拜，泰山石刻便真实地记录了这一状况。

## 一、佛教庙宇建修碑

泰山的佛教庙宇最为人们耳熟能详的是灵岩寺、普照寺、竹林寺等，但是在金代，百姓们却在较为偏远的地方建起了一批寺庙，其中记录其事年代最早的是《泺庄创修佛堂记碑》（图8-1）。此碑刻于金大定十一年（1171），原在泺庄，后移于岱庙保存。额篆“泺庄创修佛堂之记”，溪上翁撰文，泰安杨好古书丹、篆额。

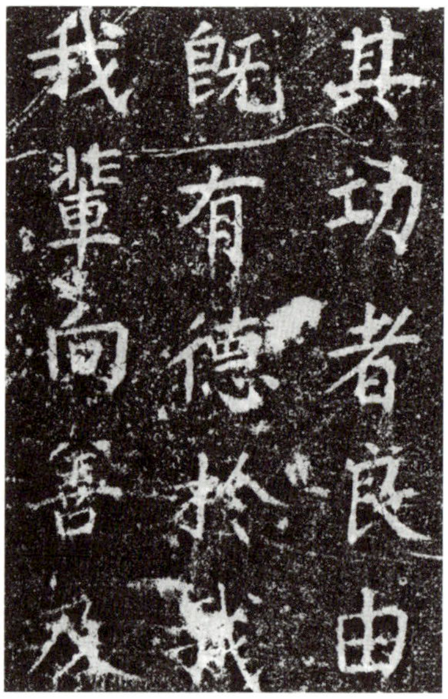

图8-1 《泺庄创修佛堂记碑》局部

碑文首先记述了泺庄佛堂的地理位置：

> 泰山西南麓，其间稍平坦，凹下处有居民二十余家，曰“泺庄”。泉石环绕，南望一山尤可爱，盖其峭拔壁立数百仞，色白有如削玉，故居人谓之“白石山”焉。山北下有一溪，其流潺潺，清音满耳，逾于丝竹，虽旱干不绝，盖其泉源来自岱山绝顶之北也。

可见这是一个风光十分秀丽的地方。然后介绍佛堂修建的原因及始末：“然居民遇有祈福禳灾者，常患去寺观遥远，乃欲兴建佛堂。于是本庄王清与其伯母许氏，于其己□之地，承顺众意，创为草庵，安置经像，与众结香火因缘，既而请僧智初居之。”智初俗姓王，莱州高密县人。皇统年间，因游泰山过此，爱其景物有武陵桃源之风致，且应众请，所以留了下来。智初是一个很普通的和尚，但他“以戒律严身，经论导俗，又时以茶果延致儒雅及贤士大夫，俾人观其容上未几人，始知其为善也”。他“拔苦而与乐，知孝悌为仁之本，故事父而敬兄。布□则不住于六尘，邪妄则不生于一念，此乃僧智初化人之大略也”。人们怀念他：“僧智初其未亡时，既有德于我辈，而不图所以报之可乎！念所报之道，莫如刻石以记其善行，使后来知我辈向善及

□佛堂经像之兴。”泰山当时有着很多全国有名的高僧，而普通的和尚智初跻身其中并不显得逊色。

文末有20人题名，且分工明细，有杂催、社司、库头、社举等，看来立碑的时候这个庙宇应当有些规模了。

又有《重修天封寺记碑》（图8-2、8-3），刻于金大定二十四年（1184），圭首，碑额篆“重修天封寺记”，党怀英撰文、书丹并篆额。碑原立泰安城东南旧县村天封寺院内。“文革”期间受到破坏，1978年秋移置岱庙院，1983年9月

图8-2 《重修天封寺记碑》

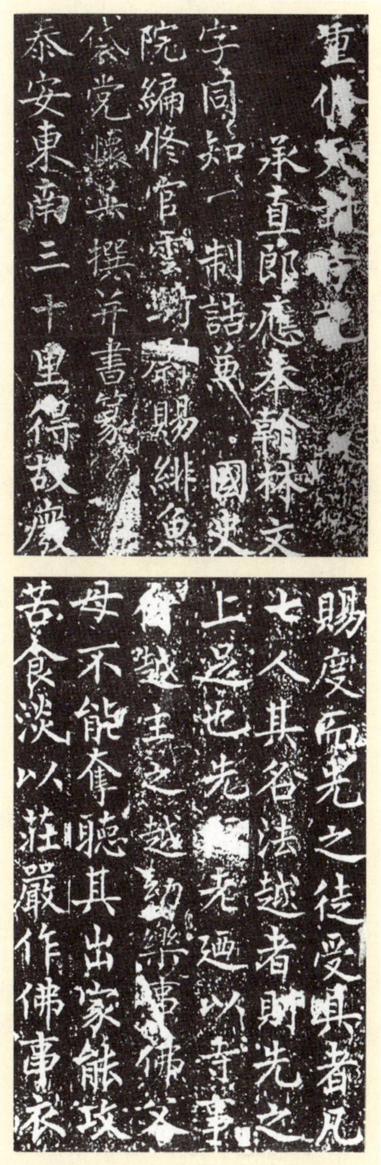

图8-3 《重修天封寺记碑》局部

移置岱庙碑廊。此碑书法展拓秀整，乃党怀英楷书之佳品。

党怀英（1134—1211），字世杰，号竹溪，祖籍京兆同州（今陕西大荔），生于山东泰安。北宋太尉党进十一代孙，金大定十年（1170）进士，官至翰林学士承旨，故世称“党承旨”。系金朝文学家、书法家、史学家，文坛领袖，著有《竹溪集》十卷。

其文开首介绍了天封寺的位置并记述了泰安城的历史变迁：

> 泰安东南三十里，得故废县曰古博城，在唐为乾封，宋开宝间移治岳祠下，居民从之而县废焉。城西南隅，有寺号郭头，地故沮湿，诸僧乘其闲旷而迁之今地。

然后介绍该寺演变：此寺曾得宋真宗皇帝赐号为“天封寺”。宋代末年兵荒马乱，天封寺毁坏，除大殿神像外，余则荡然无存。我朝平定山东后，寺中一个叫道先的和尚首先回来了，他盖起了几间茅屋以供奉神佛承接香火。皇统年间，又剃度众僧，其徒弟共有七人受戒，其中一个叫法越的，乃是道先的高足。道先渐渐老了，便把寺里的事务托付给法越打理。法越从小就亲近佛教，出家后，攻苦食淡，以端庄肃穆的态度从事佛事，感到现有的寺庙规模狭小，与其名不相称了，于是翻新重建，使之更为高大、宏阔，所有的佛像也都重新塑造。竣工后，法越托我的妻父石震传书京师，求文以为记。

碑文除了有一定的史料价值外还讲述了一个奇特的故事：

我家过去就在徂徕山下，早先就曾到这里游览过。而且还曾经因考试不中回家路过时借宿寺院，醉卧于僧榻上。睡到半夜，好像有人在推我，似乎在说：“前程通了，怎么还在这里喝醉了睡觉？”感觉似梦又不是梦，心中甚感诧异。当时，只有一个老僧住在东边的廊房中，第二天早晨，我把此事告诉了他。老僧笑曰：“是伽蓝神也。你所遇到的就是神的警示，看来你绝非久留于仕途之外的人，你要勤谨对待啊。”之后，我考中进士才想起了神的话得到了验证，并想把此事刻到碑上以答谢神意，幸而现在得到了一个机会，所以让我写碑文我又怎能辞而不受呢？

金代还在泰山之阴建起了玉泉寺，玉泉寺早先叫谷山寺，金代《谷山寺记碑》便记述了建寺过程。此碑立于金泰和元年（1201），额篆“谷山寺记”四字，党怀英撰。碑阴额题“玉泉禅寺勤绩檀那铭”，亦党怀英篆书，共计题名千余人。碑原立泰山玉泉寺殿西，“文革”期间被推倒，1988年5月于原地重立。碑文首先列出了作者名衔：前翰林学士承旨、中大夫、知制诰、上护军、冯翊郡开国侯、食邑一千户、食实封一百户、致仕党撰并书篆额。

接着也是讲了一个故事：

以前，曾有猎人在泰山莲花峰下打猎，遇到了一个罗汉像，便整天一无所获。后来每次遇到都是这样，猎人恼火了，找来柴草打算焚烧它。但是第二天罗汉像移坐到了高峻险阻的地方，柴火烧不到了。猎人大为惊讶，忙向罗汉认错道歉。当天晚上，村里的三四个老人都做了同样的梦，梦见一个奇异的和尚长期隐居在莲花峰，遇到了被猎人火烧的灾难。有的还在梦中问他是什么人，得到的回答说是“意”。于是，村中有十多个老人，相互引导，几次进山查找，果然在岩石掩蔽的深处找到了罗汉像，便抬着它盘旋而下，来到了玉泉寺现在所在的地方后，忽然重得抬不动了。而此处峰岭环抱，景色特异，是兴建寺庙的好场所。众人顿时领悟，便停下不再抬了，在这里建起了寺庙，取名佛谷。由于兵乱，高山大泽毁坏殆尽，山民所说的这“佛谷”，也已是破房败舍、断墙残垣。唯山色依然美好，峻峰独耸，层峦起伏，越远处越加秀丽。

又说创业过程，十分感人：不久，有和尚善宁，不顾艰难险阻，第一个来到了这里。从此，他每天下山乞讨粮米，带着取火的工具，住在简陋的茅棚里；来来往往于山上山下从不感到劳苦；用箕畚取土运石修筑田堰，一刻不停地劳作而毫无倦意。他身着短衣草鞋，始终如一地从事着这一事业，在河涧的弯曲处、山的缓坡上，开出土地，逐渐可以种植了，于是栽下栗树几千株，收获足够了一年的费用，不用再化缘乞讨了。期间共经历了30多年，善宁也成了谷山寺的初祖。金熙宗天眷二年（1139）四月，他又到官府申诉原来的庙产土地，东至黑山分水岭、南至恩谷岭、西至张远寨、北至返倒山岭。官府同意了他的请求。

碑文接着说寺院沿革：善宁之后，僧法郎继承，他治理荒芜的薄地，不避寒暑，经营有成，又过了30年，成为玉泉寺的第二祖。现在的主持僧智崇，与佛法有缘，广结天下信众，每天到玉泉寺来修庙的工匠超过百人，工程进度很快。

碑文最后说：“盖‘意’之去来也皆异，则其成也必闳，其久也必振。今谷山寺尚仍旧名，计其岁月盖七百有余岁矣，是复兴之数云。”

图8-4 《谷山寺敕牒碑》局部

金代泰山也有敕牒碑，是关于玉泉寺的《谷山寺敕牒碑》(图8-4)。此碑立于金大安元年(1209)，螭首而无题额，题额处浮雕佛像一尊，全跏坐，高0.35米，刻工古朴庄重。碑阴刻山林禁约40条，草书，字径3厘米。碑阴题额处浮雕力士像一尊，高35厘米。此碑原立玉泉寺山门外东侧，1984年移置岱庙碑廊。泰山原有金元时期敕牒碑7处，现仅此碑幸存。

此敕牒碑是谷山寺第三代住持僧智崇打的两个“报告”，第一个是请求命名该寺为“玉泉禅寺”。第二个是请求将玉泉寺下院柴水院命名为“香岩禅院”，都得到了朝廷的批准。关于香岩禅院，敕牒中有一段说明：

> 泰安州奉符县佛峪谷山玉泉禅寺住持僧智崇，于大安元年三月内，赴泰安州仓纳讫白米贰拾叁硕壹斗贰升肆合①，承买到□字第陆拾壹号院额壹道。今将本寺在城常住柴水下院，其地东至城大巷，西至街，南至李官人，北至刘善友，乞书填作“香岩禅院”名额者。

自唐代以来，寺院赐额都须由朝廷批准并颁授敕牒，然而到了金代虽敕牒制度没有变，却必须缴纳钱粮，该“香岩禅院”便是缴纳了“贰拾叁硕壹斗贰升肆合”白米，才买到了“□字第陆拾壹号院额”的注册匾额。由此可以看出金代经济状况的拮据，同时统治者也通过经济手段来控制庙宇的发展。②

泰山除这些修建佛寺的金代石碑外，金大定五年(1165)，世宗还下诏重建了泰山普照寺，并赐额“普照禅林”。

① 硕，即石(dàn)；合，容量单位，十勺等于一合，十合等于一升。

② 参见陶莉：《岱庙碑刻研究》，齐鲁书社2015年版，第225页。

## 二、道教庙宇建修碑

金统治时期，为平和尖锐的民族矛盾，统治者对道教上层人士和信徒进行笼络，支持道教发展，通过泰山碑文可以明确地看出这一点。

其中最典型的是《大金重修东岳庙碑》(图8-5、8-6)。此碑在岱庙天贶殿东南高台上，螭首与碑身为一石雕成，立于金朝大定二十二年(1182)，碑高约6.5米，圆首龟趺。此碑由杨伯仁奉敕撰文、黄久约奉敕书、党怀英奉敕篆额。

杨伯仁(？—1185)，字安道，出身于金朝官宦世家。天性孝友，读书一过成诵。皇统九年(1149)登进士第，天德二年(1150)除翰林侍讲学士、少中大夫兼左谏议大夫、礼部侍郎护军、宏农郡开国侯等。《金史》有传。

图8-5 《大金重修东岳庙碑》

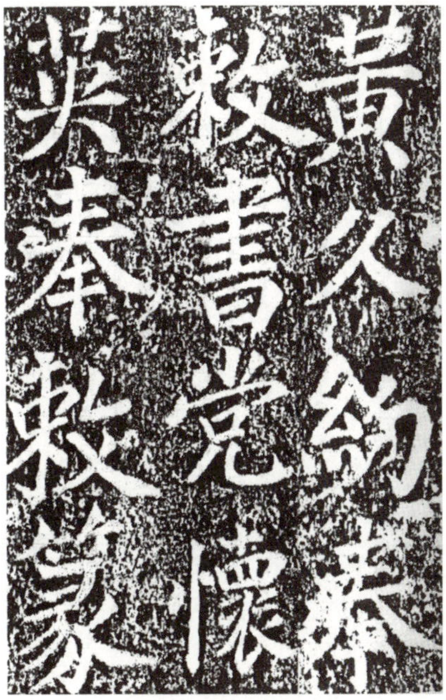


图8-6 《大金重修东岳庙碑》局部

黄久约（？—1191），字弥大，东平须城人，擢进士第，任郓城主簿、曹州军事判官，累官中宪大夫、充翰林待制、同知制诰、上骑都尉、江夏县开国子、食邑五百户。章宗即位，黄久约领右丞相，以国富民贫、本轻末重、任人太杂、吏权太重、官盐价高、坊场害民等事上奏皇帝，皆被采纳。后以老请求辞职，皇帝下诏不许："卿忠直敢言，匡益甚多，不能离我左右。"

此文除了歌颂皇帝及泰山外，还记录了岱庙的受灾与修复情况：

> 大定十八年……春，岳庙灾，虽门、墙俨若，而堂室荡然。主上闻之，震悼不已……出内帑钱以贯计者□有□□，黄金以两计者二百四十有六，及民之愿出赀以助者几十万千，且运南都之材以足之。复诏："其工役勿烦吾民，给以佣直。"故皆悦而忘劳矣。二十一年辛丑冬告成，凡殿、寝、门、闼、亭、观、廊、庑、斋、库虽仍旧制，加壮丽焉。

大定十八年（1178），岱庙的这场火灾震动了金世宗，他感叹说："神其或者以宫庙故弊，欲作新者乎？乃敕庀工度材以闻。"[①]重修的力度很大，由国家与民间共同出资，雇佣的工匠皆付予劳酬，故取得了成功。据《大金集礼》卷三四《岳镇海渎·杂录》载，此次重修后"岳庙殿廊共八百五十四间"，此规模超过了北宋宣和年间重修后的"八百一十三楹"。[②]

碑文记录，在这次复建中，皇帝认为"格神之道，所贵致洁"，下旨"其当阳之像，毋用漆塑，以涿郡白玉石为之。殿楹高敞，勿事□障，殿阈□□，设为储胥，俾四方士民远致奠献者，皆遂其瞻祷之心，而无亵渎之患"。想得十分周到。又有"庙之西南隅，旧设舍馆，宾客往来皆止焉。郡吏时率倡乐以娱之，或终夜欢哗"，故又下诏曰："以神灵静谧之宅，岂可使之汙污漫如此。"随即拆除了舍馆，改建了庙库一座，严加管理，使岱庙恢复了往日的宁静。

此碑文的撰写、书丹、篆额者，在金代皆赫赫有名，据《金史·列传》载，"伯仁文辞典丽"，"怀英工篆籀"，而黄久约以擅长书法著称，从此碑文中就

① 引自该碑文。

② 见《宣和重修泰岳庙碑》。

可以看出其文叙事简练，文辞清雅；其书法结构展拓，笔格秀整，对金代来说，均堪称大手笔。后人亦称赞此碑曰：三美荟萃一碑，“实为金代金石之冠”[①]。

## 三、儒家建筑修建碑

图8-7 《大定重修宣圣庙记碑》之额

女真族统治者进入中原后，三教合一，尤以儒术为治国手段，以儒学为国家的意识形态，而这一举措对金代历史的发展产生了深远的影响。《大定重修宣圣庙记碑》(图8-7)便反映了这一点。此碑原在泰安城内文庙(即宣圣庙，学宫)泮桥西，立于大定二十三年(1183)。1973年移至岱庙。碑高2.37米，李守纯撰文，进士刘礼书丹并篆额。此碑文辞雅丽，所记对研究泰安的历史沿革有一定的参考价值。

碑文首先记述了泰安的环境与历史：

> 泰安之为州也，有岳祠以壮观其中，有岱宗、徂徕、泮、汶、漕、济以环抱其外，实周公之封境、孔子之乡国、帝王封禅之所也。亡宋开宝五年徙乾封县于此，大中祥符元年改曰奉符，废齐阜昌之初改为军曰泰安，本朝开国六十有八年升之为州。

这段话写泰安背景，有山有水有庙，历史十分悠久。唐宋时期叫“乾封”“奉符”，至“废齐阜昌之初”，即1131年前后得名“泰安军”，首次出现“泰安”二字。金朝开国后68年，即金大定二十二年(1182)始得名“泰安州”。

接着介绍泰安的历史人物和教育状况：当泰安还是县[②]的时候，以孙明复、石守道二先生的故居建学校，在岱庙柏林[③]之地培养读书人，常有人才脱颖而

① 陶莉：《岱庙碑刻研究》，齐鲁书社2015年版，第162页。

② 指北宋奉符县。

③ 今岱庙汉柏院。

出，如夺魁于天下的状元耿昌世、供职于翰林院的杨用道等。

然后，碑文进入重修宣圣庙的正题，交代宣圣庙是如何修复的，此段文字给人的突出印象是金代的官员办事认真，讲求效率，成效显著：宣圣庙因年代久远毁坏严重，校舍倒塌漏雨，不能遮蔽圣贤之像，求学之人都不肯在此居住。大定十八年（1178），岱庙遭火灾，朝廷命中宪大夫徐伟来知泰安州，并指派其重修岱庙。徐伟公不分早晚，勤恳从事，两年后工程告竣。只见其庙宏阔壮丽，验收官员很是赞赏。官员又询问庙宇管理问题，徐公汇报了几条，其中一条是过去庙宇损毁上报修缮，运司必先报兖州审查，所以往往旷日持久而不能实行。就犹如目前的宣圣庙，眼看就要塌了，早就报告了运司，但是三年了还没批复。官员回京奏报朝廷，批准可用修岱庙余下的材料维修宣圣庙。徐伟公于是把要求和标准交代给了工匠，扩大庙宇的规模，把柱子改成石质的，瓦也换成了琉璃的，四周围以长廊，舒畅而又大气。圣贤的塑像皆仿照曲阜孔庙，还有讲书之堂，又有住宿的斋舍，厨房、浴室等也是一应齐备无所不有，可谓十分符合金朝统治者推崇孔孟之道的政策。人们见到宣圣庙焕然一新，可是并不知道它得以修复的原因，这是徐公既贤且能的功劳，也是朝廷任人唯贤的结果。

这篇碑文的内容很典型。在金代，道教的岱庙要修，儒家的宣圣庙也要修，主要由朝廷出资，并且修得比原先还好，看得出少数民族统治者对华夏文化的认同和赞赏，更可以看出他们以孔孟之道来加强统治的愿望和对孔孟之道的重视程度。

## 第二节 宗教记事碑

除庙宇修缮碑外，金代其他涉及宗教的碑刻在泰山还有较多，如高僧墓志碑、庙宇地产碑、信士进香碑等。这些碑刻同样能看出那一时期的社会风貌和人们的精神取向。

## 一、灵岩寺高僧墓志碑

泰山存有金代墓志碑两处，均在灵岩寺。两碑相差7年，对于了解金代山东佛教的发展情况和当时达官贵人与寺庙的关系都有一定的史料价值。

《定光禅师塔铭碑》，立于皇统二年（1142），额篆“定公塔铭”阳刻，濮阳李鲁撰文、济南高鲤书丹、行台大理寺丞韩淦篆额，三人生平均不详。

碑文对定光禅师的生平记述甚详，像是一篇情节复杂的曲折故事，在泰山石刻史中堪称著名篇章，令人读来无枯燥之感：

皇统二年中秋，定光禅师的弟子智月到了我这里，说：“先师从济南普照寺[①]来住持灵岩道场，刚想一展大志，却不幸席未暖而人先逝。智月出于先师门下，获恩泽特多，而无以报效，心中很是惶恐，就率领弟子建起梵塔一座，现塔已告成，但还没有墓志铭。大家回想先师与先生为至交，就想请您效韩愈作《行状》来为老师写一篇碑铭，可以吗？”我开始恨惊愕，自觉才学浅陋，无以表现定光大师的高风厚德。接着又一想，就说：“行。圣人说过，人应当乐于扬人之善，我还能推辞吗？”

禅师原名道询，俗姓周，扬州人。累世为乡里大姓，岁收不计其数。幼年即丧双亲，孝顺祖母名闻乡里。成人后，性情豪迈，相貌魁伟，喜欢济困扶贫，又爱好打猎，常驰骋于田园山野，鸟兽之血染红车轮，乡人对他既爱之又畏之，觉得无可奈何。有一天，他架鹰牵犬过朋友家，见朋友在读书，便欲夺过来观看，朋友说：“这岂是你所能读懂的？”道询很生气，偏要读，原来这本书是智望禅师的《十二时歌》[②]。还没有看完，他便面红而汗下，感叹道：“报应果真如此，可怎么办？”朋友说：“如果你能觉悟，放下屠刀，则回头是岸。”

道询茫然谢归，放了鹰犬，收起了弓箭，关门谢客，吃粗米饭，穿布衣

---

① 原文为“济南普照寺”。按，金代济南、泰安境内额为普照寺者只有兖州府泰山普照寺。此处疑为泰山普照寺，金世宗曾敕令重建泰山普照寺，赐额“普照禅林”（《金史》），同时立《奉敕重建敕牒碑》（今佚）。

② 《十二时歌》：中国古代以地支计时，一天十二个时辰，智望禅师在此歌里历数了一天十二个时辰中一个村僧的痛苦生活及其修行。

草鞋，把自己饿得精瘦，逐渐萌生了削发为僧的念头。家人开始还以为他疯了，加以干涉，而他的意志愈加坚定，竟拜了本县兴教寺住持德安为师，并受戒成了正式僧人，这一年是宋徽宗政和元年。出家后定光师在众僧中带头艰苦修行，严于戒律，其师对他说："在一个小寺中苦修是没有出息的，你前途远大，为什么不云游四方，以增见识、广学问？"定光师于是到了本州建隆寺，当了住持因禅师的弟子，不久因禅师又对他说："依你的才分悟性，将会鹏程万里，不可在此久居而埋没一生，你应当广纳诸派，来完成远大的事业。"定光师奉命到了龟山，先是见到了慈禅师坐禅，后来又听到了佛家的经典经文，突然显出了醒悟的样子，对佛有了更深的认识。之后他又到舒州谒见甘露寺卓禅师。卓禅师认为他有慧根，常对之说："法华寺言禅师为一代宗师，何不前往谒见？"定光师欣然领命而往。到了一看，这里的大师们志同道合，一片和谐，四方云游者仪态端庄华美，处处妙不可言。大师在说法中举禅宗二祖慧可遇大雪而断臂拜师的例子来证明佛缘，于是定光师从此信服了禅宗学说。

这时，太湖真乘寺僧人听说了定光师的声名，上报州里，州里委托县令持敕牒来请他去当住持。定光师却谢绝道："我刚舍弃尘缘，怎么能私自接受盟约，去当住持呢？"但县令仍然坚持，定光师竟撕碎敕牒扔到地下。县令惊恐地说："这是大罪啊，你不怕国法吗？"众人一见赶忙解释说，定光志向专一，并不是有意辱慢朝廷，并万般祈求县令不要向州里汇报，因此逃过了一劫。定光师特立独行的举止为众人瞩目，乃回到老家义城，在距祖宅稍远处一个叫"冶山"的泉石秀美的地方，构建了精致的房舍称作"定光庵"，打算在此终老了。乡里的子弟闻讯纷纷前来求见，愿意让他度为弟子的人有5000多个。

建炎二年（1128），金兵渡过淮河，攻陷天长县，定光师却毫无惊慌之色。金太尉薛公异之，把定光师迎入军中，并对下属下令说："你们要好好对待老师，等胜利后尊听老师自便。"当时金国的名士刘郊久闻其名，一番交谈后，更是大为佩服，一定要与之交朋友。后来定光师便到了泗水灵光山下建了所房子隐居起来。到了伪齐政权刘豫阜昌六年（1136），济南普照寺住持空缺，府帅寻找继任者，众人一致推选定光师来担任，于是下帖敦请，专使一而再地前来，定光师终于同意了。来寺后，他一切按清规戒律办事，晨参夕请，钟鼓一新，他的教诲被众僧视作行为指南。空暇时光，他便查看殿宇，圮毁者皆重新修建，豪华程度均不超过旧制，俭而中礼，人们看到此种情景，全都慷慨捐助。

金皇统元年（1141）住持灵岩寺的妙空静如禅师圆寂后，府帅都运使刘公又派人前往再三劝请定光禅师，他终于应承了。定光禅师对府帅说："请求能够依照旧例减免寺田税赋，使之真正成为出家人的福田，以上报国恩，实乃久远的大利益也。"府帅同意了他的请求。定光禅师对众僧说："身处在佛教寺庙中，掌管钱粮的人，一定要洁身自好，锱铢不能多取，不仅现在要明白，以后做所有的事都要如此尽心。"定光师玄学知识渊深，勤于待人接物，工作起来不知疲倦，于是四方一致称颂，认为灵岩寺终于来了一代宗师。周边民众于是追慕道风，礼佛者接踵而至，自战争以来，这是从未有过的情景。禅师因为每日为大众讲经、灌顶，终月辛苦劳累，病倒了，服药也不奏效，六天后溘然长逝。定光禅师寿五十有七，出家三十二年，有《示众广语》《游方勘辨》《颂古偈赞》流传于世。

这篇碑文至少讲了高僧的四个方面品质：一是"放下屠刀，立地成佛"；二是不谋高位，不惧权贵；三是刻苦攻读，学业有成；四是廉洁清正，奉献一生。正是由于定光禅师具有这些美好品质，最终成为一代高僧。

《法云禅师塔铭碑》，在灵岩寺墓塔林内，立于金皇统九年（1149）。碑下截残，额篆"寂照禅师塔铭"。文首为"济南府灵岩山省差住持传法第十代法云禅师塔铭"。云巢比邱正观撰文，无闻比邱□□书丹，括苍比邱义诏篆额。全是出自和尚的手笔，可见当时僧人的文化水平。佛教中人写碑文也像佛经中讲佛的故事，有起伏有对话。这篇碑文虽然残字多，但写得通俗，文意可以连贯。此碑的梗概是：

法云禅师福建泉州人，俗姓林，名法云，字巨济，富家之子。禅师还在襁褓中的时候，听到钟鼓之声就会合掌抵额。稍长后，有人问他佛教的事，则对答如流，并皆与经语暗合，幼年即受业于本县禅院。禅师喜独居，就在寺院的旁边建了一个小庙居住，小庙得名叫"寂照"，这也成了法云的号。后来，禅师来到了大伦山梵天禅寺拜于孜禅师门下，孜禅师见而奇之，闻其名而来求见他的人甚多，从此他的才华日渐显露。法云禅师每与师兄弟谈论佛法都会说："虽然佛法可以通过读书修行获得，但名山也不可不访啊。"于是率诸道友遍访国内大刹。时兖州□公听说了禅师之名，便请禅师住持泰山普照六年，大辟禅关，使普照寺有了这个规模。后来，灵岩寺住持缺位，朝廷遴选合适的人才主之，济南太守听取百姓舆论，选中了法云禅师。禅师来后，经过四年，殿宇僧寮皆焕然一新了。这年的八月一天，禅师秘密派人到济南府呈上辞职书，但是没有被批准。到了十月初四，禅师病倒了，大家急忙请医生来诊治。禅师说："命数到了，医生还有什么用？"五天后，禅师写下颂词与众人作别曰："秋八月兮船回波，头晫□何有何无。倒骑铁马兮何宾何主。撒手清风满四维，凝眸皓月超千古。"读完颂词，他焚香打坐，不言不语，不吃不喝，不日即圆寂了。

法云禅师是灵岩寺改为十方禅寺后的第十代住持。回顾此前碑文，永义之后，行祥为第一代，妙空大概第八代，定光第九代。定光和法云禅师都住持过普照寺，这一点在普照寺的碑上尚无记载。

## 二、庙宇记事碑

灵岩寺现存《□建常住地界公据碑》，立于刘豫阜昌二年（1132）。碑文开明宗义，乃"济南府据十方灵岩禅寺住持传法妙空大师净如，为本寺系观音道场祈福之地……被人侵占"而提出上诉。然后对照古碑记载，证明所被侵占的寺门地土，要求归还。

此碑显示了古代碑记的作用，先后罗列："于乾德年[①]立碑□说四至去处，沿□地畔广阔……""至靖康元年[②]，本寺又据天圣二年[③]碑文对照王冲贤等委是冒占本寺地土，具状径府、县陈述。""至阜昌二年三月二十八日蒙本县东巡检承准，呈□判府国公大□大王均旨，该地标揆王冲贤等冒占本寺山场地土，并以古碑界至归还本寺，交割了常。""命采到天圣二年碑文，乞赐誊录出给公据付本寺，别立碑永于寺内□□□。"而文中出现了大量地名：棋子岭、石门、燕子山、老婆山、河圈、蜣螂峡、大虫窟、獾窟、野狐窟、牛心孤堆、豹峪、老鸱峪、老虎涧等。可以看出古代灵岩寺乃是狼虫出没之地，更能看出古人做事的严谨，对灵岩寺的地界清清楚楚，毫厘不差。

上诉的结果是："使司寻将天圣二年四月十五日碑文照证得灵岩寺允准，朝

---

① 乾德，宋太祖赵匡胤的年号（963～968）。

② 靖康，宋钦宗的年号，也是北宋的最后一个年号（1126～1127）。

③ 天圣，宋仁宗赵祯的年号，天圣二年为1024年。

廷揆赐到山场产业，并颁古碑照证，分明还以去处，远避日后多被绅民侵占寺门。”明确地将“以上判给灵岩寺所有。该文件付十方灵岩禅寺执行，此文另立碑，照会所有相关人员”。

这就是此碑的来历，而它的特殊性在于，阜昌（伪齐）时代的和尚拿出了宋代的文件（碑刻），要求官府制裁占地者并要求归还，居然做到了。

《观音托相圣迹序碑》，全称为《济南府灵岩寺祖师观音菩萨托相圣迹序碑》。在灵岩寺，立于皇统七年（1147）。此碑圆首，碑阳分刻为两部分，上部线刻僧人坐像一躯；下部刻文，字径很小，正书。陈寿恺撰文。

此碑说的是法定禅师来灵岩寺开辟道场时观音菩萨的化身（托相）的事：

> 云公禅师住持灵岩寺，未越三岁，宗风大振，响风而远近归之。一日，谓济滨老人陈寿恺曰：“夫灵岩大刹，昔自祖师观音菩萨，托相梵僧曰法定禅师，于后魏正光元年始建道场，兴梵宫，居天下四绝，境中称最，而世鲜知其由……”

“其由”是什么呢？碑文继续写道：法定祖师自西方来到后，要在这里开辟道场，前有二虎负经，青蛇引路，攀萝拄杖，及至绝壁尽头而不可登，乃徘徊于南山之巅，久久彷徨不能决定。此时日光照射山峰成穴，穴中透出红光远达数里。师祖乃循光而下，惊叹这里山林秀美，广可居千众。途中遇到一村夫，也是一位异人，他对祖师说：“师父中意这个地方，不怕它没有水吗？你向东看，诺，不远的地方就可以得到水。”师祖慢慢前行，见有黄猴回首，白兔前跃，顷刻又惊见双鹤飞鸣，双鹤翼下流水涓涓，果得二泉。师祖又用锡杖击岩石，竟是飞瀑迸涌。于是就在这里建了寺宇，至今八百多年了。其间，凡祈求感应而造福生民的事迹太多了，书不胜书，但是我祖师发扬显圣的事迹若无人知晓，则太令人叹息了。即命工人画其图像敬刻石上，希望广为传播，远近皆知，永同供养。

此碑说法定禅师是观音菩萨的化身，到了元《十方灵岩寺记碑》又变成了“希有如来”的化身。

《达摩面壁像记碑》，在灵岩寺天王殿西侧，刻于金皇统七年（1147），碑阳之上刻达摩面壁像一躯，其后刻一头陀合掌像。这篇碑文弘扬佛教，兼说儒学和道教，但却认为儒学和道教没有传人。碑文先是叙述了达摩从印度来到少林寺面壁修行九年：

> 禅之初祖圜觉老师，始自天竺来，居嵩高少林道场，盖面壁者九年。大祖禅师断臂立雪，世举知之而昧其处。自少林行殿而西，林篁荫郁，千步而近，度密越阻，群山四临。前则少室诸峰，嵱山从连属；后则五乳崒兀，拥掩如举。

之后，到了宋元祐二年(1087)，留守张简翼公找到了这个地方，人们才开始到这里来，清理基址，修建房舍。过了十多年，登封知县楼异再次来到，却感到这里变化不大，长老回答说缺少资金。楼异当即表态愿意担当筹措资金的任务，结果工程一个月便基本完工了。此时林中出现了十二株灵芝，花色各异，茎如涂漆；甘露降于泉池；夜有天光升起，就像一匹巨大的帛扯在天上，东西连绵数十里。

接着作者发出了感叹和议论，读来几乎就像是一篇论述儒释道的论文：

> 呜呼！其兴可量也耶？夫道一，而今之教者三，三家之役相与诋訾。盖世异则教异，教异则说异。尽己之道，则人之道，可尽究其说。则他说，亦究其相訾也。固宜三圣之道非异，其传与不传也耶。子孔氏之门，颜、闵、冉皆无传，仲弓之后则有荀卿，曾舆之后则有孟轲，端木贡之后则有庄休，而荀、孟、庄之后则无传焉。李氏之传关尹，尹之传复无闻焉。释自能仁二十八世而为初祖，初祖之后六世而为曹溪，曹溪至于今又十有五世矣。而儒老子之徒欲与校其源委，误矣。

该作者认为，按说宗教教义只有一种，而今国家却有儒释道三教，三教的门徒相互不服。何以？这是因为不同的时代有不同的教义，不同的教义有不同的理论。完全拿着自己的教义去衡量别家的教义，就会认为别家是旁道左术，这也就是三家之间相互诋毁的原因了。实际上，儒释道三教之间并没有什么本质的差别，只是在于它们在不同的时代是否传承兴盛而已。譬如孔子的门下，他的弟子颜回、闵子骞、冉求等皆无传人，冉雍之后则传了荀况，曾参之后有孟轲；端木赐之后则有庄休。而荀、孟、庄之后就都没有传人了。而道家的始祖李耳传给了关令尹喜，而关令尹喜又传给了谁就不知道了。但佛教自释迦牟尼第二十八代传人达摩为禅宗初祖，初祖之后传了六世而为曹溪，曹溪至今又传了十五代了。所以儒家、道家之徒欲与佛教计较其渊源，岂不错了？呜呼！教义的传播，始于佛教，历经了千百年，至今再度兴起，(原是它自有的业力)，岂有待于时代的变迁？

泰山碑刻涵盖内容面甚宽，此碑文中的观点便引自北宋陈师道的《后山集·面壁庵记》。陈师道号后山居士，对佛教尤其是禅宗颇为倾慕。但是，他的“荀、孟、庄之后则无传焉”的思想是偏颇的。早期佛教的传人诚然谱系清晰，而中国儒学、道学的相传也从无中断，如儒学传人大小夏侯、刘向、贾谊、董仲舒、王充、班固、孔颖达、韩愈、孙复、石介、程颢、程颐、周敦颐、朱熹……只是这种传承并不仅仅是师徒之间近亲繁殖般的相传，它的传承形式较佛教更为灵活、广泛，所以随着时代的发展，儒家学说才能够不断地被充实、革新和完善。道教也是如此。即使是佛教，来到中国后的传承形式也入乡随俗，由师徒之间的“甲乙”式，逐渐变成了更为合理的“十方”式。

《请宝公开堂疏碑》(图8-8、8-9)，此碑在千佛殿东侧南向，立于金皇统九年(1149)。额题“开堂疏”三字。夏绰正书，僧宗安立石，李彦刊石。这是济南府请灵岩寺长老开堂讲法而向皇帝上的一个奏折：

> 济南府今请灵岩禅寺宝公长老开堂演法，为国焚修，祝延圣寿者。窃以丈室驻锡，便知祖道之兴；诸天雨花，喜遇禅林之伯。判殽讹之公案，举最上之因缘，不有能仁，难安胜境。伏惟宝公堂头和尚，早具锻金之炉鞴，妙传出世之津梁。枯木寒灰，宴坐于千峰影里；腾蛟起凰，进步于百尺竿头。兹缘缁素之依归，有请省廷而允可。唱少林之曲调，踞灵岩之道场。信堂堂龙象之姿，赴肃肃人天之会。白云堆里，不妨依旧径行；碧眼湖边，无惜斩新拈出。永洪睿算，广震潮音。谨疏。
>
> 皇统九年八月　日疏

当时，对高僧的开堂讲法十分重视，因为这意味着讲法者将要担任寺庙的住持，所以要上疏皇帝，而且大多还将奏文刻到碑上，此即其一。

图8-8 《请宝公开堂疏碑》

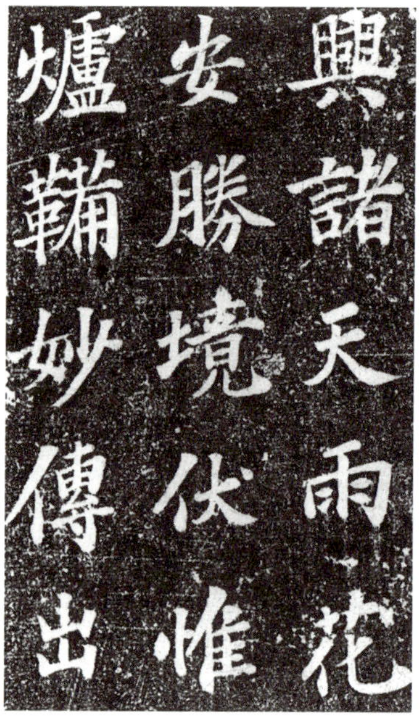


图8-9 《请宝公开堂疏碑》局部

宝公又称大明宝，在该文中被称作“宝公长老”“禅林之伯”“宝公堂头和尚”……赞美之词满篇。宝公为禅宗之曹洞宗第十一世传人，他上承金初青州希辩，下传金末元初万松行秀，在金朝曹洞宗，乃至于整个曹洞宗史上都是重要人物。下面的碑刻中还会较多地提到他，而这些碑刻均可补禅史之阙。

《请涤公开堂疏碑》，在灵岩寺，立于金大定二十三年（1183）。额篆“开堂疏”三字。其行文格式基本相同：“左平章政事，今请涤公长老住持济南府十方灵岩禅寺，为国焚修，开堂演法，祝延寿者。□以达摩不西来，孰能荐祖？卢公既南渡，始见分枝。虽无毫发示人，要在乘风取证，例开法施，各踞名坊。

图8-10《灵岩寺界至图碑》

厥有济南灵岩佛寺，利洽邹齐，襟吞兖鲁，一百年丛林，浩浩三千里，香火憧憧，飞阁莲宫，粹容金界，不期伟匠，焉振宏纲。伏维涤公长老，守文三代，接武四禅，应历下之机缘，续方山之胜蹈。遂使白莲真迹，无根而郁郁腾芳；青社余光，不镜而绵绵照世。正好高提祖印，独步大方，祝吾皇万载之昌图，继古佛一乘之慧寿。谨疏。……金紫光禄大夫、平章政事、宗国公浦察通。”

此疏呈请者为平章政事、宗国公蒲察通。平章政事，即丞相之副手，可见其礼之隆。按年代推算，涤公长老应是灵岩寺第十代住持。

《灵岩寺界至图碑》(图8-10)，在《灵岩寺记碑》之阴，刻于金明昌五年(1194)。碑的下部为灵岩寺地图，上部有说明："济南府长清县灵岩寺，明昌五年上奏断定田园记碑阴界至图本。"

灵岩寺的界至不仅有文字记载的石碑，还画了地图以更明确地区分界定，当年寺庙管理堪称极为严格。

《灵岩寺田园记碑》(图8-11、8-12)，在灵岩寺天王殿东侧，立于金明昌六年(1195)，额篆"灵岩寺田园记"。党怀英篆额、赵沨书丹。

赵沨(生卒年不详)，字文孺，东平人，大定二十二年(1182)进士，仕至礼部郎中。性平淡，工书，自号"黄山"。金代学者赵秉文云："沨之正书体兼

图8-11 《灵岩寺田园记碑》

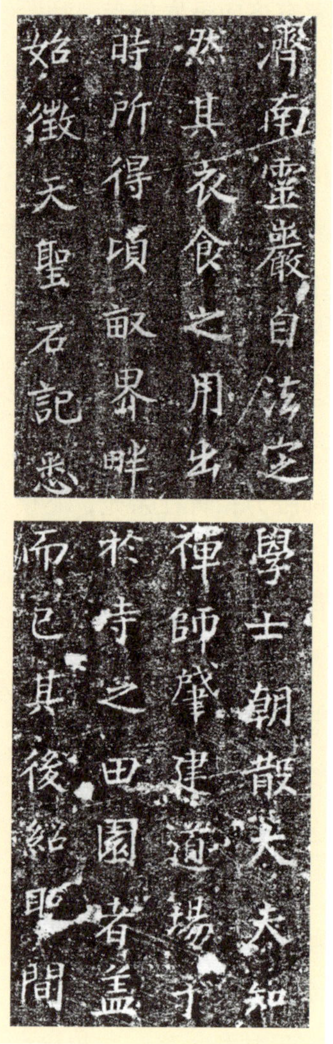


图8-12 《灵岩寺田园记碑》局部

颜、苏，行草备诸家体，其超放又似杨凝式，当处苏、黄伯仲间。党怀英小篆，李阳冰以来鲜有及者，时人以沨配之，号曰‘党赵’。”①

此碑也是关于田产的，但行文切中时俗，文笔亦甚佳，是一篇记录了金代灵岩寺寺田几经得失的文章，可与其他记录灵岩寺的碑文相印证。此文前段写得很通俗，几近白话；后段发了一通议论，也颇见道理。碑文首先说：

济南灵岩寺自法定禅师开辟道场，已历千年了。寺内始终有僧众二百多人，虽然四方布施源源不断，但是衣食之用的三分之二仍然出于寺庙的田产。其田是

① 见《闲闲老人滏水文集》。

宋景德（1004～1007）年间皇帝赐予的，到了天圣初年（约1023）被人稍有侵夺，但主事者不加追究，只是刻石记录了当时所得田地的亩数和四周的界限而已。其后绍圣（1094～1097）间，掌事人稍有不慎，四邻恶者遂乘机取之，当时的长老妙空，虽起诉到官府，但侵占的田地仍未能归还。直至到了阜昌刘豫时期，才找到了天圣年间的石碑，所侵土地才全部归还。然而碑记中的字迹已经漫漶不清，寺僧因其年代久远，恐以后更不可考，于是请主管的官吏召集四邻共立了界桩。

本朝天德（1149～1152）间，又有觊觎寺之山地者。因为金大定六年（1166），朝廷广施恩典，将天下山川赐予贫民，于是山林的所有者皆不敢守护，砍柴的砍柴，伐木的伐木，茂密苍翠的森林不见了，变成了秃山。金明昌三年（1192），提刑司依照他山之例，允许山民采伐寺中山林，急得长老广琛跑部跑省，寺田好歹保住了十分之一二。明昌五年（1194），广琛复走京师，到登闻院陈词，惊动了皇帝，皇帝当即恩准所奏，判处以阜昌、天德所定的文字为准，把旧地尽数归还。主事僧悟宝又向府里进行了汇报，府里也再次下了公帖，并决定再度刻石以为今后的凭据，于是他们到济南找我写文章，我乃为之作序，根据事实记下了灵岩寺田产的归属始末。

最后作者又发议论：世上的人之所以不能脱离苦海而超脱生死之外，主要以贪心爱财为病根，佛祖如来有药可医，而且此药就在眼前。所以深谙佛理者，把人的肉体都看作是身外之物，是一具皮囊，何况钱财一类真正的外物呢？

历史上的撰碑者往往把事情写清楚后还发一段议论，表示对所述问题的看法，此碑就很典型。

《十方灵岩寺记碑》，立于明昌七年（1196），党怀英撰书并篆额。文中不仅认为泰山“神秀之气尤钟于西北”，盛赞了灵岩的地理环境和自然风光，而且普及佛教常识甚多。

碑文首先简述了灵岩寺的历史：“昔人相传，以为希有如来于此成道，今灵岩是其处也。”北魏正光初年（约520），有僧人叫作法定的云游至此，开始经营规划，构筑道场，而法定到来时，有青蛇做前导，两只老虎驮着经文，众人见之皆惊，纷纷施舍。于是空崖绝谷变成了宝地。经过了隋代直至宋，土木丹绘工程日新月异，其庄严宏丽遂成为天下之冠，四方礼拜送金帛以祈福者，每年不下千万人。佛事兴隆，僧人也越来越多了，寺庙分成了三十六个院落。

接着介绍了灵岩寺由“甲乙院”改为“十方院”的情况：宋熙宁三年（1070），

住持僧永义不随流俗，以接人待物过多为由力辞寺事。众人一致推举开封高僧行详担当住持。从此，灵岩寺便由甲乙院的形式改为了十方院。又过了三年，仰天玄公禅师来灵岩传播云门宗，从此禅宗兴起，寺院改观，玄公禅师成为灵岩禅宗的初祖。之后凡住持空缺，则请有大德者主之，而且，并不单独传某宗，至今到了琛公禅师已是第二十代了，琛公则是临济宗的后裔。琛公禅师到来的时候，寺院邪气横生，阴谋夺取寺田，四垣之外也皆为“魔境”，众僧不安其居。禅师行事果敢有力，以正气降伏“群魔”，寺院恢复了往日的秩序，众遂安焉。

此碑文对于了解灵岩寺的情况有重要价值。灵岩寺奠基开创后，代有发展，“历隋至宋，土木丹绘之工，日增月葺，庄严为天下之冠。……居者益众，分而为院者凡卅有六”。规模已经相当大了，时至北宋，行详接替了永义成为住持，而后，“……越三年癸丑，仰天元公禅师以云门之宗始来唱道，自是禅学兴行，丛林改观，是为灵岩初祖。尔后法席或虚，则请名德以主之，而不专□宗，暨今琛公禅师廿矣，其传则临济裔也”。这段文字清晰地记载了灵岩寺自宋代成为禅宗各派的重要基地。党怀英撰文目的，也在于记载这一重要转变，以免“禅力之改革，宗派之传承，后来者鲜或知之”。

## 第三节　诗赋碑

金代泰山诗赋碑很少，不足10处，但其中仍有文人诗、僧人诗及文人僧人唱酬诗。这些诗赋中，也有优秀作品令人击节，它们为泰山石刻史，也为金代文学增了彩。这一时期，僧人的艺术水平甚至超过了文人，给人留下较深刻的印象。

灵岩寺有妙空禅师《诗颂二首碑》（图8-13），刻于皇统三年（1143）。诗后有跋语：

> 妙空老师嗣法，荐福英和而出于大宗师门下，两坐道场，仅四十载。凡示徒贵机用，唯棒喝，可语言，知客道德，获此二颂，囊之久矣。即今示寂，命工摹石，益传不朽。皇统三年中秋日，监寺僧义由谨记。

图8-13　妙空禅师《诗颂二首碑》

妙空是北宋末年灵岩寺住持，乃高德大僧，在他即将退休的时候给众僧写下了这两首送别诗，诗中充满了真诚、自嘲与诙谐，以下是其一：

七年林下冷相依，自愧铅刀利用微。
聚散莫云千里远，轮天一月共同晖。
慈书记写予真求，漫书此以塞来意。

这是老和尚真情的流露，老和尚还说自己："眉不修疏头突兀，鼻磬垂兮颧兀骨。长怜百丑兼且讷，慈禅慈禅不我拙。"只有真正看破红尘的高僧才会这样揶揄自己，并且不会贬损自己分毫。第二首的最后一句是"诗眼"："名兮邈兮水里月。"——名气就像水中的月。这就不仅仅是佛家的观点了。

又有方山野人《〈山居吟〉诗碑》(图8-14)，在灵岩寺，立于金大定十八年(1178)。这也是一位僧人的诗，诗前有序：

方山野人因乐道自兴，作《山居吟》示诸禅者，当山监寺首座焚香礼，

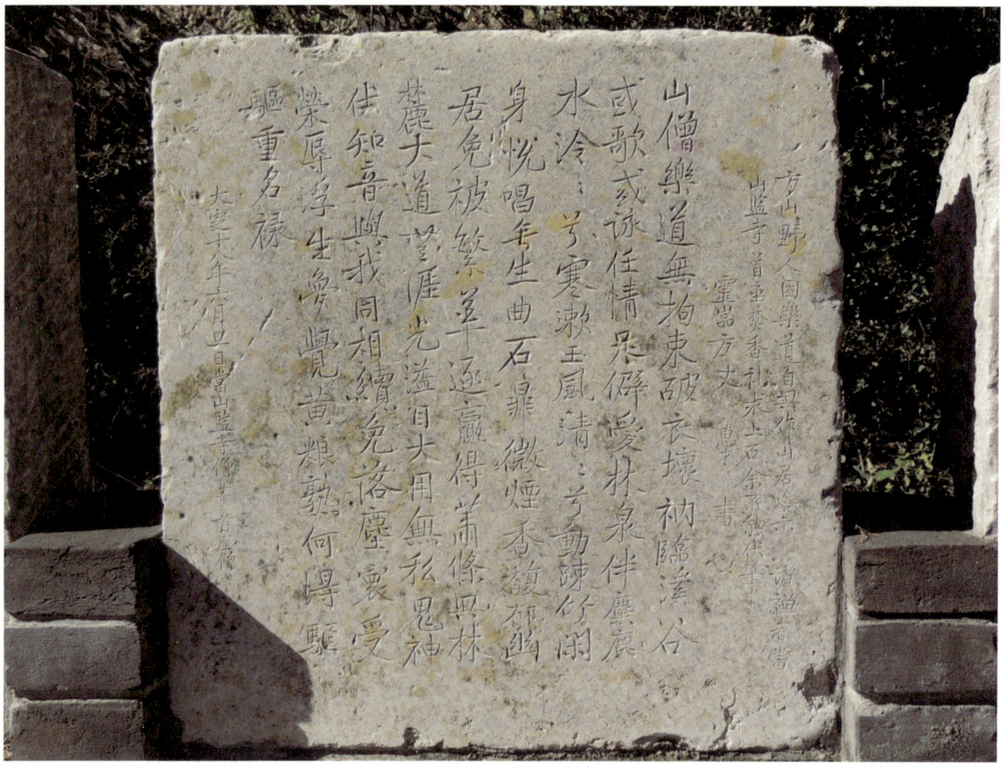

图8-14 《〈山居吟〉诗碑》

求上石。余不能伏笔，灵岩方丈惠才书。

这位僧人将自己称作“野人”，诗中说：“山僧乐道无拘束，破衣坏衲临溪谷。或歌或咏任情足，僻爱林泉伴麋鹿。”苦中作乐，生活可谓自由自在，且不乏味：“水泠泠兮寒漱玉，风清清兮动疏竹。闲身悦唱无生曲，石鼎微烟香馥郁。”更加之这是自己的选择，目标明确而无怨无悔：“幽居免被繁华逐，赢得萧条兴林麓。大道无涯光溢目，大用无私鬼神伏。知音与我同相续，免落尘寰受荣辱。浮生梦觉黄粮熟，何得驰驱重名禄。”这是一首寺院首座的诗，由住持惠才书写，刻到了碑上大概是因为它获得了众僧的共鸣。

金代的文人仍然同寺僧有着良好的关系，唱酬诗依然出现，其中有济南府推任公《〈诗呈堂头云禅师〉诗刻》。此碑立于金皇统七年（1147），作者任瀛，时任济南府“行府推官”。他向往宗教生活的“放开尘眼顿超凡，便觉栖真悟泐潭”。与法云禅师过从甚密，“五花殿里师因果，百法堂中问指南。若道为官太拘束，三年三得到精蓝”。

图8-15 《〈赠灵岩西堂坚公禅师〉诗碑》

又有康渊《〈赠灵岩西堂坚公禅师〉诗碑》(图8-15)，在灵岩寺般舟殿碑林中，立于金皇统八年(1148)，康渊撰并书。

康渊(生卒年不详)，字光庆，河北武安人。累官燕京副留守、中京路都转运使等。史载："渊贪鄙，三任漕事，务以钱谷自营。在中都凡八年，不求迁。"与李通、许霖交相贿赂，贪取漕司诸物，中饱私囊。大定二年，改沁南军节度使。世宗素知其为人，戒之曰："卿宰相子，练习朝政，前为漕司，朕甚鄙之。毋或刻削百姓，若复敢尔，勿思再用。"

其诗曰："萦回绿水绕青山，蝶舞莺啼白昼闲。谁似西堂知解脱，不教忧色到朱颜。"诗后有僧人题跋："伏睹甲兄都运观察，赠西堂禅师佳什，言超物外，奇逸清高，如闲淡，烟云萦岩映岫，自生光彩耳。"

《"烟岚何处锁禅关"诗碑》(图8-16)，在灵岩寺，作者不详，立于大定十八年(1178)。诗前有序："……教及蒙惠语录并副以松花汤为贶，感激，感激。辄有鄙句奉谢，伏惟笑览。"此石共刻诗二首，第一首为："烟岚何处锁禅关，窥

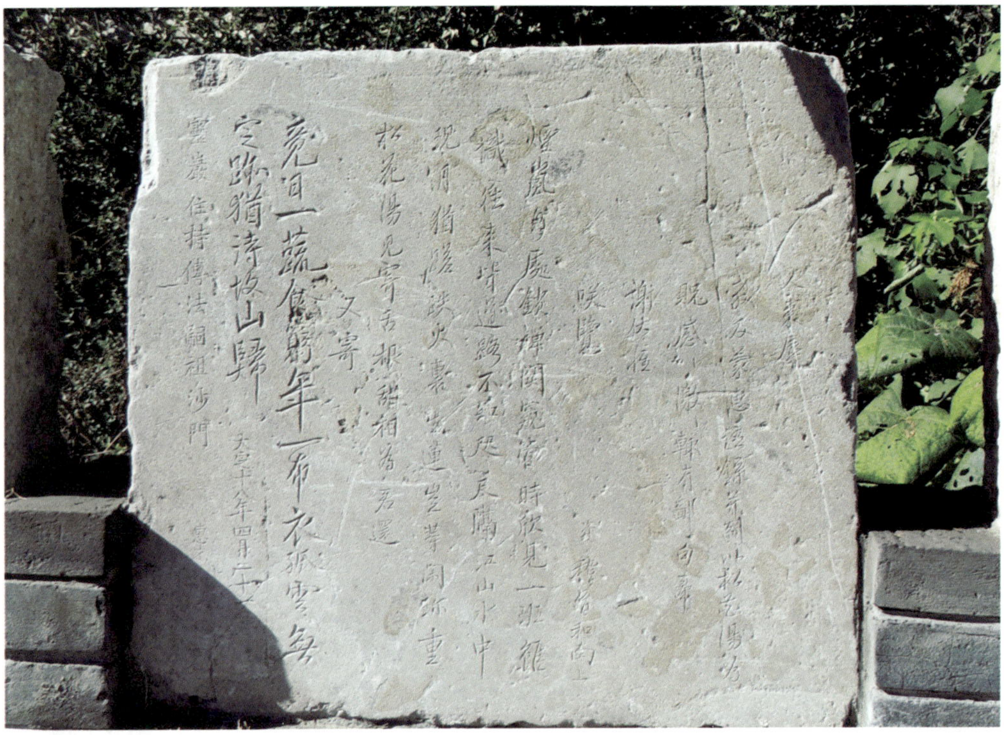

图8-16《“烟岚何处锁禅关”诗碑》

管时欣见一班。虽识往来皆道路，不知咫尺隔江山。水中现月犹嗟跌，火里生莲岂等闲。珍重松花汤见寄，舌根甜相为君还。”第二首为：“竟日一蔬食，穷年一布衣。孤云无定迹，犹诗坟山归。”诗刻落款为：“大定十八年四月二十一日，灵岩住持传法嗣祖沙门惠才立石。”惠才可能是法云之后的住持，是曹洞宗派的一个重要人物。

杨野《〈游灵岩寺〉诗碑》（图8-17），在灵岩寺，为五言长诗，立于金大定二十三年（1183），诗前有序：“仆于皇统五年岁次乙丑春，自任城往历下访表弟于司户叔和□泰安宿灵岩，指近四十载矣。今备员济南，于大定二十二年壬寅秋，因捕蝗与省部委差暨长清丞□□，因成拙诗三十韵，以纪其岁月、景物云耳，信笔而成，殊愧不工。中宪大夫充济南府判官上骑都尉杨野。”诗人对灵岩寺充满情感：“不到方山寺，于今四十年。形容空老矣，风物尚依然。十里穿危磴，群峰簇险巅。”时光飞逝，回忆中有些伤感，但不影响情绪：“涧深泉漱玉，林古树参天。阶砌封苍藓，门阑锁粉瑀。幽奇言莫尽，工巧画难传。突兀五花殿，泓澄双鹤泉。”景色故好，僧舍也整洁而有序：“僧寮依地势，丈室极天玄。楼阁相绵亘，齐厨尽洁蠲。”虽然诗人无比留恋，迟迟不忍归去，但公事在身，

图8-17　杨野《〈游灵岩寺〉诗碑》

只好依依不舍起程分别："拟作归休计，无何公事牵。官程严有限，精舍住无缘。诘旦还推枕，归途复着鞭。何当罢尘累，永结社中莲。"诗意甚浓。

王珩、路伯达《〈游灵岩寺〉诗碑》（图8-18、8-19），在灵岩寺，刻于金明昌五年（1194），也是唱酬诗。

图8-18　王珩、路伯达《〈游灵岩寺〉诗碑》

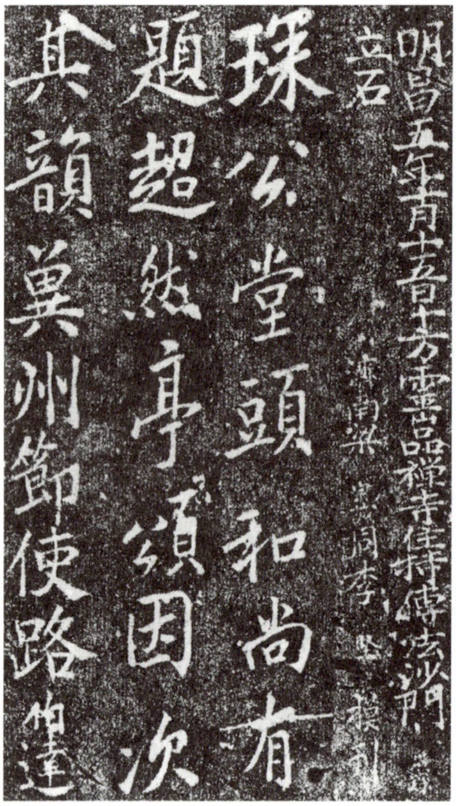

图8-19　王珩、路伯达《〈游灵岩寺〉诗碑》局部

王珩，曾任山东路提刑，余不详。

路伯达（生卒年不详），字仲显，冀州人。金正隆五年（1160）进士，由泗州榷场使补尚书省掾，除兴平军节度副使，入为大理司直。时章宗初向学，伯达以文行知名，选为侍读。后为同知西京路转运使事，召为尚书礼部员外郎，兼翰林修撰。

诗共两首，前有序：“巡按诣灵岩名刹，礼佛焚香，憩坐于超然亭，览堂头琛公佳制，谩继严韵。山东路提刑王珩。”

第一首写诗人在灵岩寺遇到广琛住持，与之言道，有所悟：“钟山英秀草堂灵，林下相逢话愈清。闻道谋身宜勇退，得闲何必待功成。”第二首次广琛禅师《题超然亭》诗韵：“六合空明现此亭，本来无垢物华清。客来便与团栾坐，万偈何妨信手成。”诗中写景，清丽可爱。

诗后款为“明昌五年十月十五日，十方灵岩禅寺住持、传法沙门广琛立石，济南梁宗诚同，李坚模刊”。对照《灵岩寺田园记碑》，也可知这一时期灵岩寺的住持为广琛。

张汝为《〈游灵岩寺〉记碑》（图8-20），在灵岩寺，立于金正隆元年（1156），灵岩寺监寺沙门法告立石，东平张诚刊。

张汝为（生卒年不详），字仲宣，辽阳人（今辽宁省辽阳市），金代宰相张浩之子。其名不见史书，唯《中州集》[①]收其诗，称其为河北东路转运使。时任同知东平县尹。

其文为：

① 金诗总集，元好问编。

图8-20　张汝为《〈游灵岩寺〉记碑》

余素好林泉之清胜，久闻灵岩名山，乃自昔祖师之道场也。所慊尘缘衮衮，未获游览。比虽守官汶上，邻封咫尺，亦无由一到。兹因被檄，赏劳徐、宿、邳州屯守军兵。还，登岱宗，故不惮迂远行役之劳，惠然而来。周览上方胜概，峰峦峭拔，殿阁壮古，森天乔木，是处流泉。憩于秀岩绝景之亭，清风时至，了不知暑，惟闻啼鸟之声，幽邃清奇，迥出嚣凡，信四绝之一也。顿息尘虑，以适平昔景仰之意，恍□忘归。忆唐李涉诗有云："因过竹院逢僧话，又得浮生半日闲。"正此之谓也。时携家偕游，正隆丙子岁仲夏初七日。

这是泰山为数不多的散文题刻中的名篇之一，写得有景有情，尽显灵岩寺自然与人文景观的俊秀优美，读来朗朗上口。

完颜祯《〈灵岩寺赋〉碑》，此碑原在何处不详，立于金崇庆二年（1213），后佚，2007年经考古发掘重见天日。前面有序，后面有僧人之跋。这是一篇文辞并茂的佳作：

灵岩胜景冠于天下，信不诬矣。虽武弁粗习儒业，暮年糟口靳庄，挈家□游，幸莫大焉。不揆荒芜免课，律赋一道，姑叙其万分之一，录呈堂头和尚明远，□希采瞩。完颜祯悚息上。

### 灵岩赋

呈明远和尚

梵刹虽众，灵岩可推。启禅林之久矣，萃海会以兴之。地胜三齐，独占方山之秀；名驰一绝，果为精舍之□原。曰佛法自后汉勃兴焉，释门逮前梁愈阐矣。阿育起清凉之业，魔腾立白马之址，盖如来盛教之光辉，俾历下招提之华侈。料临安之天竺，岂可相侔；念荆州之玉泉，莫能与比。当其一圣出世，二虎负经，本观音之示现，记罗汉之仪形。青蛇寻径兮前导，白兔啮草兮敢停。金玉楼台壮丽，岂劳于人力，人天境界，经营多赖于神灵。于是五花殿耸也，梁栋峥嵘；双鹤泉深也，梅苔苍翠。尘埃半点之俱绝，香火四时之长置。幽鸟乐兮翔鸣，灵芝秀兮奇异。云霞缥缈，锁万仞之翠岭；桧柏阴森，隐一廛之金地。且夫山萃，绝景亭依秀岩，春色偏媚于林麓，岁寒不凋于松杉……既而物我不染，利名顿无，水声清而漱涧石，山色重而扑肌肤……

异哉！灵云了悟于桃禅，慧远能结于莲社。念古之伎俩，虽已远矣，观今之家风复可继也。且钵衲足以优游，况琴书乐哉清雅，鲰生他日了□触之功名，愿陪吾师，啸傲方山之下。

靳庄酒正伯祥完颜公，乃皇朝功臣□萧王之曾孙也。一日清访林下，□出灵岩赋咏一篇，其格律而高，其辞典而丽。寻幽讨胜，原始要终，褒崇圣迹，不其伟欤？□观当山，自元魏开创，逮今千余岁矣，虽士大夫长篇短咏，光彩焕目，盖如完颜公赋咏曲尽其理者，无之矣。于是命工刊石，庶久其传，使夫观者亦知山僧发扬友善之一端也。

□崇庆癸酉仲春望日云。当山住持传发嗣祖沙门永杲立石。

该碑文分为两部分内容，前半部分为赋，分了五个层次。第一层开篇，写灵岩寺无与伦比，佛教自东汉传入之后，虽有临安之天竺、荆州之玉泉，皆莫能与之比，果然是天下一绝。第二层写灵岩寺历史，法定禅师来到后种种异相频出，非人力所能为之，故作者认为这是观音之示现、罗汉之转形，增加了灵岩寺的神秘感。第三层大力渲染，描写灵岩寺的传说与美景，可谓美轮美奂，令人心向往之。第四层写感受，来到此地，物我皆忘，利名顿消，唯觉“水声清而漱涧石，山色重而扑肌肤；锡杖决流以长盈，良能利物；袈裟化铁而不朽，果善回愚”。最后，作者流连忘返，感叹道：“异哉！灵云了悟于桃禅，慧远能结于莲社……愿陪吾师，啸傲方山之下。”

第二部分是当山住持永杲对赋的评价。永杲禅师先是介绍了作者完颜祯，乃皇朝功臣□萧王之曾孙。然后说作品的产生过程并评价此赋：其格律之高，其辞典之丽，可谓“寻幽讨胜，原始要终，褒崇圣迹，不其伟欤”。又说：反观当山，自元魏开创，至今千余年，士大夫的长篇短咏，虽光彩夺目，但是如完颜公赋咏曲尽其理者，没有。所以，命工匠刻到石头上，以传之久远，并使后之观者知山僧发扬友善的态度也。

## 第四节　高僧道行碑

佛教重镇灵岩寺在金代依然得到发展，从碑文看，这一时期在寺中活动的人物有妙空禅师、定光禅师、涤公禅师、宝公禅师、才公禅师、杲公禅师等，他们均有墓碑存世。而其中较为著名的是《宝公禅师塔铭》与《才公禅师塔铭碑》，两碑不仅讲述了他们的故事，而且弥补了禅宗史上缺失的一环。

《宝公禅师塔铭》，立于金大定十四年（1174），介绍了宝公禅师的一生。宝公禅师是灵岩寺第十一代住持，也是中国佛教史上一位举足轻重的人物：宝公姓武，河北磁州城里人，自幼便卓尔不群，相貌也不同于常人。禅师8岁出家，19岁投奔本州寂照庵祖荣长老正式剃度，得法号“法宝”。不久，法宝对师傅说：“我闻听青州希辩禅师传洞山一派教义，在京城万寿寺讲法，禅侣云集，犹如百川之归于大海。”祖荣说：“你是成大器的人，快去吧。”遂以长歌送之。老师来到了燕京，希辩禅师一见而奇之，认为此子真有龙象之像也。于是特别器重他，请他担任寺里的知藏。

希辩禅师是曹洞宗第十世传宗大师，宝公来到万寿寺三年，学习曹洞宗日见长进，便欲云游四方，探本究源，于是恭敬地向希辩大禅师辞别。临走时，希辩大师传给了老师法衣、三颂，宝公于是继承了希辩的衣钵，成为曹洞宗第十一世传人。宝公来到山东，当了灵岩寺的住持，希辩大师圆寂后，宝公回到了磁州，家乡的人们纷纷赶来迎接他。七年过去了，到了大定二年，南阳郡王张太师因素慕师德，便用自己的俸禄三千万买下了大明寺，仰仗宝公住持。于是，宝公被称作了“大明法宝”。他功德圆满了，写疏状告退，隐于紫山韬光养晦。大定十三年（1173）十月七日，宝公圆寂，俗寿六十，他传授的弟子有当山住持惠才、蔚州人山住持善恒、太原王山寺住持觉体、中都万寿住持圆俊、中都仰山住持性璘、磁州大明寺住持圆智等，其他不知名的学法修行之人不计其数。先师焚化之后，分灵骨于灵岩、大明、鉷峪、紫山四处建塔……

在中国佛教史中，曹洞宗乃佛教禅宗五家之一。禅宗由达摩带到中国后，向下传了六代，是为六祖慧能。继续向下传，到了洞山良价，创立了曹洞宗。青州希辩便是禅宗第二十代传人、曹洞宗的第十祖。希辩是一个传奇之人，曾住持青州天宁寺，集成《青州百问》一书举扬曹洞宗风。辽道宗时，青州为耶律攻破，希辩禅师被掠至燕京，他以“戒行高古”为大众钦服，使沉寂许久的北方禅宗重焕生机。之后，大明法宝得到了希辩的衣钵，成为曹洞宗十一世祖。而法宝的传人又是谁呢？碑文说得很明白：“师嗣法门人当山住持惠才、蔚州人山住持善恒、太原王山住持觉体、中都万寿住持圆俊、中都仰山住持性璘、磁州大明住持圆智。”惠才排在第一位。

结合《才公禅师塔铭碑》将会使之更加明确。《才公禅师塔铭碑》立于金大定二十七年（1187），首行是“当山第十七代才公禅师塔铭”。

碑文开头介绍才公禅师：“师讳惠才，姓韩氏，睢阳人也。年甫十岁，适兵荒之难，父母昆季殂谢殆尽，唯余王母叔父存焉。”惠才“十五而志于道，自谓脱于万死之余，念罔极之恩，非出世间无以报，……欲去家为释子者屡矣”。出家后先是在本地寺院，后来就到开封法云寺和山东单县的普照寺等处，将高僧都访问了一遍，“最后闻磁州大明师唱道灵岩，不远数百里造其法席。大明一见，赏其法器，日切留师侍傍”。其间发生了一件事情：“忽一日凌晨，（惠才）闻开禅钟声，默有所得。悲生悟中，泪下如雨，径诣丈室见大明。大明曰：‘汝若匆遽有何事？’师曰：‘意之所得，非言可诠。’大明叩之曰：‘洞山言，切□从他觅，又举焉祖，唤作如如，已是变也，若之何不变？’语未毕，师掩耳而出。大明笑曰：'汝入吾室矣。'"惠才成了大明法宝的入室弟子。此后，惠才便始终跟着大明，终于有一天，"大明谓师曰：'汝道成果熟，可为人师。吾之正法待汝兴行，汝其勉之'"。最后，碑文又说："自洞山既寂之后，再传而得价又九传而得辨，而大明承其嫡派。师（惠才）受大明之密印，即洞山十二世孙也。"

但是，目前佛教史上记载的曹洞宗十二代传人却不是惠才，而是王山觉体。因为佛教传灯史大多为清代人所撰，很可能是写史的人没有看过这块碑，而宝公、才公这两块碑也的确不容易见到完貌。清人唐仲冕之《岱览》曾介绍过这两块碑：《宝公禅师塔铭》"下截为土所没"；《才公禅师塔铭》者，"下截没土者半，无从得才公事迹。才公之名，碑已不见，以《山居吟》诗刻证之，乃惠才也"。《金文最》有此碑录文，也只是上半部分，无法贯通。惠才被"土"埋没了数百年。现在，两块碑都重新立起来了，可以看得清楚，惠才为曹洞宗第十二世祖，似已毋庸置疑。

当然，王山觉体也是大明法宝的门徒，王山之圆明寺有《太原交城县王山修建十方圆明禅院记碑》，碑阴刻《王山十方圆明禅院第二代体公禅师塔铭并序》。体公即王山觉体，生于金天辅五年（1121），比大明宝小7岁。俗姓郭氏，太原交城县人。20岁前后，礼汾阳净慧为师，得法名觉体。29岁参大明宝于灵岩寺。后随侍10年，辞大明宝，经上党还乡，并没有传衣钵的记载。他40岁至交城王山传法。大定二年（1162），觉体住持之寺院得"圆明禅院"之额。大定五年（1165），受太原府与僧道录司之请，正式开法圆明禅院，并兼天宁禅寺住持。大定十三年（1173）示寂于天宁寺。《塔铭》记其法嗣："嗣法二人，曰圆光、□满。""□满"，当为慧满——觉体的著名弟子雪岩慧满。慧满是曹洞宗第十三代宗主，师以徒贵也未可知。

## 第五节　题记碑

金代泰山题记、题名刻石有十余处，而游览的题记则基本没有。从仅存的这些刻石中可以看出这一时期人民的生活不像唐代和北宋那样宽松自在，社会氛围比较压抑，而且题记印证了金朝末期江河日下，最终被元所灭的史实。

《刘德亨题记碑》，在灵岩寺，金正隆二年（1157）刻于《蔡安特诗碑》左上角：

> 北安刘德亨安礼，携家之泗水，住，饭僧于此。
>
> 正隆二年三月十有七日书。

此题刻记录了当时有向和尚施舍饭的风俗，这种风俗一直延续到了清代。

《石匠伊小二郎题记刻石》，原在玄圭石附近，今佚，刻于金大定九年（1169），其文为：

> 大定九年岁次乙丑五月上旬初一日，因赴竹村打磨，至此闷题。
>
> 伊小二郎记耳。

这是泰山上的第三处石匠题刻，是金代底层人民生活的真实写照。石匠伊小二郎去为人家打制磨盘，路过此地。彼时正是农历五月初一，青黄不接之时，家无隔夜之粮，小二郎一家老小都要等着他干完这一天活儿，换回些粮食以裹饥腹。他心中愁苦，便向生养他的泰山倾诉，并拿出了混饭吃的錾子直接将心中的情绪刻到了石上。虽然字体不好，刻制潦草，但是一个"闷题"可谓传神，甚至小二郎在文末还用了一个"耳"字，则更透露出了他的无奈。

《唐国公主并驸马朝礼灵岩祈福碑》（图8-21），镶嵌在灵岩寺方丈院墙上，刻于金大定十五年（1175）：

> 皇女唐国公主并驸马都尉镇国上将军行大理卿同入寺朝礼。观音后土祈嗣，谨施资金，命山野升座，推轮饭僧毕，焚香作礼求颂，遂成四韵录呈台座、济南府灵岩方丈惠才，悚息上：
>
> 九重才出动春风，宝马香车谒圣容。祈祷殷勤朝寺岳，必应贤化感儿童。回途妙达长安道，始信无私用不穷，永泰悟明成证果，而今消息类还同。
>
> 大定十五年五月望日监寺僧宗旨立石。

图8-21 《唐国公主并驸马朝礼灵岩祈福碑》

碑刻正文中有两个人物，一个是唐国公主，一个是驸马。金代的唐国公主，据《金史》中零星记载，应该是世宗皇帝的弟弟齐王完颜吾里补之女，即世宗皇帝的侄女。她从小和世宗的长女豫国公主一起长大，当世宗还在潜邸时嫁于她的第一任丈夫徒单思忠，但徒单思忠早亡，世宗皇帝很快又在金代望族中为这位侄女寻到了另一位夫婿，此即唐国公主的第二任丈夫，驸马乌林答天锡。此事最明确的记载见于大定二十五年（1185）《重建汝州香山观音禅院记碑》[①]。该碑中有“奉国上将军、河南路统军使、驸马都尉、上护军、广平郡开国侯、食邑一千户、食实封壹佰户乌林答天锡、皇女唐国公主建”的记载。刻于金泰和七年（1207）的《汝州香山秀公禅师塔铭》[②]亦有“唐国公主驸马统军乌林答请住智海禅院”的字样。

此碑中虽未有驸马名号及说明，但乌林答天锡于大定十一年的职务是正四品的尚书刑部侍郎，大定二十一年（1181）为驸马都尉、奉国上将军（从三品上）、河南路统军使（正三品），再到大定末年的太尉（正一品），位居三公。

① 在今河南省汝州市香山寺。

② 在今河南省汝州市香山寺。

图8-22 《修山寨题记刻石》

金代贵族统治阶级内部对权力的分配情况由此可大致了解。

《吴衎题记刻石》，在岱庙天贶殿前甬道西侧平台的玲珑石上，刻于金大安元年（1209），其文为：

> 大安元年八月二十日，宣武□□泰安州奉符县令吴衎同母王氏谨献。

这是一处向神灵献太湖石的题刻。这种石头岱庙中有数处，其他石上还有“岱岳分奇”“古皖玉峰王珍观”“古皖心田王梦龙至”“玉山高并两峰寒”等题记，现已大多不清或不存了。

《修山寨题记刻石》（图8-22），在泰山扇子崖，刻于金贞祐三年（1215），文为：

> 贞祐三年七月日，使州委差修完山寨，部领人夫勾当。
>
> 公府东至大滩。

此题刻映现了金贞祐元年（1213）的历史。这年蒙古军分三路南下，破金九十余郡。贞祐二年（1214），蒙古军围金中都，金宣宗遣使求和，被迫迁都开封。金贞祐三年，成吉思汗已统一了蒙古，向金朝发动大规模战争，燕京被蒙古军攻占，至此黄河以北地区全部落入蒙古人之手。而山东半岛至泰山到东平府一带，则是金兵与蒙古军经常交战的地方，所以便有了“修完山寨”之举。从姜博士修山寨抗金，到贞祐三年修山寨防蒙，金朝几乎就没有消停过。此题记之后，不到15年，金朝覆灭。

# 第九章
# 元代泰山石刻

元朝是蒙古族建立的王朝，定都于大都（今北京），传五世十一帝，历98年。元中期政变频繁，政治始终未上正轨。后期吏治腐败，权臣干政，民族矛盾与阶级矛盾日益加剧，导致元末农民起义。元朝废除尚书省和门下省，保留中书省与枢密院，与御史台分掌政、军、监察三权，地方实行行省制度，开中国行省制度之先河。也推行了不少弊政，如匠籍制、籍没制、宵禁、海禁等，中断了唐宋变革的进程，改变了宋后中国的历史。元朝商品经济和海外贸易较繁荣，但整体生产力不如宋朝。

在文化方面，由于统治阶级较全面地接受了汉民族文化，对儒释道并不加以抵制，故出现了元曲和散曲等艺术形式的繁荣。而这一时期泰山石刻的表现的内容也是多方面的，既有宗教的，如大量的高僧道行碑、高僧墓塔、建修庙宇碑等；又有文学艺术的，如杜仁杰、徐世隆、张淑、复庵诗碑及散文《张宣慰登泰山记碑》等；还有弘扬儒学文化的《创塑州学七十子记碑》《元重修宣圣庙碑》……而《太师泰安武穆王神道碑》则其形体之巨、字数之多、内容之广泛堪称元代社会的一部浓缩史。

元代泰山石刻中出现了“白话文”圣旨碑、法旨碑，其文法句式颇有元曲的韵致，也让人感到别开生面。特别值得一提的是日本沙门邵元撰并书的《息庵让公禅师道行碑》，标志着这一时期宗教活动的对外开放已达到了相当高的程度。其间，在泰山留下题记刻石的元代文人有元好问、杜仁杰、严忠济、王玉汝、姚燧、张起岩等，他们为泰山石刻园地增添了新色。

这一时期，民族斗争尖锐，泰山刻石对之也有反映，如《张田玉等题名刻石》，就为人们了解元朝统治者依靠地主武装来镇压红巾军提供了证据。

## 第一节　朝廷圣旨碑

圣旨碑是元代统治者镌刻在碑石上的文牍，多为颁发给寺院、道观、庙学的各类旨书，其基本内容是晓谕地方军政官员、过往使臣、平民百姓不得侵害承旨者的土地、财产等权益及蠲免僧人、道士、儒生的各种差役，并告诫僧侣、道众为国运帝祚虔诚祈福，不要恃旨胡为。元代开国之初，崇尚道、释，凡琳宫梵宇，往往有圣旨碑。以至“虽弹丸小邑，尚有元时圣旨碑一二通”[①]，因年代久远，原碑能保存至今者，已不到万一。元代圣旨碑多用回鹘式蒙古文或八思巴字写成，再译为白话汉语，故被称作“白话”圣旨碑，具有鲜明的直译体特征。明清以降，方志、金石书籍往往对之持贬义态度，认为其“文无足述，而体特异”[②]，弃而不录[③]。至目前，虽白话碑不断被发现，但总量仍不多。这些碑的内容并不丰富，且有程式化的特点，但是它涉及元代政治、经济、法律、宗教、典章、文化、地理、社会生活等各个方面，因而有着一定的历史学、宗教学、方志学、翻译学等方面的价值。

泰山灵岩寺内现仍存有《元代圣旨碑》（图9-1、9-2）。元代用十二生肖纪年，碑阳上层刻兔儿年圣旨，下层刻羊儿年圣旨，保存完好，是典型的蒙古音译与汉语口语的结合体。以下仅录其上层碑文：

长生天底气力里、大福荫护助里皇帝圣旨。道与管城子的达剌花赤根底、官人每根底、管军的官人军人每根底、过往使臣每根底、民户每根底省谕的圣旨：

成吉思皇帝的、合汗皇帝的圣旨里：“和尚每、也里可温每、先生每、

---

① 参见《清稗类钞·鉴赏类三·叶鞠裳论非汉文之碑》。

② 见河北平山县志料征集处印《平山县志料集》卷十四《金石·永明寺碑》，民国二十年刊本，收入《中国方志丛书》，台北成文出版有限公司。

③ 祖生利、船田善之：《元代白话碑文的体例初探》，《中国史研究》2006年第3期。

打失蛮每、除税粮以外，不拣大小差发休当者，天根底告者俺每根底，视寿作福与者”这般圣旨有来。如今依着以前的圣旨体例里，和尚每也、立可温每、先生每、答失蛮每，除税粮以外，不拣大小差发休当，释迦牟尼的道子不别了，天根底告者俺每根底视寿作福与者。这般上头，东平路泰安州长清县灵岩禅寺为头儿的寺院里，有的副长老广副寺为头儿，和尚每根底，执把的圣旨与了也。这里的每寺院里房屋里，使臣每休安下者。不拣是谁，依气力休住坐者，寺院里休断公事者，官粮休囤放者，不拣什么物色休放者，铺马祗应休拿者。种田呵，地粮纳者；地粮纳呵，本处城子里纳者；作买卖呵，税钱与者。这般推称着，鼠儿年以前的税粮休要者。除税粮已外，但属本寺家的田地、水土、竹苇、树木、园林、水碾磨、解典库、浴堂、店铺席等，应有出产，不拣是谁，休夺要者。更有醋曲酷大小差发，

图9-1 《元代圣旨碑》

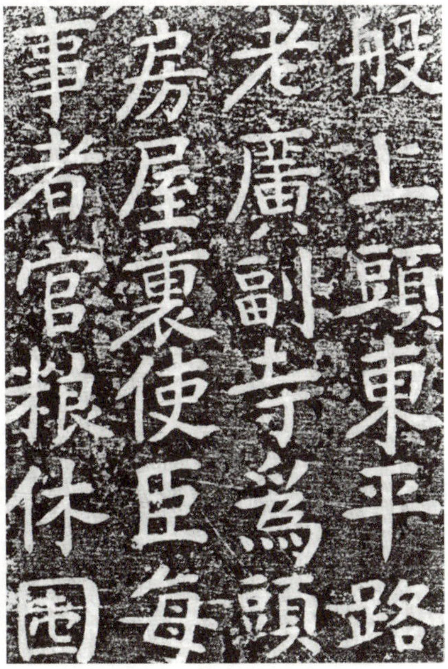


图9-2 《元代圣旨碑》局部

休得要者。更俺每不曾分拨名姓的圣旨没也道投下里推称者。和尚根底休索要什么者，这和尚每这般圣旨有也，道没体例的公事休做者呵，不怕那什。

兔儿年八月二十八日必赤里曰地里有的时分写来。

文中“长生天底气力里、大福荫护助里”相当于汉语的“奉天承运，皇帝圣诏曰”。文中的“每”，古汉语口语，表示复数，相当于现代汉语“们”。“根底”是蒙古语的后缀词，无具体意思。如“道与管城子的达剌花赤、官人每根底、管军的官人军人每根底、过往使臣每根底、民户每根底省谕的圣旨”，意思就是：向管理城市的当权者、官人们、军官们、过往使臣们、居民们宣谕圣旨。“兔儿年”，乃蒙古族采用的生肖纪年法，以虎年为首，顺序为虎、兔、龙、蛇、马、羊、猴、鸡、狗、猪、鼠、牛，十二年一循环，不知背景便不好断定具体年份，譬如，至元二十八年（1291）、大德七年（1303）、延祐二年（1315）等都是兔儿年。

图9-3 《大元国师法旨碑》

该圣旨主要强调遵守法规，强调寺产不可夺等。

在元朝，同圣旨碑的作用几乎相同的又有国师法旨碑，灵岩寺内便仍存有《大元国师法旨碑》（图9-3）。此碑颁布于蛇儿年，额篆“大元国师法旨”六字，碑阳之上刻蒙古文，横读，字如钩丝下垂，碑下部刻汉文。

碑文指出：凡属寺里的田地、水土、园林、碾磨、店铺、解典库、浴堂、牲口等物，无论是谁，凡想仗势夺取者、力大欺人者、借故索要东西者，叫他老实听好了，把法旨给他看，见了法旨，要依照要求，严格遵守，若有违反勿怪言之不预。

这种文体与所谓白话的圣旨甚至还延续到了明初，明代开国皇帝朱元璋及其子永乐皇帝朱棣都曾用这种非正统文言文颁发过圣旨[①]。

## 第二节　题名、题记与人物传记碑

泰山现存元代题记刻石4处。在异族的统治下，中原文人士子看来并没有多少游兴，4处题记中只有一处勉强涉及游览。正因为如此，元代题记中反而包含了更多的历史信息，故亦为历代金石学者重视。

### 一、题名、题记碑

这一时期，较为著名的题记碑有《元好问灵岩寺题记碑》，此题记刻在了金党怀英《十方灵岩寺碑》之阴，元太宗八年（1236）上石，这是元好问留在泰山仅存的一处亲笔遗迹：

冠氏帅赵侯，济河帅刘侯，率将佐来游，好问与焉。丙申三月廿五日题。

① 如明洪武十年《谕西番罕东毕里等诏》："奉天承运的皇帝教说与西番地面里应有的土官每知道者：俺将一切强歹的人都拿了，俺大位子里坐地有。为这般上头，诸处里人都来我行拜见了，俺与了赏赐名分，教他依旧本地里面快活去了。似这般呵，已自十年了。止有西番罕东、毕里、巴一撒，他每这火人为什么不将差发来？又不与俺马匹牛羊。今便差人将俺的言语去开与西番每知道，若将合纳的差发认了送将来时，便不征他；若不差人将差发来呵，俺着人马往那里行也者，教西番每知道。俺听得说，你每释伽佛根前、和尚每根前好生多与布施么道。那的是十分好勾当，你每做了者，那的便是修那再生的福有。俺如今掌管着眼前的祸福俚，你西番每怕也那不怕？你若怕时节呵，将俺每礼拜著！将差发敬将来者！俺便教你每快活者，不着军马往你地面里来，你众西番每知道者！"

元好问（1190—1527），字裕之，号遗山，山西忻州人，生活在金元之际民族矛盾剧烈冲突的时期，是我国金代颇有成就的诗人，被历代评论家公认为“一代宗工”。他长期在泰山活动，写下了众多与泰山有关的诗文，对金代泰山文化的发展做出了贡献。

题刻中的丙申年，是元好问一生中的一段特殊时期。此前三年，金都汴京被蒙古兵破，金哀宗完颜守绪被俘，元好问也被拘押。他作为囚徒，与家人辗转于山东聊城、冠氏县之间，历经了饥饿悲愁、生离死别。好在是其间结识了一批蒙古国的汉军首领，使他的境遇稍稍有所改善，该文中的“赵侯”“刘侯”，就属此类。直到元太宗窝阔台十年（1238），49岁的元好问才结束羁系，恢复了自由。

岱顶振衣冈石壁上有《张郁等题记刻石》（图9-4），刻于元定宗己酉年（1249），此时蒙古国尚未建年号。此题记出现了金元时期“大行台”的称谓，文为：

> 岁己酉十一月初五日，泰安州刺史张郁建立大行台严公磨崖。二碑模勒：乡贡进士王天定，吏目梁粥、徐昇、王坦，石匠高玫、男高源、楚大、周仙、王成。监修司侯判官范元谨题。

图9-4《张郁等题记刻石》

所谓“大行台严公”，系指第一代东平大行台严实之子严忠济，“磨崖”指张郁所摹刻的严忠济《礼岱顶神祠记》之文。行台，源起于魏晋时期的行省制度，沿袭至隋唐，是以外州（地方）行使尚书省职权的官职，如任职者权大位高则称“大行台”。金末，为抵御蒙古和镇压农民起义，统治者常命宰臣出镇诸路，或以宰相职衔授予地方长官，皆称行省，所置有大名、河北、陕西、河东、中都、山东、东平、辽东等。蒙古占领中原后，多委付金朝归降的官吏和地方军阀充任。严实即为东平大行台。

严实（1181—1240），字武叔，泰安长清（今山东济南市长清区）人。1220年，蒙古军南侵攻掠山东之际，严实率所部二府六州共30余万户投降蒙古，蒙古太师木华黎拜其为金紫光禄大夫、行尚书省事。1225年，再会同蒙古军败南宋名将彭义斌，所属扩至54城。1230年，赴蒙古行宫觐见窝阔台汗，被授东平路行军万户，称大行台，严实去世后，其子严忠济继任行台[1]。1261年，追封其为鲁国公，谥“武惠”。泰山石刻中提及他的次数甚多。

严忠济（？—1293），字紫芝，长清人，严实之子。元太宗时袭父职为东平路行军万户，从元世祖攻宋，有战功。至元二十三年（1286）授中书左丞，行江浙省事。《元史》卷六十七有传。

《徐田隆等题记刻石》（图9-5），在岱顶振衣冈石壁上，刻于元定宗己酉年（1249）。此题记记录了官员王玉汝、张昉、柯亭、李滋、杜仁杰、孟谦随严忠济礼岳祠、登绝顶的事：

> 东平参议王玉汝，经历汶上张昉，知事柯亭、李滋，济南杜仁杰、须昌孟谦从大行台严公以己酉七月中浣礼岳祠竟，是日遂登绝顶。陈人徐田隆题。

徐田隆（1206—1285），字威卿，陈州西华（今河南省周口市西华县）人，金正大四年（1227）进士。入元，官至山东等道按察使。元至元元年（1264），迁翰林侍讲学士，兼太常卿，朝廷大政谘访而后行，诏命典册多出其手。至元九年（1272），为东昌路总管。徐世隆为官正直，文天祥被执陷狱，他曾作诗哭之，有“当今不杀文丞相，君义臣忠两得之”之句。

图9-5 《徐田隆等题记刻石》

王玉汝（？—1252），字君璋，郓城人。累官至龙虎卫上将军、泰定军节度使，

① 参见本章《徐田隆等题记刻石》《礼岱顶神祠记刻石》。

兼兖州管内观察使，充行台参议。

元代的另一处题记刻石为《张田玉等题名刻石》，在泰山中溪桃花涧石壁上，刻于元至正十八年(1358)：

> 大元至正十八年二月初八日，因红巾占据泰安州，调遣淮南府都元帅杨世瑛统兵一十七府来此。万户张玉田等将至□名山□□，游观到于泰山，岩内泉石之下，古迹可人，□□笔姓名于石。万户张田玉、李谅，万户李玉□、知事张荣祖。

这是一则映现记载元末红巾军起义的刻石。据《元史·顺帝纪》载，至正十八年(1358)二月癸酉(初五日)，“毛贵陷济南路，守将爱的战死”。于是调遣淮南府都元帅杨世瑛等前来助战。但红巾军何时攻克泰安，史无记载，这块刻石确切地记载了毛贵军占领泰安的时间是至正十八年二月初八日，也就是毛贵占领济南后的第三天。随后，毛贵又扩大战果至滕、兖诸州及附近属县。此后挥师北伐，元将董抟霄乘机夺回济南，也速(元将)亦占领滕、兖二州。而泰安仍在红巾军手中，并始终成为济南的威胁。

## 二、人物史碑《太师泰安武穆王神道碑》

此碑(图9-6、9-7、9-8)立于元延祐四年(1317)，原在泰安博罗欢祠堂前(今山东农业大学水利学院附近)，1979年移碑于岱庙。碑文为翰林集贤大学士姚燧书，碑额篆“大元太师泰安武穆王神道之碑铭”。

姚燧(1238—1313)，字端甫，号牧庵，原籍营州柳城(今辽宁朝阳)，元代文学家，官至翰林学士承旨。著有《文集》50卷，今存《牧庵集》36卷。

此碑之文甚长，达4500余字，在泰山石刻史上堪称之最，超过了大多唐宋封禅的鸿篇巨制，内容亦包罗万象，详尽地记录了蒙古族早期的社会状况，可与正史相映照。

碑文开首罗列了碑主的功名与爵位：“圣元故光禄大夫、上柱国、江浙等处行中书省平章政事忙兀公彰德表勋碑铭并序。”之后便开始具体介绍：武穆王博罗欢，姓忙兀氏，蒙古人，其曾祖畏答有战功，战死后封泰安武穆王，食邑二万户。武穆王是元代的最高爵位名，博罗欢承袭其爵位，死后移葬封地泰安。

其第一个故事就涉及战争：当年，博罗欢的曾祖畏答而与其兄畏翼都辅佐太祖成吉思汗征讨。那时敌方强大，畏翼胆怯，谋划前往投降，畏答而劝阻不果，只好哭泣着独自转回。太祖皇帝知道了此事，十分不信任地对畏答而说：“你哥哥与众人都走了，你独自回来干什么？”畏答而无以辩解，于是折箭发誓说：“如果我不忠于皇上，就将像这箭一样。”皇帝感到了他的真诚，为他改了名字叫作“屑廛·约为按答”，这个名字的汉语意思就是“聪明、能与朋友同生死”。

图9-6 《太师泰安武穆王神道碑》

图9-7 《太师泰安武穆王神道碑》题额

图9-8 《太师泰安武穆王神道碑》局部

碑文又记载了屑廛最终死于战争：

> 帝与王罕陈于曷刺真，彼众我寡，刺兀鲁一军先发，其将兀彻带玩鞭马鬣不应。屑廛请曰："战犹凿也，匪斧不入。我先为凿，诸军斧继。"……辰入疾战，大败其军，晡犹逐北，敕使止之乃旋师，免胄为殿，脑中流矢……逾月而卒。

屑廛战死后，皇帝以所夺"民百户"给予了屑廛之子，"世世岁赐，勿绝其族，散亡者收完之，即封'北方万家'"。不久，元太宗窝阔台封屑廛的儿子忙各为忙兀族的君王，将泰安州二万户之民赏给了北方万家。忽必烈当了皇帝后，博罗欢因随从讨伐叛王阿里不哥有功，被赐战马四百匹及金银布帛等。至元三年，"李璮反，诏将忙兀一军围济南，抄益都、莱州，贼平"。至元八年，朝廷誓师伐南宋，博罗欢被授予昭勇大将军、右卫亲军都指挥使虎符，大都则专右卫，上都则三卫兼总。博罗欢勇谋双全，不到一个月连下四城，宋主宣告投降，皇帝表彰其功绩，赐予西域药材及葡萄酒、介胄、弓矢、鞍勒，加封其为桂阳王。至元十四年，博罗欢被派遣到应昌征讨叛王只里干带，获胜后赐予鞶带、币帛等。同年，因江南各地多有反叛者，遂下诏招募百姓随大军进讨。至元二十一年，福建黄华反，朝廷征内地戍兵进讨，未能平贼，反而抓来无辜良民报功。不久，诸侯王乃颜又反，皇帝欲亲自征讨……全文共记录大小战争十余次，时间几乎贯穿了半个元代，故该碑可称元建国前后的战争史。

碑文还讲了一个故事，可以看出博罗欢的品性。说是因为江南各地多反叛者，忽必烈遂下诏招募百姓随大军进讨，并可拟定命令、符节，一切同正规军一样。正在实施阶段，博罗欢听说了，十分忧虑。但他正生病不能亲自向皇上进谏，便令司徒董文忠进宫汇报，董文忠转达博罗欢的话说："现在我们所掌握的精兵强将何止百万，还用得着征召民间百姓来壮军威吗？百姓良莠不齐，臣恐怕他们一到了南方，就会肆意贪虐，斩杀平民，强占妇女，掠夺财物，南方之民不仅会害怕还会增加仇视，反而会引起反抗，不适宜（这样做）。"皇帝召博罗欢带病觐见，见他一脸病容，就赐座谈话。正在这时，有常德府官员进宫控告，说唐兀一带夹杂了百姓的军队践暴其境，于是，皇帝听取了博罗欢公的建议，废除了这项诏令。

此碑文有述及泰山的内容："尝闻古先，誓侯功臣，泰山如砺，国以永存。嗟公王孙，国泰山下，权舆砺如，其自今也。"还有博罗欢受封于泰山的记载等。此碑文较好地反映了作为少数民族的元朝统治者受到汉文化的影响，对泰山崇敬、信仰有加的情况。

至于该碑的书法成就，《书史会要》云："燧以文章名海内，书宗颠素。"从此碑可以看出，姚燧确为元代隶书高手。其草书之妙得力于篆隶的深厚基础。而此碑以隶书写之，字势开拓，用笔古拙苍劲无俗气，应为唐以后不可多得的隶体佳作。

## 第三节　兴盛不衰的元代庙宇修建记事碑

这一时期的刻石立碑之风没有随着少数民族的入主中原而衰减，反而伴随着宗教庙宇的修建，产生了相当数量的建修碑，内容包括佛教、道教、儒学等各方面。目前，元代的庙宇修建记事碑尚存十多处，从这些碑刻可以看出，其间，泰山灵岩寺的建修方兴未艾，泰山之阴的玉泉寺也得到了维护与开发，另外还有泰山藏峰寺、蒿里山神祠等都得到了保护扩建，泰山的文庙也通过复建而变得更加堂皇。另外还有祭祀摩崖碑一处。这些碑刻都具有较大的历史价值。

### 一、佛教寺庙修建记事碑刻

1250年，《重修谷山寺记碑》立在了泰山玉泉寺。此时，金朝已亡，南宋则到了淳祐十年，而元朝还没有正式建国。因元朝尚无年号，落款只能以干支记之："上章阉茂立春后三日。"上章阉茂是干支的另一种说法，即庚戌年（1250）。碑额篆"重修谷山寺记"，杜仁杰撰文。碑阴刻寺僧宗派谱系，现已多剥蚀。

杜仁杰（约1201—1282），山东长清（今济南市长清区）人，字仲梁，号止轩，金末元初散曲家。金末隐居内乡（今河南省）山中，与麻革、张澄等以诗唱和，为元好问所称赏。后回到故乡，吟诗会友，游历于山水之间。

碑文开首论述了选择佛寺的标准："必去人境远为胜，必依山之名而尊者为胜。"在金党怀英碑记的基础上，又叙述梳理了谷山寺的历史发展：当初还没有寺址的时候，是意公显灵，开拓了这片宝地。之后，善宁在此居住，打下了基础；法朗又增而广之，扩大了规模；智崇又加以修饰，弘扬了佛法；后来兵乱既久，住持不能精诚团结，几乎使寺院又回到了荒榛之中；现在的住持普谨出家不足三十年，道德高尚远远超出同辈，修旧辟新，应该是谷山寺的重开山第一祖。

图9-9 《药师七佛阁记碑》局部

同一主题的还有玉泉寺的《药师七佛阁记碑》（图9-9）。该碑立于元至元二十一年（1284）。碑阳隶书，额题"药师七佛阁记"。太子左谕德李谦书，泰安州教授时震摹勒，翰林学士承旨、中奉大夫、知制诰、兼修国史、领集贤院事王磐题额。

李谦（1234—1312），字受益，号野斋，元代东平路东阿县东阿镇（今济南市平阴县东阿镇）人，元代政治家、文学家，任直学士、太子左谕德。李谦少年时就学于东平学府，与徐琰、孟祺、阎复齐名，号称"东平四杰"。后东平学派前辈王磐将他荐入朝中，制定纲纪，为元朝四代皇帝所倚重。

王磐（1202—1293），字文炳，广平永年（今河北省邯郸市永年区）人。东平总管严实迎王磐为师，从学者有数百人。入朝为官后，所荐宋道、雷膺、魏初、徐琰、李谦等皆为臣。追封名国公，谥号"文忠"。

碑文载：泰山之阴有佛家寺庙名为"谷山"。有谨公上人兴旧补废，在劫火废弃之余，为谷山寺开凿泉眼，种植园艺，开垦山地，一时僧众达到了数百人。谨公上人指着大殿中央的释迦牟尼法像说"七佛的神坛不可以不庄严"，于是便开辟山崖修建新的楼阁。他还说谷山寺自北魏高僧意师显灵之后，又有僧宁、僧朗、僧崇、僧靖等传了四辈。

金末元初的战乱波及泰山，连深山中的玉泉寺也受到了影响，好在有元建国后的拨乱反正以及碑文所述的僧人们砥砺自强，兴废继绝，玉泉寺得以复兴。

到了元延祐（1314～1320）年间，兵灾已过，社会秩序恢复正常，泰山宗教得到了一定的发展，同金代一样，连较为偏远的地方也建起了寺庙。《创建藏峰寺记碑》的建立便是一例。该碑原在泰山西北麓之藏峰寺故址，立于元延祐六年（1319），螭首龟趺，额题“创建藏峰寺记”6字。1971年将其移置岱庙保护。

碑文开明宗义：泰山之下，寺院甚多，至少不下十多处，如山后佛峪的玉泉寺、山前竹林的宝峰寺等，都是著名的大寺院。泰山之西的藏峰寺也是其中之一。寺周围，岩峦耸秀，林木茂密，有空闲的平地十余亩，泉水清澈，虽大旱亦不涸。当初，乡里耿定远公有两个侄子，一个叫耿称，一个叫耿俭，曾来此地避兵灾。等到大元皇帝坐了天下，兄弟俩敦请福建泉州和尚福岩来住持。福岩和尚操守清雅，为远近人士所信赖，都很乐意施舍，于是建起了殿宇，大殿两旁还修建了左右配殿，东边建起斋堂，西边建起僧堂，且施以彩绘，显得高大华美，巍然屹立于林木的树梢之下。同时，僧舍、库房、马厩、舂臼，以及果园、竹林、菜圃等也无不完备了。

这一时期，名刹灵岩寺也复苏了，并且有了新的构建。《大元泰山创建龙藏殿记碑》（图9-10）便表现了这一题材。该碑立于元至正元年（1341），正奉大夫、侍御史、燕南河北道肃政廉访使张起岩撰并篆额。

张起岩（1285—1354），字梦臣，祖籍章丘，元代著名政治家、史学家、文学家，是元朝首届科举状元，仕宦40余年，先后在地方和中央担任过许多重要职务，对元朝中期政治贡献很大。他的史学、文学造诣颇高，善篆隶书，有多种著作传世。

碑文认为“天下佛宇以岩名者，则泰山灵岩为之冠”，因为“以其境属中土，占岱宗右腋，面势环抱，当秀绝处”。在叙述灵岩寺来历时沿袭旧说：“魏正光间，法定禅师驻锡于此，睹其形势，兀坐独处，德风所扇，慧照所加，灵怪敛避，虎兽驯伏。”又说：经过了隋唐，灵岩寺已是殿堂斋寮

图9-10 《大元泰山创建龙藏殿记碑》

满目。到了宋太平兴国、天禧、景德年间，朝廷广泛地以其年号赐予国内的寺院，故灵岩寺一度被改成了景德寺，寺里的千佛殿、五花殿，就构建于此时，而高大的殿宇、长长的环廊也都还有遗迹。到了元朝，统治者对佛教的重视超过了前代，泰安王室对该寺的事务更是倍加关注。至元二十四年（1287），第三十代住持宝峰顺禅师认为灵岩寺作为名山大刹，信徒云集，前来学习的人，必然要聆听讲诵我佛的教旨，于是，到杭州普宁寺买回了《经律论》。45年后，亦即元后至元元年（1335），息庵让公禅师正拟修建外三门以藏经，却被嵩山少林寺请走了。定岩慧公接任了住持，在旧基上历时三年半，终于修建完成。新建的大殿宽敞安静，匾额上书写着“龙藏”两个大字。

图9-11 《灵岩山门五庄记碑》

《灵岩山门五庄记碑》（图9-11），在灵岩寺，立于元皇庆二年（1313），额篆“灵岩山门五庄之记”8字。

碑文记载，百姓在灵岩寺的地界中，先后建起了东、西、南、北、中5个村庄，并打了井，开辟荒地，既满足自己所需，又供给了僧人生活，希望千百年后人们知道在灵岩寺山门外有这五个村庄。

从此碑可以看出这一时期灵岩寺的发展甚至有了开创性的举措。

## 二、道教庙宇修建碑及礼神刻石

在道教的碑刻中，元代较为著名的有元至二十一年（1284）《重修东岳蒿里山神祠记碑》（图9-12）。此碑在蒿里山森罗殿北，由徐世隆撰，同知泰安州事徐汝嘉书丹，济宁路儒学教授杨桓篆额。

杨桓（1234—1299），字武子，兖州人，为人宽厚，事亲笃孝，博览群籍，尤精篆籀之学，著有《六书统》《六书溯源》《书学正韵》等。

碑文写得很生动，同样记载了神祠在金末战乱后的再度兴起，文曰：所谓“蒿里”，是古代的挽歌名，由田横的弟子所创。后代的人以为人死了魂魄归于蒿里，就在蒿里山建起了森罗殿，自唐至宋香火不绝，祭祀的人，进去的时候恭恭敬敬，走近神像诚惶诚恐，出来的时候胆战心惊，好像有鬼在身后追着，其实就算真的见了鬼也不过如此了。唐代大画家吴道子作了《地狱变相图》之后，京都长安的人来观看，都害怕作恶犯罪，而争先去行善事积善德，甚至连街市上杀猪卖肉、捕捞卖鱼的都没有了。何况森罗殿的衙门如此多，分工如此细，鬼神成群，牢狱森严，让人看了无不触目惊心。

图9-12 《重修东岳蒿里山神祠记碑》

但是，金代末年，战火四起，以前为宣传教义而立的神像，也毁于此次战乱。

大行台严武惠主管东平路的时候，民心归之，官吏服之，行政办事神皆知之。他特别敬重提点道教天倪子张志纯。严武惠与志纯商议修复神祠的事，但还没有实施严公就去世了。之后，此事便没了进展。又过了几年，终于批准修复了。此时世祖皇帝忽必烈即位，他安抚众神，对以前没有礼文记载的神灵也按次序给以祭祀，并命令全国名山大川的祠庙听凭地方自主修建。于是道教掌教宗师、管领诸路道教洞明真人祁志诚，与天倪子志向投合，便竭尽全力促成了此事。

旧祠有120间，近已初具规模，正在陆续竣工。其塑像辉耀，比原来更胜一筹。我充当翰林，（应承了写这篇碑文，）还未作完时，天倪子来了说：神祠的碑石已经制好，我是专为了写碑文的事来的。其实你不必亲自写，你文采固然极好，但找学生代笔也就足够了。我说：蒿里山旁皇帝祭地的遗址社首坛还在，这是唐朝祭地的地方，把我的并不华美的文字忝列其中，虽是我的心愿，却也不是我所敢企盼的。因此就写了以上文字，权充碑文。至于无怀氏的封禅，有虞氏进行的巡狩泰山，则都是出于对泰山的尊崇，其他的在此就不多说了。

碑文夹叙夹议，有描写有对话，就像一篇优美的散文。

元朝初年，战争尚未停止，年号也未确立，但是朝拜泰山神灵的活动却仍在继续，其间《礼岱顶神祠记刻石》就记录了此事。该刻石在岱顶振衣冈石壁上，刻于蒙古定宗海迷失后己酉元年（1249），杜仁杰撰文，商挺正书。

商挺（1209—1288），字孟卿，号左山老人，曹州济阴（今山东菏泽市曹县）人，元代散曲家。至元元年（1264）入京拜参知政事。有诗千余篇，《元诗选》存其诗四首，《全元散曲》辑其小令十九首。

此文虽因风雨剥蚀，加之后人刻“振衣冈”大字压盖，已不能通读，但仍可知其大意。其时严实已卒十年，由其子严忠济继任东平行台，故石刻开篇称“大行台严公袭爵既十稔”。

碑文说：东平大行台严忠济公袭爵已十年，所辖之处地广人众、军务繁杂，故没有祭祀神灵，境内的名山也没有去过。泰山是鲁地的神山巨镇，由于四方不靖，亦无暇供祭。他说：“我奉命戡乱告诫，乃神在暗中相助，怎敢不报答。”所以于海迷失后己酉年在用兵与政务的空暇来到泰山。这年七月二十一日宿于城内岳祠下，第二天登山，中午达山顶，随从王玉汝等亦在，严公对门客杜仁杰说：“你何不记下我们的这次登山，我既不是游山玩水，更不是为了自己来求神；所供的祭品虽不丰盛但是洁净，语言并不多但是真诚，这符合古代诸侯的道义，满足了士大夫的看法，更契合了民众的愿望。所以这件事可以刻到石上，传到后世。”大家都说：“好啊。”于是我写下这段文字。

## 三、儒学建筑的修建碑

元朝统治者作为马背上的民族，有属于自己的信仰和文化。蒙古灭金以后，统治者窝阔台开始意识到儒家思想及文化的重要。到了忽必烈入主中原后，受儒家思想文化的影响尤大，他经常向四方文人儒士寻问治国经世方略，逐渐接受了三纲五常及孔圣治国之道。[①]泰山碑刻对此就有所印证。

① 参看田静雅：《试论元代儒家思想的传播途径》，《赤峰学院学报》（汉文哲学社会科学版）2015年第7期，第94～95页。

其间有《重修宣圣庙记碑》，原在泰安文庙，立于元至元十二年（1275），今已不存，现据典籍记载略加介绍，以见元代统治者对儒学的态度，亦可见泰安古代庙学沿革之一斑。

碑文首先回顾了泰安州的庙学自金大定年间由知州徐伟以整修岱庙的余材进行了整修和扩大，其形式也仿照了曲阜孔庙的旧制。但多年来，庙学遭遇兵乱和风雨侵蚀，已不能遮风挡雨，到了元至元八年（1271），河南洛阳防御使马骧来泰安任知州。上任伊始，首先拜谒了先圣孔子庙，感叹道："还有什么事情比修葺孔子庙更紧迫的吗？"于是带头拿出了自己的俸禄做榜样，境内官民人等，乃至和尚道士都纷纷出资、出力予以襄助，修起长廊以及山门、讲堂、斋舍之类，新修的庙宇终于焕发了光彩，看上去比原先的更加严整肃穆了。孔子塑像也愈加显得尊严，所有的壁画也重绘一新，还在廊庑中增绘了圣人的72个弟子。

又有《创塑州学七十子记碑》（图9-13），原在泰安城内文庙泮桥西，立于元至正九年（1349），后移往岱庙保存。荣禄大夫、四川等处行中书省平章政事□□篆额，中奉大夫、袭封衍圣公五十五代孔克坚书丹。

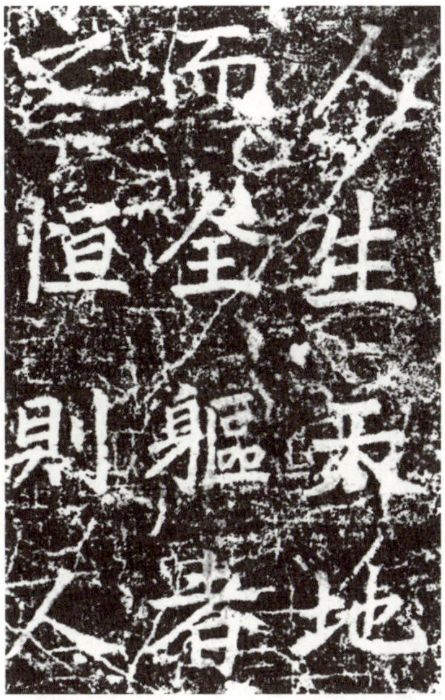
图9-13 《创塑州学七十子记碑》局部

孔克坚（1316—1370），字璟夫，山东曲阜人，孔子的五十五代嫡长孙。元惠宗至元元年（1335）袭封衍圣公，授嘉议大夫。至正十八年（1358），红巾军毛贵攻大都，廷议迁都关中。孔克坚以天子当与社稷宗庙共存亡，不可轻弃，元惠宗从其言。[①]

碑文称："人生天地之间，其不可负者三，曰君、曰亲而师与焉。"接着叙述了孔子的圣迹，并说："时门弟子不惮数千里而从游，虽值陈蔡之厄，匡人之围，寒饥流落，不敢少倍于圣人之规，其有补于名教也。历代以来，载在庙祀者，岂不韪欤？"恰于元至正七年（1347）夏，孔子第五十二代孙孔之严出任泰安郡判

① 参见《大明太祖高皇帝实录》（四）："已故元国子祭酒孔克坚，字璟夫……时剧盗毛贵犯畿甸，廷议欲迁关中，克坚曰：'天子当与社稷宗庙俱存亡，乌可弃而他之。'"

官，拜谒文庙。登殿行礼既毕，瞻仰圣像及颜回、曾参、子思、孟子与十哲像，而孔门七十二弟子及续补的大儒和在庙宇中受到祭祀的人，其像只是画到了墙上，没有供案也没有祭祀的礼器和祭品，时有尘土吹落，弥漫室内也没有人顾惜，故而心中不忍。到了元至正九年春三月，决定为之塑像。最后，总共塑像107位，而门窗、礼器、祭器等无不修复、配置完备。

通过该碑足以看出当时执政者对儒学的诚挚信仰与他们的责任心。

## 四、其他记事碑

在元代，十方禅寺推举住持仍然要上疏朝廷，灵岩寺立有至治二年（1322）的《泰安州劝请容公长老开堂疏碑》（图9-14）便属此类。此碑由山门监寺思川立石，石匠李克坚刊。碑文云："闻灵岩禅寺古佛丛林，阙个住山人，谁为弘道者？伏惟容公长老襟怀洒落，气象轩昂，得处孤高，来源正当，古岩亲嗣、子敬嫡孙，三玄戈甲忒知心，互位枪旗偏伏手。由是泰安州劝请崇拈一瓣之真香。容长老承当主张，千年之常住，方山改憔悴之色，鹤泉动和雅之音，传少林无尽之心灯，祝圣主万年之睿算，谨疏。"

图9-14 《泰安州劝请容公长老开堂疏碑》

天历二年（1329），还有僧人施舍财物的《举公提点施财记碑》。碑文载：举公提点出家后拜在净肃禅师门下，专心修行，布施斋僧，看经礼忏，做到了不沾"六尘"。碑文后半部分详细记载了举公购买土地施于寺院的善举，共计四项，支出中统钞七千两。其中一项为"买到姚家田产南北畛带桑地一段，约十五亩，计钞贰千壹百肆拾两"，可以得知彼时土地之价格。

立于致和元年（1328）的《管粧塑圣像施主碑》，则记录了灵岩寺施主塑文殊、普贤二大士及塑罗汉三十二尊的事。还有《灵岩长明灯记碑》（图9-15），立于元延祐六年（1319）。朝列大夫、知制诰、同修国史李之绍撰文，山门监寺智举立石，李克坚刻石。

图9-15 《灵岩长明灯记碑》

李之绍（1253—1326），字伯宗，号果斋，平阴县人。至元三十一年（1294）纂修《世宗实录》，征名儒，任史官，因李谦等推荐，授他为将仕郎、翰林院国史编修官。

碑文先阐述了光明的意义：

> 佛氏之教，慈悲为第一义，群生汩于利欲，若涉昏衢，怅然莫知攸适，乃发慧照，为开导之，不失其本真，故其学以明心为本。心之虚灵，引类取喻，莫灯为切，爰置诸左右，恒目在之玄相，警发为进业之资，非专破一室之暗为也。

然后记述："知院承旨开府公，读书乐善，雅慕释教，出金私橐，□辅名蓝，给膏火之费者非一灵岩，海内巨刹且在封域中，顷置龛于猊座之下，兰炷一燃，抹□之区，烂若白昼。士曜明晦无常，而寸焰自若，金像尊居毛发可数，使人不敢起惰慢之念。学者仰瞻，默省久久不息。缪妄尘蔽，日克月消，灵台炯然，表里若一，于以续夫向上。千万灯之传，迪昏启昧、指南迷途，弘阐法教，辉耀之远施及无穷，岂一方一时而□哉。"最后又记述了开府公的身份："惟公之前三世并授王爵，身出贵胄，参□外省、入□枢机、主盟词苑，两宫顾遇隆厚。"

记录施舍的碑记还有《运公首座长生供记碑》，立于元泰定二年（1325）。碑文说：佛门道理讲究以"施"为首，各种修行皆由此出。在佛门中觉悟，止息杂念、心神平静，除了我运公首座无人能比。他仰慕先贤，但并不要求后辈筵僧供佛，而是以无声传万古，自己倾其所有，奉施宝钞一千贯，重修了五花殿，周遭皆砌石；奉施宝钞二千五百贯，置备了千佛殿雕木供床，以明金绘装，永为庄严器具；又奉施宝钞二千贯，用以报答观音道场开山祖师，使寺院永远发展；奉施宝钞五百贯，供佛斋僧。重视“四恩”而不看中钱财，运公付出的这一切都将获得善报，必将修成正果，达到真正觉悟的境界。

图9-16 《大灵岩寺碑》

元朝后期，灵岩寺出现了巨碑——《大灵岩寺碑》（图9-16），此碑立于至正四年（1344），碑高2.2米，宽0.94米。碑阳题“大灵岩寺”，上款为“奉直大夫、山东东西道肃政廉访副使文书讷双泉书”，下款为“至正四年四月十有九日立”。

志书记载，此时灵岩寺规模达到空前，有伽蓝殿、地藏殿、十王殿、韦驼殿、观音殿、般舟殿、后土殿、千佛殿、藏经殿、达摩殿、驻跸亭、超然亭、依翠亭、铁袈裟亭、辟支塔、五花阁等大型建筑30余处。这些殿宇分布在千佛殿四周，或单独成院，或廊舍相连，依山就势而筑，层次分明，气势恢宏，确不愧为“大灵岩寺”。

《书大灵岩寺碑阴记碑》，在《大灵岩寺碑》之阴，刻于元至正三年（1343）。此碑介绍了双泉公①为灵岩寺题匾额的经过：灵岩寺实在是山东的一处大景观，这里山川俊秀，殿宇雄伟，石碑已经记述得很详细。但是整座寺庙却没有题写一个与之相配的题名。今有山东宪副双泉公，于至正三年的夏天，赴青州审理案子，途经灵岩寺，缓缓游览观看，并与长老定岩说：“名寺的牌匾好像有所遗漏，可以求眼下有名的书家书之。”长老很高兴地合掌回答：“这不仅仅是小弟的幸运，更是佛教的大幸啊。”于是双泉便留心了此事，但是工作繁忙，毕竟没有较多顾及此事。秋天，双泉公继续到隶属的郡邑出差，便欲践前日之诺。但是在小地方没有找到善书的人，便自已亲自操笔一

① 双泉公，西夏世家，饱学之士，字国贤，自号“双泉”。

试，居然字体方正规矩，骨力老健，即使与古代的书法大家比也似乎分不出伯仲。该碑详细记录了这一立碑的过程，为我们研究元代灵岩寺的发展提供了历史资料。

## 第四节　元代泰山诗碑与游记碑

在正统的文学创作方面，元代与唐宋相比显然处于低谷时期，但是，这一时期泰山现仍有6处诗碑留存。这些诗或明丽，或深沉，颇能反映出当时诗人的心境和社会状况，如其中僧复庵的《重游方山少林诗碑》、杜仁杰的《天门铭诗刻》、徐世隆的《题蒿里神祠诗碑》等，屡被当时士大夫与金石学家提及，亦应在泰山石刻史中占有一席地位。

### 一、诗碑

这一时期，年代最早的诗碑在灵岩寺，是高僧复庵的《重游方山少林二首诗碑》。

复庵，即复庵圆照（1206—1283），上党（今山西省长治市）人，俗姓李，字寂然，自号复庵。16岁登坛受戒。1243年，朝廷下令集各路僧人在燕京万寿寺建资戒大会，复庵圆照赴会，自此开堂出世，先后住持德州天宁寺、济河普照寺、鹊里崇孝寺、泰山灵岩寺、嵩山少林寺及法王寺。晚年，佛教领袖万松称赞其为“当代龙门师”。

二诗在同一石上，其一作于元中统二年（1261）：

再到灵岩古道场，俨然乔木蔽云房。
十分山色四时好，一味松风六月凉。
老树挂藤侵石壁，落花随水入池塘。
主人乞与禅床卧，梦里似闻天上香。

“主人乞与禅床卧”，写本诗作者复庵大师功德圆满、声名远扬，故光临灵岩后寺主人请求与其同卧禅床，以沐荣光，显得异常亲切。

另一首作于至元十八年（1281），此时复庵在嵩山，写的可能是嵩山的景色：

年来乘兴一闲游，直拟寻山山尽头。
之字水从斜涧出，羊肠路到断崖休。
古藤依倚岩前树，老木侵欹涧下流。
啼鸟催归日将暮，林阴扑翠湿衣裘。

这两首诗记录了复庵圆照在灵岩寺和少林寺的感受。写第二首诗时已到了他生命的最后时光了，禅师已是76岁高龄。诗中已没有了战乱的痕迹，唯可以看出的是他对两大禅林的真心热爱。

其间，更为著名的是杜仁杰的摩崖刻石《天门铭诗刻》（图9-17）。此诗于中统五年（1264）刻于泰山南天门西侧的自然石上，摩崖石质坚润，形制天然，色泽淡赭，石面未加精细凿磨，现有石室保护。此诗古雅，书法端庄，风格类似颜真卿，为泰山元碑中的佳作。

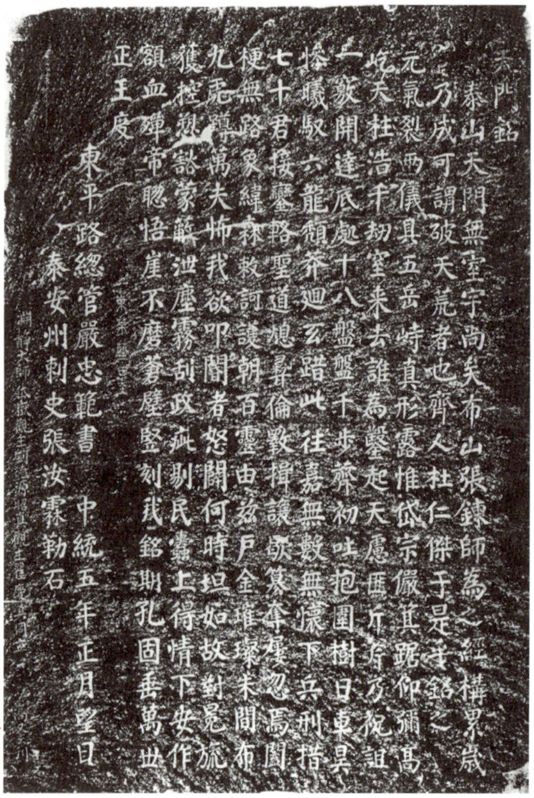

图9-17　《天门铭诗刻》

诗前有序：“泰山天门无室宇尚矣，布山张炼师为之经构，累岁乃成，可谓破天荒者也。齐人杜仁杰于是乎铭之。”诗后有款：“渊静大师岱岳观主刘德源，昭真观主翟庆真同立。高又玄刊。”

布山张炼师即张志纯（1220—1316），字布山，号天倪子，泰安州埠上保（今肥城市安驾庄镇）人，元代著名道人。张志纯6岁诵经，12岁入道，居岱麓会真宫，其师崔道演是王重阳再传弟子。

张志纯道行超群，曾任东岳庙住持，元世祖忽必烈赐号“崇真保德大师”“天倪”，授紫服，有“张炼师”之称。

刊石者高又玄是泰山著名石匠，除此刻石外，《张宣慰登泰山记碑》《清安禅师方公塔铭》等均系其镌刻。

此诗三字一句，开首写道：“元气裂，两仪具，五岳峙，真形露……匪斤斧，乃祝诅，一窍开，达底处。”诗人乃以泰山南天门为喻，表达了自己的思想：天门畅通好像回到了太古时期，七十二代君王相继封禅泰山，敬天爱民。人民则朴实纯厚，过着安定的生活，就像想象中的伊甸园、桃花源、檀那国一样。但是后来，早期的禅让制变成了血腥的王位争夺，这就犹如天门又被堵塞了，人间充满了悲苦。作者想象着何时天门再开，自己可以登上天庭，向天帝痛陈人间的苛政与贪官污吏的歹毒。

此诗还有更深刻的寓意。此时忽必烈刚刚建国，诗人历经了金末元初的惨烈斗争，面对新的帝王，希望他能够荡涤愚蒙，改革苛政，消除贪官污吏，安定民心：“对冕旒，获控诉，豁蒙蔽，泄尘雾，刮政疵，剔民蠹。上得情，下安作，额血殚，帝聪悟。”诗的最后写道：“崖不磨，苍壁竖，刻我铭，期孔固，垂万世，正王度。”这便是诗人刻写此铭的本意了——国君了解民情，健全法度，巩固江山，让人民得以过上幸福的生活。

徐世隆在泰山也留下了诗作《题蒿里神祠》，此碑（图9-18）原在蒿里山神祠，现镶嵌于岱庙汉柏院东墙上，立于至元二十一年（1284），徐世隆撰书。诗曰：

图9-18 《题蒿里神祠诗碑》

世传蒿里摄灵魂，庙宇烧残弊复新。
七十五司阴断事，数千余里远祠人。
天神志似张华博，地狱图如道子真。

积少成多能事毕，泰山元不让微尘。

诗后有跋："岁甲申闰五月廿七日甲辰，翰林集贤学士、正议大夫、知制诰同修国史徐复斋为提点道教天倪子张志纯书之。志纯初名志伟，为上知识，改赐今名。"

该诗述说的是泰山古老的文化主题——人死魂归泰山。但是，其本意也并非全在此，而是"庙宇烧残弊复新""泰山元不让微尘"，意为金元之交的破坏太惨烈了，人们盼望新的朝代革弊复新，像泰山一样不辞土壤，包容万物，终成其大。

图9-19《张淑、文昌题诗碑》

元代中期，诗刻的面貌发生了变化，咏景、唱酬的题材悄然回归。如灵岩寺《张淑、文昌题诗碑》(图9-19)，碑上共刻诗三首，前二首张淑题于元统元年(1333)，系与高僧的酬答诗，名为《鄙语寄赠让公长老大禅师方丈之下》。

其一是："峥嵘楼阁翼飞骞，胜概传夸众口喧。泉味溢甘双鹤瑞，山形呈秀二龙蜿。"其二是："上方境界埃尘远，绝景亭台竹树蕃。铁作袈裟深有义，后人于此要渊源。"写的是双鹤泉与铁袈裟等灵岩寺著名景点。诗中"让公"，即息庵禅师，乃灵岩寺著名住持。

《文昌题诗碑》与前诗刻在同一石上，作于至元二十四年(1287)。诗为："绝顶松风洒醉颜，潘舆鹤发忆平安。十年留得题名在，泪湿秋云不忍看。"诗后有息庵禅师题记："予爱是诗，故录于此。息庵上石。"

这三首诗都写得比较轻松，文人心中的积郁已然消散，睹物思情，目光与文笔再次投向了山水、楼阁与老僧。

灵岩寺作为名山巨刹，元代的进士也接踵而至，如国史院编修傅亨在泰山写下了《游灵岩禅寺诗》，此碑(图9-20)立于至正十五年(1355)，刻七律三首。

图9-20　傅亨《〈游灵岩禅寺〉诗碑》

傅亨（生卒年不详），元代进士，应奉翰林文字、承事郎、同知制诰兼国史院编修。

三首诗前都有小序，其一是“至正乙未秋九月因公赴山东，游灵岩禅寺”：

秋晚登临上岱宗，扶筇来此谒崆峒。
闲云送雨过深洞，老鹤将离度远空。
白石清泉心未了，黄花红叶思无穷。
携书归隐知何日，坐想青山入梦中。

第二首的小序是“灵岩山房寻同年、长清县尹张君德昭不遇”，第三首则是“丙申春三月，海岳降御香回，重游灵岩，次赵明□诗韵”。三首诗或写景色，或写心绪，都有着淡淡的归隐情结。

## 二、游记碑

泰山现存有元代的《张宣慰登泰山记碑》（图9-21），属游记散文类碑刻。此碑原在岱庙延禧殿，立于至元二年（1265）二月。清乾隆间移置县署土地祠，1977年移回岱庙院，1983年9月移置岱庙碑廊。铭文剥蚀严重，碑阳右下角残

图9-21 《张宣慰登泰山记碑》局部

缺，不可认读者有104字。杜仁杰撰文，王祯书丹并题额。

张宣慰，宣慰即宣慰使司的主官，碑中未详其名，查《元史传》，当为张德辉。张德辉（1195—1275），字耀卿，号颐斋，交城（今山西交城县）人。金贞祐间，供职御史台衙门。金亡，投蒙古大将史天泽为经历官。从军南征，多出谋划。蒙古定宗二年（1247），受忽必烈召见，待之甚为亲切。忽必烈登基后，授河南北路宣慰使，惩办豪强恶吏，深得民心。至元二年（1265）考绩为十路第一，迁东平路宣慰使。至元三年，参议中书省事。

王祯（1271—1368），泰安东平人，元初著名农学家，曾任宣州旌德（今安徽旌德县）及信州永丰（今江西广丰县）县令。著有《农桑通诀》六集、《农器图谱》二十集、《谷谱》十集，总称《农书》。碑文中他自称“奉高晚生”。

此文描写张宣慰登泰山之声势亦甚为详细生动，他们看到了泰山晚景、李斯碑、唐摩崖以及泰山日出等著名景观，文章写道：相伴登山者有州刺史张汝霖、奉符令张俭、司户王天挺及从者三百人。张宣慰乘轿而上，过黄岘岭，然后在护驾泉用餐，在御帐坪小憩，觉得到南天门仍不止十五里。此时山路逐渐狭隘，林木四合，从树的枝叶缝隙中望去，天光凝碧，山势就像用青色的珠子装饰的笏板。日落时分到达山顶，向东远望，只见山影幽黑，连绵无际。……日落之后，寒气逼人，如仲冬时节，从者燃火围坐以待天明。此时三星（文中所谓“参”，即参宿）还在当空，张公起坐，盥洗毕，经过玉女池，登上日观峰，夜幕徐徐揭开，天空分外晴朗。不一会儿，东方发亮，呈现出橘黄色，而云朵忽聚忽散，变化万千。顷刻，日露半边，恍然如入无量金色界中，所有观者莫不惊诧。返回的时候，又看到了日落时的光景，光线直抵昧谷（昧谷，古代传说西方日入之处），泰山好似在与昆仑争长雄。于是张公喊道：“吾此行凡三见岱宗面目，吾愿足矣。”文中所提及的景点，至今仍能看到。

至元二年是忽必烈登基的第二年，国家开始安定，泰山石刻中出现了升平气象，也只有在这种背景中，文人才有可能欣赏大好河山，写出锦绣的文章。

# 第五节 灵岩寺高僧道行碑

元代中期，社会发展到鼎盛，灵岩寺一时高僧辈出，其中不乏闻名于全国者。高僧的事迹被刻到碑上，有100余处，碑文中有好多重要内容可补中国佛教史之阙。而且，这些碑刻涉及社会内容广泛，从中可以了解当时中国社会的发展状况，故有较大的历史价值。以下择要介绍几处。

## 一、高僧道行碑一览

现存元代最早的高僧碑是《泰安州长清县十方灵岩禅寺第二十五代方公禅师塔铭》（以下称《方公禅师塔铭》，图9-22），立于至元十九年（1282）。此碑介绍了方公禅师的生平：

图9-22 《方公禅师塔铭》

师讳德方，字仲矩，号清安，京兆德顺州人也，姓姚氏，世寻丕祚有自来矣，况乃先宗姚太师之裔孙也。夙秉所负，赋性非常，虽在孩提中，不烦保母，举之成童，工习儒业，不喜荤茹，屡告于父母意欲出家，父母未许。之间，天兵南牧，数载干戈，燎原燔荡。罹锋刃者靡所孑遗，师仅得免难，丧失恃怙，与同忧者适于关东，伶仃东原。

京都行省刘公备书疏请师开法，住京西奉先清安禅寺，虽远方小刹，丛林所宜者咸修备之。未期月，信施云委，贤士、大夫一时景向，故号清安。迨乙卯，宣授东平路军民都总管相公严公敬备书疏命师主十方灵岩禅寺，未周岁，……庄产园林侵占者复归之，殿阁、丈室、堂廊所废者复新之。至中统元年庚申，相公复请师住鹊里崇孝禅寺，公子诸□转加增敬。

清安禅师可谓灵岩寺的中兴者。根据碑文推算，他出生于1204年，时为金章宗完颜璟泰和四年。到了1212年，铁木真成吉思汗亲率军队伐金，开始了为期24年的蒙金战争。战争使“罹锋刃者靡所孑遗”，清安侥幸逃生成为孤儿，他的童年和青年时代就是在这一背景下度过的。到了元宪宗五年（1255），清安来到了灵岩寺，做出了一番贡献。

图9-23《新公禅师塔铭》

到了至元二十二年（1285），又一位长老圆寂，也将碑铭立到了这里，此即《齐州长清县十方大灵岩禅寺第二十九代新公塔铭》（以下称《新公禅师塔铭》，见图9-23），嘉议大夫山东东西道提刑按察使漆水耶律希逸撰文。

耶律希逸（？—1285），号柳溪，又号梅轩，为大蒙古国中书令耶律楚材之孙，元中书左丞相耶律铸第九子。累官至参知政事、淮东宣慰使等。

碑文称：“新公名同新，字仲益，号月泉，姓郭氏，代为燕之奉先神宁太平里人。……不独禅行精深，即诗法炼句亦多新颖，元之诗僧如公者亦无几家，元之诗僧如公者亦无几家。惟气宇冲霄。”

灵岩寺高僧道行碑大多有着相同

的特点，一般从少年写起，突出碑主的显著事迹，涵盖其一生的功德。如立于至元三十年（1293）的《净肃禅师道行碑》。净肃禅师少年时便“学业道德俱佳，可列入孔门四科十哲”，且极有才华，“令阅梵文，目击千言，娓娓成诵”。之后，云游四方，继任嵩山万寿堂住持、宣授河南府僧尼都提领居九祀，“革故鼎新，未尝少息，创建方丈室二十四楹”，开创了前所未有的事业。然后又住持灵岩寺8年。刚来时灵岩寺一片凋敝，肃公又“为之一新，僧舍增新者百有余间，自来修营缔构无出其右”，其间，肃公亲自运土搬石，身先僧众，大家莫不佩服。肃公病后退居香山寿圣故刹，圆寂后，收灵骨而归于灵岩寺墓塔。

又如《普觉禅师广公提点寿碑》，立于元至元三十一年（1294）。碑文记载：禅师姓夏，名正广，字济川，扬州江都县人。年十岁逢天兵南下，国破家亡，身无居所，有辅国上将军、枢密副使合坦官人引至江北的清平，乃禅师先祖的故乡，聊以栖身。他14岁来到灵岩寺，拜在清安禅师门下，出家为僧。至元四年（1267），广公禅师荣受皇帝诏命，正式任职监寺，赐“普觉大禅师”法号。大禅师经常自警说：“天下有‘三岩’，而以灵岩为最，灵岩的寺僧虽然不少，藏经却几乎没有，便与住持宝峰长老并众知事商议：‘不立文字是禅宗的教义，佛教的传播其实离不开文字，禅宗也要从整个佛教教义入手，使失者得而迷者悟。’”于是率领本寺几个人，前往杭州南山普宁寺印一大批佛经，渡江北上藏于灵岩。该碑内容可与《泰山创建龙藏殿记碑》互印。

还有《桂庵达公禅师道行碑》（图9-24、9-25），立于元大德五年（1301）。碑文介绍禅师：名觉达，字彦通，自号桂庵。幼而聪明，长相端庄，口不食荤腥，心不思富贵。桂庵23岁那年，拜龙门山宝应寺嵩岩和尚为师，之后开始四

图9-24 《桂庵达公禅师道行碑》

图9-25 《桂庵达公禅师道行碑》局部

图9-26 《海公禅师道行碑》

方云游，遍访天下名师。灵岩宝峰禅师退院，住持空缺，遂上疏恭请老师任之。桂庵充任住持六年，对于寺院中的大小事务无不尽心尽力。

《平公勤迹碑》，立于大德十年（1306）。碑文写道：平公的名字叫净平，是济南邹平县九湖里马氏之子，19岁时，不甘处俗，听说灵岩寺有止庵老人声望不同寻常，于是便投奔门下，削发为僧。平公心纯性古，言语直爽，布施功德不遗余力。他率众在山门旁边凿石开路，使车马直达院庭；栽植嫁接梨、柿子等果树500余株，围绕寺院各处；在梨峪栽竹子，并垒石墙遮护看守，耿耿赤心无人能比。

另外较为著名的还有《海公禅师道行碑》（图9-26），立于皇庆二年（1313）。禅师号普耀，名福海，自称月庵，山西翼城县人。据传他出生时便有异光照室，幼小的时候就喜欢佛陀，17岁剃度受戒，成为香云寺成公的弟子，并被誉为有“龙象”之才貌。之后，福海师入安西[①]伯达禅师处学习，后又听说宝应寺的嵩岩禅师名重一时，器量沈雅，便恭敬地去拜谒，遂进入了嵩岩的门下。参佛空闲之时福海还留意于诗墨，曾在重九日写下“赖有黄花封岳顶，又添红叶壮嵩阳”的句子。嵩岩禅师听说后说：“此僧将来必当嵩山法主。”至元十三年（1276），又得知复庵禅师接受了北京万寿寺的住持

① 今陕西西安、咸阳、渭南一带。

职位，便北上拜入了复庵的门下。复庵觉得他头脑聪明，为人通达，就让他继承了师业。复庵退休后到了齐河去居住，写信召来福海，正应了嵩岩禅师所说的“必当嵩山法主”的预言。至元十七年（1280），他果然在法王寺开堂当了住持。在法王寺，他重新制定纲领，振作精神，改变寺院的条规，重立规矩，对寺内的一切台、门、殿、堂凡所需者，无不进行了整修。大德二年（1298），福海师领旨移席于灵岩禅寺，他一到灵岩寺就说：“多么高陡的山岩啊，真是名不虚传。”他带领众僧凿石平地，扩建了狭小的殿堂室宇，新修僧舍30多间，其他的各种房舍也无不建修完备。至大二年（1309）春正月，福海禅师因病圆寂，火化后的骨灰，分到了万寿寺、灵岩寺、香山寺、法王寺、丹霞寺五处，并皆建立了寿塔。

福海退席于灵岩后，接替者是古岩普就。《古岩普就禅师道行碑》（图9-27）现也保存了下来，该碑立于元延祐元年（1314），额篆“就公禅师道行之碑”。灵岩禅寺传法住持嗣祖沙门桂庵野老觉达撰文、书丹。此碑载：就公俗姓刘，出生在河北真定城里，法名普就，晚年自号古岩。他15岁时就渐渐厌恶俗境，羡慕空门之教，一人独自前往封龙山的禅房寺拜赞公山主为师，落发为僧，终于精通了佛学要义，登坛受戒。未几，又赴东原鹊里崇孝寺，访清安老人。最终来到灵岩寺拜于足庵肃公门下，足庵于是将衣钵传予古岩。大德十一年（1307），荣受皇太子令旨，又接皇上圣旨住持灵岩寺，打理寺庙，前后一新，获得释教都总统所赐的“妙严宏法大禅师”之号。

关于此类碑刻，灵岩寺还有《举提点寿塔》《慧公禅师塔铭碑》《泉公首座寿塔铭碑》《亨公首座寿塔记碑》《挥公提点寿塔铭碑》等，此处不再一一介绍。

图9-27 《古岩普就禅师道行碑》

## 二、高僧道行碑与历史记载

高僧道行碑中含有丰富的历史信息，可以补充正史记载之不足。

如对金元之交的战争，一些碑文中便有相当直接而详细的描述。以《清安禅师方公塔铭》为例，如将其与《大元太师泰安武穆王祠碑》结合起来读，则对了解元代的早期状况有所裨益。《武穆王祠碑》中还不厌其烦地描写战争，而战争的结果又如何呢？《方公塔铭》给出了答案："天兵南牧，数载干戈，燎原燔荡。罹锋刃者靡所孑遗，师仅得免难，丧失恃怙，与同忧者适于关东，伶仃东原。"战争使全家人都死光了，唯剩方公一人及其他幸存者逃到了山东。还有金末《才公禅师塔铭碑》也有类似记载："年甫十岁，适兵荒之难，父母昆季殂谢殆尽，唯余王母叔父存焉。"战争使中国历史再次出现了"白骨露于野，千里无鸡鸣"的惨状，也给寺庙带来了毁灭性的破坏，虽然碑文用的是春秋之笔——"殿阁、丈室、堂廊所废者复新之"，但仍可以看出，庙宇中几乎所有的建筑都在战争中被毁坏了。

图9-28 《息庵禅师道行碑》

再如，泰山碑刻还见证了元代中日文化交流的情况。如《息庵禅师道行碑》（图9-28），立于至正元年（1341），额篆"息庵禅师道行碑记"。此前，碑的最下部长期被土埋没①，故前人著录时每行最下部均缺2字。今已将土清除，铭文可通读。其碑文首句为："灵岩禅寺第三十九代

① 见《岱览·金石录要》。

息庵让公禅师道行之碑。日本国山阴道但州正法禅寺住持沙门邵元撰并书，中奉大夫、前管领大开元一宗诸□都宗、摄圆照普门光显大禅师益吉祥篆额。”

邵元（1295—1364），号古源，俗姓源，日本国越前人。出家于日本东福寺，后任日本山阴道但州正法禅寺住持。元朝泰定四年（1327）到中国学习禅法。先后到福州、天台山、天目山、五台山遍访名僧，元天历二年（1329）到嵩山少林，长住二祖庵达21年。在住持息庵门下尤久，先任少林寺书记之职，后又任首座。邵元精通禅学，汉语造诣颇深，在其任首座时，应邀为少林寺前住持照公撰写塔铭，息庵圆寂后，应邀为息庵禅师撰写《息庵禅师道行碑》，并为菊庵法照塔撰文作书。邵元于至正七年（1347）返回日本，在中日文化交流史上写下了浓墨重彩的一笔。

另外，《息庵禅师道行碑》中又有“大万松雨□国师下，有□□总统”的字样。日本学者塚本善隆在《日支佛教交涉史研究》中引此碑作：“大万松雨国师下，有雪庭总统，三世而继其灯，息庵也。”查“万松雨”，中国佛教典籍均记为“万松行秀”，是金、元两朝禅宗的一流人物，深受名相耶律楚材等王侯倚重，但史籍中未见其有国师之号。

史载，唐宋时期，日本屡有僧人与中国交往，而在元代则极少见，目前认为此应为首例，且《元史》无载，故此碑能补史之缺。后郭沫若曾有诗赞之：“息庵碑是邵元文，求法来唐（中国）不让仁。愿作典型千万代，相师相学倍相亲。”[①]

又有《明德大师贞公塔铭》（图9-29），立于至正元年（1341）。碑文漫漶严重，很多文字似是而非，《岱览》论及此碑曰“下截缺失，读无全文”，但仔细看其文意基本可以贯通。碑文首句为：“明德大师辅成堂提点贞吉祥碑记。十方大灵岩寺传法住持嗣祖沙门定岩撰，前灵岩禅寺记室福广野云书。”此碑中甚至有一个日本假名“の”，还有一个疑似“よ”，而且将汉语“不”草写作了假名“ふ”，而写碑的人是“福广野云”，似也是日本人的名字。息庵碑是日本人邵元所撰，此碑是否也是呢？清《岱览》曰：“此碑与让公道行碑同为至正元年仲冬新复日所立，彼碑为日本沙门印（应为‘邵’，作者注）元书，此碑为福广野云书，两碑笔迹如出一手，且贞公与让公同为古岩就公付法受具

① 参见〔日〕冢本善隆：《在元朝邵元和他撰写的元碑》，《日华佛教研究会年报》1936年版。

图9-29 《明德大师贞公塔铭》

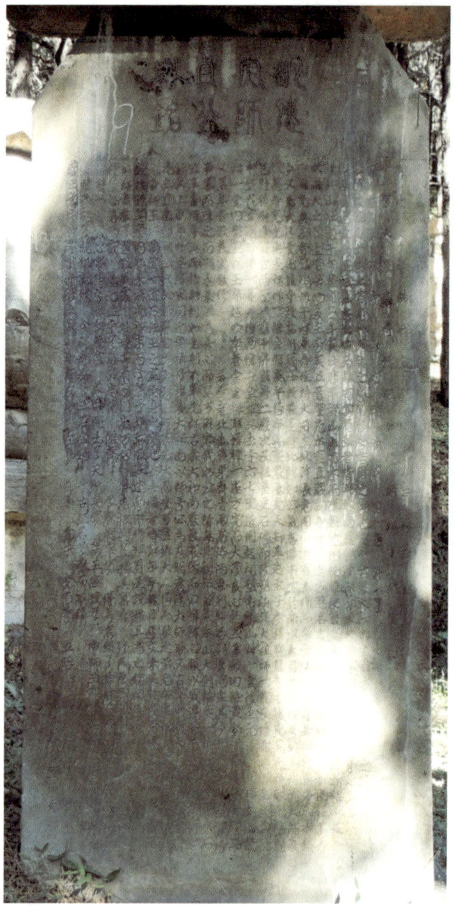

之弟子，立石之小师又皆觉字同辈，两碑文气又颇相同，疑皆两公之小师彼此商略而为之。然则彼碑之称印（邵）元撰书者，或皆托名也。文云‘近年顺德路大开玄宗摄所损庵大和尚’，似即让公碑篆额之‘中奉大夫前管领大开元一宗诸口都宗摄圆照普门光显大禅师益吉祥’也，益吉祥署阶中奉大夫，此碑称北溪长老为大司空，又云以大司空银印号公，岂当时僧制有官有阶有印耶？损庵称‘益吉祥’，此碑标题称‘贞吉祥’，子贞其名也，吉甫其字也。云贞吉祥者何居，恐与益公之吉祥，又属释氏之佳号矣。”息庵碑的字的确与贞公碑的字很像，仔细看似乎还有假名“さ”，但是，《岱史》所推测似有不妥，因为那一时期，中国的和尚没有必要假托日本人之名来写碑文。

# 第十章
# 明代泰山石刻（上）

明朝是中国历史上最后一个由汉族建立的大一统王朝，共传12帝，享国276年。

元末，朱元璋加入红巾起义，1368年朱元璋称帝，国号为大明。明初历经“洪武之治”“永乐盛世”“仁宣之治”等治世，政治较为清明，国力逐渐强盛。中期经“土木之变”由盛转衰，后经“弘治中兴”“嘉靖中兴”“万历中兴”国势复振，晚期因东林党争和天灾外患导致国力严重衰退，爆发明末农民起义。1644年李自成攻入北京，崇祯帝自缢殉国，清军趁乱入关，明朝灭亡。

明朝经济最突出的特点是手工业的发展，尤其是民间手工业不断壮大，其间，无论是冶铁、造船、建筑，还是丝绸、纺织、瓷器、印刷等方面，在世界都遥遥领先，工业、手工业产量占全世界的2/3以上，比农业产量在全世界的比例还要高得多。

明代文化发达，文学艺术中小说取得了相当高的成就，中国小说史上四大名著中的三部都产生于明代。明中叶后，随着城镇经济的繁荣，为群众所喜闻乐见的戏曲又出现了新的发展，产生了许多如《牡丹亭》一类有进步意义的作品。明代诗文数量浩如烟海，不仅作家众多，而且各成一派，令人目不暇接。

这一时期泰山石刻也呈现了井喷式的爆发，泰山现存可以辨读并有一定历史价值的明朝石刻尚有497处，题材较之前代更为多样，除了传统的修建碑记、游览题记、人物传记、游记、诗碑外，人们的审美目光更多地投向了大好河山的秀丽风光，出现了大量的题景摩崖刻石。这些刻石不仅留下了当年题刻者的感受，还使其本身就成为泰山的景观，使泰山的文化氛围变得更加浓郁和富有诗意。这一时期到泰山来的名人有江玭、张盛、戴珊、徐中行、张元忭、王世贞、张佳胤、李三才、王阳明、崔应麒、于慎行、王元翰、萧大亨、钟惺、林古度等。另外，在书法方面，这一时期出现了大量的草书碑文，使泰山石刻的形式更加绚烂多姿。

# 第一节　明代帝王的泰山石刻

自秦始皇、秦二世在泰山留下刻石之后，汉、唐、宋、元的皇帝都纷纷效仿将文字刻上了泰山，明朝皇帝也不甘其后，朱元璋在其登基后的第三年就以自己的名义镌刻了《去东岳封号碑》，此后200多年间，明朝宫廷共在泰山留下了碑刻10多处，超过了以前的朝代。

## 一、帝王制敕碑

图10-1 《去东岳封号碑》碑亭

此类碑记中最早的一块是明太祖的《去东岳封号碑》（图10-1），立于洪武三年（1370）六月。碑高6.55米，宽1.6米，厚0.57米，螭首龟趺。碑阳文9行，满行43字，凡226字，字径8厘米，正书。碑首有额而无题。

自唐以来，皇帝屡屡给泰山神加封，最后成了“天齐大生仁圣帝”。朱元璋是明朝的开国皇帝，少年时贫穷，曾在寺庙当过小和尚，他认为人给神乱加封号并不是对神的礼敬，而是“渎礼不经”，是对神的不敬不恭，所以降旨去掉了泰山神的所有封号，直接改称“东岳泰山之神”。碑文说的便是此事：

> 皇帝制曰：“磅礴东海之西，中国之东，参穹灵秀，生同天地，形势巍然。古昔帝王登之，观沧海，察地利，以安民生。”祝曰：“泰山于敬则致，于礼则宜。自唐始加神之封号，历代相因至今。曩者，元君失驭，海内鼎沸，生民涂炭。余起于布衣，承上天后土之命，百神阴祐，削平暴乱，正位称职，当奉天地、享鬼神，以依时统一人民，法当式古。今寰宇既清，特修祝仪。因神有历代之封号，予起寒微，详之再三，畏不敢效。盖神与穹同始，灵镇一方，其来不知岁月几何。神之所以灵，人莫能测，其职受命于上天后土，为人君者何敢预焉！惧不敢加号，特以‘东岳泰山之神’名其名。依时祭神，惟神鉴之。”

朱元璋的这一认识有着社会发展所带来的历史文化原因，以泰山封禅为例，秦始皇、汉武帝的封禅秘而不宣，唐代皇帝却借此来显示自己的政绩和治国方略。到了宋代，宋真宗则通过封禅向天下宣示和平，甚至做了一些造假的事情。所以在朱元璋看来，前代皇帝是亵渎了泰山神灵，因此与其不断地给泰山神叠加封号，还不如还其本位，依时祭祀，这更能体现出对神的虔诚。对泰山神是如此，那么对泰山本身呢？朱元璋也有自己的观点，他曾经写过一篇咏泰山的歌赋，名《岱山高》：

> 岱山高兮，不知其几千万仞；盘根齐鲁兮，亦不知其几千百里。影照东海兮，巍然而柱天；益于民庶兮，兴云吐雾，神龙出乎其间。降祥则甘露垂于松柏，佳岁则滂沱遍于厚坤……登泰山而小天下，越大海而眇江湖，信哉！

此文通篇赞颂泰山风光，这在历代皇帝中似乎还是第一人。他对泰山神的情感已远远不如对大自然造化的兴趣来得浓厚了。即使他在此文中仍提到了神，也是侧重了神秀的韵趣，减少了神灵的意味。上之所好，下必行之，受到朱元璋的影响，泰山石刻的面貌也发生了巨大的变化，题诗的石刻大量增加，点景的石刻陡然出现，泰山渐渐地走向世俗、走向民间，成了诗赋的题材、绘画的摹本、游乐的场所和士大夫们抒怀与寄情的对象。

泰山上明代其他帝王的碑刻还有《明英宗朱祁镇圣旨碑》（图10-2），此碑在灵岩寺天王殿东侧，立于正统十年（1445）。此碑的大意是皇帝印了《大藏经》颁赐天下，广为流传，其中一藏安置在山东济南府长清县灵岩禅寺，永充供委，不可纵容闲杂之人私借观玩、轻慢亵渎，致有损坏遗失。

图10-2 《明英宗朱祁镇圣旨碑》

图10-3 《明神宗朱翊钧敕谕碑》

《明神宗朱翊钧敕谕碑》（图10-3），位置同上，立于万历二十七年（1599），碑首缺，下部残，但尚能大体贯通文意。碑文大意是：朕推古帝王以儒道治天下，而儒术之外复有释教相翼亚行。佛氏藏经旧刻六百三十七函，我圣母慈圣宣文明肃皇太后续刊四十一函，朕既恭序其端，命所司印造全藏六百七十八函……弘仁普济之诚，使海宇共享无为之福。仅将藏经安置灵岩寺，本寺僧众人等，其务齐心，礼诵敬奉，不许亵玩……

## 二、宫廷祭祀、建醮碑

泰山现存明代宫廷祭祀碑中最早的一块是《洪武祭祀碑》（图10-4），此碑立于洪武十年（1377），碑高5.3米，宽1.43米，厚0.58米，现在岱庙天贶殿院内，铭文保存完好。碑文说："维洪武十年岁次丁巳八月丁未朔，皇帝谨遣曹国公李文忠、道士吴永舆、邓子方，致祭于东岳泰山之神。"又说，由于神的保佑，得以扫平群雄，止息祸乱，统一了国家。根据古代君主的做法，国君为人民而祈祷，每年春秋之时都要亲自前往泰山祭祀神灵，但是建国十年来，人民刚刚安定，所以不能亲自去了，特派开国功臣李文忠等进献牺牲以报神灵。

图10-4 《洪武祭祀碑》

图10-5 明正德《御制告文碑》

正德二年（1507），泰山灵应宫立了一块《御制告文碑》（图10-5）。该碑圆首龟座，额题"御制告文"4字，篆书竖列，四周线刻龙纹、云纹，为明武宗朱厚照派御马监太监苗逵到泰山灵应宫祭祀碧霞元君的记事碑。碑文写道："皇帝谨遣御马监太监苗逵致祭于碧霞元君曰：'懿德含弘，仁慈广霈，佑苍生于寿域，故群品以䨓依。兹因眇躬偶爽调摄，敬祈圣力，永佑康宁。特以香帛用伸告祭，益彰灵应，福佑家邦，谨告。'"此碑文记载了明武宗偶感不适，特备香帛前来，以求碧霞元君保佑。以皇帝名义祭祀碧霞元君，并求元君保佑的，此当首例。

还有泰山三阳观内有太监皇醮记文碑3块，摩崖刻石1处，为学者所注目。《皇醮碑》立于万历十七年（1589）：

图10-6　万历二十二年皇醮碑

钦差乾清宫近侍、御马监太监樊腾，遵奉大明皇贵妃郑淑旨，敬诣东岳泰山岱顶圣母娘娘陛前，虔修醮典，遍礼诸圣。仍于三阳庵全真道士昝复明等，复做清醮一百二十八位，上叩诸天遥鉴，圣母垂慈，祐保贵妃圣躬康泰，皇子平安，星辰顺度，疾疫痊除，寿命延长，家国协吉。领教奉行，顿首谨意。

这些皇醮记碑和皇醮摩崖刻石的历史价值就在于其碑文中都提到了“太子”，而且万历二十三年《太上老君常清静经碑》最后也有“大明皇三太子发心刊板永远舍施”的字样。按《明史》卷二十一《光宗本纪》的记载，明光宗朱常洛于万历二十九年（1601）始立为太子，而三阳观这四块碑分别刻于万历二十二年（图10-6）、万历二十三年、万历二十四年、万历二十七年，何来太子之说呢？这个问题牵涉了明万历朝的“国本案”，是明代宫廷那段明争暗斗的历史的真实注脚。

## 第二节　明代泰山诗刻

明代泰山诗刻保留至今最早的一块刻于正统七年（1442），此后一直到崇祯十五年（1642），其间整200年，共有122题，367首。其中绝大部分为碑刻，另有15处摩崖石刻，这些诗的作者有当时的大家，如王阳明、王世贞、于慎行、钟惺等，也有不出名的文人。其所涉及的内容十分广泛，包括宗教感受、山水题咏、抒发胸怀、游览情趣、次韵古诗，甚至还有描述战争的诗作等。明代的泰山诗碑多短碣，字体也不大，好多诗就像唐代《双束碑》一样集中刻到一块碑上，其中较为典型的是岱庙《方碑》。这一时期的次韵诗碑甚多，尤其在灵岩寺，几蔚然成风。

## 一、丰富多样的题赞诗刻

明代文人游历泰山的人数较之金元时期有了大幅度增加，他们来到泰山也不像唐宋时期那样仅仅留下三言两语的题名、题记，而大多是写诗作赋，其题材除了传统的歌颂赞美泰山的雄姿与河山的壮美外，几乎无所不可入诗、上石。

在中国文学史上，明代的诗歌虽然数量众多，但较之唐诗宋词，却是项背难望。尤其是永乐年间，台阁体出现，诗坛出现了大量应制和颂圣之作，表面看来雍容华贵，实际上却是粉饰现实，大多了无生气，这种诗歌几乎垄断了当时整个诗坛。但是，镌刻到泰山的明代石刻，由于诗人在泰山这个特定的环境中，受到泰山传统精神的影响，却敢于述说自己的观点，排遣心中的郁闷，给明代诗歌带来了一缕异样的色彩。

### （一）诗刻中的小品

现存明代诗碑中最早的一块是《岱宗方山牧牛图碑》（图10-7），立于明正统七年（1442），此碑现在灵岩寺，已残损，《牧牛图》在石碑左部，共有六幅画面构成，每幅画面均配以诗，现诗画尚存四幅，画中人物、动物、山水等线条流畅，造型生动，颇见绘画功力，诗也写得清新可爱。现仅就石上可识文字录之：

**寻牛**

须臾不见急追寻，古路迢迢云水深。
几度归来无觅处，唯闻岩畔有猿吟。

**见迹**

南部东西岐路多，行踪只在旧山坡。
虽然元不离方寸，认着依然不是它。

图10-7 《岱宗方山牧牛图碑》

### 归家

白云深处牧童家，□□□□映晚霞。
牧笛一声归去也，□□□□遍聱才。

### 亡牛

影迹俱忘只见山，满怀风月白云间。
疑团破处灵空阔，童子高眠求日闲。

这几首诗颇有韵致，而且以诗配画，甚为生动地表现了当年灵岩寺和尚的所见所闻和闲适生活。

《钟惺等水帘诗刻石》（图10-8），在泰山水帘洞坊西侧石崖上，刻于明万历四十四年（1616），由钟惺、吴惟明及林古度三人一人一句轮流合写而成：

晴雨所覆（钟　惺），白云之上（吴惟明）。
冬爱其源（林古度），厥流遵养（钟　惺）。
石穹其中（吴惟明），候时而响（林古度）。
岱实为之（吴惟明），劝登弘奖（钟　惺）。

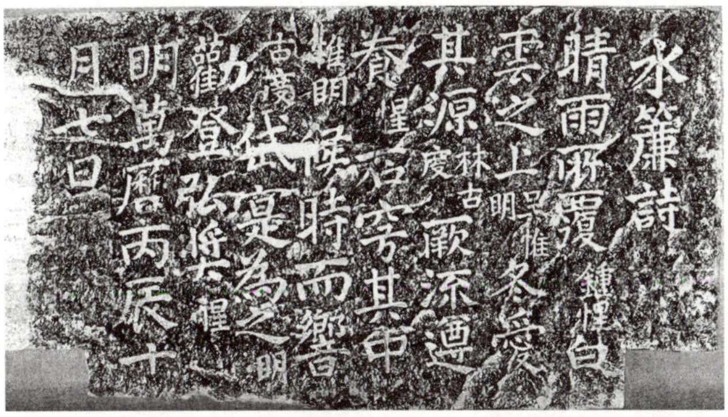

图 10-8 《钟惺等水帘诗刻石》

钟惺（1572—1624），竟陵（今湖北天门市）人，万历三十八年（1610）进士，官至福建提学佥事。为文追求“幽深孤峭”，与同乡谭元春齐名，时称“竟陵派”，在中国文学史上有着一定地位。

吴惟明（生卒年不详），明末诗人，曾刊刻《广弘明集》。余不详。

林古度（1580—1660），字茂之，福清（今福建省福清县）人。明末清初著名诗人。明亡，以遗民自居，时家产尽失，乃栖居于金陵珍珠桥南之陋巷窟门，贫甚，暑无蚊帏，冬夜睡败絮中。施闰章怜之，乃赠纻帐。其所作诗，王士祯选为《茂之诗选》二卷；又著有赋一卷，并《清史列传》行于世。

此诗似是游戏之作。此三个人彼时可能正不如意，但是并没有消沉，他们要像泰山的水瀑一样在冬天积蓄力量，“候时而响”，东山再起。

还有钟惺的《无字碑》诗。此碑现存岱庙，文字磨灭较多，年款不详。

如何季世事，反近结绳初？
民不可使知，亟亟欲其愚。
隐然示来者，此意即焚书。

这首诗写《无字碑》，诗中却没有一个字提到此碑，而是强烈地抨击秦始皇的愚民政策，有很强的历史意义，在泰山的所有诗作中可谓别具一格。全诗以反问句起首：立碑不刻字，莫非要回到结绳而治的时代？一语点破主题，就像是一篇讨伐反智、反文明的檄文。诗中所谓“隐然”，即指《无字碑》的无字貌。《无字碑》的不着一字，正体现着秦始皇“焚书”的用心，同时也表达了愚民者自己恰恰是愚昧的。从艺术角度看，一般认为，诗歌是以形象思维为特征的，所谓“诗主性情，不主议论”[①]，但议论也并非不可入诗，此诗便通篇都

① 〔清〕沈德潜：《说诗晬语》卷下。

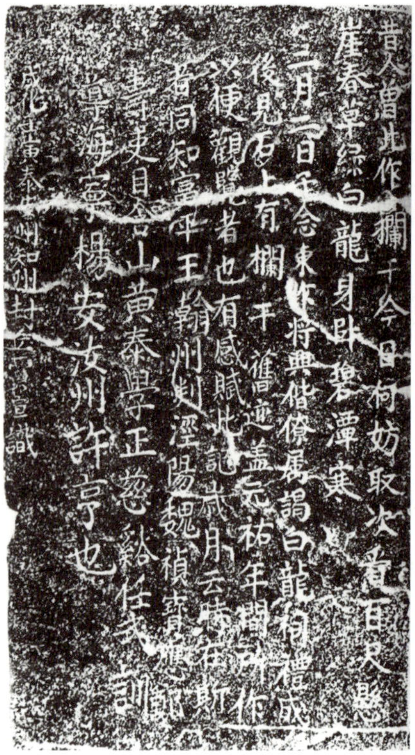

图10-9 《白龙池摩崖诗刻》

是议论，但议论有“情”，则诗歌的生命力也一样可以蓬勃。

贾宣《白龙池摩崖诗刻》(图10-9)，在泰山白龙池，刻于明成化十八年(1477)。

贾宣(生卒年不详)，封丘(今河南省封丘县)人，明成化间知泰安州。

诗人偕僚属拜谒白龙祠，礼成后，见此处有前人修建的石栏杆，有感而发：

昔人曾此作栏杆，今日何妨取次看。
百尺悬崖春草绿，白龙深卧碧潭寒。

诗中说，高陡的山崖上草木已开始发芽，而白龙仍隐藏在深冷的水潭，其意不言自明。

(二)颂岱诗刻

明代诗刻中主流是颂岱之作，所有来到泰山的人，无不为泰山的高大雄伟和厚重的历史文化精神所折服，他们情不自禁地拿起诗笔，写泰山，也写自己，在泰山留下了踪迹。

其间，最早的颂岱诗碑立于明景泰二年(1451)，为徐仲麟的《泰山诗》。此碑(图10-10)现存岱庙：

凿开混沌此山尊，山外群山势欲奔。
绝顶烟霞神室在，半空风露古碑存。
星移物换何寥廓，天老云闲自晓昏。
怪我登临穷望眼，诗成睨立一乾坤。

徐仲麟(生卒年不详)，广西梧州一带人，明奉政大夫、佥山东按察司事。

此诗写得很有气势，表现了泰山雄浑的风貌，诗人认为自从盘古开天地，泰山最为尊崇，以至自己来到这里目力不及，看也看不够。

明成化十三年（1477），水利专家张盛来到泰山，写下了《〈登泰山十一首〉诗碑》（图10-11），后又有泰安州学正慈湖任式为之题跋。此碑立于岱庙。

张盛（生卒年不详），字克谦，江苏宜兴人。天顺四年（1460）进士，都水员外郎，建修大汶河堽城坝后，因功补参东藩。

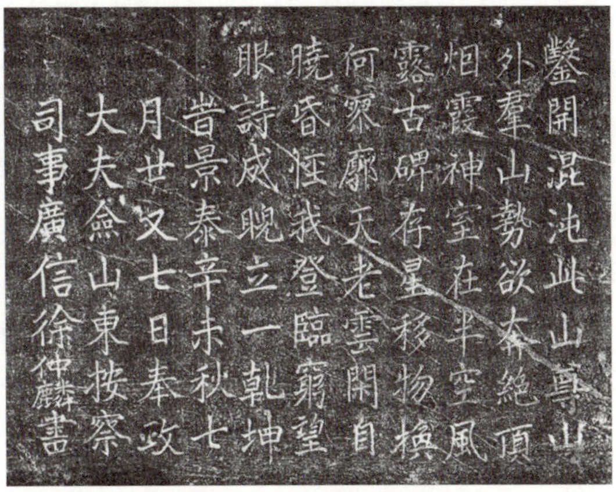

图10-10　徐仲麟《〈泰山诗〉碑》

图10-11　张盛《〈登泰山十一首〉诗碑》

任式（生卒年不详），慈湖（今属浙江省宁波市）人，时任泰安州学正。其序及第一首云：

成化庚寅，余官水部，奉命治□□东，初登泰山，曾赋诗一律以寄兴。既而还朝，□□□□□事。未几，补参东藩，偶与沈务史同登，复一韵□□□□，愧不工，并录付任掌教正云。

### 初登泰山

岱宗仰望郁嵯峨，万壑千岩气象多。
雨过春光横翠黛，炬迷晓色露青螺。
秦王封禅碑还在，汉武祈灵事不磨。
今日我来登眺处，苍天咫尺手堪摩。

接着是《重登泰山》："五年不到泰山来，又得重登一快哉。雨霁风和春正好，岩前处处碧桃开。"泰山古代刻石在诗人眼中堪称重要景观，多被收入诗中，如：

### 磨崖铭

百尺磨崖不染苔，千年书法独为魁。
明王料得东封日，纪胜夸功骋逸才。

其他的则咏颂了回马峰、大夫松、十八盘、封禅坛、秦碑、日观峰等。

诗末有任式之跋：

> 余承乏州学，成华丙申春三月望日，□遇沈豸史偕张盛参议同登泰山。次日，参议张公出其先后登临所题诗以示余，先一律，后□韵十绝，读之如行云流水，不事雕琢，皆出于自然，真佳什也。因白□□，陈公遂刻于石传不朽云。
>
> 成化十三年岁次丁酉，泰安州学正慈湖任式识。知州古燕陈以忠刊石。

任式说得没错，这些诗的确写得很自然，少有雕琢之痕。张盛作为一个水利工程师能写出这样的诗来已是难能可贵。而他的另一"作品"——成化年间重修的汶河堽城坝已然载入了水利史册。

章忱《登泰山诗碑》，现存岱庙，立于明成化年间。

章忱（生卒年不详），会稽（今浙江绍兴市）人，明成化二十二年（1486）进士，除承德郎太仆寺寺丞、知临城县。

此诗为五言古诗，诗中说："夙昔尚微志，仰止在山丘""缅维岱岳尊，屹立奠九州""空光碧天合，倒景黄河流""仰视九霄旷，俯览八极攸"。

诗人心目中的泰山高大雄伟而又历史悠久，风光处处引人入胜。而登上泰山是他的平生志向。

潘鉴《〈登泰山〉二首诗碑》，在岱庙，刻于弘治七年（1494）。

潘鉴（生卒年不详），宁海（今浙江省宁海县）人，曾任宁海州学正。

这两首诗同样把泰山同盘古开天地联系在了一起——"天开东岳□天仙，混沌纷来已有年"，接着又颂扬泰山的高大"回视他山如石小，仰视吾道与天平"。诗人对封禅和古代石刻有着浓厚的兴趣："周室巡行遗址在，秦宗封禅古碑悬""泰岳峰高四十程，东巡号令尚存名"。同时也对明朝统治者大加赞美"圣世殊恩超往昔，巍巍金殿插云边"，而且通过登上泰山，感觉自己"登临瞻拜心虔恳，自觉飘飘两腋轻"，似乎也飘飘欲仙了。

戴珊《〈岱顶〉诗碑》（图10-12），在岱庙，题于明弘治七年（1494），碑面残坏严重，多字漫漶。

戴珊（1437—1505），字廷珍，浮梁（今江西浮梁县）人，天顺末年进士，历官御史，督南畿学政，陕西副使，浙江按察使，福建左、右布政使，右副都御史，南京刑部尚书，左都御史，赠太子太保，谥"恭简"。《明史》有传。

图10-12 《〈岱顶〉诗碑》

诗前的小跋记载了作者当年来泰山的背景及有感赋诗的缘由。诗中说“岳灵帝德绥宗社，名号千年不负州”，道出了泰山是中国平安之山、国家镇山的崇高地位。

正德七年（1512），张璿刚从海边见到了海市蜃楼，又来到了泰山，有感而发，写下了《登泰山诗》。此碑现存岱庙。其诗曰：

五月观沧海，初秋上泰山。
海深还有市，山大更无班。
抚景思虾蚌，凭空看宇寰。
一年巡历地，刚得两颜开。

张璿（1477—1542），字仲斋，号恒山。北直隶晋州人，正德三年（1508）进士，授御史，巡按山东、陕西、浙江等地。任大理寺右、左寺丞等。

此诗把泰山与大海相比：大海深广更有海市奇景，而泰山高大无比，没有其他山同它一般。诗后有跋：“予昨寓登州，海市见，甚奇。即为文以写其景，今过此而登泰山也，并言之。”诗中看得出他心中的喜悦。

万历十一年（1583），嘉靖“后五子”之一的张佳胤登上泰山，并写出了《登岱四首》，其诗碑现存岱庙。

张佳胤（1527—1588），字肖甫，号崌崃山人，四川铜梁人。嘉靖进士，授滑县知县，历户部主事、礼部郎中。隆庆间巡抚应天、保定。万历间先后巡抚陕西、宣府、浙江，平定马文英、刘廷用兵变，进为兵部尚书。诗文亦工，常与王世贞诸人唱酬。卒赠少保，天启初年追谥“襄宪”。著有《崌崃集》。

这几首诗写得富有特色，不落俗套，如其第一首为：“张衡曾赋四愁诗，东往相从及此时。翠壁千盘随杖转，丹梯一线自天垂。瑶函偶拾神人字，绛节高居玉女祠。囊里按图分五岳，真形微被地灵窥。”把泰山写得分外神秘。第四首更加充满诗意：“日月双从岱顶悬，每依帝座挽青烟。秦碑突兀青天上，仙岛微茫大海前。寓目好看吴苑马，顯身那辩汶阳田。山中纵失襄城驾，犹胜风尘在市廛。”

崔应麒《〈题晒经石水帘〉诗刻》（图10-13）。此摩崖在经石峪，刻于万历十九年（1591），诗曰：

晒经石上水帘泉，谁挽银河落半天。
新月控钩朝挂玉，长风吹浪暮疑烟。
梵音溅沫干还湿，曲漳流云断复连。
选胜具觞恣幽赏，题诗愧乏笔如椽。

崔应麒（生卒年不详），字献河，获鹿县（今河北省鹿泉市）人。隆庆五年（1571）进士，曾任五台、潍县、汲县知县，后历任户部郎中、济南知府、兵部侍郎等职。

此诗草书，因名为“题晒经石水帘”，故句句围绕“水”字写，但又无“水”字，可谓把经石峪的水写到了极致。

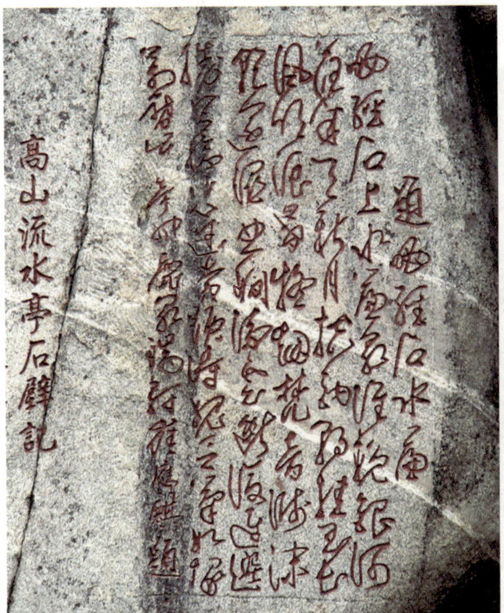

图10-13　崔英麒《〈题晒经石水帘〉诗刻》

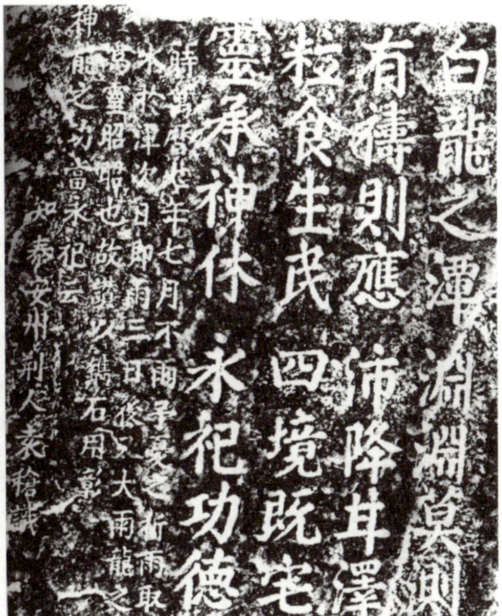

图10-14　袁稆《〈题白龙池〉诗刻》

同样是摩崖刻石的还有袁稆《〈题白龙池〉诗刻》（图10-14）。此诗在白龙池玄圭石上，刻于明万历七年（1579）：

白龙之潭，渊渊莫测。有祷则应，沛降甘泽。
粒食生民，四境既宅。灵承神休，永祀功德。

袁稆（生卒年不详），字大实，怀远（今安徽怀远县）人，万历五年（1577）

任泰安知州，史书记载他“清操惠政，士民德之。九年升长吏，州民为其立去思碑”。

诗后有跋：“时万历七年七月不雨，予忧之，祈雨取水于潭。次日即雨，三日后又大雨，龙之为灵，昭昭也。故赞以镌石，用彰神龙之功，当永祀云。知泰安州、荆人袁稽识。”这条题记表明了白龙池祈雨始于宋代，到了明朝仍在延续。

（三）岱庙《方碑》与诗刻

岱庙有《方碑》（图10-15），不知立于何年。碑身为方柱形，高约2.8米，每面宽0.8～0.9米，顶覆石盖，上刻明、清两代真、草、隶、篆、行各种书体的题诗、题记、题词共25首，残不可读者9首，内容大多为登岱感怀的诗文和题记。此碑的刻制有些类似于唐《双束碑》，立起一块大碑，为题诗开创一片园地，供不同时期的作者镌刻他们的作品。

图10-15 《方碑》

万历四十六年（1618），《方碑》之上首先镌刻了穆光胤的《登岱四首》。其诗第一首写泰山高大不凡，天下的事情都由泰山神掌管，所以古代帝王封禅祭祀的礼仪特别隆重：“奇峰突兀插中天，双屐腾凌踏紫烟。掌上河山归十二，望中礼乐属三千。”第二首写泰山风光和诗人登上泰山的心情：“徒倚天门俯大荒，杖藜扶我过虹梁。地蟠沧海三山返，风卷黄河一带长。夕日远邀飞鸟度，晴霄下指白云翔。青天搔首情何限，不道当年李白狂。”第三首写诗人的想象，用典颇多，富有浪漫情调：“北来紫塞壮幽燕，匹练南飞挂目前。海气沧茫常浴日，仙间隐约别藏天。芝童分供青精饭，玉女高吟白石篇。此际探奇殊未厌，醉时还枕岳云眠。”第四首写诗人对泰山的崇拜情感：“野袍半染徂徕色，长啸全赓梁父吟”“还思五岳真形在，从此应须汗漫寻”。

穆光胤（1528—1591），字敬甫，号少春，东明人。嘉靖四十一年（1562）进士，授行人。历工部郎中、尚书寺寺丞等。因支持兵部尚书石星，受廷杖罢归。后起郎中，累官至广东按察副使。有《左传国语战国策评苑》61卷等。

黄掛《〈岱庙感怀〉诗刻》，刻于天启三年（1623）。诗曰：“白首风尘只自悲，那堪抱病寄真祠。不期画道弥三月，匏系于今又几时。倦去每依秦代柏，愁来频读汉人碑。茫茫世路隐知己，好逐渔翁学钓丝。”此诗表达了明末文人的颓废心情，这种情调的诗作，在泰山上很少看到，只是明末特定时代特定人物的情感反映。

与此主题类似的还有麻一凤的《〈谒岱〉三首诗刻》，刻于天启三年（1623），作者生平不详。此选其二：

经春雨云正茫茫，忽见山城吐曙光。
座客尊醪倾北海，使君骑从拥东方。
何来岱色饶高馆，不尽天风卷大荒。
最是胜情能巨□，平原十日醉何妨。

此诗有跋，说的是诗人想去泰山三阳观却被雨阻。诗中的“平原”有典，此处代指大水，《左传·桓公元年》：“凡平原出水为大水。”知道了这一点，诗的意思就很容易理解了：初夏的浓云笼罩着大地，泰安城上空却露出了晨曦。因雨而滞留的人们斟满了酒杯，知州的车驾也来到岱庙聚集。泰山的美景为何吸引了高朋？皆因那大风使漫天的雨云敛迹。即使未去三阳观也已令人满足，只要今朝能醉，哪怕大水十日也无关系……此时，明朝已来日无多，社会处于风雨飘摇之中，文人变得麻木颓废——今朝有酒今朝醉，哪怕洪水滔天也与我无关。

这种具有鲜明时代特征的诗刻正是泰山石刻的意义所在——它是社会的晴雨表。

## 二、游历、写景诗刻

此类诗刻是作者游览泰山风光有感而发写下的，泰山上的一峰一石、一草一木都被古人审视过、题咏过，虽然它们不像赞颂泰山总体的那些诗歌，如“泰山岩岩，鲁邦所瞻”那样显得雄浑大气，但也是各有特色，诗意颇浓。

如李逊学《〈游灵岩寺得二首〉诗碑》，立于明正德四年（1509）。

李逊学（1456—1519），字希贤，号悔斋，河南上蔡县（今河南上蔡县）人。成化二十三年（1487）进士，改庶吉士，授检讨。后三任山东学政，所至务崇宽厚，颇得士心。正德三年（1508）升太常寺少卿，提督四夷馆。次年，入翰林院兼侍讲，进户部右侍郎，提督仓场。不久，任礼部左、右侍郎。正德十一年（1516）进为礼部尚书，次年入内阁，专管诰敕。正德十四年（1519）卒于官，年六十四，赠太子太保，谥“文简”。

其诗第一首写灵岩寺：“助籁有声松鹤唳，听经无恙岭猿啼。禅参老衲心如悟，梦落浮荣境尚迷。”显得禅意倍浓。第二首捎着写了割麦子的农民“碎剪黄云人刈麦，横分青障客登山”，把成熟的麦田比喻为“黄云”，令人印象深刻。

图10-16　鲁藩《〈咏灵岩寺十首〉诗碑》

鲁藩《〈咏灵岩寺十首〉诗碑》(图10-16),在灵岩寺,立于明正德十六年(1521)。

鲁藩为明代在山东所封的藩王,其第一代是朱元璋第十子朱檀,作此诗的藩王当为悼王朱健杙,弘治十六年(1503)封世孙,正德十五年(1520)薨。追封王,谥曰“悼”。

鲁藩的诗就像顺口溜:“西来无限菩提树,山僧住在云深处。绿竹猗上绕方丈,携手又向东堂去。”其余诗的风格均类此。此碑为藩王死后僧人所立。

吴拭《〈题灵岩道场〉诗碑》,在灵岩寺,刻于嘉靖七年(1528)。吴拭(生卒年不详),时任济南郡守。

诗后有跋,记录了与浙江布政使司左参政胡缵宗及户部郎中高奎等同登泰山的情景。诗中列举了颇多灵岩寺的典故,如:“飞锡道人知几年,青蛇白兔亦茫然。焚香且上五花殿,煮茗更临双鹤泉。”

李中《〈灵岩寺夜宿〉诗碑》,立于嘉靖十九年(1540)。

李中,生卒年不详,明代诗人,正德九年(1514)进士,后官至总督,著有《谷平日录》《谷平文集》五卷。

此诗写得很轻松:“夕阳临古寺,下马宿禅堂。老衲谈甘露,僧童捧炷香。山灵知说命,由豫问羲皇。坐待鸡鸣晓,驱驰世路长。”李中投宿于灵岩寺,与山僧对话,联想很多,坐待天明还要赶路,“驱驰世路长”是本诗的诗眼,表达了一种前路漫漫的心境。

《徐中行诗碑》(图10-17),在灵岩寺,立于明万历元年(1573)。这是一块体量颇大的独立诗碑,高2.40米、宽0.95米,比起大多数诗刻短碣来,很引人注目。

徐中行(1517—1578),字子舆,号龙湾,天目山长兴(今属浙江)人。嘉靖二十九年(1550)进士。初授刑部主事,出为汀州知府等,后谪长芦盐运判官,累官至江西布政使。

图10-17 《徐中行诗碑》

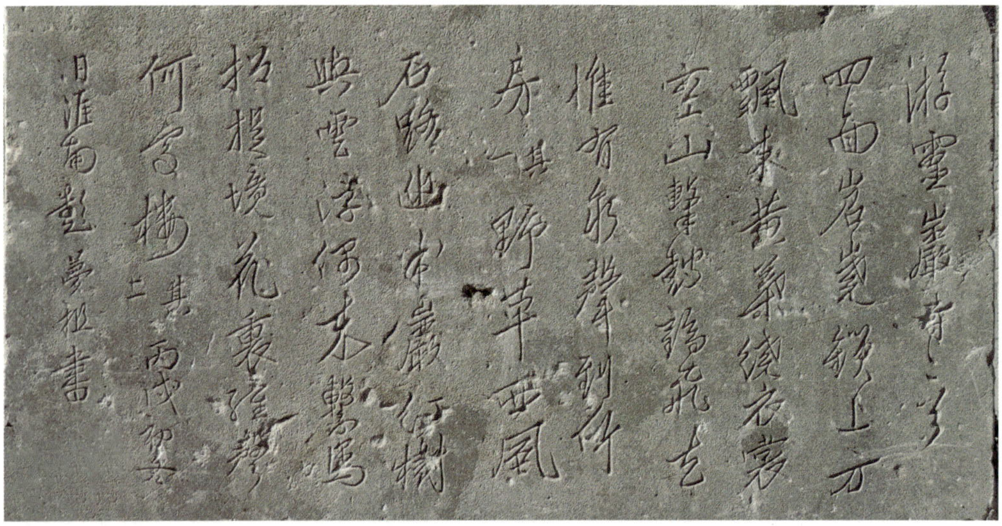

图10-18　彭梦祖《游灵岩寺二首》诗碑

碑刻诗共有二首，两首诗写景又写意：“铁园藏委折，银壁削嶙峋”，“笑参金粟佛，敢谓是前身”。有思又有情：“挥麈深玄理，忘筌学息机。乍如逢慧远，日暮憺忘归。”

图10-19　张铨《〈观无字碑一绝〉诗碑》

《彭梦祖〈游灵岩寺二首〉诗碑》（图10-18），在灵岩寺，刻于万历十四年（1586）。

彭梦祖，字应寿，号歧阳。安徽淮南人，以进士授户部主事，官至台绍宪副，升参政。

诗共二首，均为七绝，俱为写景，第一首诗中着重典故：“四面岩峣锁上方，飘来黄叶绕衣裳。空山击鼓鹤飞去，惟有泉声到竹房。”第二首风格明丽：“野草西风石路幽，半岩红树与云浮。偶来系马招提境，花里经声何处楼。”

张铨《〈观无字碑一绝〉诗碑》（图10-19），在泰山无字碑侧，立于明万历四十五年（1617）。

张铨（1577—1621），字宇衡，号见平，万历三十二年（1604）进士，任保定推官，升任浙江道御史等。后任辽东巡按，建州叛军入侵，张铨陷城中，被押见建州叛军统帅，立而不跪，反而引颈以待。后自刎，年45岁。著有《皇明国史纪闻》十二卷，记载了明洪武至正德150余年的历史，后被收入《四库全书》。

其诗为：

莽荡天风万里吹，玉函金检至今疑。
袖携五色如椽笔，来补秦王无字碑。

此诗写得很有气势，看得出诗人欲成就一番大事业的远大抱负。

其他游历写景诗刻还有陈铨《“方丈含秋色”诗碑》、江玭《〈游灵岩寺〉诗碑》、吴陵□《〈咏五大夫松〉诗碑》、蔡晟《〈过灵岩寺〉二首诗碑》、裕斋《〈白龙池〉诗刻》、王之纲《〈游灵岩寺〉二首诗碑》等，不再一一列举。

## 三、抒怀诗碑

泰山明代诗刻中有较多抒怀诗碑，多表现文人的襟怀抱负及对世事人生的思考。

比较典型的有宋濂《〈登岱〉诗刻》，原诗碑今已不存，后人刻其选句于今天外村广场。

宋濂（1310—1381），字景濂，号潜溪，浦江（今浙江省浦江县）人。宋濂家贫，但自幼好学，曾受业于著名理学家吴莱等。朱元璋起兵，被聘入应天（今南京）礼贤馆，任儒学江南提举，为太子讲经。洪武十三年（1380），朱元璋杀丞相胡惟庸，因受胡案牵连，太祖欲置濂死，幸靠皇后、太子力救乃免。遂举家远迁茂州（今四川茂县），次年死于中途夔州（今四川奉节）。

岹峣泰岳柱苍穹，万壑千岩一径通。
象纬平临青帝观，灵光长绕碧霞宫。
凌晨云幔天涯白，子夜晴摇海日红。
玉露金茎应咫尺，举头霄汉思偏雄。

宋濂此诗似有颂诗之嫌，以泰岳的高大雄伟歌颂帝王的威权，结合诗歌背景，可以看出他作为中国文人所具有的矛盾性格。

方孝孺《夏日登岱诗刻》，诗碑今已不存，后人刻其选句于今天外村广场。

方孝孺（1375—1420），字希直，又字希古，浙江宁海（今浙江宁海县）人，受业于宋濂。明建文帝即位后，方孝孺受到充分信赖和倚重。年轻的建文帝怕其王叔们权力过大，拥兵为患，就采用齐秦、黄子澄的削藩建议，但遭到以燕王朱棣为首的诸王的反对。方孝孺为之起草了征讨燕王的诏书和檄文。后朱棣攻下南京，篡得大明皇位，迫令方孝孺为他起草即位诏书。方孝孺宁死不从，掷笔于地说："死即死耳，诏书不草！"燕王大声说："诏不草，灭汝九族！"方孝孺针锋相对地说："莫说九族，十族何妨！"朱棣对方孝孺施以酷刑，方孝孺依然不屈。就义前，作绝命赋道："天降乱离兮，孰知其由；奸臣得计兮，谋国用犹；忠臣发愤兮，血泪交流；以此殉君兮，抑又可求？呜呼哀哉，庶我不尤！"据传，朱棣将他的亲人在他面前一一处死，先是父母辈的，继而妻子、子女，后来是所有的亲戚，最后是学生，共873人。最后将方孝孺在午门内凌迟处死。

振衣千仞思悠悠，泰岱于今惬胜游。
秦汉旧封悬碧落，乾坤胜概点浮沤。
海明日观三更晓，风动天门九夏秋。
更上云端频极目，紫微光电闪吴钩。

诗人的心情十分复杂，登临泰山虽使他感到愉悦，但惆怅的事却仍萦绕在心头。大概此时燕王已经起兵了，"更上云端频极目，紫微光电闪吴钩"，诗人知道内战已不可避免，却又无力制止，亦不知结局如何。大好河山，眼看要毁于战争，诗人站在泰山之巅，忧国忧民的心情无比强烈。

刘凤池《〈登泰山〉二首诗刻》，系摩崖刻石，在登山盘道旁，刻于嘉靖二十年（1541）。摩崖面积较大，高2.20米，宽2.10米，隶书体。

刘凤池（生卒年不详），陕西渭南人，明嘉靖进士，嘉靖十九年（1540）任章丘知县。

诗写得很清新，也颇有意境。其第一首为《登泰山》云："峰峦缥缈入烟霄，三月登临雪未消。万里鸣銮更旧迹，几朝老树识新条。晴天海气连云洞，莫日薰风到黍苗。上帝欲从开化术，谁增仙嶂作长桥。”第二首是《登封禅台有感》，表达了诗人登上泰山伤今吊古的情怀，其大意是：大风吹来雨雪洒落大地，因独自登上荒凉的古封禅台而感到悲哀。千年世事像烟云一样忽聚忽散，多少朝代都由兴盛走向了衰败。遥想当年每个路口都排满了封禅的仪仗，而今天古碑上却长满了青苔。历代的英雄都是这样，又何必为夺取天下而争得难解难开？

图10-20　李三才《〈暴经峪水帘〉诗碑》

李三才《〈暴经峪水帘〉诗碑》（图10-20），在经石峪，刻于明万历十六年（1588）。

李三才（1552—1623），字道甫，号修吾。陕西临潼人，寄籍顺天通州（今北京通州区）。万历二年进士，历任授户部主事、总督漕运、巡抚淮阳。李三才屡次疏陈朝政废坏，请神宗奋然有为，但皆不被采纳，并遭到依附于大地主势力的保守派的攻击，引起东林党与齐楚浙党的官僚之争。死后遭阉党追论，被夺封诰。其诗曰：

暴经石傍水泠泠，镇日独来倚树听。
此意世人浑未解，半天矫首万山青。

李三才反对太监揽权，遭到一些官员的反对，被迫辞职。他郁郁不得其志，来到泰山，触景生情，思绪万千，写下了这首诗。

杨宗气《“翠岩崔嵬蒿木稠”诗碑》，在灵岩寺，刻于嘉靖间。

杨宗气（1514—1570），字正系，一作子正，号活水，陕西延安籍浙江归安人。嘉靖二十年（1541）进士，擢山东参政。嘉靖四十三年（1564）升总督粮储，南京右副都御史，编有《山西通志》。

图10-21　傅光宅《〈寻朗公影塔〉题诗碑》

此诗碑漫漶颇甚，但透过字里行间仍能看出诗人的心境："时代更□留断碣，乾坤□胜即丹丘。却怜尘□画僧□，空对烟霞起暮愁。"灵岩寺到了这一时期，断碣残烟，再没了当年的繁盛。

傅光宅《〈寻朗公影塔〉题诗碑》（图10-21），在灵岩寺墓塔林，立于明万历十六年（1588）。

傅光宅（1547—1604），字伯俊，别号金沙居士，山东聊城人，万历五年（1577）进士。傅光宅博闻强识，学贯百家，落笔千言，词采流丽。在佛学上也同样颇有造诣，曾亲自参与了《嘉兴大藏经刻藏》的刻印。

此诗记录了明代灵岩寺的衰微和诗人的心情：

岩谷荒凉草树秋，千年金骨为谁留。
于今龙象无踪迹，断碣斜阳对客愁。

汪钛《墓塔林题诗碑》，与傅光宅诗在同一石上，刻于明万历十六年（1588）。此诗与傅光宅诗堪称姊妹篇：

衰草荒榛不记年，石幢磨灭锁寒烟。
玄珠万斛谁收得，惟见青天片月悬。

汪钛，明代徽州人，余不详。

两首诗均写墓塔林，此时的灵岩寺已是十分悲凉凄怆。其实，到了明朝后期，整个灵岩寺甚至中国的佛教都在走下坡路了。

王汉《〈题诸峰〉诗刻》，在飞来石上，刻于明崇祯年间。其诗只有四句：

足趾蹑云霞，襟带携星斗。
或如天马嘶，或如凶蛟闹。

王汉（？—1643），字子房，山东掖县人，崇祯十年（1637）进士。崇祯十二年知河内县，彼时此地发生蝗灾，王汉便请人画了《河内县灾伤图》上报朝廷，他在图序中说："贫民食树皮尽，至食草根，甚至父子夫妻相食，人皆黄腮肿颊，眼如猪胆，饿死累累。"然而朝廷不但不赈济灾民，反而要增加练饷2万多两。在序的结尾他又说："念皇上居深宫之中，远轸民灾，谨令绘工画十六图，而臣手记其略，冒死进呈。嗟乎嗟乎，图之所能及者，得而见之；图之不能及者，不得而见之也……可奈何哉！"真是啼血之作。

诗人所描写的是云雾中的泰山山峰，似裹挟着星斗，如天马、蛟龙，而作者畅游在这神奇的境界里，深深感受到了泰山的雄大气势，故诗句虽短，诗意颇浓。

## 四、叙事诗碑

于慎行《三阳观题诗碑》（图10-22），原在泰山三阳观殿壁，刻于明万历二十年（1592），后三阳观被毁，该碑沦落于瓦砾荒草中，1984年整修三阳观时被发现，遂移至岱庙文物库房保存。

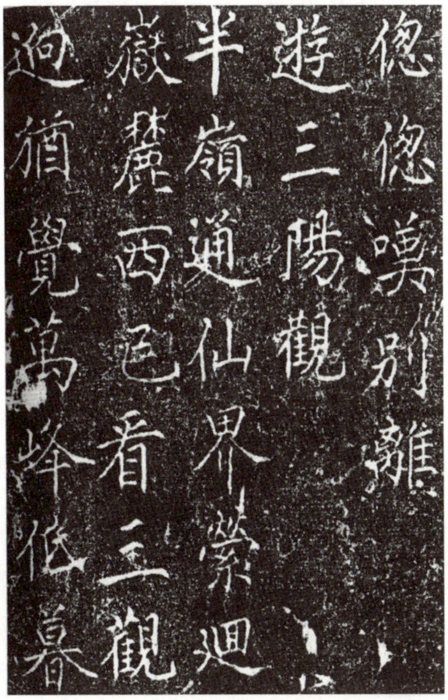

图10-22 于慎行《三阳观题诗碑》局部

于慎行（1545—1607），字无垢，山东东阿人，明末著名政治家、史学家、文学家。隆庆二年（1568）进士，授编修，累官至礼部尚书。万历十八年，因故乞休归籍，此后家居十七年。于慎行以泰山为题材的诗作甚多，其中相当一部分被刻上了碑石。

其诗碑共刻了《下泰山游三阳观》《饮三阳观绝顶对月》《游仙词四首赠三阳

观昝云山道士》等，仅举一例：

辞家慕冲举，名岳且依栖。
辽左迟归鹤，淮南见去鸡。
玄霜堪入药，白石总如泥。
试访清都宴，云门路欲迷。
万历癸巳六月朔日，谷城山下居士于慎行书于望岳楼。

他的诗不仅描写了三阳观的景致，还抒发了自己的感受；在叙事中提到了很多历史人物与典故，如“鹤书”“萧史”“栾巴噀酒”“慕冲举”“玄霜”“白石”等。于慎行的诗碑为后人所喜爱，次其韵及评论者不乏其人。

王元翰《宿灵岩寺题诗碑》，在灵岩寺，刻于明万历三十七年（1609）。

王元翰（1565—1633），字伯举，号聚洲、积波居士，宁州（今云南玉溪华宁县）人，明神宗万历二十九年（1601）进士，选庶吉士。由于万历皇帝沉于酒色，荒于政事，致使朝廷吏制废弛。王元翰敢于挺身力谏，痛陈“时事败坏”，要求皇帝以国事为重，励精图治，其品行为《明史》所盛赞。

诗前有序：“明万历己酉夏日，同山人王九陵，□雅□有岱宗之游，因过灵岩寺一宿。”其诗中既有“草木几无尘俗气，碣碑多自晋唐留”的历史情怀，又有“朗公说法千年后，怪石嵯峨尚点头”的传奇色彩，风格挥洒自如。

图10-23　吕维祺、元介父《〈游灵岩寺八首〉诗碑》

吕维祺、元介父《〈游灵岩寺八首〉诗碑》（图10-23），在灵岩寺，立于万历四十二年（1614）。八首诗有的有标题，如《登绝顶眺望》《灵岩朗公石》《同长清傅明府游甘露泉二首》《崮山公署闻张五□太守登岱奉寄》等，也有的无标题。体裁有七律、五律、七绝等。诗主要以写景为主，如"云渡法泉飞白鹤，松蟠古洞啸青龙""古碣诗文半唐汉，老松蝉雀杂望箫"，也有借景抒情："总是风尘裹面身，眼前谁解不沉沦。一般游览空归去，只恐青山亦笑人。"

吕维祺（1587—1641），字介儒，号豫石，河南新安人。万历四十一年（1613）进士，后擢吏部主事。光熹之际，上疏请慎起居，择近侍，防微杜渐。崇祯间，为南京兵部尚书，起义军至，不屈被害。谥"忠节"。

元介父，即朱之蕃（？—1624），字元介，号兰隅、定觉主人，万历二十三年（1595）举状元，授翰林院修撰，进为礼部侍郎等。万历三十三年（1605）奉命出使朝鲜，与其国才士互相辩难，赋诗赠答，应对如流，且语言得体，不辱使命。著有《使朝鲜稿》四卷，《纪胜诗》《落花诗》《南还杂著》各一卷等。

## 五、赠答、次韵诗

明代泰山诗多赠答、次韵之作，不仅同时代诗人互相以诗文唱和，古人的诗韵也被反复次韵。次韵的诗中往往加进了作者新的立意和感受，与原诗对比读来颇富意趣。

泰山现存明朝最早的次韵诗是孙瑜的《和仁钦大师〈题灵岩十二景〉诗》（图10-24），在灵岩寺，碑刻于成化十三年（1477）。孙瑜，济南人，举人，余不详。

此诗跋语说，作者游灵岩寺时看到了宋代高僧仁钦大师的十二首诗，心甚慨然，便一一和之，留方丈壁间，不意方丈欲为之刻碑，便又重写了一遍。仁钦大师的诗分别为《置寺殿》《般舟殿》《铁袈裟》《朗公山》《明孔山》《绝景亭》《甘露泉》《石龟泉》《锡杖泉》等。仁钦的第一首诗《置寺殿》为："青蛇引路破樵径，二虎驮经莫厌频。周汉魏时于此往，年过八百又重新。"孙瑜和之："形胜天然远俗尘，经营宁计往来频。已从老衲西归后，几度倾颓几度新。"仁钦第三首《铁袈裟》："我佛慈悲铁作衣，谁知方便示禅机。昔年庾岭家风在，直到如今识者稀。"孙瑜和之："谁将宝铁铸僧衣，知是禅家寓妙机。千古遗来纹已没，至今人到识应稀。"意境相契。

图10-24　孙瑜《和仁钦大师〈题灵岩十二景〉诗碑》

胡一龙《和仁钦〈题灵岩十二景〉诗碑》，在灵岩寺，作者为明代人，具体生平不详。胡一龙善写草书，在岱庙亦有其诗碑。

诗前有序："灵岩寺旧有仁钦和尚十二景诗，盖古迹也。予探胜浩繁，正苦思□而不得其要，偶见题□孙□所和，遂取而各置一咏，觉于大观殊遍满也。长清令李君乃磨石而镌之。"如胡一龙的《置寺殿》诗为："开山何用布黄金，座下天然只树林。万亿化来归自在，随缘便振海潮音。"《铁袈裟》为："多宝如来现世缘，莫须磨洗认方田。尘根已断还常住，不作人间忍辱穿。"虽不用仁钦原韵，境界亦更加深刻。

王守仁《〈和苏颍滨韵〉诗碑》，原在灵岩寺，刻于明万历间。此诗次苏辙《题灵岩寺》，该石刻后佚，今据文献录于下：

客途亦幽寻，窅窱穿谷底。尘土填胸臆，到此乃一洗。
仰视剑戟锋，巑岏颡如泚。俯窥蛟龙窟，匍匐首若稽。
异境固灵秘，兹游实天启。梵宇过岩壑，檐牙相角觝。
山僧出延客，经营设酒醴。导引入云雾，峻陟历堂陛。
石田惟种椒，晚炊乃有米。临灯坐小轩，矮榻便倦体。
清幽感畴昔，陈李两兄弟。侵晨访遗迹，碑碣多荒荠。

而苏辙的原诗为：

青山何重重，行尽土囊底。岩高日气薄，秀色如新洗。
入门尘虑息，盥漱得清泚。升堂见真人，不觉手自稽。
祖师古禅伯，荆棘昔亲启。人迹尚萧条，豺狼夜相觝。
白鹤导清泉，甘芳胜醇醴。声鸣青龙口，光照白石陛。
尚可满畦塍，岂惟濯蔬米。居僧三百人，饮食安四体。
一念但清凉，四方尽兄弟。何言庇华屋，食苦当如荠。

苏诗用韵颇险，如“底”“泚”“稽”“觝”“陛”“荠”等都不易作韵，而王守仁诗不仅能于艰僻中求平妥，无凑韵之弊，而且意境也不逊于苏诗。

王守仁（1472—1529），字伯安，号阳明，浙江余姚人，因被贬贵州时曾居住于阳明洞，世称“阳明先生”。明代著名的哲学家、教育家、政治家和军事家，是继朱熹之后的另一位大儒，是心学流派创始人。

王安舜《〈游灵岩寺次苏颖滨先生韵〉诗碑》，原在灵岩寺，诗共二首，刻于万历间。

此诗也是和苏辙的诗韵，曰：“壁立凌万仞，探出灵岩底。岩高天气清，雨后山容洗。松露漱寒涛，竹风滴清泚。洞开自何年，碑蚀不可稽。云是后汉间，别有神僧启。锡飞白鹤来，法护苍龙觚……”王安舜的诗写得平铺而不沉滞，几可与苏诗媲美。

王安舜（生卒年不详），广州人，万历三十八年（1610）进士，万历间曾任御史。诗末“壬子”当为万历壬子年，即1612年。他在泰山云步桥处还有“银河落九天”题刻。

陈文烛《〈次王元美游灵岩寺〉诗碑》（图10-25），在灵岩寺，立于万历六年（1578）。诗前有序：“寺盖在泰岳西北□，群山拥翠，栋宇连云，摩空于霄，莫可名状。唐人纂《十道图》，乃以此与栖霞、国清、玉泉为宇内四绝，余得游焉，真一适也。次王元美十二韵。”诗曰：

名刹高岩里，遗碑古道傍。岱宗看未了，宝塔见还藏。
白兔惊神异，青蛇事渺茫。朗公曾过鲁，初祖盛于唐。

图10-25　陈文烛《〈次王元美游灵岩寺〉诗碑》

王元美即王世贞（1526—1590），字元美，号凤洲，太仓（今江苏太仓）人，明代著名文学家、史学家，“后七子”领袖之一。有“登泰山不至灵岩不成游”之说。王世贞的原诗已不得其详，但这首次韵诗倒也可观。

陈文烛（1525—？），字玉叔，号五岳山人，湖北沔阳人。嘉靖四十四年（1565）进士，授大理寺评事，迁南京大理寺卿，万历五年（1577）升山东左参政，忧归。著有《二酉园诗集》十二卷等。

图10-26　张元卞《〈再游灵岩寺次苏颖滨韵〉诗碑》

张元忭《〈再游灵岩寺次苏颖滨韵〉诗碑》（图10-26），在灵岩寺，立于明万历元年（1573）。

张元忭（1538—1588），字子盖，别号阳和，祖上为蜀人，后徙家山阴（今浙江绍兴）。明隆庆五年（1571）状元，授翰林院修撰。官至翰林侍读、左谕德，与人合撰《绍兴府志》50卷。

此石刻现已漫漶，难以认读，仅得如下字句："仙□续□游，探奇无穷底。况复秋气□，诸峰净于洗。松老鹤无栖，云生石流沘。山僧讶故人，未言□首稽……"虽仅数句，但足以看出此诗严依苏辙之韵并富有特色。

图10-27　凌志魁《〈登岱八首〉诗碑》

万历三十四年（1606），年轻诗人凌志魁来到泰山，写下了《登岱八首》。凌志魁，字云甫，余不详。八首诗乃是和于慎行诗韵，跋曰："凌云甫登岱八首乃和东阿于老师韵也，曰：'下里巴人敢续阳春白雪哉！徒以穷一时兴耳，未可出以示人。'予曰：'我辈属和，各随才情，不以工拙较也。因为勒之石。'时万历丙午孟夏穀旦书。新泰徐光前（立石）。"这些诗写得精彩，故历来受到珍视。此碑（图10-27、10-28）现立于岱庙碑廊中，其第一首为：

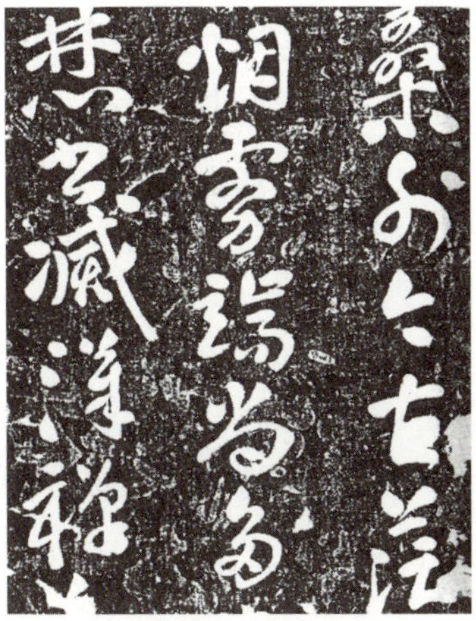

图10-28　凌志魁《〈登岱八首〉诗碑》局部

帝作高山奠大东，尘寰无复并尊崇。
日轮欲吐光先烛，蜃市遥凝气转葱。
直讶神鳌横海出，却疑灵鹫与天通。
划然矫首扶桑外，今古茫茫眼一空。

这是一首描写泰山日出的诗，写得很大气，诗的大意为：天帝创造了泰山并使之坐落在中国的东方，人世间没有任何一座山同它一般荣光。太阳欲出之时首先照亮了东方天际，日出东海犹如蜃景形成了青绿色的幻象。正在惊讶大海中似有神龟横出水面，又好像看到奇异的大鸟在天地间翱翔。泰山昂首屹立在东方大地上，古今沧桑、人间纷繁一时好像都被人遗忘。又其八为：

烟云一气正漫漫，银海金波拥画栏。
游客放歌轰鼓吹，词人作赋相登坛。
风高鹳鹤诸天迥，日落鱼龙大泽寒。
怅望金茎香雾里，几时肺病到长安。

这首诗为于慎行鸣了不平。虽然作者可能生活的社会的下层，脚踏草鞋，而且自认为“下里巴人敢续阳春白雪哉！徒以穷一时兴耳，未可出以示人”，但是他仍然表现出了中国古代知识分子“国家兴亡匹夫有责”的耿耿传统情怀[①]。

凌志魁的诗艺术水平较高，多用比兴手法，暗藏主题于其中，含蓄而不外露。在技巧上也是对仗工稳，用典恰到好处。

此外，泰山和诗碑还有袁□次薛暄诗韵的《〈和薛公〉诗碑》等。

## 六、明末的战争诗碑

泰山的诗碑还反映了明末农民起义军与朝廷军队的战争，现存于泰山的两座诗碑便真实地记录了这一情况。

① 参见张用衡：《泰山石刻全解》（修订版），山东友谊出版社2018年版。

刘泽清（？—1645），字鹤州，山东曹县人。以将才授辽东守备，继加参将。后升至副总兵、总兵官、左都督。以收复登州功，加官太子太师。崇祯十三年（1640），命镇守山东海防，后奉调入河南，镇压李自成农民军。清兵南下，扬州告急，明廷命其前往增援，却按兵不动，意在降清。清廷以其不忠，降后被杀。

刘泽清在泰山有《〈解围作〉诗碑》，此碑镶嵌在红门宫元君殿墙上，诗作于崇祯十四年（1641）。其诗为：

解围作，呈左古漆老公祖，用以引玉。

东岳熄香禔护渺，亭亭静睬妖氛遶。
指挥长草砺秦豪，骛骋猪夫横鲁旄。
岱足霾云莫慰情，海肩飓飑方焘绕。
奋酬知己决孤军，社稷威灵丕未小。

崇祯十四年（1641），山东、河南等地大旱，蝗虫成灾，山东民众起而反明，史东明率起义军数十万围攻泰安城十昼夜，泰安守将左佩玹力不能支，幸总兵刘泽清率兵来援，城始解围，刘遂作此诗呈左佩玹。

左佩玹《“十夜孤撑力已渺”诗碑》，与刘泽清诗在同一石上，系《解围作》的和诗，作于同年冬天。诗前有序：

泰安被寇攻，围在匝旬，盖岌岌矣。幸刘鹤州大将军兵至，始解围，为作遗余，依韵却赠。

十夜孤撑力已渺，狂氛压境恣云遶。
惊喜将军下自天，逆魂一望消雄旄。
额手人人庆再生，岱宗依旧晴光绕。
州君遥与岳神谋，如砺盟勋讵曰小。
关右耀州左佩玹具草。时崇祯辛巳初冬日也。

左佩玹（生卒年不详），字左漆，关西耀州（今陕西耀县）人，明崇祯间任济南守道。

泰山石刻所记述的这些内容表现出明朝已走向没落，其势已无可挽回了。

# 第三节　明代泰山题记刻石

明代的泰山题记刻石较之前代有了很大的变化。唐、宋、元时期的题记刻石基本上都类似于“某某到此一游”。而到了明代，文人观瞻着泰山的峰岭、溪流、奇石、古树，或为之命名，或加以赞颂，把自己的感受用最简短的字句刻到石上，然后留名。这些石刻发端于明朝，言简意赅地揭示了泰山的美学特征，精要地概括归纳了泰山精神，画龙点睛般地点出了泰山古老文化的要旨，与泰山景观珠联璧合。这些石刻不仅为泰山增色，同时也成为泰山风光的有机组成部分。

## 一、景点题名刻石的出现

进入明代，景点名称题刻大量出现。也许这些景点原先就有名，如“大观峰”“歇马崖”“龙洞”等，其名称被题刻者写到了石上；也许以前无名，因题刻者的题写而有了名，如“玄圭石”“醉心石”“处士松”等。泰山现有的数百处著名景点就是因这些题刻而名声飞扬，为人所耳熟能详。这些景点题名遍布于整个景区，大多镌在自然石上，也有的刻在碑石或牌坊额上，它们在泰山石刻史上占有了重要的地位。

图10-29《“玄圭石”刻石》

《“玄圭石”刻石》(图10-29)，在泰山白龙池巨石上，嘉靖五年(1526)杨抚刻。这是泰山目前最早的题景刻石。玄圭石是白龙池旁的巨石，石色略发黑，高约8米，下宽近13米，最顶部略呈圆形，犹如圭，故名之。

杨抚（生卒年不详），字安世，号二檀，浙江余姚人。明正德十六年（1521）进士。时任济南知府，累官湖广提学副使、御史，为李攀龙所看重。他还曾题“大观峰”石碑。

《“处士松”刻石》，在盘道西侧石碣上，明方元焕题。

方元焕（？—1620），字晦叔，别号两江，山东临清人。明代著名文学家、书法家。嘉靖十三年（1534）中举，性情孤傲，一生好古文辞，著有《茗柯堂》《半林堂》等。

处士松离“五大夫松”不远，是一株独立地挺立在石壁之上的古松。“处士”是指不愿做官的人，此松不在“五大夫”之列，但仍虬屈苍劲，有君子中立不倚之风，用来影射秦始皇所封的“五大夫松”，彰显中国古代文人不攀附不阿谀的品质。

《“独立大夫”题刻并跋》（图10-30），立于嘉靖四十一年（1562），涂泽民题，翟涛立石。

涂泽民（生卒年不详），字任斋，汉州（今四川广汉市）人。明代福建巡抚、都御史。隆庆元年（1567），条陈海禁利弊，力主开放海禁，与海外通商。奏议迅速得到朝廷批准，从而形成了历史上有名的“隆庆开海，月港开放”的局面。

翟涛（生卒年不详），字宏斋，时任济南府同知，在泰山题刻甚多。文为：

> 五大夫松世传艺自秦嬴。今观之，质理脓（浓）脆，非古也，或后人树建，以存旧耳。此松不在五大夫中，乃其虬屈苍劲，有君子中立不倚之意，视五大夫为强，予嘉之。书此以表孤节。岁壬戌，广汉任斋涂泽民题，济南府同知、相郡翟涛立石。

图10-30《“独立大夫”题刻并跋》

此文意在赞扬独立知识分子的精神耿耿不可移：相传，五大夫松是秦代所植，今天看来不像，其树质地脆嫩，并不古老，可能是后代人所植，以保存旧有的景观。这棵树虽不在五大夫松之列，但却像虬龙一样盘曲，苍翠茁壮，就像有才德的人一样独立而不攀附权贵，比五大夫松好多了。我赞美它，题此词来褒扬它孤傲的气节。

《“景贤石”刻石》，此题刻在三贤祠东侧石上，刻于嘉靖四十一年（1562），款为：“嘉靖壬戌春，阳曲山人郭文辅题。”此题刻表现了对宋代“泰山三贤”——孙复、石介、胡瑗的敬仰。

《“德星岩”刻石》，在岱顶宋摩崖上，刻于嘉靖四十三年（1564），翟涛题。此字甚大，字面高3.5米，宽0.9米，把宋真宗《登泰山谢天书颂二圣功德之铭》的大部分破坏了。明代人不立大碑，却爱写大字，压盖了很多古人的题刻，这种做法颇受后人非议。

《“曝经石”刻石》，在《金刚经》左上方，刻于隆庆六年（1572）。此为泰山众多题词中字径最大的刻石，刻面长6.1米，宽2.6米，字径2.4米。款为“南昌万恭书”。

万恭（1515—1591），字肃卿，别号西溪，江西南昌人。嘉靖二十三年（1544）进士，历任光禄寺少卿、大理寺少卿等职。隆庆六年（1572）被任命为兵部左侍郎兼都察院右佥都御史总理河道，后被劾罢官。

图10-31 《“唐槐”碑》

《“唐槐”碑》（图10-31），在岱庙唐槐院内，立于万历十五年（1587），落款：“明万历丁亥，山东布政使、南昌甘一骥立。泰安州知州刘从仁刻石。”

甘一骥（生卒年不详），南昌人，曾著《盐河议》，时任山东布政使。他为朝廷过分盘剥煮盐的灶户鸣不平，指出：由于盐课摊派过重，“灶丁……舍其所产，征其所乏……渐累渐逃，愈逃愈累，无复更生之望”。这是一个关心民瘼的官员。

《“拱北石”刻石》，在拱北石上，刻于万历七年（1579），款为“万历乙丑夏四月十九日，山东布政使司左布政使徐元气、按察使司按察使叶梦熊同游此”。

徐元气（生卒年不详），字汝和，宣城（今安徽省宣城市）人，嘉靖四十一年（1562）进士，任刑部员外郎，历迁云南左布政使，平士官岳凤之乱。擢山东左布政使，著有《易学正传》等。

叶梦熊（1531—1597），字男兆，号龙塘、华云。明惠州府（今惠州市惠城区）人。嘉靖四十四年（1565）进士，历任赣州知府、安庆知府、浙江副使、永平道兵备、山东布政使，巡抚贵州、陕西、甘肃，升兵部尚书。赠太子少保，太子太保。

拱北石又名“探海石”，石长近7米，与地面形成30°夹角，似金蟾蹲踞翘首北望，也像一老人垂手北躬而拜。每天拂晓日出之前，总有人在此石附近，引颈东望以待旭日东升。此巨石是泰山标志性景点之一。

《“西阙”刻石》，此刻石在岱顶月观峰上，约刻于明万历四十四年（1616），钟惺题。钟惺是中国文学史上“竟陵派”的创始人之一，于诗文上追求峭拔险僻，赏景也是如此，他在《岱记》中称：“岱之为天门者三，西天门者石自门焉，真天门也。”

《“醉心”刻石》（图10-32），在泰山中溪小洞天溪谷内，镌刻在醉心石的石核上，款为“中州单养蒙书”。

单养蒙（生卒年不详），明代人，泰山三阳观有其诗碑，明毕自寅所辑的《留计东归赠言》收录其诗。

图10-32 《“醉心”刻石》

醉心石学名为“辉绿玢岩涡柱构造”，是泰山上形态奇特的地质构造奇观，汉代学者枚乘称它为“泰山之溜穿石”，单养蒙在其上刻下了“醉心”二字，由于有了此题刻，此处遂成为泰山的著名景点。

《“贮云峰”刻石》，在岱顶锁云岩石壁上，刻于明崇祯十一年（1638）。款为：“明崇祯戊寅岁，兖司理李椿柏慧甫题。”

李椿柏，字慧甫，曾任兖州司理，余不详。

这一带的题刻，诸如贮云峰、白云洞、锁云岩，全是在注解古人“触石而出，肤寸而合，不崇朝而雨遍乎天下者，唯泰山尔”[①]的文化主题。

《“天柱”刻石》，在碧霞祠西约20米的天柱峰上，刻于明万历年间，款为：“西浙查志隆题。”

查志隆（生卒年不详），字鸣治，浙江海宁人。明嘉靖三十八年（1559）进士，历任保定知府、山东按察副使、山东布政司参议等职。万历十四年（1586），查志隆任山东转运盐使司同知时，著成《岱史》一书，共181卷，内容丰富，流传颇广。

泰山上此类题刻不胜枚举，如“飞龙岩”“翔凤岭”“授经台”“讲书台”“朝阳洞”“黄花栈”“莲花洞”“黄花洞”“双凤岭”等，令人目不暇接，形成了独特的文化景观。

## 二、景点颂赞题刻

明代还出现了大量赞颂景点的题刻，这类题刻大多为摩崖刻石，字数多为四字，大多是摘录古文字句以点睛。虽然只有寥寥数字，但在艺术性上却并不逊于诗赋，也可以说是浓缩的诗。以下仅举几例：

《“天地同攸”刻石》，在唐摩崖上，刻于嘉靖十五年（1536），济南通判、上绕余南金题，是泰山现存最早的赞颂题刻。题刻大意是泰山像天地一样久远，这也是泰山文化永恒的主题。

《“发育万物，峻极于天”刻石》，在唐摩崖上，山东按察使吴文华刻于明隆庆五年（1571）。此语脱胎于《礼·中庸》：“大哉圣人之道！洋洋乎发育万

① 《公羊传 · 僖公三十一年》。

物，峻极于天。”原本是说圣人，在这里则是转用于泰山，赞颂泰山的伟大，高耸云天，滋养众生。

吴文华（1521—1598），字子彬，号小江，晚年更号容所。福建省连江（今福建省连江县）人。明嘉靖二年（1523）进士，官至广西兵备副使。

《“中流砥柱”刻石》（图10-33），在泰山中溪内大石上，嘉靖二十六年（1547）题，款为：“明嘉靖丁未中秋日，莆田少渠陈甘雨书。”此大石高约4米，巍然立于河道正中，故题之，而题外之意是泰山像中流砥柱一样，是社会的柱石。

图10-33 《“中流砥柱”刻石》

陈甘雨（生卒年不详），字应时，号少渠，福建莆田人。明嘉靖二十三年（1544）进士。嘉靖间任莱芜县知县，上任后“修蔽葺颓，率有成效”。

《“崧高峻极”刻石》，在十八盘东侧，刻石年代待考，东昌府同知脱镐题。“崧高”出自《诗·大雅·崧高》：“崧高维岳，峻极于天。”此语谓泰山极高极大，峻极于天。

脱镐（生卒年不详），字子都，元丞相脱脱之后，曾任东昌府（今山东聊城）同知，嘉靖末被调往泰安征收泰山香税。脱镐在泰山还有“首出万山”等题刻。

《“至此始奇”刻石》，刻于嘉靖四十二年（1563），款为“嘉靖癸亥仲夏吉旦，马一龙”。

马一龙（1499—1571），字负图，号孟河，江苏溧阳人，明嘉靖二十六年（1547）进士。因父死母病辞官归里，召集了当地农民垦荒种田，并写下《农说》一书，提出了“农为治本，食乃民天”的观点。

《“风涛云壑”刻石》，刻于嘉靖四十二年（1563）。款为：“嘉靖癸亥仲夏吉旦，松鹤山人伊介夫题。”面对泰山景象，看到此处还有大量关于云、风、松的题刻，如“松壑云深”“松涛云壑”“风涛云壑”“云壑松涛”等，故作者题写

图10-34 《“登高必自”题词碑》

了此四字。

伊介夫，嘉靖三十八年(1559)曾任蓟州兵备副使，余不详。

《“登高必自”题词碑》(图10-34)，在一天门坊东侧，立于嘉靖四十三年(1564)，款为：“嘉靖甲子仲春之吉，古相宏斋翟涛题，青社载玺顿首书。”碑中四字语出《礼记·中庸》：“辟如行远必自迩，辟如登高必自卑。”碑中省略“卑”字，使这句话变得不完整，却也给后人留下了更多的想象空间，如“登高必自卑”“登高必自强”“登高必自己”“登高必自此”等。当代学者庞朴对此碑评价道：它“昭示游人应具有脚踏实地、循序渐进、埋头苦干、胸怀大志的精神，它可以算是泰山这本人文教科书的第一课，也是中华精神的主旋律”[①]。

《“到此方知”刻石》，在岱顶，刻于明代。此题刻类于《“登高必自”碑》，可理解为“到此方知天下小”“到此方知天地大”“到此方知泰山雄”“到此方知泰山美”等，颇有特点。

《“天下奇观”题词碑》，在一天门坊东侧，立于隆庆六年(1572)。款为：“隆庆壬申仲春吉旦，钦差监兑，户部员外郎、沁阳杨可大书。”泰山气象雄伟

① 庞朴：《庞朴文集》第三卷《忧乐圆融》，山东大学出版社2005年版，第429页。

壮观，帝王封禅、文人题咏，文物古迹众多，自古被誉为“天下第一山”，故称天下奇观。

《“天高与山齐”刻石》，刻于万历五年(1577)，款为：“万历五年，泰安县知县白余铭敬书。”谓泰山像天一样高。

《“万代瞻仰”题词碑》(图10-35)，在《宋宣和重修岱庙碑》之阴。该碑阴原刻有宋官员题名20行，万历十六年(1588)山东巡抚李戴和吴龙征题刻“万代瞻仰”四个大字压盖其上。

图10-35 《“万代瞻仰”题词碑》

李戴(1537—1607)，字仁夫，延津人，隆庆二年(1568)进士。累迁礼科都给事中，出为陕西右参政，进按察使。由山西左布政使擢右副都御史，巡抚山东，入为刑部侍郎。累进南京户部尚书，召拜工部尚书。

吴龙征(1546—1613)，字坚孺，号惺初。万历十一年(1583)进士，十三年授监察御史，十六年巡抚山东。

《“若登天然”刻石》，刻于万历三十七年(1609)，款为：“万历己酉岁，河东史学迁书立。”此句摘自《孟子·尽心上》：“道则高矣，美矣，宜若登天然，似不可及也。”此处摘四字则是反其意而用之，并不是说登泰山困难，而是说登上泰山像进入天上的仙境一样美好。

史学迁(生卒年不详)，字惟良，翼城(今山西省翼城县)人，明万历进士，曾任河南滑县知县、监察御史等。在其任监察御史期间因弹劾奸臣魏忠贤二十四大罪状，被逮捕杀害。崇祯帝即位后平反，谥“忠烈”。著有《四书心言》《麟经三易草》等。

《“银河落九天”刻石》，在云步桥东首石壁上，刻于万历四十年(1612)，款为“南海王安舜题”。此题刻语出李白《望庐山瀑布》“飞流直下三千尺，疑是银河落九天”，形容泰山御帐坪瀑布气势浩大。此题刻无年代款，但王安舜在灵岩寺有题诗落款“壬子”，故知此题刻亦当为万历四十年(1612)。

图10-36 《"中天独立"刻石》

《"中天独立"刻石》(图10-36)，在丈人峰石上，刻于万历间，款为："□□□山东□掌提刑按察史李化龙题。"此题刻意在称赞丈人峰不倚不靠，高高耸立于高空中。

李化龙(1554—1611)，字于田，长垣(今河南省长垣县)人，明万历二年(1574)进士。擢右佥都御史，巡抚辽东。曾讨四川杨应龙之乱，又以工部右侍郎总理河工，开泇河二百六十里，为漕渠兴利。累加柱国少傅。卒谥"襄毅"。著有《场居策》《田居稿》《河上稿》等。

《"水石阴森"刻石》，在经石峪试剑石上，刻于崇祯十五年(1642)，款为："皇明崇祯十五年壬午秋七月，赐进士巡按山东监察御史，晋人陈昌言题。"

陈昌言(1598—1655)，字禹前，号泉山，崇祯三年(1630)举人，崇祯七年(1634)科进士。初授乐亭知县，政绩突出。后升为御史，仗义执言，出巡山东。陈昌言为清初名相陈敬廷的伯父，有《先草集》《山中集》《斗筑居集》等。

陈昌言时任山东监察御史，共在泰山题刻4处。

## 三、题名、记事题刻

此类题刻自唐代就出现了，宋代渐渐增多，而到了明朝出现了新的特点。例如，由于明代的风俗习惯、官员称谓有了变化，故大多数题记在形式上看似与前朝改变不大，其实细看则有很大不同。

泰山白龙池有《李崇德题记刻石》，题于嘉靖十一年(1532)，其辞为："新泰县接迎阴阳官李崇德接本府杨老爹到此。"若不是有年款，则与宋代题刻似乎并无二致。但是，认真看却相去甚远了。明代官府沿袭了元朝体制，置阴阳学官，府、州、县各设一人。凡天文、占人、相宅、选日之事，皆归"阴阳官"管理。而题记中"杨老爹"，则指济南府知府杨抚；"老爹"是明代乡间对司道(隶属于巡抚的专设机构，归巡抚管辖)以下官员的敬称。杨抚为知府，位在司道以下，故称“老爹”。

由于时代的变迁，明代的此类题刻往往被注入了一些新的内容，有了情节与情感，而不再显得单调。如刻于嘉靖二十三年（1544）的《汤绍恩白龙池题记刻石》，其辞曰：“嘉靖甲辰冬十二月之望，山东参政、安岳汤绍恩，副使、蒲坂杨慱，从巡抚都御史、当涂端公祷雪至此，有□迎而告之曰：‘此白龙池也，岁旱祷辄应。’慱谓‘不可无记’，绍恩乃书诸岩石，令泰安守仲永言勒之。”里面有了不同的人物：山东参政、安岳汤绍恩，副使、蒲坂杨慱，从巡抚都御史、当涂端公，泰安守仲永言等。有对话，有活动，甚至有情节。

再如《“哀愚”刻石》，在岱顶舍身崖，刻于嘉靖元年（1522），款为“思道”，却表达了作者的情感。思道即方豪，字思道，衢州人。明正德年间进士，知昆山县，嘉靖元年，被命审录山东刑狱，曾登泰山，游灵岩。此刻石仅仅两个字，却表现了作者看到有民众跳舍身崖而怨其不争的心情。此人在灵岩寺还有题记碑，几乎就是一篇游记，亦刻于嘉靖元年（1522）：

> 大明嘉靖元年三月五日，刑部员外郎、衢人方豪，被命审录山东刑狱。将之泰安，道经灵岩，因访铁袈裟、石龟、甘露、锡杖、双鹤、黄龙诸泉，天门、朗公、蹲狮、卧象、明孔、鸡鸣诸峰，宋、金、元人诸石刻。得啖椿芽、竹笋，浴椒、柳、桃叶汤。宿方丈，夜起赋诗二首。偶睹宋碣，虚其大半，若有待者，略记踪迹，俾后之游者，知此岩不欠方思道云。首僧悟矿令刊。

明代的平民被委派修建泰山工程，竣工后也要刻石纪念，这也是首创。如后石坞元君庙旁有刻于隆庆六年（1572）的《刘凤祥等题名刻石》：“隆庆壬申菊月，安昊天上帝像。委官刘凤祥、李翠、张宗器同立。”这是被委派塑造神像的记事。还有后

图10-37 《刘满圆等题名刻石》

石坞黄花栈北侧峭壁上刻于明万历十八年（1590）的《刘满圆等题名刻石》（图10-37）："蒙抚司、按司道委，善人刘满圆、宋自厚修天空山黄华洞圣母修真神路。"后石坞娘娘庙也有刻于万历二十一年（1593）的《魏廷佐等修圣母寝宫楼题记碑》："蒙山东布政使参政、代管运司甘老爷、运同徐老爷委，历城县人魏廷佐、张来仪、王宗智、刘瑎、肖虎、刘彦奎，修天空山黄华洞圣母寝宫楼一座。"而以前完成修山寨的工程才有如此题记。

除了委派的工程外，还有自发的奉献。在去长寿桥小盘路的右侧自然石上，有刻于弘治十五年（1502）、记载民间自发的修路的《信人刘云修路刻石》：

> 泰安州南隅信人刘云同妻王氏发心修路。
> 弘治十五年四月初立。

图10-38 《钟伯敬等题记刻石》

这种自发的修路，不知花了多少银子，也不知修了多长距离。但是"发心"这个词足使人联想颇多，可理解为一是发善心，泰山上处处都有行善的遗迹，这本是我们民族数千年所积累的优良品质；二是发恒心，他们来修路是要计划很久并付出相当代价的，不坚持难以完成；三是发诚心，修路就是修路，不是作秀，所以不需要大肆张扬，只留下了短短的20多个字作个纪念而已。

明代的题记刻石中还充满了诗意，富有文采。万历四十四年（1616）的《钟伯敬等题记刻石》（图10-38）便是如此：

> 岱不无松，松至此始涛焉。泉壑映蔚，奇为幽豁。悦秀恋响，意满难名，取《水经》"青松饰崖"四字示吴序虞、林茂之，遂以勒石。在明万历丙辰十月六日。钟伯敬题。

同时，泰山明代题记很有故事，如《龙拂父题记刻石》（图10-39），在元君庙南山门外西侧，刻于万历四十五年（1617）：

> 孙之獬安得黄冠住此？倦听松风，饥嗅松香，死埋松间，再发一枝虬干，来凤皇桓也。
>
> 古淄龙拂父题。万历丁巳夏同徐灵哉、萧纯、王萧、期庆游。

图10-39《龙拂父题记刻石》

这个叫孙之獬的人当年想当道士，听松风，嗅松香，死后葬松间，很美。可现实却使他走向了另一条道路。孙之獬即款中的“古淄龙拂父”，山东淄川（今淄博市博山区）人，明朝官员。在明清动荡之际，孙之獬成为著名人物。崇祯十七年（1644），多尔衮率军入关，下令沿途州县官员按满人风俗，剃头留辫。但是汉人强烈反对剃发，降清汉族官员剃发的也寥寥无几。多尔衮便下旨收回成命：“天下臣民照旧束发，悉从其便。”（《清世祖实录》卷五）不料孙之獬却全家主动剃发迎降，并上疏标榜“阖家剃发效满制”。孙之獬剃发迎降，使多尔衮再下剃发令，但却又一次引起了广大汉族人民的反抗，激怒了入侵者，于是相继发生了“扬州十日”“江阴十日”“嘉定三屠”等清军暴行事件，很多人在“留头不留发，留发不留头”的政令中丧生。

以下再列举几例：

《“盘路起工处”题词碑》，在一天门坊西侧，字体甚大，立于嘉靖三十四年（1555）。其前款为：“嘉靖三十四年岁次乙卯拾月朔吉，泰安知州郑聚东。”下款为：

> 总督顶庙工程、登州府通判孙价书委言，济南卫经历□谕，东昌府经历徐恒，临清卫经历金椿，青州府检校麻锦。

虽然只是罗列了参与的官员，但是用榜书题之就特别醒目，效果也不一般了。

郑聚东（1506—1575），字孟起，号星泉，广安（今四川省广安市）举人，明嘉靖三十一年（1552）知泰安州。任内节费裁冗，体恤贫困。时适遇连年大荒，饿殍枕藉，极力赈灾，救人甚众，《泰安县志·吏绩》有载。

图10-40《“登泰观海”题刻》

《“登泰观海”题刻》（图10-40），在《纪泰山铭》东侧石壁上，刻于嘉靖四十一年（1562），谢东山等题。题词之上刻有跋语：“孟子曰：‘孔子登东山而小鲁，登泰山而小天下，故观于海者难为水，游于圣人之门者难为言。观水有术，必观其澜。日月有明，容光必照。流水之为物也，不盈科不行；君子之志于道也，不成章不达。’嘉靖四十一年，御史、射洪高泉谢东山，御史、襄阳刘行，郎中、郑州□□先，员外郎、番禺刘川□龄。”作者摘录了《孟子·尽心章》中的一段话，含义就远远超过了“登泰观海”四字的字面意思。

明代此类题刻较有名的还有《于可久题刻》《吴汝显题刻》《杨应中题名刻石》《牟志夔等题名刻石》《秦奎三题名刻石》《林古度题名刻石》等，数量较多。

## 四、太监题记刻石

中国历史上曾经历了三次宦官兴盛的时代，分别为东汉后期、唐朝后期和明朝大部时期。明代有国200多年间，泰山登山盘路、灵应宫、三阳观、灵岩寺等都有太监们的身影，除了建醮祭祀碑外，还有其他题材的刻石。太监的题刻如此之多不仅为泰山石刻史所关注，也几乎成为泰山的一道风景。

《内府各衙门太监题名碑》，在灵岩寺，刻于明万历三十九年（1611），文为：

> 京都内府各衙门太监等官：
> 胡成、刘进、刘升、徐进、丁礼、孙朝、杜升、高明、高荣、刘佐、杨时。
> 万历三十九年八月十七日。

这些太监与民众一起来进香，并与民众题名在同一石上。

红门宫北也有刻于天启三年（1623）的《太监进香题名刻石》。其首句为："京都内府皇门内宫监进香，为取泰山灵应，银安太监题名刻字于此。"以下有"会首惜薪司总理内宫监太监刘文弼、副会首惜薪司南厂佥书内宫监太监曹特、惜薪司总理御马监太监姜泰、西安里门堂门内宫监太监王余庆、西安里门管事御马监太监张贵、乾清宫近侍内宫监太监谢升、东安门管事御马监太监徐本"等11人署名，而且他们还成立了香会。明代太监的设置庞大而又复杂，有所谓"十二监四司八衙门"之说，十二监下设内宫监、尚膳监、尚衣监、惜薪监、司设监等。

除摩崖刻石外，泰山上还有太监们的诗碑，《张彝宪〈题登岱一律〉诗碑》（图10-41）便是一例。

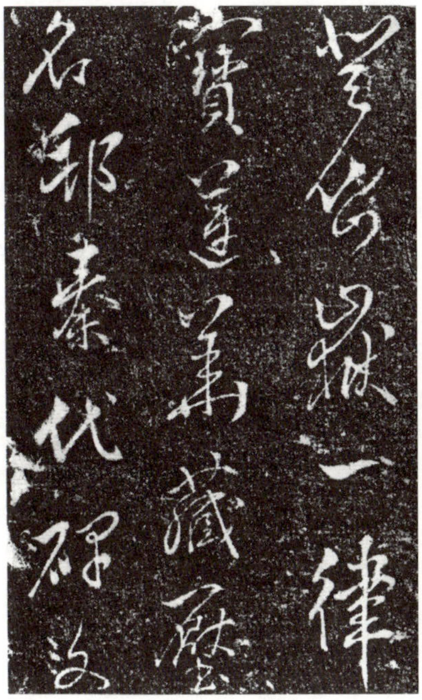
图10-41 《张彝宪〈题登岱一律〉诗碑》局部

此碑在泰山关帝庙，约刻于崇祯四年至八年（1631～1635）。此诗无名款，但诗末有两方印章，一刻"张彝宪印"，一刻"司徒司空"。明代称户部尚书为"大司徒"，工部尚书为"大司空"。明史载，崇祯四年皇帝因怀疑户部、工部存有严重问题，便派司礼太监张彝宪坐堂办公，核查其经济账。张彝宪于崇祯四年九月奉旨上任，单独建立了办事衙门，称为"户工总理"，统领户、工两部，位居两部尚书之上，故此人以"司徒司空"自居，时人戏称之"堂公堂婆"。两部大臣虽怨气满腹却只能在有内廷禁卫护从下的户工总理面前恭恭敬敬。张彝宪大张旗鼓地排除异己，反对他的或被逮捕，或被贬职，或被流放。位子坐稳之后，他便着手搜刮钱财、贪污受贿、敲诈勒索，大肆挥霍享乐，同内廷禁卫亲兵共享富贵，锦衣玉食，十分快活。其诗为：

宝莲华藏压名邦，秦代碑文宋代幢。

云涌佛光通帝座，星环岳翠映扶桑。

金台毫彩三千丈，列嶂森罗五百双。
阅尽红尘无限劫，天花乱坠作慈航。

此诗文辞不通，无所称道处。

至于其他碑文中的太监，也屡见不鲜，如明万历四十三年（1615）《敕建泰山天仙金阙记碑》，碑文中就有“命内官监太监崔登等往董其役”，落款更是有一串人名“内官监太监□□、御马监太监□□、御马监太监□□、司设监太监□□、尚膳监左少监□□、御马监右少监□□、内官监左少监□□”。或许因为人们不喜欢太监，便把他们的名字逐一凿掉了。

还有《金桥庵主僧兴殿记碑》，在红门宫西院内，立于崇祯十七年（1644）。碑文赞美了金桥庵主僧兴殿，说其“世方劫火焚宅，苦海破舟，而若僧则已破诸嗔；世方爱流成河，情尘为山，而若僧则已净六根；世方隋珠弹爵，荆璧抵鹊，而若僧则已了万缘”。而这个立碑者也是个太监，落款为“钦差山东泰山提督工程、内官监太监杨忠立石”。

# 第十一章
# 明代泰山石刻（下）

明代，泰山众庙宇一如既往地进行修缮，留下了众多记事碑；而且，各种活动都能刻到碑上，如做善事者到泰山施茶、官府禁止在泰山实行某种行为等内容均可入碑。明代初、中期，佛教庙宇灵岩寺依然具有较大规模，灵岩寺中的墓塔林内竖起了100余座石塔和墓碑，高僧墓碑上的落款动辄有徒子徒孙数十人。而且，楹联作为石刻的内容之一也在明代出现了，它比诗歌更加凝练，比题景更加深刻。这一时期更具特点的是无论是儒家还是佛道两教，均争相宣传自己的信仰，将观点写成文字刻到石上，形成了儒释道三教在融合中又有争鸣的现象。明代庙宇中的神职人员为香客准备了大量碑面，供香客题刻，这些题刻虽然文辞简单但也反映了明朝的社会经济与文化状况。

## 第一节　寺庙宫观碑记

泰山目前保留下来的明代庙宇修缮、创建碑有15块，所涉及的内容仍比较广泛，基本能反映那一时期泰山宗教的发展情况。这些碑刻中有重修及重建碑，其中道教的重修碑有《东岳泰山之神庙重修碑》《重修碧霞灵应宫记碑》《重修金星庙告成功记碑》《重修三阳观记碑》《重修泰山灵应宫记碑》《建立三阳庵记碑》《修建元君行宫记碑》等，佛教的有《普照禅寺重开山记碑》《谷山寺田园记碑》等，儒学的有《重修泰安州庙学记碑》等。从这些碑刻看，明代的泰山，佛教与道教无论在硬件建设上还是在教义理论上，都发展缓慢，除了有极少数庙宇是朝廷批准重修可以募捐外，大多数都是由地方官员、百姓与神职人员自己出钱出力维修，或力所能及地新建小庙，有的甚至连刻一块碑都经费拮据，只好刻到前人之碑的碑阴。即使这样，他们仍然使泰山宗教得到了薪传。

## 一、道教庙宇碑记

此类碑刻比较著名的有《东岳泰山之神庙重修碑》（图11-1）。此碑刻在了岱庙《大宋天贶殿碑》之阴，刻于天顺五年（1461），薛瑄撰文，陈铨行书，李颙篆额，并把原碑的东向变成了西向。此碑是明代泰山得到朝廷敕准维修的两块碑中的一块，记载了当时重修岱庙的经过，现已漫漶严重。

薛瑄（1389—1464），字德温，号敬轩，河津（今山西省河津县）人。明代著名思想家、理学家、文学家，河东学派的创始人，世称“薛河东”。官至通议大夫、礼部左侍郎兼翰林院学士。

图11-1 《东岳泰山之神庙重修碑》

此碑介绍了重修岱庙的背景与过程：早先泰山之阳就有东岳泰山之神庙，每逢朝廷有大典礼、大政务就会派遣使者前来祭告。庙宇的历史很久了，破败倒塌而没有得到修缮。此前，泰安知州就曾奏请维修，但未能最后实施。到了天顺三年（1459），泰安州又将此事上报于济南府，济南府上报朝廷，终于下诏允许修葺了。此时新任山东巡抚贾铨公乃尽数选择有办事能力的属官来督导此工程，又让济南府知府陈铨每月一次前来调度。陈铨来到泰安说，虽是恭依朝命修葺岱庙，可是也应以省民财、重民力为本，并咨询了守庙者，守庙者说几十年来所积累的香火钱很多，于是派人用这笔钱去购买大小木料和其他建筑材料，所用的工匠皆是在官府有名籍的人，没有动用农民。修庙工程正式开工于天顺四年秋七月，天顺五年夏五月完工。殿宇环廊，门楼围墙，皆整修完毕，基本上恢复了原貌。

《重修碧霞灵应宫记碑》，在盘道旁碧霞元君中庙元君殿东，立于弘治十年（1497），后不知何时扑倒，并碎成多块，流落在附近坝墙上，原址仅存龟座。1994年将残石收集黏合后重立原处。其碑额为“重修碧霞灵应宫记”，徐溥撰文、尹旻书丹并篆额。碑文记录了重修岱顶碧霞祠之事，却不知为何碑没有运往山顶而搁置到了这里。

徐溥（1428—1499），字时用，号谦斋，宜兴县（今江苏省易兴贤）人。景泰五年（1454）进士，官至华盖殿大学士。弘治五年（1492）任当朝首辅，居内阁十二年。卒年七十二，谥“文靖”。

尹旻（1423—1505），字同仁，山东历城县（今济南市历城区）人，正统十三年（1448）进士，授刑科给事中。天顺初，迁左给事中，擢通政司右参议，进尚书，累加太子少保、太子太保、太子太傅、光禄大夫、柱国。以尚书致仕，卒谥“恭简”。

碑文记载明弘治年间碧霞祠（碧霞灵应宫）因大火被毁，而四方善男信女“操金帛为祷祈者”甚多，积攒了大量银两，可以作为修复工费，于是巡抚山东按察院昭佥都御史熊公翀上奏朝廷请求批准，朝廷同意了。修复后的碧霞祠“凡为正祠五间，为左右配享之祠各三，为从神之祠各一，为钟鼓之楼者亦如□焉。□于圣水之祠一，为道院二，区其东为间十有七，其西加二。为官使之厅九，畜牲之房加一。为门之间三，绰楔二。其为庙之貌，抟埴、彩绘、袍笏、簪佩之服皆□，栋宇、翠题、木石、瓴甓、丹垩之物，无不具者。凡为间八十九，凡用银以两计者七千三百有奇，为夫若干而成”。从碑文看，此次重修也应是一项较大的工程。

《重修三阳观记碑》（图11-2），在三阳观，立于万历二十三年（1585），于慎行撰文。

碑文对三阳观的历史叙述甚详，实乃大家手笔。先写背景：“岱宗之阳为凌汉之峰，其下曰香水峪，山坳平壤，坛衍如坻。俯临溪谷，杂树蓊蔚，泉石铿滀，盖岳之奥区也。而僻在嵌岑岩崿之间，游客居人无能至者，樵牧之处而禽鹿之栖不知岁矣。”接着写：嘉靖三十年（1551），东平道士王三阳遍游四域，

图11-2 《重修三阳观记碑》

最后决定归隐于岳麓，于是携其徒华阴人昝复明来到这里，伐木除草，凿石为窟以居。其间，德藩等高官赞赏他们的行为，捐资相助，庵舍有了初步的规模，但神殿尚未完成。三阳羽化后，昝复明继承了其师衣钵，广结众缘，大兴土木，历经三年，楼阁挺立，满目生辉。四方道俗，纷纷前来，都说道观的景象简直可以同东岳庙相媲美了。

又说：万历二十年（1592），我曾同两三个客人东游，从泰山之巅返回，经孙复、石介讲书台之后，跋涉山路约三里，然后转而北行，便来到了三阳观下。进入三重山门，登石阶而上，有殿有阁，阁名“混元”，内祀老子；又有三官、玄武二殿在其左右。再左面有客房四间，以接待游人。阶下有泉，汇而为池，是道士们的饮用水源。阁后有洞，方、广各一丈左右，叫作朝元洞，昝复明公便在此居住。由阁的西边沿石阶再上，有三五茅亭掩映于松间，树木有的葱茏有的凋零，虽不到秋天便显得有些寒意了，加之鸟鸣云飞，凛然如异境也。凌汉峰山腰有一亭形影相吊，亭额书“木末”二字，登亭而望，就像腾云驾雾飞临云端，神霄、芙蓉诸峰环列犹如巨大的绿色屏风，直入天际。向南俯视大地，目尽处可达数百里，徂徕山、梁父山在其左右，好似在朝拜泰山。汶水在山下流过，茫茫如练，蒸腾起蒙蒙烟雾。辽阔的原野阡陌纵横，夕阳照射下，晚霞映红了大地，美好的景色使我们流连忘返。天色渐晚了，已不能下山，不多时月亮从东山升起，风吹来时树林飒飒作响，凭栏而望，月光一片洁白，如泛着银光的海。气温降低了，已不可停留，真叫人相信了仙界的秘境、寰宇的大观是存在的。

碑文继续说：这样的名胜之地，位于著名的泰山之中，经千百年竟没有人知道，而昝复明之辈却能发现，使这荒榛杂树无人问津的地方，变为楼台仙阁之神府继而蜚声四方了。山川的胜迹岂不是要等到人的到来才能兴盛的吗？我等逐名追利，碌碌一生，进则被风尘所绊，退而被家室所累，不能探奇选异，为自己寻找一处告老退隐的风光秀丽之所，如今来游也只能徒生羡慕之心了，比起眘复明他们来，亦可称惭愧也。

于慎行把记事的碑文写成了散文，其中有了第一人称即作者的身影，类似于金代党怀英的文笔，但又不像党怀英碑文中虚构的梦。而且作者又加进了所思所感，夹叙夹议，这也应是明朝碑文的一个进步或者说一个特点。

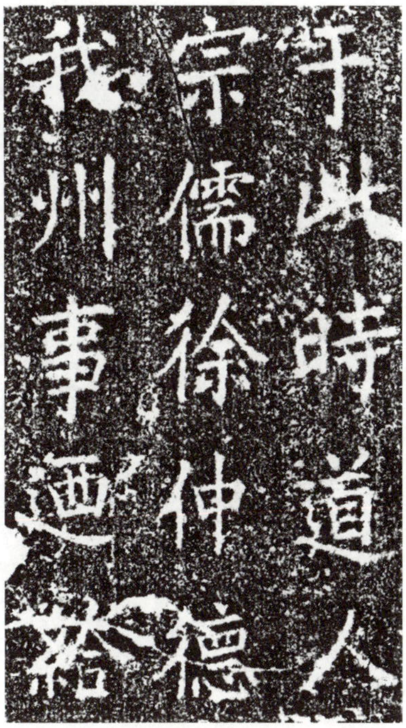

图11-3 《修建元君行宫记碑》局部

《修建元君行宫记碑》(图11-3)，立于隆庆五年(1571)，圆首，额题“修建元君行宫碑记”，翟涛撰文，萧大亨篆额。原在元君行宫旧址，1980年移至岱庙。

萧大亨(1532—1612)，字夏卿，号岳峰，泰安放城人。嘉靖四十一年(1562)进士，历任布政使、按察使。后巡抚宁夏、宣府，晋升为兵部侍郎，转右都御史，总督宣府、大同、山西三镇。召入京，晋少保兼太子太保，历任兵部、刑部尚书。

碑文记载：泰安州之西，有连接南北的御道，登岱进香的外省人都由此而来。当时，道士朱孝同、王金宝、李守清对此观察已久，打算在这里修建碧霞元君行宫，但又怕力不能胜任，便找到城里的善士邵汝仪、刘贵、李宗儒、徐仲德诸君商议，他们欣然同意捐助资材，贡献土地，又联系了一些其他人，均愿拿出自己的财产以助功成。当时是嘉靖四十三年(1564)，济南府同知翟涛来任泰安知州，发文给予了批准。经过了六年时间，至隆庆四年(1570)终于竣工。大殿的中间供奉碧霞元君，元君的东边是瘢疹娘娘，西边是子孙娘娘。

接下来，作者对此庙的狭小做了解释：神的精灵遍布天下，就像水，水遍布于大地，无往而不在，哪怕是最细小的地方也能流到。当时这座庙宇没有建立的时候，这里不过是一片野地，人们没有地方可以拜神。庙建成后，四方人士像赶集一样纷纷来到，这不是神的灵气和力量吗？所以，对于神来说最主要的是灵，而不能以地方的大小来论；敬神在于人，而不可过多考虑究竟有没有神。如果以庙宇的大小来论神，久之信仰就会衰减，这又怎是同神交流的道理的呢？

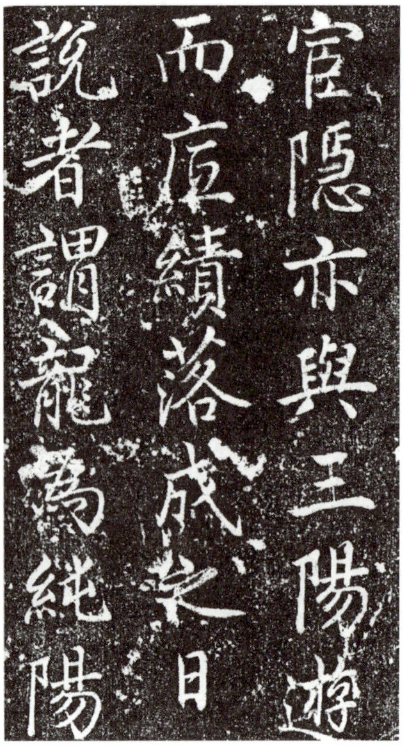

图11-4 《三阳庵新建门阁记碑》局部

其他还有《建立三阳庵记碑》，在三阳观，立于万历元年（1573），萧大亨撰。此碑“文革”期间扑地断裂，1999年黏合后重立。碑文介绍了嘉靖三十年（1551），王三阳率其徒昝复明来泰山，建房而居，潜心修真，三阳羽化后其徒弟昝复明增设殿阁，筑起院墙，终于使此庵便更加宏阔且有了根基。

又有《三阳庵新建门阁记碑》（图11-4），立于万历二十三年（1585），萧大亨撰。《重修金星庙告成功记碑》，在岱庙，立于万历三十三年（1605），下部断缺，上部残字较多。

《重修泰山灵应宫记碑》，原在灵应宫内，立于万历三十九年（1611），碑文系统记述了灵应宫的源起、沿革以及在万历一朝的扩建经过。

## 二、佛教庙宇碑记

从这一时期碑记看，名刹灵岩寺的修建呈停滞状态，只有一处《重修般舟殿并前三门之记碑》存世。此碑原在灵岩寺般舟殿前，立于永乐三年（1405）。文为：

> 监修僧济宁州普照禅寺住持正信、在寺职事僧首座妙贵、耆旧觉问提点、妙贵提点、□胜监寺、圆□维那本寿、殿主福进、提点圆安、侍者本圆、行童本悟、本聚、圆顺、广儿。
>
> 洪武二十三年，重修千佛殿共水陆殿，并修东西两架僧房三十余间。工毕无难，立缘谨志。
>
> 永乐三年四月□日工毕，监寺本通立石。
>
> 当代住持传法嗣祖沙门无难立缘。
>
> 石匠杜友奎。

这是灵岩寺历史上已知的最后一块建修碑了。此碑在内容与形式上也已不同于以前的此类碑刻，虽然维修的工程不小，时间也延续了15年，但已没有了具体的记录与描述，显得过分简率，就像一块题名碑。

而泰山之上其他规模较小的庙宇也仍在苦苦地传承着薪火，如《谷山寺田园记碑》，在玉泉寺，立于正德八年（1513），后被垃圾掩埋。1989年冬将垃圾清除，并将碑移至山门以内。

此碑碑首云：“前翰林学士承旨、中大夫、致仕党怀英书。”后款为：“大明正德八年，岁次己酉秋季月吉旦立。”此碑铭文粗陋，书写潦草，且矛盾百出，错误连篇，所以碑文号称党怀英书，只也是仰仗党怀英的名望罢了，实非党怀英所书①。

图11-5 《普照禅寺重开山记碑》

图11-6 《普照禅寺重开山记碑》局部

① 参见张用衡：《泰山石刻全解》（修订版），山东友谊出版社2018年版。

《普照禅寺重开山记碑》(图11-5、11-6)，此碑在普照寺，立于正德十六年(1521)九月，圆首方座，额题“重开山记”。碑文记载了高丽僧满空禅师航海而来，奉旨重建普照寺的事迹。

碑文曰：“泰山之前，州治西北，有古刹曰‘普照禅寺’，自唐宋以来有寺焉，屡更兵火之燹，基址犹存也。永乐间，粤高丽僧云公满空禅师等数僧，航海而来，达于京师，钦奉圣旨，敕赐金襕袈裟及送光禄寺筵宴，遣官送赴南京天界寺住坐。”

又载：“宣德三年亦钦奉圣恩，着礼部各给度牒一道，敕令天下参方礼祖。禅师因登泰山访古刹，始建竹林寺一所，殿宇圣像俱以完成。复睹普照禅刹颓零既久，乏人兴作，禅师遂驻锡禁足二十余载，以无为之化，俾四方宰官长者捐资舍贿，鼎建佛殿、山门、僧堂。伽蓝焕然以新，寓内庄严，绀像金碧交辉。僧徒弟子及湖海禅衲依法者，何止数千也，名公钜卿信向，以师礼待之。”

铭文所载，对研究中朝两国间的文化交流也有重要参考价值。

此期间，小庙也得到了重修，如《重建碧峰寺佛殿记碑》。此碑原在泰山西北桃花峪碧峰寺遗址，立于隆庆五年(1571)。圭首，额篆“重建佛殿碑记”。碧峰寺早圮，现仅存庙址及此碑。

碑文记载：此寺“以殿宇摧颓，地基卑隘，非供佛之所也，恳思更建，形诸梦寐，乃拓其地，宏其规。鸠工抡材，为大雄殿三楹，巍然□飞，烂然绮错”。此作者也发了一通议论：碧霞元君造福善者，惩戒恶者，威灵震天下，前来祈祷的万众百姓，无不澄心涤虑，无比恭敬虔诚地致礼，以至呼佛之声昼夜不绝于途。为什么要呼喊佛号呢？是因为佛以普济苍生为己任，救民之疾苦于水火之中。所以后世的遭难冤屈者，便像流水一样涌向泰山，而喊叫之声千百年来丝毫没有衰减，诚恳地祈求元君的保佑。

碑文所说的“寺”与“佛殿”，其实供奉的是碧霞元君，到了明代后期，在普通民众心目中，佛与道已渐渐不分了。

## 三、儒家建筑碑记

明代只有一块儒家建筑修建碑，即《泰安州重修庙学记碑》。此碑原立于泮桥西侧文庙内，刻于弘治七年(1494)，后移岱庙，文字已漫漶不可读。撰文者尹旻，书丹者耿裕。

耿裕(1430—1496)，字好问，河南卢氏人，景泰年间进士。由庶吉士改户科给事中，至吏部尚书。耿裕为政清廉，时公私侈靡，屡上疏陈言节俭，而其以身垂范，生活节俭，廉洁之名，妇孺皆知。

## 第二节 其他各类记事碑

同前代一样，除了祭祀、进香和建修外，明朝各种各样的值得纪念和说明的事情都有刻到碑上的习惯，泰山上的“施茶碑”和“禁约碑”等便是较为典型者。

### 一、进香施茶记碑

中国古代有在路边做善事、为行人施茶的传统美德。泰山自古以来登山进香、游山览胜的客人甚多，攀登者往往身疲口渴，故有行善积德之人免费为他们提供茶水，泰山尚存明代施茶记碑4块，分别记录了山东莱芜和江苏省善士在泰山施茶的事。而且这种碑仅为明代所有。

其中年代最早的一块是嵌于万仙楼门洞内、立于万历三十三年(1605)的《莱芜县进香施茶记碑》，款为“少保、兼太子太保、兵部尚书萧大亨，工部虞衡清吏司员外郎萧和中，诰封一品太太老夫人刘氏、李氏室人”。这块碑记录了“同名会社”香会的一众人等，在泰山免费为游客提供茶水并坚持了三年的事：“弟子苏冲气，自幼弃俗，初入道教，昼夜讽诵皇经二十余载。思虑未遇高人，前缘无种，预修往因，奈我无力以善劝人。今生富贵人身，皆因前世修来；现在作福，无非转来受用；千条圣路，无过修善第一。施茶一年，众人诚心，同名会社，各出己资，共集一处，普舍施茶。八方往来人等，济饥渴之后，缘登山涉水。于就顶路三元宫中寓居，施茶三载，今方克备。”此碑有192人题名，可见当时参与活动信徒之多。

第二块为《朱自然等施茶记碑》(图11-7)，亦嵌于万仙楼门洞内，立于万

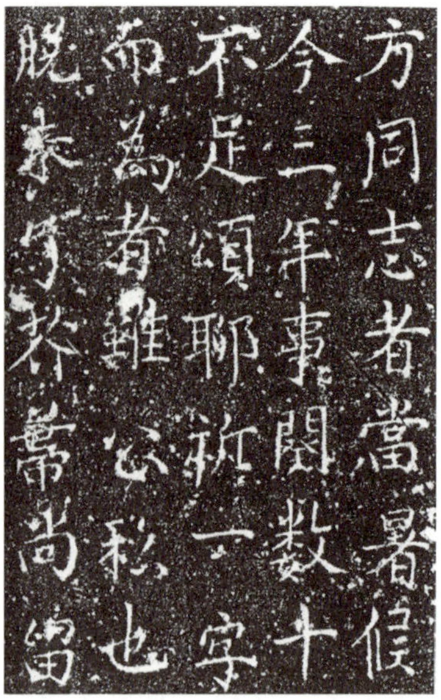

图11-7 《朱自然等施茶记碑》局部

历三十八年（1610），额题“施茶碑记”4字。

碑文说：“山东济南府莱芜县乡民朱自然等数十人，盖积善士也，香醮圣母者有年矣。已而于万历戊申岁，见四方同志者，当暑候盘旋巅下，每每艰于壶物，心甚怜之。遂而结社施茶，普济群生，于今三年，事阕数十人。”碑右下部刻赞诗一首：“朱君引众结善缘，施茶修醮已三年。锲石为碣留名识，刻字撰文继代传。众求百福袖手待，独操一心意马悬。祈祝圣母加吉庆，愿赐阖会福寿全。”

第三块亦是《莱芜县进香施茶记碑》。此碑镶嵌在万仙门洞北之西较高处，碑文已漫漶不清，年代亦缺失，唯见“莱芜县进香施茶碑记”“程门□氏”“施茶八方往来人”等字样，看来当时莱芜人有在泰山施茶的传统，亦可见当时这一风气的兴盛。

图11-8 《镌泰山施茶记碑》

第四块是《镌泰山施茶记碑》（图11-8）。与上碑并列嵌于万仙楼北墙上，立于万历四十七年（1619），额题“施茶碑记”，亦漫漶过甚，现碑文中有“广陵（作者注：今属扬州）北地有智性之会”“三岁告成，欲镌石以□世”“会稽山”等字样。细读可知这是明代江苏中部香客在泰山活动的记录，他们认为天下的“盛”有三种，一是东海之盛，二是泰山之盛，三是圣人之盛。这些“盛”对于物来讲不在外表而在于内里即其“源本”，作为人来讲则在于内心即“心性”。他们在泰山施茶三载，攻苦食淡，其所为也是出自心性，也是一种“盛”。他们认为，人的心与神灵是相通的，神是为了“社稷苍生之福”，而人为游客施茶并“捐金捐帛”岂不也是出于同样的目的吗？

## 二、禁约碑

在泰山，以碑刻的形式申明禁令，最早的是元代的圣旨碑、法旨碑等。到了明代，这种地方上的禁令碑不再出自朝廷，而是由地方官制定和发布，具有较强的针对性。目前泰山存有禁令碑两处，一处是位于红门的《山轿示禁碑》，另一处是位于后石坞的《庙产禁约碑》。

《山轿示禁碑》，原立于嘉靖年间，1994年泰山管理部门在拆除红门宫附近居民墙基时掘出，碑下部已残。碑文载录了一起因发派山轿而引发的申诉案件：当时贵官豪宦登泰山时，不仅滥征民间山轿，还强拉山民充当轿夫，骚扰民间，成一方之害。碑文称，根据“往年旧规，但……登顶。差拨保下白夫抬送。力不足者，暂借随路居民一二家帮添拉牵”“若不系辖管，亲临者用长随夫役香税委官用（作者注：缺若干字）接送，各有所管”，但是，“于三十二年间，蒙陶真人泰山打醮，三察院各道并临，拨尽官轿，其余协济、杂职多无轿乘坐，添设顶路筐轿□□不能禁止”，以致“除亲临上司答应不敢违失，其跟随吏承门厨人等仗势索用筐轿，小民畏怕，亦不抗拒，致害渐大，居民逃半”。碑文最后载：“蒙批：‘穷民求食于道路，却被诸色骚扰，反为大害。仰分巡济南道立为定法。出给简明□□驾禁革。违者重治！’”又规定：“今后凡□察院并司道府官上顶登谒，合用轿夫，俱听本州照常应付。如有一时不足□□在路居民拨用。其管收香税委官应用人夫，责令店户出备。……□跟随吏承门厨人役，索坐筐轿夫役，尽行裁革。敢有不行遵依□妄□□□，□被害之人径赴该州禀告，即与申究……”

《后石坞禁约碑》，在后石坞元君庙内，根据典籍记载及文意推断当为明代所立，2008年泰山景区管理部门在整修后石坞元君庙时发现此残碑。碑文载：“总理泰山……判王为禁约事：……近访得无籍棍徒窥视……骚扰侵害，艰阻善念，深可痛恶。除已往不究……山柴，四至界分，东至□棚，南至涧南崖，西至跌……道姑王崇泰等照旧斫割，以为焚修之资。敢有□□害者，许道姑报知泰山巡逻官并民壮，地方人□□□□□□□□□凭问究，禁治不恕，□至告示者。”《泰山道里记》也记载：“明隆庆六年，胙城大辅国将军朱睦樜建，有禁约碑。”

但是此碑似乎不是朱睦㮮初建时所立，因为不可能甫建成便“近访得无籍棍徒窥视”“骚扰侵害”，而且庙产田地四至均已明确，显然已非一年两年了。

## 三、高僧墓塔、墓碑

在明代，泰山灵岩寺的墓志碑较金元时期明显减少，内容也显得单调，但墓塔却大为增多，达100余座，有些高僧的墓志铭直接刻到了塔身上。三阳观也出现了道士墓群及他们的墓碑。道士墓碑大多较为简陋，仅镌名而已。但是，其中好多未见典籍记载，故亦有研究价值。

### （一）灵岩寺墓塔

灵岩寺墓塔林内之明代立塔数量比宋元时期大为增加，墓塔之阴刻有文字，介绍塔主和立塔人，以下简要介绍几例：

《延公寿堂之塔》，在塔林西区，靠近祖师塔，建于明永乐年（1403～1424）间，方碑形塔，须弥座置于地袱石上，圭角下部有水浪花纹，束腰南面雕双狮，左面的一只面朝前，能看见前爪；右面的那只刻全身，狮首向左转，尾巴上扬，全身肌肉明显可见，再上是三层莲瓣式仰莲台座，塔身坐落于台座上。塔身上部未见刻有经咒，中部分三行刻以下文字：

> 济南府僧纲司都纲延公寿堂之塔。
> 诸法从缘生，缘尽法还灭。
> 吾师大沙门，常作如是说。

塔身之上为四阿式顶、宝珠、山花蕉叶、宝瓶。

文字中“僧纲司”乃明代管理寺院的机构。那时为强化对寺院僧尼的管制，朝廷采取了一系列措施。先是于洪武元年（1368），在金陵天界寺设置善世院，统管全国僧尼寺院。洪武十五年（1383）又在京都设置僧录司，加强宗教管制。地方上，府设僧纲司，州设僧正司，县设僧会司。这是一个从中央到地方四个层级的体系严密的制度。正是由于统治者对佛教的严格管理，造成了对佛教发展的严重抑制。

图11-9 《观音住持从公之塔》

《性天首座朗公之塔》，建于天顺八年（1464），覆钟形塔，八角须弥座，束腰的八面石上有四面高浮雕兽首，其他四面分别为线刻卷云纹、忍冬花、立马和卧地回首之马，须弥座上置扁圆形宝珠，宝珠之上为双层莲瓣式仰莲座，座上为塔身，塔身上有仿铜铸钟之线文，中部方框内双列刻“性天首座朗公之塔”。塔身之上为八角形塔盖，再上有扁圆形宝珠、雕覆莲石座、山花蕉叶顶，最上宝瓶。古人在墓塔雕刻上充分施展自身想象力，赋予了它们审美因素，把墓塔做成了一件件艺术品。

该塔背面刻建塔时间为“大明天顺八年四月初八日”。另有立塔人名姓和石匠题名，因漫漶不清而不可读。

《观音住持从公之塔》（图11-9），建于成化十一年（1475），方碑形塔，方形须弥座，座之束腰处雕有三狮。塔身之阳双钩刻“观音住持从公之塔”二行，每行四字。塔阴有铭文：

> 师讳理从，字顺中，乃金台通州之刘氏子。蚤岁出家，礼钦依万寿戒坛传戒宗师本然金公为师。正统戊辰间出世，说法于郡之观音禅林。天顺己卯，云游山东，挂锡于灵岩禅寺。
>
> 师生于永乐丙申，归寂于成化乙未，归寿六十，僧腊四十二，示微疾而终。手度弟子妙有等收其灵骨，立于灵岩祖林之中。书其梗概，传诸永久。
>
> 大明成化十一年岁次乙未仲冬孝徒妙有等立。

这篇短文把从公履历罗列得有条不紊，言简意赅，从公是北京通州观音禅寺的住持，是禅宗“理”字辈和尚，云游到灵岩，抛灵骨于此了。

《本宗前堂保公寿塔》，建于弘治四年（1491），为方碑形塔，地袱上设须弥座，束腰正面高浮雕兽首，束腰之上为三层莲瓣式仰莲方台座，塔身正面上部刻“南无阿弥陀佛”，中部分两列刻“本宗前堂保公寿塔”，四阿式顶，顶上置双层莲瓣式方台，方形石板，山花蕉叶式塔顶，最上为宝瓶。

塔背面刻有立碑者题名和纪年：

落发小师：妙寻、妙思、妙珣、妙鉴、妙惠。

法侄：妙全、妙昱、妙酎、妙增。

弟：福源，姪：芦随、福忠。

法孙：悟许、悟瑚、悟悠、悟思、悟道、悟□、□□、悟侁、悟瑞、悟春、悟心、悟瑰、悟明、悟开、悟灵。

曾孙：了深、了旬、了盈。

檀越：崔宁、崔达、崔奉、宋名、谷方、随和、随传、随海。

奉高铁笔（石匠）：崔良广、崔良慕、崔良福、崔端□、崔前、崔□、崔振、崔岭、崔虎、崔汉、崔□。

大明弘治四年四月八日，堂司福瑾书，会庵妙期书丹。

由此墓塔可以看出当时庙宇中徒子徒孙尚多，施主亦多，施工的石匠竟也有十多个。

《肃菴首座恭公之塔》，建于弘治十年（1497），为方碑形塔，塔座四方形，束腰处有高浮雕兽首及前爪，束腰之上是两层莲瓣式仰莲座，碑身上部刻“南无阿弥陀佛”，中部分两行刻“肃菴首座恭公之塔”。上为四阿式顶，再上分别罗列两层莲瓣仰莲座、方形宝珠、山花蕉叶式顶及宝瓶。

塔背面有立塔人及立塔年代题款：

落发小师：悟戒、悟松。

副墨僧万松。

法侄：悟性、悟怀、悟体、悟处、悟亭、悟珏、悟敢、悟奉。

侄男：陈原、陈端、小石。

嫡孙：了正、了秉、思普。

法孙：了□、了言、了宽、了聚、了为、了明、了敖、了周、了迪、了陈、了观、了敬、了□、了池、了先、了志、了空、了完、了□。

重孙：正□、正晓、正木、正茂、正千、正相、正高、正补、定存、正□、正□。

大明弘治十年初二日同立。

奉高铁笔：崔良广、崔良□、崔振、崔领、
崔刚、崔高、崔全、崔□、崔虎。

两座塔时代基本相同，但显然肃菴首座恭公比前堂保公晚一辈，两位高僧只是寺院的中层管理者，并非住持，而他们的弟子在此署名者无一重复，共有70余位，由此以看出彼时灵岩寺的僧众或达数百人。

《菡公宝华长老寿塔》，建于嘉靖十六年（1537），方碑形塔，塔身阳面最顶部横刻“南无阿弥陀佛”，中间为线刻如来及二菩萨像，另有神鸟、神兽及如意云纹图案，中下部正书二行、行四字刻“菡公宝华长老寿塔”。塔阴有铭文：

夫以实际理地，本无生灭之性。今时门中乃有云来之相，宝华长老者，乃泰安州田村保王氏之族也。自幼年落发离尘，礼本寺耆旧高人，得其慧心朗耀，触事而无碍，是以栖心隐关数载，阅捡大藏经文□不越间，声名利养，了无所滞。故邦人高其操履，大众□□□，请以为住持，领众焚修，祝延圣寿，自有年矣。有徒了皿等，倾舍囊资，立塔标示，□扬与后，普愿人悟□□之弥陀，个□普贤之行海履以偈云：

人间□幻住世，随身作此活计。
一朝撒手归去，直至西方佛地。

徒弟：了皿、了臻。（其他略，作者注）

时嘉靖十六年孟春吉旦，藏主自然书。

这是明朝少有的写得较好的一篇塔铭，宝华长老是灵岩寺“悟”字辈的和尚，是前堂保公的孙辈了。文中“有徒了皿等，倾舍囊资，立塔标示，□扬与后”，说明和尚建墓塔并不是由寺庙出资，而是和尚本人及徒弟把攒了一辈子的积蓄倾囊而出才能建起的，而那些没钱的就建不起了，这也说明千年灵岩寺的墓塔林才区区一百六七十座塔的原因。

《都纲昂公独峰之塔》，建塔年代不详，为椭球形塔，八角形塔座，须弥座，圭角下部雕壶门，门内浮雕吉祥花草纹，束腰处八面均有狮首、力士等高浮雕造型，上枋之上下平面均刻有莲瓣，立面南向壶门内有浅浮雕宝相花。再上，分别为宝珠、三层莲瓣仰莲座和塔身。塔身南面刻“都纲昂公独峰之塔”，塔身之上是八角攒尖式塔顶、宝珠、山花蕉叶和宝瓶。

“都纲”，乃是由政府任命，统领全国寺院僧尼以维持教法之官职。其官制始于魏晋，后历代因袭。明初，中央政府在边远地区设都纲司，置都纲之职，由其主管佛教一切事务。

《古奇和尚塔》(图11-10)，建于明代，喇嘛塔，体量颇大。塔下部为正方形两层地袱石，地袱石上置八角形圭角，圭角下部雕海浪纹，上部八面开壶门，门内有深浮雕云龙纹、牡丹花纹、忍冬花纹、荷花纹等，再上为下枋，雕刻莲花瓣，束腰处八个面均雕刻精美，有佛教故事中的人物、佛教吉祥花卉等，八幅画面之间有束花造型分割。上枋之上有七层石板叠涩收进，每层石板的棱上均有突出物造型。然后为单层仰莲石座，石座上置覆钵形塔身，塔身中上部极其精致地雕刻龛状方形框，框内分三列镌“僧录司右街觉义钦依万寿戒坛宗师兼崇善寺住持古奇和尚塔”。塔身之上有两层八角形垫石，其上层刻有兽首。再上为八角形华盖，华盖上部雕覆莲，立面未见雕刻，其上承十一层相轮，相轮上部再置华盖，雕刻极为精细，图案有锯齿纹、绸带纹、璎珞、兽首衔环等。再上为山花顶，顶上宝珠雕仰月，宝瓶收顶。此塔造型在灵岩寺中较为引人注目，也是明代墓塔中不可多得的精品。

图11-10 《古奇和尚塔》

此塔铭为“僧录司右街觉义钦依万寿戒坛宗师兼崇善寺住持古奇和尚塔”，僧录司乃明洪武十五年（1382）所置，属礼部，掌有关僧侣事务；崇善寺，是明成化年间敕赐灵岩寺所改的名称，古奇是敕赐崇善禅寺的第一代住持。

灵岩寺内还有明代比丘尼的墓志——《林公墓志碑》，立于明嘉靖五年（1526）。此前，宋、金、元之碑均未见灵岩寺有尼姑。碑文载：林公“乃东昌府房氏之女也，向抛尘俗，弃舍亲缘，敬谒本郡古迹观音，□礼庵主比丘尼亮公为师，朝参暮礼，受具足戒，研究精要□形同枯木，心若死灰，专礼念佛，而为行业寿□□七十九年”。

另外，这一时期故去的僧人亲属也可葬于墓塔林，这在他处也是少见的。灵岩寺墓塔林中就有僧人父母的墓冢——《故父亲汤文秀、母亲王氏墓志碑》，立于正德元年（1605），圆首，额题“墓志”二字，其他文字为：

> 泰安州田村保人氏在于长清县居逝终
> 孝出家男：妙奈，孙：悟□，重孙：了者、了□
> 故父亲汤文秀、母亲王氏之墓
> 孝女：大姐尹安、二姐刘汤氏
> 外生：刘珍……
>
> 正德元年……

外生即外孙，系泰安一带方言。从碑文看，儿子出家了，两个女儿至少一个出嫁了，他们共同将老人葬进了塔林。

再如《辛氏灵碑》，在塔林东区东首石堰下，立于弘治十五年（1502）：

> 故老娘辛氏□位之灵碑
> 孝出家外生：悟梅、悟渊。
> 俗外生男：林怀、林得。
>
> 大明弘治十五年二月二十日立石。

老娘即姥姥，系泰安一带方言。这是外孙为姥姥建的墓冢。四个外孙中两个出家了，出家的外孙看上去只是普通的僧人，但也能在塔林中安葬其姥姥。

（二）普照寺墓塔与道教三阳观墓志

泰山普照寺亦有墓塔数座，其中满空和尚之塔较为著名。此塔及塔铭碑原在普照寺西南，乾隆年间将塔铭碑移至山门内东侧，今仅存塔身之一部分，置普照寺山门外西侧。塔身上镌有“第一代振山之主塔”字样。寺内另有《普照寺重开山祖满空塔铭》，刻于明正德十六年（1521），记录了满空于明永乐间与数僧航海来到中国的事迹，他先至京师，受到明朝廷的礼遇，后派差官送满空到南京天界寺住坐。宣德三年（1428），钦奉圣恩，敕令天下参方，持礼部度牒一道，获得云游天下名山的特权。

满空（？—1463），高丽僧人，云游天下到泰山后，便不欲离去，先重修西麓之竹林寺，数年间“始建竹林寺一所，殿守圣像，俱已完成”[①]。接着，他目睹普照寺荒芜景象，“遂驻锡禁足二十余载”[②]，四处化缘重修普照寺。经过十余年的努力，“鼎建佛殿、山门、僧堂，伽蓝焕然以新，宇内庄严，绀像金碧交辉……成为海内名刹”[③]。1463年满空圆寂于普照寺，他的弟子在寺前建塔立碑，以纪念这位异国僧人。

图11-11 《昝复明墓碑》

普照寺之西南有墓塔构件一宗，其中一塔身镌“廿八戒师之塔”，“戒师”为僧尼的通称，而“廿八”尚不知其意。

泰山还存有少量道士墓冢及墓碑，比较集中的有三阳观之王三阳、昝复明等师徒墓志碑。《昝复明墓志碑》（图11-11）位于三阳观前约60米处，约立于明万历二十七年（1599），其墓碑文为：

① 《普照禅寺重开山记碑》。
② 《普照禅寺重开山记碑》。
③ 《普照禅寺重开山记碑》。

羽化先师昝公讳复明墓

宗派：崇静真阳复，志坚守大玄，智礼清自信，存意法明常。

师祖三阳王公讳阳辉，师爷昝公讳复明，师父陈公讳志德，门徒罗坚随、闫坚梅、路坚林、陈坚众、张坚亮、王坚支、刘坚纯、于坚邦、王守登、张守香（以下近60人题名略）。

由碑文可知三阳观一派系道教全真派的一支，“崇静真阳复……”是他们的辈分，由此碑题名中可以看出，自该派第四代传人王三阳始，到张守香之“守”字辈，三阳观道士至少已传了五代，人数也已达70余人。

从泰山历代碑文来看，泰山全真教的发展历程与全国整个全真教是一致的，大体可以分为金元和明清两个阶段，前者是其由产生而发展到鼎盛的时期，后者是其由盛转衰并最终衰落的时期。

昝复明（？—1599），字云山，华阴（今陕西华阴市）人。明嘉靖三十年（1551），随其师王阳辉（王三阳）来到泰山，共同创立了三阳观，为三阳观第二代住持。

除此之外，此处能辨清文字的墓碑还有九处，分别是：明嘉靖三十四年（1555）王三阳墓碑、明万历三十七年（1609）黄坚廉墓碑、明天启四年（1624）张守香墓碑、明崇祯三年（1630）史守知墓碑、清同治十三年（1874）谢明禄墓碑、民国二十三年（1934）李明顺墓碑、民国二十三年（1934）郑长轩墓碑、民国二十三年（1934）宋道昆墓碑、民国二十三年（1934）王道崙墓碑[①]。

这十块墓碑中，除昝复明等两块墓碑所刻派系辈分为20字外，其他均增为40字，即“崇静真阳复，志坚守太玄，智礼清白信，存意法明长，道贵诚正理，德尚宽和行，参赞乾坤机，变运造化功”。到了1934年已经传到了第二十一辈“道”字辈。令人不解的是，自崇祯三年（1630）至同治十三年（1874）间的244年中没有墓碑留存，尚待考证研究。

三阳观南，还有很特殊的一块墓碑即《静虚道人墓志碑》，该墓志碑立于明嘉靖四十□年（1562～1566）。碑文说：

---

① 民国间道士墓碑当是同时移于此，以后文不再赘述。

道人王姓，名一山，秀峰字，号静虚。家世于□。蚤从黄冠长楷黄□，殆居石碑，终迁郭庄。道人术多奇验，四方就医者无□目。尝已郡之□姓凶疾，乃为结庐于南墅，迎致以居焉。门外益多辙，弭久之，废其谊杂，复徙兹山，遂有终焉之意。道人之行卓然，亡容缕缕也。孝弟：张一□、赵□□，孝徒：张礼朴、常阳安，徒孙：刘□绪、常思忠，孝侄：韦教余、黄教□。

此文意思是，静虚道人姓王，名一山，早年从道士黄长楷学道，开始时大概住在石碑村，后来迁徙到郭庄。静虚道人医术有奇效，四方就医者有口皆碑。道士曾治好了某人凶疾，某人便在南墅为他建起了房舍，把他迎去居住了。从此就诊、造访者络绎不绝。久而久之，他摒弃了尘世交往，来到了这里，并有终老此山之意。道人之道行卓然，其容笑貌宛在也。

三阳观内外所有的石碑中都没提到该静虚道人，但是他与王三阳差不多同时代，比昝复明稍早，也就是说或许王三阳来到时静虚已经在这里了，抑或者，王三阳来后不久静虚就来了。并且，他与三阳亦非一派，辈分谱系也毫不相同。此何许人，究竟居于何处，为何葬于此处是一个谜。

## 第三节　民众捐献、进香、建醮碑

明代中叶之后，泰山石刻所表现出来的宗教活动呈现以下特点：一是宗教信仰的主体已由上层转向民间，由正统嬗变为世俗，民间宗教信仰如火如荼地发展起来；二是宗教以最贴近下层百姓生活的组织形式和内容来满足人们的宗教甚至经济需求，如香社的出现；三是宗教场所为民众的信仰提供了最方便的诉求平台，使他们能够倾吐心声。所以，这一时期泰山下层民众的进香刻石大量集中地出现，其中典型的是泰山万仙楼，其基座四周由63块碑石并成，形成了泰山现存规模最大、字数最多的组碑——《捐修万仙楼信士题名组碑》。此碑每石题名450～500人，共刻新城县、长清县、莱芜县、泰安县、阳谷县、洪洞县、固安县、历山县、大兴县、宛平县、武清县、泗水县等全国各州县信士3万余名。另

图11-12　灵岩寺大雄宝殿墙上的碑刻

外，泰山灵应宫的大殿后墙，灵岩寺大雄宝殿的东西山墙、后墙亦均用碑石砌成（图11-12），加上散见于各庙宇的进香碑，共计超过400块，可谓数量众多。

## 一、庙宇为进香者提供题刻平台

历史上，很多庙宇都有一项服务，那就是准备好空白碑石以供进香者镌刻，现灵应宫还有这种空白石碑。而灵岩寺做得更好，寺内之《重修大殿募缘疏碑》（图11-13）便对此做了详细说明，这应是明代泰山寺庙针对下层民众进香许愿刻碑题名的创举。此碑垒砌在灵岩寺大雄宝殿东山墙上，刻于万历十五年

图11-13《重修大殿募缘疏碑》

（1587），碑文记载了道人韩邦明和释子庆珠重修大雄宝殿和预留碑石的事：

今兹大佛宝殿内，皇明藏经在中，年深岁久，风雨侵损，有伤经像，每于晨夕祝延，未便瞻者，诚不堪忍也。因此告募十方官长者、善信、檀越，或管砖瓦者，每窑用银五两；或管石灰者，每窑用银三两；或舍食米、工价，或□疏转化善信，随心善舍，不拘多寡。均置字版三百余尺，各各刻题名字，芳名安置殿壁之间，以垂不朽。俾将来者见贤思齐，以扬厥体矣。

碑文中所说的“置字版三百余尺”，就是当年用来题名刻字的碑石，后来，大殿于清代中期再次重修，墙体仍使用了这些碑石，使之得以保存下来。现大殿的东山墙有碣73块，后墙58块，西山墙46块，共计177块，其中大部分石上都有密密麻麻的题字。题刻者的籍贯则包括山东、河南、河北、安徽、江苏、浙江等，进香人员有进士、商人、官员、农民等，可以说是展现了万历十五年后明代社会生活的一幅写实画卷。以下仅举几例：

大雄宝殿西山墙上有《进士徐邦兴率众进香碑》，刻于万历三十五年（1607）。来这里进香题名的大都是一些最底层的民众，但也有进士县令率民众进香者，这在泰山还是首见：

直隶大名府魏县进士徐邦兴，知山东阳信县等，率施财善人刘一清，见（现）在城南路固村带管刘家庄、王家庄居住。

会首刘一清、杨孔训、张国气、王杰、刘一凤、郭银（共16人，以下略。作者注）。

万历三十五年十月十八日建立。

碑文中出现了“会首”字样，说明此时香会已经形成了。

《王九德等施银两碑》，刻于万历三十五年（1607）。明朝后期，百姓普遍贫穷，有的捐助者数百里奔波而来不过施一两多银子，但这在当时可能也不是小数目了。如：

临清州南门外善人王九德施银一两五钱□。

在官府中做事的官员比较富裕，刻于万历三十五年（1607）的《张夏店信众施银两碑》载：

> 济南府长清县潘西村一甲人氏，现在张夏店居住，系按察司承差高汝贤室人蔡氏、韩氏，男高守业喜舍白银一十二两，管群□一百□元。
>
> 万历三十五年十月十五立。

高汝贤者在按察司当差，两个内人及儿子便施舍白银十二两，是所有捐助者中最多的。

《山东、浙江等信士三次礼忏斋僧舍财记碑》，刻于万历三十七年（1609），三个地方的人礼忏斋僧舍财，被刻到了同一块石上：

> 山东济南府德州人氏。会首程宣、妻张氏、王氏，男程望东、程经，长女老姐、次女春姐。
>
> 浙江金华府义乌县人氏。杨文魁、妻王氏、陈氏，长男杨国祯、男妇陈氏，次男杨国裕，女德姐，孙男杨洪源、孙女珠姐……
>
> 绍兴府余姚县人氏。谷炳、妻魏氏，男谷升、男妇陈氏；杨世忠、妻霍氏，男杨曰元、男妇霍氏，次男杨曰辉；丁复丰、妻康氏，男丁律时、女凤姐、存姐、节姐、仲姐……
>
> 万历三十七年四月初八日立。

从这块碑上还可以看出当时人们的称谓：明朝男人有名有姓，女人以某氏称之，未婚女子则叫某姐。

到了明朝后期，“大明国”的百姓已经很穷了，十余人一共捐献的五钱银子都要刻到碑上，如刻于万历三十八年（1610）的《兖州府济宁州信士修醮碑》：

> 大明国山东兖州府济宁州西乡各图民，现在城西河长口疃里集居住。修醮施财会首马子才、刘继儒、贾师鲁、刘文祐、张东沂（以下11人略）
>
> 万历三十八年二月二十五日立。施银五钱。

刻于万历三十七年（1609）的《扬州府江都县信士进香施舍碑》则表明，南方的商人也不富裕，扬州信士尹尚忠开着皮箱店，千里迢迢来到灵岩寺，仅施舍了三钱银子，还兼着做了广告：

扬州府江都县信士进香施舍。扬州府江都县小东门外关王庙前皮箱店信士尹尚忠，注明“□滋号”小洋。

于万历三十七年四月初十日发心施银三钱。

还有为保子嗣长命而给寺庙施舍僧鞋、僧帽者，如刻于万历四十三年（1615）的《东昌府鄄城县信士进香碑》便说得详细：

山东东昌府鄄城县六里八甲人氏，现在李大夫营居住，奉佛还愿保安。信女郭门李氏同男郭一□、寡妇陈氏，因为之嗣□于圣母位前初讨一子。以得平安，无神可报，今□虔心不昧，前头施舍僧帽一百顶并鞋一百双，敬诣灵岩寺钟鼓楼散施众僧，祈得儿男长命百岁，永受安泰。

万历四十三年四月。

大多数题记文字极为简单，仅是地点、人物、时间而已，如刻于崇祯四年（1631）的《直隶大名府滑县信士进香碑》，其文曰：

直隶大名府滑县高阳乡□□□村杨家庄……杨一先、寇国厚……

崇祯四年十二月初七日立。

也有的洋洋数百言，发一通议论，如立于万历十六年（1588）的《景州修设进香保安吉祥善人会记碑》。这种进香碑在明朝前期较少见，但却开了后世同类进香碑的先河。其碑文为：

夫灵岩梵刹者，肇法定之开山天下丛林，方期山之□□，青幽景翠，万壑千崖。始立之林如□，设教化感天下，去恶为善。适有直隶河间府景州连高□□河两岸居住，有会首关利□、吴应祥等，养道德之仁义，行忠孝之两全，性禀中和，为天下各处□忠正克己无□□，适如人遐迩出言则□，行事无□，前圣之贤□过如此。德不称于人，众仰其德也。名高今古亦然，堪乃为之首也。□来议曰：皆集诣□□□，□头归□则从□□。泰山进香□诣灵岩修善，祝国无疆之寿、天下众民之宁。曰和风解东，标岳青大地，蒙蒸三月春，众信堪宜修善，勒碑刻铭，永不枉也。

会首周□立、妻孙氏，徐希端、妻张氏……

## 二、其他进香、祷告题刻

明朝分布于泰山各庙宇的进香碑还有很多，大多独立立碑，还有少量摩崖石刻，内容虽是简单记事，但也看得出来当时民间信仰的变化，即儒释道三教开始融合，如佛教巨刹灵岩寺里就出现了道教神祇后土圣母。又如灵岩寺方丈院内立于明嘉靖二十八年（1549）后的《天津信众妆修泰山圣母等神像碑》：

直隶天津卫左所杨官店香头殷隆于嘉靖二十八年三月开手妆修泰山圣母东西两配、后寝宫，玉皇大帝、东岳天齐阴间天子，温、关二大元帅，勾愿司、左青龙、右白虎、山神、都土地、灵岩后土圣母各庙神祇见新。

施财封赠夫人陈氏、施财人张□臣。

此碑文还透露了一个信息，即自明嘉靖年间始，灵岩寺与道教已深度融合了，且道教的规模已变得相当大：整个寺庙内不仅有泰山圣母殿、东西两配殿及后寝宫，还供奉了玉皇大帝、东岳天齐阴间天子，温、关二大元帅，还有勾愿司、左青龙、右白虎、山神以及土地等。道教信仰的力量在当时超过了佛教，以至到了万历年间，在诗人笔下，灵岩寺的光景便成了“于今龙象无踪迹，断碣斜阳对客愁”“衰草荒榛不记年，石幢磨灭锁寒烟”的景象。“龙象”在这里指高僧，高僧已没了踪影，断碣斜阳、石幢磨灭，灵岩寺佛教的昌盛局面至此终于不再了。道教的兴起淡化了佛教的教义，从这一点也可推断出灵岩寺的墓塔林中为何没有一座清代和尚塔了，因为彼时道教显然成为主流。

这一时期，普通的进香碑似乎境界变得很高，泰山“国泰民安”的主题在底层百姓中也有了明确的表现。如三阳观立于明万历二十一年（1593）的《兖州府东平州各等县人氏进香碑》：

大明国山东兖州府东平州各等县人氏，见（现）在狐湫河西岸各家居住，奉□明□，进香修醮，祈福保安。信士会首陈纪等，义聚资财，虔备大仪，恭诣泰山前三阳观□道启建灵宝清醮三次，答报泰山圣母碧霞元君、合山列圣，专为上祝皇图巩固，帝□□昌；次祈各家安泰，子孙□衍，福寿绵长，行藏协□□□康宁。兹惟图满，达诚意于苍□□□名□□瑨，以俾永远矣。

这篇题记首先祝“皇图巩固，帝□□昌”，次祝“各家安泰，子孙□衍，福寿绵长”，而此碑记中“皇图巩固”的说法过去仅见于官员和太监的此类题记也刻到了寻常百姓的石上。

还有《历城县信士建醮题名碑》，此碑无具体年款，刻于明代。文为：

大明国山东济南府历城县城北大柳□□等人□□居住。

奉□酬天谢地，护国佑民，□圣大驾祝敬神明，供佛筵僧，普济幽爽，礼忏道场三昼夜。众等题名后：

建醮会首陈天才、王乙才。陈邦位、陈思李、张龙池（以下题名130余位略，作者注）。

“护国佑民”，境界同样很高，国家的意识在民众中显然已很明显了。

另外，泰山之大无奇不有，还有向妖怪祈祷的题刻。在五贤祠后石壁上，便有约刻于明代的题词：

镇山妖怪大吉，住持长老文金大利。

徒弟诚奈、诚哀。

这个叫文金的长老病了，以为是妖怪附体，或者妖怪作祟，便去巴结妖怪，命徒弟颂之以“大吉”，以便自己“大利”。这大概是受到了明末志怪小说的影响，忘记了其所信仰的宗教教义，所以病笃乱投医了。

## 第四节　泰山题额、题联

泰山是座楹联山，其楹联题刻起源甚早，据考察统计，泰山今仍存石刻楹联86副，而其中保存下来最早的便始于明代，共3处5副：《孔子登临处坊联》《天阶坊题联》《高山流水亭题联》等，都是脍炙人口的佳作。

泰山红门宫下有石坊“孔子登临处坊”，其上有刻于明嘉靖三十九年（1560）的对联：

素王独步传千古，圣主遥临庆万年。

“素王”是儒家对孔子的称誉，就犹如佛教中称释迦牟尼为“空王”一样，虽然他们没有土地、人民、权力，但声望、权威却永留世间。此联于“文革”期间被凿毁，现已不能辨读。

其坊额刻于嘉靖三十九年（1560），其下有款：

钦差巡抚山东地方都察院右副都御史、万安朱衡，钦差总理河道、都察院右佥都御史、南昌胡植，巡抚山东监察御史、襄阳刘存义同立。

嘉靖三十九年岁次庚申冬月吉，吉水罗洪先谨书。

罗洪先（1504—1583），字达夫，号念庵，吉水（今江西省吉水县）人。明世宗嘉靖八年（1529）状元，授翰林院修撰，迁左春房赞善。著有《念庵集》二十二卷，《冬游记》一卷，《明史》有传。

朱衡（1512—1584），字士南，号镇山，明江西万安人。嘉靖进士，历任刑部主事、工部右侍郎、南京刑部尚书等。

胡植（生卒年不详），字正甫，号庐山，江西南昌人。嘉靖进士，官至福建按察使，少善古文词，后从欧阳德、罗洪先学，以王守仁为宗。

《天阶坊题联》（图11-14），天阶坊在红门宫，其立柱上有对联，刻于明嘉靖四十二年（1563）。

图11-14 《天阶坊题联》

对联："人间灵应无双境，天下巍岩第一山。"联后有款："嘉靖甲子上浣之吉，巡抚山东监察御史高应芳，济南府同知、沁阳翟涛立。"此联后来在泰山其他地方也曾多有镌刻，是赞颂泰山及泰山神的经典之作。

高应芳（生卒年不详），字惟实，明金溪（今江西省金溪县）人。嘉靖进士，巡按山东，恩威并著，著有《羊洞遗稿》《谷南集》等。

《高山流水亭题联》（图11-15），高山流水亭在经石峪口，明代隆庆六年（1572），万恭所建。其额"高山流水之亭"，题于1594年。款为："万历甲午夏月，颍川连标题。"

连标（生卒年不详），字孟准，明代禹州（今河南省禹州市）人，万历十一年（1583）进士。初授行人，升山东道御史。连标以刚毅正直出名，人皆知其"三不畏"：不畏富贵，不畏权势，不畏强暴。一生勤政为民，积劳成疾，卒于任所，赠右都御史。著有《历游草》传世。

《高山流水亭题联》之一：

图11-15 《高山流水亭题联》

对联："天门倒泻一帘雨，梵石灵呵千载文。"款为"海虞钱岱书"。

钱岱（1541—1622），字汝瞻，号秀峰，江苏常熟人。明代隆庆五年（1571）进士，授广州府推官。秩满，召为侍御史，出按齐、楚。年四十四，疏请终养，遂告假归。《明史》有传。

《高山流水亭题联》之二：

晒经石旁传心诀，无字碑上写太虚。

此联已残失，根据史籍补录。

另外还有三阳观《常清静经碑联》，刻于万历二十四年（1595），不工，当为道士所为：

有物先天地，无形本寂寥；

能为万象主，不逐四时凋。

# 第五节　葱茏万象的儒释道三教石刻

明代信仰的多元化，呈现在泰山石刻中也变得多种多样。在儒学方面，颂扬儒家经典的“二典三谟”的文论被刻上摩崖碑；佛教活动仍在进行，修会功德、供佛斋僧依然有序开展；道教在泰山进一步发展，三阳观成为民间进香的新热点，《常清静经》也被刻到了碑上。佛道两教向民俗发展益发加速，佛教的《大悲菩萨赞》《达观禅师法语碑》通俗得犹如俚语，道教的《五岳真形图碑》更像神话。儒释道三教在明代都变得似乎不那么纯粹，但是，泰山作为古代中国人心目中的圣山，其儒学的地位仍是不可撼动的，释道两教在分分合合之中已多少表现出了衰微的迹象，他们都要在泰山为自己的信仰多争一席之地。

## 一、儒家刻石

明代，出现了一种特殊的石刻类型，它们既不是记事、题名，也不是诗赋、题景，而是为了使儒家学说有更大的影响力而写下了自己的观点，有些甚至就像论文。

### （一）《周颂·般》刻石

泰山《金刚经》刻石东侧巨石平面上有明嘉靖四十一年（1562）的《周颂·般》[①]刻石，汪坦书刻：

于皇时周！
陟其高山，隋山乔岳，允犹翕河。
敷天之下，裒时之对，时周之命。

① 出自《诗经·周颂·闵予小子之什》，是周成王时歌颂武王的巡狩祀河岳的诗歌。

其下有跋：

泰山之麓，平石纵横数十丈，刻佛家语，呼为经石。余乃书《诗·般》一章刻之。按《虞书·舜典》：“岁二月，东巡守至于岱宗，柴、望。五月至于南岳，八月至于西岳，十有一月至于北岳。”王制，天子五年一巡峦，二月东巡守至于岱宗，柴而望；其至于南、于西、于北，其时皆如《舜典》。则谓是诗为登岱而颂，无不可而刻之于此，固无不宜，则夫经石之名其有称也夫。

壬戌之秋七月既望。

跋的大意是：泰山之麓，有大石坪，纵横各达数十丈，上面刻满了佛家的《金刚经》，所以称作“经石峪”。今天我写下《诗经》中的《般》刻于石上。按《虞书·舜典》的记载：“岁二月，东巡守至于岱宗，柴、望。五月至于南岳，八月至于西岳，十有一月至于北岳。”那时候舜的制度是天子五年一巡守，举行封禅，均是按照《舜典》办理。所以《诗经》应是为登泰山封禅而作，那么，为什么不能将《诗经》题刻于此呢？刻了《诗经》以后，经石峪才能真正名副其实。

作者汪坦是儒学的信奉者和捍卫者，他认为真正的“经”是《诗经》，如果没有题刻《诗经》，这里叫作经石峪就名不副实。

（二）《经正》刻石

无独有偶，泰山石刻中还有大字《“经正”刻石》（图11-16），此题刻在经石峪大石坪东北石壁上，刻于万历六年（1578）。此处原有明人刻写的《大学》，俗称“大学圣经”，原为《礼记》第四十二篇。明万历年间都御史李邦珍认为这才是真正的“经”，遂在其旁刻“经正”二字，后有跋：孟轲氏云：“君子反经而已矣。经正，则庶民兴。”石上之经亦经也，今以圣经反之，故曰“经正”。

图11-16《“经正”刻石》

万历六年三月都御史肥城李邦珍书。

李邦珍（1515—1594），号同川，山东肥城人，明嘉靖进士，初任行人司，后在山西、河南任职。为政清廉，升任浙江道监察御史，后被封为文林郎。曾在福建沿海率军围剿上岸骚扰的倭寇，福建民众深感其德，赠《海狱澄清图卷》一幅，以表彰其功绩。晚年李邦珍致力于家乡子弟教育，为后世所景仰，卒赠正二品大夫。

所谓“经正”，指正确的道路。作者认为，大石坪上刻的《金刚经》虽然也叫“经”，今以儒家的正统经典反其意而恢复之，所以称作“经正”。

他维护儒家的正统思想，劝人弃佛尊儒，但所刻《大学》在清康熙年间被毁，唯留“经正”二字。

（三）儒家文论刻石

《金刚经》中段巨石上，又有汪玉题于嘉靖四十一年（1562）的摩崖刻石（图11-17）。此刻石520字，文笔书法俱佳，而且保存甚好，其文为（节录）：

图11-17 《汪玉题刻》

二典三谟之文，旭日之初升也。文王、周公、孔子之文，大明之丽天也。“先甲三日，后甲三日，先庚三日，后庚三日”，鼓之以雷霆，润之以风雨，日月运行，一寒一暑，出之自然，而与造化同其妙。子思、孟子之文，如江河之行地，混混乎，迎之不知其所来，随之不知其所止。董仲舒，汉文之纯者乎；贾谊，汉文之杰者乎；韩愈之文，唐之雄；欧氏、苏氏之文宋之选……

默休居士汪玉著，不肖男坦书，孙礼约摹勒登石。

明嘉靖壬戌岁仲秋朔日。

汪玉（1481—1529），字汝成，号默休，又号默休居士，明浙江鄞县（今浙江宁波市）人，汪坦之父。正德进士，由刑部主事、史外郎升湖广按察佥事，摄辰沅兵备。致仕归，兴筑书院，聚生徒讲学。著有《四书粹义》《书经存疑》《杂录记》等。

这篇文论着墨不多，但观点鲜明、议论精辟，作者先是分析了先秦至宋的文章，说《尚书》的行文就犹如旭日之初升，文王、周公、孔子之文，就像明媚的阳光，好像在吉祥的日子里，有雷电轰鸣、风雨润泽，日月运行，寒暑交替，一切均出之于自然造化。子思、孟子的文章，如江河行地，浩浩荡荡，博大精深。汉代董仲舒、贾谊亦属于佼佼者。唐代的文章以韩愈称雄，宋代则以欧阳修、苏东坡最为杰出。但是唐宋之文比起汉代来，显然已大为逊色了。宋之文不及唐，唐之文不及汉，因为这是不同时代的产物。宋代周敦颐、张横渠得子思、孟子之心，取得了成就，但是时代变迁了，生于千百年之后的人，欲追寻古人，则只能是“可同者，心也，不可同者，气也”，即古人的思想即使你能够说出，而内在的“气”也早已失去了。接着作者又分析了宋代周敦颐、张横渠、程颢、程颐、朱熹等文章的特点，认为他们的文章风格有的淳厚，有的刚劲，有的则多加修饰。虽然表现形式不同但内旨却是一样的。春秋时期子思、孟子的文章并不加雕饰，后来周敦颐、朱熹等则有意识地加以修饰，这是时代所造成的。孟子以前，程子之后，其诗文注重“载道”，即将内容与形式统一起来，这便是韩愈、欧阳修及苏洵父子等唐宋八大家的取胜之道了。如果文章与现实脱离了，文章又将依附于何处呢？譬如隋代的王通，效法扬雄行文，“不得其心而徒袭，取其口语”，便只能像木雕泥塑的东西一样，毫无灵魂，是无用的废物。所以，好的文章是时代的产物，就犹如老子、孙子的文章便都是时代所催生的。假如文章与时代脱节而一味地追求技巧，这是君子感到羞耻而不为的。

（四）《泰安州学进士题名记碑》等

明代为表彰儒学先贤，激励后人，还刻写了《泰安州学进士题名记碑》。此碑在岱庙汉柏院《篑为山碑》[①]之阴，立于明成化二十三年（1487），文字磨

① 此碑无题款，最初当题于《泰安州学进士题名记碑》碑阴，现作为碑阳面西置放。其意亦在激励后学奋进不息。

灭很多。民国《泰安县志》载：“进士题名碑，分列进士题名，有记，杨守阯撰，周冕正书，高岳篆额，成化二十三年五月勒明伦堂侧。”后移岱庙。

杨守阯（1436—1512），字维立，号碧川，鄞县（今浙江宁波市）人。成化十四年（1478）进士第二，授翰林院编修，官翰林院侍读学士，南京吏部右侍郎。后诏加吏部尚书致仕，赠太子少保，卒谥“文肃”。

碑文认为，泰山在泰安州北面，古帝王禅地的亭亭山在其西南，汉武帝驻跸的宫山则在其西南。近处，有汶河、济水流过，远处则有黄河、大海环绕，人杰地灵，具有清和、秀美之气，故而“奇魁、忠信、才德”的人士不断产生。而现在恰逢盛世，气象正旺，文风大振，士人参加乡试，然后进京参加会试、殿试者前后相望，代代有人。反之，那些庸碌者、夸诈者、无德者，则不仅为山川蒙羞，也有辱了科举，所以不可不戒也，不可不勉也。

碑上之进士题名漫漶严重，现已不可读。

泰山上这一类旨在宣扬儒家学说、提升儒学地位的碑刻无所不在，有一些以题景的形式出现，如泰山之巅有《“孔子小天下处”碑》（图11-18），此碑原立于明崇祯十年（1637），1967年被毁，仅存碑座。2007年按原样恢复。其上款为“大明崇祯岁次丁丑仲秋之吉”，下款为“巡抚山东都察院右佥都御史颜继祖，巡按山东监察御史洪启遵，守济南道山东按察使李时芫，东昌府推官郭启重立”。

图11-18 《“孔子小天下处”碑》

颜继祖（？—1639），字绳其，福建漳州人，万历四十七年（1619）进士，累擢太常少卿、山东巡抚。著有《又红堂诗集》《双鱼集》等。

洪启遵，福建泉州府南安县（今福建省南安县）人，同进士出身，官至山东监察御史。

再如《“胡安定先生投书处”刻石》，在五贤祠后石壁上，刻于明隆庆三年（1569），潘允端题书。这几个字看似典型的题景之作，但是同此处大量颂扬宋初三先生的题刻，如

“侍立石”“三袭（龙）陟”“景贤石”等结合起来，就更明显地显现出作者的初衷是在弘扬儒家学说了。

潘允端（1526—1601），字充庵，明嘉靖四十一年（1562）进士，曾任刑部主事、四川右布政使等职。万历五年（1577）解职回乡，晚年居豫园，著有《玉华堂兴居记》等。

## 二、佛教刻石

从现存的碑刻看，佛教在明代开始走下坡路了，但是佛教的学说依然大有弘扬者，他们通过各种方式留住佛教在泰山的一隅之地。

灵岩寺有《修会功德之记碑》，立于嘉靖三十九年（1560）。

碑文记载：“直隶河间府肃宁县丰庾屯北尚村居住，会首、信士善人安金等，天资好贤，禀性中和，仗义疏财，见善乐为……同赴泰山，各进明香，敬诣灵岩山崇善寺，仍捐净贿，邀命僧众即千梵刹运，心启建醮。谢天地报国祐岁，祈福迎祥。”这块进香碑把施主赞颂了一番，虽然佛教的意味已经不浓了，所谢的“天地”也不属于佛教教义，但“报国祐岁，祈福迎祥”仍然有着巨大的号召力。

《修设礼忏供佛斋僧保安之碑题名序碑》（图11-19），在灵岩寺，立于万历五年（1577）。此碑在行文形式上已更接近后来清代的进香碑。碑文开首发了一通议论：“盖闻人天路上，作福为先；因果丛中，斋僧第一。福若不作，功德无依，僧若不斋，菩提有失。古经云：‘供一佛，斋一僧，施一贫，劝一善，尚获种种无量功德，岂斋多僧子有福利耶？犹斋福利以资色身，借色身而成道果。’”然后说进香之事：“今有山东济

图11-19《修设礼忏供佛斋僧保安之碑题名序碑》

图11-20 《大悲菩萨赞碑》

南府历城县各关厢四散居会首史应奎等，天资好贤，见善乐为，此乃大贤也。纠集各家众善人等，敬诣灵岩崇善寺，喜舍资财，营备合山大斋、□供万修吉祥大会道场一昼夜。专祈保安，以则好善功德昆池碣石，勒碑刻名，宜为永善之德。”最后为题名。从碑文可以看出，这种宣示佛法的方式直白而又急切。

傅光宅书《大悲菩萨赞碑》（图11-20），在灵岩寺，立于万历十六年（1588）：

神通大光明藏何曾有头有尾，菩萨深慈大悲，示现百千手眼，识得无头无尾，即解兴波作浪，种种手眼逆顺，见前阿谁不能，若不了此神通，便被手眼惑去。

万历戊子秋七月，释真可撰。

河南道监察御史聊城傅光宅书。

神通大光明藏，属圆觉经，属自性境界、大光明定境界。佛教认为真正证了道，自然进入此大光明中，同时也得大神通成就。

傅光宅不仅立碑宣扬佛教，他对灵岩寺保护建设贡献甚大，万历十五年（1587）任吴县（今苏州市）知县时，他看到家乡的灵岩寺年久失修，就与住持真可大师商量修缮千佛殿，并劝说济南德藩出资，终于将殿宇修葺一新。而傅光宅在这里书《大悲菩萨赞》亦足可见其用心之良苦。

与傅光宅写《大悲菩萨赞碑》的同时，汪鈛也写下了《达观禅师法语碑》。此碑在方丈院墙上，立于万历十六年（1588）。文曰：

达观禅师法语

上新梁掉下斗，天赐供万口，龙象云奔转法轮，千秋福寿山河久。

万历戊子秋七月，上轻□都尉指挥新安汪鈛谨书。

这段话令人费解，“上新梁掉下斗”不知象征着什么，而“千秋福寿山河久”则应是其主题。类似题刻还有很短小者，如“绝俗”“戒持”“藏拙”“虚白”等，都是直接表明佛教教义的词汇。

## 三、道教刻石

明代泰山石刻中道教的内容仍相当丰富，几乎涉及中国道教文化的各个方面，以下略举几例。

《太上老君常清静经碑》（图11-21），在三阳观，立于万历二十四年（1596）。额题“太上老君常清静经”，碑阳上半部刻太上老君《常清静经》，下半部刻《太上老君说经图》，线条流畅，形象生动，两边有对联。《常清净经》为道家常诵的经文，又称《清静妙经》，是《玄门功课经》的主要构成之一。该经主要说明清静的功能妙用，认为人心若能去其欲则心自静，澄其心则神自清，故六欲不生，三毒自然消失。

此碑款为：“大明皇三太子发心刊板永远舍施，差官曹奉。”同时，此碑也是涉及“国本案”的一块碑刻，因款中提到的曹奉为御马监太监。

图11-21　《太上老君常清静碑》

《五岳真形图碑》（图11-22），原立于明代，在岱庙延禧殿旁。清乾隆间移置县署土地祠，1979年复移置岱庙院，1983年移置岱庙碑廊。最下部刻《抱朴子》中的一段，多残缺无法著录。额篆书阳刻“五岳真形之图”横列六字。

碑上首先是《五岳真形图》概说：

> 盖闻，乾坤之内，五岳者谓之神。五岳之中，岱岳为其祖，莫不应乎造化。生于混沌之初，立自阴阳，镇乎乾坤之位。且五岳者，古经云“分掌世界

图11-22 《五岳真形图碑》

人间等事”。

之后分别刻着五岳各自的符篆，中岳居中，其他各岳按方位排列，左上部为北岳、左下部为西岳、右上部是东岳、右下部是南岳。其中“东岳泰山图说”为：

> 东岱岳泰山，乃天帝之孙、群灵之府也，在兖州奉符县，是成兴公真人得道之处，长白、梁父二山为副。岳神姓岁讳崇，封号“天齐仁圣帝”。岱岳者，主于世界人民官职及定生死之期，兼主贵贱之分，长短之事也。

《五岳真形图》是道教在五岳活动的产物。中国道教由方士之学演变而来，据说早在战国初，方士黄伯阳就在泰山之阴的山洞里修炼，成为后来泰山道教的先驱①。又据《万花谷记》记载，汉武帝曾向西王母乞要《五岳真形图》，得到后将其藏到了柏梁台。秦汉以后，皇帝的封禅促进了道教的发展，方士们使泰山成了一座修仙的名山。在宋真宗命张君房编修的《云笈七签》中，泰山被列为三十六洞天中的第二洞天，泰山诸神也被收编进道教神谱，泰山神即其一。

《东岳庙供器碑》（图11-23），刻于成化七年（1471），原立于岱庙储库门前，后移往岱庙碑廊。此碑在《五岳真形图碑》的背面。该碑正文之后刻岱庙库存各类器物件数甚详，似为仓库清单。但从碑文及所列供器的数量上可以看出明代泰山祭祀的规模与统治者的态度。而此类碑刻在泰山仅此一处，故颇具史料价值。

碑文称：祭祀泰山“朝廷节次差官，前往泰安州东岳庙修建斋醮及祈祷等

① 〔清〕唐仲冕《岱览》：“东北为鹿町山，距龙门山五里。山腰有平旷地，为町疃鹿场。山阳一洞，传战国时黄伯阳隐此，因名。”

事，其一应供用器皿，俱是该州里长出钱雇赁送用，中间多是亵器，不堪供用，及至破损，又要赔偿，十分负累，呈乞定夺等因，已付本官，督同该州官吏拘集本庙住持及各色铺行计议，合用物件，估计价值支给香钱银帛等物，共折算优银七百七拾□两五钱四分，差委县丞梁骥率领泰安州老人侯禄等，前去南京、浙江收买，及盖造库房收贮去后”。为了妥善保存这些器物，碑文又说：“今据前因，合将造完各色器皿开札本司，置立文簿二扇，用印钤记，将札内各项物件备细抄誊上簿，发去泰安州着落，当该官吏，将一扇本州收掌，一扇发于库子收掌，眼同查点明白，督令库子如法收架。若遇应合支用之时，照数支出，应用毕日，本州官吏督同原收库子，务要用心洗涤，揩抹洁静，照前收架，不许损失。有损失就令库子照数赔偿……”碑文最后列出了“造完漆、锡、铜、铁、桌凳、青白花瓷”等器84种，仅以漆器为例，其中包括径二尺殊红布漆盘17个；径一尺五寸殊红布漆食盘45个；径一尺二寸殊红布漆盘60个；径一尺殊红布漆盘105个；径八寸殊红布漆盘贰百□□个；□□□碗1376个；殊红布漆茶酒瓯1378个；殊红布漆大碟1220个；里红外黑布漆大碟1654个；里红外黑布漆碗492个；里红外黑布漆添酒瓯40个；里红外黑布漆杯36桌，每桌15个，共540个……径一尺八寸黑布漆食箩10付，连杠；径一尺六寸黑布漆食箩10付，连杠；殊红布漆香盒5个；殊红漆箸1200双、黑漆箸320双；殊红漆小桌85张；殊红漆大春台桌10张；红漆春台桌7张；殊红油小桌18张；殊红漆□□桌50张；殊红油供桌5张；殊红油木烛台壹百捌拾□对……”

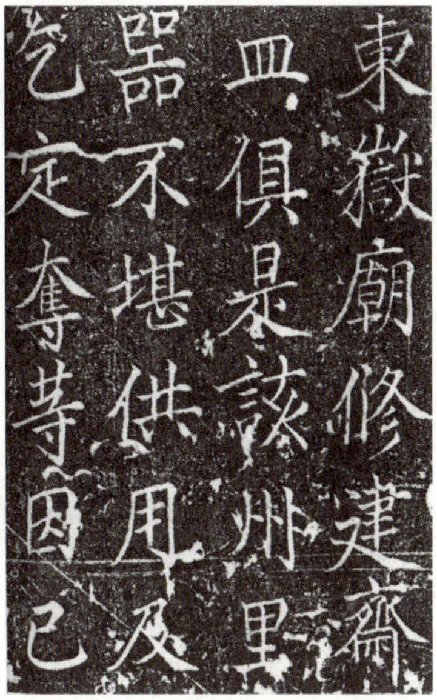

图11-23 《东岳庙供器碑》局部

以上所列物品之繁，可见当时祭祀规模之大，影响之强亦可见一斑。

图11-24 《供祀泰山蒿里祠记碑》局部

《供祀泰山蒿里祠记碑》(图11-24)，原在蒿里山，立于万历三十一年（1603），后移岱庙保存。其款为："赐进士第、儒林郎、翰林院修撰、直起居注编纂章奏管理、诰敕金陵朱之蕃撰。总督辞香岭工成御马监太监甲字库管事冯君相。"此碑文把伦理、信仰与古代中国人对泰山的认识写得相当深刻，是同类碑文中的佼佼者，不仅有历史意义还有一定的现实意义。碑文说：人的心灵是与天地之灵相通的，就犹如山岳得到天地之灵便成形，人若得之则人心善良。世俗之人也往往能够把做好事、积善德视作坦途，把做伤害人的事视为造孽，可见人之常情是显而易见的。而如果有不这样认识的，心中明暗不定，一旦铸成大错，必定会愧悔而不易挽回了。有德之士心宽体胖，饱学之士从容有信仰。祭祀神灵将会得到福报，使君子宁谧而精神舒畅，而小人则常戚戚，难以安定下来。君子也是人，能辨别善恶，何况正直的神明呢。向神祷告、祭祀求福与内心的反省求平安相比，方式不同但殊途同归。对此人们有了觉醒，便在泰山修起了神祠。

接着写蒿里山神祠，颇有一些观点：泰山位于东方，是万物初始、阴阳交替的地方，号称五岳之长。《福地记》谓其下有洞天，周回三千里，为鬼神之府；蒿里山有祠，就是掌管冥府、招人魂灵、考人功罪的地方。我认为所谓信奉神灵，并非向神谄媚，也不是为一时求福或消灾避难，就跌跌撞撞地显得很虔诚样子到庙中去祈求。我不得不说，这并不是发自内心的信神，只不过是无知之民的一些小把戏而已。神是深孚众望的。朝廷司礼署的田义君率其属下张禄君、袁受君等二十余人，每年都携带神袍、香花到泰山与蒿里山两处神祠进献，而且总要想知道来这里进献后神是否灵验。我认为，诸君平常出入紫禁城，坐享富贵，你们所祈求天神的，并不是普通百姓所祈求的那么简单，借此机会应当保持慈爱之念，祷告上天使天下所有的人都得到惠泽，知道了这一点，然后行善求神降祥，则心与神就相通了。也有一些人，显得很忠诚，朝夕礼神，但他们哪里又逃得过自己的罪过?

之后，作者继续阐明自己的观点：久闻蒿里祠所祀神灵，专管赏善罚恶，凛然威严，拒绝附随，从不放纵恶人。今祭祀之，心中在想，神为何享受人的祭献呢？我以为，鬼神之权不自用，而代天地以为用，而且其用也并不是有心要给人以福或致人于祸，而不过是与人以心换心罢了。就好比用镜子照形，美丑一目了然；拿杯子盛水，冷暖自己知道。镜与水不过是物质，虽然很灵敏，但无心于人，全是人心自己的感觉而已。那么像泰山这样的名山大庙，号为神府，被列入了国家的祀典，供万代所供养、所瞻仰，（不更犹如一面镜子吗？）神灵洞彻万众之心并昭著天地之心，是无私的，也是不能暗中操作的。所以以诸君之请（立碑），表彰其向善与敬神之心的真诚，而且诚恳地希望他们继续努力，守护和弘扬此心，而不仅仅是为了自身的利益。

碑文中强调："祀神之道在于行善，善有善报，恶有恶报。"就是说鬼神的权力并非自己使用，而是替天地行道，绝不会平白无故地赐福于人或加祸于人，只不过是根据人的心和人的行动分别给予不同的回应。这些话应是古代中国人修身养性的警句，是道教理论中的精华。

# 第十二章

# 清代泰山石刻（上）

清朝是中国历史上由满族创建的封建帝国，共传11帝，享国268年。

清朝前期经济发展较快，国内外贸易繁荣，农业经济也相对发展；工业以纺织和瓷器业为主，瓷器业中出现了珐琅器，棉织业超过了丝织业。清朝商业发达，形成十大商帮。其中晋商、徽商支配着中国的金融业，闽商、潮商则从事海外贸易，形成了独特的商业文化。尤其是自康熙至乾隆的130余年间，国力空前强盛，国土面积达到了1300多万平方公里，进入了秦始皇统一中国后最为鼎盛的时期。从康熙起，清廷大力推行以儒学为主体的汉文化，儒家传统经典成为包括皇帝在内的满族人的必修课。而满文则渐渐成为仅用于官方历史记载和文书的纯书面文字。清朝学术兴盛，文人学者对明朝以前的种种学术都加以钻研、演绎和阐释，排斥空谈心性的宋明理学与阳明学，推究各朝代治乱兴衰的轨迹，提出种种改造政治与振兴社会的方案，使清初学术思想呈现实用主义的风气，推动了清朝的四大学术——目录、训诂、考据、金石学的迅速发展。故梁启超把这一时期称作中国的“文艺复兴时代”。[①]

有清一代，泰山共留下各类可读刻石478处。这些石刻中宗教题材的界限变得更加模糊，呈现出三教融合的形态，数量亦相对减少。而咏颂泰山风光、文化的诗文、题记仍延续不断，其中仅帝王尤其是乾隆皇帝的颂岱诗刻就存留下近百处，约占了清全部题刻的近五分之一；反之，整个乾隆朝60年的时间中竟无一首文人诗作镌向泰山。

这一时期出现了较多关注民生的刻石，从皇帝到官员都有可观的作品，如

① 参见朱德发：《梁启超的“中国文艺复兴”观——解读〈清代学术概论〉》，《东方论坛》2012年第5期。

康熙的《见泰安等数州县饥民亟命设法赈济》、乾隆的《登泰山二依皇祖诗韵》。还有官员阻止百姓舍身、为百姓祈雨、为百姓引水等的碑刻，都体现出了一种爱民的精神，尤其是清朝末年山东巡抚周馥的诗作涉及了民生的方方面面，对老百姓的事处处关心，读来令人感慨不已。

在书体方面，清代刻石可谓百花齐放，诸体无所不备，甚至有一些书家专门为展现书法技艺将古人名言名句刻向泰山，把泰山石刻的形式美推向了新的高峰。

## 第一节　帝王刻石

古代帝王多有在泰山留题者，清朝皇帝于此道上似乎更胜一筹。但是，他们的泰山题刻不再是政治宣言，也不是圣旨、敕文，而是像普通的文人士大夫一样用题景、题诗甚至撰写碑文的方式将自己的感受刻在了泰山。康熙皇帝南巡曾三次到达泰安，两次登上泰山绝顶，山上山下皆有其诗碑，可惜今大多未曾保留下来。乾隆皇帝曾十次来泰安，六次登上泰山之巅，并写下了包括以泰山、汶河、徂徕山等为题材的诗作150余首。现存于泰山的乾隆诗碑及摩崖还有74处共85首。这些诗或借景言事，或睹物抒怀，内容所涉及的范围极广，可谓包罗万象。另外，历史上，亲王题刻保留下来的只有两处，其中明朝鲁藩王的《咏灵岩寺》十首，水平一般，不能给人留下深刻印象，而清朝定亲王的作品却是文辞雅丽、书法亦佳，堪称泰山石刻中的上品。

### 一、康熙帝泰山题刻

岱顶大观峰西侧，有“云峰”二大字十分引人注目(图12-1)，这便是康熙皇帝于二十二年(1683)所题，是其现存于泰山的唯一一处御笔题刻。

图12-1 《“云峰”题刻》

康熙是清朝定都北京后的第二位皇帝，8岁登基，14岁亲政，在位61年。康熙少年时成功挫败了权臣鳌拜，成年后先后取得了对三藩、明郑、准噶尔的战争胜利，驱逐沙俄侵略军，以《尼布楚条约》确立中国在黑龙江流域的领土主权，举行“多伦会盟”取代战争，怀柔招抚喀尔喀蒙古。康熙帝是中国统一的多民族国家的坚决保卫者，奠定了清朝兴盛的根基，开创出康乾盛世的局面。

康熙对泰山的态度已迥异于前朝的帝王，早先，泰山南麓御碑楼村的御碑亭内有其诗碑，其中《登岱》一首：“岩岩岱岳高无极，攀陟遥登最上头。路转天门青霭合，峰回日观白云浮。振衣巇嵲凌千仞，骋目苍茫辨九州。欲与臣邻崇实政，金泥玉检不须留。”封禅已不是他的追求，而泰山景色的俊美和国家河山的壮丽却吸引了他的目光和心绪。《“云峰”题刻》便属此类作品，“云峰”形容泰山高耸入云，是发自内心的对大自然的咏颂。他的泰山诗作很多，而尤为珍贵的是原先也在御碑亭内的《见泰安等数州县饥民亟命设法赈济》诗：

东路行辇到，人食正荐饥。呼庚儿女盼，宸游众所依。
村中皆菜色，散去掩柴扉。救荒先发谷，转漕迅如飞。
两旬无多日，有司报民归。地丁既已贷，私派务全希。
尽心专邦本，留意欲国肥。麦秋犹可望，黎民其庶几。

此诗表现了百姓遭灾的惨景和自己的急切心情，其现实主义高度几可与东汉末年曹植的诗篇媲美。当年，刻到碑上的康熙诗作还有《望岱忆旧》《夜登泰山》《经泰山之麓》《岱顶对月》《百丈崖观瀑》等，惜今俱已不存。

## 二、乾隆帝泰山题刻

乾隆，爱新觉罗·弘历（1711—1799）的年号，清朝第六位皇帝。乾隆在位六十年，加上退位后当了三年太上皇，是中国历史上执政时间最长、年寿最高的皇帝。乾隆在位期间平定了大小和卓叛乱，巩固了多民族国家的发展，被历史学家称作“一代雄主”。

乾隆的泰山题刻最早的始于乾隆六年（1741），最晚的止于乾隆五十五年（1790），前后长达49年，由此也可以看出这位皇帝对泰山的热爱。

（一）乾隆咏景诗刻

这类刻石在乾隆泰山题刻中数量最多，对他来说，大到一座庙、小到一棵树都可以纳入诗中。如《题唐槐诗碑》，立于岱庙唐槐前，作于乾隆十三年（1748），是其首次东巡泰山时所制：

兔目当年李氏槐，杈槎老干倚春阶。
何当绿叶生齐日，高枕羲皇梦亦佳。

诗中“绿叶生齐日”，喻国家兴盛之日，而“高枕羲皇梦亦佳”乃是表达了他的太平盛世梦想。诗歌虽小，立意宏大。

再如作于乾隆三十六年（1771）的《〈题壶天阁〉诗碑》（图12-2）：

仰观极顶尚隆崇，俯视居然造半空。
放眼碧天以外看，孰非游此一壶中。

此诗有“登泰山更知天下大”的意味，这一主题在明代的诗刻中就多有表现了。

再如《乾隆题汉柏之图诗碑》（图12-3），在岱庙，共题诗三首，分别刻于乾隆御制汉柏图碑阴，时间为乾隆三十六年（1771）、四十一年（1776）、五十五年（1790）。碑四面均有题刻。碑阳刻御制汉柏之图，此图用的是线描的手法，颇为逼真。

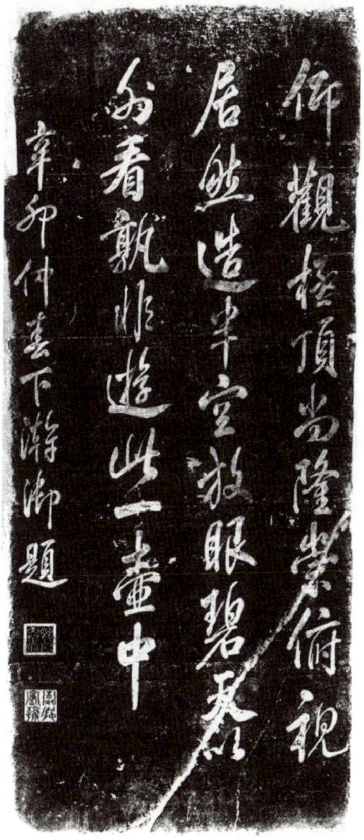
图12-2　乾隆《〈题壶天阁〉诗碑》

碑阴刻《题汉柏》诗一首。诗为：

汉柏曾经手自图，郁葱映照翠阴扶。
殿旁亭里相望近，名实主宾谁是乎？

图12-3　乾隆《〈题汉柏〉诗碑》

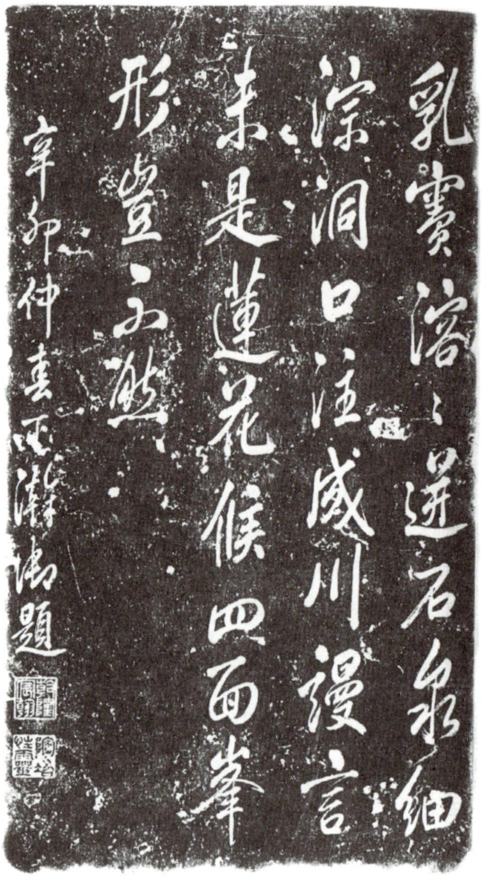


图12-4　乾隆《〈题莲花洞〉诗碑》

“名实主宾谁是乎”，乾隆的言外之意是汉柏要比岱庙的建筑早得多，应当是岱庙的主人。

即使泰山偏僻的地方，像后石坞莲花洞，也有乾隆的诗刻留下，其《题莲花洞》诗便于乾隆三十六年（1771）刻在了莲花洞旁岩石上（见图12-4）：

乳窦溶溶迸石泉，细淙洞口注成川。
谩言未是莲花候，四面峰形岂不然。

山洞是神奇的，而泰山的山峰就像莲花一样美丽，此诗同样表现了乾隆对泰山的真挚的喜爱。

即使到了晚年，乾隆依旧咏颂他所喜爱的景物，如题于乾隆五十五年（1790）的《朝阳洞》诗刻：

翠微洼处数间屋，陟降人兹憩以常。
日观高峰应早见，底须幽洞诩朝阳。

这些诗被认为艺术性不高，但仔细品读也感到很清新，有些甚至充满了哲理，这也是难能可贵的。

（二）乾隆的次皇祖韵诗刻

当年康熙登泰山时曾写下《登岱》诗一首，此诗用韵甚僻，为“头、浮、州、留”，很难协韵，但此后乾隆来泰山居然写了《登泰山恭依皇祖诗韵》10次，每次2首，共20首，这些诗碑大多仍完好地保存在泰山。

如刻于乾隆二十二年（1757）的诗碑（图12-5），在碧霞祠，是乾隆南巡回京路过泰安驻跸灵岩时所作：

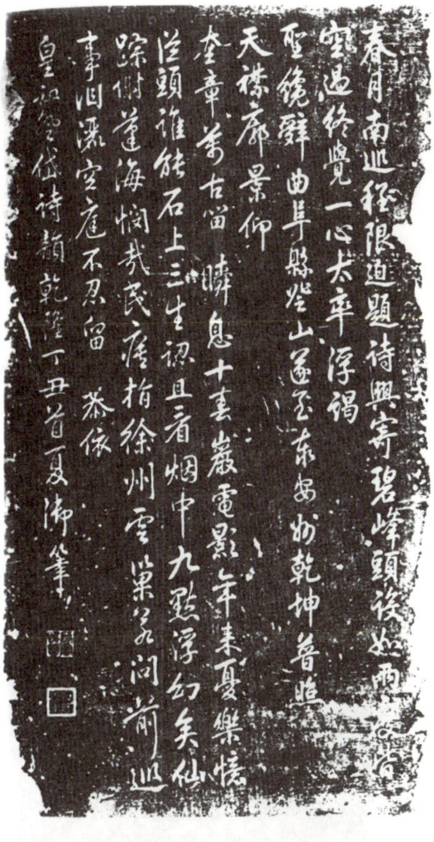

图12-5　乾隆《登泰山恭依皇祖诗韵碑》

**其一**

春月南巡程限迫，题诗兴寄碧峰头。
设如两度皆空过，终觉一心太率浮。
谒圣才辞曲阜县，登山遂至泰安州。
乾坤普照天襟廓，景仰奎章万古留。

乾隆写南巡并不是为了游玩，时间紧张，上次路过泰山而没有登临，甚至觉得自己有些“率浮”，而他祖父的诗刻才能“万古留”。

**其二**

瞬息十春岩电影，年来忧乐忆从头。
谁能石上三生认，且看烟中九点浮。
幻矣仙踪谢蓬海，恻哉民瘼指徐州。
云巢若问前巡事，泪洒空庭不忍留。

“十春岩电影”，指乾隆从十三年首次登泰山至今（乾隆二十二年）已经十年了；“岩电影”，指亲眼所见的景象。诗的意思是：十年所见的景象转瞬就消失了，还得从头回忆几年来的忧乐，谁能历三生还能辨认自己刻在石上的诗句，九州大地也不过如烟悬浮。变幻莫测的仙人离开了蓬莱，担忧民间疾苦啊，水灾袭扰了徐州。人们若提起上次登山的事，也只好泪洒空庭无颜再在此停留。乾隆能够把民生看得很重要，发生了自然灾害，他认为是自己的德行不够，故而感到惭愧。

再如《过泰山三依皇祖诗韵》二首（其一），在灵岩寺，题于乾隆二十七年（1762）：

方山一宿停清跸，泰岱岩岩见举头。
南指遥程春晓发，东来紫气马前浮。
圣宗永古并崇岳，恺泽于今在九州。
纵是瞠乎嗟莫及，觐扬敢不意淤留。

不再一一举例。乾隆数十年间一以贯之地和其祖父之诗，不仅看出他的崇仰心情，更能体味到他面对泰山，敢于正视自身的不足，也敢于追贤思齐的决心。

（三）乾隆登泰山抒怀诗刻

乾隆的诗绝大多数都蕴含着自己的感受，即使有些显得稍有直白，但有些诗还是很有意味的。岱庙中刻于乾隆三十六年（1771）的《〈题环咏亭〉诗碑》（图12-6）便是一例：

小屋三间岳殿西，亭欤非也昔难稽。
古今岁月一时阅，长短诗篇四壁题。
磬折予心孰李杜，翘瞻汉柏是夷齐。
忘言更复言奚必，欲笑庄周筌与蹄。

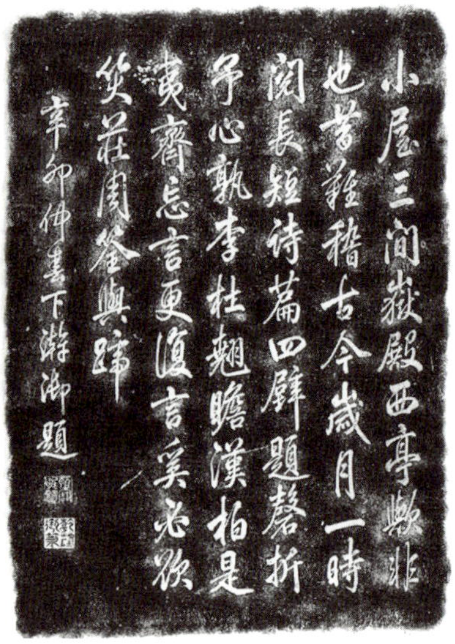

图12-6　乾隆《〈题环咏亭〉诗碑》

此诗说，岱庙西院有三间小屋，究竟是

屋还是亭难以说清，但亭壁上嵌的历代作品均十分有名。我以虔诚的心情拜读李杜，还把汉柏当作伯夷和叔齐来崇敬。我的心情人们都能领会不必再说，重要的是切莫得鱼忘筌抛弃传统。

再如著名的清摩崖刻石（图12-7），又名“万丈碑”，刻于乾隆十三年（1748），在朝阳洞东北方向约350米处的御风岩上。石刻字面高25米，宽13米，字径约1米，诗名“朝阳洞”：

图12-7 乾隆《〈题朝阳洞〉诗刻》

回峦抱深凹，曦光每独受。所以朝阳名，名山率常有。
是处辟云关，坦区得数亩。结构寄幽偏，潇洒开窗牖。
历险欣就夷，稍憩复进走。即景悟为学，无穷戒株守。

这首诗前半部分写景：高大的山峰环抱着一片凹地，往往最先见到早晨的太阳。此处是高山上的关口，竟有数亩平坦的地方。房舍的结构同深幽的环境谐和，推窗外望一片大好风光。后半部分则抒发了自己的胸怀：历艰辛的游人喜欢平地，都想在此休息一会再继续向上。由此想到治学的道理，学无止境切忌停留得过分久长。

还有刻于乾隆二十二年（1757）的《题回马岭诗刻》：

昔人回马地，进马跋岩扃。
夫子有明训，功毋一篑停。

诗意是，古人登泰山至此便弃马换轿了，我却纵马向上越过了险峻的石关。

孔老夫子早就有着明白的教诲，要不断进取切莫功亏一篑。此诗与《朝阳洞》诗属于同一主题，蕴含哲理颇有教育意义。

《题灵岩白云洞》诗刻，在灵岩寺山门外碑崖上，题于乾隆四十一年（1776）。

同易在低难在高，何来极顶穴居遭。
东郊正此需春雨，咨尔白云莫慢韬。

乾隆的这些诗看似随意而作，但其中的诗意也足可观。如这首诗写道：就如同所有的事物那样，在低处的容易在高处的难，灵岩的白云洞处在高高的山之巅之上。此时郊野正盼望着及时的春雨，问你能否普降甘露莫再把白云隐藏。在如此一首小诗中，依然表现的是家园情怀。

（四）乾隆评封禅诗刻

作为一个皇帝，乾隆自然关心古代的帝王封禅，但是，他也像其祖父康熙那样把封禅看作是劳民伤财的事而予以批评。如乾隆十三年（1748）刻在飞龙岩上的《题登封台》诗刻：

**其一**

轩辕远矣不可知，七十二代皆一律。
金泥玉检敬用陈，锦綍石函封以密。
我来岱顶探遐踪，凝眸聊寄凌云笔。
亦非谦牧图终古，两言定论从中出。
便使尧舜至今存，迄无可告成功日。

此诗前半部分论及了远古的封禅，说自己登泰山只是为探求古人的遗踪，并把感受与思想写进诗篇。还说自己不封禅也不是因为谦虚和反对古人，但心中有两句话必须要说出：即使尧和舜至今还活着，也不可能有到泰山封禅的那一天。乾隆在很多场合都发表了对封禅的看法，他认为封禅是开明君主所不为的。再举几例：

刻于乾隆三十六年（1771），《〈题登封台〉诗刻》（之二）（图12-8）：

云衢盘陟造天门，果是岩岩气象尊。
逮此崇台仰三度，登封降禅未曾言。

他再次表明自己的态度：我至今虽已三次来到泰山瞻仰古帝王的登封台，却没有一次说过我要来登封。

泰山回马岭北盘道东南石壁上有一首刻于乾隆三十六年(1771)的《题回马岭》：

崇椒越上越嵚崎，传说真宗回马斯。
若论天书来致奠，到斯回马已为迟。

此诗中，乾隆对宋真宗的封禅给予了嘲讽：你来泰山封禅，假造天书，即使到了回马岭上不去，心中后悔也来不及了。

图12-8　乾隆《〈题登封台〉诗刻》

在另一首刻于乾隆四十一年(1776)的摩崖诗刻《题回马岭》中，乾隆写道：

为奠天书策马来，崎岖难进遂因回。
泰山何弗如林放，不受祥符捷径开。

诗中引用了孔子与林放的典故，并说宋真宗封禅后，改年号为“大中祥符”，并不是使国家强大的正途与捷径。

皇帝不来封禅，那么应当怎样做呢？刻于乾隆二十七年(1762)的《登玉符山极顶作歌》回答了这一问题：

初春昼短景易阑，复虑高处不胜寒。
即今清和驻跸早，有山罗登孤素抱。
内竖肩舆攀巘萝，更弗松下鸣梢诃。
绝顶放眼一千里，犁云锄雨何其多。
东山小鲁泰山小天下，我则何敢凛乎御六等。

唯有祈年意非假，与民休息孜孜者。

雄辩那须夸炙輠，返吾勤政延儒雅。

乾隆在泰山想到了孔子，孔子登泰山而小天下，就是要站得高看得远，确立自己的人生宗旨和奋斗目标，实现他孜孜以求的“仁”，亦即爱人和敬民。乾隆诗中“唯有祈年意非假，与民休息孜孜者”，正是透露出了孔子仁的思想；另外，泰山最主要的文化主题之一就是“平安”，古代帝王的封禅巡守、历代大臣与百姓的朝山祭拜都是祈求天下平安，乾隆当然不会忘记这一点，但他认为封禅劳民伤财，属形式主义，有的皇帝还造假，属于可鄙之举。“雄辩那须夸炙輠，返吾勤政延儒雅”，他要用实际行动来为天下、为万民祈祷平安，开创平安。这是历史的进步。

（五）乾隆诗刻小品

乾隆的泰山诗刻并不是每一首都是尽心构思，也有一些作品乃是即兴之作，既不是写景又不是抒怀，看似不经心地信手拈来，显得轻松甚至有些空洞。但是，其中一些诗的内涵仍是深刻的。

乾隆曾多次咏颂泰山五大夫松（图12-9、12-10），岱庙便存有三处：“五松列峙泰山道，祖龙经锡大夫号。后世因以称秦松，其实嬴秦时已老。”“何人补署大夫名，五老须眉宛笑迎。即此今兮即此昔，抑为辱也抑为荣。盘盘欲学苍龙舞，谡谡时闻清籁声。记取一枝偏称意，他年为挂月轮明。”还有“……何不谓之舜五臣，肆觐于斯同律度”。

这些诗的意思基本都是：五株古松因秦始皇曾赐了“五大夫”的称号，后代的人便把它们叫作了“秦松”，殊不知秦时的古树早就成了枯木。这五棵松树是山东的官员补栽的。那么，秦松与五松是一回事吗？究竟谁主谁次？如果不顾实际仅凭名称便把年代虚构为秦朝，倒不如将之称作舜的“五臣松”，舜帝朝觐泰山统一法度，名声岂不比秦始皇更高！

他还同泰山飞来石较真，于其上题《飞来石》诗曰：“块石无根寄石上，似翔又似翥而飞。底须灵应名假借，石设有知应未依。”意思是这块石头因没有根基，便显出了向上飞的样子。不必说杭州灵隐山的“飞来峰”是假托的，此石如果有知也不会应承这个名字。其意思如果结合另一首同名诗刻来看的话，就容易明了了。

图12-9　乾隆《〈题五大夫松、白云洞〉诗碑》

图12-10　乾隆《〈咏五大夫松〉诗碑》之一

另一首《飞来石》诗刻于乾隆三十六年（1771）立于岱庙："无翼飞来自何处，凌空欲坠倚崚嶒。诗书齐鲁斯为镇，梵志借誉似不应。"这首诗同佛教联系了起来。原来，乾隆认为佛教文化中多有"飞来"之说，如《齐州神宝寺之碣》"方之雁塔，有似飞来"。又如东晋咸和中，天竺僧慧理登杭州西湖灵隐寺前之山峰，叹曰"此是中天竺国灵鹫山之小岭，不知何时飞来"，因号其峰曰"飞来"。佛教中称"飞来峰""飞来寺"者甚多。故乾隆说"梵志借誉似不应"，也就是说齐鲁是儒家诗书之乡，有着泰山坐镇，佛教却借以来提高自己，是不应该的。

他也与泰山丈人峰较真，于乾隆三十六年（1771）在其上刻《题丈人峰》诗（见图12-11）："仙人对博寄幽托，岂实凌庐上玉京。立字是谁称博古，居然移置蜀山名。"乾隆游历甚广，他认为丈人峰并不在泰山，便写诗对在此石上

图 12-11　乾隆《〈题丈人峰〉诗刻》

题“丈人峰”三字的人给予了讽刺：仙人在名山下棋，是寄托一种幽然超脱之情，别以为登上庐山就真的能进入天宫。是谁自以为博古通今在这里题词？岂不知你是将四川青城山的丈人峰移到了岱宗。

乾隆五十五年（1790），80岁的老皇帝最后一次登上泰山，再次写下了《题丈人峰》诗：“高峰何有丈人称，谁向青城故事征。缩地齐东蜀西号，千年野语任相应。”诗后还有自注：“蜀之青城县有丈人山，以黄帝封青城山为岳丈人得名。知此地之丈人峰为齐东野语也。”此诗同样是一种讽刺的口吻：泰山上怎么会有丈人峰？谁把四川青城山的典故弄到了泰山？大概是用“缩地法”移了过来，齐东野语难道也有人信之而夸夸其谈？所谓“齐东野语”，原来是唐代淄博人段成式的笔记小说《酉阳杂俎》中讲的一个故事，说唐玄宗封禅泰山时，三品以下的官员普晋一级，当时作为封禅使的张说趁机利用职权将女婿郑镒由九品提升为五品，更换了官服，唐玄宗见之不解，质问郑，郑无言可对；问张说，张也无可作答，倒是宫廷乐官黄幡绰灵机一动代答道：“此乃泰山之力也！”这个故事让人哭笑不得——泰山是用来作弊的吗？因此，已进入垂暮之年的乾隆皇帝便直接将之斥为“千年野语”和“齐东野语”了。

所以，人们明白了，他的那些讽刺飞来石、五大夫松等的诗，强调的就是五大夫松与暴君秦始皇无关，古老的泰山与后来的佛教不可同视，在他心目中，泰山是绝不容贬低的，他是在捍卫泰山的尊崇。

（六）乾隆叠前韵组诗

乾隆在泰山还写下了不少叠前韵诗，如《体元堂叠丙申韵》《体元堂再叠丙申韵》《体元堂三叠丙申韵》《八题灵岩八景叠甲辰韵》《驻跸方山叠旧作韵》等，而最典型的是其所作《灵岩寺》诗，此诗初作于乾隆十六年(1751)，至乾隆二十七年(1762)又作《灵岩寺叠前韵》，到最后一首《灵岩寺七叠前韵》则已到了乾隆五十五年(1790)，前后共历39年。而且这些诗的用韵窄且险，即使高手也要用一番脑筋。

乾隆十六年，年轻的皇帝第一次来到灵岩寺，一切都是新鲜的，将所见五花亭、摩顶松、双鹤泉等写成了一首诗，认为这里很美，值得住一晚上：

玉符祇苑由来久，岩有佛居合号灵。
岂必吴中八面塔，请看历下五花亭。
松因摩顶今听法，泉自渡杯古泻渟。
别馆近旁堪一宿，清虚端足谧神形。

十余年后，到了乾隆三十年(1765)，意气风发的皇帝第二次来灵岩寺，又用相同的韵脚留下《灵岩寺再叠前韵诗刻》。这首诗围绕“色”“形”“空”，大谈玄理：

烟霞朝暮传心印，泉石古今惬性灵。
不二殿旁法松郁，成双门外刹竿亭。
风来檐角虚铃语，春入山根新水渟。
此是色空无著处，作么更觅梵王形？

大意为：灵岩寺坚持不懈地传播着佛法，山泉奇石自古就有了令人惬意的灵性。天王殿旁的古松生长得浓郁苍翠，山门之前高高矗立着旗杆和轩亭。微风吹来，檐角的铃儿叮咚作响，春天到了，山脚下的积水又凉又清。既然说世上的一切都是空的，那么又怎样寻得了天王的外形？这个皇帝的意思是，佛教既然讲“空”，那么，天王的形象又是如何得知？

六年后，乾隆写了《灵岩寺三叠前韵》：

难穷匣玉藏符玉，且置南灵礼北灵。
千载松仍笼古殿，一溪水自绕岩亭。

闲云不系心同淡，法乳无根性与渟。
山鸟山花皆传偈，何妨色色复形形。

这首诗的意思是：泰山封禅难以说清楚，我且不去南方的名刹而是来到此处瞻拜。千年的巨松仍笼罩着古殿，一曲溪水汩汩地绕流在山前，闲适的白云也不如我心恬淡，缥缈的佛法在此处扎下了根脉。山鸟山花皆在彰示着佛理，有声有色岂不是更加丰富多彩？但是，“空”有什么好，“何妨色色复形形”。

乾隆四十一年（1776），题下了《灵岩寺四叠前韵》。《灵岩寺五叠前韵》现已不存；乾隆四十九年（1784），又有《灵岩寺六叠前韵》。到了乾隆五十五年（1790），已年届80岁的老人写出了最后一首《灵岩寺七叠前韵》：

叠韵每宗玉局法，输他落笔向称灵。
道林总考远别域，僧寺原今一个亭。
东指老松仍此峙，重来乳窦领斯渟。
光阴五载一睫眼，作么生为色与形。

此诗的意思是，我作叠韵诗是学苏东坡的笔意，不过不如他落笔如飞又有灵气。寺院的选址总是考虑到偏远的地方，而且自古以来都是一种样子。东面的老松还是生长在这里，我又一次地来到了泉水淙淙的古寺。转眼间五年的光阴又过去了，心中却仍念着如何理解“色”与“形”的深义。乾隆的这七首叠韵诗执着地反对佛教虚幻、“色空”的理论，用“灵”“亭”“渟”“形”几个韵脚围绕同一个主题，坚持论了几十年，这在泰山石刻史上前无古人后无来者。

（七）乾隆题碑

乾隆皇帝还亲自撰写碑文，字体也不再是他写诗时潇洒的行书，而是极其工整的楷体，一笔一画，望之使人起敬。

碧霞祠院内有东、西两座碑亭，其中分别有乾隆皇帝于乾隆六年（1741）与乾隆三十五年（1770）来泰山时所立的御碑。其中东碑亭中为乾隆六年《重建泰山神庙碑》（图12-12），铭文为乾隆亲制，形制雄伟，碑文开首说：“国家秩祀之典，方望实惟最重。而泰山为五岳宗长，功用显彰，为德尤盛。”接着说碧霞祠历史悠久，惜乎遭遇火灾，应该重建。故特派专官，主持灵宇的重建工程，大殿、庭院、廊庑、门户、台阙，皆宏阔壮丽，色彩鲜艳，造型舒展、庄严而又规整，宝座、椽头彩画、神像均以完备。神像肃穆和蔼，通体铜铸，惟妙惟肖。山之半为香亭，宝鼎置于中央，屋顶覆以重檐，登攀者在此小憩，顿生高山仰止之感。接着强调：“鸠役庀材，胥出内帑，公旬不劳，经费不损，凡土木之工若干，阅期有六旬而竣。”碑文中很重要的一点信息就是把碧霞祠大殿和配殿的陶瓦换成了铜瓦和铁瓦，“易陶以金，以御刚飚”。至今，碧霞祠大殿仍是铜瓦，两配殿则是铁瓦。

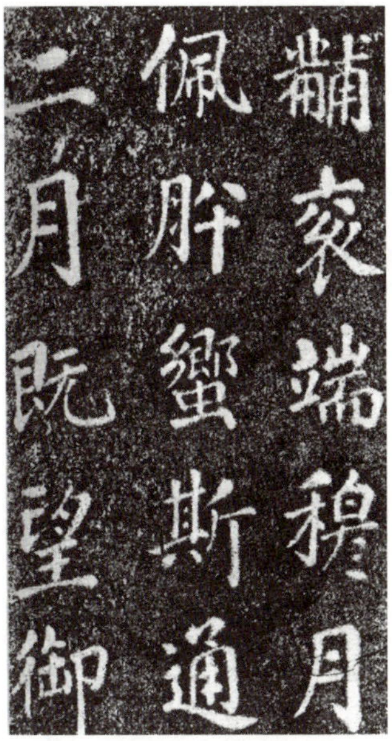

图12-12　乾隆《重建泰山神庙碑》局部

西碑亭内有乾隆三十五年（1770）所撰的重修碑，后佚失。碑文考证了碧霞元君的庙宇和历史：“稽《水经注》所载，岳顶上庙，兹其故址矣。而神袆翟珈笄，孔晬孔愉。耇鲐、妇竖，擎芗捧萁，厥角徕䔗，相与喁喁请命，则曰碧霞元君。说者以谓黄帝所遣玉女，或以谓是即泰山神女，往往偭背不合。覈之志乘，元君封号肇自有宋大中祥符间，真宗有事东封，□顶有玉女池，乃易池旁石象为玉，龛而祭之。”最后说了重修工程的竣工和自己的感受：“朕荷穹昊垂庥，叠逢国庆，嘉荐普淖，夙事宜周。是庙自辛酉鼎新，距今垂三十载，因敕工官，往会所司，支内帑金，庀材增葺，闳垲完致，所以答神贶，所以祈神禧，胥于是焉。”

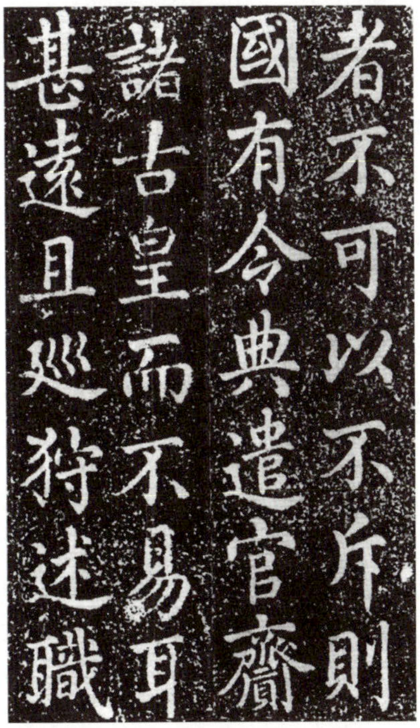


图12-13《重修岱庙记碑》局部

又有《重修岱庙记碑》（图12-13），也是乾隆皇帝亲自撰写，碑文前半部分讲述了祭祀的重要。后半部分说：乾隆三十五年，为朕六十庆辰，到了三十六年，恭逢圣母皇太后八十大寿，到时候全国同庆，百神赐福。泰山是东方之山，主万物生发，有着推陈出新的灵气，可以传播洪福，使天下安定、皇室永固。而岱庙四周的门阁，由于岁久失修，宏丽不再，与神的大美不相称了，所以将之修葺一新。

## 三、亲王诗碑

图12-14《定亲王奉旨祈雨诗碑》

亲王所立诗碑也是清代所特有的，岱庙有定亲王诗碑。定亲王，即奕绍（1776—1836），其祖父永璜系乾隆第一子，道光二年其父绵恩薨，奕绍袭亲王。

泰山有《定亲王奉旨祈雨诗碑》（图12-14），立于道光十二年（1832）季夏，诗碑记载定亲王奕绍奉旨祈雨来到泰安所题：

> 一天苍翠接南天，足下云生百尺巅。
> 四壁玲珑撑怪石，几湾清澈泻流泉。
> 长松犹记秦封在，古柏遥闻汉代传。
> 昕夕阴晴多变态，崇朝遍雨信诚然。
>
> 道光壬辰季夏，奉命祈雨，来至泰安，恭瞻岱岳，敬成一律。

可与此诗相参照还有一诗碑是《定亲王泰山祭祀、祷雨记碑》，同立于清道光十二年（1832），山东巡抚讷尔经额撰文。此碑与上文定亲王奉旨祈雨说的是一回事，碑文称定亲王祈雨后“京畿即由是日连沛甘霖，东省毗连州县优渥均沾”。20天后，山东巡抚讷尔经额等官员“恭奉亲王祝辞及藏香供器，交额祗领，前谒泰山，恭代行礼，虔诚报谢”，并立了此碑。

讷尔经额（？—1857），费莫氏，字近堂，满洲正白旗人。嘉庆八年（1803）

进士，道光元年（1821）出为山东兖沂漕道，迁湖南按察使，道光三年（1823）起署山东按察使。

又有《定亲王赠浚川大炼师题诗碑》（图12-15），由六石并成，立于道光十二年（1832），中间题诗四首。四首诗皆是与岱庙住持浚川大炼师的酬赠之作。第一首作于道光十二年（1832），是定亲王登泰山初识浚川炼师时所作；第二首是道光十三年（1833），浚川大师赴京拜访时作；第三、四首是定亲王于道光十五年（1835）因喜迎浚川大师再访而作。

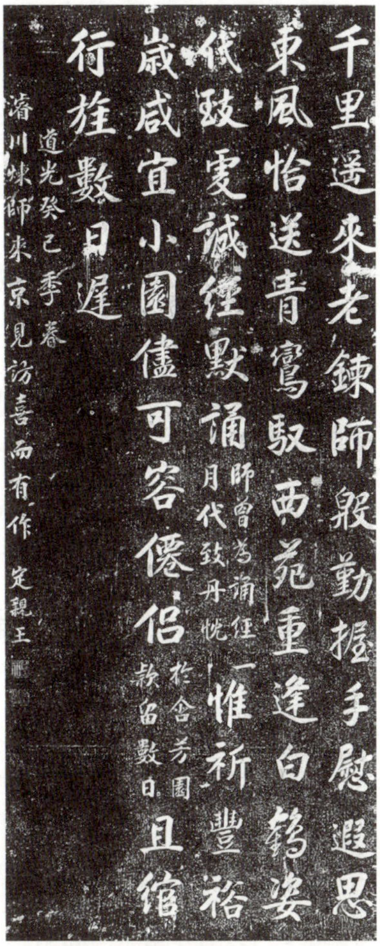


图12-15 《定亲王赠浚川大炼师题诗碑》局部

定亲王与泰山浚川大师的情感是极为真挚的，虽然他们之间社会地位相差悬殊，可是友谊胜过了一切，读来让人动容：

千里遥来老炼师，殷勤握手慰遐思。
东风恰送青鸾驭，西苑重逢白鹤姿。
代致虔诚经默诵，惟祈丰裕岁咸宜。
小园尽可容仙侣，且缩行旌数日迟。

诗的大意为，浚川炼师千里迢迢进京来访，唯有热切的握手才能表达我的思念。春风送来了久别的朋友，西苑里（我）再次见到了大师的仙颜。浚川曾代为我在泰山诵经一月，那只是祈求岁月丰登天下平安。含芳园里尽可款待仙师，何不收起行囊在此多多住上几天。

诗碑两侧还题有对联一副，也是定亲王手笔：“时同野鹤看桃去，或领山猿采药回。”表达了定亲王对浚川大师仙风道骨的赞颂。

# 第二节　文人诗刻

清代文人的诗刻数量并不多，仅有不足30位作者题刻下70余首诗，尚不足乾隆一人的一半，但是这些作者中却不乏名家，如任克溥、张鹏翮、赵国麟、郑大进、崔应阶、汪稼门、陶澍、周馥等。这一时期，泰山石刻中咏景的诗仍是主流，也有些诗人的咏颂对象较多地瞄向了古代的贤者，如鸣清的《孔子崖诗》、赵国麟的《题泰山三贤诗》、李朴等的《题五贤诗》等，这些诗蕴含作者较深的思索，艺术上也达到了较高的境界，对后世影响很大，在泰山石刻史中有一定的地位。其间，又有官员关注民生的诗刻也应引起人们的注意。另外，清代还出现了一批摹刻前代名人作品者，为泰山的书法园地增添了新气象。

## 一、赞颂古代贤者的刻石

三贤祠（后称“五贤祠”）内原有赵国麟题刻于康熙五十一年（1712）的《〈重修三贤祠纪事〉诗碑》（图12-16）。此碑因“文革”中三贤祠遭破坏，移到了普照寺。

赵国麟（1673—1750），字仁圃，少时家贫，只能靠背柴负米、打水浇地维持生计，后来家中遭遇大变故，家中财物典当殆尽，但并不因家贫而丧志。26岁中举人，34岁到济南开馆授课，并进京参加会试，捷报传来，赵国麟却不去

图12-16 《〈重修三贤祠纪事〉诗碑》

参加殿试，因为与济南的主人有三年之约，不愿相负也。后赴京任刑部、礼部长官，辞官后闭门著书，博征古今，在当时有较大影响，被推为泰山“五贤”之一。

诗人首先回顾了宋朝孙复、石介、胡瑗三先生：他们追寻着孔子的思想，坚守住了儒家经典的宏旨要义：品格高尚、勤勉刚强、学识渊博。泰山脚下尚存他们留下的遗迹和纪念他们的祠堂，但是“风雨久飘摇，门庭渐荒翳。细路没荆榛，坏墙缘薜荔”。幸亏督学黄叔琳来到了泰山，与知州徐肇显、州学训导王玢共同努力，修缮工程很快完工，恢复了当年高大巍然的形制。最后诗人又发表了自己的感想：童年就曾到三贤祠游览，对三贤的气节无比钦佩，但见此地到处是乱石与瓦砾，那时就下决心将来进行修复，但却一直未能做到。这工程不仅仅满足了我个人的心愿，而是一件合乎民情民愿的空前壮举和千秋大事，所以写下这首诗还希望提醒后来人：请你们不忘记传统，时常把三贤祠修治。

王玢《三贤祠题诗碑》，原在五贤祠，后移普照寺，刻于康熙五十一年（1712），诗前有跋语：

> 余分铎兹土，公余登览徘徊三贤遗迹。祠宇漂摇，虽志切兴复，而官冷力薄，徒增太息。值学宪黄公引为己任，慨捐重修，州守徐公欣然乐成，委余董视之，殚心经营，数月告竣。登其堂洋洋如在，瞻拜之际，不觉仰企弥殷，爰赋诗以识。
>
> 泰岱名儒盛，三贤聚一堂。投书留涧古，讲学有坛荒。
>
> 道永辅轩慕，祠新俎豆光。传经惭余职，仰止倍彷徨。
>
> 济水王玢槐园氏题。

跋语中黄公，指黄叔琳（1672—1756），字昆圃，宛平（今北京市）人。康熙辛未进士，授编修，官至吏部侍郎。康熙五十年提督山东学政，修三贤祠。

徐公（生卒年不详），指泰安知州徐肇显，字宜庵，山阴（今山西省朔州市山阴县）人。监生，康熙四十七年知泰安州，多惠政，尤关心教育，设义塾，贫士则捐俸助之。后擢吏部。

王玢（生卒年不详），字玉公，号槐园，山东济宁人。岱庙内有邑人为其立的颂德碑。

任弘业《谒三贤新祠有感诗碑》，原在五贤祠，1984年移普照寺保存，刻于道光十年（1830），任弘业题。立此碑时距康熙五十一年重修三贤祠又过去了100多年，这时有“康公”者再次将之修葺一新：“独立对峥泓，三贤犹未死。况昔讲书堂，遗迹尚可指。清风能感人，康公复葺理。曰余慕前哲，私心常仰止。再拜瞻新祠，向往不能已。想见三先生，谈经共一几。大义发尊王，侃侃如在耳。胜地得重光，赋诗用志喜。”诗中又有：“泰山郁其高，徂徕屹相峙。中有一涧流，潺汩无尘滓。”两句诗是双关语，述说了三个人物，第一句是“泰山先生”孙复，第二句是“石徂徕”石介，“中有一涧流”系投书涧，乃是暗指胡瑗。

任弘业（生卒年不详），会稽（今浙江绍兴）人，清雍正八年（1730）进士，余不详。

《徐祖望诗刻》，摩勒于五贤祠旧址旁的山崖石壁上。此诗大意也在赞扬北宋三贤：“庆历斯文长在兹，我钦良友共名师。”还为石介生前遭遇的不公正待遇表示同情：“迹荒留得投书涧，祸始原于圣德诗。后世人皆称道学，当时自不觉狂痴。”值得欣慰的是几百年过去了人们还在纪念他们：“果知大宋应无塚，岂料皇清尚有祠。”

徐祖望（生卒年不详），浙江山阴（今浙江绍兴市）人，时泰安知州徐肇显之子。康熙四十七年至五十一年，因遵父命，对石介所著《徂徕集》进行考证。

李朴等《题五贤祠诗碑》，原立于泰山五贤祠，刻于光绪二十六年（1900），1984年移至普照寺前院。三首诗分别由李朴、胡楷、赵国安撰书。这几首诗也是纪念祠堂重修一新的：“遗碣重扶增气色，崇祠新建有辉光。”“岱下凌汉峰高书涧古，新祠屹立更峥嵘。”“草没芳踪几百年，新祠今日喜巍然。”然后分别对三贤进行了歌颂。李朴的诗是：“昔日三贤集岱阳，西峰高依筑书堂。一时教育传师表，千古风范振暮疆。”胡楷的诗是：“山色嶙峋存道气，溪流清越想纡声。岱宗振世称神秀，会萃名贤倍觉荣。”赵国安的诗是：“溪声飘栋疑弦诵，山色当门忆几筵。欣值台卿兴废宇，更逢州牧表遗篇。”

李朴、胡楷，生平皆不详。赵国安，字元衡，州庠生，著有《寄国诗稿》。

另外，这一时期泰山最为著名的题诗是《孔子崖诗》：

高瞻远瞩重徘徊，小天下处孔子崖。
当日望吴谁侍立，同看白马一颜回。

物各有类类如此，见山类者叹观止。
孔子圣中之泰山，泰山岳中之孔子。
见其大者心泰然，人心中自有泰山。
求其所安皆自得，何须琴祷翠微天。

嘉庆甲子，予来守泰郡。阅山志，有吾师汪稼门中丞七古长篇，敬择孔子崖一段勒石，亦以申向往之言云尔。

长白鸣清识，吴门严云霄书。

汪稼门（生卒年不详），字志伊，桐城（今安徽省桐城市）人，曾任湖北巡抚、浙闽总督，一生作为甚多。

鸣清（生卒年不详），长白（今吉林省长白朝鲜族自治县）人，时任泰安知府。

严云霄（生卒年不详），字静澜，吴县（今江苏苏州）人，善八分书，得汉人古拙之趣。

此诗于嘉庆九年（1804），刻在泰山极顶孔子庙北面之孔子崖上（见图12-17），石刻高2.5米，宽2.2米。长白鸣清撰，吴门严云霄书，隶书体。诗中最为精辟的句子是："孔子圣中之泰山，泰山岳中之孔子。"的确如此，中国古代思想家中没有任何人能超越孔子，中国的所有名山，也没有哪一座能跟泰山相比。这是诗人以孔子和泰山为榜样去追求自身修养的佳作。

图12-17 《孔子崖诗刻》

## 二、游记与咏景诗刻

清朝咏景诗刻相对明代较少，但是也有一些诗或清新，或雄豪，令人读后不忘。以下略举几则：

张肇昌《游三阳观诗碑》，这是泰山现存清代最早的咏景碑刻，在三阳观内，立于康熙十二年（1673）：

登临既有兴，揽胜岂无诗。
丛柏披霜久，片云度岭迟。
望来偶得句，吟去不经思。
醉卧石头上，春风拂面吹。

张肇昌（生卒年不详），泽州（今山西晋城）人，贡生，曾任泰安州同，作有《徂徕夕照》等。

元玉《〈石堂铭〉刻石》，康熙十七年（1678）刻于普照寺东80米处荷花荡东侧的大石上。

康熙初年，诗僧元玉住持普照寺，在此处别构石堂，并在石堂四周自然石上因景题诗12首，世称“十二景”。今石堂早废，惟元玉所题《石堂铭》及所题“十二景”刻石大多完好。其铭云：“石堂素系荒溪，人迹不到。上无寸树，惟多异石；中有秘泉，微流不绝；源至近石，穷莫端倪。”元玉率弟子包崖筑台，开池伐石，历八年，“池、台、崖、壁、曲径、盘梯，俱以石成，命曰‘石堂’”。其十二景有“眺望台”、“慈航石”（见图12-18）、“涤砚溪”、“白莲池”、“友松石”等，皆配诗，如“石堂”配诗为“泉石屡多事，为我常饶舌。来者如知恩，则无吾交涉”，“振铎岭”配诗为“化美风淳宇宙平，那比古铎更重鸣。携来岱岳埋还振，为对高山慰素情”。

图12-18《慈航石诗刻》

元玉（1628—1695），俗姓马，字祖珍，号苑庵古翁，又号玉老僧，江苏南通人。由儒生出家，嗣法金粟天岸老人，康熙初居普照寺，聚经典数千卷，苦读探索，时称“诗僧”。元玉亦僧亦儒，学识渊博，有《石堂集》《金台随笔》等。

张鹏翮《〈唐槐〉〈汉柏〉诗碑》（图12-19），在岱庙内，立于康熙四十九年（1710）。

其《唐槐》为：“潇洒名山日正长，烟霞为侣足徜徉。谁能欹枕清风夜，一任槐花满地香。”作者面对唐槐，历史感油然而生，显得轻松而又惬意。《汉柏》诗为：“古柏千年倚碧峦，太平顶上觉天宽。晴空白鹤时来舞，云外逍遥得静观。”此诗写汉柏，又与泰山、鹤舞联系起来，诗品高旷，寓意深刻。

张鹏翮（1649—1725），字运清，四川遂宁人，康熙九年（1670）进士，二十八年授浙江巡抚，三十七年迁刑部尚书，雍正即位加太子太傅，雍正元年授武英殿大学士，时称贤相。

图12-19　张鹏翮《〈汉柏〉诗碑》

郑大进《〈登岱四首〉诗碑》（图12-20），嵌于红门宫东墙外，约刻于乾隆三十年。

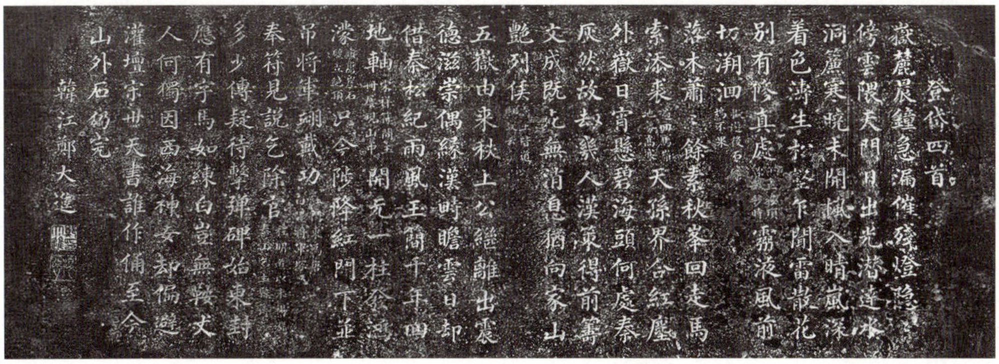

图12-20　郑大进《〈登岱四首〉诗碑》

诗中有作者自注，四首诗写得都颇有气势，如其第二首：

落木萧萧余素秋，峰回走马索添裘（乃回马岭地势高寒）。
天孙界合红尘外，岳日宵悬碧海头。
何处秦灰然故劫，几人汉策得前筹。

文成既死无消息，犹向家山艳列侯（岭上皆道观故云）。

作者不仅对泰山景观甚为了解，而且熟知泰山典故，可以不动声色地将景与典融为一体，写出的诗厚重有味，既富有文采，又满怀对泰山的热爱。

郑大进（1709—1782），字誉捷，号谦基，今广东潮州揭阳人，乾隆元年（1736）进士，累官直隶总督，加太子少傅衔。乾隆二十九年（1764）擢山东济东道。济东道下辖济南、泰安等五个州府，郑大进作为区域长官，自当会登临泰山，一抒胸怀。而其迁两淮盐运使后，再未回过山东，故《登岱四首》当为乾隆二十九年至三十三年之间所作。

《崔应阶诗刻》（图12-21），在岱顶仙人桥西路南自然石上，刻于乾隆三十五年（1770）：

岩岩岱岳镇崔屹，曲磴逶迤倚杖来。
帝座遥瞻双阙迥，天门直上五云开。
石根葱郁松千尺，眼底沧溟水一杯。
七十二君封禅杳，只余秦篆蚀苍苔。

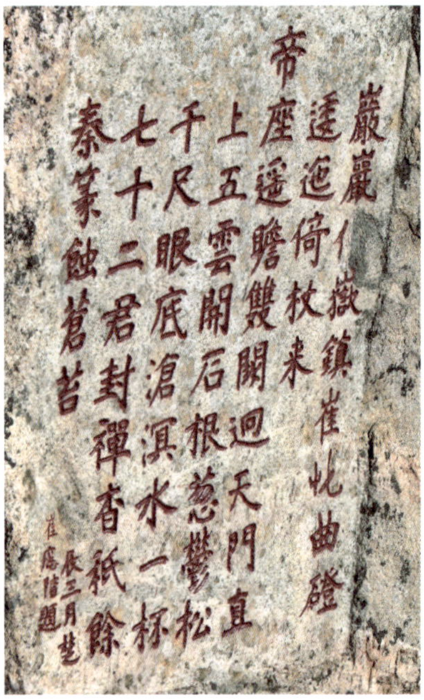

图12-21 《崔应阶诗刻》

此诗主要写泰山的气势和自己的感受：泰山岩岩镇服着天下的高山大地，我沿着盘曲入云的山道扶杖而来。远远望见高及帝座之星的南天门，耸立于五色的祥云中。石旁的古松葱茏扶摇直上千尺，东方目极处隐隐地现出了大海。七十二君封禅已经变得缥缈无稽，留下了的秦时的篆刻已布满藓苔。

崔应阶（？—1782），字吉升，江夏（今武汉市武昌）人。以父荫任顺天府通判。乾隆十五年（1750），任河南驿盐道，后升为安徽按察使。二十四年，任山东布政使，三十三年提升为闽浙总督，加太子太保。著有《烟花债》及《情中幻》杂剧各一本。

何人鹤书《〈登泰山绝顶〉五首诗碑》，在岱庙内，刻于清乾隆四十八年（1783）。系江子安作诗，何人鹤书刻。这几首诗基本是写景，但是人在景中，有思有悟，轻轻松松，让人读了愉快，是泰山石刻中的著名诗篇。

何人鹤（生卒年不详），字鸣九，绵州（今四川绵阳）人，著有《台山诗草》等。

陶澍《〈登岱〉三首诗碑》，在岱庙，立于清嘉庆二十年（1815）冬。三首诗分别为《由升仙亭陟岱》和《题岱顶浴日养云之室二首》。仅举其一：

> 豁达天门指顾通，升仙亭迥接鸿濛。
> 眼前杯豆群山小，脚底波涛万壑同。
> 云气出为天下雨，海声吹上日边风。
> 壮游此际真奇绝，手挈珠勺踏彩虹。

此诗境界阔大，想象奇特，“眼前杯豆群山小，脚底波涛万壑同”，颇有些荡气回肠的感觉。

陶澍（1779—1839），字子霖，号云汀，清安化县人。嘉庆七年（1802）进士，授编修，先后任监察御史，户部、吏部给事中，山西、福建按察使，安徽布政使。道光年间，官至两江总督，兼江苏巡抚、两淮盐政。任内督办海运，力除盐政积弊，设义仓以救荒年，疏浚湘江、浏河以泄太湖诸水。终积劳成疾，病逝于两江节署。著有《印心石屋诗文集》《奏议》《蜀輶日记》等。

王家榕《颂秦刻石诗碑》，嵌于岱庙秦刻石之下，刻于清嘉庆二十一年（1816），记录了秦刻石在清朝的下落。其跋语及诗为：

> 秦碑尚存廿九字，自碧霞祠焚，碑失所在，嘉庆乙亥，蒋大令伯生同邑人柴兰皋搜得残石二于玉女池，仅存十字。丙子夏五登泰山，宋锦山广文为述其事，并觏残石及诸题识，聊复致赠考□。
>
> 访古因耆旧，临池意渺然。
> 零星两片石，卓越二千年。
> 体变周宣王，功垂汉武先。
> 只今题勒壁，谁共此流传。

王家榕（生卒年不详），字广荫，山东泗水人，清藏书家、金石学家。乾隆三十六年（1771）举人，授邹平、德州训导，迁竹溪知县。笃好经籍、书画，精鉴别，长于书法。

图12-22　王鸿《〈登岱〉诗刻》

王鸿《〈登岱〉诗刻》（图12-22），在盘道旁自然石上，刻于清道光十九年（1839），诗风较为豪放：“梦游天地外，身堕烟霞中。愿举饱腹稿，万古开心胸。”表现了诗人在泰山的欢乐心情。

王鸿（1806—？），字子梅，天津人，官聊城县丞，后入张祥河幕府，与龚自珍有往来。

王大堉《〈登岱〉诗刻》，与王鸿诗刻在同一石上，刻于清道光十九年（1839）。此诗赞颂了泰山青松，诗中“自是腰间森傲骨，当年不受大夫封”之句写出了松树的风格，也写出了作者的志向。

王大堉（生卒年不详），字秋坨，天津人，清道光间诗人。其兄王大淮，官曲阜县令，大堉随其兄居住曲阜，往来中在泰山、济南、曲阜等地留下众多诗篇和题刻。

孔宪彝《〈登岱〉诗刻》，在登山盘道旁，刻于道光十九年（1839）。这是一首描写岱顶日出的诗。诗人写到了泰山的风、日出、天门、山峰、云海……但以“诗吟人在最高峰”结尾表达了诗人的人本主义思想。

孔宪彝（生卒年不详），字叙仲，号绣山，山东曲阜人，道光十七年（1837）举人，官内阁中书。工诗、画、篆刻，著有《对岳楼诗录》。

图12-23　萧培元《〈登岱〉诗刻》

萧培元《〈登岱〉诗刻》（图12-23），在登山盘道旁，刻于同治八年（1896），实际上也是副对联，着力歌颂了泰山：“睥睨千峰，下临无地；发育万物，峻极于天。”

萧培元（1816—1873），字质斋，云南昆明人。咸丰二年（1852）进士，历官山东济东泰武临道。有《思过斋杂体诗存》。

《经石峪看红叶诗碑》（图12-24），镶嵌于泰山红门飞云阁门洞东侧，题于清光绪辛丑年（1901），石祖芬题。诗曰：

> 中天门外梵仙乡，枫叶初经九月霜。
> 独倚高柯舒冷艳，不侪凡卉炫秋香。
> 孤红莫恨荣华晚，众绿都成惨淡光。
> 休上危桥云步迴，更高寒处更凄凉。

这首诗的立意与“登泰山而小天下”“会当凌绝顶，一览众山小”的泰山主流精神不同，有些孤芳自赏、不争高低的禅学味道，又有中国古代知识分子“高处不胜寒”的出世思想。

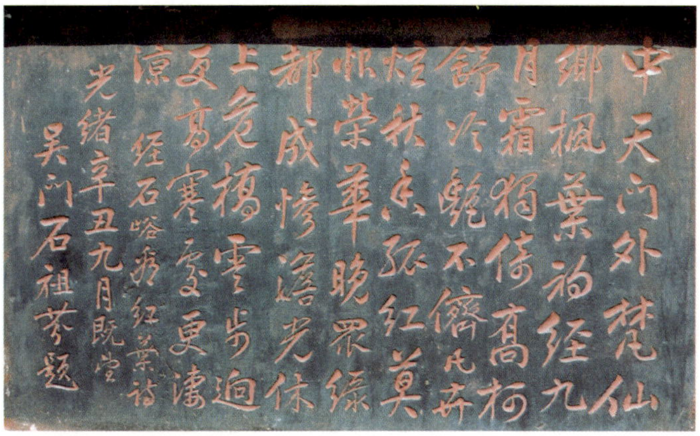

图12-24 《经石峪看红叶诗碑》

石祖芬（1844—？），字芷沅，江苏吴县（今苏州）人，曾代理泰安府知府，光绪二十八年（1902）致仕归养香溪。

## 第三节　清代泰山石刻楹联

清代，泰山石刻楹联遍布大山上下，现存24处。清以前，由于泰山石质建筑如坊楼亭阁大多体量不大，所以其柱上之联也以短小者居多。清康熙年间修建了岱庙坊，是为泰山最为高大华美的石坊，其上出现的17字的长联，成为泰山楹联之最。在内容方面，清代所刻的这些楹联同明代没有显著变化，基本都是根据所在建筑的功能、位置、周边文化氛围所拟定的，就犹如建筑是一篇文章，楹联则是这篇文章的标题。尤其是泰山上的一些建筑小品，如洗心亭、筛月亭、观瀑亭等，其柱上被镌满了对联。

清代最早的楹联是《岱庙坊题联》，在石坊立柱南面，题于康熙八年（1669）至十七年（1678）间，施天裔题。

联曰：

峻极于天，赞化体元生万物；
帝出乎震，赫声濯灵镇东方。

此联是赞颂岱庙内所供奉的泰山神的，如此歌颂泰山神的楹联也是首次出现。

施天裔（1641—1690），字泰瞻，号松岩，泰安人。为官多惠政，人多称颂，累官至山东布政使，历24年，政绩卓著，升广西巡抚。致仕后归籍。

《岱庙坊题联》（之二），在石坊立柱北面，题刻时间与上文题联相近，赵祥星题。联曰：

为众岳之统宗，万国是瞻，巍巍乎何德可尚；
掺群灵之总摄，九州待命，荡荡乎功孰与京。

同样是歌颂泰山神的，这副对联的溢美之词登峰造极。

赵祥星（？—1692），汉军正白旗人，清顺治间任赵城知县，康熙间为山东巡抚，晋兵部尚书。

《红门坊题联》，刻于康熙五十二年（1713）：

万壑泉声沉宝磬，千峰云影护禅关。

红门宫原是道教建筑，内祀碧霞元君像，但当时却一度为僧人住持，故称“禅关”。

《洗心亭柱联》，洗心亭四柱上题满清代人所书对联，均刻于嘉庆二年（1797）。《洗心亭柱联》之一在西面石柱外侧，为贾培荣题书：

真山水不须图画，大圣贤皆自奋兴。

贾培荣，山东泰安人，山东候选布政司理问。

《洗心亭柱联》之二，在南面石柱外侧，赵起鲁题书：

碧涧潺湲溯游道脉，苍岩巀嶭卓立儒修。

赵起鲁，字道轩，山东泰安人，清内阁大学士赵国麟之子，曾任蒲台县教官。

《洗心亭柱联》之三，在北面石柱外侧，蒋大庆题书：

艮止坎流会心不远，言坊行表即目可寻。

蒋大庆，字福安，泰安人，嘉庆举人，曾任滨州训导。后开设梁父义塾，教导后学，时称“醇儒”。

《洗心亭柱联》之四，在东面石柱外侧，周桐题书：

秋月清光凝碧涧，春风余韵满烟萝。

周桐，山东临清人，廪贡生，乾隆四十四年任泰安训导。

以上对联皆为地方名儒所撰。洗心亭靠近五贤祠，故柱上之联多为歌颂五贤者。

《壶天阁题联》，壶天阁门洞两旁有两副对联，其外侧的一副刻于嘉庆十九年（1814），廷璐题：

登此山一半已是壶天，造极顶千重尚多福地。

对联意在鼓励人们继续攀登，前面还有的是好景致，而只有达到极顶才能“一览众山小”。

廷璐（生卒年不详），姓完颜，字署墀，号定静，满族旗人，时任泰安知府。

《孔子庙题联》，刻于道光十二年（1832），泰安知县徐宗幹题：

仰之弥高，钻之弥坚，可以语上也；
出乎其类，拔乎其萃，宜若登天然。

此联很巧妙，上联摘自《论语》，下联摘自《孟子》。

徐宗幹（1796—1866），字伯桢，又字树人，江苏通州人，官浙闽总督。嘉庆二十五年（1820）进士，历知曲阜、泰安两县。

徐宗幹《题筛月亭联》（图12-25），此联刻在筛月亭南面石柱上，约刻于道光十年至十三年（1930—1933）间：

引泉种竹开三径，援释归儒近五贤。

图12-25　筛月亭

其他还有沈毓寅："收拾岚光归四照，招邀明月得三分。"东野崇阶："曲径云深宜种竹，空亭月朗正当楼。"王青黎："高筑两椽先得月，不安四壁怕遮山。"

段友兰《观瀑亭石柱联》，在观瀑亭西面柱上，题于光绪三十年(1904)：

断崖瀑落晴天雨，一线路入青冥端。

段友兰(1846—？)，豫章(今江西南昌)人，进士及第，曾任泰安知府、青州知府、永嘉知府等，1909年赐花翎二品衔。段友兰为官清廉，晚年赋闲在家，热衷于诗文著述，有《小西山房诗文集》。

观瀑亭上还有刘选登题于光绪三十三年(1907)的"曲径通幽处，连山到海隅"，刘振声刻于宣统元年(1909)的"风尘奔走历尽艰辛思跪乳，因果研究积成功德敢朝山"，刘光照刻于宣统元年(1909)的"跋险惊心到此浮云成梦幻，登高极目从此俗虑自销沉"。

玉构《西溪石亭柱联》(图12-26)，刻于光绪三十四年(1908)：

图12-26 《西溪石亭柱联》

龙跃九霄云腾致雨，潭深千尺水不扬波。

光绪戊申年八月谷旦，知泰安府事、宫室玉构谨撰并书。

此联被誉为描写西溪风光的经典之作。

玉构（1851—？），镶蓝旗四品宗室，光绪三十二年（1906）任泰安知府，整躬率属，民有颂声。

## 第四节　关注民生的刻石

先秦时期，中国出现了民本的概念，《尚书·五子之歌》写道："皇祖有训，民可近，不可下。民惟邦本，本固邦宁。"提出了统治者要敬民、重民、爱民，要认识到民众的力量，自我约束，慎重处理民事、国事。《论语·雍也》亦云："如有博施于民，而能济众，何如？可谓仁乎？子曰：何事于仁，必也圣乎！尧舜其犹病诸！"意思是能让人民过上好日子，就是比尧舜还强的圣人。《礼记》更说："古之为政，爱人为大。"在泰山清代石刻中，我们看到了民本思想的折射。

### 一、《禁止舍身碑》

《禁止舍身碑》，在遥参亭，刻于清康熙五十九年（1720），碑额题"禁止舍身"4字，张奇逢撰文。

张奇逢（生卒年不详），字禹玉，湖南省石门（今湖南省常德市石门县）人，康熙五十一年（1712）任泰安同知，见学宫破旧倒塌，率邑人重修，经费不足便典衣助之。康熙五十五年泰安饥荒，按户赈济，无一遗漏。其政绩《泰安县志·吏绩》有载。现在，张奇逢修的那道墙还在，只是中间开了一个圆门，成了一道风景。

此碑文情真意切，循循善诱，写得十分感人，其开头说：为禁止舍身已在岱顶筑墙防范。这里再次行文告知，事关重要，切切牢记。接着说：经查，在泰山顶高崖处，不知何人编造了南朝梁武帝舍身同泰寺并为之取名“舍身崖”的故事，以哄骗香客。还妄称这里是天仙圣母成仙之处，跳下去就可成仙，就可报答亲人。哎呀！倘若舍身真可以成仙、报亲，则当初梁武就不应饿死在台城，今天的舍身者也不应死于非命了。我们的身体都是父母给予的，乃是父母之身。古代，孝子不登高坡，不临深渊，我们又怎能以父母给予的身体轻试万仞之下，以致形神俱丧呢？本厅于康熙五十六年(1717)十月，赴碧霞祠查收税票，目击山东曹县李进贤十月初十日投崖身死，河南商丘县韩大小十月十五日投崖身死，徐州张文举十月二十日投崖身死。不到一月，轻生者竟有三个，而成仙的又在哪里呢？报亲者又在哪里呢？本厅作为一州的副职，又怎能坐视不闻呢？因此出薪俸在舍身崖四周筑起围墙三十丈，阻断了他们的赴死之路，灭绝他们的梦想之心。还担心他们执迷不悟，越墙舍身，更雇了更夫司正恒等除巡查外，还要一一对游客告知。为此，再次示谕进香人等知晓：与其毁身以辱亲，不如保身以养亲！与其身死以求仙，不如身存而积德！何况尔等不远千里来泰山求福泽，又怎能抛田园、弃家室，长作异地之鬼魂，使你们的父、兄、妻、子倚门而号啕，呼天地而不灵啊！何况好生恶死，是天下万物之本能，官员对此更有着守土之责，所以谆谆告诫民众，各自都应猛省，各存凛然、谨慎之心也。墙修好后，欲翻墙投崖者不胜其人，经更夫规劝，而竟无一人殒命，看来墙之不可不筑，而守之不可以不勤也。泰山山高风烈，日久高墙难免倾颓，我期望后继者不断修葺，此乃大幸矣。

## 二、《重修后石坞庙记碑》与《双龙池记碑》

泰山后石坞元君庙院内有《重修后石坞庙记碑》，约立于乾隆五十三年(1788)，觉罗长麟撰文。

这是一个大人物写的碑文：乾隆五十三年春天，山东大旱，于是建坛祷告于百神，但都不应验。觉罗长麟真切地关心着民众：“至夏四月不雨，将害稼，余乃……徒步屏息，偻行而登，自丑至申，始陟其巅。”——从半夜就起来登山，也不坐轿子，佝偻而行，到了下午四五点钟才到了山上。天不下雨，他“心踧然如捣，举山之胜境奥区，未遑寻览……”一个老人跋涉泰山一整天，其劳累程度可以想象，他心中怀着民众，先民众之忧而忧的精神是令人敬佩的。

觉罗长麟（生卒年不详），字牧庵，隶正蓝旗。乾隆四十年进士，授刑部主事，五十一年，召授刑部侍郎，出为山东巡抚。嘉庆四年，授吏部尚书，兼正红旗汉军都统，加太子少保。寻升协办大学士，授闽浙总督，居官有声。

遥参亭前，东岳大街中段的环岛内，一石碑上镌刻着三个大字："双龙池。"池旁有《曹公渠记碑》和《双龙池记碑》（图12-27），皆立于清光绪七年（1881），赵少瀛撰文。《曹公渠记碑》记述了清光绪七年（1881）泰安县令曹钟彝、知府曹浚澄在泰山八仙桥以南筑坝建渠，引来泰山之水，供泰城民众饮用。之后，泰安城居民饮用双龙池之水达80多年，直到20世纪60年代初始废。

图12-27 《双龙池记碑》

碑文曰：泰安是一座山城，虽然远有汶水环抱，近有泮河绕流，还有西溪、东溪等，但遗憾的是，泰安的井水，甜水少而苦水多，故市民上山汲水者摩肩接踵，抱瓮携瓶，既苦且累，人们都为之烦恼。光绪七年春，泰安知府曹浚澄、县令曹钟彝来泰安任职，他们很快便知道了泰安人民的疾苦。于是，遍邀城里的乡绅耆老甚至割草砍柴之辈，博采众议，决定从根本上解决饮水问题。当时正值盛夏，两位大人不怕劳累，考察于山川之间，设计方案，因势利导，并公布于全民，告知居民该工程虽然耗资庞大，但人们不需捐助，也不出义工，一切的开销均从官员的薪俸中列支。工程完成了，清泉穿石而过，经暗渠流淌于大街小巷的水池之中，其水清澈甘美，即使妇女小孩去打水也像是从自己家中舀取一样方便了。

《双龙池记碑》，在《双龙池题词碑》之阴，碑文是泰安县候补知县傅锟代替知府撰写的。此碑介绍了曹公渠与双龙池的修建情况。该碑称："守兹土者莫不以水利为念，前太守增公（增瑞）、梅公（梅启熙）有志未逮，旋擢任去矣，士民感之，公务之暇，余与泰人共创此议，具有同心。”碑文的结尾说：“衣食足然后礼乐兴，将见人文鹊起，科甲蝉联，于文教风俗大有裨焉。”

当时的官员自掏薪俸为百姓谋福利，受到了百姓的赞誉，在水源地梳洗河周边至今还保留有大量摩崖题刻，如“曹公渠”“育德”“清如许”“犀带分流”“源清流洁”“廉让分甘”“水不在深”“泽润生民”等等，都是赞颂两位官员的。

## 三、周馥《观瀑亭十一首诗刻》

周馥（1837—1921），字玉山，安徽建德（今安徽东至县）人。1862年起任李鸿章幕僚，为李器重。1883年兼署天津兵备道，协助李鸿章办理洋务达30余年。参与筹建北洋海军，开办海军学校，设立天津电报局、开平煤矿等。1888年迁直隶按察使。1894年中日甲午战争爆发，任职前敌营务处，跋涉安东、辽阳、摩天岭之间，调护诸将，收集散亡，转运军需。1901年李鸿章去世，次年任山东巡抚，并加兵部尚书衔。1904年力推济南开埠，民国十年（1921）病逝于天津寓所，终年84岁。著有《易理荡参臆言》《负喧闲语》《玉山诗集》《周悫慎公全集》等。

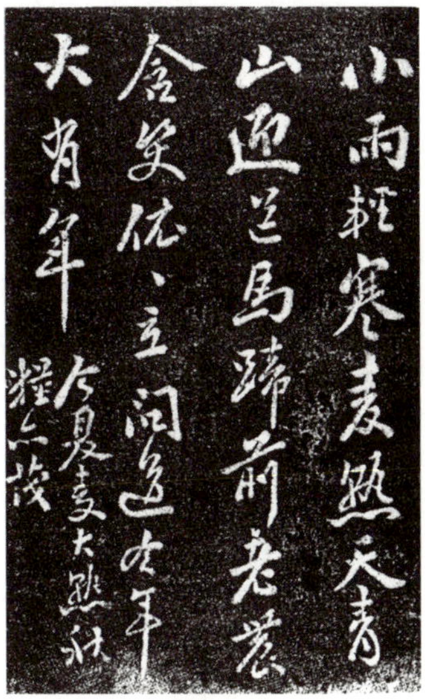

图12-28　周馥《观瀑亭十一首诗刻》局部

周馥《〈观瀑亭十一首〉诗刻》（图12-28、12-29、12-30、12-31）在观瀑亭内东侧额枋上，共三块，刻于光绪三十年（1904），石小字小，不易看清。此11首诗是写给泰安县令毛蜀云和知府段春岩的，语言平实，似家书般，其中嘱托甚殷，可谓奇文（括号中是作者自注）：

泰安道中赠毛蜀云大令，兼呈段春岩太守

小雨轻寒麦熟天，青山迎芒马蹄前。
老农含笑依依立，问道今年大有年。
（今夏麦大熟，秋粮亦茂。）

面对丰收，看得出来这位封疆大吏、朝廷重臣的喜悦绝不亚于老农。

酾渠水可度平皋，始信山高水亦高。
破浪乘风空有愿，何妨农圃试牛刀。
（劝作堰引水溉田。）

此诗鼓励毛蜀云深入基层，修坝拦水灌溉农田。

茅檐尚少读书声，不为穷经不为名。
但使儿童都识字，自然有道际升平。
（劝多设义学馆。）

这首诗鼓励毛蜀云多多开设免费学校。诗中批评是婉转的，建议是真诚的，“指示”是了无痕迹的。此后毛蜀云大力兴办教育，周馥后来奉命致祭泰山时，全面视察泰安的各类学堂，审订毛蜀云所制订的学堂章程、功课、管理法、教授法，大加赞赏，称之为“山东小学第一”。一时泰山间“彬彬乎学风之盛，甲齐鲁矣”。

萧条草树不成林，濯濯牛山自古今，
若使官教留守户，风吹松子亦成荫。
（劝种树。）

这首诗劝勉毛县令领导山民植树，绿化荒山。毛蜀云遵嘱，发动泰安各界在金山、虎山、垂刀山、黑老鸹山、摩天岭及岱顶造林植树。他重修蒿里山神祠后，又在山上植柏千余株，新泰和圣（柳下惠）墓重修竣工后，毛蜀云令“植柳以固堤”，在陵墓附近种植杨柳近千株，再现“柳下邑”碧柳千树、青丝万条的古风。

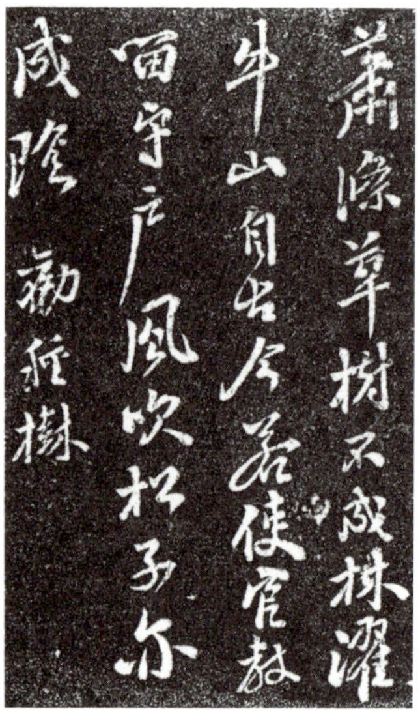

图12-29　周馥《观瀑亭十一首诗刻》局部

征输原为佐军储，感泣日时诵诏书。
圣主恩深迈汉唐，不教桑孔搉舟车。
（谓酒捐等事。）

这首诗的意思是：缴纳赋税原本是为了军需的储备，可后来赋税越来越多以致民不堪重负。这使我伤感得涕泪俱下，百姓也对此多有抱怨不服。千万莫让当政者独断专行并追逼税赋。

当年锄笠亦躬亲，求法无如海外新。
官自劝农农自远，劝农还要务农人。
（属举精通农事之范一双等为董事，设农桑会。）

此诗大意是：当年天子头戴斗笠手拿锄头亲自到田间耕耘，那种方法已远远不如西方国家来得先进。对于耕藉礼的表演农民早就不屑相信，发展农业还是要发动民众自己创新。一百多年前，周馥就想到了要借鉴西方的经农理念，提出了组织农桑会的设想颇有现代眼光。

生齿日繁生计促，欲将工艺补耕桑。
屠龙未若屠牛利，适用由来即巧方。
（劝设工艺局，以养贫民教罪囚。）

大意是：人口天天增多，谋生之计日益紧迫，解决的办法就是要以工业来补农业。好高骛远的空谈于事无补，莫如实实在在地发展几项经济，适用的就是好的，不用问它是黑的还是白的。清末，失地农民很多，失去生计的农民便只好铤而走险，沦为“罪囚”。周馥结合现实提出发展工业，使人人都有饭吃，减少犯罪，维护社会平安。中国古代重农轻商，工也被列在农之后，不受重视。周馥显然有着远见卓识。

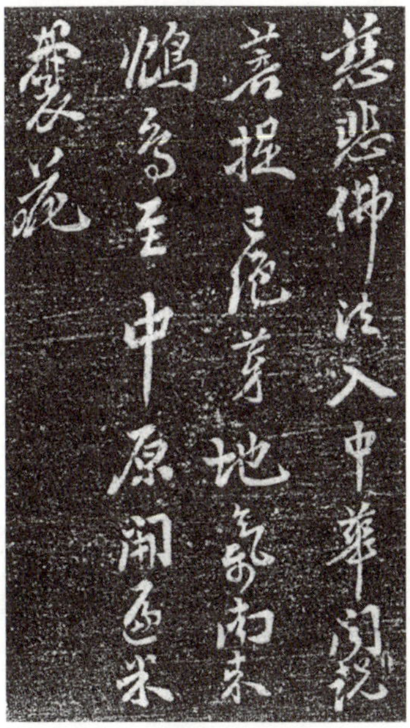

图12-30 周馥《观瀑亭十一首诗刻》局部

慈悲佛法入中华，闻说菩提已绝芽。

地气南来鸩鸟至，中原开遍米囊花。

“鸩鸟”，传说中是一种有剧毒的鸟，用其羽毛蘸水人饮之即死，洗手则皮脱骨烂。米囊花，即罂粟花。大意是：慈悲的佛法早就传入中华，而如今明辨善恶的信条已经消失。侵略者的邪气从南方进入，带来了像鸩鸟一样剧毒的鸦片。我五千年的文明古国泱泱中华，怎么会到处开满了罂粟花！周馥对鸦片残害中国人民痛心疾首，从这首外表平淡的诗中可以看出来他写这首诗乃是在极力呼吁人们戒除毒品。

常恐萑苻扰市村，尤防鼠雀启邻言。

威从爱出人无怨，信在言前道自尊。

“萑苻”，指盗贼。“鼠雀”，指讼事。“邻言”，指邻里间背后的相互议论。大意是：做官常常担心盗贼侵扰城市和乡村，还要防备邻里间因小事而惹起纠纷。官员的威望来自对百姓的慈爱，这样百姓才能感激在心；许诺的事情一定要兑现，这样才能获得百姓的尊敬。

捧檄娱亲世并荣，官声如水无双清。春岩太守、蜀云大令均奉老亲在署

飞泉亭上垂云石，留得千秋守令名。蜀云大令近于泰山飞泉岩下构一石亭，故得风景之胜。

光绪三十年四月，玉山弟周馥未定稿。

古代，孝是儒家伦理思想的核心，是中国社会最根本的礼教准则。周馥当然不会忘记这一点，同时与孝所并重的做官准则就是清廉。此诗可谓语重心长，虽然诗面的意思是对二人的表彰，但是看得出来他是在呼吁更多的官员提高修养。民国赵新儒《新儒联语录》云：“先生（毛蜀云）前后令泰凡四，点缀名山，修理古迹，极费经营，然不轻题一字。”从这里也可以看出他的谦逊和任劳的美德。

我爱辽东范一双，谪官高卧泰山旁。

伯鸾栖隐陶朱富，何必功成返故乡。

口占拙句寄蜀云大令，转告范慕韩兄，当为听然一笑也。

诗意是：我喜爱辽东的范一双先生，贬官后安逸地生活在泰山旁。大丈夫就应像范蠡一样隐居致富，又何必追求虚名衣锦还乡。像周馥这样关心民瘼、注重官德、实实在在，切中时弊的官员庶几可称民本了吧。这种诗刻到了泰山石上，实是泰山石刻史之大幸！

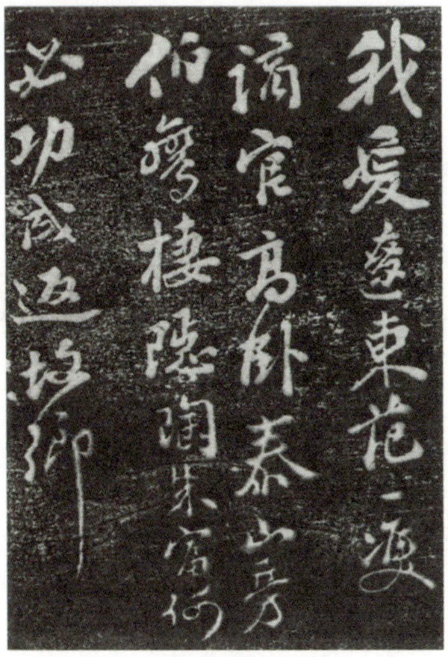

图12-31　周馥《观瀑亭十一首诗刻》局部

# 第十三章
# 清代泰山石刻（中）

泰山的祭祀活动在清代有增无减，朝廷的祭祀从康熙年间一直延续到宣统二年，仅从现有保存下来的碑刻看，其持续时间之长，频率之密集也是前代所不及的。

清代的民间进香活动仍然很多，从碑文中可以看出清朝社会的发展与嬗变，还可以看出当时社会上所发生的种种事件，如咸丰八年（1858）的《张孟氏愿许进香碑》记载："近年来，兵戎竞起，黄水为灾，逆氛滋扰。仰荷泰山娘娘，广施德惠，普济生灵，卒令天灾不侵，地方静谧。"同治八年（1869）的《南王庄还愿记碑》载："南王庄往年有寇灾，避之未及，贼匪猝至，四面围攻，村人结团出死力拒之，鏖战终夜，黎明贼始引去。"可见清后期自然灾害、社会动乱均已很严重。

清代现存约有120处题景刻石，有好多出自名家手笔，如山东巡抚王国昌、李树德、蒋陈锡，广西布政使武廷适、山东巡抚白钟山、衍圣公孔庆镕、工部尚书张祥河、山东巡抚吴廷斌等，还有一批诗人和画家。这些题刻有的已成为泰山的标志性景点，如"置身霄汉""雄峙天东""五岳独尊""昂头天外"等。还有的揭示了泰山古老的文化内涵，如"至哉坤元""肤寸升云""体乾润物""天根云窟""神贶祟朝"，也有的抒发了题刻者的感悟与情怀，如"为善如登""俯视一切""渐远红尘""与国咸宁"等。几乎所有的题刻都饱含着正能量，具有向上的民族精神。

这一时期的建修碑数量多且内容丰富，几乎涉及了泰山的所有庙宇、建筑。

# 第一节　朝廷祭祀泰山刻石

自古以来，我们民族就有敬天、敬地、敬祖先的传统，这已成为民族的传统信仰和宝贵的精神财富。清朝虽然是少数民族统治，但依然定期祭祀名山大川，祭祀先贤，良好地传承了民族信仰和传统。

康熙皇帝对泰山祭祀有独到的见解。他在碑文中说：泰山号称岱宗，祭祀标准最高，对国家政治影响也最大。典籍最早记录的是舜封禅泰山，我朝借鉴历史的成规，要恭敬谨慎地祭祀神明。但是，有大臣上疏请他封禅，他特下谕旨命朝廷众卿辩论，结果否定了这一建议，只是到泰山仿上古仪式进行了祭天，其仪式十分盛大，人人欢喜，人心凝聚。乾隆皇帝也说过：我对于祖上的做法永远怀着恭敬与思念的心情，所以每逢东巡祭祀时，我都亲躬岱庙，沐浴更衣。而我在登封台所写的诗篇在这里再次重复一下，所谓“便使尧舜至今存，迄无可告成功日”者，其意思就是说今天的贤者由于社会环境的变化，以三皇五帝为榜样进行封禅也是做不到了，凡是违背客观规律和传统的事，便不能不废止，而合乎经书的事则不可以不遵循。[①]

据清《泰山志》记载，乾隆朝皇帝亲自前来或派大臣祭祀泰山共36次。此后，清朝祭祀泰山的礼仪便一直延续了下去，竟一直到了宣统年间。与此同时，清代祭祀的碑记、摩崖刻石也相当多地保存了下来，成为系统地研究清朝信仰的宝贵资料。

《太监进香建醮刻石》，在岱顶天柱峰石上，漫漶严重，据考，当为清康熙二十八年(1689)。其文为：

> 钦差□□道正□□□□□□□，尚膳监太监□□，□□当今皇帝圣旨□来东岳泰山顶上进香，恭为圣母圣慈光明建醮二坛。
>
> □□二十八年闰三月初五日记。

① 参见《乾隆重修岱庙记碑》。

图13-1 《乾隆祭祀碑》

《乾隆祭祀碑》（图13-1），在岱庙，立于清乾隆二十二年（1757）：

> 维乾隆二十二年岁次丁丑正月朔越二十日，遣钦差致祭官礼部左侍郎介福致祭于东岳之神曰：惟神造化钟灵，奎娄应象；览众山而莫并气，益坤维冠五岳；称尊位符震，始风云吐纳，崇朝彰布濩之功；神秀氤氲庶汇，荷育成之德。朕省方南土，驻跸东邦，挹瑞霭于天门，鲁登峻极，望祥光于日观，式赖洪庥。用遣专官，载申秩祭，神其来格，尚克歆承。

这是乾隆皇帝派官员祭祀泰山的碑记。

《归朝□诗刻》，摩勒于泰山朝阳洞北的岩壁上。此诗有“平生景仰最高峰，陪祀今来谒岱宗”“此处明年钦驻跸，玉函金策并尧封”的句子。款为“己酉夏四月琴川归朝□题”。款中“己酉”当为乾隆五十四年，作者作为陪祀的官员来到了泰山，第二年为庚午年（乾隆五十五年，1789），乾隆来泰山举行了祭祀活动。

图13-2 《嘉庆祭祀碑》

《嘉庆祭祀碑》（之一）（图13-2），在岱庙内，立于嘉庆五年（1800），碑文记载了“嘉庆五年岁次庚申乙卯月戊子日，皇帝遣都察院左副都御史赓音布致祭于东岳泰山之神”之事。

《嘉庆祭祀碑》（之二），在岱庙，立于嘉庆十四年（1809）文曰：“嘉庆十四年，岁次己巳丁卯月甲寅日，皇帝遣内阁学士兼礼部侍郎王绶告祭于东岳之神。”

《定亲王泰山祭祀记碑》，立于道光十二年

（1832），山东巡抚讷尔经额撰文。碑文称："道光己酉、丙戌，额两奉香供岁祀于岱宗，于兹六载矣。今夏京师久旱，宵旰忧勤，靡神不举。六月二十七日，定亲王奉命恭赍御制圣文祷于岱庙，谨奉请随同往。""十六日质明入庙，虔奉祝辞焚告，默达谢忱。礼成后，□香登山，敬谒碧霞祠，祗尊定亲王前谒各庙，以次分献。"这次祭祀是结合祈雨而进行的。

还有一些祭祀的记载是写在其他碑记中的。如岱顶碧霞祠山门前，有立于清道光十五年（1835）的《重修岱顶碧霞祠记》。此碑便记载了道光间祭祀泰山碧霞元君的情况，除宫廷官员外还有百姓："我圣皇阐珍建极，翼载化枢，资震维盛德之气。延洪锡羡，每岁特命专官荐馨胪供，氤氲肸蠁。神光肃然，閶门发祉，嘘和霈甘，五韪时若，百昌顺成，厥功咸归中岱。蕃厘昭应，祀事必虔，凡有血气，无遐迩，多奔走偕来，犭工霄路，缘环道，手胼足茧，擎芗萁，罗跪祠内外者，以恒河沙计。"

又如《重修万仙楼碑记》，立于清咸丰六年（1856），泰安县知县东皋张延龄撰，现已严重漫漶。碑文中有关于清代祭祀泰山的文字："溯自有虞柴望，历代因之。而我朝东封之典尤隆，每孟夏有钦颁香供，由省派大员躬代往祭，龄随侍诣山顶瞻拜成礼。"

《光绪祭祀碑》（图13-3），立于清光绪十六年（1890）。碑文记载："光绪十六年岁次庚寅九月朔越二十日丁亥，皇帝遣山东青州副使都统德克吉纳致祭于东岳之神。"背阴记有祭祀官员钦命主祭官青州副都统德克吉讷，香帛官印务章京、镶白旗佐领世袭云骑尉晋祥，陪祭官泰安府知府康敉，陪祭官泰安营参将恒山等12位。

图13-3 《光绪祭祀碑》

到了清朝末期，祭祀活动仍未停止，但并不是每次都要郑重立碑，而是像游人题记一样刻上了摩崖。

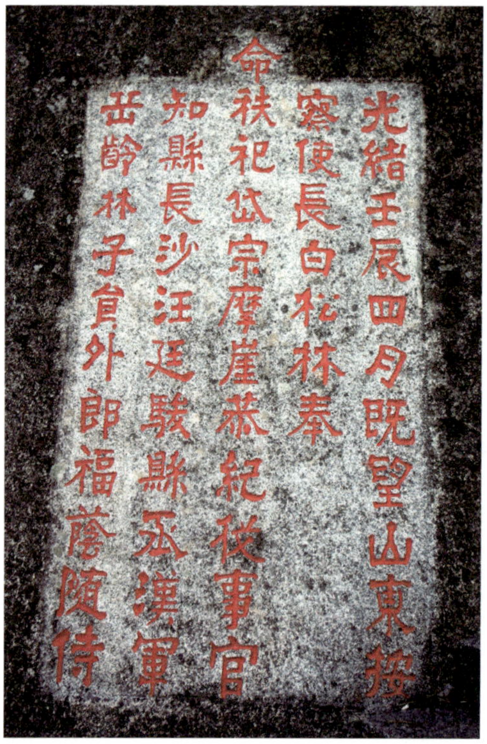


图13-4 《松林秩祀岱宗题记刻石》

如《松林秩祀岱宗题记刻石》(图13-4)，便记录了光绪十八年(1892)的祭祀：

光绪壬辰四月既望，山东按察使、长白松林奉命秩祀岱宗，摩崖恭纪。从事官、知县、长沙汪廷骏，县丞汉军，岳令林子，员外郎福荫随侍。

光绪二十六年(1900)，又有《胡景桂祀岱宗题记刻石》：

山东按察使、永年胡景桂于光绪二十六年庚子四月十八日奉命祀岱宗。先一日登顶治斋，斋香供者大挑知县姚鹏图、候补知县余嘉珍，泰安县知县卤蜀毛澄祭。

光绪三十年(1904)，有《周馥礼岱题记刻石》：

光绪三十年四月，山东巡抚周馥奉旨□□□，泰安知府段友兰、知县毛□……

光绪三十三年(1907)，有《吴廷斌题记刻石》：

光绪三十有三年岁次丁未夏四月，头品顶戴、山东布政使吴廷斌，二次奉命致祭泰山礼成，登绝顶观日出，游诸崖暨十八盘，访五大夫松。时正请帑兴修碧霞宫，因去夏亢旱，祷雨灵应，通省普沾，岁获丰稔，敬答神贶。复周历查看工程，寓山三日……

吴廷斌(1839—1914)，字赞臣，安徽泾县茂林人，历任山西巡抚和山东巡抚等。

光绪三十四年（1908），有《“亦可阶升”刻石》，胡建枢题。跋曰：

余宦山东廿余载，过山麓者屡矣，从未一登绝顶。戊申夏四月，奉命致祭。礼成后，爰偕范恒齐、徐楚珍两大令徘徊临眺，书此以志鸿爪。署理布政使、山东按察使司按察使胡建枢题。

胡建枢，安徽凤阳人，时任山东按察使，宣统三年十月至十二月曾任山东巡抚。

宣统元年（1909），有《“绝顶云峰”刻石》（图13-5），朱其煊题跋曰：

宣统元年四月，奉命告祀泰山，遂登岱顶，遍历幽胜，俯览沧瀛，泐石以记鸿雪。萧山朱其煊题。

图13-5 《“绝顶云峰”刻石》

朱其煊（1839—1916），字少桐，萧山（今浙江杭州曾萧山市）人。历任工部郎中、四川嘉定府知府、湖北荆襄兵备道、福建按察使，光绪三十四年（1908）升任山东承宣布政使。

宣统二年（1910），历史上举行了最后一次王朝祭祀泰山。此事见于《俞庆澜题秦刻石跋》。碑文除记载了秦刻石的再次发现过程，还记载了“宣统庚戌莫春来权斯邑，四月，提学罗公郑钧行封山礼，祀典告成”之事。

俞庆澜（生卒年不详），江苏清河人，举人，清宣统二年三月任泰安知县，曾建亭保护秦刻石。

从以上泰山石刻显示，从康熙皇帝到宣统二年（清朝覆亡的前一年），祭祀泰山几乎贯穿了整个有清一代，清廷对泰山的情感如此之深，祭祀如此之坚持不懈，令人慨叹。

## 第二节　民众进香碑

由于清代帝王重视泰山祭祀，泰山的民间进香建醮活动也空前繁荣起来，几乎每座庙宇中都有形式不同的进香碑记，而王母池、红门宫、灵应宫等处还形成了数量不等的碑林（见图13-6），民众的进香进一步扩大了碧霞元君在民间的影响。

从内容方面看，清代早期的进香碑还同明代没有变化，仍然仅是香客居住地域、香客姓名，信息量不大，而清代中期以后，进香碑几乎都变成了洋洋数百言的长篇大论，有些碑文不仅论述泰山女神及东岳泰山之神的起源、信仰、应验，而且还记录了一些历史事件。

图13-6　红门碑林

## 一、清早期进香碑

泰山目前最早的清代民众进香碑刻于顺治十四年(1657),为《济宁州南关信士建醮题名碑》和《章丘县信士建醮碑》。二碑均在灵岩寺大雄宝殿墙上,题刻样式出于习俗惯性,与明朝别无二致,如前者为:

大清国山东兖州府济宁州俱在南关后居住。会首:段可亮、王得远、陈孔俊……信女段门尹氏、陈门张氏、钟门张氏……

顺治十四年八月十四日建醮同立。

后者为:

大清国山东济南府章丘县锦川乡地□头各庄居住。朱进善、□氏……曹孟庄□君宝、王氏……大康庄宋门魏氏、男宋之程,孙门崔氏、男孙杰。

顺治十四年十二月二十日建醮。

灵岩寺大雄宝殿墙上的清朝进香碑还有《凤阳府虹县信士进香题名碑》,刻于康熙二年(1662);《东光县信士进香碑》,刻于康熙四年(1665);《河南宁陵县信众捐资刻石》,刻于康熙十九年(1680);《胶州等处信士进香碑》,刻于康熙二十六年(1687);《景州信士进香碑》,刻于康熙三十年(1691)。以上进香碑所刻内容、形式均大同小异,而从此之后,灵岩寺的该类碑记戛然而止了。这说明灵岩寺本身从此一蹶不振,之后再也未能振兴。

灵应宫内有《胶州等处信士进香碑》,立于康熙二十六年(1687)。文为:

大清国山东莱州府胶州、高密县□西郑公乡、坊岭屯等处香社人氏……朝山进香恭……大仙圣母祈福保安,善信□领会首……

康熙二十六年正月十七日。

三阳观又有《开封府陈留县城关信士题名碑》,刻于康熙二十八年(1689)。

大清国河南开封府陈留县各坊保人氏不同，见在城关□□□居住。

（以下45人题名略）

康熙二十八年十月十三日。

三阳观圣母殿东侧墙上镶有《开封府陈留县任家寨信士题名碑》，刻于康熙三十三年（1694），文为：

大清国河南开封府陈留县各保不同人氏，见（现）在城西南任家寨居住，奉道朝山，□香恭叩天仙圣母，祈福保安。信士会首生昌、任钺率领合会人等，姓名开列于后。

（以下40人题名略）

康熙三十三年十月初十日立。

后石坞娘娘庙有《长山县信众进香碑》，立于康熙五十五年（1716），碑文似刻于前人的碑石上，被压盖的文字仍隐约可见。虽然此时清朝建立时日已久，碑文也未脱掉早期模式：

大清国山东济南府长山县西□□主□丹会下□……会首韩云。

康熙五十五年捌月二十五日立。

通过碑文可明显感受到清朝前期进香碑的特点。一是社会底层人民的思想仍较为闭塞，人们不敢说话，不会说话，或者没有心情说话，碑文也只能这样言之无物了。二是所供奉神灵对象不明确，大多数没有提及神名，少数有所提及，如“大仙圣母”“天仙圣母”等，可见明代万历间即出现的碧霞元君称谓还未普及。三是更明确地出现了“会首”的记载，此后民间进香开始变得有组织。

## 二、清中期进香碑

泰山进香碑从康熙五十五年（1716）之后，到乾隆四十四年（1779），中断了63年。乾隆朝之后，碑文的风格为之一变了，撰碑的秀才个个经纶满腹，碑石形制也不再简陋，此类碑刻信息量大增，开始具有了文化内涵和信息价值。

如《王母池合山会记碑》，在王母池内，立于乾隆四十八年（1783）：

等会也，合山以名；非事游观也，虔奉祷祀也。诸侯祭封内山川，礼有明训，大夫且不敢僭，矧在庶人。所可原者，生岱麓之野，受山灵之佑，食其德者报其恩，沐其庥者答其泽，其在《诗》曰“靡神不宗”，其在《书》曰“至诚感神”。竭鄙诚于一念，荐馨香于众灵。谒王母池建醮已经十五年余，恐久远难继，谨勒石以遗方来。

增广生李廷枚撰，庠生白毓棠书。

这是祭祀西王母的碑文，文中既有《诗》又有《书》，引经据典，文人风浓郁。

《高恩等进香碑》（图13-7），在斗母宫南院，立于清乾隆四十四年（1779）：

南瞻部州大清国京都顺天府南路厅文安县信士弟子香头高恩，锣主李维良，驾主刘子利，蜡主马士伟，管事人刘美盛、张子立、董大贤、谷永增、金子福、马得荣等，暨领四府八县各里各甲众善人，献蜡进香于泰山圣母位前。而斗母宫更为灵应，求子得子，求孙得孙，凡会中善人之资其福者甚众，故特建碑以颂功德于不朽云。维五岳呈奇，而泰山独秀；百神显应，圣母尤灵。聚精气于三华，金台紫馆；现全神于九转，玉宇瑶房。宝殿弥崇，烛焰辉煌呈五福；山头益耸，香烟缭绕结千祥。万姓庇人天，群生超地狱。是以斗母效灵，半山特峙。奉天道以无私，赞化育而有永。小民何识，敢忘鸿恩；草野有心，顿首崇碧。故信士弟子，各村善人，无不秉诚致颂云。

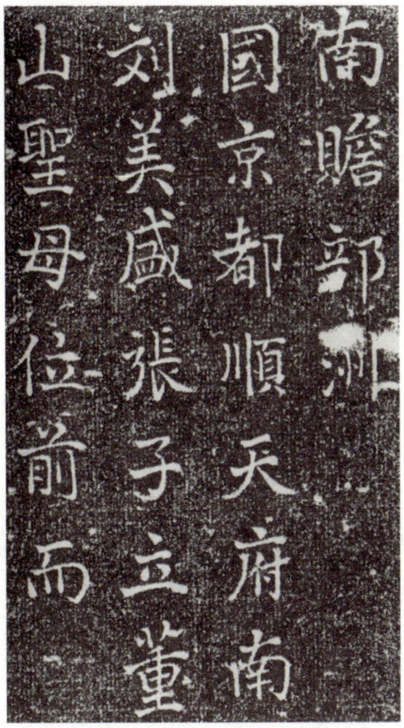

图13-7 《高恩等进香碑》局部

时乾隆四十四年三月二十六日建立。

住持比丘尼心海上宽下洪暨徒源兴、源庆、源志。工人宣玉。

斗母，泰山重要女神之一，又称“斗姆”“斗姥”，乃是北斗众星之母。斗姆是道教所尊奉的一位与众不同的神，她是天上星星的母亲，故地位尊贵。她的形象也很特别，三眼，四头，八只手，手中分别拿着太阳、月亮、宝铃、金印、弯弓、矛、戟等作战兵器或法器。

《刘义厚等捐资题名碑》，在斗母宫，立于清乾隆五十四年（1789）。碑文介绍了斗母宫。大意是：京都顺天府文安县信士刘义厚同母亲高氏，捐舍资财，助造泰山娘娘大驾。功成岱顶元君上院碧霞祠，特立碑于斗母宫，以记录对神的诚敬。作为泰山，乃鲁邦所尊，天仙坐镇，圣母遥临，居住在碧霞宫，号称元君。元君聪明正直，善者赐福，淫者降祸。灵官维护法度，元君劝人为善。功施寰宇之内，德济生民万众。虔心顶礼，宜子宜孙。至于元君下院，曲径幽深。禅房花木，曰“斗母宫”。

碧霞元君的庙宇在泰山有上中下三处，上院为岱顶碧霞祠，下院是灵应宫。但此碑说明乾隆五十年前后的时候斗母宫却是元君的下院。

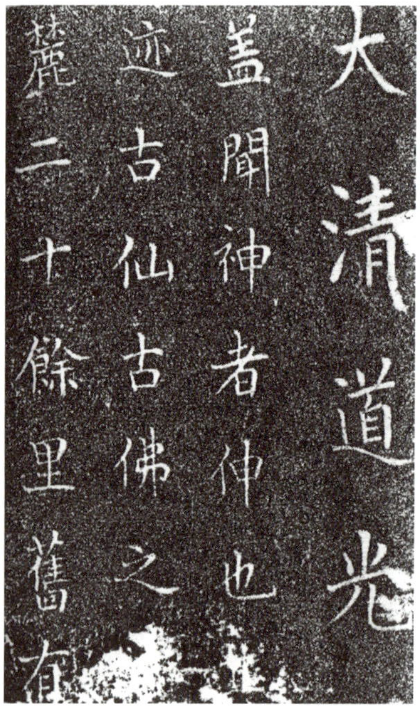

图13-8《邱家店等村信女题名碑》局部

《邱家店等村信女题名碑》（图13-8），在王母池，道光十年（1830）立。所谓“信女题名”，系121人题名，全为女性。碑文开首仍是一番议论：“盖闻神者伸也，其气常伸于宇宙；鬼者归也，其灵必归于虔诚。东岳岱宗，古今胜境也，先圣先贤之旧迹，古仙古佛之故踪，罔不备焉。”接着写合山会的情况：“凡外州府县莫不争谒明烟，矧庇在宇下，敢或忽诸！东岳邱家店，距岱麓二十余里，旧有合山会一道，每值岁晚务闲之候，比邻相约，各出资财以市香楮，遍山之神而祭之，历多年矣，迄于今不怠。兹又值祭祀之期，更欲勒其事于石，非敢谓能事鬼神也，盖以志不忘，恭敬之意，亦使神常获伸香火，永绵于奕叶，鬼有所归，俎豆克续其芳馨云尔。泰邑廪生吴少陵拜撰并书。”

《范镇善信题名碑》，在红门宫北小碑林内，立于道光十二年（1832）。碑文说：泰山雄镇东方，以“三公”的规格来祭祀。碧霞元君位居泰山绝顶之上，红门是其驻跸之宫，被称作元君之中庙，这里也是登泰山的枢纽要冲，故远近的男女都云集于此，那些没法上到山顶拜谒元君者，都在红门施礼。现有县城东部范镇的行善信士数人，邀请邻里聚会，组成香社祀神，第一年敬献神袍，第二年敬献旌旗，去年春天将善士姓名刻于碑上，今年刻满，并把刻有四年来人名的石碑立于庭院，以求永久纪念。秀才李南田撰文并书丹，铁笔刘法武。

《茌平县七圣堂香社题名碑》，在灵应宫，立于道光二十一年（1841），铭文为：“大清国山东东昌府茌平县南关七圣堂香社赴泰郡朝山进香，率众敬谒灵应宫天仙圣母殿下。乞保四时之平安，降无穷之福泽。均感圣德，为此熏沐敬谨立石。”这类石刻排满大殿后墙，是研究中国清代北方民间信仰的可靠资料。

《石碑等村善信题名碑》，在王母池，立于道光二十四年（1844）。额题“合山会碑”横排四字。碑文介绍了合山会受神的保佑衣食不缺、瘟疫不作：“泰邑城东石碑庄有合祭泰山之会，由来已久，饮和食德咸获神庥，靡有缺遗矣。而善男信女于祈祷之余，并谒药王，一时之疠疫不作，而沈疴悉愈焉。”“故于道光十五年挂匾于王母之上，廿年挂绫帐于药王殿内，今又立石以志，以永建此会云。”落款为泰安城东石碑、留送、燕家庄、姚家坡、贯庄、亚庄、田仝里、岔河、北王庄、堑汶河、北单、佟家庄、梁家林、南石汶、沟头等村善信题名，可见当时香会联系之广。

《香会善信挂红袍记碑》，在红门宫南约20米处，立于道光二十五年（1845），额题“碧霞祠”三字，文为：“今有高兴官庄孙贵等，自嘉庆年间约香会一道，迄今屈指计之，大约有五百余名，各出资材，敬制洋红缎袍一件，献于碧霞元君。灿然可观，不啻天文；焕然一新，无殊云锦。”而且说，敬神几件衣服似乎有媚神之意，其实不是的，其心意是为了使神像得以改造而焕然而已。以下有240人题名。

《姚庄村信众等建醮碑》，在王母池，立于道光二十六年（1846）。题名者大多为妇女，由此可见当时民间风尚。碑文大意是：《易经》曰，圣人利用神鬼之道进行教化，其道理是极精微、极深远的，但这并非后世求佛、进香、顶礼膜拜者所持的借口。虽然这些并不能有助于赏善惩恶，但当其虔诚祷祝的那一刻，凡一切邪心妄念都无从而生了。故城东乡善男信女，每年九月九日在此建醮，其名为合山会，今已四年了。以下罗列了姚庄、故县、乔庄、祝阳、大沟崖、吴家庄等村信众题名。

## 三、清晚期进香碑

到了清末，社会经济变得衰微，西方列强觊觎，地方上也已不太平，农民日益穷困。盛世的岁月，人们集资可以建起一座殿甚至一座庙来，而此时数百人来凑钱，大多却仅是向神献了一些妇女的手工制品。但是，碑文却似乎来不得半点马虎，写得益发高深，形成了泰山石刻史上的另一种现象。

红门小碑林内，有立于咸丰五年（1855）《峋峪善士献神袍碑》，此碑高两米有余，顶覆屋脊形石盖，为城东峋峪乡刘凤仙等向碧霞元君敬献神袍之碑，有256人题名。文为：

盖闻赭黄惨紫，斑斓呈夺目之华；元马宝鸡，骫费耀章身之彩。彰惠贶于玉堂，韦学士艳称覆缬；示宠嘉于丹陛，狄梁公荣诩铭金。岂徒山水绘形，凌云侈南朝之赋；文章入彀，夺锦矜左史之才哉。然而绯罗争妍，一品披金华之殿；青霜标异，五铢曳珠蕊之宫，袍之为服，人固重之，神亦珍焉。泰山碧霞元君，披琼函以缮性，握玉印以阐珍。品迈玉姜，名齐金母。右庚左乙，受六甲之灵符；北寒西盈，契四真之妙谛。宜蚁慕者克周遐迩，而麇至者无间山川矣。好义乡峋峪里，皈依素切，稽拜尤殷。近有首事人等，鸠合善信男妇约计数百名，蚨聚资财钱缗共得若干贯，虔制神袍一袭。彩色照人，白地裁光明之锦；光华眩目，黄绢绘宝相之花。匪谓衬霞帔珠冠，足壮庄严之像；亦愿随香花楮锭，同表祝厘之诚云尔。

乙酉科拔贡、候选直隶州州判贾公策拜撰，金牛庄佟日兰沐手敬书，石匠马恭。

这篇碑文纯文言，典故一个接一个，掉足了书袋，当时的农民绝大多数未必看得懂。

《北斗永社题名碑》（图13-9），由三石并成，立于咸丰五年（1855），主碑铭文之后刻列施舍物品名称及件数，甚详。其余二碑刻信士题名数百人。碑文记载：山东历城县城里，早有北斗永社，他们虔诚地到泰山进香，礼拜北斗星君，自明朝至今，已经相传了数百年，实乃古会。泰山之神护国佑民，只有华盖、旌旗才是迎神之重品；而献上香花一束，更是敬神的必需。以下将本会所置办的物品开列于后，以备永远进奉香火求神襄助也。以下开列所献物品：泰山圣母贡檀牌位一尊，并神龛、黄绣花枕头一个，黄绣花铺垫二付，黄缎绣花黄罗宝盖一把等数十件。

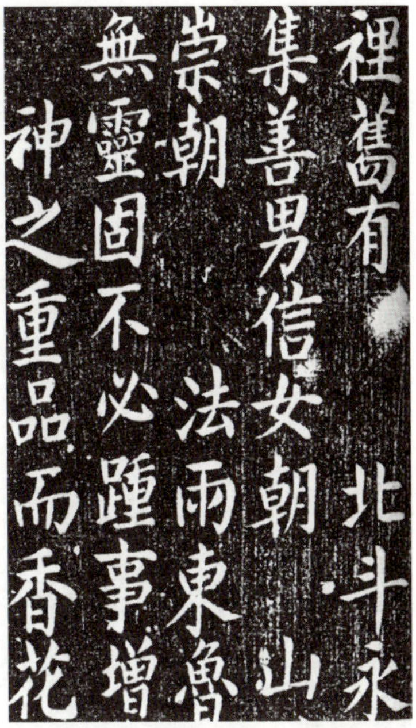
图13-9 《北斗永社题名碑》局部

《张孟氏愿许进香碑》，在红门小碑林，立于咸丰八年（1858）。碑文记载："近年来，兵戎竞起，黄水为灾，逆氛滋扰。仰仗泰山娘娘广施德惠，普济生灵，才令天灾不侵，地方静谧。"民众"自当集腋成裘，俾万井咸伸爱戴"，于是，信女张孟氏、陈张氏等，愿许进香四年。此时距北斗永社献贡品的时候，又过去了四年，社会经济更加萧条了，但是百姓们的信仰却没变，省吃俭用攒下钱来敬神，此刻，只有神才能给他们的心灵带来最后一丝的慰藉。

《泰邑合山会姓氏志序碑》，由四石并成，原立于遥参亭，后不知何故埋入地下，1998年出土，但仅存三石，年款缺失。考之其他碑文，可知此碑立于咸丰九年（1859）："邑东旧有合山会，在社者不下数千家，历年春季，齐赴来城设坛建醮，以答神庥。行之既久，入社者亦日益众。己未岁，众善信欲将诸姓氏勒诸石，以示不忘。"餐菊道人王子翔沐手撰文，汶阳居士张锡堂书，共有千余人题名。

《万善同归碑》（图13-10），在红门小碑林，立于光绪十二年（1886）。此碑为碧霞元君正名："东岳祀事之盛，首碧霞元君。元君何神也？或谓黄帝所遣玉女，或谓即泰山神女，其说多不合。国朝韩锡胙云：'元君，地祇也。泰坛事上帝，以人像之，则冕旒王者；泰折事地祇，以人像之，则翟袆后夫人。易泰折而宫室之貌，地祇而珈笄之，是天下正神也。'此说盖可信矣。"莱邑庠优增

图13-10 《万善同归碑》

广生王维序亦东撰，后学刘荣清光弼书，铁笔刘绰培，以下有信士102人题名。这是民间对碧霞元君的认识，其实元君的起源、沿变比这要复杂得多。

《同心社题名碑》，立于光绪二十五年（1899），讲了一个浪漫的故事：武定府蒲台县仁字乡赵店村有一个叫索义明的人，患疼痛症，光绪十三年（1887）春，抱病到泰山诚祷，回家后他的病痛竟一去不返，同心社便由此而成立，到今天已经十余年了。这种受福获报的事不胜枚举，众人皆感到神的灵验无比博大，受到的恩泽极其深厚。于是筹资立碑，聊以显示心悦诚服也。

《香火社题名记碑》，在泰山红门宫北，立于光绪二十六年（1900）。此碑介绍了泰山香火社历史的悠久、民众信仰的广泛，认为百姓的礼敬泰山实起源于古时七十二帝王的泰山封禅。同时指出，百姓礼神并不是因缘际会所产生的，而是要通过虔诚地敬神，来警醒自身，实现“亲睦而谐合”“要福禳祸”“公然向善”，以至“和厚之风即于是乎存”。碑文充满“正能量”，是我们民族优秀传统的展现。

其实，最早到泰山来祭祀的并不是平民百姓，而是帝王，他们在泰山祈求上天保佑风调雨顺、天下太平、国泰民安，颇具积极的社会意义。后来循着这条路百姓接踵而至了，所求的依然平安、健康、多福、多子嗣、富裕、和顺……泰山在我们民族的发展史上一以贯之地起到了一个作用，那就是它是一颗引导人们向着社会良好方向前进的启明星。

# 第三节 琳琅满目的题景刻石

继明朝泰山出现题景刻石后，进入清代可谓方兴未艾，有更多文辞优美、书法亦佳的题词镌上了泰山的岩石。这些题刻或自撰，或引用古人名句，都精到地把握了泰山景观的美学特征，不仅对景点起到了画龙点睛的作用，而且由于题刻自身的深邃意蕴和恰到好处的提示，使得泰山的文化品位有了进一步提高。以下择要介绍几则。

《“惟天在上”题词碑》（图13-11），在岱顶玉皇庙内，是清代泰山最早的题景石碑，立于清顺治八年（1651），杨义题。意谓泰山之高与天相接，可直达天庭，是泰山最古老的文化命题。

图13-11 《“惟天在上”题词碑》

杨义（？—1662），山西洪洞县人，明崇祯元年（1628）进士，先后任山东聊城、河南汝阳知县，江西道监察御史，提督学政等职。

《“石面迸出水，树头穿破云”刻石》，在梦仙龛附近，刻于清顺治十一年（1654），北京宛平人刘若訾题。此句出自北宋诗人滕宗谅《游茅山》，形容泰山蓄水丰富，山体高大，石面上涌出流水，树梢插入云霄。

《“天根云窟”刻石》，在《纪泰山铭》东侧石壁上，刻于康熙元年（1662），韩东题。泰山是兖州的镇山，所以泰山在星宿中对应的即是天根，天根属东方星宿，其神为青帝，主万物生长发育。云窟，指聚集云气的地方，能兴云致雨，此也属泰山文化的古老命题。

《“泉响云飞”刻石》，位于云步桥畔，康熙十六年（1677）八月赵武星题。

其跋为："大清康熙十六年岁次丁巳八月十五日，□曹中郎三品赵武星题，同游云间徐青。"此4字题于泰山，有声有色，颇具动感，可称传神。

图13-12 《"从此看山"刻石》

《"从此看山"刻石》（图13-12），在盘道高处西侧石壁上，刻于康熙八年（1669），款为："康熙己未夏四月，泾阳任玑来登题石。"在这里北望泰山的确角度极佳，登高望远俨然一幅美妙的图画。

任玑（生卒年不详），字公羲，泾阳（今陕西省泾阳县）人，顺治十八年（1661）进士，康熙间任滕县县令、兖州府通判，工书画。

《"松云绝壁"刻石》，在十八盘下石壁上，刻于康熙二十一年（1682），款为："康熙岁次壬戌，长白卞三畏题。"在画家的眼中，此处松苍、云低、崖壁陡峭、盘路高悬，真可谓一幅美轮美奂的绝妙山水画。

卞三畏（生卒年不详），字仲华，盖州（今辽宁盖县）人，由举人官知县。政事余暇，怡情翰墨，画山水湍濑潺湲，烟霞缥缈。

《"雄峙天东"题词碑》，在平顶峰的北边，立于康熙三十八年（1699），款为："康熙乙卯，山东巡抚王国昌题。"

王国昌，清康熙三十七年（1698）至康熙四十二年（1703）任山东巡抚，余不详。

《"举足腾云"刻石》，在十八盘下石壁上，刻于康熙四十四年（1705），款为："康熙乙酉年菊月，泰安使者祁国祚题。""举足腾云"意为一抬脚就迈到了云层里，极言泰山之高，还暗含着鼓励游人努力登高的意思。

祁国祚（生卒年不详），陕西关中（今西安、咸阳一带）人，举人，康熙四十一年（1702）由莒州调任泰安知府。史载，时泰安大饥，他尽心赈济，曾捐俸赎回饥民已卖子女，民赖以全活者数万户。

《"渐入佳境"刻石》，在盘道东侧，刻于康熙四十五年（1706），款为："康熙丙戌清和下浣，蒲坂韩镐题。"

泰山有此四字题刻数处，地点却不相同，盖因人们的审美角度不同。

《“俯视一切”刻石》，题于清康熙四十七年（1708），款为：“康熙岁次戊子仲夏吉日，晋州古红门万大用敬题。”此题刻意同“一览众山小”。

万大用（生卒年不详），字晋侯，清太原监生，康熙三十二年任泰安州州同。

《“灵山玉柱”刻石》（图13-13），在后石坞莲花洞，刻于康熙四十九年（1710），款为“康熙四十九年，巡抚蒋陈锡题。”

图13-13 《“灵山玉柱”刻石》

蒋陈锡（？—1721），字雨亭。江南常熟人。康熙中期进士。历官河南按察使、山东巡抚、云贵总督。为政革弊除盗，出家资赈灾。康熙四十七年（1708），请缓征山东省逋赋，条陈海防三事，皆得准行。

《“雪巘云凝”刻石》，在莲花洞洞口之上，刻于康熙四十九年（1710），款为：“康熙四十九年十二月，山东道武廷适题。”此四字描绘了雪后的泰山雪白云低、漫山素装的景色。

武廷适（1651—1725），字周南，一字浩然，原籍山西大同，后迁居浚县，官至广西布政使。

《“置身霄汉”刻石》（图13-14），在大观峰石壁上，刻于康熙五十六年（1717），李树德题。此刻石意思是登上岱顶，好像置身于天的极高处，意谓人要向高处走达到人生的最高境界，同时极言泰山之高。李树德任山东巡抚期间曾重建一天门坊。

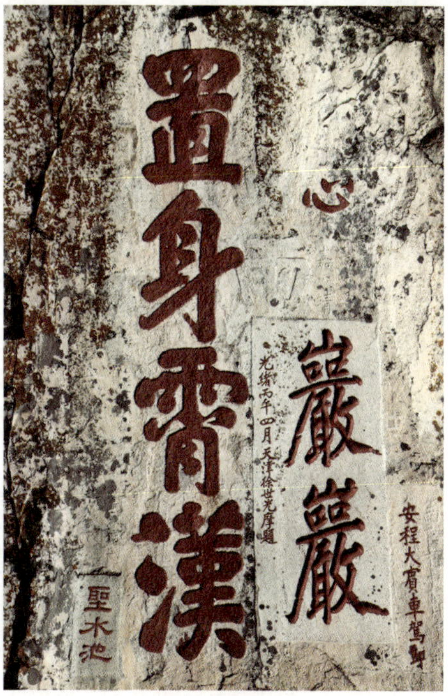

图13-14 《“置身霄汉”刻石》

《“渐远红尘”刻石》，在十八盘侧，约题于康熙六十年（1721），款为：“知泰安州事、宛平古今誉题。”中国古代知识分子厌倦了官场奢靡虚幻的生活，向往山野、田园风情，便称之为远离红尘，而泰山正给他们提供了这样的一个理想环境。

古今誉，贡生，康熙五十九年任泰安知州，余不详。

《“至哉坤元”刻石》，在《纪泰山铭》西侧，刻于康熙六十一年（1722），款为：“康熙壬寅岁，萧湘赵纶题。”此句出于《易·坤》：“至哉坤元，万物资生，乃承顺天。”坤乃大地，此处是对大地的赞美，引申为赞美泰山。

《“上天梯”刻石》，在十八盘侧石壁上，刻于雍正十三年（1735），款为：“大清雍正十三年孟春月□□□李建功题。”此题刻形容登山盘道已十分陡峭，就如登天的梯子一般。此题刻与脱镐题名在同一石上，故傅振伦先生20世纪20年代所写《重游泰山记》中认为此三字为脱镐所题。

《“维天东柱”刻石》，在岱顶，刻于清乾隆四年（1739）三月，字径大一米见方。款为：“乾隆四年三月之吉，山东巡抚松花江法敏题并书。”此语意谓泰山是顶天之柱。

图13-15 《“与国咸宁”刻石》《“体乾润物”刻石》

法敏，乾隆元年至四年六月任山东巡抚，余不详。

《“与国咸宁”刻石》（图13-15），在大观峰西侧石壁上，刻于乾隆十三年（1748），萨搓题，取“泰山安则四海安”之意，谓全国都同泰山一样安定、安宁。

萨搓，满族，乾隆十三年（1748）知泰安府事，余不详。

《“体乾润物”刻石》（图13-15），位置同上，刻于乾隆十三年（1748），款为“乾隆十三年戊辰仲冬月”，系萨搓与上条同时所题。意思是泰山实行天道，兴云致雨，润泽万物。也暗指世事，意在期待施恩泽于百姓。

《“太古清音”刻石》，在登山盘道

较高处，刻于清乾隆四十五年（1780），所题款为“乾隆庚子二月下浣，长白准泰题”。古人认为太古时期社会是美好的，没有战争、没有压迫，人人平等，而来到了泰山就犹如回到了太古时代。

准泰（生卒年不详），字健斋，号雪村，清满洲正黄旗人。由笔帖式内库主事被雍正皇帝看重，赐姓他塔拉氏，累擢福建将军，乾隆时官至山东巡抚。

《“天地交泰”刻石》，在升仙坊西侧石壁上，刻于乾隆四十八年（1783），题刻者不详。此题刻意思是天与地相交合，其卦象是乾下坤上，为大吉大利、上下相通的泰卦。其意是泰山处于天与地相交合的地方，是泰卦的象征，象征天下通畅安宁。

图13-16 《“气象万千”刻石》

《“气象万千”刻石》（图13-16），在孔子庙南岩石上，刻于乾隆四十九年（1784），款为：“四十九年甲辰五月，王恩溥题并书。”语出宋范仲淹《岳阳楼记》：“朝晖夕阴，气象万千。”该题刻未署年号，但“四十九年甲辰”正是乾隆四十九年。

《“空翠凝云”刻石》，刻于乾隆五十三年（1788），款为：“乾隆五十三年嘉平月，泰安郡守古吴宋恩仁题。”此处已逼近对松山，古松青翠，白云凝结，景致美不胜收，故有此题刻。

宋恩仁（1730—1807），字蔼若，号汝和，清长洲（今江苏苏州）人。乾隆二十五年任泰安知府，官至山东粮道。居官廉正，勇于兴革，居处俭约，善弈棋，嗜吟咏，工丹青，著有《泰山述记》。

《“松风吹冷尘心”刻石》，在对松山下盘道旁，刻于乾隆五十三年（1788），款为：“乾隆五十三年岁次戊申，不必留名。”作者来到对松山，追求名利的心思都被松风吹得淡薄了，烦虑皆消、荣辱俱无，名利则更不在话下，心中分外宁静，可谓“涤我尘梦”，故落款也就“不必留名”了。

《“唯天为大”刻石》，在升仙坊东侧石壁上，刻于嘉庆元年（1796），款为：“嘉庆元年孟秋谷旦。”此语出自《论语·泰伯》：“子曰：大哉！尧之为君也。巍巍乎，唯天为大，唯尧则之。”此语本意是“天是最大的，尧是最正确的”，而此题刻的意思是站在泰山上只有天在上为大，天下的一切都变小了，极言泰山之高。

《“群峰拱岱”刻石》，在五松亭西盘道北侧石上，刻于清嘉庆十九年(1814)，款为：“嘉庆拾玖年三月谷旦，衍圣公孔庆镕题。”

孔庆镕(1787—1841)，字陶甫，号冶山，山东曲阜人。孔子七十三代孙，袭封衍圣公，此人在泰山多有履迹。著有《铁山园诗稿》。

《“于山见泰岱之高”刻石》，在《纪泰山铭》东侧石壁上，刻于嘉庆二十一年(1816)，款为：“嘉庆二十一年二月望日，督河使者李逢亨谨识。”

李逢亨(1744—1822)，字培元，号平湖，竹溪(属湖北省)人。清乾隆四十二年(1777)拔贡，历任河间知府、永定河道、东河总督等。

《“天下名山”刻石》，位置同上，刻于清道光十九年(1839)，款为：“道光己亥四月，福州杨庆琛书。”

杨庆琛(1783—1867)，字建元，号雪椒，侯官县(今福州市)人，清嘉庆二十五年(1820)进士，历官山东布政使、内用光禄寺卿。著有《降雪山房诗钞》。

《“排闼送青”刻石》，刻于清道光二十年(1840)，款为：“道光庚子仲春，秉初陈显彝书。”意思是推开门就能看到一片苍青，有“齐鲁青未了”之意。

陈显彝(生卒年不详)，浙江绍兴人，后迁居济南，曾任山东盐运使，山东候补道，登、莱、青州兵备道，诰封资政大夫。

《“揽翠”刻石》，刻于清道光二十三年(1843)，款为：“道光癸卯，萧亭张祥河题。”

张祥河(1785—1862)，字符卿，号诗船舲、鹤在，又号法华山人，松江人，官工部尚书，善写意花草，有石涛笔意。

《“栏环翠秀”刻石》，刻于清咸丰六年(1856)，款为：“咸丰丙辰孟夏，长白升福。”也是歌颂泰山风景的题词。

升福(生卒年不详)，瓜尔佳氏，满洲正黄旗人，长于书法，工草书。

《“水流云在”刻石》，题于光绪四年(1878)，款为：“光绪戊寅，铁岭增瑞题。”此刻石取意杜甫名篇《江亭》“水流云不竞，云在意俱迟”，表达了作者一种恬淡悠然的心境。题者增瑞在泰山题刻颇多。

《“从善如登”刻石》(图13-17)，在盘道东侧石壁上，刻于清光绪九年(1883)，款为：“光绪九年小阳月，署泰安县事孙符乾敬镌。”此语出自《国语·周语下》：“从善如登，从恶如崩。”中国古代人向来把善恶作为衡量人性品质的最终尺度，所谓“己所不欲勿施于人”“勿以恶小而为之，勿以善小而不为”等，都是强化人的修养的经典之句。

图13-17 《“从善如登”刻石》

孙符乾（生卒年不详），河南固始人，举人，光绪九年代理泰安知县。

《“峰回路转”刻石》，此题刻在回马岭坊北、盘道东侧石壁上，当刻于光绪十一年（1885），款为：“乙酉姑洗月上浣，历邑刁文元书。”作者不详。语出欧阳修《醉翁亭记》：“峰回路转，有亭翼然临于泉上者，醉翁亭也。”此处山势陡峭则盘道回旋曲折，此刻石不言其险，只说其幽，形象地道出了此处的景观特征。

《“飞泉挂碧峰”刻石》，在云步桥东首石壁上，当刻于清光绪十一年（1885），款为：“乙酉仲秋，北平王鸿陆。”为题写飞瀑之作，语出李白《访戴天山道士不遇》诗：“野竹分青霭，飞泉挂碧峰。”贴切地描写了云步桥飞瀑的风光。

王鸿陆（生卒年不详），彼时任山东沂州知府。

《“峻岭”刻石》（图13-18），刻于光绪十三年（1887），款为：“大清光绪丁亥年，晋阳王启恩书。”

图13-18 《“峻岭”刻石》

王启恩（1837—1899），字钢堂，号瑞臣，山西徐沟县人，善书法。同治元年中举，后出任户部员外郎。光绪年间，山西发生大饥荒，王启恩拿出粮米银钱救助灾民，事后曾国荃曾赠联表彰：“廉孝相承，世载其德；刚柔相济，功加于民。”著有《芸斋金石考》《五砚轩笔记》等。

《“登峰造极”刻石》，在大观峰东侧石壁上，刻于清嘉庆八年（1803），款为：“癸亥孟春，长白舒辂敬书。”题词指登攀到了泰山的最高点，也暗喻泰山景致达到最高境地，同时还指人的学习、修养没有止境，要步步登高。

舒辂，满族镶蓝旗人，嘉庆三年任泰安县知县。

《“虫二”刻石》（图13-19），位于在斗母宫下的盘道西侧，刻于光绪二十五年（1899），款为：“已亥夏六月，历下刘廷桂立。”此题刻为一字谜，是“风月”二字去掉外围笔画而成，喻泰山风月无边。

图13-19 《“虫二”刻石》

图13-20 《“俯瞰群峰”刻石》

《“俯瞰群峰”刻石》（图13-20），在云步桥东首石壁上，刻于清光绪二十六年（1900），款为：“光绪庚子八月，吴门石祖芬。”此语出自孔子“登泰山而小天下”之句。俯瞰群峰万山皆小，有登泰山而小天下之意境。这是石祖芬在泰山的第四处刻石。

《“后石坞”刻石》，在天空山崖壁上，字径较大，刻于清光绪二十八年（1902），陈伯陶题。下有款：“光绪壬寅九月晦日，泰安知县、仁寿毛澂导登绝顶，观日出后，同临桂董崇□等三人游此，因题。东莞陈伯陶书。”

陈伯陶（1855—1930），字象华，号子励，东莞人。光绪壬辰探花，授编修。工书擅画，著有《东莞县志》等。

《“冠盖五岳”刻石》（图13-21），在盘道东侧，刻于光绪三十一年（1905），款为：“光绪三十一年清和中浣，济东泰武临道丁达意暨泰安府知府吴筠孙、泰安县知县李于锴游此泐石。”此石为颂岱之作，与“五岳之尊”“五岳独尊”“五岳独宗”等同义。最足可称道者是此刻石笔意雄健苍劲。

图13-21 《“冠盖五岳”刻石》

丁达意，彼时任济东泰武临道，后又任兖沂曹济道兼河道与盐运使；吴筠孙，字竹楼；李于锴，字叔坚，嘉庆间进士，曾参加“公车上书”运动。

《“东天一柱”刻石》，刻于清光绪三十二年（1906），款为：“光绪丙午夏四月，致祭使者泾县吴廷斌书。”中国古代人认为，“昆仑山为天柱”（《初学记》引《河图括地像》），此处把泰山比作了昆仑。

吴廷斌（1839—1914），字赞臣，安徽泾县茂林人，清代一品大臣。历任山西巡抚和山东巡抚等。

《“岩岩”刻石》，刻于清光绪三十三年（1907），天津徐世光题。

徐世光（？—1929），字友梅，号少卿，天津人。1886年赎买清吏，分发山东任知府。辛亥革命爆发，出走青岛。其兄徐世昌时为北京政府国务卿，使之督办濮阳河工，工竣复寓居天津。晚年任中国红十字会会长。

《“五岳独尊”刻石》（图13-22），在去玉皇顶的盘道路东，刻于光绪三十三年（1907），款为：“光绪丁未孟夏，泰安府宗室玉构题。”

图13-22 《“五岳独尊”刻石》

《“昂头天外”刻石》，在《“五岳独尊”刻石》右侧旁，刻于光绪三十四年(1908)，款为：“光绪戊申五月，顺德辛耀文题。”此题刻与“五岳独尊”在同一石上，作者系广东人，彼时广东乃是经济开放的口岸，作者接触了较多的外来思想，故此四字有反“独尊”之意，意即把目光放得更远些，胸怀放得更阔些——昂头天外，着眼四海。这应是当时少数精英人士的新潮思想。

辛耀文(1876—1928)，号仿苏，广东顺德人。清末著名古籍、书画收藏家。先祖因糖业致富，光绪末年，购得大量古书，成为粤地一带首屈一指的藏书大家。

《“云路先声”刻石》(图13-23)，刻于宣统二年(1910)，海盐王宷基题。其下跋为：“宣统庚戌二月，偕乌程章君祖僖、谢君毓洙同登岱巅，伯兄宗基命摩崖题字。海盐王宷基。”此四字深刻，魏体，隶意尚浓，奇肆俊俏。

题刻中章祖僖、谢毓洙、王宗基均为清末民初名流。

图13-23 《“云路先声”刻石》

# 第四节　名人荟萃的题记、题名刻石

清代，泰山存有从顺治到宣统的各类题记、题名刻石近30处。这一时期的此类刻石不像其早期出现时那样大多为普通人所为，而是名人汇集，如清初赵祥星、柯永蓁、何毓秀、高孝本等，清朝中期有孙星衍、何道生、英和、黄钺，汤金钊、吴文镕、黄恩彤、易棠、崇恩等，清朝后期有何桂清、潘鼎新、梅启照、孔广陶、孙衣言、尚庆潮、郭宝昌、吴长庆、张謇、张百熙、李嘉乐、裕德、岑春煊等共70余人。题记的内容也相当广泛，所记录的内容随着清朝历史的变迁而呈现出明显变化，可以说，同其他形式的泰山刻石一样，题记也是一面记录历史发展的镜子。

## 一、清早期题记刻石

清朝早期一般指顺治、康熙到雍正时期。这一时期泰山最早的题记刻石是《王无欲题记碑》，在扇子崖山门内，立于顺治十八年（1661），残字较多。其碑文开头说："……明季（下缺8字）蜂起，余携家避乱于此，惴惴焉有不保身家之虑。夜梦神嘱余曰：'尔勿忧，不久新主出定天下，尔其掇科名。'"果然，一个多月后我朝一统天下，顺治五年，我中了举人。数年后，再次到这里游玩，一见便备感亲切，心中却泛起了惆怅。回忆起过去神的保佑，我将如何报答呢？于是打算重修庙宇，一年以后，塑成了天尊圣像及侍卫诸神像，森严可畏，就像蜡烛一样照亮了孤独的我。

王无欲（生卒年不详），字佐可，泰安州人，顺治五年（1648）举人、顺治十五年（1658）会试贡士。其父王度，清初名臣。无欲与其弟无间、无私并享文名于一时。他的这篇题记有金代党怀英的风格。

《岱庙坊额题名》，在岱庙坊额上，刻于康熙八年（1669）至十七年（1678）间，坊额前后题名相同，罗列了一大批人物：

赵祥星，见前《岱庙坊题联》（之二）。

柯永蓁（生卒年不详），辽阳人，其父柯汝极，为顺治初副都统，加一等轻车都尉世职。柯永蓁袭一等轻车都尉，任兵部郎中兼参领，顺治十三年（1656）擢都统，康熙元年（1662）官至山东提督。

何毓秀（生卒年不详），字锺岳，号岱樵，东湖（今浙江嘉兴市）人，康熙五十二年（1713）武进士，官江西都司，有《岱樵诗集》。

劳之辨（1639—1714），字书升，浙江石门（今浙江省江山市石门镇）人。康熙三年（1664）进士，选庶吉士，授户部主事，迁礼部郎中，出为山东提学道佥事。

朱麟兆（生卒年不详），字石安，盛京（今沈阳）人，监生，康熙十年知泰安州，为官廉洁严正，擢刑部侍郎。

孔贞瑄（1634—1716），字用六、璧六，号历州，曲阜人。顺治举人，康熙十一年为泰安州学政，彬彬有洙泗之风，曾重建孔庙魁文阁，著有《大成禾律》《聊园全集》《泰山纪胜》等。题名中还有金应彪、陈五典、张所存等均为参与了重修岱庙的人。

《万大用题记碑》（图13-24），在后石坞，刻于康熙四十一年（1702），文为："昔少司农王公讳度者在此读书，遂掇巍科，登显秩焉。固人杰也，抑地灵也，凡有志读书者，亦当如之"。

文中王公，即王度（生卒年不详），字平子，泰安人，相传未及第前在后石坞读书。清顺治三年中进士，除大同知县，擢刑部主事，累官户部右侍郎。著有《恤行题稿》。

图13-24 《万大用题记碑》

《高孝本等题名刻石》(图13-25)，在大观峰西侧石壁上，刻于康熙五十五年(1716)，记录了一行人登泰山、看日出："康熙丙申九月望日，嘉兴高孝本大立、石门顾法汝周、无锡华启昌子辅、吴江许运昌三英、周振业右序、龙藻汉荀、陈沂震狷亭、沂配艾山同游泰山，留宿庙下。五更登日观峰，宾日而出。时大立侄端质、狷亭，子士任侍行。"

图13-25 《高孝本等题名刻石》

高孝本(1649—1726)，字大立，号青华，浙江嘉兴人。康熙三十年(1691)进士，官绩溪县知县。后罢官，放浪山水，著有《固哉叟诗钞》八卷，《四库总目》传于世。

周振业(生卒年不详)，字右序，江苏吴江(今江苏省苏州市)人，雍正癸卯副贡生，有《义亭集》。

龙藻(生卒年不详)，即周龙藻，字汉荀，号恒轩，吴江人，贡生，有《恒轩诗集》。

陈沂震(生卒年不详)，字起雷，号狷亭，江苏吴江人，康熙三十九年(1700)进士，历任礼科给事中、山东提学使、刑科掌印给事中。著有《狷亭集》《微尘集》《敝帚集》等。

艾山(生卒年不详)，即陈沂配，字艾山，其父陈锐著有《褒碧斋词话》。

## 二、清中期题记刻石

清中期指乾隆至道光时期，期间，最早的泰山石刻有《孙星衍记事题刻》（图13-26）。此碑在岱庙方碑南侧，篆书，刻于嘉庆二年（1797）。文为：

嘉庆二年二月癸酉，署按察使孙星衍来谒岱庙。泰安府知府金棨、运河同知黄易、阳湖杨元锡、钱塘江凤彝同至。次日，宿登封台，观日出，始去。

图13-26 《孙星衍记事题刻》局部

以上数人皆是清中期著名学者、金石学家。

孙星衍（1753—1818），字伯渊，江苏阳湖（今属常州）人，清代著名藏书家、诗人、金石家。乾隆五十二年进士，授编修，改刑部主事等，嘉庆十二年（1807）任山东布政使。博阅群书，勤于著述。去官后，先后主讲扬州安定、绍兴戢山书院。著有《芳茂山人诗录》《孙渊如外集》《岱南阁集》等多种。

金棨（生卒年不详），字戟门，号素中，安徽休宁（今安徽省黄山市休宁县）人，嘉庆元年至四年任泰安知府，任职期间曾编著《泰山志》。

黄易（1744—1802），清杭州人。乾嘉时期运河官员，是乾嘉学派的金石学家。曾为《孙夫人碑》作《新甫得石图》。

杨元锡（生卒年不详），江苏阳湖人，贡生。著有《长垣县志艺文录》

江凤彝（生卒年不详），字秬江，一作秬香，钱塘（今杭州）人，嘉庆三年（1798）举人。其工于隶书，与黄易皆能以汉法自命，曾于乾隆年间在新泰发现《孙夫人碑》。

《金棨记事题刻》，在岱庙方柱碑南侧最上层，刻于嘉庆五年（1800）。文为：

嘉庆五年三月二十八日，前泰安守、休宁金棨奉母还里，宿雨花道院，因志。

《何道生记事题刻》，在方碑南侧最上层，刻于嘉庆五年（1800）。文为："嘉庆五年，青龙在涒叹，升枋建卯之月，日次壬辰，巡视济宁漕务。山东道监察御史、灵石何道生以阅宗至泰安，恭谒岱庙。同来者，靖江郑锡琪。"

何道生（1766—1806），字立之，号兰士，山西灵石人，乾隆五十二年（1787）进士，历工部主事、员外郎、郎中、山东道监察御史等。著有《双藤书屋诗集》十二卷和《清史列传》行于世。

郑锡琪（1756—1825），字仲儒，号筠泉。靖江（今江苏省靖江市）人，嘉庆六年（1801）进士。入翰林院庶吉士，官至户部主事。因疾归里。著有《迂叟诗钞》《迂叟文钞》《纪事诗》《尚书疏正辟谬》。

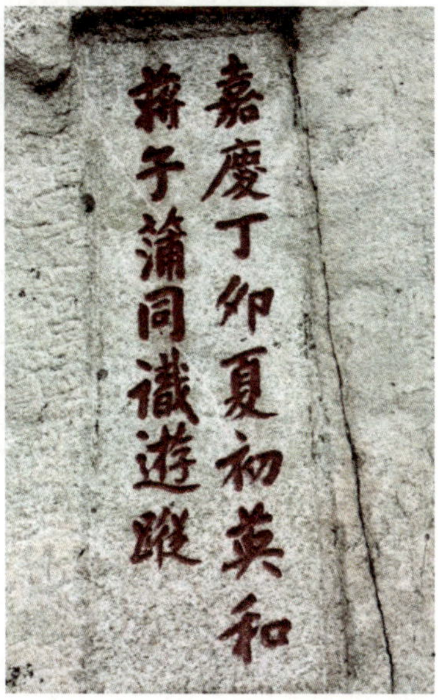

图13-27　《英和等题名刻石》

《英和等题名刻石》（图13-27），在唐摩崖上，刻于嘉庆十二年（1807）：

嘉庆丁卯夏初，英和、蒋子蒲同识游踪。

英和（1771—1840），字定圃，号煦斋，索绰络氏，满洲正白旗人。乾隆五十八年（1793）进士，官户部尚书，协办大学士。工诗文，善书法、绘画，与成哲亲王、刘墉并名当世。

蒋子蒲，由庶吉士而升洗马，善诗词，余不详。

《黄钺登岱题记刻石》（图13-28），在唐摩崖，刻于清嘉庆十九年（1814），此刻石右读：

嘉庆甲戌二月乙卯，内阁学士兼礼部侍郎、山东学政、当涂黄钺按试泰安毕，登岳宿太平顶。丙辰观日出去，男初民、少民、富民，侄仁民，门人历城郭敏磐、洪洞刘际陆、盂田嵩年侍，并敏磐题记、和州姚树勋察书，前泰安县知县常熟蒋因培召工刻石。

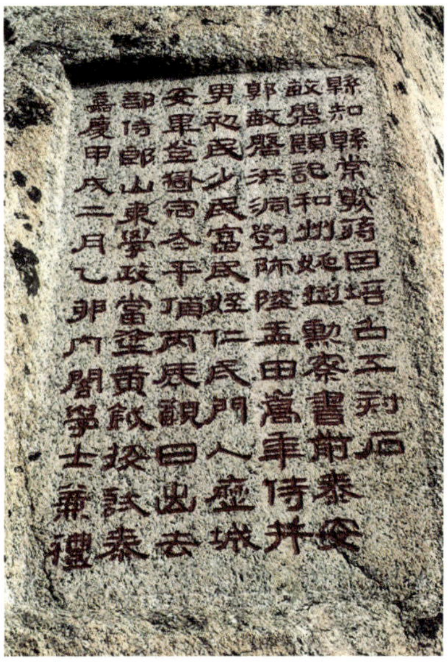
图13-28 《黄钺登岱题记刻石》

黄钺（1750—1841），字左田，号左君等。清安徽当涂人，乾隆进士，授户部主事。是时和珅得势，黄钺不欲趋附，乞归不出。嘉庆间，召入直南书房，迁侍讲学士，擢内阁学士，累官军机大臣、礼部尚书，勤于政事，熟知典章制度，议事详慎，政绩显著，著有《西斋集》等。

郭敏磐（生卒年不详），字小华，号云门外史，历城（今济南）人。嘉庆九年（1804）举人，官益都教谕。善隶书，工山水。

蒋因培（1768—1839），字伯生，常熟人，诸生。嘉庆二年（1797）授阳谷县丞，先后知滕县、汶上、泰安、齐河诸县。道光元年（1821）以狂悖被劾，遣戍新疆，遇赦释还，蒋因培曾在玉女池找到秦刻石。

姚树勋（生卒年不详），字竹农，安徽和县人，工书画。

田嵩年（1788—？），字季高，号梦琴，清盂县北关人。嘉庆二十五年（1820）庚辰科进士，历任庶常、翰林院编修等。

《汤金钊等题名刻石》（图13-29），在倒三盘稍北东侧石崖上，刻于道光十九年（1839），文为："道光己亥岁三月十七日，协办大学士、吏部尚书汤金钊，刑部左侍郎吴文镕，刑部员外郎祥麟、黄恩彤、主事易棠，泰安府知府崇恩，泰安县知县姜宫绶同登。"

图13-29 《汤金钊等题名刻石》

汤金钊（1772—1856），字敦甫，浙江萧山人，乾隆五十九年（1794），举乡试第一，嘉庆四年（1799）进士，选庶吉士，授编修。嘉庆十三年（1808），入直上书房，调任吏部尚书、工部尚书、户部尚书之职。

吴文镕（1792—1854），字甄甫，号竹孙，江苏仪征人。清嘉庆进士。道光十九年（1839）任福建巡抚，次年改任江西巡抚，颇著政声；咸丰二年（1852）调闽浙总督，寻改湖广总督，咸丰四年在黄州（今湖北黄冈）被太平军打败，投水自杀。

黄恩彤（1801—1883），原名丕范，字绮江，号石琴，山东宁阳蒋集镇人。清道光六年（1826）进士，授刑部主事。道光二十五年（1845）升任广东巡抚。鸦片战争时，力主妥协，参与议订《南京条约》。黄恩彤著述颇丰，有《知止堂集》《秋声词》《监评别录》《蚕桑录要》等200余卷。

易棠（？—1863），湖南善化（今长沙）人，道光进士。分任刑部主事，累迁员外郎、郎中。咸丰元年（1851）后，历任陕西按察使、甘肃布政使、团陕甘总督。

崇恩（生卒年不详），姓觉罗氏，字仰之，号雨舲，满洲正蓝旗人。由廪贡生官至山东巡抚。

姜宫绶（生卒年不详），字赓元，浙江归安（今湖州）人，举人。道光十八年（1838）七月任泰安知县，十九年再任，二十一年八月三任，二十三年六月四任，二十四年十二月五任。

《何桂清等登岱刻石》（图13-30），在中天门北石壁上，刻于道光二十七年（1847）："道光丁未二月十七日，督学使者、昆明何桂清偕平湖高振英、上元王至华、阳湖庄敏、萧山来献琛、固始元伟、无锡秦缃业、归安姜赓元同登。夜宿碧霞宫，次日黎明养云亭观日出。"

图13-30 《何桂清等登岱刻石》

何桂清（1816—1862），云南昆明人，道光进士。咸丰四年（1854）任浙江巡抚，咸丰七年（1857）升任两江总督，极力搜括苏、浙钱粮，支持清军江南大营围攻天京（今南京）。1858年英法联军侵占天津，力主妥协投降；1860年，江南大营被太平军再次击溃，从常州逃到苏州、上海。后被清廷逮捕处死。

秦缃业（1822—1883），字应华，号淡如，江苏无锡人。道光二十六年（1846）副贡，官浙江盐运使，著有《虹桥老屋遗稿》等。

## 三、清晚期题记刻石

一般认为，咸丰至宣统四朝是为清晚期。这一时期虽然社会动荡，但并没有在官员的题记中明显显示出来，只是这些题刻益发显得平淡而缺乏新意。

《潘鼎新等登岱题记刻石》，在盘道东侧石壁上，刻于同治六年（1867）：

同治丁卯二月，庐江潘鼎新、汝宁王成谦登岱题记。

潘鼎新（1828—1888），字琴轩，安徽庐江县人。清道光二十九年（1849）中举，受曾国藩赏识，令募勇立“鼎”字营。同治元年（1862）署江苏常镇通海道，后任山东布政使，光绪二年升任巡抚。

王成谦（生卒年不详），汝宁（今河南汝南）人，清同治年间曾候补济南知府。

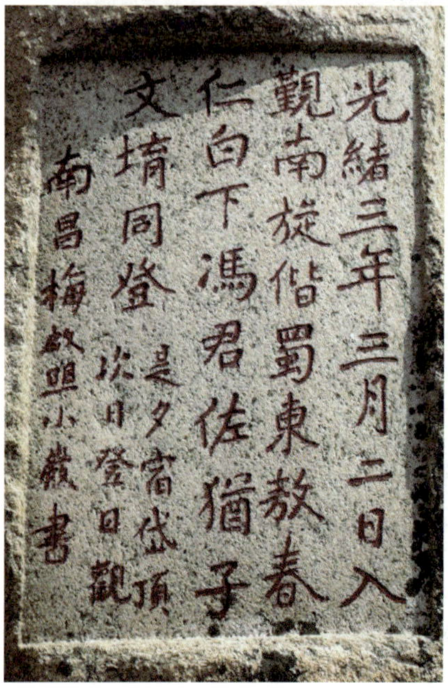


图13-31 《梅启照题名刻石》

《梅启照题名刻石》（图13-31），在《纪泰山铭》西，刻于光绪三年（1871）。文为：“光绪三年三月二日入觐南旋，偕蜀东敖春仁、白下冯君佐、犹子文堉同登。是夕宿岱顶，次日登日观。南昌梅启照小岩书。”

梅启照（1826—1894），字小岩、筱岩，今江西省南昌市青云谱区定山梅村人。咸丰二年（1852）进士。同治六年（1867）由长芦盐运使迁广东按察使。后历任江宁布政使、浙江巡抚、兵部右侍郎、内阁学士等职。光绪七年（1881）改授东河河道总督。梅启照是中国近代洋务派著名人物，清末中兴名臣，与曾国藩、左宗棠、李鸿章等同列为清末同光(同治、光绪)十八名臣。

《孙衣言登岱题记刻石》(图13-32),在唐摩崖,刻于同治十二年(1873):“同治癸酉春,由金陵入觐,二月六日至泰安,遂登泰山。是夕,宿岱顶。明日登日观观日出,同游者黄岩李孝廉绍衣谷士。时己亥同年苏进士名显,炳臣作邑于此,实为主人。瑞安孙衣言勤西书。”

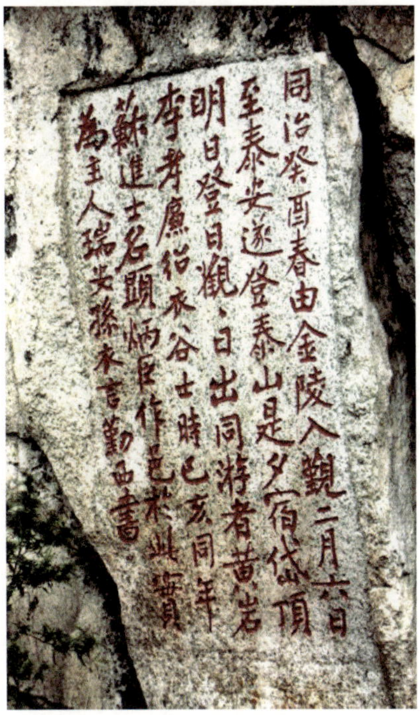
图13-32 《孙衣言登岱题记刻石》

孙衣言(1814—1894),字劭闻,号勤西,浙江瑞安人。道光三十年(1850)进士,入翰林,进编修升侍讲。光绪元年(1875)升湖北布政使。老年回乡创筑书塾,培养人才颇众,搜集乡邦轶事,编《瓯海轶闻》、集乡贤诗文成《永嘉内外集》。著有《逊学斋诗钞》《文钞》等共百余卷。

《尚庆潮等题名刻石》,刻于清同治十三年(1874):

同治甲戌季春望后三日,山东督学使者、罗山尚庆潮偕同知衔、知泰安县事、津门杨宝贤登此。

尚庆潮(生卒年不详),字学川,罗山(今河南省信阳市罗山县)人。道光二十五年(1845)进士,授刑部主事,擢郎中。咸丰十一年(1861)加编修衔,督学山东,后出任岳州知府。著有《学川语录》《视学汇存》等。

《吴长庆等登岱题记刻石》(图13-33),在盘路东侧石壁上,刻于清光绪六年(1880):

光绪六年四月望,浙江提督、卢江吴长庆入觐道此,偕乐平彭汝槷、崇明杨安震、通州张謇登岱及顶。庆于兹凡六游而陟顶且三度已。

吴长庆(1833—1884),字筱轩,安徽庐江县沙湖山人。清咸丰五年(1855)

图13-33《吴长庆等登岱题记刻石》

率乡团练参与抗击太平军。光绪元年（1875）授直隶正定镇总兵，八年应邀率部到朝鲜平定兵变，助朝建军，救灾恤民。

杨安震（生卒年不详），崇宁（今成都市郫都区）人，是十九世纪中后期当地的一代名医、张謇的挚友。《张謇先生年谱》中有36次提及与杨安震的交往。光绪五年（1879）张謇患痢疾不止，后服杨安震药方愈。

张謇（1853—1926），字季直，号啬庵，江苏南通人。光绪二十年（1894）中状元，授翰林院修撰。甲午中日战争后，认为从政无望，乃致力于实业和教育，建成大生纱厂及盐业、榨油、面粉、冶铁、轮船等企业，形成大生资本集团，继而又把利润投入文化教育事业中，先后创办了通州师范等十余所学校，还在南通创建了中国的第一座博物馆南通博物苑。此外还建立了军山气象台，陆续创办了图书馆、盲哑学校等。

《张百熙等登岱题名刻石》，在盘道旁，刻于清光绪八年（1882）。其辞为："大清光绪八年岁在壬午冬十一月廿一日，山东督学使者、长沙张百熙偕弟觐同、从弟百斌、同邑龙寿杞来游。"

张百熙（1847—1907），字埜秋，号潜斋，湖南长沙人。同治十三年（1874）进士，光绪二年（1876）授编修，并先后任山东学政，工部、吏部、户部、邮传部尚书等职；光绪二十八年（1902），被任命为管学大臣，负责制定大学堂章程。注重培养人才，对京师大学堂有开创性的贡献。

《李嘉乐登岱题名刻石》（图13-34），在盘道西侧石壁上，刻于光绪十年（1884）：

兖沂曹济道李嘉乐新擢苏臬，时山东河工、江南海防均未蒇事。登岱祷神，为两省生民禳灾，为八旬老母祈寿，嘉乐不敢自求多福，惟名山鉴之。光绪甲申冬敬题。

此人刚提拔了江苏按察使，但山东河工、江南海防等事均未完成，来泰山祈神，为两省生民禳灾，为八旬老母祈寿，说得挺感人。

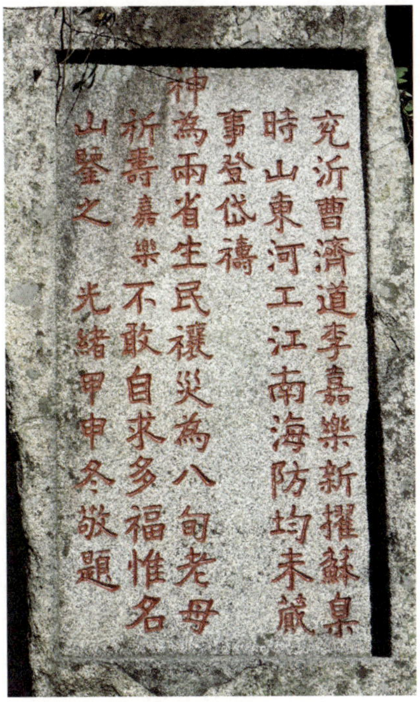

图13-34《李嘉乐登岱题名刻石》

李嘉乐(1833—？)，字宪之，光州(今河南省潢川县)人。同治癸亥进士，授编修，历官江西布政使。清代著名廉吏，在山东任知府时，禁止眷属食肉，让杂工在衙署后院种菜，供全家食用。晚上点灯的油，也亲自掌管，每晚给每个房间舀上一小勺，不够也不许再添，至二更不熄灯者，必遭责骂。著有《诗梦钟声录》《齐鲁游草》等。

《裕德等登岱题名刻石》，刻于光绪十五年(1889)："光绪十五年岁己丑上巳，山东督学使者裕德同黄冈张寅、王肇修，北平贾名甲，瀛洲顾祥，吴淞刘其伟，桐乡蔡宝玙登岱顶，观日出。"

裕德(？—1851)，字寿田，满洲正白旗人，光绪进士，官至大学士。卒谥"文慎"。他在泰山有题刻多处。

《岑春煊等题名刻石》，在"五岳独尊"刻石北，刻于宣统元年(1909)，其辞为："宣统纪元三月甲寅，西林岑春煊及子德征、长沙蒋寿彤、长安□□□、怀宁张绍元、青州杨通同来游。"

岑春煊(1861—1933)，原名春泽，字云阶，广西西林(今广西壮族自治区百色市西林县)人，光绪二十四年任广东布政使，升陕西巡抚，后调任四川总督。在任期间，他严肃吏制，大力惩办贪官污吏，人送绰号"官屠"，与"士屠"张之洞、"人屠"袁世凯并称"清末三屠"。著有《乐斋漫笔》等。

蒋寿彤，湖南长沙人，辑有《拈花小社诗余》等。

这类题刻还有很多。清代的题名者大多系高官显要和学术有成者，这些题刻镌之于泰山，使泰山的文化氛围更加浓郁。

# 第十四章
# 清代泰山石刻(下)

清代泰山石刻中，出现了一批赞颂人物的碑记，与前代不同的是，这些人物并非帝王将相、高僧显贵，而是社会基层最普通的劳动者、建设者、乡里士绅、分管县里教育的吏员及其他基层官员。其间，记事碑的内容也更加丰富，甚至把收香税也都记到了碑上。有清一代，朝廷大规模重修岱庙、碧霞祠等重要庙宇及栽植树木绿化泰山等诸事，都留下了详尽的碑文记录。

## 第一节　人物赞颂碑

这一时期所谓人物赞颂碑，其主人公有一个共同特点就是古道热肠，为社会为百姓做好事，人们由衷地感佩、怀念他们，在泰山为他们树碑立传了。这些石碑的体量大多不大，但碑文却写得情真意切，透露出那一时代的社会道德风貌和人们的善恶标准。这些碑虽不是泰山石刻的主流，但由于接地气，言之有物，且涉及的其他方面的信息亦较多，故弥足珍贵，对今人也会有所启发。

### 一、普通建设者的颂碑

岱庙汉柏院墙壁上嵌有《颂魏祥碑》，此碑刻于清道光六年(1826)。碑体甚小，字也极小，字径约1厘米，冯赓扬撰文。

魏祥（生卒年不详），字致和，祖籍山东章丘，后迁历城，少贫苦而聪慧好学，不拘泥于古，重视实践和创新，遂成一代名匠。他道德高尚，处处为他人着想，体现了中华民族的优秀传统。泰山上今存与魏祥有关的石刻有8处，劳动者的形象首次显耀于泰山，这为泰山石刻史增加了亮点。

碑文记载，魏祥从小就是孤儿，为饥寒所迫当过佣人和小贩，后不得已拜师学习了泥瓦劳作。自嘉庆九年（1804）以来，他所营建的皇帝行宫、孔林祀庙，都是少见的精品；南北各省所有工程，如城郭、漕闸、河桥、学堂、院落等，只要魏翁一去，千百个工匠受其指挥调度，均能根据工程量和工期要求，或直接口授部署，或绘制图纸计算材料，都是百无一失，这就是他超乎常人的能力。魏祥翁曾说过："我没读过多少书，少年时又穷又笨。自从学习了建筑，凡是宫、室、台、池……古代的绘图、现在的创新，只要见过、听说过，就都能记到心里。我承建的工程，从谋划结构，到因地制宜修改，直至竣工，最终都能够实现工程方的要求，所以大家信任我。我揽下了经费巨大的工程也不动私心，节余的工程款都用来做公益事业，而且所作所为都是出自内心，没有其他想法。"接着碑文作者发表议论：我觉得自古至今，世界就犹如一座大宫殿，尧、舜、禹、汤、文、武、周公、孔子，都是设计修建这座宫殿的巨匠。国家的赋税是这座宫殿的基址，设立政府兴办教育是这座宫殿的殿堂，礼乐征伐则是这座宫殿的木料和颜料。如今经史俱在，如果都能够入心入耳，融会贯通，产生好的设想，就会超过古人。如今魏翁快70岁了，他岂止是只读过《考工记》？作为一代建筑巨匠，便在本领域取得了突破。就像当年齐桓公听了"斫轮"的道理而知读书，求得技艺精湛就如同治学一样的道理啊！

冯赓扬（生卒年不详），字子臬，号拙园，广东南海人。清嘉庆二十二年（1817）进士，曾于山东任知县，官至翰林院庶吉士。

又有《历下魏君泰山工程记碑》，嵌于壶天阁元君殿西侧墙壁上，立于清道光七年（1827），候选员外郎宋兴廷撰文。碑文介绍了魏祥清廉的品质和人们对他的称赞。

碑文先说魏祥于嘉庆二十三年（1818）承建岱顶工程，竣工后工程款有所结余，知府廷璐要把结余款赠予魏祥，他却坚决不受，最后决定将这笔钱继续用于泰山，于是在盘路旁建起了女厕所十多处，又改造了王母池、斗母宫的东亭各一处。又在城西的大石崖村集合数十人把倾斜的牌坊扶正了……过了十多年，风雨的摧残使南天门之下台阶倾圮，回马岭一带的道路及石坊被山水冲坏，东西桥的堰围塌陷十余丈，人皆以为患。廷璐给魏祥去信，请他来维修并重建后石坞碧霞元君殿、三官庙大殿，新置对松山梦仙龛。魏祥来了，立即投入工作，把破损的盘道、桥梁修好，把久废的三大士殿重新建好，把原先的金星亭遗址改为药王殿……泰山焕然一新，游客无不称道，无不感谢魏公的功德，民众纷纷要求为之立碑。

《魏祥告游客碑》，在龙门坊北盘道西侧，刻于清嘉庆与道光之间。此碑为魏祥所写，透过字里行间能看出魏祥的品质，故录于此：

> 岱宗以产万物称圣，而福善祸淫，山灵所播，显然可见。数载以来，山半时有被石殒命者，历下魏君致和监修泰工，深稔山之灵异，觉此地不可久留。

魏祥并非泰山管理者，只是在此施工，但他却怕泰山落石伤人，写了此告示。而且，这段告示本身也很有趣很婉转：山石砸死人也不是山神的错，当然也不是游人有错遭到了报应，游人也是无辜的。然后再提出忠告，其用心与善心有此石可鉴。

## 二、地方官员颂碑

泰山颂扬地方官员的碑记现存两块，均在岱庙。

《王玜德政碑》（图14-1），原立何处无考，刻于康熙四十七年（1708），碑阳正中题“泰安州儒学王师爷德政”十字。额篆“百世流芳”：

> 公讳玜，字公玉，号槐园，兖州府济宁州人，由岁贡□□□州儒学训导。
>
> 济水真儒，秉铎岱境。处事光明，接□谦敬。
>
> 美言造福，切时利病。遏□□□，同官无竞。
>
> 培植斯文，爱恤百姓。商颂清廉，士歌公正。

愚民无心，颇知贤佞。立石感恩，万人祝庆。

康熙四十七年岁次戊子仲春□□阖州耆民百姓同立

王玜在康熙四十四年（1705）任泰安州训导，端方敦厚，教人以品行为先，修葺乡贤祠，振作士气，故邑人为其立颂德碑。

图14-1 《王玜德政碑》

《徐老夫子颂碑》，原立何处无考，刻于康熙五十一年（1712），碑四周砌砖，下配须弥座，字迹缺失较多。

碑文载："泰安山左首郡也，当□□之处，地瘠民贫，水旱频洊。自四十三年来，元气犹未□也。"又云："幸遇我□徐老夫子荣膺命来抚兹土，以仁慈之心，施宽大之政，夙兴夜寐兢兢以爱人为任，真不啻人烈之后而继以阳春也。由是□祝于田，行歌于途，穷乡僻壤、愚夫愚妇、老叟童稚无不欣欣乐我夫子之仁，乃命持□耀我夫子于朝。"然而，徐老夫子因事身陷囹圄，平反后调往他处，百姓泣啼不胜惆怅，希望老夫子再来就任。

《清史稿·灾异志》："康熙四十三年（1704）春，泰安大饥荒，人相食，死者枕藉于道。肥城、东平亦遭饥荒，人相食。"碑文的背景就是此事，徐老夫子"以仁慈之心，施宽大之政，夙兴夜寐兢兢以爱人为任"，才获得了百姓的爱戴。

### 三、乡绅颂碑

樱桃园鲁氏别墅西厅东山墙上镶嵌着《鲁品方颂碑》(图14-2)，此碑立于清光绪二十五年(1899)，侯方苞撰。鲁品方是位乡绅，在山麓建起了一座精美的庄园，碑文总结了其品质：一是孝，尽心使老人愉悦，这是古人最为看中的品质；二是善，济助贫者毫不吝惜，这是做人的基准点；三是和，邻里之间的矛盾去说和，自己与他人的矛盾以和待之，善于自我反省，处世一生不曾树敌，这是做人的智慧；四是精明，创建山庄为泰山增色，使之成为一处精致的景点。

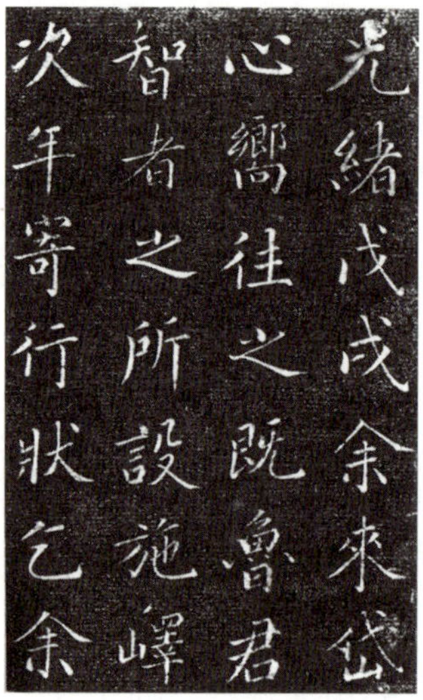

图14-2 《鲁品方颂碑》局部

## 第二节 形形色色的记事碑

古人云，泰山不辞土壤故能成其大，从泰山石刻的种类繁多也能看出泰山的这种特质。自古以来，泰山的石刻内容便几乎无所不包，清代也是如此。人们把需要记住的、告知的、提醒的、说明的、值得弘扬的事情全都刻到了石上。目前，泰山所保存的清代此类碑记19处，其中有关于泰山香税的上疏碑，关于庙产纠纷的记事碑、关于发现古代石刻的记述碑甚至百姓逃避捻军的避难碑等，这些碑记给后人留下了大量历史信息。

### 一、提留香税碑与守护庙产记碑

岱庙内现有《泰安州提留香金疏碑》，立于清康熙二十八年(1689)，额题“济南府泰安州为钦奉上谕事”。

此碑文为朝廷批复泰安州申请提留香税钱粮的文书。自明代以来，官府向进山香客收取香税，就犹如后来的景区门票，其中大部分上缴国库，少部分留作庙宇开销。清赵慎畛《榆巢杂识》载：“往泰山进香者，在泰安州输纳香税。每名输银一钱四分，通年约计万金。此例创自前明，雍正十三年，降旨裁禁。”此碑文说的即是朝廷同意给岱庙与碧霞祠各留二百两银以“供给与各守祠庙祝”。雍正十三年（1735）后免除了百姓进山所需缴的香税银两，百姓可以随意进山祷祀；信众的布施，国家也不提留，全部留在庙里，用作修缮房舍与道路。

在增加庙宇收入的同时，各庙宇的田地等产业也受到了官府的保护。

后石坞元君殿门外有《恳请执照碑》（图14-3），立于清康熙五十年（1711）。碑文称：“后石坞在师祖单教云住持时有土地八十亩七分，有碑可凭，四至可据。后来，看庄稼人朱四于明末清初时，竟谋害师祖，强霸产业。师祖之徒吴真元于顺治年间，为师报仇，具控抚院，将朱四拿问正法，断产归庙。而吴真元又被朱六诬陷，将之逐走，土地复被霸去。康熙四十一年，退地十六亩余归庙。僧已耕种数载，并无异言。但是去年，朱吉却企图争夺。幸遇县太爷神明洞悉，亲临踏勘，片言析断，将地仍归庙产，朱吉服罪，不敢再辩。所担心者，朱吉之后，再有他人另起争霸，弱尼难敌，叩乞正堂仁明大老爷恩准金批，赏予执照，永随衣钵。又：立退契人贺光泗等，占有后石坞下院南麻答庄宅一处，香火地六十七亩，并山坡蚕厂杂色树株等项……于康熙四十三年，饥荒无度，将此宅地盗卖于张聃为业，卖价银伍拾肆两整，断绝后石坞香火，被当家师傅在本州正堂徐太老爷案下控告审明，将地断归本庙。贺光泗等兄弟三人，情愿回赎，将原价银伍拾肆两，公堂交于张聃领讫，将地交于后石坞普慧名下过割，永远为业。恐后无凭，立退契存照。”

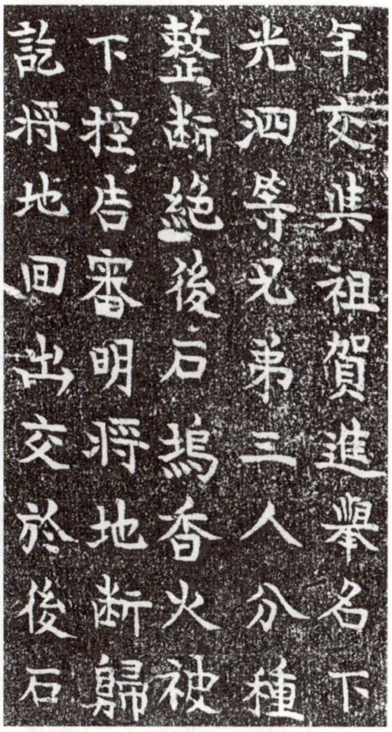

图14-3　后石坞《恳请执照碑》局部

该碑文提及的徐太老爷显系前文《徐老夫子颂碑》中的徐老夫子。

岱庙内有《断道士卖庙田案碑》，立于嘉庆二十年（1816）。知府廷璐撰文：

泰安岳庙旧有朴家庄地一顷有奇，皆系皇赍香税之所置。嘉庆十八年岁荒歉，道纪及其道众□□□□，遂典于宁阳齐生，旋复卖于泰安卢生，因此构讼，由县府历控至司。甲戌夏，余来守是邦，批阅卷宗，催□□之……爰集两造，纠道众，俾地仍归庙。

知府还记录了收回田地的详情：此前卖地所得的两家共三千余贯钱由庙里返还，但是道纪却无力短期内筹到如此多的款项。我在思考着能不能分期交付，可又怕齐、卢二人不同意，然而没想到的是这二人慨然应允。我称赞了他们的善行，案子终于了结了。

又有《禁止私卖庙田记碑》(图14-4)，在岱庙雨花道院内，立于光绪十年(1884)，吴士凯撰。文为：

图14-4 《禁止私卖庙田记碑》

尝考泰郡为古神州，名山胜地，神道昭彰，庙宇之多莫此为最，而缁羽士亦实繁夥焉。启庙宇需香火之资，僧道赖饘斋之费，庙之有赡养田制，诚善也。岁甲申仲春之月，余来宰岱阳，下车之初，适道纪张传彬以近道众良莠不齐、各庙住持每有将庙产私行典售者，以致祠宇颓残而香烟萧索。坐此设讼，滋累无穷。若不亟为整饬，诚恐岁月愈久，废弛愈多。请颁告诫，并为勒记庙中，以示禁焉。夫庙中住持本有典守之责，何得擅为败坏，致启争端。兹特为之严加禁止，出示以警愚顽。更为详志缘由，勒石而昭久远。今之守庙者所宜自励清修，无忘师长历年之创守，常留旧业，用奉神灵万古之馨香。援笔记此，其共勖之。

吴士凯（生卒年不详），清阳湖人（今属江苏常州），光绪进士，翰林院庶吉士，泰安知县。

岱庙雨花道院内还有《岱庙新置田记碑》，立于清同治十一年（1872）。记述了“今道纪张传彬领同道众力行节俭，十数年积累，置北集坡地九十余亩”，作为赡养田，保障了岱庙道士的正常生活。

## 二、碑刻中的“金石学”

清代碑刻中有好多是记述和研究古代碑记内容的，这些内容可以纳入金石学的范畴。以下略举几例。

《复得徐世隆诗碑之记碑》（图14-5），立于道光七年（1827），现已断裂残缺，柴兰皋撰。作者介绍了徐世隆，金代进士，元代召为翰林学士，又召为集贤学士。徐世隆与道教大师天倪子相交最密切，曾为之写过“我梦天倪子，同登日观峰”的诗句，又有《送天倪子归泰山》七律诗。而所复得的诗碑，系作者于道光七年闰五月与他人在乱石堆中找到。接着作者又说：“碑版往往与史乘相发明。泰山名碑林立，尤足以资参考。《元史·徐世隆传》仅书其字，而不及别号复斋。《泰山志·天倪子》只言元主赐号改名，而不及为提点道教官，此碑足以补前人所未逮未行云。岳祠官，即今岱庙无疑。况诗、字俱佳，尤堪宝重。爰命各庙住持，凡有古碑者，皆敬谨保护，以资博古者之采择，是所厚望焉。岱庙道纪禹贞文识并立石。”

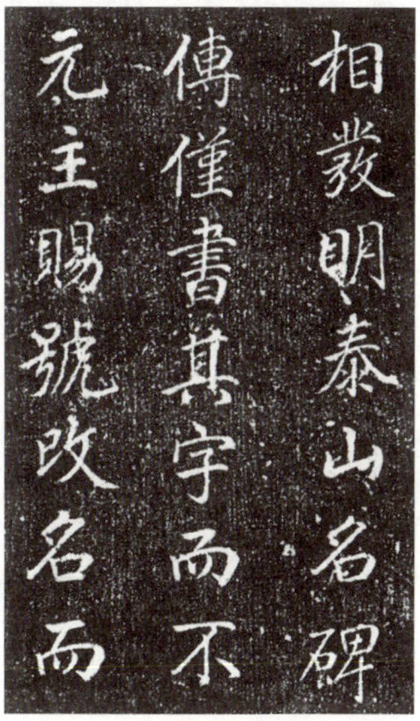


图14-5 《复得徐世隆诗碑之记碑》局部

《泰山玉印记碑》（图14-6、14-7），在岱庙汉柏院，刻于清道光八年（1828），徐宗幹撰。序文为隶书，铭文为篆书，铭文之上刻玉印一方，叠篆刻“天仙照鉴”4字，阳刻，今仅存左下角一部分。其文曰：“山顶碧霞祠旧有玉印，印重九十六两，高二十二分，上有狮钮，连座高四寸八分（下缺五字）。乾隆庚申祠毁于火，移贮县库。道光辛巳县署灾，复出诸煨烬，终无磨灭，都人士（缺五字）可以辟耶，争钤印焉，久将漫漶不可识，爰勒于石而系认绍。”碑左半部刻《玉印

图14-6《泰山玉印记碑》

图14-7　泰山玉印

考》和《玉印文考》，认为玉印是宋真宗封禅的遗物。

《徐宗幹题秦刻石跋》，在岱庙，刻于道光十二年（1832）。碑文记述了道光十二年作者在泰山顶玉女池旁找到了秦李斯刻石的经过，然后历数其自宋代以来的遭遇与演变，是研究秦刻石的第一手资料：

> 秦李斯篆书在泰山顶玉女池，土志称：宋刘跂摩其文，其可读者百四十六字。明嘉靖间，移于碧霞祠东庑，仅存廿九字，乾隆庚申毁于火，后人摹刻岱庙。邑人聂剑光又勒于县署土地祠。后岱庙本亦佚，唯存聂本而已。嘉庆甲戌徐石生（鈖）司理言于王梦厓（汝弼）刺史云："岱顶有赵老人年九十余，数十年前甃玉女池，见残石依稀有字"。次年，蒋伯生（因培）明府同邑人柴纫秋（兰皋）广文縋井，求□得残石二，尚存十字，摩勒郡城文庙，系以芸台、渊如诸先生题跋，而以原石嵌于山顶东岳庙西新筑之室，冯宴海《金石索》所谓"宝斯亭"也，后名曰"读碑亭"。

丙戌秋，梁芷林方伯又以所藏廿九字拓本嘱摹于岱庙公输子祠侧，然好古者必求残石十字，以摹本神气不若也。壬辰四月，东岳庙西墙圮，覆其室，亟索残石于瓦砾中，嘱道人刘传业移之山下，嵌置道院壁间，庶易以守护不致湮没云。

又有《俞庆澜题秦刻石跋》（图14-8），在徐宗幹题碣下部，刻于宣统二年（1910）。文为：

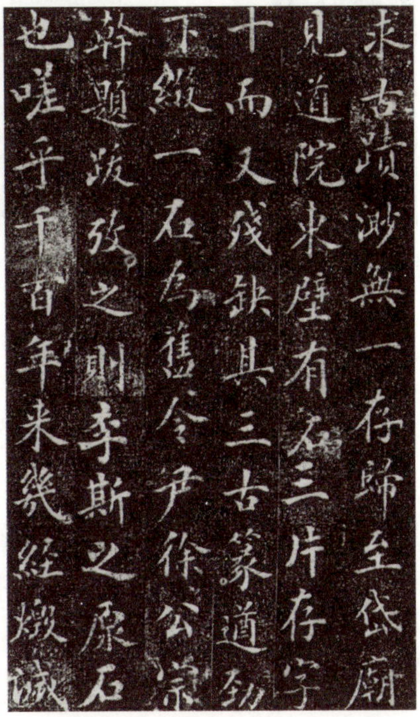

图14-8 《俞庆澜题秦刻石跋》局部

泰山居中国五岳之长，其上为金石薮焉。刻石记功始无怀氏，《管子》详之（《史记·封禅书》）；泰山刻石始于秦，即李斯之篆书也。今七十二代之风藐矣，秦篆亦淹没弗彰，考古者憾焉。

宣统庚戌莫春来权斯邑，四月，提学罗公郑钧行封山礼，祀典告成，遂相随于湿云蔓草间，铲崖剔藓，访求古迹，渺无一存。归至岱庙，见道院东壁有石三片，存字十而又残缺其三。古篆遒劲，下缀一石，为旧令尹徐公宗幹题跋，考之则李斯之原石也。嗟乎，千百年来，几经毁灭，存此余烬。碑残碣断，精彩不完，不禁忞嗟太息者久之。然片羽吉光，洵为稀世之宝，第恐风雨剥蚀，日月再迁，若不珍而护之，欲求此而亦不可得。因于环咏亭前凿石为屋，周以铁楹，将其三石嵌砌其中，庶易守护而垂久远，且以俟后世之考古者精鉴云尔。

此碑文把这一时期秦刻石的来龙去脉说得相当详尽了。

## 三、泰山避乱记碑

天烛峰景区之北路旁，今存《泰安东上土门避乱碑》（图14-9、14-10），立

图14-9 《泰安东上土门避乱碑》

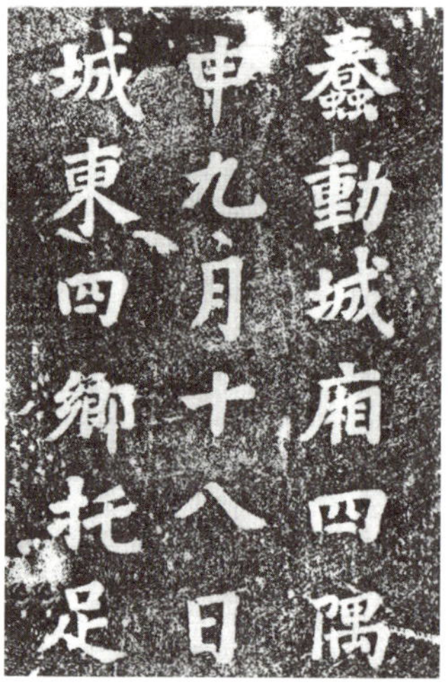


图14-10 《泰安东上土门避乱碑》局部

于清同治三年（1864）。通碑由三石并成，中碑之首额篆“皇图永固”4字。“文革”期间碑被推倒，幸铭文尚完好无损。碑文记载：

> 泰山东北隅有土门……至咸丰四年，南匪蠢动，城厢四隅亦有□□筑土屋几间暂为栖身者。十年庚申九月十八日，南匪突至大汶口，不日即回老巢。是时城东四乡托足无所，知人地相宜，亦欲筑室于兹。腊月大雪隔阻。十一年辛酉二月初，南匪又突至泰安，四境掳掠，扫地五方，烽燧烛天，男男女女怆惶无措，扶老携幼，恨不一步即到土门，皆曰：“无以为家，即土门以为家，亦不过枕山栖谷已耳。”是年南匪四至，人始知友助扶持，庶几可以弭患也。嗣是同治元年，皇上冲龄即位，赫然震怒，钦命大经略僧邸帅剿除南匪，歼厥渠魁。同治二年，南匪又窜至泰安，扰乱不止一处，前后蹂躏，真堪痛恨……同人共撰，题名碑阴。四围树柏十株。

此碑对捻军在泰安一带的活动记载较详，日期准确，如“（咸丰）十一年辛酉二月初，南匪又突至泰安，四境掳掠，扫地五方，烽燧烛天，男男女女怆惶无措，扶老携幼……”，可以了解泰山一带捻军的情况。

# 第三节　泰山建修碑刻

经过了明末的战乱、动荡，泰山变得凋敝了。进入清朝，社会再次安定，清朝廷和地方官府又将泰山的保护建设提向了议程，民间也积极地开展了泰山的修复。从泰山现存的大量建修碑来看，这一时期泰山的庙宇、殿堂、道路等均得到了维护与修复，泰山植树造林活动也开展起来，而且，泰山上下还新建了众多亭台楼坊等建筑小品，使景观格局愈加符合中国人的审美需求。这一时期的碑文显示，泰山不仅岱庙、普照寺、碧霞祠、关帝庙、斗母宫、三阳观、谷山寺等大型庙宇得到了维修和扩建，而且一些诸如元始天尊庙、青帝宫、三贤祠、后石坞娘娘庙、三官庙、金星庙、二虎庙、准提庵等小庙也得到了维修。清代的泰山重修、创修碑由于数量多、涵盖广，从顺治到光绪无一间断，不仅为泰山保护建设史提供了大量第一手素材，且林立的碑石本身也成为泰山历史的见证。

## 一、岱庙重修碑

清代岱庙重修碑现存有七处，除皇帝撰文者及上述魏祥重修祖师殿外，大多为官员所撰，可得知自康熙大修以后，雍正、乾隆、咸丰诸朝对岱庙都有一定规模的修缮。以下分述之。

《康熙重修岱庙碑》（图14-11），立于康熙十七年（1678），碑高近6米，螭首龟趺。额篆“皇清重修岱庙碑记”，施天裔撰文；碑阴刻“重修岱庙履历记事”。

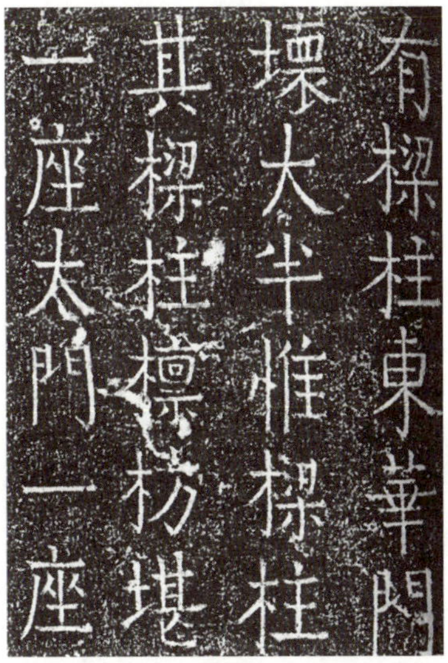

图14-11　《康熙重修岱庙碑》局部

该碑记述了岱庙“盖自宋东封驻跸来，历代祝厘率于此，凡朝廷祭告册书，亦必刻石庭中，我皇朝未之有易，其规模宏丽，俨若王居”。然而，由于“风雨之所摧，鸟鼠之所窜，榱桷浥腐，丹碧渝败，倾圮移杂，实为神羞，守土者为所以更新之而不能也”。于是打报告：“切念管缮之役，宜以时举，以告抚君，以諏同列，佥曰‘可’。”进而“量力程工，剂多寡，定期会，岁有所营，月有所构，以底于成”。工程共用了10年的时间，“自殿、庑、斋、寝、门、塾、堂、□以至坦堞、楼观，□为更新，迨夫榜题、铭刻、庭植之属，咸厘整涤濯，俯仰瞻顾，耳目为易”。

从碑文可以看出守土者具有高度责任心和甚高的精神境界。

图14-12　康熙《重修岱庙履历记事碑》局部

《重修岱庙履历记事碑》(图14-12)，在上碑之阴，由主持施工者张所存撰写，此文记述了岱庙的毁坏程度、所用物料、如何采购、花费多少以及修缮的主要建筑、如何绿化等等情况，最为翔实具体。且由于张所存是武举人，行文不善用典，故碑文类似于白话，平实易懂：“廊房百间，止有二十三间仅存梁柱，其余七十七间仅存基址。”修缮工程是艰巨的，先是到南京、芜湖和山西等地购买木料、琉璃瓦、颜料、桐油、铅等，千辛万苦运回，然后又自建“琉璃窑三座，烧造琉璃脊兽、瓦片等项。召集木作泥水等匠四百人，分工齐修”，大殿、后寝宫、钟鼓楼、御碑楼、仁安门、配天门、五凤楼、后载门、东宫门、炳灵宫、西宫门、延禧殿、东华门、西华门、角楼等，“无根椽片瓦，俱如创建”，“又创建经堂五间、配殿二座、环咏亭、鲁班殿。阖庙殿宇，俱用金朱彩画油漆，大殿内墙、两廊内墙，俱用画工书像，各殿神龛俱创作者”。同时栽植柏树、杨树、槐树、白果树等近700株，修建了岱庙坊等。现岱庙所存建筑、壁画、古树等大多都是碑文所述当年修复和栽植的，几乎就等于再造了一座岱庙。

张所存(1609—1678)，字心孚，泰安州泰安城南人，清顺治十四年(1657)武举人，通兵书，善骑射，性善好施舍，曾捐资修学馆，割上等田10余亩施于养济院。颇具办事才干，如济南巡抚署和济南城墙的修理工程均由张所存主其事。卒赠怀远将军，在泰山下为其立祠。

《重修泰安州神庙谕旨碑》，在红门路岱宗坊前东侧，立于雍正九年(1731)。

碑文说岱庙“重修于康熙十六年，距今五十余年矣。兹据署巡抚费金吾奏称，庙宇盘路有倾圮颓□之□，□加缮葺，盘路亦当修整。着发内帑银两，命内务府郎中丁皂保、赫达塞前往督工，敬谨修理”。

费金吾（？—1730），字不夜，号晓亭，湖州人。清康熙三十二年（1693）举人，授桂林府同知，升永昌（今云南省永平等县）知府。任间修水利，置义田，办义学，升陕西按察使，擢河南布政使，调山东巡抚。著有《蚕桑辑略》颁布各郡邑，教民种桑养蚕。

丁皂保（1654—1751），号鹤亭，清汉军正黄旗人，官至内务府大臣。征噶尔丹时，丁皂保随征伴驾有功，加级至光禄大夫。乾隆十六年（1751），丁皂保以九十七岁高龄寿终，乾隆皇帝赐银两为其治丧。

赫达塞，当年任营造司郎中。余不详。

《重修泰山记碑》（图14-13），在岱宗坊前西侧，立于雍正九年（1731）。此碑记载了雍正七年（1729）朝廷特命丁皂保、赫达塞督修泰山岱庙和顶岱碧霞祠以及其他庙宇及登山盘道等工程，自山下到岱顶以及各处殿宇、神像、墙垣、盘路等，无不使之坚固宏广，辉煌壮丽。更于神道建设石坊，盘道添设扶

图14-13《重修泰山记碑》

手墙。两年后竣工，泰山盘道起始处之岱宗坊以及山上诸多石坊及扶手墙当为彼时所建。

《重修遥参亭记碑》，在遥参亭大殿前，立于咸丰八年（1858），此碑介绍了遥参亭的历史沿革及此次重修情况，内容翔实。撰碑者伍尧氏来秀。

伍尧氏来秀（生卒年不详），字子俊，号鉴吾，伍尧氏是其姓，为蒙古尔济氏人，隶内务府正黄旗。道光三十年（1850）进士，官曹州知府、泰安知府。《清史列传》有载，著有《扫叶亭咏史诗集》等。

碑文记载："遥参亭者，本与岱庙相连。唐宋以前名曰遥参门，凡有事于岳者，必先于此瞻拜而后入，实岱庙中央之门户也。"明代因其规模狭隘，拨款兴修，复加恢廓，奉元君像其中，始与庙隔。"乾隆三十三年，巡抚富公明安重加修葺，殿宇恢宏，丕基孔固。粤自乾隆戊子至咸丰丁巳，计已八十有九年矣，古殿倾颓，金身脱落"，"秀忝守是邦，亟应择吉兴作，以壮观瞻。敬慎经营，广为劝募，仰承神佑，好义乐输者辐辏麟集，不数日而捐资备矣……凡有正殿、配殿以及廓、庑、庭、除，罔不修饰整齐，遂使气象焜耀，焕然改观焉"。此文之后有长铭，文采斐然。

## 二、碧霞祠重修碑

碧霞祠是泰山最为古老的祠庙之一，是碧霞元君的祖庭和元君信仰的起源地，清朝统治者对之高度重视，加以精心保护，较多碑文记录了此事。

《重修岱顶碧霞祠记碑》，此碑在碧霞祠东神门内北侧，立于道光五年（1825），螭首。额篆"圣迹万辉"四字，山东布政使讷尔经额撰文，济东泰武临道何天衢篆额，泰安府知府杨惠元书丹。

碑文载，碧霞祠是历代祭祀之所，其典礼有时可与登封大典媲美。凡是有血气的人，无论远近，多相邀而来登盘道，攀云路，手脚磨出了老茧，高举着贡品，成片地跪在祠内外，多得不计其数。我朝定时修缮，派专人执掌，使其金碧辉煌，上接九霄，今年又向朝廷写了专门申请修缮的奏章，请求主管部门及时营修。从资金募集到备料，群策群力，主事勤谨，认真负责，房舍终于修得既安全又坚固了。至于祠名，仍按照宋大中祥符年间的封号，称"昭真灵应之祠"。捐资者的姓名刻在了碑阴，可以做永久的纪念。

讷尔经额（1784—1857），字近堂，费莫氏，满洲正白旗人，嘉庆八年（1803），翻译进士。嘉庆十四年（1809）调工部，道光五年（1825），迁山东布政使，署理巡抚。

何天衢（？—1825），字化山，号缓斋，清亳州（今安徽省亳州市）人，乾隆初期廪生，乾隆十九年（1754）参与整理《四库全书》，乾隆帝钦赐其为举人。后任广东廉州知府，道光五年升济东泰武临道道员，同年“逝于任上”。

图14-14 《重修泰山碧霞祠记碑》

《重修泰山碧霞祠记碑》（图14-14），在碧霞祠山门前西侧，立于道光十五年（1835），山东等处承宣布政使司布政刘斯嵋撰文。此碑对碧霞祠的沿革兴废及此次维修的过程记载较详：碧霞元君神祠，相传唐时所建，其铜像、铁瓦则是明代的。乾隆初年，碧霞祠遭火灾，皇帝派员重建，至今已一百多年了。岁远日久，有的房舍塌了，有的即将倾倒。嘉庆年间，主事者虽一再修葺，也只是小修小补。碧霞祠乃敕建，百姓都来祭拜，皇帝也派官员来祭祀。祠的房舍甚多，修缮颇为不易。道光十三年，前廉访使苏廷玉来泰山奉香帛致祭，他看着几欲倾倒的建筑说：“我在这里都有被砸的恐惧，神能安宁吗？”于是讨论重修之事。道光十四年春，太守郭文汇到任，经匡算修庙共需银九千八百七十两有余。五月份，巡抚以此数呈奏朝廷，朝廷准奏。便于同年七月开工，先后修大殿、东西配殿、御碑亭、神楼、石台、石沟、山门、钟楼、鼓楼、戏楼、东西神门、南神门、道房、朝房、院墙等共18处。又于祠后疏浚沟渠以排山水，使之不能冲刷宫殿的基础与墙壁。

刘斯嵋（生卒年不详），南丰（今江西省南丰县）人，嘉庆十六年（1811）辛未科进士，曾任山东等处承宣布政使司布政使、护理山东巡抚印务、掌京畿道监察御史、翰林院编修。

## 三、关帝庙及其他庙宇重修碑

清朝，除了大的庙宇外，其他规模较小的庙宇如明代一样，民间自发投资，也得到了维修，泰山现存此类碑刻甚多，此处作一简要介绍。

### （一）关帝庙重修碑

泰山关帝庙在泰山登山路口处，当建于明代，但明时未见碑载。清代的碑记将此庙的沿革讲述得十分清楚，也把维修状况记载得一清二楚。

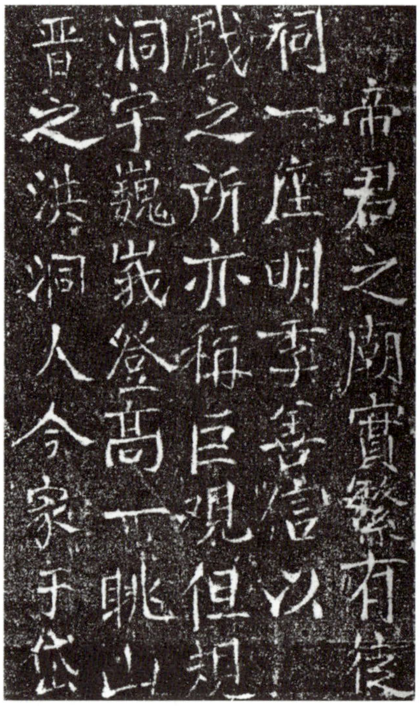
帝君之廟實繁有徒
祠一座明季善信以
戲之所亦稱巨觀但規
洞宇巍峩登高一眺山
晉之洪洞人今家于岱

图14-15 《扩建关帝庙戏楼记碑》局部

《扩建关帝庙戏楼记碑》（图14-15），在关帝庙内大殿前东配房前廊下墙上，立于康熙十年（1671），额题“天眷善德”四字。生员张嘉祯撰文，进士李素书丹。此碑文表扬了两位山西洪洞人高应节和宋讳轼，他们“慨订重修，爰庀工材，昼夜不倦，于楼前扩开一楹。重轩叠翠，洞宇巍峨，登高一眺，山色岚光俱在襟袖”。今天的关帝庙基本上还保持了当初的样子。文中“复建殿前神楼一区”即是今之关帝庙门楼上的戏台。

李素（生卒年不详），泰安人，康熙六年（1667）丁未科进士，曾任广东仁化县知县，善书画。

《创建关帝庙配殿记碑》，嵌在关帝庙西配房廊下南侧墙上，刻于康熙二十二年（1683）。碑文先说关帝庙的背景：“泰山之阳红门以下，旧有帝君庙一座，凡有事登岱者，率必由此，盖要地也。”又说此处“规模湫隘，庙貌惨淡，甚非所以昭盼响而妥神灵也”。于是山西同乡先是建起了大殿三间、戏楼一座，继而“左建一殿焉，置以帝嗣关公（关平）；右建一殿焉，置以帝将周公”。

《重修关帝庙钟鼓戏楼垣墙记碑》，在关帝庙院内，立于咸丰九年（1859）。此碑对关帝庙扩建记载较为详细：装修了钟鼓二楼，对戏楼进行了修补描绘，使它金碧璀璨。然后又将马厩前移扩张，原先的地方改作山门，外面的围墙也都刷红，变得深沉肃穆，望之甚是壮观，使它游览、居住两全其美。

其他还有康熙二十二年（1683）《创建关帝庙配殿记碑》（之二），光绪二十一年（1895）《关帝庙记碑》及《捐银善人题名碑》等，不再赘述。

### （二）三贤祠重修碑

此前，泰山有碑文记载，三贤祠在唐时为道教“栖真观”，宋初辟为学馆，后称“泰山上书院”。金大定（1161～1189）年间，祀孙复、石介二人，名“鲁两先生祠”；明嘉靖间称“仰德堂”，明穆宗隆庆三年（1569），山东提学邹善重修“仰德堂”，增祀宋儒胡瑗，改名“三贤祠”；清道光七年（1827），泰安知县徐宗幹又增祀明宋焘与清赵国麟，改称“五贤祠”。此祠是泰山传播儒学的重要基地，有清一代儒学传人对之倾力保护，使之再度复兴，跻身于众多释道庙宇中而不逊光芒。

《泰安州重修三贤祠记碑》，在五贤祠院内，立于康熙五十一年（1712），黄叔琳题撰。碑文之字在“文革”中被毁，扑地残损，已不易读。碑文开首介绍了何为三贤祠：“岱宗之麓有三贤祠，祀宋安定胡先生、泰山孙先生、徂徕石先生也。三贤曷以祠？以生平无愧为人师而鲁人尊重乎其道，教泽千年不朽也。”然后讲述了三先生的事迹和祠的修复经过。

黄叔琳（1674—1756），字昆圃，顺天大兴县（今北京大兴县）人，康熙三十年（1691）进士，授编修。雍正元年（1723），授浙江巡抚，剪除巨恶，辨释冤狱，灾伤则账之，贪墨则黜之，尤以荐贤为重。乾隆元年（1736），授山东按察使，以兴贤育才为己任。著有《文心雕龙辑注》，著作大多收入《四库全书》。

《五贤祠新构东配厅、石亭碑》（图14-16），在五贤祠西院大殿前，立于嘉庆元年

图14-16《五贤祠新构东配厅、石亭碑》

（1796）。碑文记录五贤祠内新构东配厅三楹，石亭一座。款为“知泰安府事金棨、泰安府教授李席珍、泰安县训导周桐、泰安县训导王应轸统阖郡士民公立石”。

《五贤祠记碑》，原在五贤祠，刻于道光十年（1830）。“文革”期间五贤祠尽毁，碑扑地。1984年将此碑移置普照寺院，并嵌于碑墙上。铭文尚完好可读，详细记载了泰山上书院的沿革。

碑文说：“泰山凌汉峰下三贤祠，崇祀泰山、徂徕暨安定三先生，其始末具载岱乘。迄今登讲书台，抚侍立石，临投书涧，未尝不憬然，想见其为人。”“昔陶山师主讲岱麓于书院三贤祠，敬奉宋绎田、赵仁圃先生于侧，由是学者于孙、石而下得所景从。”“己丑秋，重葺试院落成，将余资整治祠宇……恭奉绎田、仁圃两先生神主于内，改名五贤祠而为之记。”

《重整上书院记碑》，此碑原在五贤祠，现在嵌于普照寺碑墙上，刻于光绪二十六年（1900）。

碑文大意为：上书院徒有其名很久了，眼下却没有讲堂、校舍，只能供游人集会宴请罢了。光绪二十五年（1889），朱老父台[①]任县令，端风俗，兴学校，以培养人才为己任，修缮室宇，购置器材，捐俸禄购图书，并将前太尊卢[②]、县尊秦[③]所留的书籍，排列于两面墙壁上，延揽生员来此学习。每天上课，每月考试，加以勉励，课程以经史政事之学为主，对县里的人士提高素养有着至关重要的作用。当规模已初具时，朱老父台却被提拔走了，他为自己的爱心未能全部实现而感到遗憾。幸而，继任者为毛蜀云老父台，他此前在泰安当县令时就有振兴上书院的愿望但未能落实，有了这个原因，他决心一定要把此事办好。他处处周密，从长计议，编辑教材，分析经义，泰安的文化教育事业发展了起来。泰山这个地方道统源远流长，上接孔子，继而孙、石、胡脱颖而出，开了周敦颐、二程、张载、朱熹的先河。之后又有宋焘、赵国麟二公随其后，德业可与三贤并驱。朱、毛两父台之政绩卓然，陶育士子，不仅堪比五贤，而且名声应与泰山同在矣。盼

① 朱老父台即朱钟琪，字养田，浙江仁和人，光绪二十五年（1899）任泰安县知县。

② 太尊卢即卢昌诒（1838—1903），字栗甫，湖北黄冈人。同治十年（1871）辛未科进士，官山东候补道、济南知府。

③ 县尊秦即秦应逵（1856—1937），字鸿轩，湖北孝感人。清翰林院编修，曾任山东滕县、泰安、历城等县知县。

望后之来泰安的执政者一如既往，为之增色，其盛美又不知当何如也。是为记。

其他关于重修五贤祠的碑记还有《重修三贤祠纪事诗碑》及《王玢三贤祠题诗碑》等。后者载：“(三贤祠)祠宇漂摇，虽志切兴复，而官冷力薄，徒增太息。值学宪黄公引为己任，慨捐重修，州守徐公欣然乐成，委余董之，殚心经营，数月告竣。”

(三)斗母宫重修碑

斗母宫是泰山登山轴线上的一座重要庙宇，历史上屡经重修，清朝也不甘其后，至今仍存8块碑记记录了重修过程。

《斗母宫新建白衣殿记碑》，在斗母宫白衣殿前，立于康熙十二年(1673)。这是清代留存于斗母宫最早的一块碑，为普照寺住持元玉禅师撰，信息量较大。碑文把斗母宫描写得犹如仙境：“……景象万千，供乎晨夕，芳花嘉树，不辨春秋；至若瀑泻泉流，声连静梵，莺啼燕语，韵洽人言，又何西天东土可分，尘世仙乡可别？诚一不可思议境界。”但是，“至故明天启初年，因无真实主人看守香火，则百工俱废，门户萧然……彼时十方檀信闻有青州府博兴比丘尼性江，在本州萧府观音堂住持，道名远振，真实可佳，即延入其内为主其事。于是性江率诸徒侣，四方募化”，先重修了斗母正殿，又于正殿之后建观音堂一座，并于急流迅湍之间筑起崇台百十余丈，于台之上立垣墙，整其门户，建其禅室厨库等房；新装斗母大悲一应神圣等像。“至清，人杰地灵，香火益盛，而百废俱兴矣。康熙丙午，性江为自老迈，不能勤劳，即命弟子海住、海银代主其事……募化四方善信，又于正殿之东新建配殿一座，内塑白衣送生子孙等像，以尽出家报答君亲师长檀越之志。”

文中“白衣”即白衣仙人，乃观世音菩萨。到了清代，佛、道高度融合，奉祀斗姆的庙宇中供奉了观音，住持也成了比丘尼。

《重修斗母宫后殿西配殿记碑》(图14-17)，在斗母宫院内大殿前，立于清乾隆四十四年(1779)。碑文载：“宽洪和尚，才追阿潘，心罗万有，剃度京都天仙庵，法名心海。缘十二年大□经过，众仰其名，延请来泰。”宽洪来后，“凡四方来游者，敬□喜出资材，重修前殿，妆塑斗母娘娘像。次修后殿，中塑子孙圣母。各皆黝垩巍焕，艳丽宏敞”。“迨甲午、丁酉，东西配殿落成。复于东殿之后更辟门户，对青山，列锦屏，隅北出泉，流水清音。”接着记述了山东

图 14-17 《重修斗母宫后殿西配殿记碑》

布政使徐恕为之题额“听泉山房”，张刺史亦题联“谁无仰止高山志，为有源头活水来”，并自题“斗母宫”门匾。

《创修斗母宫钟鼓楼记碑》，立于乾隆五十三年（1788），住持比丘尼心海暨徒比丘尼源兴、源志等同立。碑文介绍：

> 斗母宫者，禅林胜境也。殿宇巍峨，庄严赫煊，而钟鼓楼尚须鼎建。戊申春，兖镇柯大总戎驻旌岱下，瞻礼既毕，遂慨然倡首而发愿心焉。郡尊蔡公、邑侯稽公暨邻属诸长官，亦各捐资财，共襄盛举。惟是铸钟衅鼓并建立二楼，费用浩繁，伏念千狐之裘非一腋可集，万钧之鼎非一夫所扛。住持心海率徒源兴复叩募四方，檀越竞掷金钱，积少成多。于是鸠工庀材，建楼筑台，悬钟置鼓于其中。所谓昭明神之濯灵，新大众之耳目，胥于此乎在焉。行见逸响噌吰，傍高山而激韵；芳音鞺鞳，共流水以传声。植业虡于琳宫，法轮常转；振砰訇于梵院，神听维和，讵不懿欤！

文后有世袭衍圣公孔宪培、漕运总督毓奇、山东兖州总兵官柯藩、原任浙江按察使孙栝、浙江督粮道鹿荃、山东督粮道葛正华、山东运河兵备道罗英、知泰安府事蔡廷衡、兖州府运河同知冯鹏飞、兖州府泇河同知龚孙枝、兖州府捕河通判黄易、东昌府上河通判师元悬、东昌府下河通判冯津、济宁直隶州知州刘永铨、候补直隶州知州王道亨、知泰安县事稽承群、知莱芜县事陈鹏飞、知肥城县事严孙贻、知东平县事王鸿、知东阿县事周培、署平阴县事曹企端、知□阳县事周士拔、知邹县事张彬、知滕县事朱镇、知峄县事沈则文、知汶上县事祈恕士、知阳谷县事李友晟、知寿张县事王谷、高唐州州判王旭载、工部员外李士琛等有衔有名者共34人题名，可见此次维修影响之大。

孔宪培（1756—1793），字养元，号笃斋，孔子七十二代孙，清乾隆四十七年（1782）袭衍圣公。

毓奇（？—1791），字钟山，号竹溪，满洲旗人。袭子爵，乾隆二十二年（1757）入仕担任内阁中书，先后曾任巡漕御史、内阁学士、兵部尚书等职，乾隆四十八年（1783）后任漕运总督。

鹿荃（？—1792），字馥园，定兴（今河北省保定市定兴县）人。清乾隆三十年（1765）拔贡。历任灵石知县、绛州知州，升镇江知府、浙江粮道、两淮盐运使、护理两淮盐政等。

蔡廷衡（生卒年不详），字咸一，号小霞，浙江仁和县（今属杭州市）人。乾隆四十三年（1778）戊戌科一甲第二名进士。授翰林院编修，任泰安知府，官至甘肃布政使。

其他还有《重修斗母宫记碑》，立于嘉庆七年（1802），作者不详。

《重修斗母宫山门记碑》，嵌于斗母宫南山门壁间，立于道光十七年（1837），邑庠生李学周撰文。

《重修斗母宫后殿西配殿记碑》，螭首，立于道光二十四年（1844），东野崇阶撰文。

《重修斗母大殿观音配殿暨东殿记碑》，在斗母宫山门外盘道西侧，立于咸丰五年（1855），候选直隶州州判卢汉倬撰文，此碑由三石并成，中碑较高，左右二碑稍低，各题刻赞助者名姓11列，共407人。

《斗母宫重修山门钟鼓楼记碑》，立于光绪元年（1875），邑优行廪膳生张凤翙撰文。

（四）普照寺重修碑

普照寺自明代重开山以来，在清代得到了良好保护，现存清保护碑记4块，从康熙到光绪，维修持之不懈，使今日之普照寺依然保持了其历史原貌。

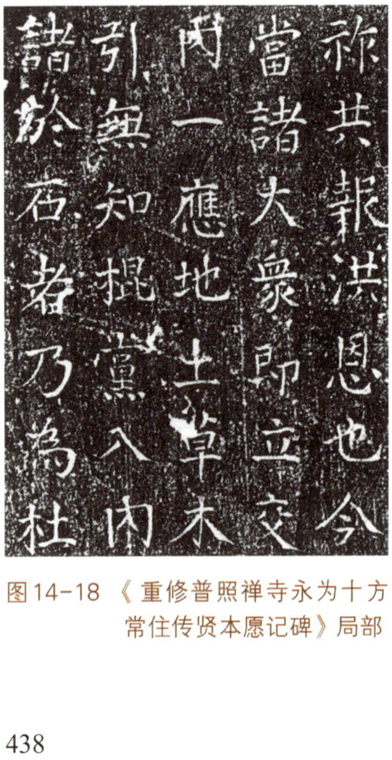

图14-18《重修普照禅寺永为十方常住传贤本愿记碑》局部

《重修普照禅寺永为十方常住传贤本愿记碑》（图14-18），刻于康熙九年（1670），1999年在普照寺山门内东侧出土。

碑文介绍了普照寺：“四山环抱，二水交流，乃是累朝祝延圣寿、护国祐民之所。”而先前，“此寺每败，则本州百姓便招兵火荒乱之灾。顺治丁酉三月上浣，予因施放焰口，法食赈济幽魂，遂远来此，见其毁坏不堪……发心重修，以期古刹再兴，更新福地，今已十有四年矣。所构殿宇草堂数座，雕塑佛像、罗汉、天王二十余尊，并置山居粗朴什物几许”。而住持年迈，便迎进了临济正宗第三十三代、天童密云悟下第四世祖珍大和尚，开堂传戒，并按古石刻钦赐度牒，勘明了地界，使之永为十方禅宗道场。

《重修普照寺记碑》，在普照寺筛月亭西侧，立于清乾隆四十三年（1778）。碑文记录了当时泰安知府朱孝纯来到泰安的政绩及主持重修普照寺的事迹。文中颇多溢美之词："我泰安太守朱公，以从龙贵胄，攻苦下，帷登秋榜，中春魁。生长于富贵之中，超然于富贵之外……遇王伦之乱，内修城池，外御寇贼，运河东西倚公为万里长城。他邑闭门谨守，公独开城门，出入无禁，民心始安。秋冬捐俸施粥，三年不倦，升任时作《施粥引》，以广其传。儒家仁厚德即释氏慈悲心，公真有夙根矣乎！"后来，他又"请禅师瑞菴诵经于普照寺，寺中但有损坏即捐修，及升盐运司后，又寄数百金以新楼阁"。

朱孝纯（1729—1784），字子颍，号思堂，一号海愚，东海（今山东郯城西）人隶奉天汉军正红旗，举人。任四川叙永县令，官至两淮盐运使；官泰安时在泰山活动较多，所作《泰山赞》和《泰山全图碑》今立于岱庙。

其他还有《普照寺香火田记碑》，位于筛月亭西侧，碑文未确载立碑时间，从铭文内容推测，当立于清道光二十六年（1846）。碑阴刻庙田亩数及四至，从碑文记载可知，当时普照寺仅凤凰庄香火地就有约80亩，又有宅园坡地计36亩。可见当时庙产之丰，足保僧人衣食无忧了。《光绪重修普照寺记碑》，在普照寺山门内东侧，立于光绪六年（1880）。碑载："时有名僧祖珍者，博雅工诗，以明进士弃儒皈佛，卓锡其中。一时士大夫咸与之游，得其句者每多脍炙人口。珍欲再辟荒荆，而众善欣然乐助。于是梵宫立起，金碧重新，并于寺东构石堂数楹，引流凿池，以为习静之所。种松植竹，趺坐看云，见者辄作出尘之想。"

（五）灵岩寺重修碑

到了清朝，灵岩寺渐于萧条了，各类碑刻大量减少，但通过仅有的石碑，仍能看出僧人们不忘初心，苦苦经营，重修庙宇的状况。

现存清代灵岩寺仅有一块《重修般舟殿记碑》（图14-19），立于顺治十六年（1659），施闰章撰。碑文记载："余至灵岩，其殿倾圮坏漏，□砾狼藉，怪寺僧无募修者久之。……明兴，三百载始理其十之二三，而末年复以乱残，敝僧徒散亡至今，□消集于□有般舟之役，□事之盛□。而哀废□，而□固其所也。"灵

图14-19《重修般舟殿记碑》

岩寺衰弱了，但僧人依旧在募捐，维修了该殿，作者认为“般舟之兴吾将以□灵岩之复盛焉”。

由此碑亦可知明末傅光宅、汪钍的诗所言不虚，僧人几乎跑光，寺院“□砾狼藉”，仅仅重修了一座般舟殿也当于事无补了。施闰章所期盼的“灵岩之复盛”，直到300多年后的20世纪末也没有实现。

施闰章（1619—1683），字尚白，一字屺云，号愚山，晚号矩斋。江南宣城（今安徽省宣城市宣州区）人，顺治六年进士，授刑部主事。十八年举博学鸿儒，预修《明史》，进侍读。其文章醇雅，尤工于诗，与同邑高咏等唱和，时称“宣城体”，位“清初六家”之列。著有《学馀堂文集》《试院冰渊》等。

（六）重修其他庙宇碑记

泰山上其他的寺庙，在这一时期也得到了良好的保护。通过这些保护碑还可以看出清代泰山宗教建筑的分布和民众的信仰状况。

《重修三阳洞天泰山行宫记碑》（图14-20），在三阳观，立于雍正十二年（1734），款为“住持道人王礼圣立”。碑文写道：三阳洞天后，古有泰山行宫，匾额题曰“天外”，游览者登其上，有超出人间之感。但年所多历，不免倾圮。故不惜跋涉，叩化众善信，捐资重修。

明代的碑文未曾提到三阳观建有泰山行宫[①]，但皇宫里的娘娘到这里来所求的都是泰山女神“圣母”。此碑首次证明这里有元君行宫。

① 泰山行宫指泰山神的行宫，一般称“东岳庙”。此处应指碧霞元君行宫。

图14-20 《重修三阳洞天泰山行宫记碑》局部

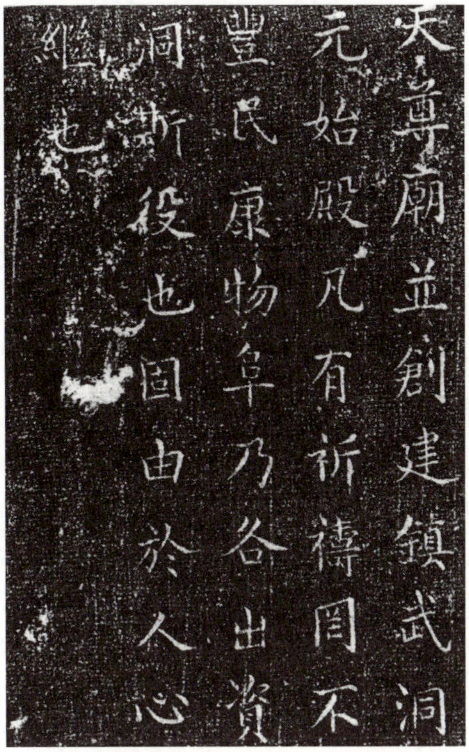


图14-21 《重修元始天尊庙并创建真武洞记碑》局部

《重修元始天尊庙并创建真武洞记碑》（图14-21），元始天尊庙在泰山主峰之西扇子崖下，始建于清初，由于清代不断维修，使之得以保存下来，至今仍是一座完整的庙宇。

此碑在扇子崖元始天尊庙东侧，立于光绪二十三年（1897），“文革”期间被推倒，碑首残毁，1988年重立。文为：

□□元始殿，凡有祈祷，罔不灵应。奈星霜叠易，风雨频经，庙貌倾颓，神像攲侧，诸善士女目睹心伤，久欲修葺，而有志未果。□□年丰，民康物阜，乃各出资财，鸠工庀材而重整之。不数月，向之倾颓者依然巍峨，向之攲侧者依然端正，因于正殿之□□一洞。斯役也，固由于人心之乐善，亦由于神之感召者。微功既成，倩予为文，刻诸石以记其事，非欲夸示于众，愿以以相继也。

东阿县学增生周文蔚撰并书。

（以下117人题名略）

光绪二十三年岁次丁酉荷月中浣谷旦。

碑文写得言简意赅，先修殿宇再建石洞，石洞内供奉真武大帝。泰山供奉真武大帝的庙宇只有两处，另一处在三阳观。

《乾隆重修扇子崖天尊庙碑》，在元始天尊庙内，立于乾隆四十八年（1783）。碑文记载，扇子崖庙自顺治间兴修后，到了乾隆后期，再次废荒，乾隆四十八年王无欲的曾孙王昌基等集合族人，立社聚金，重葺殿宇，栽植桃李。工竣，王昌基撰写碑文。现碑文残毁已无法阅读。

《华峰上人重修谷山寺记碑》，此碑在玉泉寺，立于光绪十二年（1886），贾鹤斋撰文。碑文记载：泰山之北有谷山寺，民间称“佛峪寺”，有金代党怀英、元代阎复的碑记可考，地方志记载亦很详细。此寺尤值得称奇者乃是三株银杏，每株大二十余围，可谓世所罕见。普照寺的华峰上人曾说，对谷山寺我已经修过很多次了。道光二十三年（1843）就募捐重修，工程量不大；同治六年（1867）重修，庙貌为之一新；到了今年大修，可以说是焕然一新了。但是，光绪六年冬谷山寺遭火灾，光绪十二年春，华峰上人率徒托钵于乡村，广募善缘，仁人义士踊跃捐资，不几个月费用就足够了。于是，扫除灰烬，清理瓦砾，放线规划，架梁安椽，不到半个月土木工程告竣。然后装修、彩画、铺地面等工作也已经完成了，至今已是光芒四射。这座寺庙，几十年四次修缮，可以远播而流芳了。

《重修后石坞记碑》，在后石坞元君庙院内，约立于清乾隆五十四年（1789），碑已残，清泰安知府宋思仁撰：“泰山之阴后石坞，古洞清泉，松崖翠壁……相传为元君修真处，昔人构祠于尧观峰下，历岁既久，缭垣倾圮，神像□□，尽荒凉于荆榛草莽间，良可慨矣。乾隆五十三年，自春徂夏，旱魃为虐，中丞觉罗长公，步登绝顶，祈雨感应，倡建廉俸营葺。一时僚属共输银三千有几，嘱余董其役……经岁而成，凡祠宇之颓废者，皆恢而新之，并增建厅事三楹，为冠盖栖息之所。又添僧房五间，共得屋宇十七椽，以奉香火……辟路一十五里，俾侁侁祇谒者便于登陟。”

《重修后石坞庙记碑》，在元君庙院内，约立于乾隆五十三年（1788），觉罗长麟撰文。此碑与上碑说的事大同小异。又有《重修后石坞庙记碑》（图14-22），王子墉撰文，立于光绪二十三年（1897）。《重修后石坞青云庵记碑》，儒童刘孟超撰文，立于同治八年（1869）。

《创修梦仙龛记碑》，在梦仙龛门外东侧墙壁上，道光七年（1827）麟庆题。碑文很有意思，说：此龛中供奉什么神灵？供奉的是一个梦也。十一年前的那个丙子年，我到泰安去探望老爹，老爹笑着对我说："我如今知道了梦不是真的也不是假的。过去我在京城候选时梦到了一个地方，翠岩壁立，松荫中有一座茅屋，里面坐着一位老人，表情淡漠地支着腮帮子。童子作揖告诉我：'这是我的师父昆陵（即昆仑）恽仲旭先生，与你有缘，不要忘记过去的事情哦。'我突然醒来，脑子里全是梦中的话。后来我就到了泰安府。公事之余，登对松山游览吟诗，竟感到这里正是梦中的地方。我觉得应当奉祀香火，以答谢神灵。"老爹不久就辞世了。过了十年，我到开封任职，嵩山距泰山千里之遥，每当想起先父的教导，心中便耿耿然。梦中所见到的究竟是对还是错，云踪缥缈，姑且不论了，我只是画了一张《梦仙图》寄给友人，并在对松山下选址建龛奉祀神灵，香火祭之，以完成先父的遗愿。此碑也是说梦，与金代党怀英的碑文异曲同工。

图14-22 《重修后石坞庙记碑》

《重修万仙楼碑记》，在泰山万仙楼门洞南西侧，立于咸丰六年（1856），泰安县知县东皋张延龄撰，额题"万古流芳"4字，关于重修万仙楼的记载现今仅存此碑。

《重修泰山顶东岳庙记碑》，在岱顶东岳庙山门外东侧，立于咸丰七年（1857），觉罗崇恩撰文。东岳庙在唐摩崖前，元代张志纯拓建，明嘉靖年间巡抚曾铣重修，清乾隆三十三年（1768）再次重修。此碑记录了东岳庙屡经兴废的经过。

觉罗崇恩，字仰之，号语舲、禹铃等，别号香南居士、语铃道人。满洲正

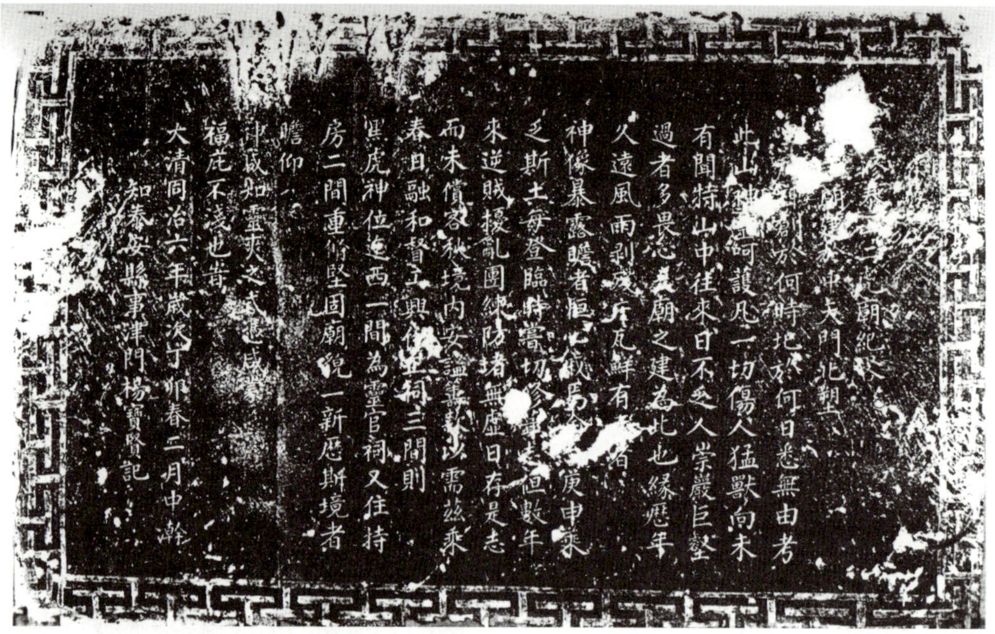
[illegible]
[illegible]
[illegible]於何時[illegible]於何日悉無由考
此山[illegible]呵護凡一切傷人猛獸向未
有聞特山中往來日不乏人崇巖巨壑
過者多畏忌[illegible]廟之建為此也緣歷年
久遠風雨剝落[illegible]瓦鮮有[illegible]
神像暴露瞻者[illegible]庚申來
乏斯土每登臨時嘗切[illegible]但數年
來逆賊擾亂團練防堵無虛日存是志
而未償客秋境內安謐籌款以需茲乘
春日融和督工興修正祠三間則
黑虎神位迤西一間為靈官祠又住持
房二間重脩堅固廟貌一新歷斯境者
瞻仰
神威知靈爽之式憑咸
福庇不淺也[illegible]
大清同治六年歲次丁卯春二月中澣
知泰安縣事津門楊寶賢記

图14-23 《重修泰山二虎庙记碑》

红旗人（一作正蓝旗）。供职于道光、咸丰年间，先后任山东巡抚、内阁学士等，为道光、咸丰朝重臣，是清代中晚期著名的诗人、书法家。

《重修泰山二虎庙记碑》（图14-23），在中天门二虎庙前，立于同治六年（1867），知泰安县事、津门杨宝贤撰文，碑文大意为：二虎庙塑黑虎神，有此神呵护，一切猛兽不能伤人。并说：数年来，逆贼扰乱，团练防堵无虚日。后乘春日和融，督工兴修正祠三间，祀黑虎神；迤西一间，为灵官祠；又住持房二间。20世纪末，二虎庙改作了财神庙。

《重修三官庙记碑》，在三官庙院内大殿前，立于光绪八年（1882），介绍了当年重修三官庙的情况。碑文说：三官庙不知建自何年，其住持即斗母宫尼僧妙山。庙基址不甚宽宏，山门一座，屋三间，大殿三楹，客房僧舍各数椽。历年已久，墙壁倾圮，妙山修募疏劝资，助裘以腋，用以崇祀典，答神庥，故勒诸贞珉。

《重修金星庙记碑》，立于康熙十五年（1676）。泰安明代即有金星庙，并且已有了重修碑，延续到清，仍然在修。清重修碑现存岱庙，碑已残，仅能辨认部分字迹：“州治之□旧有庙宇曰金星庙，创始不详……清康熙十五年岁在丙辰四月吉日。”民国时期出版的《重修泰安县志》载：“金星庙在灵派侯庙西北，金星泉上。万历辛卯年重修，现坍塌殆尽。”

《重修青帝观碑》（图14-24、14-25），青帝观始建于宋真宗封禅时，世代维护保留下来，直至民国之后。此碑原在青帝观院内，立于康熙十七年（1678），张所存撰文。1990年在故址出土后移到岱庙保护。碑文详细记录了泰安武举张所存等募捐并重修青帝观的过程："迨兵荒频仍，殿宇颓圮，予心弗宁。于康熙元年庚子，同庠生尚讳愈、贡监范讳维纯、武举刘讳铎，同议重修……余复募化，朱君讳养鸿等共施银一百三十余两，其余系予捐施，重修大殿成，尚有四配殿及廊房、二门、大门颓坏。又于康熙三年叩化各上台，捐六百余金，予复竭力重修四配殿及廊房、二门，尚有大门未完。今于十七年戊午，予竭薄力重建大门，愿力乃毕。爰立石记其始末。"

图14-24 《重修青帝观碑》

图14-25 《重修青帝观碑》局部

康熙十年修岱庙的张所存为泰安保存了大量珍贵文物，居功至伟，故泰安人民在泰山下为之修建了祠堂以纪念。

《重修元君行宫记碑》，立于清乾隆四十八年（1783）。此碑原在元君行宫院，额题“永垂不朽”，后移往岱庙天贶殿东，唐仲冕撰文。碑文说，到泰山来瞻拜的人，南到江浙，北至京冀，东西则有陕、晋、鲁、豫……不分老幼，以求叩见碧霞元君。而碧霞元君的行宫同样灵应，然而此行宫庙规制狭小，已经荒落。我观看其碑，距今200多年了，创始者不能保证它的发展，但后继者却修复了它。是为记。

唐仲冕（1753—1827），字六枳，号陶山，清善化（今湖南长沙）人，后流寓肥城涧北村，故自称肥城人。乾隆五十八年（1793）进士。曾知荆溪（今江苏宜兴）县，官至陕西布政使，代理巡抚。曾在泰山三贤祠讲学，著有《岱览》。

《重修普慈庵记碑》，此碑原在泰安城北门外普慈庵院内，立于清咸丰八年（1858）。普慈庵始建于清康熙年间，为斗母宫的下院，新中国成立后改为小学，今已不存。碑文介绍了当年普慈庵鼎盛、殿宇破败和重修的情况：“郡城北门外有普慈庵者，其始建在康熙壬午，庙貌宏□，规模□观，遽古刹也。惟后观音殿五楹，□深日久，风雨摧残，而屋瓦欲坠，□□仅存，见者无不恻然心伤……兹有莱邑水北镇曹门景氏，身负钜任，□会信女善男，共输资财，以襄义举，不日之间，则丹楹刻桷……告竣。”

《重修玉皇阁记碑》（图14-26），原在红门路白鹤泉玉皇阁旁，立于道光三十年（1850）。20世纪70年代玉皇阁毁，遂移至岱庙保存。此碑由三石拼成，高皆1.8米，铭文后刻933人题名。碑文说：泰安城北有白鹤泉，正殿三皇楼一座。因日远年湮，滴漏难言，道人亦为之恻然，于是募化四方，命工重修，使敝者以新，栋宇彩绘，墙壁丹涂，神像浑金。邑庠生王树风拜撰。

《重修青岩书馆记碑》，今存岱庙，立于康熙四十七年（1708）。青岩书院遗址位于泰城灵芝街南首，赵国麟借宋焘青岩旧址建讲堂、书室数间，讲学其中，名“青岩义社”，其遗址今为灵芝街小学。

《重修泰安邑廨记碑》，原在泰安县旧县署院，今存岱庙汉柏院东南墙下，刻于咸丰元年（1851）。铭文对泰安县旧县署的沿革兴废记载较详。知泰安县事、如皋张延龄撰。

其他还有《重修玉皇殿记碑》，镶嵌在壶天阁元君殿西侧墙壁上，立于光

图14-26 《重修玉皇阁记碑》

绪十一年(1885)。《重修吕祖祠记碑》,在吕祖洞洞口北侧墙壁上,立于光绪二十九年(1903),钱寅宾撰。《修补准提庵记碑》,立于光绪二十一年(1895),贾鹤斋撰,原在泰安准提庵,今存岱庙内;《重修北斗殿记碑》,立于嘉庆二十一年(1816);《重修寿星亭记碑》,立于咸丰九年(1859)等。

## 四、登山盘路重修及泰山绿化碑

泰山登山盘路始建于唐,是一项巨大的建设工程。盘路建成后历代都有维修,但见诸碑刻的则是在清代。泰山现保留了清光绪年间的盘路维修碑4块,这当是历代维修盘路的缩影。

《任道熔修盘路记碑》(图14-27、14-28),在红门宫北,立于光绪八年(1882),任道熔书撰。碑文记载:泰山登顶有石台阶六千七百余级,但现在所

图14-27 《任道熔、陈士杰修路记碑》

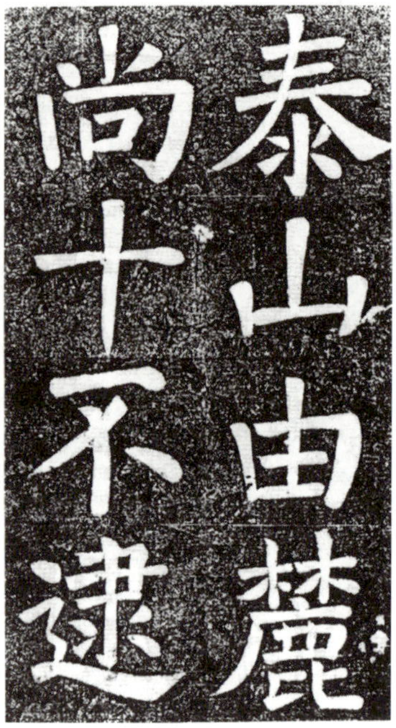


图14-28 《任道熔修盘路记碑》局部

保留的不到十分之一了。登山者多有跌倒，坠落甚至丧生的危险。于是在这年春天，我委托知府曹浚澄、县令徐寿基，按照工程量一一整修，毁坏的地方更换了，其他如桥梁、陡崖、石坡等工程，也全都修整一新，变得坚固，使过去险峻难登山道路拾级可升。工程完成后又另拨银五百两，加上修理山路工程的各项银两五千五百两，共六千两，分发到济南、泰安、沂州三府生息，作为每年的修缮费用。我上奏朝廷后，已奉谕旨照准，于是为之记，以垂永远。

任道熔（1822—1906），字砺甫，别字筱沅，晚号寄鸥，江苏宜兴人。历任湖北、河南、江西、浙江、山东诸省知县、知府、道员、布政使、按察使、巡抚和河道总督。

《陈士杰修盘路碑记》（图14-27），与上碑镶嵌在同一碑框中，与《任道熔修盘路记碑》并列而立，立于光绪十二年（1886），陈士杰撰并书。碑文曰："泰山为五岳长，朝廷岁遣官致祭，抚是邦者，先后以时修治。山高六千七百级，怪石巉崖，下临深涧，行者时有戒心。士杰莅东之三年，命曹道浚澄率黄令丽中，修补津梁，平易道路，盘曲处翼以石栏，凡二千五百二十丈，俾登山者有恃无恐，履险如夷焉。"

陈士杰（1825—1893），字隽丞。清衡永郴桂道桂阳州（今湖南桂阳县）人。同治十年（1871），出任山东按察使，光绪八年（1882），转任山东巡抚。

黄丽中，字锦江，江苏如皋人，监生出身，曾任泰安知县、栖霞知县等。

《重修盘道题记碑》，嵌在壶天阁元君殿西侧墙壁上，立于光绪三十二年（1906），是个人修盘路的碑记：

重修盘道。山东候补道萧应春奉母遗命。光绪三十二年十月立。

萧应春（1856—1922），字绍庭，云南昆明人。世为盐商，光绪二十七年（1901）考经济特科得二等，以候补道分发至山东。光绪三十四年（1908）三月任山东劝业道，奉命向德人办矿界交涉，能关注中国的民众利益，颇有好评。

《重修泰山盘路记刻石》（图14-29），在回马岭北盘道拐弯处路北，刻于光

图14-29《重修泰山盘路记刻石》

绪三十二年（1906），泰安知府、宗室玉构撰，钱寅宾书。此刻石与上碑说的是一个事情。其文曰：

> 自岱宗坊以跻绝顶，程级可五十里。仰而视之，峻极于天。其上若天柱、日观诸峰尤为斗绝，不有盘路，谁步其□？顾累石包崖，率以年久失修，病其攲圮。

又云：“光绪乙巳夏秋雨甚，山水暴发，遂将旧有盘蹬冲毁无存。时李叔坚太守尚令泰安，请于台司发款修葺。估计虽不如万贯，而时艰财绌，颇费踌躇。适萧绍庭观察奉其太夫人之遗命，慨然以捐款为己任，而此工始克经营焉。”此工程最终用款五千缗，历时8个月，余款用以生息，作为每年整修的费用。

钱寅宾（1850—1928），字敬甫，泰安后家池人。清末庠生，官鸿胪寺序班。工诗善书，被山东学政华金寿重用。

《麟庆重修泰山记碑》，在升仙坊下东侧，刻于道光七年（1827）。碑文记载了麟庆嘱魏祥修补泰山盘道、后石坞石路及元君墓等工程的情况：“兹复属魏公，于后石坞相度创开石径，并将元君祠墓重加封葺，以奉香火，缵遗训也。若夫山中云雾之清旷，花鸟之雍愉，游者自能领略，无待鄙陈，特表其兴作缘起，而俟世之同志共仔荡平之诣焉。”正如碑文描写，后石坞是泰山风光最为俊美的所在之一。

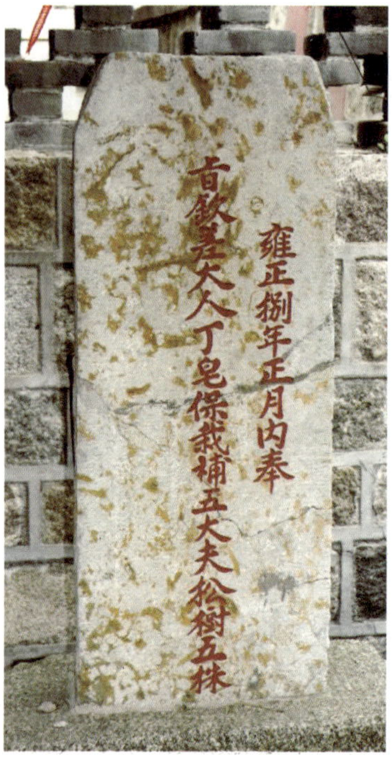


图14-30 《奉旨栽五大夫松碑》

麟庆（1791—1846），姓完颜，字伯余，号见亭，旗人，廷璐之子，嘉庆十四年（1809）进士，历官河南按察使、贵州布政使，护理巡抚。道光十三年（1833），擢湖北巡抚，寻授江南河道总督等。著有《凝香室诗集》《鸿雪因缘记》《黄运河口古今图说》等。

在修庙修盘路的同时，清朝将泰山栽植树木也刻上了碑石，当时有大规模的植树，也有对著名古树景观的保护，并将之刻上了石碑。

《奉旨栽五大夫松碑》（图14-30），在五大夫松北，立于雍正八年（1730）：

雍正八年正月内奉旨，钦差大人丁皂保栽补五大夫松树五株。

当年，司马迁记载秦始皇封禅泰山“风雨暴至，休于树下，因封其树为五大夫”。“五大夫”是秦朝的一个爵位，被后人理解成了“五株松树”，后此树成为泰山著名景点。通过此碑可以看出朝廷对泰山景观保护的重视。

《泰山种柏树记碑》（图14-31），在红门宫盘路西侧，立于清嘉庆二年（1797），泰安知府金棨撰文并书丹。碑文记载了当年从岱宗坊到升仙坊种植柏树的情况，这些柏树至今多有存活，碑文中所提景点，至今亦大多存在。此碑是研究古代泰山绿化史的真实资料。

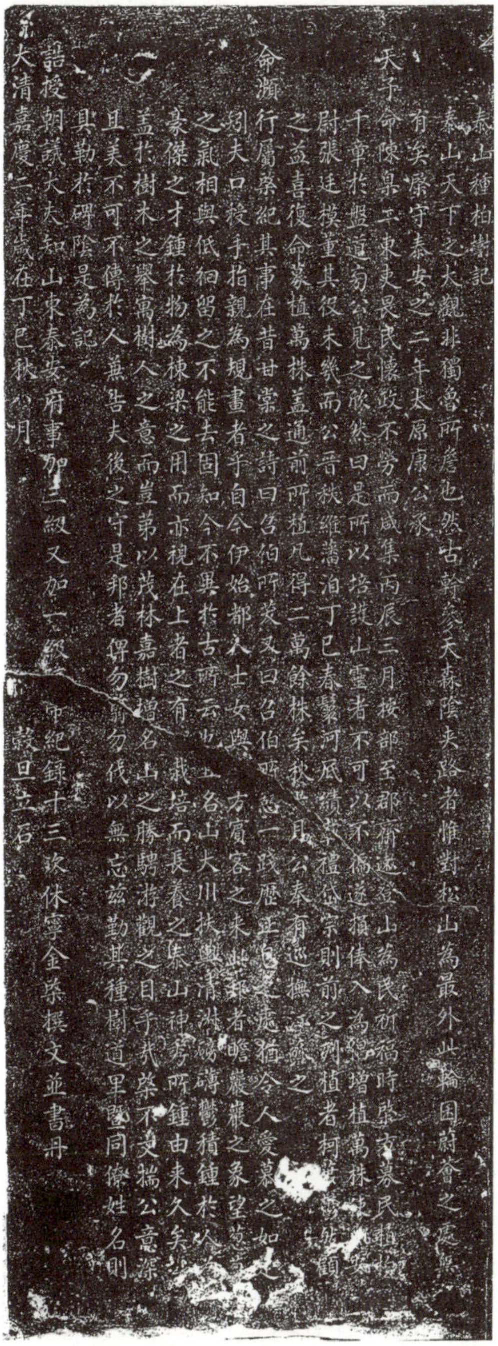

图14-31 《泰山种柏树记碑》

其碑文云：泰山的参天大树，堪称蔽荫夹道者，只有对松山一处，此外便没有了大树葱茏的地方。我任泰安知府的第二年，太原人康基田任山东按察使，官德高尚，政绩丰厚。嘉庆元年（1796），按察使来到泰安，当时我刚招募民众在盘道旁植柏树一千棵，康公见到后高兴地说：“这是保护泰山的好做法，但是不能只点缀在路旁，要全山遍植。”于是我捐出俸禄，作为提倡，令再植一万株，并请县尉张廷模主持此事。到了嘉庆二年（1797）春天，康公晋升山东布政使，再来礼拜泰山时，则去年所植的树木已经郁郁葱葱了，康公见了更加高兴，便下令再募捐植1万棵，这样，连同前面所栽的就可以得到两万多棵了。这年七月，康公奉命调往江苏任巡抚，临行前他嘱咐我一定要记住这件事，我便写下此文。

还有一些进香碑记载了香客还愿来泰山植树的情况。如立于咸丰五年（1855）的《阳邱王母贤德碑》叙述说：兹有阳邱王母者，坤范可钦，母仪堪仰，乐行善事，曾自祷曰：神如有灵，加我数年，必上山植树。神鉴其诚，果以百岁予王母。其子遵遗言，植松千株于东山之坡云。

## 第四节　清代宗教碑记

清朝前期，以天地崇拜、山川崇拜为核心的宗法性传统宗教仍占泰山宗教信仰的主流，佛教、道教皆为上自最高统治者，下至一般平民百姓所崇奉。与前朝相比，清朝的宗教祭祀活动更趋完备，也更为制度化。到了后期，清朝统治者继承明制，提倡尊孔读经，而疏远佛、道二教，使二教在明代停滞的基础上进一步衰落下去，以致逐渐走向了式微。释道便只好一方面附会儒学，竭力强调儒、释、道三教同源；另一方面又将势力渗透到蓬勃兴起的民间宗教中去，给了民间宗教的教义、思想信仰以极大影响。

由于这种趋势的发展，泰山宗教石刻失去了统一的主题，看上去变得零散而多样，实则出现了三教纷呈的状态。

### 一、佛教刻石

清朝早期，虽然社会的凋敝使寺庙的发展举步维艰，但泰山的僧人还在坚持着自己的信仰。如他们在灵岩山石壁上镌下《朗公传摩崖刻石》，该刻石介绍了灵岩寺的创始者东晋朗公的事迹：（竺僧朗）“以伪秦皇始元年移卜泰山，与隐士张忠为林下之契，每共游处。忠后为苻坚所征，行至华阴山而卒。朗乃于金舆谷昆仑山中别立精舍。犹是泰山西北之一岩也。峰岫高险，水石宏壮，朗创建房室，制穷山美，内外房宇数十余区，闻风而造者百有余人”。此刻石落款为“戊子岁秋七月二十七日，释如晓谨书”。款中仅署“戊子”，不系年号，引来诸多猜测，泰山旧志称如晓为宋僧，新志称“明僧真可在此崖上刻《朗公传》”。皆误。其实，如晓乃明末清初僧人，字萍踪，萧山（今浙江萧山）人，崇祯间结茅屋石峰侧。由此可知，戊子岁当指清顺治五年（1648）。清代人说东晋事，回忆古时的辉煌，也是为了挽回佛教的颓败。

也有与时俱进，不恋古、思想不刻板的僧人。泰山《斗母宫新建白衣殿记碑》（图14-32）由“传临济正宗第三十三世住持、本岳普照寺嗣祖沙门元玉”撰文，元玉透露了自己的许多观点，他对佛教好像并不怎么笃信，认为“神佛之说固一虚诞杳冥之事，抑亦未常无响应也”，基本不拿着当回事。而且，他对道教和佛教的神灵也混为了一谈：“于能响应不爽之中，碧霞元君、观音大士尤为至灵。”元玉是转儒而释的诗僧，他明白在当时的社会状况下，如果再一味地坚持某教某宗肯定是徒劳无益的，只要能保佑百姓平安，无论什么神都能获得一炷香。

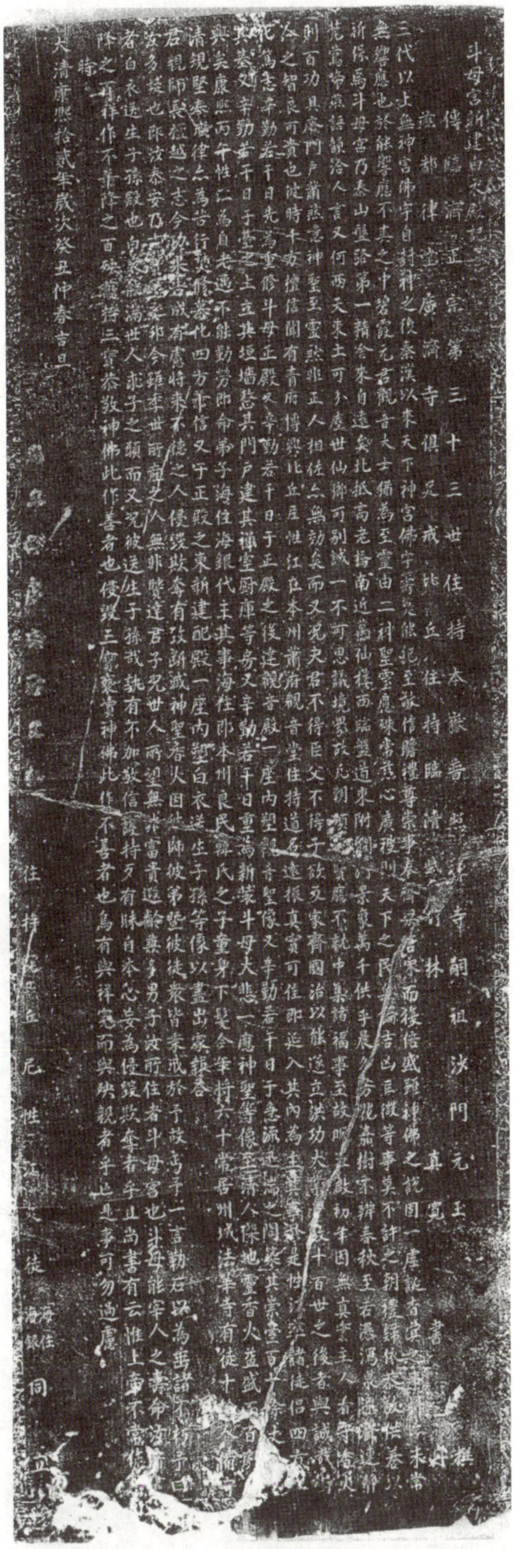

图14-32　《斗母宫新建白衣殿记碑》

又有《凤凰山摩崖造像题记刻石》，在泰山凤凰山西南侧山崖上，刻于康熙五十五年（1716），龛高1.30米、宽1.30米，像高0.77米、宽0.60米，造像头部已缺失，右手持拂尘，造像下有莲花座。龛外有款："康熙五十五年四月道人刘静石立。"这是一个道士的造像，而造像大多是佛教的事，莲花座也基本是佛教的专属，在这里显然释道合一了。

《尼僧圆顺报恩碑》（图14-33、14-34），在后石坞元君殿旁，立于光绪二年（1876），儒童李金垣撰文书丹。碑文讲述了一个颇传奇的故事：后石坞娘娘庙有尼僧字圆顺，号悟修者，乃贵阳府贵筑县人氏。18岁看破凡情，在原籍万寿寺出家修道，终日事务甚多，没有诵经拜佛的机会。于是她在神前发愿，要朝拜四大名山，云游访道，咸丰八年（1858），终于走出家门，先到了四川峨眉山，又到了成都宝光寺，并在这里受戒，接着朝圣南海、天台山，去了九华、

图14-33 《尼僧圆顺报恩碑》

图14-34 《尼僧圆顺报恩碑》局部

武当、酆都、五台山等地，可谓备具艰辛。之后，她到泰山烧香，见后石坞山景清秀，有若仙境，便意欲留下。然环顾四处，庙墙倾颓，神像残破，且住持并不收留。悟修只好在佛殿住了半年，一天夜里梦到娘娘指点，叫尼僧募化修工，自有妙用。悟修于是就下了山，先到济南巡抚部院募化，没想到丁宝桢大人乃是同乡，丁大人大发慈悲，愿施资财，重修楼台殿基、辉煌圣像，并且包括神灯、香资、尼僧生活等一切费用都给了包下来。这个故事说明，后石坞娘娘庙本是典型道教宫观，然而此时却由尼姑住持了。

《后石坞悟修墓塔记碑》，在元君庙外黄花栈西侧，刻于清光绪十三年（1887）。此碑同样介绍了悟修的形迹，内容与上碑大同小异，悟修墓塔是后石坞娘娘庙所存的唯一墓塔。

## 二、道教刻石

道教在这一时期当然也不会放弃自己的阵地，他们不仅努力地扩充和修缮祠宇，也通过立碑等种种手段来扩大自身的影响。如后石坞东院有所谓“碧霞元君墓”，块石垒起，较为简陋，墓前有碑《碧霞元君墓志铭》（图14-35），立于雍正十三年（1735）。碑铭刻：

> 敕封天仙圣母碧霞元君故墓。镇守山东兖州总兵官□建功重修。

相传，唐代人便雕刻了玉女石像于玉女池旁奉祀，宋真宗东封泰山时用白玉重雕了女神像，拓建祠宇。明代又将玉像换为铜像，而将原来的神像掩埋。如今这“墓”中所埋的大概就是其早先的石像或是玉像，也或者什么都没有。尽管如此，对于下层的百姓来说，道教的神灵一旦有一座墓，就会显得更加真实，更加亲切。

图14-35 《碧霞元君墓志铭》

底层民众的进香碑也起到了宣传道教的作用。如立于清光绪十四年（1888）的《邹邑李正咸等题名碑》：

盖闻泰山为五岳之长，而圣母之庙宇在焉。既有求而必应，亦无感之不通。灵爽贯乎千百年，福佑周乎亿万姓。肤寸生云，共庆慈云广被；崇朝遍雨，群推法雨均沾。此非特齐鲁所瞻仰，实举世所敬重者也。

这篇碑文的关键词是“此非特齐鲁所瞻仰，实举世所敬重者也”，可见泰山碧霞元君的号召力不可谓不强。

还有的碑文介绍了泰山碧霞元君的由来、地位和灵异以及民众对碧霞元君的信仰，可谓头头是道。如《万善同归碑》，立于光绪十二年（1886）：

东岳祀事之盛，首碧霞元君。元君何神也？或谓黄帝所遣玉女，或谓即泰山玉女，其说多不合。国朝韩锡胙云：“元君，地祇也。泰坛事上帝，以人像之，则冕旒王者；泰折事地祇，以人像之，则翟袆后夫人。易泰折而宫室之貌，地祇而珈笄之，是天下正神也。”此说盖可信矣。夫乾天称父，坤地称母，父严而母慈。凡男妇欲祈年免病，求嗣保寿，竭诚于元君前者，元君即如其意佑之，惟慈故也，其灵应何昭昭也。

这样的碑文出自百姓之手笔，接地气，语言通俗，有较大的影响力。

还有较早些的《峋峪进香建醮记碑》，立于清道光二十六年（1846）：

昔先王以神道设教□以□□之职，□□启其好善之心也。夫统古今天下之神祇，莫盛于东岳，而东岳之神碧霞元君其首也。故自京师之南，大河之北，百千万众泥首阶下，求福田利恭者，莫不如其愿以去也。

以及《南王庄还愿记碑》，立于清同治八年（1869），其碑文近似于神话了：“南王庄往年有寇灾，避之未及，贼匪猝至，四面围攻，村人结团出死力拒之，鏖战终夜，黎明贼始引去。当是时，既无土圩可守，亦无器械之备，众情惶惶，势甚危迫。乃共虔诚祷于泰山之神。既而果蒙庇佑，合村安全……自是之后，土圩既成，贼匪数至，屡有斩获之功，绝无荡摇之恐，莫非神力之默佑也”。

这些碑文满山皆是，强化了道教在泰山的地位。

## 三、儒教刻石

自从春秋之时孔子登上了泰山，泰山文化中便具有了儒学的不可动摇的根基，虽然从碑记上看，清代的儒家书院并没有太大的扩展，但是儒家的学说仍是无处不在，仍在通过各种形式顽强地捍卫着自身的地位。

例如，南天门内未了轩大殿前廊下，有刻于道光五年（1825）的《帝君像赞碑》。帝君即关羽，他虽被道教纳入神谱，并被封为财神，但在历史记载和人们的心目中他仍是一位整日手不释《春秋》的信奉儒学的战将，此碑由儒士徐宗幹立，所讲的亦是儒家的道理，但却将它寓于了道教的《关圣帝君觉世真经》中：

> 帝君曰：人生在世，贵尽忠孝节义等事，方于人道无愧，可立身于天地之间。若不尽忠孝节义等事，身虽在世，其心已死，是为偷生。凡人心即神，神即心，无愧心，无愧神，若是欺心，便是欺神。故君子□畏四，知以慎其独，勿谓暗室可欺，屋漏可愧，一动一静，神明鉴察，十目十手，理所必至，况报应昭昭，不爽毫厘。淫为诸恶首，孝为百行源。但有逆理于心有愧者，勿谓有利而行之；凡有合理于心无愧者，勿谓无利而不行。

最为使人觉得新鲜的是作者借关羽的口说："若负吾教，请试吾刀！"道家的味儿很浓。其下又有铭文136句，具体提出了做人的要旨："敬天地，礼神明，奉祖先，孝双亲，守王法，重师尊，爱兄弟，信友朋，睦宗族，和乡邻，别夫妇，教子孙。时行方便，广积阴功，救难济急，恤孤怜贫，创修庙宇，印造经文，舍药施茶，戒杀放生，造桥修路，矜孤拔困，重缘惜福，排难解纷，捐资成美，垂训教人，冤仇解释，斗称公平，亲近有德，远避凶人，隐恶扬善，利物救民，回心向道，改过自新，满腔仁慈，恶念不存。一切善事，信心奉行……"

实际上，儒释道三教在本质意义上就是一个"善"字，泰山石刻记录了无数的事情，所想阐明的也是一个"善"字。古人混淆了三者其实是容易理解的。

图14-36 《五经论碑》

《五经论碑》(图14-36)，在岱庙，刻于清乾隆年间，朱涵斋书刻。碑由四石联成，自右而左依次对五经中《易》《书》《诗》《礼》《春秋》进行了分析论述，因碑残缺过甚无法著录。

朱涵斋，康熙五十一年武进士，曾任副都统，虽系武将，犹如关云长，儒学修养很深。

还有尹铭绶题《孔子庙照壁联》。此联在岱顶孔子庙大门内照壁两旁，刻于光绪二十八年(1902)，照壁中镶嵌着米芾所画的先师孔子行教像碑石，两旁对联曰：

登泰山而小天下，
黜百氏以宗六经。

光绪廿八年尹铭绶撰联。道光辛巳岁，摄篆阕里，得米芾所绘圣像一幅，敬谨重勒于岱顶之殿壁间，以永仰止之思云。

“黜百氏宗六经”，意即罢黜百家独宗儒术。这一思想是在汉武帝时开始推行。汉代的儒术已非春秋战国时期的儒家思想原貌，而是掺杂了道家、法家、阴阳五行家的一些思想，体现了儒家思想的“兼容”与“发展”特性，内容已与时俱进，成为两千多年来中国传统文化的正统和主流思想。在泰山石刻中，可以看出各种思想同时存在，兼容并收，但儒学最终还是占了主导地位。

## 第五节　泰山石刻的书法简述

清代，泰山出现了一批仅为展示书法的石刻作品，如乾隆四十九年（1784）何人麟书杜甫《秋兴八首》，吴大澂于光绪十二年（1886）书《汉镜铭》《琅琊台二世诏书刻石》《青玉案》《虎》等，这些刻石中有的意境与泰山氛围本不相符，作者的本意也不是诉说泰山，他们的目的就是以泰山为平台“秀”书法。

回首历代泰山石刻，它们除了记录泰山历史文化，成为中国政治、经济、文化史的见证外，更是一部生动的中国书法艺术的演变发展史。泰山石刻的书体自秦李斯小篆刻石诞生以来，经历的汉隶、魏碑、魏隶、唐楷、唐八分、草书，至宋代则以瘦金体最为尊崇，同时隶书、楷书、行书、草书并存，可谓五彩缤纷。到了明清时期各种书体咸备，数量又多，泰山真正成为一座书法艺术的博物馆。

在泰山石刻史上，魏晋之后，文字便已不再仅仅是语言思想交流的工具，而是具有了书法艺术的自觉，逐渐成为人们审美的对象，正如清代书法家梁巘在《评书帖》中所说的那样：“晋人尚韵，唐人尚法，宋人尚意，元、明尚态。”也就是说，不同的历史时期，在不同的环境中，人们对书法艺术的追求有了各个时代的不同标准，如晋代书法流畅妍美，清高孤傲，反映了士大夫阶级的清闲独立，具有了一种飘逸于世俗之外的美。后人摹刻的晋陆机《〈泰山吟〉诗碑》，便与当时存世的章草不同，而是运用了当时仍很流行的小篆的书体，自成一格，表现了陆机耿直不阿，意在匡正世难的志向。

所谓“唐人尚法”，即唐代书法气魄雄伟，与其鼎盛时期的国力富强相一致，富有力度美。泰山上唐玄宗的《纪泰山铭》就是最具代表性的作品。再如泰山北麓的《唐欧阳询书房彦谦墓碑》（图14-37），虽为隶书却蕴含楷书笔意，它既不同于汉隶，也不同于初唐以后的唐隶，其总体风貌自然率真、方正平稳、沉雄质朴，提笔落笔看似不经意，实则点画丰富，结体完备；章法布局虚实相生，疏密得体，具有特殊的风格特点[①]。

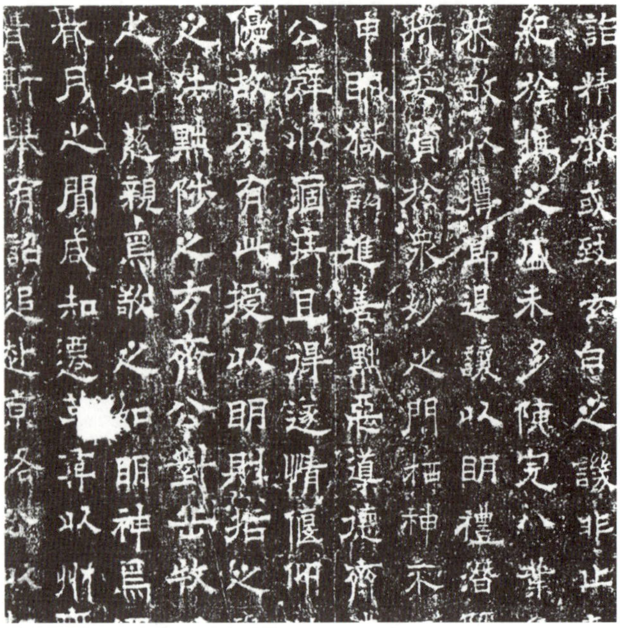

图14-37 《唐欧阳询书房彦谦墓碑》局部

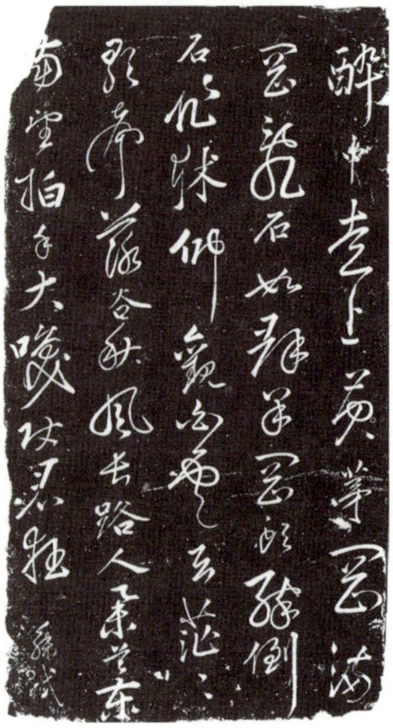

图14-38 苏轼《题黄茅岗诗碑》

而“宋人尚意”，则是指宋代经济高度发展，书法承唐继晋，上及五代，开创了一代新风，出现了崭新的意境。那纵横跌宕、沉着痛快的书风，文人墨客勇于创新、追求自身个性张扬的表现形式，推进了中国书法艺术的发展。宋代的泰山石刻，“尚意”之风还表现在他们不是简单地否定唐人，也不是简单地回归晋人，而是开创了自身独特的艺术道路。宋朝皇帝个个都是书法家，宋真宗更是一个成就很高的大书法家，他的字丰厚雍容，柔中带刚，筋骨兼备，自成天趣，《登泰山谢天书述二世功德铭》便是其代表作。再加之诗人、词人的加入，宋人又给书法注入了抒情意味，使其益发变得隽永、俊逸。在强调意趣的前提下，宋代书法家重视自身的修养，读书多，见识广，书法功力为前人所不及。如宋代大诗人、大书法家苏轼在泰山留下的墨迹，其《题黄茅岗诗碑》(图14-38)虽为醉中所书，但字体华丽、气势奔放，毫无荒率之笔，被世人所称道。

① 参见宋芳斌:《欧阳询隶书〈房彦谦碑〉技法分析》,《艺术探索》2011年6月第25卷第3期。

宋代名不见经传的年轻诗人蔡安特也在泰山留下了他的作品，其《灵岩寺题诗碑》（图14-39）为楷书，粗看上去似也无特异之处，但仔细观赏，其楷书突破了唐代过于工整拘谨的范式，而带有了行书的意味，笔力分外雄健，其“意”脱颖而出，可谓力透纸背。

“元、明尚态”，所谓“态”即一种形状，也就是说这一时期人们更加注意书法的形式之美了。回观泰山石刻，元代在这一点上似乎还不突出，但明之后，书家的确是格外注重字体的形状、布局的得体，而创作出了众多优秀的艺术作品，如《郑芸登灵岩寺和苏韵诗碑》《徐仲麟登泰山诗碑》《戴珊登岱题诗

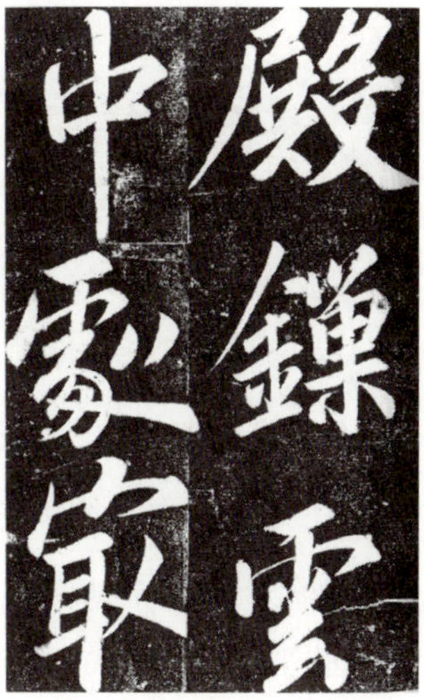

图14-39　蔡安特《灵岩寺题诗碑》局部

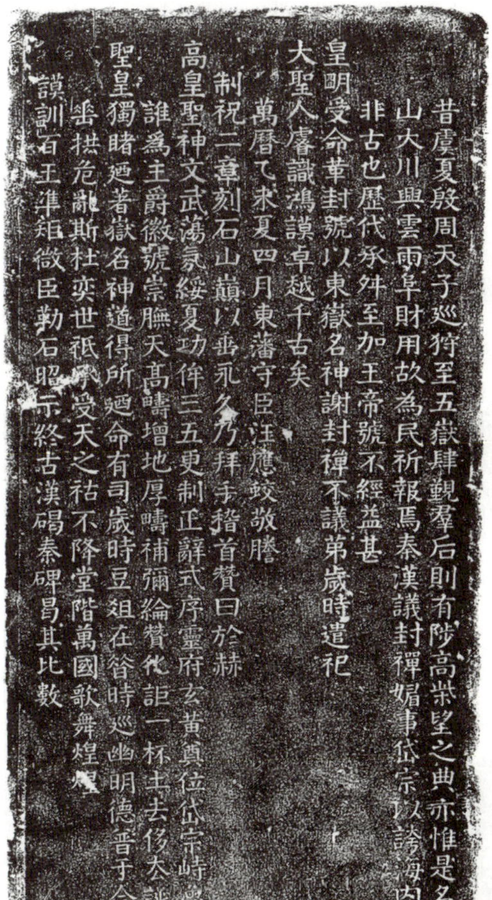

图14-40　《洪武〈制祝文〉赞碑》

图14-41　《“五岳独宗”题词碑》

图14-42 《“暴经石”刻石》

图14-43 《“登泰观海”题词碑》

碑》《洪武〈制祝文〉赞碑》(图14-40)，均是书写规矩、讲究谋篇布局的佳作。尤其在大字方面，明朝书家开创了泰山超大榜书的先河。譬如明万恭的《“暴经石”题刻》(图14-42)，字径达2.4米；还有刻于岱庙宋碑之阴的《“五岳独宗”题词碑》(图14-41)、《“万代瞻仰”题词碑》，字径均超过1米。散布于全山的大字如“登高必自”“岱宗余胜”“经正”“双流翼注”“观海”“大观峰”“望海”“天柱”“风涛云壑”等大字比比皆是，都十分引人注目。有的题词碑字大，而无如此之巨石，便一石一字，显得十分铺张，岱庙内的“登泰观海”就是如此。

明代人注重石刻的形式，不仅在文字体量上做文章，还任意变换字体，创造出一些奇特的文字形式，如红门的“入云有路”，为明代进士张继红所书(见图14-44)，就是一种很少见的变异篆书体。无独有偶，灵岩寺墙上镶嵌着一块碑碣(图14-45)，无作者名款和年款，相传为明人所为，也是篆字的变种，甚至近乎传说中的“蝌蚪文”。但这种题刻刻意追求冷僻和标新立异，形式大于内容，使一般人士无法正常辨读，这便背离了书法发展史的正途。

图14-44 《“入云有路”碑》

图14-45 《篆字碑》

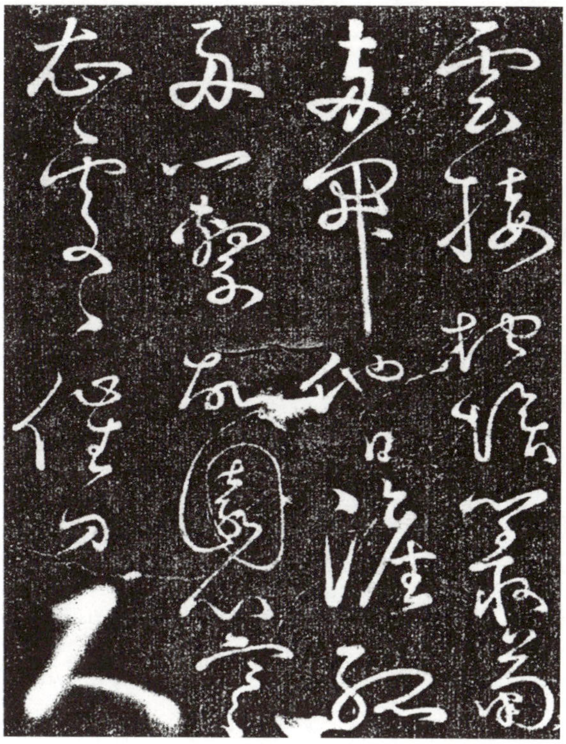

图14-46　何人麟书《杜甫〈秋兴八首〉诗碑》局部

图14-47　铁保《书杜甫〈望岳〉诗刻》

清代，泰山石刻艺术仍有其特色，某些方面同明朝相比并不逊色。其间，施天裔的正书《重修岱庙碑》、张鹏翮的行书《汉柏》《唐槐》、朱孝纯的隶书《泰山赞碑》、玉构的榜书《“五岳独尊”》、蒋陈锡的大字《“灵山玉柱”》等都堪称名作。而且，这一时期书家已不满足于在泰山题刻自己的作品，还开始摹刻古人的名篇来专门展现自己的书法。如前文所述四川人何人麟的草书（见图14-46）流畅奔放如云烟飞动，颇具怀素之风，为人们所喜爱。此外，还有铁保《书杜甫〈望岳〉诗刻》石（图14-47），铁保与刘墉、翁方纲齐名，其书法为艺林珍视。特别是清光绪年间吴大澂，精于金石学和古文字学，有《说文古籀补》存世。吴大澂在泰山以篆书示人，给人以新鲜感。

# 第十五章
# 民国时期石刻（上）

1911年，清王朝被推翻，资产阶级的辛亥革命结束了中国两千多年的封建历史，建立了世界东方第一个民主共和国。但是，百废待兴的年轻共和国并没有得到喘息的机会，先是袁世凯窃取革命果实，复辟皇权，设立“君主立宪”，引起了举国声讨。之后军阀割据，皖系、直系、奉系轮流坐庄，以致全国不宁。继而北伐战火燃起，持续数年，直至1928年，国民党南京政府成立。此后，内战频仍，民不聊生，再加外敌入侵，国家灾难更其深重。1931年，日本在沈阳制造九一八事变，悍然占领了我国东北三省，中国开始了长达14年的抗日斗争。接着又经历了3年的国共内战，至1949年，新中国成立。在这多难的历史时期，中华民族没有沉沦，无数知识分子和爱国人士指点江山、挥斥方遒，富贵不能淫，贫贱不能移，坚持了中华民族的优良传统。

民国时期，泰山留下的各类可读石刻计251处。从内容看，百姓进香碑、庙宇修建碑、游览题记碑仍然存在，在文化精神上也基本与前代一脉相承。所不同的是，这一时期留下了冯玉祥、李宗仁、吉鸿昌等人的抗日碑刻。而冯玉祥作诗、赵望云作画的反映百姓疾苦的“诗画碑”，别开生面，极形象地揭示了民国间泰山一带民众生活、生产状况。另外，由于民国时期言论相对自由，人们对官僚的腐败，也敢于给予辛辣的讽刺与抨击，并将之刻到了石上。

在形式方面，除了传统碑刻与摩崖外，泰山还建起了高大的《辛亥革命滦州起义纪念碑》《总理奉安纪念碑》及《济南“五三惨案”纪念碑》等，这些纪念碑由于造型的特异，也使泰山石刻有了新的时代感。

# 第一节　题景、题记、题名刻石

辛亥革命后，旧王朝被推翻了，但是中华文化的传统与风俗并没有被割断，民国名人康有为、梁启超、袁克文、潘公展、朱家宝、冯玉祥、鹿钟麟、马福祥等都在泰山留下了题景、题记刻石，这些作品跻身于泰山琳琅满目的此类题刻中，无论从书法还是从词汇的优美程度看均毫不逊色于前人，而且内容也变得多样，有赞颂的，也有表达不满的，可以看出这一时期的人们已不同于封建专制时代，已经敢于说话敢于表达自己的情感了。

## 一、题景刻石

这部分刻石基本上延续了泰山历史上题刻的主题与形式，大多是触景生情，以简练的词汇表达自己的心情，是泰山石刻中最引人驻足的部分。

泰山现存民国最早的此类题刻是位于岱顶的《“一览众山小”刻石》，刻于1914年，款为：“民国三年岁次甲寅初秋，泰安县知事丁其璋题。”辛亥革命后废府、州，仅设县，且将知县改为县知事，丁其璋是泰安县第一任县知事。

不久，袁克文来到泰山，在斗母宫北溪谷内巨石上题下了《“流水音”刻石》，款为“寒云”。所谓“流水音”，乃是因斗母宫东侧中溪山谷幽静，落差大，形成泰山著名景观“三潭叠瀑”，徜徉于水旁，流水之声分外悦耳。

袁克文(1889—1931)，字寒云、豹岑等，河南项城人。袁世凯次子，生平喜好藏书和古玩，精于鉴赏。其父死后，长期客居上海，以卖文卖字为生。

民国五年(1916)，杨光宗在玉皇顶稍南岩壁上题《“目尽长空”刻石》(图15-1)，款为：“中华民国五年七月，周邵昌书，杨光宗题。”此四字出自李白《游泰山六首》之二：“凭崖览八极，目尽长空闲。”意谓站在泰山之巅目力所及

图15-1 《“目尽长空”刻石》

之处是渺渺的长空，形容泰山之高。

民国六年（1917），魏宗莲题《“万古凌霄”刻石》，其下有跋：“民国六年，岁次丁巳夏五，偕邑绅孙君茂亭登岱，特留鸿爪。并托警长张君紫封付之勒石志游。国务院存记农商行会事、德州魏宗莲谨题。”

同年，施从滨等五人在云步桥题《“云泉飞瀑”刻石》，款为：“丁巳暮春，与潘子和、方啸岑、邓素存、李云斋同游至此，书志鸿爪。桐城施从滨题石。”

潘子和（？—1927），即潘鸿钧，字子和，山东蓬莱人。早年加入北洋军，民国后任国民军第十旅第十九团团长，驻防济南，1916年，接替施从滨任旅长。

邓素存（1883—1953），字质仪，安徽安庆人，留学日本，同盟会骨干，中国首任飞行队长。

施从滨（1867—1926），又名从林，字好善，号汉亭，安徽桐城人，擅长书法，曾任山东巡抚袁世凯行营差官。

民国十七年（1928），国民党政府驻泰盐运署员杨其观将飞瀑岩上宋人所题“御帐坪”3个大字凿去，与其子杨道专共同题写了《“云桥飞瀑”刻石》，款为“戊辰重九日南海杨其观题，命男道专敬书，时年十三岁。”这一俗吏作为令人唾弃。

图15-2《“各一天”刻石》

还有道教的《“各一天”刻石》（图15-2），刻于民国七年（1918），款为“民国七年立。玉山老人云此，宋小山率弟子题”。“各一天”，即别有洞天之意，形容泰山风光的特异。

又有民国九年（1920）的《“在山泉”刻石》，款为：“庚申秋月，滇南朱家宝。”“在山泉”语出杜甫《佳人》诗：“绝代有佳人，幽居在深谷。自云良家子，零落依草木……在山泉水清，出山泉水浊。”此三字即意为泰山泉水清纯自然，毫无污染。

朱家宝（1860—1923），字经田，晚号髯农，云南黎县（今云南省玉溪市华宁县）人，清光绪十八年（1892）进士。选翰林院编修，再授礼部祭司，后官至安徽、吉林巡抚。一生以洁清自励。长于书法，笔力雄健，堪称清末大家。

梁启超于民国十一年(1922)来到了泰山灵岩寺，看到千佛殿内40尊泥塑罗汉像精美绝伦、天下无双，便题写下《“海内第一名塑”碑》(图15-3)，其上款为“题灵岩千佛殿宋罗汉造像”，下款为“民国十一年七月，新会梁启超”。

图15-3 《“海内第一名塑”碑》

梁启超(1873—1929)，广东新会人，字卓如，号任公，别署饮冰子、哀时客等。1891年就读于万木草堂，接受康有为的思想学说并由此走上改良维新的道路，成为我国著名的政治家和著名学者。

其他比较著名的民国题景刻石还有：

民国十年(1921)的《“斩云剑”刻石》(图15-4)，款为“民国十年六月四日重立。王均书”。

同年还有《“万古长春”刻石》，款为“民国十年仲春，汶上峄山胡恩桐书”。

民国十四年(1925)《“青云可接”刻石》，跋为：“民国乙丑后四月望日，同邑人徐之深暨其夫人云卿在此观浴日。古棠朱振名志。”此四字形容泰山高入云端，与云相接。

民国十四年(1925)《“都归一览”刻石》，在云步桥，款为“民国十年五岳廿一日，江苏南翔陈家栋三游志念”。

图15-4 《“斩云剑”刻石》

陈家栋(1887—1971)，字少芸，江苏嘉定人。早年赴日本留学。1927年任国民政府财政部秘书、安徽省政府委员兼财政厅厅长。1928年任国民政府战地政务委员会委员。1931年后任山东财政特派员兼印花税局局长等。此题刻意思是人人都向往泰山，都来泰山领略美好的景致。

民国十七年（1928）的《“飞仙驻足处”刻石》，款为：“民国十七年，戊辰闰二月初二日，蔡飞书。”泰山之巅即被古人视作天上，这里当然是飞仙落脚的地方了。

刻于民国十八年（1929）的《“红桥飞瀑”刻石》，款为：“民国十八年秋上石，昆明姚光裕题。”云步桥在民国二十六年前为木桥，栏杆漆为红色，故称“红桥”。

姚光裕，20世纪20年代后期任泰安县长，1929年曾随同蒋介石登泰山。

图15-5 《“千古奇观”刻石》

民国十九年（1930）《“千古奇观”刻石》（图15-5），刻于在经石峪断崖上，款曰“庚午年秋，陇右马福祥书”。

马福祥（1876—1936），字云亭，回族，甘肃临夏人。武昌起义后，陕甘相继爆发革命，陕甘总督长庚命马福祥募兵攻陕，马福祥以“甘民穷苦，不任兵革”为辞，按兵不动。清帝退位，马福祥联名通电承认共和，任甘肃临时议会议员。民国十八年（1929）任青岛市市长。马福祥在泰山的题刻还有“岳峙渊渟”“澄清宇宙”“仰观俯察”等。

民国二十二年（1933）《“笨云天衢”刻石》，在云步桥北石壁上，款为“民国二十二年孟秋，绍兴邵元冲题”。

邵元冲（1890—1936），字翼如，浙江绍兴人。1906年考入杭州浙江高等学堂，接受民主革命思想，同年加入同盟会。后东渡日本留学，辛亥革命爆发后回国，任上海《民国新闻》总编。后被孙中山任命为黄埔军校政治教官，同年任黄埔军校政治部代主任。

民国二十三年（1934）《“仰之弥高”刻石》，跋语为：“民国甲戌春，率长男德谦登岱，于神□印鸿泥，以诘感游云。博山李作栋敬题。”此句出自《论语》：“仰之弥高，钻之弥坚，瞻之在前，忽焉在后。”此处意为泰山越看越觉得高大。

## 二、题记刻石

图15-6 《“民国泰山”刻石》

在泰山题记刻石中，最多的还是抒发登岱心情和感受的。如表述泰山崇高地位的“民国泰山”（图15-6），题于民国八年（1919），款为：“中华民国八年七月，偕鄞县穆光枢君参岱，书此志感，□□□。”所谓“民国泰山”，就犹如后来称之为的“中国泰山”“中华泰山”一样，泰山总是与国家连在一起的。在人们的心目中，泰山高大、稳重、坚韧、勃发生机的外形和它所包含的国泰民安、包容、向上、昂头天外的内涵恰可代表我们国家的形象。

《“我亦登临”刻石》，刻于民国九年（1920），款为：“民国九年三月，定海戌响九题。”自古以来，人们都将登临泰山作为自身的平生快事，此题刻表达了作者来到泰山的自豪感。

《“保障平原”刻石》，在中天门，刻于民国九年（1920），款为：“民国九年，九江蔡懋星。”此刻石总在祈求泰山神灵保护中国，使之不受侵害。

《“气象万千”刻石》，刻于民国十一年（1922），潘公展题，其下有跋语：

> 民国二十一年夏，公游青岛。八月五日归途登泰山，极顶露宿，观日出，洵为平生壮游。因题四字，以志鸿爪。同游者尚有公展儿子维新。上虞王延松撰，吴兴潘公展题。

潘公展（1894—1975），原名有猷，字干卿，号公展，吴兴（今湖州）人。早年就读于上海圣约翰大学外语系，后创办《晨报》，标榜“以三民主义建设新中国的文化”。上海解放前夕赴美国，办《华美日报》。写文章为蒋介石的“反共复国”献计献策。

王延松，浙江上虞人，民国年间曾任上海市政府保卫委员。

《题经石峪刻石》(图15-7)，刻于民国十八年(1929)，姚光裕题：

经石峪字近存九百九十二，剥蚀者不知凡几。俯察西南隅，字与石土接，疑犹有压盖者。于是掀土劈石，果得七十三字。拓之锋棱显露，奕奕有神。询老拓工，亦无记者，盖埋没固已久矣。更改水道，不使浸噬，数千年之古迹，庶几可永保乎。

图15-7 《题经石峪刻石》

姚光裕，曾任泰安县长。他提出的更改水道的保护经石峪的措施，给了后人启示，果然按他的设想办了。

民国时期，泰山题记刻石还展现出了人们将自身命运同国家兴亡、民族振兴联系在一起的历史责任感，这些刻石与泰山精神高度契合，以泰山为号召，充满了浩然之气，给人以巨大的鼓舞。如刻于民国十八年(1929)的《袁家普题记刻石》(图15-8)：

愿同胞努力前进，上达极峰，独立南天门。高瞻远瞩，捧日拿云，可以张志气，拓胸襟，油然生爱群救世之心。感斯山之永固兮，国家柱石曰严曰峻，巍然吾民族之威棱。

民国十八年九月三十日，醴陵袁家普识。

题记中“拿云”，即志气凌云，语出李贺“少年壮志当拿云，谁念幽寒坐呜呃”；“威棱”，即威严。当时中国军阀混战，民生凋敝，袁家普号召全国同胞要像登泰山攀极顶一样志存高远，救国救民；同时他又指出，泰山是永远稳固、永不可催的，是威严的国家柱石和民族象征，袁家普道出了一个自古以来在中国人的心目中的泰山——它始终就是中国的脊梁，中国的柱石！

图15-8《袁家普题记刻石》

袁家普（1873—1933），字雪安。早年留学东京早稻田大学，毕业后依例授法政科举人。民国元年（1912）起，任云南省财政司司长、财政厅厅长、国税厅厅长。在职3年，府库充实，民有余力。后任北京中国大学校长、国立法政学校教务长。1929年4月，任山东省财政厅长，清理张宗昌任内亏款，偿还部分民债，尽裁张宗昌所兴苛捐杂税。

图15-9《“能成其大”刻石》

《“能成其大”刻石》（图15-9），刻于1932年，款为：“民国二十一年八月，熊可武。”

此题刻语出李斯《谏逐客书》：“是以泰山不让土壤，故能成其大；河海不择细流，故能就其深。”这也是泰山主要的文化主题之一。

熊可武（1885—1970），字锦帆，四川人，辛亥革命元老。20世纪初留学日本，会见孙中山，加入同盟会。1911年参加了由黄兴领导的广州起义。1949年与刘文辉等策动川西起义，表示拥护中国共产党和中央人民政府。新中国成立后，熊克武历任全国政协委员、民革中央副主席等职务。

《“洗心涤虑”刻石》，在泰山虬在湾，款为：“民国廿一年，陈嘉祐。”这也是激励人的题刻，1932年，陈嘉祐与熊克武至泰安，与冯玉祥共商国是，他看到泰山纤尘不染，可以涤荡人的心灵，使人心胸阔大，故题此四字。

陈嘉祐（1881—1937），字护黄，国民党陆军中将。1903年就读于长沙明德学堂，加入黄兴组织的“华兴会”。后随黄兴赴日本，就读东京士官学校。毕业后，回国参加辛亥革命。1924年，当选国民党中央执委，并历任国民革命军第2军、第13军（后改为14军）军长。

《陈兴亚题记刻石》（图15-10），刻于民国二十二年（1933），文为：

我心有险，不险亦险。我心无险，虽险不险。

民国癸酉六月，海城陈兴亚题。

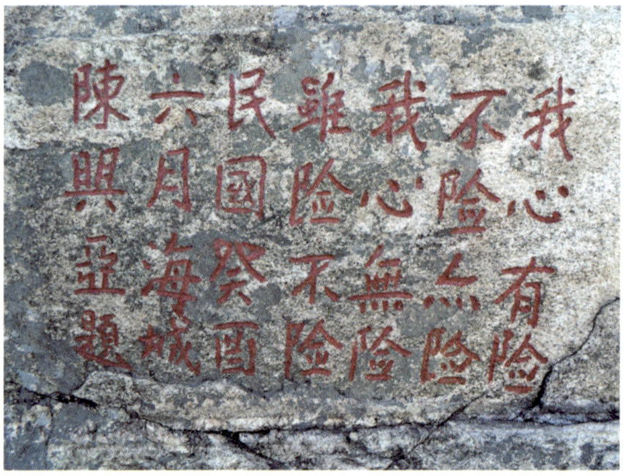


图15-10 《陈兴亚题记刻石》

此处山谷陡峭，深不见底，险峻异常，人多不敢探视，故有了陈兴亚的联想。此话像偈语，共有四个“险”字，意思是自己内心存有邪念，没有险阻也会有危险；自己心中没有邪念，虽有险阻也不会有危险，富有哲理。

陈兴亚（1882—1957），字介卿，辽宁海城县（今辽宁省海城市）人。1907年赴日本陆军宪兵练习所学习，1917年任东北宪兵司令，1919年晋级陆军少将。1927年7月，他接到“囚犯”共产党人黎天才的上诉书，决定予以营救，终于以假枪决救出了他，遂传为美谈。

## 三、题名刻石

民国时期的泰山题名刻石中依然延续着唐代便已产生的“某某到此一游”的形式，只不过这些题名者与前代不同既有普通百姓，又有当年大名鼎鼎的人士，

图15-11 《袁克文等题名刻石》

各种人物纷纷登场，题名中的社会阶层变得更加广泛。

其中年代最早的是袁克文等人的题名刻石(图15-11)，刻于民国三年(1914)：

甲寅三月，与汉寿易顺鼎、杞步翔棻、太仓陆□熿、阳湖张栻、茶陵谭天祺同登绝顶。

项城袁克文题。

易顺鼎(1858—1920)，字实甫，湖南汉寿人，与袁克文、何震彝、闵尔昌、步章五、梁鸿志、黄秋岳等并称为“寒庐七子”。入民国，袁氏称帝，命代理印铸局长。袁氏败，放荡于歌舞场以终。

步翔棻(1874—1933)，字章五，号林屋山人，开封市杞县人，民国时文人。

张栻(生卒年不详)，著有《南轩全集》四十四卷。

接着，民国五年(1916)康有为来了，在玉皇顶南岩壁上刻下了题记(图15-12)：

图15-12 《康有为题刻》

丙辰八月，偕郑浩、王觉任、邝南嵩游泰山，登绝顶。康有为。

康有为（1858—1927），原名祖诒，字广厦，号长素等，广东南海人。光绪进士，授工部主事，曾七次上书光绪皇帝，要求变法。1898年发动变法维新运动，遭镇压后逃到国外。康有为一直向往泰山，在登上泰山后，留下了此题刻。

通天河西岸，有民国八年（1919）一群远方客人的登岱题刻：

己未闰七月朔，南海区桐、关文彬，番禺冯应楷，香山欧庚祥，三水梁蕚联、陆国祺、陈振南、梁士讦，女士王珮珊同游至此，冒雨登顶。

题刻者均为民国时知名人士、实业家：冯应楷，曾任中国银行总裁。欧庚祥，在粤汉铁路修筑时曾任督办。梁蕚联，曾任广西省财政厅长。陈振南，于1914年发起成立光华电灯股份有限公司，佛山开始用上电力始于此人。梁士訏，曾是广三铁路督办。此题刻虽然朴实但也精致，似乎能让人感受到他们冒雨登泰山的凉爽与温馨。

再如叶仰山等题名刻石，在玉皇顶南岩壁上，刻于民国八年（1919）：

民国八年季夏，浙江宁海叶仰山同养斋观日出至此。

叶仰山（1867—？），浙江台州三门县人，优庠生。少时入宁海缑山书院读书，立志“读万卷书，行万里路”，喜好游览山水。

《“名言莫罄”刻石》，为民国十三年（1924），苑梦九题刻。其下有一段跋语描写了泰山傍晚的景色，就像蓬莱仙岛，即使将最美好的语言用尽，也不能表达，所以题此四字以表达此次游山的心迹。

又有李根源登岱题名刻石，此石在通天河西岸石壁上，刻于民国二十一年（1932）。其文为：

民国廿一年三月，偕冯公玉祥登泰山，宿山顶，观日出。腾冲李根源题记。

李根源（1879—1965），字印泉，又字养溪等，祖籍山东益都（今山东青州市），生于云南腾冲。近代名士、国民党元老。曾留学日本，加入同盟会。1923年，因反对曹锟贿选总统，退出政坛。抗日战争爆发后，积极投入抗日救亡运动。新中国成立后历任西南军政委员会委员、全国政协委员等职。

其他较为著名的还有：

《“果然似我”刻石》（图15-13），在南天门下盘路东侧石壁上，刻于民国四年（1915），款为：“中华民国四年乙卯秋七月，江西徐源春岩氏题。”因题词者徐源春的字为“岩氏”，“岩”即高大、厚重、坚韧的意思，专门形容泰山，如“泰山岩岩”，此人便说泰山“果然似我”。

图15-13 《“果然似我”刻石》

《“揽胜”刻石》，在云步桥东首石壁上，刻于1919年，款为：“民国八年，校阅事毕，携僚登岱，刊石于此，徐鸿宾。”

徐鸿宾（生卒年不详），1915年授陆军少将，后任山东第3混成旅长兼曹州镇守使。

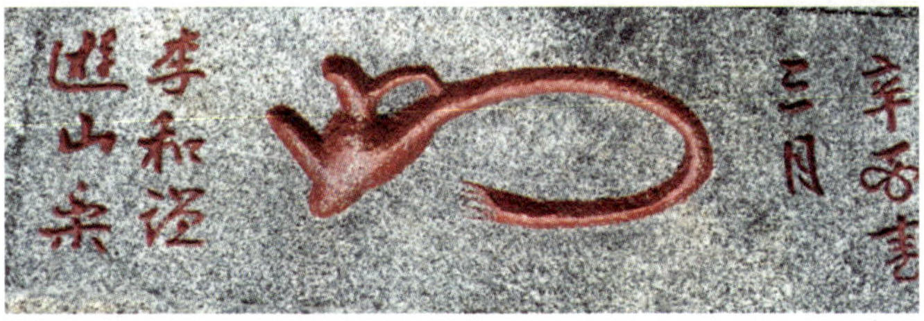
图15-14 《“如”字题刻》

《“如”字刻石》（图15-14），在盘道东侧石壁上，刻于民国十年（1921），款为：“辛酉春三月，李和谦游山乐。”此字高20厘米、长50厘米，其形酷似一柄如意，有人认为此字实为一草书“如”字，还有人认为是“如此河山”的变形字，为泰山著名的刻石字谜。又传李和谦是一家饭馆的伙计，擦餐桌时经常用抹布画“如”字，故此字也是用抹布写出。

《“天下奇观”刻石》，在御帐坪西侧石壁上，刻于民国二十一年（1932），跋语为：

外子解甲之明年，侨寓历城，余携儿辈前来探视。慕泰山名胜，蓄愿往游。登高凭眺，风景绝佳。爰题四字，以志鸿爪云尔。壬申莫春，石韩显斌勒石。

“外子”指丈夫，即石韩显斌之夫石友三。石少时家贫，弃学投吴佩孚营当兵，又投冯玉祥，并三次反叛之，再投阎锡山、汪精卫、张学良、蒋介石，甚至联共反蒋，在保定附近大败，逃往德州，不久又寄居在韩复榘的山东省政府内，此即所谓“外子解甲之明年，侨寓历城”。1932年秋，石友三又潜入天津，与日本特务头子土肥原贤二拉上关系，组织伪军，任冀北保安司令。抗日战争时期，参加反共活动，武装进攻八路军。后加入中共，但又背叛，反复无常，世称“倒戈将军”。1931年又与粤桂军阀联合。因其反共不得人心，内部分化，被其部下高树勋诱捕活埋。

## 四、宗教信仰题记

图15-15 《“鲁邦所瞻”刻石》

从泰山题刻来看，民国时期宗教信仰依然被人们坚持着。如民国元年（1912）《“心香诚祝”刻石》便是一例，款为：“民国元年冬月敬献，湖广弟子宋洪升叩。”意思是以虔诚的心意，真诚地告神祈福。

再如民国十年（1921）的《“鲁邦所瞻”刻石》（图15-15），位于袁克文“寒云”题刻之下，其跋为：

张易吾使君司直鲁邦，以尊德宗太夫人寿日来游泰岱，刊造佛像。余贺刊工竟，书此志□□之恩也。

民国十年双十节后三日，蜀南朱英敬识。

这篇文字是张易吾的四川老乡朱英仿袁克文的字体所书，乃是为张易吾之母刊造佛像后的题记。

张易吾（1880—1925），即张志，字易吾，别号寂园，四川自贡人，日本帝国大学毕业，同盟会会员，中国近代第一代司法界知名人士。张志曾先后在江苏、河南、安徽等省做法官，后为北洋时期山东高等审判厅厅长，居官廉明，独立审判，执法公正，有“法学大师”“慈佛厅长”之称。

民国十四年（1925）的《“万法唯识”刻石》（图15-16），在岱顶，款为：“民国乙丑后四月望日，登此绝顶，气象万千。为此刻石，以告来者。朱实之及子朱云卿题。”万法唯识是佛教术语，为古印度大乘佛教瑜伽行派与中国唯识宗的主要教义，即“三界唯心，万法唯识”。

图15-16　《“万法唯识”刻石》

还有《“佛有缘”刻石》，在长寿桥西首石壁上，刻于民国二十一年（1932），款为：“民国二十一年四月立。赵荣三，郯县人；王传厚，茌平人；傅家祺，招远县人，书立。”

## 五、反映民国思潮的泰山题刻

民国时期，由于外来思想的传入和当时各派斗争的需要，泰山石刻中出现了一批迥然不同于前代的题材，这些石刻看似与泰山无关，但也与泰山的文化精神相契合，为泰山石刻史增添了几缕亮色。现仅举几例：

泰山中溪石壁上有1929年冯玉祥的《“行利他”刻石》，款为：“民国十八年，冯玉祥。”所谓“行利他”，即自己的一切行为都应有利于他人，而不能只为了自己与自己的集团。

五贤祠内，又有冯玉祥题于民国二十二年（1933）的题词：

为大多数人谋最大幸福为职志。

此词刻于九一八事件两周年纪念日的前夜，是号召民众团结救国，为民服务的口号。

冯玉祥（1882—1948），字焕章，安徽巢县人，幼时家贫，15岁时入淮军当兵，后改投北洋军，曾先后任北洋陆军第十六混成旅旅长，第十一师师长，陕西、河南督军及陆军检阅使等职。1932年，冯玉祥声明不当内政部长，以养病为由，携带妻子儿女来到泰山，秘密策划抗日救国的大计。在泰山，他一面学习，一面到民众中考察，了解他们的疾苦，修建学校、桥梁、挖泉引水，为人民做了很多好事。

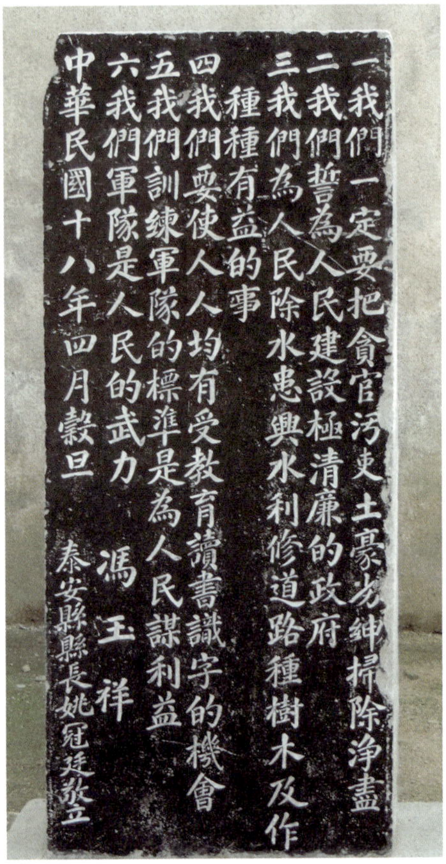

图15-17《冯玉祥训政碑》

《冯玉祥“训政碑”》（图15-17），此碑在烈士祠大门西侧，民国十八年（1929）泰安县长姚冠廷立：

一、我们一定要把贪官污吏土豪劣绅扫除净尽。

二、我们誓为人民建设极清廉的政府。

三、我们为人民除水患，兴水利，修道路，种树木及作种种有益的事。

四、我们要使人人均有受教育、读书识字的机会。

五、我们训练军队的标准是为人民谋利益。

六、我们的军队是人民的武力。

《“为党牺牲”刻石》，在烈士纪念碑北盘路西侧石壁上，无题刻年代，当为民国十八年驻泰国民党军所刻的标语口号。

《“唤起民众”刻石》，在盘路西侧石上，当为民国十八年驻泰国民党军所刻的标语。语出孙中山《总理遗嘱》：“积四十年之经验，深知欲达到此目的，必须唤起民众及联合世界上以平等待我之民族共同奋斗。”

## 六、其他题刻

这一时期还出现了一些明显奇特的题刻，有些令人不知所云，有些令人哑然失笑，还有的则表现出了作者的特立独行：

在盘道西侧通天河对岸石壁上，有一个叫“季半无”的人于民国八年（1919）刻了一条题记（图15-18）：

> 逃亡二十五日，登此第一高山。
> 共和八年十月十有七日，季半无。

逃亡还来游泰山，还要题词，还公然署名。只是“季半无”似乎是“羁绊无”的谐音。而且以“共和”纪年，也不知何故。

泰山以“共和”纪年的还有《“气象岩岩”刻石》，其款为：“共和戊辰仲春，古都唐柯三书。”

一般认为，中国历史上唯一称“共和”年号的是公元前841年，周厉王所定，史称共和元年，是我国历史上有明确纪年的开始。民国时亦有提议以“共和”纪年者[1]，但未通行。

图15-18《季半无题刻》

① 民国章太炎、钱玄同都有此议。参见钱玄同《共和纪年说》。

唐柯三（1882—1950），山东邹县人，回族。清光绪三十四年（1908）任内阁中书。南京临时政府成立后，任第一届国会参议院议员。后任山东全省路政局总办、山东救济民众筹备处总办、山东泰安道道尹兼警备司令等。抗战胜利后迁回南京。

《王舟瑶等登岱题名刻石》，刻于民国八年（1919）：

> 宣统己未夏五，黄岩王舟瑶，茂名林鹤年，宁海章梫、章华，石门沈焜、程乌、刘承干同游。

“宣统”这个年号在辛亥年（1911）就结束了，这里却出来了个“宣统己未”，而己未年已到了民国八年（1919），可见题名者留恋清王朝，故意将“民国己未”记为“宣统己未”。

王舟瑶（1858—1925），字玫伯，号默庵，黄岩县城（今浙江台州市黄岩区）人。清光绪十四年（1888），以优行贡于朝，次年中举人。二十六年，经礼部侍郎文治荐举，赏内阁中书衔。二十八年，受聘为京师大学堂师范馆经史教习。辛亥革命后，归里纂辑乡邦文献。

章梫（1861—1949），名正耀，字立光，号一山，浙江宁海县人。师从俞樾，清光绪三十年（1904）登进士第，殿试授翰林院检讨，历任京师大学堂译馆监督，国史馆纂修、功臣馆总纂等职。

章华，当时有名的书法家。

沈焜（生卒年不详），号醉愚，浙江石门（今属湖州）人，画家、诗人，曾著《一浮沤斋诗选》等。

刘承干（1882—1963），浙江南浔人，为嘉业堂楼主。嘉业堂系中国近代规模最大、藏书最丰富的私家藏书楼，全盛时期藏有古籍57万余卷。

民国期间还出现了《“高处不胜寒”刻石》，此石刻于民国十一年（1922），是泰山石刻史上第二处以这种思想为主题的题记，其款为：“民国壬戌仲秋日，西充何畴题。”自古以来，人们登泰山，受泰山高大、向上、坚韧等内涵和文化意蕴的影响，总是昂扬、乐观、向上的，但此题刻石却反其道，思想消极，故引人注目。

## 七、抨击贪官的题刻

民国推翻了独裁专制王朝，一个时期内，人们言论不再构成罪行，故百姓敢于说话敢于表达自己的心声了。泰山石刻对此也有反映，如中天门之上有题于1916年的《“泉”题刻》(图15-19)，其下有跋：

余来岱之次年，岁在丙辰。是年春，暴风甚多，寒暖不时，余因之而病。病后因阿堵物有感曰：是物也，何物也？得之则生，弗得则死，岂西人所谓“人生之第二生命者耶”！然英雄豪杰为汝坟黑其心，灭其性，变易其操守，至死不悟。己不能致者，必欲强人以致之，汝之势力，不可方物，无论如何不可捉摸之。生龙活虎，一入铜臭势力范围，立时与至无灵之蠢鹿顽豕等，真可叹也。余老矣，不能从诸君后，请拭目以观之。长芦李星源题，民国五年八月。

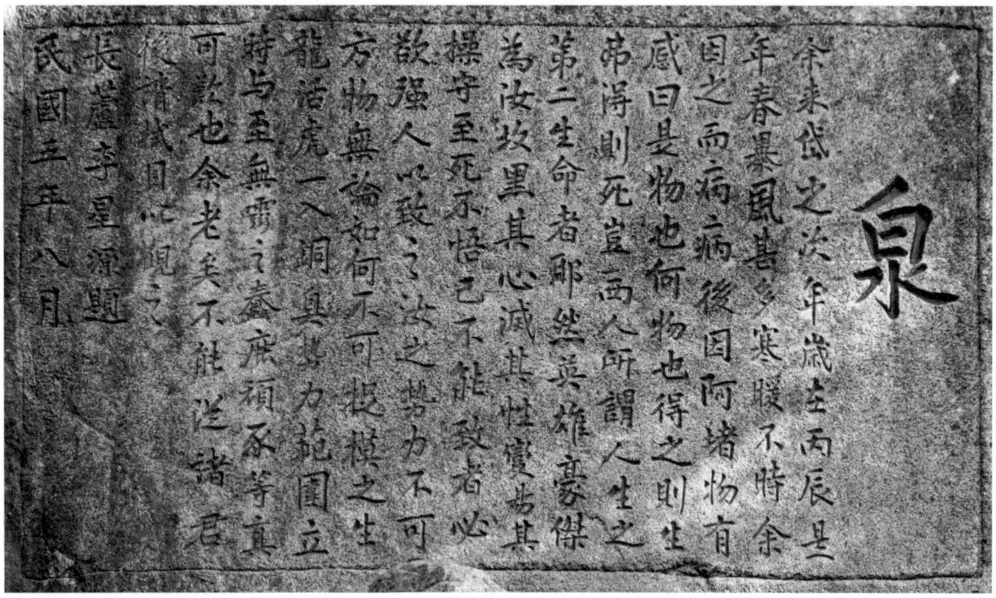


图15-19 《“泉”题刻》

古代对钱币亦称“泉”、阿堵物等。“汝坟”，原意是汝水的堤防，引申为修筑河道的堤防。本文一针见血地指出：英雄豪杰如果以修堤防为名，黑了心，勒索百姓，中饱私囊，结果是年年修堤，年年水患不断，这就苦了百姓，灭绝

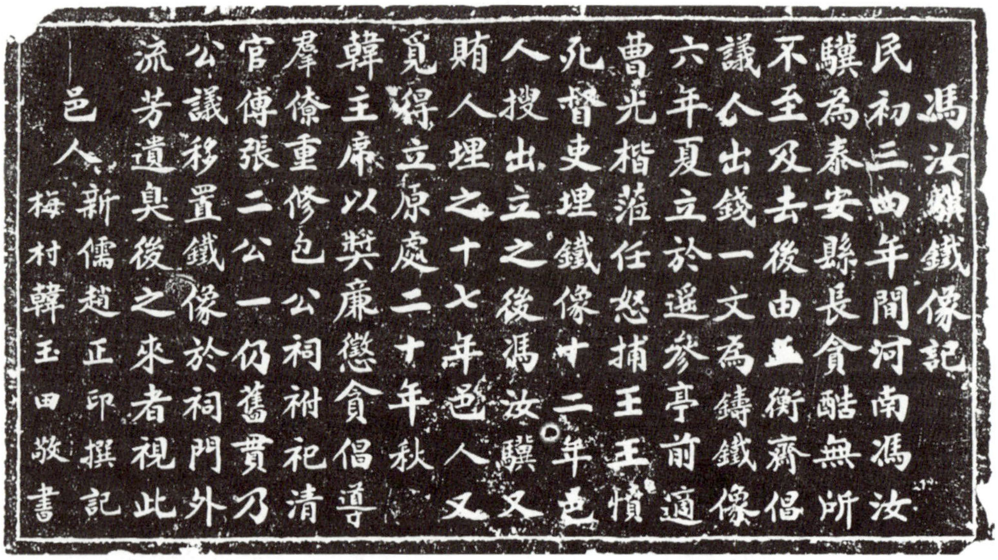


图15-20 《冯汝骥铁像记碑》

了人性。生龙活虎的人，一旦沾染铜臭，立刻与蠢鹿顽猪没有区别了。作者最后说，我现在已经老了，不能看到那些满身铜臭的人的下场了，请大家擦亮眼睛看着吧。

又有《冯汝骥铁像记碑》(图15-20)，原在遥参亭前，立于民国六年(1917)，现收藏于岱庙文物库房。碑文为：

> 民初三、四年间，河南冯汝骥为泰安县长，贪酷无所不至。及去后，由王衡斋倡议，人出钱一文为铸铁像，六年夏立于遥参亭前。适曹光楷莅任，怒捕王，王愤死，督吏埋铁像。十二年，邑人搜出立之，后冯汝骥又贿人埋之。十七年邑人又觅得立原处。二十年秋，韩主席以奖廉惩贪，倡导群僚重修包公祠，祔祀清官傅、张二公，一仍旧贯，乃公议移置铁像于祠门外。流芳遗臭，后之来者视此。
>
> 邑人新儒赵正印撰记，梅村韩玉田敬书。

冯汝骥(？—1928)，河南省开封府祥符县人，民国时泰安县贪官。1912年，冯汝骥任泰安县县长，投靠权贵，任人唯亲，鱼肉百姓。借“税契”“行户换贴”之机，巧立名目，搜刮民财。1915年，山东省参议员葛云庵，得知冯汝骥被民众称作“刮皮县长”的劣行后，专程返乡查访，查实其恶行劣迹联合各乡绅赴省告状。因冯买通省衙官吏，竟逍遥法外，案情不了了之。葛见其情愈加愤慨，只身赴京上告，终于将其罢官。冯汝骥被解职后，泰安民众对他的怨愤仍未平息。1917年初，乡绅王衡斋倡议“人出钱一文”为冯铸造贪官丑像，乃至妇孺乞丐都争相出钱。铁像铸成后呈跪姿，高1.2米左右，头顶元宝，浑身上下均有铜钱图形。

# 第二节　庙宇、桥梁等建修刻石

民国时期虽然文化趋于多元，宗教活动变得相对萧条，但是民族的信仰传统在此期间没有中断，民间自发的宗教建筑修建活动并不少于此前的任何朝代。碑文记载，古老的庙宇斗母宫、三阳观、关帝庙、扇子崖元始天尊庙、玉皇阁、桃花峪元君庙等都到了重修、增修、维修，泰山登山盘道也继续修缮，而且，这些几乎均是民间自发的行动。此外，泰山西路新修了大众桥、长寿桥，泰山中路重修了云步桥……这些碑文基本上构成了民国时期的泰山建设史。

## 一、修庙记碑

民国最早记录庙宇重修的是《斗母宫增修记碑》（图15-21）。此碑立于民国三年(1914)。通碑由二石并成，顶覆屋脊形石盖。右石题刻赞助者姓名，计96人。碑文由衍圣公孔令贻撰写，延续了明清时期的行文方式，先是介绍了斗母宫的历史：“《传》云：天欲兴之，谁能废之。此言兴废有数，非人力所能为耳。然吾观兴废之原，实在人而不在数。斗姥宫者，泰山中麓之名刹也，始为龙泉观，嗣改今名，创自何时，其详不可考。”继而介绍了住持“法霖乃清修梵行，俭衣菲食，募资于远近诸善士，重加修葺，倾者植之，朽者易之，漫漶者藻绘之，黝黯者丹雘之，阅三年而告成。一时轮焉奂焉，庄严宝相，顿复旧观，香火日盛”。碑文让人体验到一种信仰的力量，这种力量使庵里的女子们忍辱负重，苦苦厮守，自强不息，坚守着那一方信仰的园地。

图15-21 《斗母宫增修记碑》

孔令贻（1872—1919），字谷孙，孔子的第76代嫡孙。1877年袭衍圣公，1919年春，进京为前清废帝溥仪祝寿，蒙赏紫禁城骑马。同年秋再次赴京为继配陶氏之父陶式送殡，突发背疽，在北京太仆寺街衍圣公府病逝。

民国七年（1918），元始天尊庙外西侧的《扇子崖石庙添瓦及周围各项工程碑》（图15-22）记录了该庙的重修，该碑王价藩撰文。碑文记述："有张君有恒者，于庙前起高厦三间，俾来者得免露处，而附近之险绝如故焉。岁戊午，邑人士纠合同志，添修东厅三间，并相其地势，宜台则台，宜墙则墙，必使完善而后已，不匝月已蒇事。凡修南北墙一道，盘道七十级，圆门一座，外此则月台也、短墙也、双栏马墙也，应有尽有，而昔之荒凉形状，一变而为庄严矣。"

王价藩（1865—1934），字建屏，号退轩，祖上为蜀人，清咸丰、同治间，

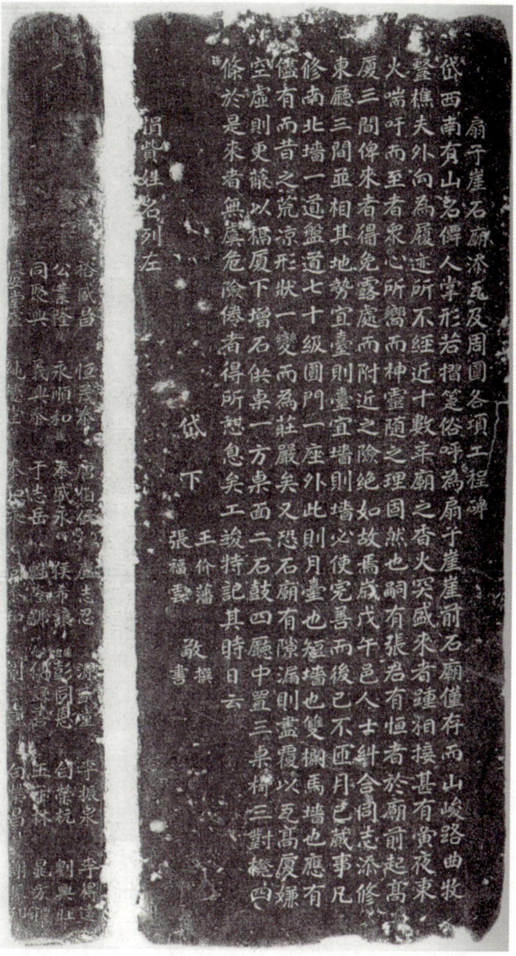

图15-22 《扇子崖石庙添瓦及周围各项工程碑》

因避乱来泰安，遂定居。年二十五为邑庠生，后以教授生徒为业。民国后，曾任城区议长、县立女校校长等。晚年致力于搜寻地方文献，泰山众多文献赖以保存。

《重修三阳观记碑》，署“纪运甲子年”，从文意推断乃民国甲子年，即民国十三年（1924）。此碑文较详细地介绍了三阳观创建者王三阳：名阳辉，号三阳，祖籍沈阳，后迁山东东平，明代曾经做过山西洪洞县县令，因中年家遭不幸而出家修道。该碑还记载，清康熙年间，王三阳曾显化于河南陈留县，并在陈留县收万复祥、□复道、□复德为弟子，后来这三位弟子还亲自来到三阳观寻根认宗。虽近乎神话，但三阳观内至今仍存有13块自康熙十七年（1678）至康熙四十八年（1709）之间河南开封府陈留等县的进香碑，陈留等县信众不远千里来三阳观进香显然也是有这个原因的。

《增修天尊殿东西精舍碑》，在扇子崖天尊殿前，立于民国十四年（1925），碑由三石并成。碑文说：“近来礼教溃闭，政纲坠纽，人情风俗之诡诈浇漓，几于愈演愈烈，靡所底止。”故“张子和升、白子汝映及弟汝茂……慨然发愿”，又有梁鸿峻君“不知费几许心血”将庙修葺一新。

又有《扇子崖修葺石庙记碑》，在天尊殿外东侧，立于民国二十年（1931），碑由三石并成，碑文已残，仅存前半部分。碑文记载：扇子崖石庙最早始于何时并无明确记载，经泰安的人士历年兴修，形成今天的样子。但年长日久，庙堂渗漏。本地居民王家坤君，邀集同乡一再商议，多方劝募，大殿的顶部砌石增高，使雨水能够顺着屋檐流下，则以往漏雨的心头之患消除了。

图15-23 《重修玉皇阁记碑》

《重修玉皇阁记碑》(图15-23),原在玉皇阁,立于民国二十二年(1933),后移岱庙内保存。碑文对玉皇阁内泥塑神像记载甚详:“清初敕修山工时,当道者由苏州虎邱山以重金聘来捏像工人,所塑与王母池八仙殿像同出一手,故精美绝伦,历久如新。”现代作家李健吾在《雨中登泰山》一文中对王母池的塑像有高度赞赏。

《重修关帝庙记碑》,在关帝庙前院,立于民国二十三年(1934)。此碑记载了民国时期关帝庙的修建情况:民国六年(1917),建北屋三间,额题“青未了轩”。又过了三年,建房五间,使游人到此都能有休息之处。庙的西南增修北屋三间及东、西屋各五间,并建大门一座,名“同善堂”,以备山西人在外的客死者暂时停放灵柩之用。同时庙貌也顿改旧观,为之一新。

另外还有《创修天尊庙地母宫记碑》,年代待考,范梦九撰。《重修扇子崖天尊庙卷棚东西厢房记碑》,立于民国二十六年(1937),李洗陈撰。《重修灵应宫碑》,立于民国三十二年(1943),揖唐撰。揖唐即王揖唐(1877—1848),原名赓,安徽合肥人,早年在日本学习军事。回国后在东三省总督徐世昌处任职,后依附袁世凯、段祺瑞,历任北洋军阀政务总长、安福国会众议院议长、北方议和总代表等职，为安福系首领之一。1937年全面抗战爆发后投敌，曾任华北临时政府内政部部长、华北政务委员会委员长等职。抗战胜利后被捕处决。以及《泰山行宫记碑》，在斗母宫南院，立于民国十九年（1930），李希沆撰。

## 二、修桥记碑

此期间，除了一如既往地坚持修庙外，还更多地将建设的目光瞄向了现实民生，如修筑道路、桥梁，这些道路、桥梁不仅至今仍在使用，而且有的还成为著名的景点，如长寿桥与龙潭瀑布（图15-24）。当年的修桥、修路工程也被碑文记录了下来。

《创建百丈崖长寿桥记碑》（图15-25），在无极庙山门外东侧，立于民国十三年（1924）。碑由三石并成，“文革”期间被推倒仆地，铭文被砸毁17字，其余尚完好。碑文开首写道：“岱之西山曰傲徕，下有深坎曰‘龙潭’，潭水来自黄溪，经百丈崖飞泉瀑布，为岱麓名胜之一。百丈崖在山之阿，向为往来孔道，循石越水，有曲径上通扇子岩，为傲徕之峰。岩前有玉皇洞，洞上有元始殿，香火颇盛。黄溪汇诸山之水，循崖为

图15-24　长寿桥与龙潭瀑布

图15-25《创建百丈崖长寿桥记碑》

流，奔泻而下，旁夹危岩，俯临绝壑，渠浅而溜急，石腻而苔滑，游人行经崖上，鲜不喜其境之奇，而畏其地之险。每遇山洪暴发，乡人樵牧往还，因涉险而遭不测者，岁辄有之，而卒无一石之叠，一木之支，为可慨已。”修桥想到了百姓是值得称赞的。此桥建得甚美，而“督工者，李善士伯卿也；绘图者，胡善士渐逵也”。

《香油湾修桥记刻石》，在建岱桥东首之下的大石壁上，刻于民国二十一年（1932），范梦九撰。碑文载：“泰山扇子崖多巉岩绝壑，多不可登，自修盘道、驾长桥，香侣便之。而山足阙如，亦属遗憾。民国丙寅冬，桥工竣，因果之愿始慰。”此桥坚固，至今仍在使用。

范梦九（生卒年不详），字子昌，出生于泰安望族范氏家族，为第十六世，清末贡生，民国时历任县议员、参事员，工古文词，谙熟地方掌故，为一时名士。

《创建大众桥记碑》，原在大众桥旁。立于1935年，冯玉祥撰，后佚。此碑文用现代汉语写成，这在泰山石刻史上尚属首例，很有特色：

樵夫打柴、石匠凿石、农夫下地、学生上学，都须经过此西溪，而这里仅有几块歪歪倒倒的垫脚石头，疲劳荷重的人从这里经过，都要提心吊胆出一身冷汗。每逢夏季山洪暴发，这里便断绝交通，农夫不能下地，学生不能上学，劳苦大众一天不做工便没得吃，冒险涉渡而送掉性命者屡有发生。又因此年夏山东大旱，本地工匠无处寻找工作，兴建此桥便可使一些缺衣少吃的工匠们得到一点工作，渡过难关。于是六月中旬动工，集木工、石工、泥工、铁工数百人，费时三个多月方始落成。

碑文开门见山，不仅想到了渡河者，还想到了无工可做的工匠，而且修桥并不是为了积德行善求得好报，故此碑在思想性上亦可称具有浓郁的民本思想。

《“云步桥”题记刻石》，在云步桥西石崖上，刻于民国二十六年（1937），款为：

丙子秋，山洪暴涨，旧木桥圮，行人不便。适承训重临津浦路政，商得中国旅行社之助，鸠工发石重建之。督修者为工程司胡升鸿、□文澜诸君。

中华民国二十六年三月，杨承训题。

胡升鸿（1880—1973），字渐逵，浙江杭州建德洋尾人。19岁中秀才，20岁补廪生。清光绪三十二年（1906），由严郡中学堂保送考取公费留学日本。

《重修八仙桥记碑》，在王母池南八仙桥西首，立于民国三十二年（1943）。碑文记载，泰山中溪每遇山洪暴发，水势汹涌，溪上之八仙桥屡修屡圮，至今又废弃多年，有善士李玉田来到，愿捐巨资来当倡议者。于是一面广为劝募，一面招工备料，选择地势，在旧址稍南处，发券成为桥洞，上面砌石为梁，两旁架石栏杆以便行人凭眺，历经两个多月而工程告竣。桥名不变，长阔增加，不仅行人称便，更可点缀风景。

## 三、修路刻石

1912年，刚刚改朝换代，而老百姓并没有忘记集资重修通往神灵庙宇的道路。泰山最早的民国题记是扇子崖的“重修盘道”四字，款为“民国二年八月”，没有具体内容和名款。十年之后，记录变得详细：

自霍宅以上皆修，七十八盘共计四百四十九级。履险如夷，功德无量，特勒石以志不忘。兖州镇守使张耀臣捐三百元。济南魏子厚捐四百元。奉天刘之范捐洋四十二元。国十一年八月上浣吉立。

石工刘忠智，梁鸿峻募化。

又有1923年的同类题刻：

济南商埠百花村卢有德捐大洋二百六十元，分段接修，险者悉化为夷焉，其功德为何如哉。谨为之述，以彰至善云。

承办人梁鸿峻敬志。民国十二年夏六月勒石。石工刘忠智。

图15-26《修复盘道刻石》

这种题刻在扇子崖共计五处，道路通向了元始天尊庙，可以看出其中梁鸿峻等为泰山的保护做出了贡献。

登山古道旁还有民国的《修复盘道刻石》(图15-26)，刻于民国二十年(1931)，刻石所记载的是晋军对泰山大肆破坏后，泰山盘道及文物古迹的修复情况，在泰山保护史上，是一段有价值的记录。其文为：

十九年战役，晋军据城，分兵守泰山，沿盘道筑埠垒，破坏不堪言。泰安县长周百蝗具状省府韩向方主席，筹办工赈，择要兴修中天门至南天门一段，计长二十余里，他尚未遑也。并修宋天贶殿古迹，保存壁画古物及筑驻军拆毁岳庙围墙，又包公祠。奖廉惩贪。五贤祠崇祀先贤，同时竣工。古迹名胜逐渐兴复，谨志颠末，以示后来。主其事者：民政厅长李树春，赈务委员会辛铸九、张苇村。辛未十月，邑人赵新儒诂。

李树春（1890—1945），字荫轩，直隶保定府清苑县（今河北省保定市）人。陆军中将，民国国民政府参谋东部参谋次长。中原大战结束后，就任山东省政府委员兼民政厅长。

赵新儒（1876—1952），原名赵正印，泰安人。光绪二十九年解元，曾留学日本，回国后为山东教育会长等。

## 第三节　泰山祭祀进香碑

民国期间，人民生活难以安定，故这一时期人们结社到泰山祈求神灵保佑平安者并不少于前代，进香的石碑留下了很多。其中绝大多数是香社所为，且主要集中在红门宫北碑林内，有些碑文的内容较之清朝显得更加神乎其神，而碑文的撰写者也大多为前清不知名的秀才或童生，他们似乎均学富五车，像清代一样每篇碑文必先发一番议论，然后说事。这一时期，有的香社已坚持了数代人，所祭祀的对象大多为碧霞元君或曰泰山圣母，还有东岳大帝、王母娘娘、元始天尊等，从祭祀东岳大帝的碑文仍能看出当年帝王封禅泰山的遗痕。

民国最早的进香碑是红门碑林内的《北斗圣会题记碑》，该碑立于民国四年（1915），碑文中自称“北斗圣会”，而碑额则题“平安香社”，乃一会两名。碑文称：“兹有岱北道历城县许昌玉暨领城内外各善信人等，约社北斗圣会，赴泰安朝山进香，历有年所，诚为灵应照著，众生蒙庥。今秋九月，赴红门宫泰山圣母驾前，修设吉祥道场，讽诵诸品佛号，酬恩报德，乃输资若干，献神伞一对。”

民国五年（1916），又有济南人艾圣忠等结社来到泰山，并留下了题名碑。碑文开头照例是议论：“巍乎高哉！岱宗之为山也，峻极崇嶐，嵚岑博大，凌上界之嶙峋，俯下方而笼盖。如北极之尊于众，无得而踰；而东方之大者三，惟斯为最。宜其赫声濯灵，而享祀莫外。载而祀典者，其由来远也。每届爇芗之期，东西南北之人奔走往来，不绝如织。”然后介绍自己的香社：“前有济南府济阳县南乡二庄艾圣忠倡为岱社，领诸社友，跋涉险阻，进香供养于元君之□，其子继之，其孙侍臣又继之，迄今已历三世矣。”

民国十一年（1922），《灯油会记碑》称：“泰邑每届六、腊月朔，无论城关乡镇，善男信女均集聚在红门宫天仙圣母尊前，建醮一日，报答神庥，士女云集，香烟甚盛，相传日久，循例有年。”又说：“兹有信女宋氏，清修自持，凡有善举，无不乐从，而于捐灯油会一事，尤为注重。第恐年深日远，有废此举，经年累月，陆续集资，发愿勒石，以志永久。”此碑碑阳、碑阴题名者甚多，共901人；其中女性除署名李氏、孙氏、尚王氏外，则大多冠以李太太、王太太等，共198人。

图15-27 《郭张氏祷神记碑》

也有少数不通过香社，而是一家一户来进香祷告的。民国十一年（1922）的《郭张氏祷神记碑》（图15-27）就属此例。此碑高宗岳撰文，先介绍了民国时期碧霞元君庙的情况：“山志云，元君祠有三，天阶坊之北，其中庙也。”并介绍碧霞元君“功迈群伦，慈光普照乾坤阡陌，起历代封禅之典，感庶人久受其惠，至大至微，感应不绝，使万民朝进之诚”。所以民众“修神像、筑殿宇、设天门，不惟神灵之籍资，仁人善士无不启庙貌常新，是以神资重修者故接踵也……今山东济南府历城县五里沟庄信女郭张氏，为众人常祷元君圣母云”。

高宗岳（1886—1947），字仲岱，泰安汶口东武村（今属泰安市岱岳区）人，出身中医世家，自幼喜爱中医药学。后就读上海东亚医科大学，攻学西医。毕业后入天津中华新医学校进修，兼中西医术。潜心研究泰山药物，遍访山民，历10年，著成《泰山药物志》一书，今仍行于世。

元始天尊是道教信仰对象。扇子崖元始天尊庙有立于民国十二年（1923）的《祭元始天尊碑》。该碑由武定府利津县王廷贵撰文，作者将泰山神与元始天尊混为了一谈："维中华民国十二年岁在癸亥，仲夏六月既望甲辰朔，敬祝东岳泰山之神，维元始天尊神气钟秀，职主发生，作镇东邦，群黎仰赖。"

还有的碑文将泰山神比作释迦牟尼，且论及孔子对鬼神的认识，可谓儒释道全涵盖了。如《沧县同会题名碑》（图15-28），立于民国十三年（1924）。此碑曰："神之为灵昭昭也，临在上，质在旁，其流动充满之意，虽视之弗见，听之弗闻，而日鉴在兹，固无物不有，无时不然者也。故孔子言鬼神之为德，其盛矣乎？今为泰岱尊神，宗风丕振，法雨普施，无我无人，堪表自在之度；非空非色，悉称如来之尊。而且恻隐成性，万姓共荷帡幪；慈悲为怀，四海均受乐利。惟我沧县同会诸人亲身致祭，三年来此，凡有夙愿祝祷者无不遂愿以偿，其应如响，盖以神之在天，如水之在地，无往而不受其滋润也，敢不信之深，敬之至，奉之以帝天之尊哉。"以下有136人题名。

图15-28 《沧县同会题名碑》

民国十五年（1926）的《善与人同碑》则是祭祀东岳大帝和碧霞元君的，曰：

且夫泰山岩岩，位居诸震，功参天地，好生之德，所以居五岳之尊。于是，历代圣王每逢四月十八日，命有司封山礼拜，斋明盛服以承祭祀，遂使天下之人感敬焉。迄至于今，结社成会者踊跃争先，朝山进香者络绎不断。苟非东岳大帝之灵毓钟秀，有求必应，何克致此。兹于民国十年仲暮之春，吉林省滨江县瘟疫流行，死者不计其数，见者注目寒心。有泰莱贾君联斌、郑君书箴等于斯生理，诚心祝祷，祈碧霞元君之灵应护佑苍生，不惟祷者，俱无灾恙，祷后瘟疫随止。乃各捐资树碑，以答神庥，一以著神功之大，一以见人心之诚。是为志。

此碑记载了民国十年吉林省滨江县瘟疫流行的惨景“死者不计其数，见者注目寒心”，但求了神之后，“瘟疫随止”。

图15-29 《“仰答神庥”题词碑》

还有更“神”者——《信女宋善人发愿醵资进奉织绣锦袍碑》。此碑记载了民国十九年（1930）泰安战役。当年阎锡山与马鸿逵争夺泰安城，阎锡山的晋军据泰安城固守，第十五路军总指挥马鸿逵率部围攻二十余日乃克，城内外房舍全部受灾，城内及山上文物古迹毁坏无数。而此碑文却是这样说的：“泰山之神，夙著灵异，自古昭昭，在人耳目，最显著者，尤莫如十九年战役。泰安以弹丸小城，被围二十日，受巨炮炸弹千余发，城外居民咸以为城内齑粉矣。围解后，乃竟不损。当围攻剧烈时，人咸望见每凌晨由山顶发云，罩城垣四周，不谋而同，喻为碧霞元君之神灵默相庇护耳。”于是百姓到岱顶报赛，更有“信女宋善人，发愿醵资，进奉织绣锦袍十一袭”。碑文拿历史说事却说成了神话。

在民众心目中，碧霞元君几乎是万能的，所以赢得了更多的崇敬和祭拜。碑林北盘道西侧，有立于民国二十年（1931）的《“仰答神庥”题词碑》（图15-29）。此碑螭首，额题“报恩”。有跋语：“泰山为五岳之尊，名震环宇，泰山之神碧霞元君，其灵迹又昭著中外。以故凡有疑难，罔不求其庇佑。而神亦有求必应，灵佑无方。愚自幼皈依，信心弥笃。稍长，作事又多在斯土。迁事默祷，无不逢凶化吉，视险成夷，后先且有应兆。屡蒙呵护，未尽报酬。爰献贞珉，以了心愿。”款为：“清邑优行廪生、民国城区议长、定陶孔广芷书丹。弟子定陶张毅悦谨撰敬勒。”

《济南府西关同社人碑》，立于民国二十四年（1935），是祭祀东岳大帝的进香碑：“且夫泰山为五岳之宗，功参造化，好生为德。所以古者天子十二年一巡狩，六龙而东，燔柴告天，乃祭泰山，遂使天下之人咸尊重焉。至于今世，道虽变而人心依然，朝山者不远千里，进香者如出一心。”又说：“苟非东岳大帝灵应不爽，何克致此！兹有济南善男信女香火社人等，前因五三惨案，默祝神佑，事经兵凶，果获平安。即于民国二十一年，同赴岱顶敬献大匾一块，万民伞一把，袍五身，旗帜等件。”此碑提及济南五三惨案，认为是民众求神尚没有使事态扩大，故到泰山来“敬献大匾一块”，表现了人民渴求平安的愿望。

《义和香会还愿记碑》（图15-30），立于民国二十六年（1937），碑额书“义和香会”。碑文说，民国八年四月，香会的人在沈阳一带打工，深知出门在外不容易，于是老乡们就团结起来，并向老

图15-30 《义和香会还愿记碑》

奶奶许愿说如果平安回来便在老奶奶像前挂匾，后果然平安回来了，便来还愿并立了碑。

此类碑刻还有很多，碑文不再空洞，信众大多都能够列举出好多事例，结合自身际遇前来许愿、还愿。

## 第四节　人物传记碑

这一时期，冯玉祥在泰山活动，他致力于弘扬泰山文化和民族正气，将泰山的历史名人事迹刻上了石碑。冯玉祥首次详细地介绍了“泰山五贤”，并对三阳观炼师满贵所具有的传统美德进行了热情赞扬。这些石碑进行了历史钩沉，并以现代思想观照历史人物，给予评价，正如他所说的，我“在五贤祠读书，并请泰安范明枢先生讲《春秋左传》。因祠内只有牌位，而五贤事迹如不表明，难知其详，故请范先生搜集五贤遗史，余饬公刊石，俾异日莅斯土、谒斯祠者，睹是石而知五贤之历史，有所考察也”。碑文强调五贤所体现出的优秀民族精神，正是民族的宝贵财富，故这些碑文有着较强的现实意义。

《五贤事迹记碑》（图15-31），立于五贤祠院内，立于1933年，通碑由二石拼成，冯玉祥作序，范明枢撰五贤事迹，邓长耀书丹。碑于“文革”时被推倒断裂，序言被逐字凿掉215字。正文对孙明复、石介、胡瑗、宋焘、赵国麟等五人做了一一介绍：

孙明复（992—1057），晋州平阳人，年轻时举进士不第，退居泰山之阳，学《春秋》，著《尊王发微》。范仲淹、富弼皆向皇上推举说“孙明复懂治国之术，朝廷应启用之”，朝廷便将之召到京城做了官。他的治学精神对后世影响很大。

石介（1005—1045），人称石徂徕先生，相貌憨厚而器宇淡定，学业扎实志向远大，虽生于农家，不忘天下之忧；虽不在其位，也发表见解。其去世后，欧阳修写诗赞道：“徂徕鲁东山，石子居山阿。鲁人之所瞻，子与山嵯峨。今子其死矣，东山复谁过。精魄已埋没，文章岂能磨。”

图15-31 《五贤事迹记碑》

胡瑗（986—1052），字安定，泰州海陵人。曾在泰山读书，十年不归，得家书见上有“平安”二字，即投到涧中，不复展视。宋景祐初年，范仲淹推荐了胡瑗。胡瑗以布衣身份授校书郎。后又改任湖州教授，教儒生学以致用，弟子达到数百人之多。

宋焘（1571—1614），字绎田，明万历二十九年（1601）进士，选庶吉士，改御史，巡按应天府。与东林党人的诸君子论议时政，以敢于直言忤逆宦官，罢官回家。著有《理学渊源》《时习要录》《州志补遗》《泰山纪事》《青岩居漫录》等。宋焘是唯一一位在《明史》中立传的泰山人物。当时神宗设置矿、税太监，残酷压榨人民，致使民不聊生。宋焘出于对百姓的同情，也为了维护明王朝的统治，上书神宗说“自采榷役兴，民不堪命，家怨人愁，一夫振呼而乱声四应”。但昏庸的神宗却不于理睬，再加上当时种种政治弊病，宋焘一再受挫，历尽了无数的忧伤和痛苦后，终于弃职回籍。回到泰山后，他在山麓筑起了“青岩居”，寄情山水，潜心读书，可是心中始终没有忘记百姓。万历三十一年（1603）“泰山洪水暴发，民众填沟壑者千计”（《泰安州志》）。宋焘目睹残状，写下了《泰山大水歌》：“……水光迸散雨如倾，洪涛浩淼靡溪浊……一望城西无片瓦，万人滚滚随流下。口中犹自呼爷娘，抱木浮沉白浪打。尸横荒野乱参差，破衣残骸挂树枝。血水和泥相枕藉，断肢落臂谁家儿。可怜死者葬鱼腹，生者无家何处宿。满城尽是呻吟声，深夜唯闻乱鬼哭。”接着，诗人又笔锋一转，对矿税使（太监）仍无视民间疾苦，进行残酷掠夺表示了强烈愤慨，将其斥之为吞噬人的“洪水”：“洪水何无情，真如矿税使，令人欲生不得生，欲死不得死……”这迸发着血泪的诗句，可谓泰山的“史诗”。

赵国麟，生平见前《重修三贤祠纪事诗碑》。

《赞满贵祥大炼师碑》，在三阳观山门外，立于民国二十三年（1934），冯玉祥撰文并书，碑由二石并成，“文革”期间被砸毁，断为数块，文义已无法整体连贯。但基本可以了解主旨：“满炼师道号贵祥……勤俭持家，忠厚待人。”“见其自幼及老，言未当不忠信也，行未当不笃敬也……其父母兄妹，皆以礼……善性不可枚举。”总之是一个讲究仁义礼智信的道士。

# 第十六章
# 民国时期石刻（下）

由于社会的发展，人们的视野逐渐开阔，又由于民国名人冯玉祥等在泰山的活动，使泰山石刻的内容大为拓展，如其中有辛亥革命滦州起义的详细记录和对当年英雄的赞颂；有抗日的呐喊《“还我河山”刻石》《“洗我国耻”刻石》……而且，现代科技和商业广告也走进了泰山，如《北京女子高等师范学校考察泰山地质刻石》，蔡元培为泰山气象站所题的奠基刻石，林业技术员在泰山研究、植树的刻石，以及泰山的石壁上镌刻了的旅行社的醒目广告等等，都为泰山石刻增添了新景象。

## 第一节　民国诗刻与楹联

民国时期，虽然年份较短，但泰山的诗刻的数量并未显著减少，独立出现的有21处（组）、70余首，只是其中仅冯玉祥诗画碑就占了70%，除诗碑之外，则以摩崖诗刻居多。这一时期诗的作者亦大多数是名人，如溥心畬、颜惠庆、王元增、张默君等，在内容方面则有的延续了前代诗人的题材，歌颂泰山的博大、俊秀，抒发自身胸怀；也有的借助泰山这方平台展示自己的爱好和才华，如泰山首次出现了田中玉、王德懋等人的集禊诗。民国诗刻还有一个不容忽视的特点就是诗人们更加关心国家的命运、人民的疾苦，这些均给人面目一新的感觉。

## 一、泰山传统诗刻

进入民国，相当一部分泰山诗刻的形式并没有大的变化，仍延续了七言古诗、五言古诗、七律、五律、七绝、五绝等。

民国八年（1919）的《缪润绂游扇子崖题诗碑》是其中最早的诗刻，此碑在扇子崖天尊殿内，碑体甚小，字更小，几乎是蝇头小楷。

其诗前有序："己未八月初六日，挈陈姬游扇子崖（一名仙人掌），归至黑龙潭上石亭，命酒观瀑布。"诗文中的注释是作者自加的。作者笔下的泰山是高大美好的："帝孙钟毓天地参，突伸右臂撑西南。巨灵掌拓遮蔚兰，森排利刃磨霜镡。岩崇境僻幽栖堪，胡弄狡狯留仙龛（旧为邑人王无欲别业，石庙奉元始天尊）。奥区耳熟游客谈，瞻望弗及空颜惭。"但是，对这里的人他却看不顺眼："击磬姑姥如瞿昙，倚神炫众渔利贪。老迂寿不希彭聃，达观嗣岂求多男。"直到傍晚又在黑龙潭饮酒，回家的路上凉爽了，"下觇飞瀑寻龙潭，山亭坐领醪味醰……晚归兴趁凉飔酣"，心情才稍微好了些。

缪润绂（1851—1939），原名裕绂，字东麟，原籍奉天（今辽宁沈阳），隶汉军正白旗，光绪进士，选翰林院庶吉士，后授户部主事。后被分发山东任知县，前后十余年。其间他"兴学育才、保商惠民、课桑清讼、整顿保甲"，办了不少好事。辛亥革命爆发，成为遗民。基于对清朝的一腔忠诚，他退出官场，归隐于泰山，但失国的郁闷难以排遣。

还有民国九年（1920）的任侠《〈云步桥〉诗刻》，在飞瀑岩观瀑亭东侧，诗中写道：

岩壑幽深处，蜿蜒露小桥。
古亭藏石壁，飞瀑出重霄。
松老涛声吼，泉清月影皎。
峰回云路曲，有福此逍遥。
　　庚申重九，宜兴任侠登岱至云步桥得句并书。

题款中无具体时间，但诗中有"古亭藏石壁"句，此亭修建于清光绪三十年，可知“庚申重九”，当指民国九年九月九日。

浦心畬《“苍苍复落日”诗刻》（图16-1），在登山盘道东侧，刻于民国十年（1921）。

苍苍复落日，遥下晚风林。
滉漾连溪色，岚光何处深？

此诗表达了作者对淡泊生活的向往。

溥心畬（1896—1963），原名溥儒，字心畬，别号西山逸士，北京人，满族，为清恭亲王之孙，画家。溥心畬以皇室后裔的特殊身份最终领悟到平淡才是人生至境，因而在画中营造了空灵超逸的境界，而其诗亦如画。

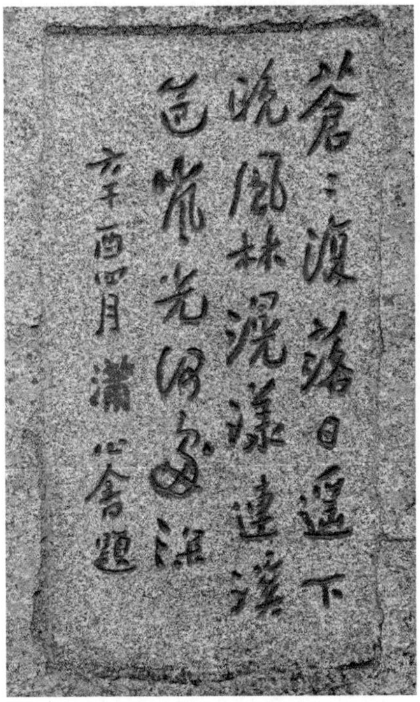

图16-1　浦心畬《“苍苍复落日”诗刻》　图16-2　颜惠庆《〈登岱顶〉诗刻》

颜惠庆《〈登岱顶〉诗刻》（图16-2），刻于民国十年（1921），诗前有序：“中华民国十年二月九日，偕吴兴沈瑞麟、兴宁刁作谦、松江吴葆诚同登岱顶，爰记岁月，以志游踪。”诗为：

相从岱岳游，日向天门丽。

连蹬曲盘空，危峦高负势。
钟声落涧圆，岚气入松肥。
此地一登临，幽怀已天际。

颜惠庆（1877—1950），字骏人，上海人。早年毕业于上海同文馆，后去美国留学，回国后任清朝驻美使馆参赞，驻德国、丹麦、瑞典等国公使。1920年任北京政府外交总长、内务总长等。新中国成立后，应邀参加全国政协第一届全体会议并任华东军政委员会副主席、中央人民政府政治法律委员会委员等职。

序中所提到的人物皆为当时名流。沈瑞麟（1874—？），字砚裔，浙江吴兴人。1902年任比利时、德公使馆官员，1910年任驻奥地利公使。1925年升任外交部总长，兼任关税特别会议委员会委员长。后随张作霖退往关外，投伪满政府。

刁作谦（1880—1974），字成章，广东兴宁人。在英国剑桥大学获文学士及法学博士学位，并在英国任律师。1910年归国，授进士、翰林院编修。辛亥革命时，任《北京日报》（英文版）主笔。1922年，兼驻巴拿马国全权公使。后于北京税务学校任教授及北京新闻社社长等。

吴葆诚（生卒年不详），上海松江人，民国学者，曾编译《东西洋历史教科书》。此书摒弃了欧洲中心论，以东方为中心编写，分东洋之部和西洋之部，在文化教育界产生了较大影响。

图16-3　王元增等《〈登岱〉诗刻》

王元增等《〈登岱〉诗刻》（图16-3）。在云步桥稍南石壁上，刻于民国二十一年（1932），为王元增等六人同游泰山时所题，其诗为：

世事如棋局，吾侪幸此游。
云桥泉不断，涤尽古今愁。

民国二十一年季夏，嘉定王元增、湘潭吴贞缵、黄梅鲁师曾、龙岩章奇光、闽侯林克俊、湘阴萧崇道同志。

民国二十年，即九一八事变后的第二年，

日本强占了我国东北三省，而当局却采取不抵抗主义，广大爱国知识分子的心中忧愤不平。此诗就是在这一背景下写出的，表现了诗人愁苦的心情。

王元增（1879—1963），字新之，江苏嘉定人。1906年留学日本，就读于东京日本警监学校。著名监狱学家。被誉为近代中国监狱学领域的“开山祖”。著有《监狱规则讲义》《监狱学》等。诗后其他署名者均为当时名流。

《张默君诗刻》（图16-4），刻于民国二十二年（1933），为张默君及其夫邵元冲（字翼如）登岱时所刻。

图16-4 《张默君诗刻》

笑指齐州九点青，漫教治乱问山灵。

且将同梦生花笔，来写千秋泰岳铭。

登泰山偕翼如，民国二十二年夏，湘乡张默君并书。

这首诗以泰山做比喻，号召人们不能依靠神灵，而是要发挥自己的才华推动社会的进步，“来写千秋泰岳铭”。泰山在人们的心目中已成为凝聚人心、鼓舞民众、激扬精神的象征。

张默君（1883—1965），近代妇女活动家、教育家、记者，湖南湘乡人。早年加入中国同盟会。辛亥革命时，策动江苏巡抚程德全脱离清朝，宣布独立，被称为辛亥才女。后赴美国学习，任纽约中国学生联合会主席，奔走呼号学生爱国，在留学生中产生了积极影响。回国后主持《神州日报》《上海时报》工作。1924年与孙中山私人机要秘书邵元冲结婚，二人被称作“诗人夫妇”。

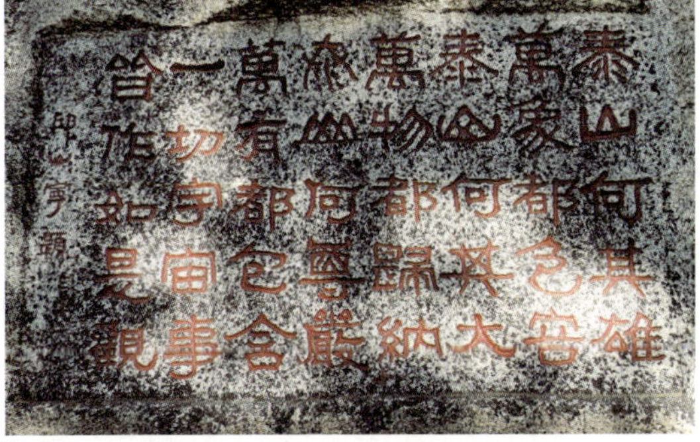

图16-5　邱山宁《“泰山何其雄”刻石》

邱山宁《“泰山何其雄”刻石》

（图16-5），在辛亥革命烈士祠卧虎石上，刻于1933年：

泰山何其雄，万象都包容。
泰山何其大，万物都归纳。
泰山何尊严，万有都包含。
一切宇宙事，皆作如是观。
邱山宁题，民国二十二年。

这首诗以佛教偈语的形式精炼地概括了泰山的博大精深、无所不包，然后指出做人做事也要有泰山般的胸怀与气度。民国时期，泰山的内涵及作用进入到了人文层面，"泰山精神"已然呼之欲出。

邱山宁（1894—？），原名邱斌，字岘章，山东历城（今济南市历城区）人。曾任冯玉祥将军的参谋长、军务处长、教导团总教官等职，抗日战争时期，任国民党军事委员会少将参议。

## 二、泰山"集禊帖"诗刻

所谓"集禊帖"，乃过去学书宗"二王"（东晋王羲之和其子王献之），所以集字也看好王羲之的《兰亭序》。《兰亭序》是王羲之为《兰亭集》所作的序，而《兰亭集》便是诗人的"修禊"之作。修禊，乃中国古老的民间习俗，人们于农历三月上旬的巳日到水边举行祓祭仪式，用香薰草蘸水洒身上，沐浴洗涤污垢，感受春意，祈求消除病灾和不祥。晋穆帝永和九年（353）三月三日（上巳节），王羲之与友人谢安、孙绰等四十一人会聚兰亭，赋诗饮酒，然后王羲之将诸人名爵及所赋诗作编成一集，叫《兰亭集》。并作序。故后人以《禊序》《禊贴》来代指这篇序文，后之习书者竞相临习，甚至模仿词句，所临书法的诗联，常被称为"集禊"。泰山留下了此类诗刻四首。

其第一首为田中玉《"峻极永齐天"诗刻》（图16-6）。民国十一年（1922）刻于步天桥北盘道西侧岩壁上，其诗为：

峻极永齐天，云云迹已迁。

临风俯万类，怀古一幽然。

壬戌冬临榆田中玉集禊帖。

田中玉在泰山还有《“俯察万类”刻石》，刻于民国十二年（1923），款为：“民国十二年一月，□□□□田中玉题。”“俯察万类”四字出自《兰亭序》，透露出古人游览不是仅仅满足于感官的浅层次享乐“足以极视听之娱”，而且还要“游目骋怀”，在游览中超然于现世万物之上而引发深层的思考，这或许才是有些人真正的快乐。由此可见，民国的题记刻石在颂岱方面也上了一个层次。

图16-6 《“峻极永齐天”诗刻》

田中玉（1869—1935），字蕴山，直隶临榆（今河北省秦皇岛市山海关区）人。父亲早逝，家境贫苦，7岁入私塾，后考入北洋直隶武备学堂，毕业后任北洋军第一镇炮队第一标统带，山东兖州镇总长。民国成立后，曾代理山东民政长、山东兖州镇守使，陆军第五师师长等职。1919年，任山东省督军兼省长。

《梦天外史诗刻》，与田中玉题诗同刻一石，年代待考：

一室自觞咏，群兰当悟言。

世风今昔异，盛事述同感。

抚松雪绢本兰亭，梦天外史。

此诗不仅书法摹二王，诗中的词汇如“一室”“觞咏”等也出自《兰亭序》。松雪，即赵孟頫，号松雪、松雪道人，中国古代书法大家，著有《松雪斋集》。赵孟頫广泛涉猎古代名迹，刻苦临学，犹对二王的书法着力最勤，临写《兰亭序》不下数百本，且无一不神态逼真，为后人所推崇与摹写。

《王德懋诗刻》，与田中玉题诗在同一石上，刻于民国十二年（1923），其诗为：

大地湍流急，人情异昔时。
古贤有知已，心迹契夫之。
集兰亭。癸亥春，王德懋。

诗中说在世态炎凉的时代，能够像古代的贤者那样有契交知已该多好。

王德懋（1893—1944），字勉之，皋兰县（今属甘肃省兰州市）人，考入甘肃省立法政专门学校，后历任宁夏省执法处处长、宁夏中学校长，宁夏省盐务局、财政厅、地政局的秘书主任等。王德懋廉洁奉公，两袖清风，在宁夏军政界和家乡群众中享有声望。其去世后，灵柩由宁夏运回家乡安葬，到达皋兰县时，沿途群众争抬灵柩，一村接着一村，村村在路边进行路祭，表达了父老乡亲对他的哀思与尊敬。

《唐天涛诗刻》，与田中玉题诗同勒一石，作于民国十二年（1923）。亦系集《兰亭序》字而成，诗为：

竹静兰幽地，当春作盛游。
引觞事修禊，文会集清流。
癸亥花朝前二日，龙川唐天涛。

“竹静兰幽地”，出自《兰亭序》，指风光优美的地方，此处指泰山之景色俊美；清流，出自《兰亭序》“又有清流激湍”，即清澈的河边。

这四个人在泰山赋诗，虽风格不同，但抒发了同样的情感，即时光的飞逝，友情的难得，更加上了对现实的感叹，显得意味隽永。他们的诗不仅最大限度地用了《兰亭序》中的字句，而且内蕴也是与《兰亭序》是相通的。

## 三、冯玉祥、赵望云诗画碑

泰山辛亥革命烈士祠院内有48块冯玉祥题诗、当时著名画家赵望云作画的

图16-7 《冯玉祥诗画碑》

“诗画碑”（图16-7）。诗画碑作于1936～1937年。碑中反映的全是百姓疾苦、宣传抗战以及宣传教育救国、科学救国的内容，所表现的几乎涉及泰安城乡生活的各个方面，是20世纪30年代泰安一带中国农村生活的缩影。同时，冯玉祥的一腔热血与激情淋漓地跃然于石上。

诗画碑最初嵌于民国时期泰安科学馆墙上，因20世纪50年代初在此建疗养院，石碑被毁为石料。1984年，按原拓本复制，立于普照寺内，2003年移到辛亥革命滦州起义烈士祠陈列。

赵望云，河北束鹿人，著名国画家，冯玉祥的朋友。五四运动后走向社会，用国画反映劳动人民的苦难生活。冯玉祥十分欣赏赵望云的画，邀他为美术教师，并为其画配诗。两人合作有《泰山社会写生集》《农村写生集》等。以下为《浇园》：

种蔬一二亩，白菜和葱韭。茎叶枯欲死，只因干旱久。
简陋草亭下，赖有井一口。使劲摇辘轳，酸痛腰与肘。
千摇与万摇，井水很少有。蔬菜不得长，脸苦皮亦皱。
一家生活费，全望园中收。靠天来吃饭，苦恼无止休。
切要靠自己，快将科学求。多掘蓄水池，机器把水抽。
欧美人造雨，亦已有成就。如此雨不落，大可不发愁。

此诗具有很强的人民性，虽已时隔70余年，现在读起来仍感到亲切：天气大旱，井中水少，园中菜蔬几近枯死，农夫心中如汤煮，冯玉祥亦似有沸汤在胸，他疾声大呼“快将科学求”，有了抽水机、人工降雨，农民就再不必为天旱愁苦。再如《山轿》：

上泰山，坐山轿，好看风景好逛庙。
一个安坐两个抬，三把轿子爬盘道。
爬盘道，真苦劳，慢慢紧紧总不到。
肩头皮带千斤重，汗流气喘心急跳。
一劳苦，一逍遥，抬的坐的皆同胞。
国难当头需要管，时间劳力不白抛。
大名山，电车造，凡事都应用科学。
时间劳力为国用，一点一滴皆生效。

冯玉祥对抬山轿的劳工也寄予了无限的同情，诗中反映了人的不平等，坐轿的人悠闲自在“好看风景好逛庙”，抬轿的人“肩头皮带千斤重，汗流气喘心急跳”。他还希望能应用科学造出“电车”以解除挑夫的劳苦。

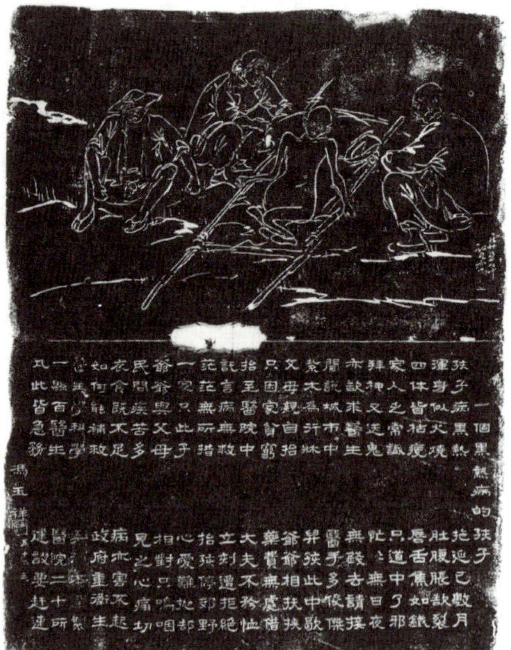
图16-8 《〈一个黑热病的孩子〉诗画碑》

冯玉祥称自己的诗为“丘八”诗，“丘八”，兵也，意思是说写得不够“文化”。读了冯玉祥的诗，却感到他的诗风貌独具，大有可观之处。且这些诗，最易为人民大众所理解。再如他的其他诗作：

《〈一个黑热病的孩子〉诗画碑》（见图16-8）：“孩子病黑热，拖延已数月。浑身似火烧，肚腹胀欲裂……抬至医院中，大夫不矜恤。托言病无救，立刻遭拒绝。茫茫无所措，抬孩停郊野。一家只此子，心爱难抛却。爷爷与父母，相对只呜咽。”

《牧羊人》：“……老人涉水过河，驱羊新草坡上。……诗人雅士定羡慕，好山好水任游逛……哪知牧羊人，困苦难想象。年纪已老迈，家无一日粮。挨饿受冻如丐，代替羊主牧羊。……生活苦，实难当，诗人雅士请试尝。”

《山路上的洋车》：“山坡斜，路倾侧，咳呵咳呵拉洋车。幼儿后推爹前拉，里面坐着一贵客……气喘汗流不放手……有坐车，有做牛，有享快乐有发愁，社会不平早改革。”

《卖大碗茶者》：“家中无钱亦无地，勤劳耐苦实可夸，洗了碗盏汲了水，小孙女，无爹妈，当炉独把风箱拉……老爷爷，披破褂。头发胡子尽白花，趺坐门前大声叫：‘大碗茶，大碗茶……今日买卖何不佳？只缘天热过客少。’枉自高呼嗓音哑：‘大碗茶，大碗茶……’”

在这些鲜活的诗句中，那无钱治病而早夭的孩子、泣不成声的爷娘，颤巍巍的空腹牧羊老汉，还有那陡峭的山坡上，身不及车轮高却拼命推车的幼童，以及苦苦喊叫了一天，一碗茶也没有卖出而换不回一天果腹粮食的爷爷和孙女。读者不能不为之所动。

1938年，诗画碑拓印出版，老舍先生为之作序：“前几年，冯先生住在泰山……按说冯先生就该夏观日出，冬眺凇雪，每有灵感发诸诗词，岂不地灵人杰，相得益彰？可他偏爱留神山上山下的民间生活……人人引起他的同情，事事激起他的愤慨。”这些“图是真情，诗是真话，常来看看，总足以提醒大家”。老舍对冯玉祥的赞赏发自心底，因为他当然知道泰山是容不下风花雪月、轻歌曼词、隐身蛰居的，所以他所赞赏的“地灵人杰”的“人”正是冯玉祥。而通过泰山石刻，也足以看出冯玉祥在泰山的所作所为应是他的人生中最可圈点的部分。

## 四、楹联与题额

这一时期，泰山石刻楹联未见减少，新修及原先无联的建筑石柱上都被镌刻上了对联，并题了额，几乎是见缝插针了。这些对联的内容大多仍同清代的相同，以题写景观并阐释儒释道的学说为主，以下仅举几例。

如咏颂泰山风光的对联，观瀑亭石柱上有清代题联五副（图16-9），还剩下

图16-9《观瀑亭石柱联》

一处空白也于这一时期补上了，此联刻于民国九年（1920）：

> 且依石栏观飞瀑，再渡云桥访爵松。
> 庚申秋，散步登临，触景兴怀，爰留鸿爪。种蔗老圃。

种蔗老圃，即朱家宝。朱家宝为近代著名书法家，其在泰山所刻“在山泉”为正书，此联为隶书。

民国时期还有涉及佛教、道教的对联。如建于民国的无极庙，是很小的一座庙，门框、窗框、影壁上均镌满对联，皆系民国十三年（1924）历下侯不二题书，现保存完好。山门联曰：

> 天台岩下藏五百，须弥顶上隐三千。

天台岩指天台山，是我国佛教天台宗发源地；须弥指须弥山，佛教传说中三千大千世界的中心，其顶为帝释天所居。而无极庙供奉无极真人是纯粹的道教庙宇，此处的对联进一步证明了自清代以来民间对释、道的不分了。其他的还有三则：

一

翠竹黄花群霑法雨，长松细草普荫慈云。

二

化险为夷诞登道岸，济人利物功等慈航。

三

普降甘霖慈云垂荫，宏开觉路宝月增辉。

以上均是宣扬佛教的。又有：

涵阴育阳，两仪之始；开天辟地，万法归宗。

这副对联乃是道教内容，所谓“涵阴育阳”，即涵养化育阴阳。宋周敦颐继承《易传》和道教思想，提出“无极而太极”，太极一动一静，产生阴阳万物。“万法归宗”是道家指万事万物尽管形式上变化多端，其本质或目的不变，最终都归于道。

还有弘扬儒家思想的，如原刻于五贤祠的门柱上的联曰：

名贤为圣地增光来游莫作凡民想，
古祠与泰山并寿到此方知学者尊。

这一时期，还有众多名人为楼阁、桥梁题额。

《“大众桥”题额》（图16-10），题于民国二十四年（1935），上款为“民国二十四年建立”，下款为“冯玉祥题”。

《“摩空阁”题额》（图16-11），在南天门楼阁上，为王易门1936年所题。

王易门（1895—1968），又名王宏，河北省深泽县人，出身于书香门第，自

图16-10 《“大众桥”题额》

图16-11 《“摩空阁”题额》

幼研习中医，兼及书法、水墨山水和金石。

《“云步桥”题额》，民国二十六年（1937）杨承训题。

杨承训（1893—？），清末民初曾两度担任津浦铁路局长。

《“回马岭”坊题额》，民国二十六年（1937）吴绍曾题。

吴绍曾（1896—1946），字省三，玉田县（今河北省唐山市玉田县）人。1920年毕业于中国铁路管理传习所（后发展为北方交通大学），曾赴美留学，获密歇根大学硕士学位，宾夕法尼亚大学博士学位。归国后任陇海铁路管理局副局长。吴既是铁路运输专家，又是我国四大著名会计专家之一。

## 第二节　现代气息进入泰山

进入民国，泰山刻石增添了很多新的内容，它突破了前代石刻关于封禅、宗教、咏颂、抒发情怀的不变主题，而是随着时代的发展将科学刻到了石上。其内容包括林业发展、开办农场、地质、气象、水文等，在泰山石刻中独树一帜。而且，这一时期商业广告也赫然出现在了泰山上。

### 一、泰山造林刻石

黄以瑚等《造林题记刻石》（之一），在盘道西侧石上，刻于民国十年（1921）：

农商部第二林业试验场技术员恩施黄以瑚，山东泰沂模范森林局技术员黄县张云桂于岱宗造林纪念。民国十年春日勒石。

黄以瑚等《造林题记刻石》（之二）（图16-12），在红门宫北巨石上，刻于民国十二年（1923）：

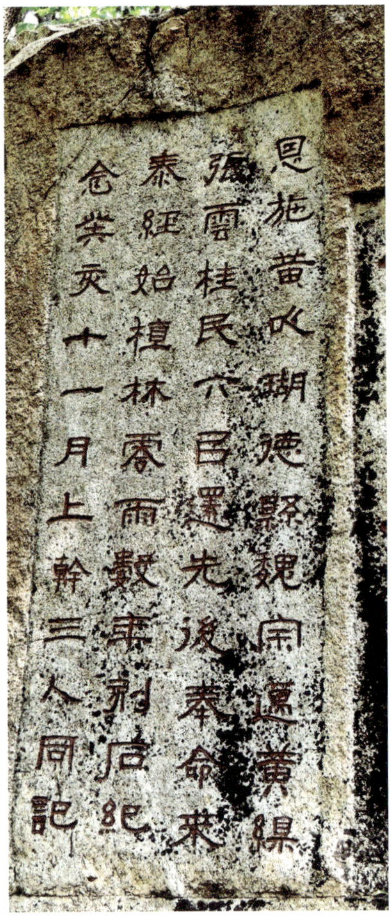

图16-12　黄以瑚《造林题记刻石》

恩施黄以瑚、德县魏宗迈、黄县张云桂，民六以还，先后奉命来泰经始造林，零雨数年，刻石纪念。癸亥十一月上浣，三人同记。

“黄以瑚们”俱是些科技工作者，他们从“民六”（1917）以来，到民国十年（1921）再到“癸亥”（1923），在泰山从事营林事业至少7年了。然而他们却只是以最平淡朴实的词句记录下了自己在大山中的“零雨”岁月。

《省立农村师范农场界石》，刻于民国二十九年（1940），上款为“民国庚辰”，下款为“李岱东题”。

此刻石见证了20世纪40年代泰安的一段办学历史。所谓泰安省立农村师范建于1939年9月，为山东日伪政权所办，学制四年。校址在泰安资福寺街，1941年共有教职员22人，先后由李岱东、吴景林、张仲驭、李传圣任校长。

## 二、泰山地质考察

云步桥北有《北京女子高等师范学校考察泰山地质刻石》（图16-13），题于民国十一年（1922），文为：

北京女子高等师范学校博物系学生，考查地质冀览太古岩层，远跋千里，登临至此。中国女子之有高等师范自此校始，女子师范之有博物系与博物系之有地质冀览，则自此女同学始。

民国十一年十一月六日。

吴兴章鸿钊记，西林韦琼莹书。

文中“博物”是旧时对动物、植物、矿物、生理等学科的总称。太古岩层是地质历史中最早的一个时代。自40亿年前至25亿年前，持续时间约为15亿年。这一时期形成的地层通称为太古界，岩石主要为变质岩，如片麻岩、板岩等，泰山岩石具有29亿年历史，便属太古岩层。在此之前已有多国学者前来考察研究，而中国人自己考察泰山地质此当为最早者之一，故这篇题记写得很自豪。韦琼莹，从名字上看似是女士，如果是的话，这也是泰山自有石刻以来，除了进香碑中的王李氏、张刘氏等以外，第一个将自己的名字刻上泰山石的女子！

图16-13 《北京女子高等师范学校考察泰山地质刻石》

## 三、泰山水文考察

王母池山门南有《泰山凿泉记碑》（图16-14），立于民国二十一年（1932），作者梁建章系水利学专家，碑文写得文辞优美且记录了他的考察结果。碑文写道：“（王母池）踞高麓，负山面城，左倚绝涧，世所谓‘虬在湾’也。涧自山巅盘旋数十里而下，谽谺嵚崎，奔流下驶，倾注为潭以数十百计。”“自寺门前行三四十步，左侧有大石横卧，长可丈，出地仅尺余，藐不知深几许。”“余察此卧石下似有泉，请公（冯玉祥）以人凿之，不二三尺水出，如喷甘逾醴。卧石之腰横隙一线，泉夺隙出，其声冷然。”“泰山者，举国人士之所善登临。国难方殷，人谋自振，凡游泰山而来饮是泉者，顾名思义，各奋发朝气，致力于应尽之责，以宏其本源，惟吾族之强而是图，此又公所厚望欤，而余尤有喜者。泰山虽气象岩岩，而石皆含润，故自山趺以迄于巅，珍卉奇材随在而殖，以其

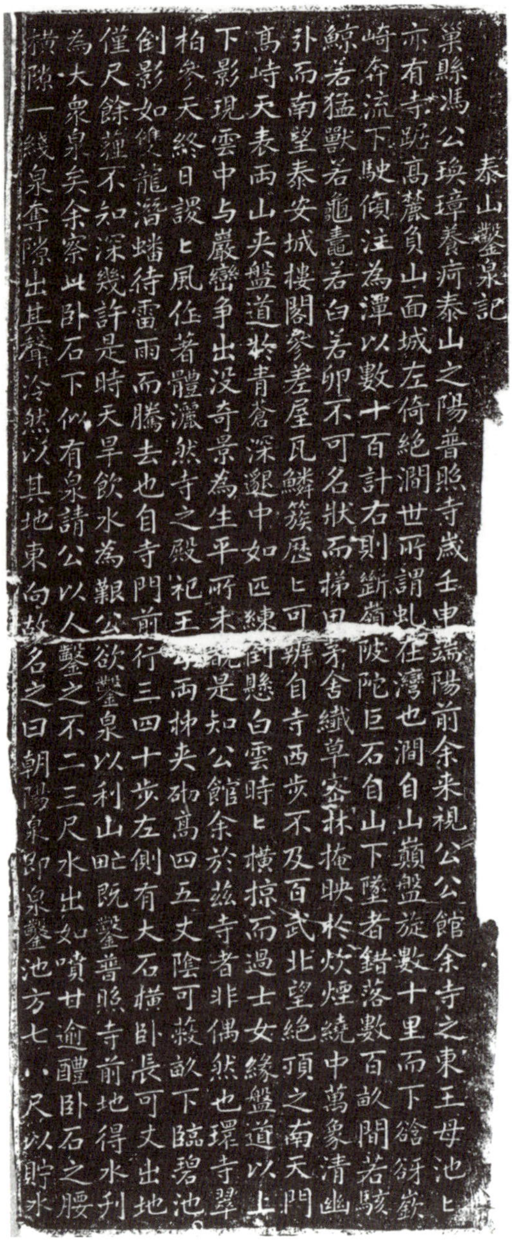


图16-14 《泰山凿泉记碑》局部

灵液厚蓄，万物得兹以生。然除天然之水突岩罅汇为飞瀑外，导其源者颇乏人，以此名泉盖鲜。”泰山“祠遍岩壑，往往承涯雷为饮，终日不能得一二斗水，而汲爨苦焉。……随地势高下察泉脉以事疏通，将源源而出，所被弥宏，或将发为大川，以资灌溉，而为农田水利焉，亦未可知也”。冯玉祥听了作者建议，果然凿泉出水，名“朝阳泉”，方便了山民的吃水且可浇灌菜园。

梁建章（1871—1937），字式堂，直隶省大城县人，中国首批官费留日学生。民国成立后，其任北京政府陆军部秘书，获总长段祺瑞赏识。1923年曹锟贿选，梁建章拒绝受贿，辞职在北京闲居，研究经史与水利。1927年，他随冯玉祥来到河南，任省政府顾问，负责兴修水利，开掘泉水、修筑渠道，还著有《凿泉》一书。1937年七七事变爆发，梁建章多方奔走，呼吁联合抗日。

## 四、气象设施的建设

泰山之巅，如今还有正在使用的气象台，民国二十四年（1935）《蔡元培题记碑》（图16-15）记载了它的诞生：

中华民国廿四年六月二十六日，国立中央研究院日观峰气象台奠基。
蔡元培谨记。

这段题刻的背景是，1882年，西方发达国家为了揭开地球两极的神秘状况，发起了第一次国际极年活动，进行气象学和电磁学的观察研究，中国没有参加。1932年，有关国家又组织了第二次国际极年，开展无线电探测空间等研究，中国参加并为之建立了“泰山测候所”，并于1932年8月1日首开气象记录。国际极年观测任务结束后，由中国著名科学家竺可桢先生选址日观峰，扩建为永久高山气象站，蔡元培先生为之题写奠基碑以资纪念并寄托希望。1936年1月1日该气象台迁入启用，称“国立中央研究院日观峰气象站”。

图16-15 《蔡元培题记碑》

蔡元培（1868—1940），浙江绍兴人，民主主义革命家和教育家。蔡元培数度赴德国和法国留学、考察，研究哲学、文学、美学、心理学和文化史，为致力于改革封建教育奠定思想理论基础。他曾任民国教育总长、北京大学校长、人学院院长、中央研究院院长等职，为发展中国新文化教育事业，建立中国资产阶级民主制度做出了重大贡献，被称为“学界泰斗、人世楷模”。

另外，泰山上还有冯玉祥于民国二十六年（1937）题刻的“西科学山”“东科学山”。由此可见，科学在民国日益受到重视。

## 五、广告的出现

《“中国旅行社导游名山大川”刻石》（图16-16），在云步桥，刻于民国二十六年（1937），其下有款“民国二十六年，叶恭绰书”。

图16-16《“中国旅行社导游名山大川”刻石》

这是泰山上所出现的第一条正式广告，也是现存唯一的一条石刻广告。此广告透露出那一时期中国旅游业已具备了雏形，甚至通过旅行社组团旅游也已成为人民大众的需求，旅游界有竞争的市场经济初步产生了。此时的泰山理所当然地成了全国的主要旅游景区，津浦铁路正常运营，公路交通也有所发展，泰安的宾馆、商业等也随着旅游业的兴起有了较快的发展。但随着抗日战争爆发，这一切均化为了乌有。

叶恭绰（1881—1968），字裕甫，号遐庵，广东番禺人（今广州番禺区）。早年毕业于京师大学堂仕学馆，后留学日本。民国初，曾任北洋政府交通总长，系书画家、收藏家、政治活动家。

## 第三节　抗日呐喊　历史强音

民国时期，日本侵略者的铁蹄踏入中国，对如此重大的事件，泰山石刻自然有所反映。早在1928年，日本便觊觎中国利益，施展阴谋，犯下了种种罪行，这一切都记录到了泰山石上。如今，泰山上控诉日本暴行、呼唤全民抗日的刻石大多还在。

《济南“五三惨案”纪念碑》，此碑立于民国十七年（1928），碑阳题“五三纪念碑”五字，碑阴题“中华民国十七年山东全体民众建立”。

1928年，南京国民党政府在英、美等国的支持下，举行“第二次北伐”，北上攻打奉系军阀张作霖，而日本政府为维护自身利益，蓄意阻止北伐军北上和英美势力向北方发展，便借口保护侨民，一面继续扶植张作霖，一面进行武力威胁，出兵侵占了济南。同年5月1日，北伐军占领济南。孰料第二天，日本在济南驻军3000人倾巢出动，对中国军民发动了突然袭击，不论兵民均开枪射击，一时尸横满街，10时以后，又开炮轰击，繁华的商埠遂化为一片废墟。据不完全统计，此次事件中国军民死伤11000多人，财产损失无数，史称“五三惨案”。

图16-17 《“曾否忆国耻”诗刻》

1932年，吴迈在中天门留下《“曾否忆国耻”诗刻》(图16-17)，诗为：

接踵过中天，高山群仰止。
为问熙攘人，曾否忆国耻？
民国二十一年六月，余江吴迈。

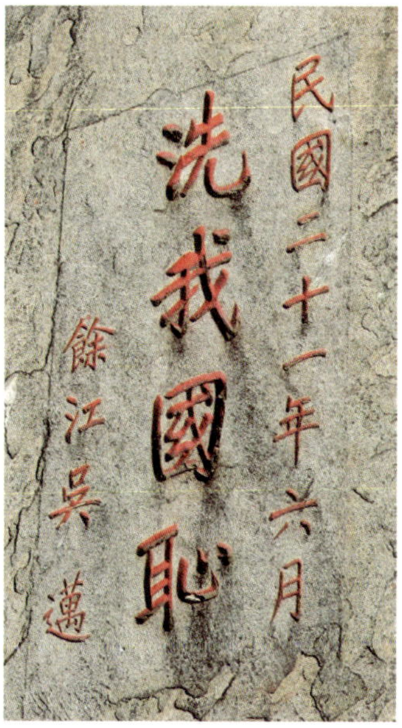

图16-18 《“洗我国耻”刻石》

吴迈(1885—1936)，字良翰，江西余江县人，吴昌硕的第三子，上海大律师。1931年日本人侵占了东北三省，为拯救日益破碎的大好河山，他奔走大江南北，呼唤举国抗战。其诗言真意切，其字方正有力，表现了他发动抗战的急切心情和坚强的性格。

《“洗我国耻”刻石》(图16-18)，在长寿桥之下的大石坪上，刻于1932年6月。上款为“民国二十一年六月”，下款为“余江吴迈”。这是吴迈题在泰山的另一处抗日石刻。

《“还我山河”刻石》(图16-19)，在长寿桥之下的大石坪上，刻于1932年，款为：“民国念一年，莱芜巩西峰。”作者巩西峰只是莱芜的一个普通人，但是那时哪怕一个最普通的中国百姓，来到了泰山的怀抱，也会油然生爱国之心。

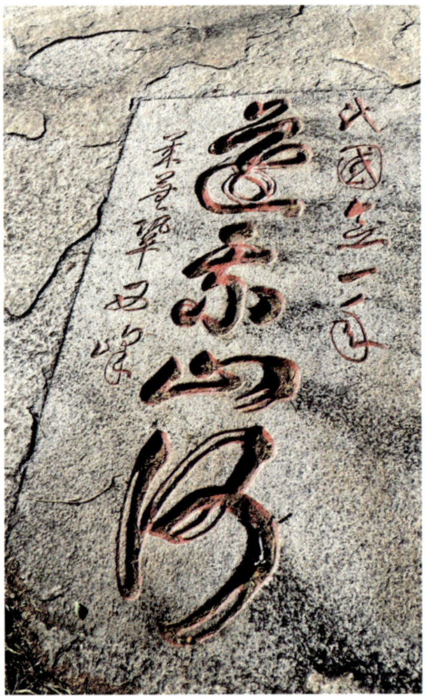

图16-19 《“还我山河”刻石》

《冯玉祥洗心亭题刻》，在洗心亭四面额枋内侧，刻于民国二十一年（1932）。其文为：

> 奉天省东西距一千三百里，南北距一千八百里，面积八十六万五千方里，人口一千四百万；吉林省东西距一千八百里，南北距八百里，面积八十八万二千方里，人口五百五十二万；黑龙江省东西距二千八百里，南北距二千六百里，面积一百七十八万五千方里，人口五百万。三省共面积三百五十三万二千方里，人口三千万。你忘了没有？东三省被日本人占了去，有硬骨头的人，应当去拼命夺回来。
>
> 冯玉祥，民国二十一年。

图16-20 《“万方多难此登临”刻石》

九一八事变后，爱国将领冯玉祥痛心疾首，大声呼吁收回失地，平实的语句中跃然而出的是冯玉祥一颗热切的爱国之心。

《“万方多难此登临”刻石》（图16-20），徐心盦刻于民国二十五年（1936）。

此语出杜甫《登楼》诗：“花近高楼伤客心，万方多难此登临。”1936年，日本帝国主义强占我东北三省已经5年，正欲侵吞华北乃至整个中国。日本新闻媒介鼓噪对中国使用武力，战争一触即发。同年西安又发生了震惊中外的西安事变，真是“万方多难”。

徐心盦，即徐瑞徵（1879—1937），字心盦，浙江衢州人，书画篆刻家。

《“御霜”刻石》（图16-21），在玉皇顶去后石坞道旁的岩石上，题于1937年前后，著名京剧表演艺术家程砚秋先生所题。九一八事变后，中国所有的爱国志士无不义愤填膺。程砚秋誓不为日本人演出，留起了胡须，并改字为“御霜”，题之于泰山，表现出了崇高的民族气节。那一时期，中国人热血沸腾，振臂高呼，题刻于泰山，这是当时历史的最强音，也是不甘屈辱、自强不息、勇于斗争的中华精神在泰山的集中体现。

图16-21 《“御霜”刻石》

程砚秋（1904—1958），字玉霜，满族，北京人。幼年家贫，学京剧，演青衣。他根据自己的嗓音特点，创造出一种幽咽宛转的唱腔，世称“程派”。

## 第四节　辛亥革命的石上记忆

泰山有辛亥革命滦州起义烈士祠。辛亥革命滦州起义发生在河北滦州（今河北滦州市），是辛亥革命的组成部分，也是中国近现代史上的一个重大事件，对推翻清王朝产生过重要意义。20世纪30年代冯玉祥隐居泰山，捐资修建了此烈士祠。烈士祠内石刻遍布，对了解中国那段历史具有相当的意义。

## 一、辛亥革命滦州起义记碑

纪念祠享堂内有纪念当时烈士的石碑五块，大多为冯玉祥撰写，现保存完好，行文采用较浅显的文言文，字体均为正书，洋洋千言，犹如报告文学般地叙写了起义发生的过程、牺牲的烈士和起义之后被迫害而捐躯的志士。

其中最主要的一块是冯玉祥先生于民国二十二年（1933）亲撰碑文、王易门书丹的《泰安辛亥滦州起义烈士祠记碑》（图16-22）。该碑首先介绍背景："清政不纲，舆情鼎沸。革命之说入，弥漫于百粤长江流域间，勃兴而不可遏。华北处京畿严视下，莫由首倡，而区区滦州一隅，独振臂而起。虽大举未成，其百折不屈，再接再厉之精神激荡一时，民气使清室镇抚之力俱□，终至逊位。"然后介绍了起义的前因后果与烈士王金铭、施从云、白雅雨的牺牲经过，甚为详细。

图16-22 《泰安辛亥滦州起义烈士祠记碑》

《张绍曾将军被难记碑》，刻于民国二十二年（1933）十二月，是冯玉祥先生为张绍曾烈士撰写的被难记，邓长耀书。

张绍曾（1879—1928），字敬舆，河北省大城县张思河村人。早年入北洋武备学堂学习，1899年被选派到日本士官学校学习炮兵科。1907年加入同盟会。辛亥革命后，他一度出任陆军总监，但不久就随黎元洪一起离职。1922年6月黎元洪复职，张绍曾也随之复出，先出任汪大燮内阁的陆军部长。后于1923年组阁，出任了北洋政府第二十三届总理，不久被迫辞职，从此便一直在天津闲居。1928年3月23日在天津被诸玉璞所派刺客刺死。他赞助共和反对复辟；维护统一，反对分裂；主张和平，反对军阀混战，以致引起军阀嫉恨而遭到暗杀。

《郭松龄将军被难记碑》（图16-23），立于民国二十二年（1933）十一月，冯玉祥撰文，王易门书。

郭松龄（1883—1925），字茂宸，沈阳市人。1910年加入同盟会，武昌起义后，在奉天参加了联合促进会密谋起义，遭清政府当局逮捕，欲处以斩刑，后经韩淑秀冒死拦截刑车，说郭松龄是其未婚夫，从未参加过革命党，才获释放。郭松龄与韩淑秀结为夫妇。1917年，孙中山组建护法军政府，郭松龄投奔孙中山，护法运动失败后，返回奉天，任东三省陆军讲武堂战术教官，其间结识张学良。1924年第二次直奉战争中，张学良与郭松龄担任第三军的正副军长，与姜登选、韩麟春为正副军长的第一军作为奉军的主力，击溃直军并获得胜利。张作霖任命张学良为京榆驻军司令部的司令，郭松龄任副司令。1925年，郭松龄到日本参观军事，听到张作霖正在日本购买武器，要与南方的国民军开战，愤慨至极，遂决定联络冯玉祥共同反奉。1925年11月，郭松龄滦州起兵，发表反奉宣言，攻占山海关，夺取绥中、兴城，占领锦州。郭军在攻打新民县巨流河时，却遭到日本关东军袭击，日本飞机对郭军阵地进行轰炸。郭军遂败，郭松龄与夫人化妆逃跑，被奉军在新民县一个农家的菜窖里抓捕，夫妇同被被枪决。

图16-23 《郭松龄将军被难记碑》

《郑金声将军被难记碑》，立于1933年，碑文由冯玉祥撰写、杨绍麟隶书，对辛亥滦州起义、首都革命、五原誓师及参加北伐等历史事件均有所涉及，尤其对郑金声烈士被难经过记载颇详。

郑金声（1879—1927）原名郑嘉涟，字振堂，济南历城人。1908年与冯玉祥等一批青年军官，组织“武学研究会”，秘密进行反清活动。1913年任陆军骑兵第三团团长。1918年任绥远陆军混成旅旅长。1924年参与冯玉祥发动的北京政变。1927年率军进攻山东，9月被叛军诱捕，解至济南，11月被张宗昌下令杀害。

《郑振堂烈士被难记碑》，为宋哲元1933年所撰，记录了郑金声将军的牺牲情景：“郑公振堂，于民国十六年革命军北伐之役，以第八方面军副总指挥出师鲁西，旋为姜明玉所卖，执而献于张宗昌。张宗昌欲公出降，百计以说之。公则怒骂宗昌，誓死不为不义屈，遂从容就义，以全大节。冯焕璋与公为生死交，自辛亥滦州起义以来，即尝戮力于历次革命战役。自公之殉难，冯公尝痛苦而言曰：‘今而后少一血性男子，且失吾左右手矣。’”

宋哲元（1885—1940），字明轩，山东乐陵县人。幼年家贫，刻苦读书。光绪三十三年（1907）从军，北洋陆军随营武备学堂毕业。毕业后投冯玉祥部，1922年参加直奉战争，成为西北军五虎上将之一。九一八事变爆发后的第三天，宋哲元即率所部，向全国发出“抗日通电”，表示“哲元等分属军人，责在保国。谨率所部枕戈待命，宁为战死鬼，不作亡国奴，奋斗牺牲，誓雪国耻”。其后曾指挥第29军在长城要隘与日军展开血战，消灭日军6000余人，此即震动全国的“喜峰口大捷”。

## 二、辛亥革命烈士祠诗、联碑

图16-24《张树声题革命烈士诗碑》

烈士祠内还有大量当时名人为纪念烈士而题写的诗作和悼词。如：

《张树声题革命烈士诗碑》（图16-24），在西享堂内东侧墙壁上，刻于民国二十二年（1933），其款为“革命诸烈士英鉴”，诗为：

辛亥滦州起义时，北洋军政府兴师。
诸公一瞑应千古，肝胆常昭烈士祠。
河北沧县张树声题。

张树声（生卒年不详），河北沧县人，滦州起义时为骑兵营军官，是辛亥滦州起义的积极支持者和参与者，后一直追随冯玉祥。

《邓长耀题烈士祠诗碑》（图16-25），刻于1933年，诗为：

图16-25 《邓长耀题烈士祠诗碑》

> 张公敬舆总理、郭公茂宸将军英鉴：
> 威灵赫濯两英贤，志决身歼姓氏传。
> 祠宇常新留岱麓，苾芳笾豆万斯年。
> 癸酉孟冬敬立。
> 河北静海邓长耀题并书。

邓长耀（1877—1950），字鉴三，天津静海县人。少年发奋攻读，考中秀才。抗战时期，曾在张自忠、冯治安领导的集团军中任顾问。抗日战争胜利后，随冯玉祥隐居泰山，襄助其写回忆录。新中国成立后，任天津市政协委员。

《泰山烈士祠落成纪念诗碑》，镶嵌在享堂东山墙上，刻于1933年，作者李维城：

一

> 百折不摧行所安，同仇处处驱腥膻。
> 黄花岗外添新泪，一死真能重泰山。

二

> 家难国殇感若何，英雄今古本无多。
> 精魂化鹤归来日，好向秦松舞且歌。
> 长沙李维城并志，剑南郑百忍试鸡顿。

李维城（1898—1976），原名李干，湖南长沙县人。1924年，冯玉祥组建西北银行，任总务科长，后升陕西银行经理。新中国成立后，他先后任建设银行公股董事、董事长等，1956年任北京市政协委员。

《“千秋万世享英名”诗刻》，刻于1933年，其上款为“革命烈士祠落成纪念”，落款为“杨慕特敬题”。诗为：

义旗一举满人惊，辛亥滦州撼北京。
崇拜祠中诸烈士，千秋万世享英名。

《李宗仁挽联刻石》，在祠东自然石上：

百世名犹存，众所瞻依，祠巍泰岳；
三代道未泯，闻兹义烈，气肃冰霜。
革命烈士千古，李宗仁。

李宗仁（1890—1969），广西桂林人，原为国民党桂系首脑，北伐战争时期任国民革命军第七军军长、第三路军总指挥、第四集团军总司令。抗战时期任第五战区司令长官兼安徽省主席。1949年1月任国民党政府代总统。1965年声明投向人民，回到北京。

《范明枢挽联刻石》，在祠内自然石上：

就佛土庄严，看应鸣山谷，怒发万花是乃为真生活；
替国民牺牲，能变色风云，血溅五步方不愧烈丈夫。

范明枢（1884—1947），原名昌麟，字明枢，山东泰安人。1906年留学日本，回国后致力于教育，受聘济南省立第一师范任学监。因支持学生的爱国行动，于1932年被捕入狱，后经营救出狱。七七事变后，组织泰安县民众总动员委员会，任主任委员。1945年，出任山东省参议会参议长。1946年6月加入中国共产党，同年10月，在乐陵县病逝，移葬于泰山。

《豹隐烈士祠题刻》，在烈士祠院东自然石上，刻于1934年：

朝讲学于斯，暮游息于斯，朝朝暮暮念兹在兹。吾身遂与世长辞耶，吾念将终无已时耶。世若无知者，吾宁永寄迹于凌汉峰下梅花岗上之烈士祠。
蜀江豹隐题石。一九三四、七、十一。

豹隐，即陈启修(1886—1960)，四川中江人。曾留学日本，精通了日文，还掌握了英、德、法等语种。其间结识了李大钊，在其指引下，开始学习马克思主义理论。1919年，陈启修受聘北大法学院教授，兼政治系主任。1925年他在德国加入中国共产党。1927年大革命失败后，遭国民党南京政府通缉，流亡日本，与中共失去联系，此时易名豹隐，潜心研究马列主义经济学，当时经济学界有了“南陈北马(马寅初)”之说。而他最重要的贡献则是首译了《资本论》，同时又翻译了日本河上肇所著的《经济学大纲》。彼时在泰山为冯玉祥讲授马克思主义经济学。

## 三、烈士祠题碣

烈士祠内有众多题词碑，皆为短碣，大多镶于享堂墙上。如《冯玉祥题碣》:“救民安有息肩日，革命方为绝顶人。”《宋瑞华等题碣》:“泰安烈士祠诸革命先烈千古，烈士精神不死。”款为:“宋湍华、徐默生、粟寄沧、陈定民、赵澄之敬题。”这些人都是当年冯玉祥请来为自己讲书的年轻学者，其中粟寄沧(法商学院)、陈定民(中法大学)、赵澄之(北京大学)等都是青年学子，而宋湍华可能是宋斐如(又名宋文瑞)，北大毕业后也在冯玉祥处讲学。其他还有:

《范明枢等题碣》，在东享堂墙壁上。文为:

革命诸烈士英鉴:

杀身成仁。

范明枢、王承曾、戴树勋、薛笃弼、李凤鸣、

王玉玺、余心清、王致义、陈廉夫敬立。

杀身成仁，语出孔子《论语·卫灵公》:“志士仁人，无求生以害仁，有杀身以成仁。”意为为了维护正义事业而牺牲生命。

王承曾(1880—1953)，字钊志，定县(今河北省定州市)人。辛亥革命前，加入中国同盟会。1925年随冯玉祥、鹿钟麟等赴苏联莫斯科考察，受到斯大林接见，1927年任冯玉祥部秘书长，写有《西北军奋斗史》，并整理了《冯玉

祥日记》。

戴树勋（生卒年不详），西北军人物，曾任冯玉祥康庄办事处处长。

薛笃弼（生卒年不详），山西运城人，早年参加同盟会。曾任北洋政府司法部次长、国务院代秘书长及国民党政府民政部、内政部、卫生部、水利部部长等。新中国成立后，任上海市政协常委、民革中央委员，是第二届全国政协委员。

余心清（生卒年不详），安徽合肥人，1927年毕业于美国哥伦比亚大学行政系。曾任冯玉祥部开封训政学院院长等。1949年出席中国人民政治协商会议第一届全体会议，后历任中央人民政府办公厅副主任、政务院机关事务管理局局长、国家民委副主任、北京市政协第一至四届副主席。著有《在蒋牢中》。

《冯玉祥题词石碣》，训政碑旁有冯玉祥在泰山所题宣传标语石碣四块，依次是：

> 如不打倒日本帝国主义中国必亡。
> 不平等的社会是似人的社会。（“似人”即“非人”，作者注。）
> 大欺小强凌弱富压贫男轻女均非人也。
> 若不信辩证唯物主义则我民族不能复兴。

《于右任题词刻石》，在烈士祠内在卧虎石上，刻于1933年，其文为：

> 滦州起义烈士祠：
> 催帝制之末运，奠共和之新基，
> 大烈千古，蹈死无辞。
> 与黄华之碧血兮，永照来兹。

于右任（1879—1964），陕西泾阳人，自幼才华横溢，被称为西北奇才。1924年当选国民党中央执行委员，1927年率部与北伐军在郑州会师。1927年后，历任国民党中央特别委员会委员、常务委员和军事委员会委员等职。1949年后，长期寄居台湾，常以诗文抒发思念家乡、热爱祖国、渴望统一的情怀。

《“国魂”石碣》（图16-26），吉鸿昌题，字体浑圆有力。

吉鸿昌（1895—1934），抗日爱国名将，原名恒立，字世五，河南省扶沟人。1913年入冯玉祥部，骁勇善战，从士兵升至团长。1929年任第10军军长兼宁夏省政府主席，后加入共产党。1934年，吉鸿昌在天津遭法租界工部局逮捕，并引渡给北平军分会，遭到残酷的迫害。吉鸿昌大义凛然地说："我是共产党员，摆脱了旧军阀的生活，转到工农劳苦大众里头来，为人类的解放奋斗，正是我的最大光荣，我不会屈服的。"遂被害于北平陆军监狱，时年39岁。

图16-26 《"国魂"石碣》

《李圻等题词碑》，在西享堂西侧墙壁上，1933年题立。其文为：

革命诸烈士千古。

我们应当踏着先烈的血迹继续奋斗。

李圻、李兴中、秦德纯、张吉墉、邓哲熙、陶继淹同立。

李圻（生卒年不详），又名李忻，字显堂，安岳（今四川省安岳县）人。历任西北军骑兵旅长、绥远省警务处处长、郑州市市长、军事参议院参议等。

李兴中（1890—1962），字时甫，直隶宁河县（今天津市宁河区）人，曾参与反袁起义，后任国民军驻陕总司令于右任的参谋长。解放战争期间，李不愿打内战，在上海闲居，并积极策动原西北军将领起义。新中国成立后任河北省政协副主席等职。

秦德纯（1893—1963），字绍文，山东沂水县人，曾任西北军第二十九军总参议、北平市市长等，后去台湾。

张吉墉（1892—？），字幼青，河北沧县人。他是西北军的元老，是冯玉祥的挚友和主要幕僚，是七大谋士之一，曾陪冯玉祥驻泰山。1935年任河北省政府委员兼民政厅厅长。

邓哲熙（1894—1981），字仲芝，河北大城县人。曾留学日本学法律，回国后投奔冯玉祥。1926年任冯玉祥部驻苏代表，及河南省司法厅厅长等。1933年，冯玉祥在张家口组织察哈尔民众抗日同盟军，邓哲熙闻讯前往，任军法处处长。抗战胜利后，继续担任河北省高级法院院长，秉公办案，依法处决了大汉奸陈济棠、齐燮元、殷汝耕、金壁辉（川岛芳子）等。新中国成立后为第二、三、四、五届全国政协委员。

《程希贤等题词碑》，无题刻年代，其文为：

> 辛亥滦州革命诸烈士千古。
> 与黄花岗七十二烈士并垂不朽。
> 程希贤、韩多峰敬题。

程希贤（1893—1948），字伟儒，河北省景县人，冯玉祥部将，西北军“十三太保”之一。1929年后任山东省政府高等顾问。抗战期间投靠日本人，1944年任汪伪政府军事参议院中将参议，其行径为人不齿。

韩多峰（1888—1987），字秀岩，山东省东平县人，冯玉祥麾下“十三太保”之一。先后参加了滦州起义、反张勋复辟、二次直奉战争和北京政变等。1937年后任李宗仁第五战区司令部中将高参，参加台儿庄战役，坚决抗日。新中国成立后任山东省人大代表，山东省政协委员等。

《张人杰题词碑》刻于1933年，其文为：

> 诸烈士千古，浩气凌云。
> 张人杰敬立。

张人杰（1873—？），字静江，祖籍安徽徽州（今安徽歙县），后移籍浙江吴兴（今浙江湖州市吴兴区）。早年曾随孙宝琦出使法国。1905年与吴稚晖、李石曾共办新世纪出版社，出版《新世纪》杂志。1925年，被选为中央监察委员，为国民党“四大元老”之一。

《“民族英雄”题碣》，在革命烈士祠东墙外石壁上，刻于1933年。上款为“□筑泰山烈士祠告成典礼”，落款为“尚德胜、王岩霖鞠躬。民国二十二年十二月十六日题”。

尚德胜（生卒年不详），1927年冯玉祥主政河南后，积极支持民族工业的发展，曾委派他为焦作中原煤矿公司监督。

## 四、烈士祠其他题刻

杨绍麟《建烈士祠记刻石》（图16-27），在卧虎石顶部，题于1933年。碑文先是表达了烈士事迹不容埋没："烈士为王公金铭、施公从云、郭公茂宸、张公敬舆、郑公振堂及辛亥乱州起义者共十六人。虽被难之情形死事之先后不同，要皆为国为民重义而赴难者，其磅礴之豪气，光明之荣史，诚不可淹没也。"又表彰了冯玉祥修建烈士祠的功绩："是以冯公焕章，节衣缩食，不惜巨资，筑祠以祀。祠在凌汉峰下，购地集材，凿石补凹，营造殿宇，开辟马路，植松柏梅花数千株。山环水抱，雄伟辉煌，大有史阁部梅花岭之风韵……似此义举，不特使诸烈士享祀东岳，与泰山并垂不朽，且可昭示来兹，使后世之人闻风兴起。呜呼壮哉！"还特别指出革命烈士为社会进步牺牲生命，而有的人却在租界内修建别墅，享受荣华富贵，其反差是何等巨大。

图16-27 《建烈士祠记刻石》

杨绍麟（1886—1958），名蕴青，字绍麟，号痴园，祖籍河南，后随父落户于陕西临潼县。1931年在冯玉祥、吉鸿昌组织的抗日同盟军中任军内秘书。1937年全面抗日战争爆发后，又在张耀明部下随军抗日。

《"梅花岗"刻石》，在烈士祠西南巨石上，冯玉祥先生书，刻于1933年。杨绍麟认为此题刻有扬州"梅花岭"之意，但此处更应是对应辛亥广州起义七十二烈士的"黄花岗"。

邓长耀书《岳飞〈满江红〉刻石》，在烈士祠东墙外摩崖上。这是一首在中国几乎妇孺皆知的词，而题在这里也并不是为了显示书法。这首词可谓与辛亥英雄相映生辉。

图16-28 《辛亥滦州革命烈士纪念碑》

《冯玉祥修烈士祠字据碑》，在泰山革命烈士祠东享堂西侧墙壁上，立于民国二十二年（1933）。

立字据人，普照寺住持僧义澄，今因冯焕璋先生在寺后东北隅山坡下，建造革命烈士祠一所，用本寺地壹大亩五分六厘，并情愿捐助本寺大洋叁百叁拾圆，作寺中常年岁修之资，本寺亦愿将该地作祠堂永远之地基。恐口无凭，立字为证。

立字据人普照寺住持僧义澄。
证明人范明枢、刘玉贵。
冯焕璋先生代表王作舟。
中华民国二十二年九月五日立。

《辛亥滦州革命烈士纪念碑》（图16-28），在去普照寺的十字路口东，建于1936年，南向大书“辛亥革命滦州起义纪念碑”11个大字。碑体用泰山石建成，象征革命烈士的死重于泰山；底座方形，高1.1米，边长11米，寓意滦州起义发生在1911年；碑座方形，分三层，层层抹角，有高拔俊杰的意思；碑体四角用长条石镶嵌，上置冰盘式出檐；碑首顶部也有一冰盘式盖石，象征着烈士们高洁的人格。

## 第五节　泰山石刻刻工简述

泰山石刻绝大多数都署撰文、篆额和书丹者名姓，而刻工署名者很少，仅约占全部石刻的5.7%，然而所有的碑石及摩崖刻石的最后一道工序都是由刻工来完成的，好的刻工不仅能保持书丹者字体的原味，不走形、不失真，而且还能通过自身经验，突出书者风格，使之神韵毕现。没有刻工的劳动就没有今天泰山上数不胜数的石刻。

## 一、古代刻字的方法与刻工地位

古代石工刻字的方法有多种，其一是“书丹”，早期的时候，人们就是直接用朱笔把要刻的内容书写到石上，然后凿刻。造纸术发明以前的碑刻显然都是用这种方式上石的。纸张出现后则以“书丹”一词泛指书写碑文了。其二是“描双钩”，纸张出现并造纸术不断得到改进后，刻石者将半透明的宣纸铺到原作上，用毛笔对原作字迹描画双勾，然后贴在石面上按双勾的痕迹雕刻。三是九宫格法，古人需要放大书法字迹时，会采用米字格或是九宫格，将字誊摹到石上然后雕刻，这样可最大程度地与原作字迹保持一样。

字迹上石后，稍大的字，工匠会用细小的刻刀先刻出轮廓然后再深凿。小字则可直接刻出，而其中对工具有着很高的要求，对技巧有着更高的要求，不是一般石匠所能为之，故明代以前他们的地位较高，有自己的传承体系，徒弟都被称作“门人”，文士们并不羞于与他们为伍。

## 二、泰山最早出现刻工名字的刻石

秦、汉、魏晋、隋时期的泰山石刻并无刻工的名字留下，美轮美奂的汉画像石也无刻工名姓。即使如北齐经石峪这种浩大的工程也没有刻者署名，以至给后人留下诸多猜想。唐代刻石增多，种类也大为增加，石上终于出现了刻碑者的身影。

泰山最早的刻工题名出现在唐大中八年（854）的《修方山证明功德记刻石》中，刻石文末有了“李可定镌”字样，虽然人们并不知道李可定是何许人，但从碑文中“乡贡进士牟瑫撰”“继宗书，李可定镌”就可看出此时石匠的地位是较高的，他们的名姓在石刻作品中能够同撰文、书写者并提。

其次，到了后晋天福九年（944），《蒿里山总持经幢》的刻者署名是“匠人马□侯”。经幢有石匠署名为泰山石刻中所仅见。

## 三、刻工署名的碑石分类

纵观泰山所有刻石，有一些是不可能有刻工署名的。

一是凡帝王碑刻，如皇帝、亲王亲撰的碑以及“敕牒碑”“圣旨碑”“法旨碑”“上疏碑”“御制告文碑”“敕谕碑”等国家公文与地方正式公文类的碑石，均无刻工署名，即使有也是官署署名，也并非具体刻工，如宋大中祥符元年（1008）的《青帝广生帝君赞碑》使用了一个官署的称谓“御书院摹勒刻石”，其意近似于“立石”。

二是大部分“官碑”，即官府要员所撰的碑文，即使不代表官府也几乎都没有刻工名姓。

三是目前所见泰山绝大多数的题记、题名刻石均没有刻工署名，早期（明代以前）的进香碑亦没有刻工署名。盖因为这些刻石按字收工费，大多三言两语惜墨如金，就没有必要再加上刻工的名字了。

其他的刻石则常见刻工署名。

一是题诗碑。题诗刻石在宋代以后较多出现，有些诗碑便出现了刻工的名姓及籍贯，以示对他们劳动的尊重。如宋嘉祐六年（1061）张掞的《题灵岩寺》诗碑后有“真定府郭庆刊字”，“刊”即“刻”；宋大观四年（1110）的《五苦颂碑》有“济南徐仪刊”题名。

金元时期延续了这一传统，金皇统七年（1147）《济南府推任公诗刻》有“兖人胡宁刊”，金正隆元年（1156）《张汝为游灵岩记碑》“东平张诚刊”，金明昌五年（1194）《王珩、路伯达游灵岩寺诗碑》“济南梁宗诚同李坚模刊”。元中统二年（1261）《灵岩寺复庵诗碑》系“锦川夏中兴刊”，元中统五年（1264）杜仁杰《天门铭》摩崖诗刻乃“高又玄刊”，元至元二年（1265）《东平府路宣慰张公登泰山记》亦为“高又玄刊”。

进入明代，刻工署名诗碑只有很少几处。一是明天顺间的《陈铨诗碑》，“禹西王凤镌”；二是明成化十三年（1477）孙瑜《和仁钦大师〈灵岩十二景〉》诗碑，“禹城王禄成铁笔”；三是明万历三十四年（1606）《凌志魁登岱八首诗碑》，诗末有“新泰徐光前”，此人既非作者亦非书丹、立石者，故虽未明写系刻工，也显然为刻石者。

二是重修碑。泰山重修碑数量相当庞大，自从有了此类碑记，刻工的署名便伴随了其几乎全部历程，直至民国。其中最早的是宋嘉祐六年（1061）的《齐州灵岩寺千佛殿记碑》，为“真定府郭庆、郭庠镌字”；较为特殊的是宋宣和六年（1124）的《宣和重修泰岳庙碑》，此碑虽为奉敕所撰，但亦有“胡宁刊”的署名。金大定十一年（1171）《泺庄创修佛堂之记》，有“匠人□□”署名；金大定二十四年（1184）的《重修天封寺记碑》，“侯辉刻”；金明昌七年（1196）《十方灵岩寺记碑》，“历山贾德摸并刊”；金泰和元年（1201），党怀英《谷山寺记碑》“古任李绅刻”；元至元二十一年（1248）《药师七佛阁记》，“泰安州都料匠郭安仁、构石匠作头周顺，高成刊”，列出了施工者、石匠头儿和刻工。金代《杜仁杰重修谷山寺记碑》为“岱宗高源刻”。

进入元代，仍有两处刻工署名。一是元皇庆二年（1313）《山门五庄记碑》，署“锦州夏中兴门人王庭玉刊”；二是元延祐六年（1319）《灵岩长明灯记碑》，署“清亭李克坚刊”。

三是高僧道行碑。这类碑刻大多出现在金元时期，其中最早的为金皇统二年（1142）的《定光禅师塔铭碑》，署“历山任升刊”；金皇统七年（1147），《观音托相圣迹序碑》为“洛阳雍简画、鲁人胡宁镌”；金皇统七年（1147）《达摩面壁像记碑》，署“兖人胡宁刻”；元至元三十年（1293）《肃公禅师道行碑》，“锦川匠人夏中兴刊”；元大德五年（1301）的《达禅师道行碑》，“锦川匠人夏中兴”；元大德十年（1306）《平公勤迹碑》，“清亭方茂典刊”；元皇庆二年（1313）《海禅师道行碑》，“清亭苏克珉等刊”；元延祐元年（1314）《就禅师道行碑》，“清亭苏克珉刊”；元泰定三年（1326）《寿公禅师舍财记碑》，署“石匠李克坚刊”；元至顺二年（1331）《慧禅师塔铭碑》，“清亭李克坚刊”，署名李克坚镌刻的石碑共有7处；元至正元年（1341）《大元泰山龙藏殿记碑》署“石工张克让、苏亨刊”；元至正元年（1341）《息庵让公禅师道行之碑》，乃“清亭石匠张克让等镌”，张克让署名的碑刻共三处。

明代有两处，明嘉靖五年（1526）《林公墓志碑》“历山兴德铁笔赵宽”；万历二十三年（1595）《洪武〈制祝文〉赞碑》有“姑苏吴士端刻”的字样。

四是记事刻石。此类记事碑多是下层民众所为，撰文者多是秀才、童生，身份与高明的匠人差别不大，故石匠也就堂而皇之地与他们并列了。明万历三十三年（1605），《莱芜县进香施茶记碑》署“刻石匠孙日成”；清康熙五十九年(1720)《禁止舍身碑》，署“石匠张世举镌”；清道光二十五年(1845)《香会善信挂红袍记碑》，署“金笔姜朝凤”。清咸丰五年(1855)《峋峪善士献神袍碑》亦列出了一串人物“乙酉科拔贡、候选直隶州州判贾公策拜撰，金牛庄佟日兰沐手敬书，石匠马恭”，几乎不分档次。又有清光绪十二年(1886)《万善同归碑》，款为“莱邑庠优增广生王维序亦东沐手敬撰，后学刘荣清光弼沐手敬书，铁笔刘绰培”。光绪十二年(1886)《华峰上人重修谷山寺记碑》，文末有“石工梁玉长、夏玉昆，画工邱明新，木工张汝山，泥工张泰”的字样。这其中的“石工”未必是刻碑的匠人，但是这些工匠的名字都可以上碑，还是较为少见的。这也是清代最后一块提到“石工”的碑了。

进入民国，这一传统仍然延续，民国二十一年(1932)《香油湾桥修桥记刻石》署“石工刘忠智”，刘忠智的署名还有2处。民国二十六年(1937)《义和香会还愿记碑》，署“石工张云发刻”。从此之后，石工之名款不存。

# 主要参考文献


## 著　作

［1］姜丰荣:《泰山石刻大观》，线装书局2002年版。

［2］姜丰荣:《泰山历代石刻选注》，青岛海洋大学出版社1993年版。

［3］刘慧:《泰山宗教研究》，文物出版社1994年版。

［4］刘慧:《泰山岱庙考》，齐鲁书社2003年版。

［5］刘慧:《泰山信仰与中国社会》，上海人民出版社2011年版。

［6］孟昭水:《岱览校点集注》，泰山出版社2007年版。

［7］史欣:《碑刻与摩崖》，齐鲁书社2000年版。

［8］陶莉:《岱庙碑刻研究》，齐鲁书社2015年版。

［9］张用衡:《泰山石刻全解》(修订版)，山东友谊出版社2018年版。

［10］周郢:《岱砚余墨》，山东友谊出版社2013年版。

［11］周郢:《泰山志校证》，黄山书社2006年版。

## 论　文

［12］吕继祥:《中华文化瑰宝——泰山石刻》,《知识与生活》1985年第2期。

［13］刘水:《泰山石刻的旅游价值》,《泰山学院学报》2003年第5期。

［14］路宗元:《泰山石文化陈列馆的陈列构思及其布局》,《中国博物馆》1992年第3期。

［15］马永桂:《无字碑之谜》,《风景名胜》1995年第12期。

［16］米运昌:《谈谈张迁碑的史学价值》,《泰山文化报》1983年第12期。

［17］史欣:《多姿多彩的碑刻》,《走向世界·泰安·泰山特刊》(英文版)1998年第2期。

［18］舟子(周郢):《无独有偶的泰山无字碑》,《旅游之友》1987年第9期。

［19］周郢:《泰山石刻与隋唐五代史研究》,《碑林集刊》2003年。